조나단 에드워즈의 성령론

이상웅 지음

JONATHAN EDWARDS

조나단 에드워즈의 성령론

Holy Spirit

성령을 단순히 이론만이 아니라 체험적으로 깊이 안 진정한 신학자,
조나단 에드워즈는 어떠한 관점으로 성령을 이해하고 말하는가?

솔로몬

추천의 글

이 저서는 총신대학교 신학대학원에서 교수하시는 이상웅 박사님이 저술하신 것으로, 18세기 미국에서 일어난 제1차 대각성운동의 주역으로 활동한 청교도 개혁 신학자 조나단 에드워즈 목사의 성령론을 독자들에게 친근하게 소개하고 있습니다. 16세기 왕정 시대 유럽에서 로마 가톨릭교회의 신학적 오류와 부패를 개혁하면서 시작한 루터, 츠빙글리, 칼빈(1509-1564) 등을 중심으로 한 개혁자들의 미미하지만 또렷한 불길은 100년 후에 전 유럽에 청교도 개혁신학을 정착시켰으며, 이 시기에 고대 교회 신조들 외에 대부분의 신조와 신경들이 만들어지기도 했고, 존 오웬(1616-1683), 프란시스 투레틴 같은 거장들이 활동하던 시기입니다. 다시 100년이 지난 후 이제는 유럽 대륙을 지나서 유럽인들이 대거 이주한 신대륙 미국에서 일어난 대부흥 운동(1734-35; 1740-42)의 주역이 바로 에드워즈 목사(1703-1758)입니다.

다시 100년 후에 프린스턴 신학교가 설립되어 "구 프린스턴 신학"(Old Princeton Theology)이 100여 년 동안 가르쳐지던 시기(1812-1929)의 끝 무렵에 조직신학자 박형룡 박사가 공부(1923-1926)하고, 이후 이 신학 전통을 이어나가는 웨스트민스터 신학교(1929년 설립)에서 성경신학자 박윤선 박사가 공부(1934-1936; 1938-1939)하고 돌아와서 조선예수교 장로회신학교(평양신학교, 1901년 설립)에서 교수한 것을 생각해보면 한국교회의 신학 전통과도 무관하지 않다는 생각을 바로 하시게 될 것입니다.

18세기 신대륙 미국의 역사에서 교회의 부흥과 교회 개혁을 주도했던 조나단 에드워즈는 청교도 목사요 신학자요 인디언 선교사로 폭넓게 활동한 것 외에도 수많은 저술을 남기고 있으며, 만년에 짧은 동안 프린스턴 대학교(당시 뉴저지 대학) 총장으로 초빙되어 활동하신 분입니다. 이 박사님이 소개하는 이 저서를 통해 우리가 당연한 것으로 알고 잊고 있었던 기독교 공동체의 아름다움과 역사의 중요한 순간에 세상을 변화시킨 그리스도인의 삶과 사상을 더 깊이 알아가는 기회가 되기를 바라면서 기쁜 마음으로 추천의 글을 드립니다.

김길성_총신대학교 신학대학원 명예교수, 조직신학

대개 박사 학위 논문은 학문을 하기 위한 최소한의 자격을 심사받는 것으로, 그래서 학문적 작업의 출발점으로 여겨져서 사람들은 논문보다는 그다음부터를 중요하게 생각하는 경향도 있고, 또 일반인들은 학위 논문의 세심한 학문적 논의를 피하려 하므로 학위 논문을 책으로 냈을 때 잘 보려고 하지 않는 경향이 높습니다. 그러나 이상웅 교수님의 이 책은 이런 편견을 깬 책입니다. 일단 2009년 출간된 첫 인쇄본이 3,000부가 나갔다는 것은 이 책을 일반 독자들도 많이 찾고 있음을 잘 말해 줍니다. 그러므로 이번에 다시 출간되는 이 책을 이 땅의 모든 그리스도인이 잘 보고서 자신들의 성령에 대한 이해를 에드워즈를 통해서 성경적으로 바꾸는 작업을 했으면 하는 바람을 가져 봅니다. 우리가 이 책을 읽어야 하는 몇 가지 이유를 말해 보도록 하겠습니다.

첫째로, 이 책의 주제(subject-matter)가 되는 에드워즈와 성령론에 관한 관심 때문입니다. 어쩌면 에드워즈는 한국에 있는 우리가 가장 사랑하는 학자요 목회자 가운데 한 사람입니다. 그래서 우리나라에서도 에드워즈에 대한 책이 많이 나왔습니다. 그런데 사실 어떤 책들은 부정확하고 심각하게 오해되는 논의를 제시하기도 합니다. 세계적으로 유명한 에드워즈 학자라고 하는 사람들도 그런 오해되는 논의를 많이 합니다. 성령론 역시도 한국 그리스도인들이 매우 흥미 있어 하는 주제입니다. 그런데 성령론에 대해서는 그야말로 무수한 오해가 우리 가운데서 난무(亂舞)합니다. 그런데 이 책은 우리가 관심 있어 하는 에드워즈와 성령론에 대해서 참으로 믿을만한 논의를 하고 있습니다. 이 두 주제에 대해서 가장 성경적 접근을 해 보고자 하시는 분들은 반드시 이 책을 읽고 자신의 견해를 점검해야 할 것입니다.

둘째로, 신학을 공부하시는 분들은 모두 다 이 책을 읽어야 하니, 이 책은 신학적 논의를 어떻게 해야 하는지를 잘 드러내고 있기 때문입니다. 2008년에 이 책의 내용이 박사 학위 논문 심사의 대상이 되었을 때 그 글을 꼼꼼히 읽으면서 저는 그 당시까지 국내에서 쓰여진 박사 학위 논문들 가운데서 가장 잘 쓰여진 논문이라고 심사평을 썼던 기억이 새롭습니다. 이런 분들이 계셔서 이제는 국내에서 박사 학위를 하고, 학위 논문을 써도 부족함이 없다는 말을 할 수 있게 되었습니다. 본래 학문적 능력이 많으신 이상웅 교수님께서는 아마도 IMF 사태가 아니었으면 석사학위 공부를 하셨던 네덜란드에서 계속해서 공부하여 네덜란드에서 박사 학위를 하셨을 것입니다. 온 세상이 어렵게 되었던 그 사태 때문에 화란에서 귀국하여 목회하시면서 국내에서 이 좋은 논문을 쓰셔서 국내에서 논문을 써도 학문적 능력을 잘 드러낼 수 있음을 입증한 셈입니다. 그렇게 이상웅 교수님은 국내에서 학위 논문을 쓰시는 분들을 잘 격려해 주는 셈입니다. 둘째로 오랫동안 목회를 하시면서 목사는 "학자인 목회자"(scholar-pastor)여야 한다는 것을 잘 드러내어 주셨습니다. 최근에 나온 몇 편의 강해서들은(『빌레몬서 강해』, 『요한 계시록 강해』 등) 담임 목회하실 때 하셨던 설교들을 그대로 낸 것인데, 그것이 우리 모두에게 도움이 되니 이것을 잘 드러내 줍니다. 또한 그 내용을 통해서 우리들은 개혁파 설교가 과연 어떻게 이루어져야 하는지를 잘 배우게 됩니다. 또한 그 후에 총신의 조직신학 교수가 되셔서 이제 거의 10여년 매우 중요한 역할을 하셔서 이 땅의 개혁파 조직신학자의 한 사람으로 그 존재감을 잘 드러내고 계시고, 총신이 계속해서 개혁파에 충실하게 하는 일을 하고 계십니다. 이 모든 일이 다 이 논문을 잘 쓰신 결과라고도 할 수 있습니다. 그러므로 지금 신학을 하시는 분들은 이 교수님의 이 책을 찬찬히 읽으면서 신학적 논의가 어떻게 돼야 하는지를 배워야 할 것입니다.

셋째로, 결국 이 책은 한국교회가 가야 할 방향을 잘 제시합니다. 이 책을 다시 내시는 이 교수님의 마음이 아마 그러할 것으로 생각되는데, 이 교수님은 이 땅의 모든 교회가 에드워즈가 생각하던 "성경에 충실한 교회"가 되기를 바랄 것입니다. 그리고 그것은 이 책에서 잘 논의하고 있는 "성경이 잘 드러내 주시는 성령님"에게 우리가 사로잡혀서, 성령님의 인도하심과 감동하신 가운데서 교회의 모든 일을 하며, 모든 교우가 그렇게 일상생활을 할 때에만 이루어집니다. 이런 이 교수님의 의도에서 나온 이 책은 학문과 신앙과 경건과 일상생활이 어떻게 다 하나가 되고, 연관될 수 있는지를 잘 보여 줍니다. 이 교수님은 참으로 "교회를 위하여"(Pro ecclesia!), 그리고 그 교회를 통치하시는 우리 주 예수님을 위하여, 그러니 우리들의 "왕을 위하여"(Pro Rege!) 이 책을 쓰시고, 지금도 학문적 활동을 하시는 것입니다. 이에 부응하여, 우리 모두도 다 그렇게 할 수 있었으면 합니다. 이 책이 제시한 정상적인 그리스도인의 한 사람인 에드워즈를 본받아 에드워즈가 자신이 살던 시기에 참으로 제대로 된 성도요, 겸하여 목회자이었듯이, 우리도 "성경적이고 그런 의미에서 참으로 영적인 (성령님께 사로잡힌) 성도"가 되고, 목사님들은 그런 "성도요 겸하여 목회자"가 될 수 있었으면 합니다. 그렇게 하는 출발점으로 이 땅의 모든 그리스도인이 이 책을 다 읽기 바라면서, 이 귀한 책이 재출간 되는 것을 축하드립니다.

이승구_합동신학대학원대학교 조직신학 교수

성령에 대해 많이 알아도 그것을 체험하지 못하는 것만큼 비참한 일은 없다. 그런 나에게 조나단 에드워즈는 늘 선망과 시기의 대상이었다. 그는 미국의 대각성 운동을 촉발한 비상한 성령의 역사를 자신이 친히 체험하고 목도했을 뿐 아니라 그것을 신학적으로 정밀하게 분석하고 변호하며 반박하는데도 탁월한 업적을 남겼다. 그는 성령을 단순히 이론만이 아니라 체험적으로 깊이 안 진정한 성령의 신학자이었다. 교회역사 속에 에드워즈처럼 뜨겁고 깊은 성령체험과 냉철하면서도 건전한 신학적인 사유를 겸비한 신학자를 만나기는 어렵다. 그런 면에서 그는 우리가 탐구해야 할 성령 신학자의 모델이 되기에 적격이다. 그럼에도 성령론의 관점에서 그의 체험과 신학을 체계적으로 연구한 논문이나 책이 나오지 않았다는 것이 의아한 일이다. 이런 상황에서 본서의 출현은 중요한 의미와 가치가 있다.

저자는 에드워즈의 성령론이 숙성된 역사적인 배경으로부터 시작해서 삼위일체적인 관점과 구원역사적인 맥락에서 에드워즈가 성령을 어떻게 이해했는지를 논의했다. 이어서 개인 구원과 교회의 부흥에 있어서 그의 성령 이해를 다루었다. 에드워즈의 저작은 그 내용이 방대할 뿐 아니라 어려워서 사람들이 좀처럼 접근할 엄두를 내지 못한다. 그런데 본서는 그 내용을 성령론의 관점에서 재구성함으로써 에드워즈의 사역과 신학 전체를 관통하여 쉽게 파악할 수 있는 시각을 제공한다.

또한, 본서는 에드워즈의 성령론이 오늘날 한국교회의 잘못된 신앙의 클리닉을 위해 얼마나 절실한 메시지인지를 깨닫게 한다. 믿음을 단순한 지적인 동의 정도로 생각하는 메마른 교리주의가 만연한 현대교회를 향해 이 책은 참된 신앙은 영적으로 그리스도의 영광과 아름다움을 보는 것이며 마음으로 감각하는 것이라는 에드워즈의 음성이 쟁쟁하게 울리게 한다. 에드워즈가 전통적인 신학에 결핍되어있는 신앙의 주관적이고 체험적인 측면, 즉 마음의 감각과 감정의 기능을 잘 조명하고 분석해주었다는 사실을 밝혀준다. 더불어 과거 대각성 운동 시 나타났던 성령에 대한 양극단이 새로운 양상으로 재현되는 오늘날 혼란한 영적인 현상과 체험을 어떻게 분별해야 하는지에 대한 에드워즈의 예리한 통찰과 지혜를 무상으로 빌려준다. 그래서 진정한 부흥을 위한 성령체험의 첩경으로 우리를 안내한다.

오래전 에드워즈를 읽고 교회를 부흥케 하는 성령의 놀라운 은혜를 추구하며 성령론을 연구하기 시작했다. 그동안 성령에 대한 지식은 쌓았지만, 아직도 그런 부흥의 은혜는 나에게서 요원하다. 이제 그런 갈망도 추구도 거의 그치고 포기한 상태에서 이 책을 읽으며 나 자신이 비참해지는 것을 느끼는 동시에 새로운 도전을 받았다. 이 책은 영적으로 말할 수 없이 피폐한 교회와 우리 자신을 돌아보며 비상한 성령의 은혜를 다시 구하며 부르짖도록 우리를 자극한다.

박영돈_작은목자들 교회 담임목사, 고려신학대학원 교의학 은퇴교수

성령 운동이 무속적이고 신비주의적인 운동으로 변형되면서 한국교회의 성령 운동은 지나치게 감정주의적인 운동이 되어 가고 있고, 따라서 그리스도인의 상식과 합리적인 사유와 판단의 중요성은 점점 심각하게 무시되고 있다. 이러한 상황에서 18세기 미국의 영적 대각성 운동을 이끌었고, 최고이자 최후의 청교도 신학자로 인정되는 조나단 에드워즈의 성령론을 깊이 연구한 본서는 한국교회 전체에 매우 시의적절하고, 유익한 공헌을 할 것이라고 확신한다. 에드워즈는 성경을 통해 계시된 성령 하나님에 대한 심오한 지식과 통찰력을 가진 신학자였을 뿐만 아니라, 성령에 대한 개인적인 체험을 가진 신학자였다. 특히 그의 아내 사라 에드워즈는 원조 은사주의자로 불릴 정도로 성령에 대한 깊은 체험을 소유하고 있었다. 따라서 에드워즈의 성령론은 메마른 상아탑에서 추구된 생명력 없는 이론이 아니라, 목회 현장과 부흥 현장에서 성령 하나님의 역사를 눈으로 보고 몸으로 체험하면서도, 자신의 경험과 체험을 하나님의 말씀의 빛 아래에서 균형 있게 해석한 생명력 있는 신학이었다.

에드워즈의 균형 잡힌 성령론에 대한 큰 애착을 가지고, 그것을 한국교회에 소개하기 위해 불철주야로 애쓰신 이상웅 목사님의 노고에 깊은 감사를 드린다. 이 목사

님은 (본서를 쓸 당시) 전임 목회자로서 그리고 신학 대학의 교수로서의 매우 바쁜 일정 중에서 이 귀한 저작을 완성하셨다. 이 목사님은 1980년대 후반 내가 대학생일 때에 하나님의 신비로운 섭리 가운데 만나게 된 나의 대학 후배이자, 친구이자, 동료이다. 대학 캠퍼스에서 철학 수업을 함께 수강하고, 또 개혁신학의 주요한 주제들에 대해서 토의하고 때로는 논쟁했던 그 아름다운 시절을 잊을 수가 없다. 나는 이 목사님이 그동안 보여 주신 주님에 대한 뜨거운 사랑과 복음 진리와 개혁신학에 대한 타협 없는 헌신에 늘 감동을 받고 있다. 또한, 이 목사님이 가지고 계신 교부 신학에서 현대 신학에 이르기까지 신학의 역사에 대한 해박한 지식과 심오한 통찰에 큰 빚을 지고 있다.

에드워즈의 성령론은 방향 감각을 잃고 헤매고 있는 한국교회의 성령 운동에 새로운 이정표가 될 것이다. 나아가 성경적이고, 복음적이고, 균형 잡힌 성령 운동의 모습이 어떠해야 하는지 바른 모습을 제시해 줄 것이다. 수많은 고국의 그리스도인들이 이 책을 읽고 정말 큰 유익을 얻게 될 줄 확신하며 적극 추천한다. 부디 우리가 사랑하는 주님께서 이 책을 통해 우리의 어머니인 조국 교회를 새롭게 해 주시고, 한 차원 더 성숙하게 해 주시기를 간절히 기원하면서 추천의 말을 대신한다.

정성욱_미국 덴버신학교 조직신학교수

†

사랑하는 가족들과
에드워즈 저술들을 애독하는 독자들에게
본서를 드립니다.

저자 서문

본서는 청교도 신학자 조나단 에드워즈의 성령론을 논구하여 썼던 필자의 철학박사 학위논문을 새로이 출간하는 것입니다. 2008년 11월에 총신대학교에서 통과되었고, 2009년에 부흥과개혁사를 통해 간행해서 2쇄까지 찍었던 이 책을 솔로몬을 통해 다시금 출간하게 됩니다. 논문을 완성한 때로부터 12년여 세월이 흐르는 동안 새로운 개정본을 내자고 마음을 먹은 때도 있었으나, 결국 가벼운 수정 보완 작업만 하고 새로운 편집본으로 출간하게 됩니다. 지난 12년 동안에 에드워즈의 저술들이나 연구문헌들이 수십 권 출간되었지만, 아직 에드워즈의 성령론에 대한 연구서나 논문들이 국내에 부족한 상황이고, 박사논문의 원 형태 그대로 보존할 필요성도 느끼기에 이렇게 다시금 재출간하고자 합니다.

그간에 에드워즈의 저술들이나 연구 문헌들이 작은 책장 하나를 채울 만큼은 충분히 출간되어 있고, 에드워즈로 박사논문을 쓴 학자들이 35명이 넘어서고 있는 것은 참으로 고무적인 일이라고 생각합니다. 하지만 한 편에서는 에드워즈나 청교도들의 신학적 정통성을 정면 부인하고자 하는 이들도 있기에, 에드워즈 연구자로서 책임감이 느껴지기도 합니다. 또한 본서의 연구 배경이 되었던 바 제3의 물결(과 신사도운동)류의 성령운동은 조금도 그 기세가 약화되지 않고 있고, 수많은 교회들에서, 많은 목회자들과 성도들을 사로잡고 있는 현실이기에 성령론 전공자로서 더욱더 책임감을 느끼곤 합니다. 이러한 현재 한국 교회 상황을 염두에 두더라도 본서는 다시 출간되고 읽혀질 만하다고 생각을 합니다. 우리 한국교회는 여전히 에드워즈의 성령론을 통해서 배워야 할 것이 많다고 생각되어지기 때문입니다.

　본서를 다시 출간하면서 이전 책과의 차이를 먼저 밝힙니다. 몇 몇 곳에 새로운 자료들에 대한 소개를 추가했고, 문장을 다듬거나 교정을 한 것 외에는 본서는 박사논문 형태를 최대한 유지하도록 했습니다. 각주들은 미주들로 바꾸었지만, 에드워즈의 원문 인용문들을 번역하지 않고 그대로 둠으로써 관심 있는 독자들에게는 원문 확인에 도움이 되도록 했습니다. 미주들을 일일이 찾아보지 않고도 본문을 읽는데는 크게 어렵지 않을 것이라고 생각합니다만, 연구열을 가진 분들은 미주들도 참고하시면 유익할 것이라고 생각합니다. 이 책이 바탕이 되어 에드워즈의 성령론에 대한 더 진전된 연구들이 이루어질 수 있기를 소망해 봅니다.

　감사의 글로 서문을 마치고자 합니다. 박사논문 지도교수이셨던 김길성교수님을 비롯하여 논문 심사에 참여하셨던 최홍석교수님, 이상원교수님, 이승구교수님, 오창록박사님께 먼저 감사를 드립니다. 또한 3년에 걸친 박사학위 과정과 논문 작성 기간 동안 경제적으로 지원을 해주었던 산격제일교회, 사랑의교회 옥한흠장학회, 광명신광교회 등과 친구 이순호사장과 여러 지인들과 성도님들께도 감사를 드립니다. 참으로 많은 분들에게 사랑의 빚을 지고서야 학위 과정을 무사히 마칠 수가 있었습니다. 논문을 작성하는 동안 장별로 읽고 코멘트를 보내주셨던 정성욱교수님(덴버신학교)에게 다시 한 번 감사드리고, 논문에 대해 코멘트 해주셨던 고신대학교 이신열교수님께도 감사를 드립니다. 본서에 대하여 추천사를 써주신 김길성교수님, 박영돈교수님, 이승구교수님, 정성욱교수님께도 감사를 드립니다. 이 논문을 읽고 출간을 결정해 주셨던 백금산목사님의 후의에도 감사를 드리며, 이제 다시 새로운 편집본으로 출간하자고 열심히 종용해주신 솔로몬 박영호장로님께도 감사를 드립니다. 그리고 학위과정 동안 가족들이 시간적으로 물질적으로 감내해준 사랑도 잊지 않고 늘 기억합니다. 마지막으로 지난 11년 동안 본서를 읽고 유익을 얻었다고 피드백을 해주었던 여러 독자들과 수업 시간에 함께 본서를 읽고 토론했던 여러 제자들에게 감사를 드립니다. 바라기는 부족한 저서가 다시금 새로운 형태로 출간되어지고 나서 성령의 위격과 사역들에 대해서 배우고자 하는 많은 독자들에게 유익을 끼칠 수 있기를 소망합니다.

Soli Deo Gloria!
2020년 3월 17일(화)
양지 캠퍼스 연구실에서
이상웅 자서自序

4쇄를 출간하면서

4쇄를 내면서 내용에 큰 변경은 없으며 학위 논문의 원형을 유지했습니다. 전적으로 오탈자 교정 작업을 꼼꼼히 했습니다.

2024년 5월 4일
이상웅 자서自序

차례

추천사
저자 서문

제1장. 서론 19
1.1. 연구 동기 21
1.2. 조나단 에드워즈의 중요성 22
  1.2.1. 에드워즈에 대한 역사적인 평가
  1.2.2. 에드워즈에 대한 연구 성과
  1.2.3. 에드워즈에 대한 다양한 연구자들
  1.2.4. 한국에서의 에드워즈 연구 현황
1.3. 조나단 에드워즈의 성령론에 대한 연구사 32
1.4. 본서의 주제, 방법론 37

제2장. 에드워즈 성령론의 역사적인 배경 53
2.1. 개인적인 배경 55
  2.1.1. 출생과 양육과정
  2.1.2. 회심체험과 계속되는 거룩에의 추구
  2.1.3. 영성훈련을 통한 성장
2.2. 목회 현장에서의 체험 70
  2.2.1. 코네티컷 강 유역 계곡의 부흥
  2.2.2. 1차 대각성 운동(1740-42)중의 노샘프턴 부흥
  2.2.3. 진정한 부흥의 변호자
  2.2.4. 교회 개혁
2.3. 스톡브리지의 선교사 96
2.4. 소결론 99

제3장. 삼위일체론적 성령론 121
3.1. 에드워즈의 삼위일체론 – 자료와 간략한 연구사 125
3.1.1. 에드워즈의 삼위일체론이 담긴 자료들

3.1.2. 에드워즈의 삼위일체론에 대한 정통성 시비와 연구사

3.2. 에드워즈의 삼위일체론 131
3.2.1. 에드워즈의 새로운 실체 개념과 성향적 존재로서의 하나님

3.2.2. 삼위일체의 두 모형

3.2.3. 내재적 삼위일체

3.2.4. 경륜적 삼위일체

3.3. 성령의 신성과 인격성(위격성) 145
3.4. 소결론 147

제4장. 구속사적 성령론 163
4.1. 구약에서의 성령의 사역 167
4.1.1. 에노스 시대에 처음으로 성령을 두드러지게 부어주심

4.1.2. 광야 2세대에게 성령의 부어주심

4.1.3. 사사 시대와 사무엘 시대

4.1.4. 다윗의 시대

4.1.5. 분열왕국 시대

4.1.6. 바벨론 포로후기

4.2. 예수님의 사역과 성령 177
4.2.1. 예수님의 성육신

4.2.2. 예수님의 공생애 사역

4.3. 구속사의 제3시기 180
4.3.1. 오순절 성령 강림 사건과 사도행전의 기록들

4.3.2. 교회사 시대

4.3.3. 천년왕국 시대

4.3.4. 재림, 심판, 천국

4.4. 소결론 192

제5장. 개인 속의 성령의 사역 207
5.1. 에드워즈 구원론의 몇 가지 특징들 210
5.1.1. 그의 구원론은 칼빈주의적이다

5.1.2. 성령은 구속의 적용자이실 뿐 아니라 구속의 선물 자체이시다

5.1.3. 성령의 일반은혜와 특별은혜, 평상적인 은사와 비범한 은사의 구별

5.1.4. Steps to Salvation 인가 One-Step Salvation인가?

5.2. 회심과 중생 221
5.2.1. 회심, 중생, 회개

5.2.2. 회심의 필요성

5.2.3. 회심의 형태론과 회심의 준비론

5.2.4. 회심의 특징

5.3. 믿음과 칭의 247
5.3.1. 믿음에 대한 다양한 정의들

5.3.2. 마음의 감각(the sense of heart)으로서의 믿음

5.3.3. 믿음은 곧 확신이다

5.3.4. 칭의하는 믿음(justifying faith)

5.4. 성화와 영화 267
5.4.1. 거룩 = 아름다움 = 사랑 = 덕

5.4.2. 성화의 첫 시작과 점진적인 성화

5.4.3. 성화의 표준 = 거룩한 본질

5.4.4. 거룩한 성도의 12가지 표지

5.4.5. 성화의 두 본보기들 - 새러 에드워즈와 데이비드 브레이너드

5.4.6. 회심한 성도는 성화를 위해서 어떻게 해야 하는가?

5.4.7. 성화의 완성 = 영화(glorification)

5.5. 소결론 317

제6장. 공동체 속의 성령의 사역 359
6.1. 참된 부흥의 분별 기준 363
6.1.1. 부흥을 반대하는 사람들이 사용한 잘못된 분별 기준 세 가지

6.1.2. 성령의 역사로 주어지는 참된 부흥

6.2. 참된 부흥에 대하여 취하여야 할 바른 자세와 위험한 반응 376
6.2.1. 부흥에 대해 중립적인 자세를 취해서는 안 된다

6.2.2. 부흥을 반대하는 것의 위험성에 대한 성경적인 증거들

6.2.3. 모든 사람들은 부흥을 증진시키기 위해 힘써야 한다

6.3. 부흥 사역자들에 대한 근거 없는 비난들에 대한 논박 383
6.3.1. 청중의 지성보다 감정에 호소한다는 비난에 대한 답변

6.3.2. 두려움을 준다는 비난에 대한 답변

6.3.3. 어린이에게 지옥 불 이야기를 한다는 비난에 대한 답변

6.3.4. 신앙적인 문제에 너무 많은 시간을 보낸다는 비난에 대한 답변

6.3.5. 설교를 너무 자주한다는 비난에 대한 답변

6.3.6. 신체적 현상을 너무 많이 일으킨다는 비난에 대한 답변

6.3.7. 다른 사람을 보고 따라 하도록 방치했다는 비난에 대한 답변

6.3.8. 말을 너무 많이 한다는 비난에 대한 답변

6.3.9. 모임 시 찬양을 너무 많이 부른다는 비난에 대한 답변

6.3.10. 어린이들이 성경 읽고 기도한다는 비난에 대한 답변

6.4. 부흥을 촉진시키기 위해 피해야 할 것들 395
6.4.1. 신앙 부흥의 오류들이 생기는 일반적인 원인 세 가지

6.4.2. 일반적 원인에서 발생한 특수한 오류들 세 가지

6.5. 부흥을 진작시키기 위해 해야 할 일들 410
6.5.1. 부흥의 걸림돌을 제거해야 한다

6.5.2. 부흥을 위해 직접적으로 해야 할 일들이 있다

6.6. 소결론 417

제7장. 결론 431
    7.1. 요약 정리 433
    7.2. 한국교회에의 기여 437
    7.3. 연구의 한계 그리고 남은 연구 과제들 441

    참고문헌 445

제1장

서론

1.1. 연구 동기

본서는 18세기 미국 식민지 시대의 청교도 목사요 신학자였던 조나단 에드워즈(Jonathan Edwards, 1703-58)의 성령론을 체계적으로 논구하는 것을 목적으로 썼던 본인의 철학박사학위 논문을 수정 보완하되 원래의 형태에 충실하게 다시 출간한 것이다. 필자가 이런 연구를 시작하고 수행하게 된 데에는 세 가지의 이유들이 있었다.

첫째, 개인적인 이유가 있는데 어린 시절부터 교회에서 자라고 신앙생활을 하면서 참된 신앙의 본질이 무엇인가에 대한 관심과 그러한 참된 신앙을 가능하게 하시는 성령의 진정한 역사를 체험하고 분별하는 일이 필자를 사로잡는 관심사가 되어왔다. 그래서 초대에서 현대에 이르기까지 다양한 시대 다양한 신학자들을 연구하면서, 앞서 언급한 관심사에 대해서 성경적이고 개혁주의적인 답을 제시하는 멘토가 될 만한 인물로서 조나단 에드워즈를 만나게 되었다. 에드워즈의 저서들에서 배우게 된 심원한 신학 사상과 영적 통찰력은 – 아브라함 카이퍼의 말을 빌리자면 – 필자의 마음에 안식과 평안을 주었다.[1]

둘째, 목회 현장에서 자주 마주치게 된 긴급한 영적 필요성 때문이다. 22년간 (1990-2012) 부교역자와 담임목회자로 사역하면서 목회 현장에서 마주치게 된 많은 문제들은 영적인 문제들이었다. 영적 체험을 과도하게 추구하는 경향과 그런 것들을 아예 부정하려고 하는 경향 사이에서 목회자는 영적인 분별력을 가지고 회중을 바른 길로 인도해 주어야 한다는 막중한 사명 의식을 느끼게 되었다.

셋째, 필자가 속한 교단 혹은 한국 교회 일반의 영적인 상황의 혼란스러움이 필자로 하여금 이 연구를 진행하게 하였다. 현시대의 한국교회는 제3의 물결the third wave의 영향으로 초교파적인 성령 운동이 진행되고 있고, 그 영향을 받은 알파 코스나 G12의 양육체계 프로그램들이 개혁주의 신학의 비판과 검증을 받지 아니하고 교회 내에 편만하게 유통되고 있다.² 2008년에 예장합동 총회 신학부는 알파 코스나 G12의 신학이 개혁주의적 관점에서 문제가 있다고 하는 보고서를 총회에 제출했고, 총회에서는 알파코스에 대해서는 "사용주의," G12에 대해서는 이단성이 있다는 결정을 내렸다.³ 그러나 교단을 초월하는 성령 운동에 의해서 방언, 신유의 은사를 넘어서, 입신, 축사, 지역신 추방, 예언의 은사의 현존과 계속성을 주장하는 목회자들과 교우들이 영성 운동의 주류를 형성하고 있는 현실의 흐름을 쉬 바꾸기란 어려워 보인다. 이와 같은 상황에서 개혁주의 신학을 공부하고 또한 개혁주의적으로 목회를 수행하고자 추구하고 있는 필자로서는 여러 가지 고민에 빠지지 않을 수가 없었다. 과연 오늘날 성령의 은사는 존재하는가? 아니면 모든 은사는 1세기에 중단되어졌는가? 성령의 은사가 현재도 지속되고 있다는 것을 제한적으로 인정한다고 하더라도 어떤 은사들에 대해서 인정해야 하는가? 그리고 근본적으로 메마른 교리 공부나 성경 공부가 신앙의 전부인가 아니면 은사운동이 필요한가?⁴ 혹은 메마른 지성주의와 넘치는 열광주의 사이에 중간 길via media이 존재하는가? 이런 여러 가지 질문과 고뇌 등이 필자로 하여금 이 연구를 진행하게 만들었다.

1.2. 조나단 에드워즈의 중요성

21세기를 살아가는 우리들이 왜 18세기의 미 식민지 시대의 한 변방에서 활동했던 조나단 에드워즈의 글을 읽어야 하는 것일까? 에드워즈의 중요성을 어떻게 설명할 수 있을까? 우선 흥미로운 사실을 하나 소개하면 우리나라 공영방송인 KBS 1TV에서 2007년 12월 15일(토) 심야에 진행하는 특파원 현장보고라는 프로그램을 통해서 조나단 에드워즈에 대해서 7분여 동안 소개를 했다는 점이다. 공영 방송의 영향력을 감안한다면 일반 국민들에게도 에드워즈에 대하여 면식을 트게 해 주는 좋은 계기가 되었다고 보여진다.⁵ 우리는 여러 가지 방면으로 에드워즈와 그의 사상의 중요성을 입증할 수 있다. 에드워즈에 대하여 역사적으로 어떠한 평가가 내려졌는지를 살펴보면 될 것이고, 오늘날까지 에드워즈에 대한 학계의 연구 성과가 어느 정도나 되는지를 확인해 보는 것과, 얼마나 다양한 분야의 학자들이 에드워즈를 연구하고 있는지를 살펴보고, 한국에서의 에드워즈 연구 현황을 살펴보는 것으로 에드워즈의 중요성을 입증해 볼 수 있을 것이다.

1.2.1. 에드워즈에 대한 역사적인 평가

조나단 에드워즈의 중요성에 대하여 언급한 동시대인들을 먼저 살펴보도록 하자. 영국의 존 웨슬리 목사는 에드워즈의 칼빈주의 신학에 대해 동조하지 않았음에도 불구하고 에드워즈를 가리켜서 "그 선하고 현명한 사람… 그 위대한 사람"이라고 평가했고, 에드워즈와 많은 교류가 있었던 칼빈주의 감리교도인 조지 윗필드 목사는 말하기를 "에드워즈 씨는 견고하고, 탁월한 그리스도인이다 … 내가 생각하기에 모든 뉴잉글랜드 지역에서 그에 필적할 만한 사람을 보지 못했다"고 말했다.⁶ 에드워즈의 직계 제자 중 한 사람인 새뮤얼 홉킨스Samuel Hopkins는 에드워즈 사후에 발간한 전기를 통하여 자기의 스승을 "기독교 경건의 모델로서, 그리고 사람들 중에서 가장 위대하고, 최고로 그리고 가장 유익을 끼친 사람으로 제시하였다.⁷

에드워즈는 비록 회중교회 목사였지만 미국의 장로교회 목사들과 신학적으로 긴밀한 관계를 가졌을 뿐 아니라 부흥에 대한 입장에 있어서 새 빛파New Light = New Side 진영에 서 있었다. 그렇기 때문에 장로교회 목회자나 신학자들은 에드워즈의 중요성을 인정하고 그에 대해서 높이 평가하기를 주저하지 않았다. 에드워즈가 한 때 학장을 지내기도 한 뉴저지 대학(현 프린스턴 대학교)의 사무엘 데이비스 교수는 말하기를 "내 견해로는 미국이 이제까지 배출한 가장 심원한 논증가요, 그리고 가장 위대한 신학자이다"라고 하였고, 뉴 저지 대학 학장을 지낸 애쉬벨 그린은 "내가 평가하기로는 그는 사도 시대 이래로 이 세상이 보아온 가장 거룩한 사람, 겸손하고 하늘에 속한 마음을 가진 사람들 중 하나이다"고 평가하였다.[8] 그리고 프린스턴 신학교의 최초 교수인 아치발드 알렉산더나 B. B. 워필드 등도 에드워즈의 신학적 정통성과 깊은 영성에 대해서 찬사를 아끼지 아니하였다.[9] 그래서 1912년 프린스턴 신학교 설립 100주년을 기념하는 논문집 속에서 존 드 위트는 다음과 같이 말한다.

> 조나단 에드워즈는 미국의 신학적 사유에 있어서 사고의 중심이라 부를 수 있는 것을 바꾼 사람이다 … 우리가 종종 우리 미국의 가장 위대한 신학자our greatest American Divine라고 부르곤 하는 그 사람은 진정 그의 지적인 재능에 있어, 그의 신학적인 성취에 있어, 그의 지속적인 영향에 있어서 진정 형언하기 어려울 정도로 위대하였다. 그는 그의 지배적이며, 두루 침투하며, 밝게 비추는 영성의 자질에 있어 가장 위대한 사람이었다. 부와 부가 의미하는 모든 것에 대한 교만과, 지나가는 이 시대 유행에 대한 교만으로 가득 찬 이 시대 속에서, 우리가 여전히 우리의 가슴 속에 보이지 않고 영원한 우주 속에 살았고, 움직였으며, 그의 존재를 두었던 그 위대한 미국 사람에 대한 최고의 영예를 돌리고 있다는 것은 현재적 축복이자, 미래적 선에 대한 전조이다.[10]

에드워즈에 대한 긍정적이고 높은 평가는 비단 미국 사람들에 제한된 것이 아니었다. 19세기 스코틀랜드 신학자였던 존 어스킨은 "영국 제도는 18세기에 있어서 디킨슨과 에드워즈 같은 신학 저술가를 산출하지 못했다"라고 토로하였고, 토마스 찰머스는 다음과 같이 평가하였다.

그 미국 신학자는 아마도 근대에 있어서 자연적인 분별과 영적인 분별력에 있어서 부요한 은사를 받은 사람의 가장 놀라운 예를 제공해 준다. 그리고 우리는 그의 펜으로부터 흘러나오는 깊은 철학과 그의 강단으로 부터 흘러나오는 겸손하고 어린아이 같은 경건 중 어느 것을 더 예찬해야 하는 지를 모르겠다 … 철학자로서 그는 분별력을 가지고 있어서, 기독교에 있어서 진품과 유사품을 식별할 줄 알았다 … 그 보다 더 행복한 위대한 힘과 위대한 경건의 조합이 없었다.[11]

네덜란드에서도 조나단 에드워즈는 일찍부터 존경을 받았으며, 그의 저술들은 높이 평가를 받았다.[12] 그리고 네덜란드의 유명한 개혁신학자 헤르만 바빙크는 『개혁교의학』 속에서 "뉴잉글랜드에서 최초로 그리고 가장 중요한 신학자는 심원한 형이상학적 지적 능력을 깊은 경건과 조화시킨 조나단 에드워즈(1703-58)였다"고 평가하였다.[13] 그러나 바빙크는 에드워즈가 알미니안주의를 대적한 점에서는 잘 했으나, 의지의 자유와 원죄에 관한 특이한 견해 때문에 에드워즈주의의 시조father가 되었다고 비판한다.[14]

또한 에드워즈와 신학적 입장이 달랐던 이들 중에도 에드워즈에 대한 긍정적인 평가를 한 이들이 있었다. 19세기 침례교 신학자인 A. H. 스트롱 교수는 "그의 시대에 있어서 가장 거룩한 사람"holiest man of his time이라고 평가하였다.[15] 한편 현대의 루터란 신학자로서 에드워즈 연구가인 로버트 W. 젠슨은 에드워즈를 "미국 복음주의의 정초자이고 복음주의 신학의 유일한 신학자로 남아있는 사람"이라고 평가하고, 그의 감정론과 삼위일체론이 신념의 근본이며, 에드워즈의 감정론은 참으로 옳다라고 말한다.[16] 젠슨은 또한 에드워즈가 계몽주의 시대에 활동하면서 계몽주의의 기계론적이고 개인주의적인 경향들에 굴복함 없이 계몽주의를 신학적으로 잘 활용한 인물이라고 평가하면서 그를 "미국의 신학자"America's Theologian라는 칭호로 불렀다.[17] 또한 그는 자신의 조직신학 속에서 에드워즈의 신학을 여러 차례 활용하면서 "오직 기독교적인 동시에 견고하게 건설적인 신학자"라고 평가한다.[18]

한편 무신론자이면서도 에드워즈 연구가로서 20세기 중반에 에드워즈 전기의 출간과 에드워즈 전집(예일판) 발간을 시작하므로써 에드워즈 르네상스에 공헌을 한 페리 밀러(Perry Miller, 1905-68) 교수는 에드워즈에 대해서 "그 당시 지적으로 가장 현대적인 사람이었으며, 그의 통찰들 중 어떤 것은 그의 시대를 아주 앞서 갔기 때문에 우리 시대가 그를 따라 잡았다고 말할 수 없을 정도이다"라고 평가하기도 했다.[19] 그리고 예일 대학교 교수였던 시드니 알스트롬은 에드워즈를 존 칼빈과 바르트와의 사이에 전개된 개혁신학에 있어서 가장 중요한 기여를 한 신학자라고 평가하였다.[20] 옥스퍼드의 미국사 교수인 데이비드 하우는 최근에 출간한 저서 속에서 "영국 식민지였던 미국의 두 사람의 위대한 지성인들은 벤저민 프랭클린과 칼빈주의 신학자 조나단 에드워즈였다. 각자는 그들의 시대가 잘 정의했듯이 인간 본성의 문제에 대해서 그 자신의 방식으로 말했다"라고 평가하였다.[21]

학문적인 세계에서 에드워즈 르네상스를 촉발시킨 이가 하버드 대학교 미국문학과 지성사 교수인 페리 밀러였다고 한다면, 복음주의권에서 에드워즈 르네상스를 촉발하고 주도한 이는 영국 런던의 설교자 마틴 로이드 존스 (D. Martyn Lloyd-Jones, 1899-1981) 목사라고 할 수 있을 것이다. 로이드 존스 목사는 1976년에 청교도 컨퍼런스에서 행한 한 강연 속에서 에드워즈의 신학적 중요성에 대해서 다음과 같이 말한다.[22]

> 우리는 조나단 에드워즈에게서 청교도주의의 정점과 극치에 이르게 됩니다 … 실제로 나는 어리석게도 청교도들을 알프스에 비교하고, 루터와 칼빈은 히말라야에 비교하고, 조나단 에드워즈는 에베레스트 산에 비교하고 싶은 유혹을 느낍니다. 그는 내게 가장 사도 바울을 닮은 사람처럼 항상 보입니다 … 조나단 에드워즈보다 기독교의 현재 상황에 더욱 적실한

사람은 없습니다 … 그는 강력한 신학자이자 동시에 위대한 복음전도자였습니다 … 그는 탁월하게 부흥의 신학자였습니다. 당신이 부흥에 대하여 무엇인가를 알기를 원한다면, 참조해야 할 사람은 에드워즈입니다 … 내 강연을 듣고 진짜 그리스도인인가 아닌가 의심이 든다면, 나의 조언은 이것입니다. 조나단 에드워즈를 읽으십시오. 많은 모임에 참여하는 것을 멈추십시오. 현재 복음주의 서클들에서 그렇게 유행하는 바 다양한 형태의 엔터테인먼트에 대한 갈망을 멈추십시오. 집에 머무르는 것을 배우십시오. 다시 독서하는 것을 배우십시오. 단지 어떤 현대 작가들의 자극적인 책들을 읽기만 하지 마십시오. 다시금 견고하고 깊으며 실제적인 것들에 되돌아 가십시오 … 부흥들은 종종 사람들이 에드워즈 전집들을 읽기 시작한 결과로 일어나곤 했습니다. 따라서 이 사람을 읽으십시오. 그렇게 하기로 결심하십시오. 그의 설교를 읽으십시오. 그의 실천적인 논문들을 읽으십시오. 그리고 나서 신학적 주제들에 대한 위대한 강론들을 읽으십시오.[23]

조나단 에드워즈의 신학적 중요성에 대한 역사적인 평가를 일일이 다 언급하는 것은 실로 끝이 없는 일일 것이다.[24] 물론 우리는 조나단 에드워즈에 대한 역사적인 평가가 긍정적이기만 한 것이 아니었다는 점도 기억해야 한다. 19세기의 올리버 웬델 홈즈는 에드워즈에 대해서 혹평하기를 "오늘날의 관점에서 볼 때, 에드워즈의 체계는 가장 야만적이며, 기계적이며, 물질적이고, 염세적이다"고 하였다.[25] 오늘날까지라도 미국의 고등학교 교과서에는 에드워즈가 1741년 엔필드에서 행한 "진노하신 하나님의 손 안에 있는 죄인들"Sinners in the Hands of Angry God[26]이라는 제목의 설교를 마치 그의 대표적인 설교인양 수록하여 에드워즈에 대한 일반인들의 이미지를 지옥 불 설교자hell-fire preacher로만 제시하고 있다.[27] 그럼에도 불구하고 오늘날 조나단 에드워즈의 중요성에 대한 적극적이고 긍정적인 평가는 부인하거나 거부할 수 없는 것으로 확립되었다고 할 수 있다.

1.2.2. 에드워즈에 대한 연구 성과

조나단 에드워즈의 중요성을 확인할 수 있는 바 중요한 지표 중 하나는 지금까지 에드워즈에 대한 연구 성과가 얼마나 많이 산출되었는가를 보는 것이다. 레서M. X. Lesser는 1729년부터 2005년까지 출간된 에드워즈 관련 문헌들에 대한 간략한 평가의 글을 담은 문헌록annotated bibliography을 출간하였다.[28] 레서 교수에 의하면 1729년부터 2005년까지 에드워즈에 관해 쓰여진 각종 문헌들의 양은 무려 3,285편이 넘는다.[29] 레서 교수의 문헌록을 가지고 통계 자료를 내어 보면, 1729년에서 1900년 사이에 쓰여진 문헌은 587편이고, 1901년에서 1950년까지 쓰여진 문헌은 442편이며, 1950년대부터는 십 년 단위로 문헌량을 살펴봐야 할 정도로 많아지는 것을 확인하게 된다: 1950년대 - 186편, 1960년대 - 261편, 1970년대 - 472편, 1980년대 - 517편, 1990년대 - 483편, 그리고 2001년에서 2005년까지는 337편이다.

미국 예일대학교 부설 조나단 에드워즈 연구 센터의 소장excutive director인 케네스 민케마 박사는 "20세기에 있어서 조나단 에드워즈"라는 논문을 통해서 20세기 100년 동안 에드워즈에 관해 쓰여진 2차 문헌들의 양을 1,308편이라고 소개하고 있고, 1890년부터 2000년까지 에드워즈에 대해 쓰여진 박사논문의 양은 총 286편이나 된다고 소개하고 있다.[30] 박사논문의 주제로 빈번하게 채택된다고 하는 것은 에드워즈의 중요성에 대한 좋은 증거 자료일 것이다. 민케마 박사의 분석에 따르면 1890년에서 1950년 사이에 쓰여진 논문수는 총 33편에 불과하지만, 1950년대에는 20편, 1960년대에는 39편, 1970년대에는 59편, 1980년대에는 65편, 1990년대에는 70편 등이 쓰여진 것으로 보아 에드워즈에 대한 학문적 연구의 열기는 해가 갈수록 더해지고 있다고 볼 수 있다.[31]

1.2.3. 에드워즈에 대한 다양한 연구자들

조나단 에드워즈의 중요성을 확인할 수 있는 또 다른 지표는 다양한 분야의 학자들이 그의 저술과 사상을 연구하여 왔다는 점이다. 그는 비단 신학이나 설교의 관점에서만 연구되어지는 것이 아니고, 철학, 미학, 영문학, 미국 지성사, 미학, 윤리학 등 다양한 관점에서 연구되어 왔다. 민케마 박사는 1890년에서 2000년까지 에드워즈와 관련하여 쓰여진 286편의 박사논문을 8가지 범주로 구별하여 통계를 만들었다. 민케마의 통계 자료에 의하면 설교(12편), 부흥과 대각성(13편), 선교학(5편), 윤리학, 미학(20편), 문학, 문화비평(36편), 철학, 심리학(57편), 역사, 전기(64편), 그리고 마지막으로 신학에 대해서 쓰여진 박사논문이 총 82편이다.[32] 우리가 이 통계 자료 하나만 참고로 하더라도 에드워즈의 사상의 다양한 국면들이 연구의 대상이 되어 왔음을 확인할 수 있다. 에드워즈는 단순히 신학을 넘어서 인문학적인 연구의 대상이 되고 있는 것이다.

그리고 또 한 가지 주의해서 살펴보아야 할 것은 조나단 에드워즈의 신학에 대하여 찬동하는 칼빈주의자나 복음주의자뿐 아니라, 에드워즈의 신학 사상에 대해서 전혀 동의하지 않는 무신론자들 조차도 에드워즈의 중요성을 인정하고 에드워즈의 작품을 연구한다는 것이다.[33] 특히 예일판 에드워즈 전집의 기초를 낳은 초대 편집장인 페리 밀러Perry Miller(1905-68) 교수와 같은 이는 무신론자이면서 미국 문학 교수였다. 그는 에드워즈의 칼빈주의 신학 사상에는 전혀 동의하지 아니하면서도 미국 지성사의 입장에서 에드워즈를 천착하여 많은 연구 업적을 남겼다.[34] 그리고 1949년에 간행한 에드워즈 전기 속에서 에드워즈를 미국 문화의 정초자로 제시하고, 지옥불과 정죄의 메시지를 전하는 설교자가 아니라, 존 로크에게서 배운 통찰력들을 자신의 시대의 위기 상황에 잘 적용한 천재적인 사상가로 제시하였다.[35] 밀러는 심지어 에드워즈의 센세이셔널한 설교나 대각성도 로크의 영향이라고까지 환원시켜 버린다.³⁶ 이와 같은 페리 밀러식의 에드워즈 해석은 1940년-1964년 어간에 학계에서 상당한 영향력을 행사했으며 여전히 그 여파가 남아있다.³⁷

그러나 밀러 학파의 에드워즈 해석에 대해서 비판적인 학자들도 수다하다. 반 밀러적인 경향을 띤 학자들도 여러 가지 부류로 나누어 볼 수 있지만 두 종류의 학자군을 언급하고자 한다. 첫째는 에드워즈가 존 로크와 같은 계몽주의 사상가의 글을 읽고 사용했음에도 불구하고, 칼빈주의 신학자로 머물렀다고 주장하는 많은 학자들이 있다.³⁸ 이 부류에 속하는 학자들 가운데는 에드워즈에 대한 로크의 영향력을 상대화시키는 학자들도 있다.³⁹ 에드워즈는 비록 로크를 비롯한 당대의 계몽주의 사상가들의 글들을 예일대학 재학 시부터 열심히 읽고 씨름했지만 자신이 물려받은 청교도 정통 신학을 변호하기 위하여 도구로 사용하였을 뿐이다는 것이다. 그리고 그가 비록 이성의 권위를 인정했다고 하나 어디까지나 최고의 권위는 하나님의 말씀인 성경이었다.⁴⁰

페리 밀러에 반대하는 두 번째 군에 속하는 학자들은 에드워즈에게 영향을 미친 다른 철학자들이나 철학 사상을 제시하는 자들이다. D. C. 브랜드는 F. 허치슨의 영향을 지적하였고, 카롤리네 슈뢰더 같은 독일 학자는 슐라이어마허와 유사함을 지적하였다.⁴¹ 프린스턴 대학의 폴 램지는 에드워즈의 경험에 대한 관심을 어거스틴의 조명 이론에서 그 영향을 찾았다.⁴² 노먼 피링은 에드워즈의 형이상학이 로크와 일치되지 아니하고 오히려 프랑스의 철학자 말르브랑쉬와 일치한다고 주장하였다.⁴³ 이상과 같은 반 밀러 연구가들 외에도 에드워즈를 창조적인 신학자로 주장하는 로버트 젠슨이나 에드워즈를 "전문적인 철학자-신학자-복음전도자"professional philosopher-theologian- evangelist로 규정하고 그의 신학을 "이성적이고 성경적인 신학"이라고 명명한 존 거스트너John H. Gerstner 같은 학자들도 있다.⁴⁴

이상에서 살펴본 바와 같은 학문적인 영역에서의 에드워즈 연구 이

외에 복음주의적인 입장에서 에드워즈를 연구하는 이들이 있음도 기억해야 한다. 페리 밀러가 학계에서 에드워즈 르네상스를 일으켰다면, 복음주의 계통에서 에드워즈 르네상스를 촉발한 사람은 바로 마틴 로이드 존스 목사이다. 그의 영향으로 에드워즈를 비롯한 청교도 저작들을 재출판하기 위한 〈진리의 깃발사Banner of Truth Trust〉가 설립되었으며, 이안 머리나 제임스 I. 패커 같은 복음주의적인 에드워즈 연구가들의 활동이 시작되었다.[45] 그리고 또한 존 파이퍼 목사나 빈야드 운동에 속했던 샘 스톰즈와 같은 학자들도 언급할 수 있겠다.[46]

1.2.4. 한국에서의 에드워즈 연구 현황

한국인으로서 에드워즈에 대한 연구로 박사를 받은 사람은 2008년을 기준으로 하면 6명이다(물론 2019년을 기준으로 할 때 30명이 넘어섰다).[47] 한국인으로서는 최초로 하버드에서 에드워즈 연구로 학위를 받은 이상현 교수의 박사논문은 에드워즈의 성향 개념에 대한 연구였다.[48] 이상현 박사는 이 연구로 인하여 에드워즈 연구가로서의 세계적인 명성을 얻게 되었다.[49] 이상현 박사는 그후에 에드워즈에 대한 몇 편의 논문과 WJE 21권의 편집과 『프린스턴 에드워즈 연구 입문서』를 편집 출판하기도 했다.[50] 이상현 박사의 성향 개념 연구에 이어서, 에드워즈의 종말론에 대해서 1편, 이신칭의론에 대해서 1편, 영성신학에 대해서 1편, 성향 사상에 대해서 1편, 그리고 중생론에 대해서 각각 1편의 박사 논문이 쓰여졌다.[51] 그리고 에드워즈의 생애나 에드워즈의 사상을 소개하는 저술들의 번역서들이 여러 권 출간되어 있다.[52] 에드워즈의 저술들 가운데서 주요 저술들이 속속 번역 소개되고 있는 것도 고무적인 현상이다. 특히 부흥과개혁사의 백금산 목사는 조나단 에드워즈의 전집 번역과 전문적인 연구문헌을 출간하는 것을 사명으로 삼고 활발하게 출판 사역을 하고 있다.[53]

이상에서 살펴본 바에 의하면 한국에서의 조나단 에드워즈 연구도 상당히 발전적으로 전개되어 나가고 있음을 알 수 있다. 물론 서구에서의 에드워즈의 연구 학파가 다양한 스펙트럼을 이루고 있듯이 국내에서도 적어도 두 가지 유형의 에드워즈 연구 학파가 존재하고 있음을 또한 부인할 수 없다. 이상현 박사의 "성향적 존재론"dispositional ontology에 영향을 받은 연구자들과 청교도 개혁주의 신학자로서 에드워즈 연구에 집중하는 학자들로 양분되어져 있다. 그리고 한국의 개혁주의 진영 안에서도 에드워즈의 신학의 정통성에 대해서 의구심을 가진 이들이 있다. 그러나 필자는 구 프린스턴 신학 전통을 따라서 박형룡 박사가 에드워즈의 칼빈주의적 정통성에 대해서 내린 다음과 같은 평가가 정당하다고 생각한다.

> 초기 뉴잉글랜드 신학은 엄밀히 칼빈주의적이었다. 1733년에 소시너스주의화한 알미니안주의가 널리 퍼져 전도열을 파멸하기에 이르렀다. 요나단 에드워즈(Jonathan Edwards, 1703-1758)는 교의학에 중요한 공헌을 한 최초의 미국 신학자요, 미국이 산출한 가장 중요한 신학자였다. 그는 유행하는 알미니안주의에 반대하여 칼빈주의 교리를 매우 준엄하게 제시하였다. 초연신론에 봉사하는 듯이 보이던 로크Locke의 철학을 그가 알미니안주의의 자유의지의 교리에 대한 반박에 적용한 것("An Essay on the Freedom of Will," Boston, 1754)은 미국과 구주에서 큰 흥미를 일으켰다.[54]

1.3. 조나단 에드워즈의 성령론에 대한 연구 현황

조나단 에드워즈의 신학 사상 가운데 학자들의 논의 대상이 되지 않은 것은 없다고 해도 과언이 아닐 것이다. 그의 신론, 성경관, 교회론 그리고 칭의론, 언약 사상, 성화관, 종말론, 중생론, 체험의 신학, 설교론 등에 대해서 많은 연구 문헌이 산출되었고, 그의 성령론에 대해서도 학자들이 관심을 기울여 온 것은 기정 사실이다. 성령론에 관련된 주요한 문헌들을 연대순으로 일별해 보도록 하겠다.[55]

조나단 에드워즈의 성령의 신학이라는 주제로 쓰여진 첫 연구 논문은 패트리샤 윌슨 카스트너Patricia Wilson-Kastner[56]의 Coherene in a Fragmented World: Jonathan Edwards' Theology of the Holy Spirit이라고 할 수 있다. 그녀의 박사논문 중 일부를 수정하여 출간한 이 작은 연구서는 에드워즈의 성령론의 중요성과 20세기에서의 적실성을 잘 논구하고 있다.[57] 그녀는 에드워즈와 종교적 상황(대각성)을 먼저 다루고나서, 회심에서의 성령의 사역, 영혼 가운데서의 성령의 역사(은혜)를 다루고, 개인적인 변화와 사회적인 변화에 있어서 성령의 역사에 대해서 다룬다. 그녀는 에드워즈에게서 자극을 받아서 하나님의 역사 가운데서 미국이 차지하는 역할에 대해서 긍정적으로 다루는 장으로서 논의의 끝을 맺는다.[58]

브루스 M. 스티븐스Bruce M. Stephens는 18세기 중엽에서 19세기 중엽에 이르는 미국 개신교 신학 사상을 다루려는 한 시도로 성령론을 논구하는 저술을 출간하였다.[59] 저자는 조나단 에드워즈의 성령론으로부터 논의를 시작하는데, 이는 에드워즈를 이어 백여년 동안 미국 신학자들이 사람의 영혼 속에서의 성령의 역사에 대하여 엄밀한 논의들을 전개하였기 때문이다.[60] 그러나 스티븐스는 100여년에 걸친 성령론 논의의 역사를 작은 책자에 담으려고 하다보니 에드워즈에 대해서는 짧게만 논의하고 지나간다.

크리스 리처드 드 프로스포Chris Richard de Prospo는 『조나단 에드워즈의 작품 속에 나타나는 자연과 영』[61]이라는 주제로 영문학 박사 논문을 썼는데, 저자는 조나단 에드워즈가 정통적인 신학과 계몽주의의 과학적 철학적 사상 양면을 잘 조화시켰다는 입장을 개진하였다. 그는 자신의 논지를 입증하기 위하여 에드워즈의 창조론, 섭리론, 그리고 은혜론

을 다룬다.⁶²

역사신학자인 존 거스트너John H. Gerstner는 40여년 동안이나 조나단 에드워즈의 신학을 연구한 발군의 학자인데, 그는 예비적인 연구서들을 출간한 후에, 그의 평생의 연구 결과들을 총정리하여『조나단 에드워즈의 이성적이고 성경적인 신학』(전3권)이라는 대작을 출간하였다.⁶³ 거스트너의 저작 제3권에 보면 거스트너는 에드워즈의 구원론에 해당하는 여러 주제들을 광범위하게 다룬다. 복음전도, 회심의 추구, 중생, 칭의, 성화, 덕이론, 견인과 확신 등의 주제들은 성령이 구원을 적용하시는 사역이다.⁶⁴ 그러나 한가지 아쉬운 점이 있다면 거스트너는 성령의 신성과 위격성에 대해서나, 성령의 역사로서의 부흥 혹은 대각성에 대해서 거의 다루지 않고 있다는 점이다.

역사학자인 토머스 템플턴 테일러Thomas Templeton Taylor는 그의 박사논문 속에서 역사적 신학적 맥락 속에서 뉴잉글랜드에서 일어난 대각성 운동의 성령론을 다루었다. 그의 논문은 크게 3부분으로 구성되어 있는데, 1부에서는 배경으로서 창세기에서 루터에 이르기까지 성령론에 대해서, 그리고 칼빈과 에임스의 성령론 등을 다루고, 2부에서는 대각성 이전 시기에 성령론을 다룬 존 오웬과 윌리엄 클래게트 등을 다룬 후에, 3부에 이르러서 1차 대각성 운동 기간을 다루는 중에 에드워즈의 성령론에 한 장을 할애하였다.⁶⁵ 테일러는 에드워즈의 성령론의 배경과 관련된 저서들을 논구한 후에, 에드워즈는 새로운 카테고리들이나 새로운 교리들을 고안해 내지 않았다고 말한다. 에드워즈의 독특성은 그의 강조점들에 놓여 있으며, 그의 위대성은 그의 마음의 명료성과 교리적 문제들을 다루는 철저성에 놓여있다고 말한다. 그리고 그가 보기에 개혁주의 성령론 분야에 있어서 에드워즈는 중요성에 있어서 존 칼빈과 존 오웬과 어깨를 나란히 한다고 평가한다.⁶⁶

보스턴 대학교에 제출한 자신의 박사논문 속에서 레이첼 수전 스탈Rachel Susan Stahle은 에드워즈의 삼위일체론적 성령론을 다루었다. 그녀는 에드워즈의 전체적이고 일관적인 신학체계의 넓은 전망들을 논구하는 것을 연구 목적으로 삼고 있다.[67] 저자는 에드워즈의 삼위일체론에 대한 논구로부터 시작해서, 삼위일체와 창조, 구속의 계시 문제, 개인적 신앙 체험, 집단적 신앙 체험을 다루고 나서 교회를 새롭게 함과 종말론적 완성의 문제를 다룬다. 스탈의 논문은 성령의 위격과 사역이라는 좁은 주제에 한정되지 아니하고 에드워즈 신학의 전 체계의 틀에서 삼위일체론적으로 다룬 것이다.

아마도 현재까지 에드워즈의 성령론에 대하여 쓰여진 가장 철저한 연구서는 네덜란드 암스테르담 자유대학교 신학부의 개혁파 영성gereformeerde spiritualiteit교수로 재직하고 있는 빌름 판 플라스따윈Willem van Vlastuin이 쓴 학위 논문일 것이다.[68] 그의 논문은 에드워즈의 부흥 신학 속에 나타나는 성령론을 논구하는 것을 목적으로 삼고 있다. 본 논문은 크게 역사적 부분, 조직적 부분, 그리고 평가하는 부분으로 나누어져 있다.[69] 저자는 역사적 부분에서 에드워즈의 생애와 시대 배경을 다루고, 에드워즈가 부흥과 대각성 시기에 저술한 저작들을 일일이 분석한다. 조직적인 부분에서는 성령의 다양한 사역, 성령의 부어주심(부흥), 성령의 열매, 인간론, 성령의 사역 분별, 종말론적 기대 등에 대해서 다룬다. 저자는 조직적인 항목들을 종교개혁자 존 칼빈의 견해와 비교, 평가하면서 끝을 맺는다. 마지막 평가부분은 논문의 결론 부분이다. 이 논문은 유럽권에서 에드워즈의 성령론에 대해서 쓰여진 유일무이한 연구서이면서도, 가장 포괄적으로 자료를 다루고 있는 탁월한 논문이다.

스티븐 J. 니콜스Stephen J. Nichols가 쓴 『절대적인 종류의 확실성: 성령과 조나단 에드워즈의 변증학』은 에드워즈에게 있어서 성령과 변증학의 관계를 다루고 있다.[70] 에드워즈 사상의 중심과 해석학적 열쇠를 변증학에서 찾고자 하는 최신의 학자들의 지원에 힘입어 변증학자로서의 에드워즈의 면모를 논구한 작품이다. 니콜스는 변증학자로서의 에드워즈에 대해 먼저 소개하고, 에드워즈의 인식론, 에드워즈의 새로운 감각

new sense 이론, 성령의 내적 증거Internum testimonium Spiritus Sancti등에 다루고 나서 에드워즈의 변증학적 설교들에 대해서 논구하는 것으로 논의를 전개한다.

로버트 칼드웰 3세Robert Caldwell, III가 쓴 『조나단 에드워즈의 신학에 있어서 연합의 끈으로써 성령』이라는 박사논문은 에드워즈의 성령론을 그의 전체 신학적 틀과 삼위일체론의 관점에서 전개한 것이다.[71] 칼드웰 3세는 에드워즈가 어거스틴의 전통을 따라서 성령을 성부와 성자를 연합시키는 인격적이고 신적인 사랑이라고 파악한 점에 기초를 두고, 자신의 논문을 연합의 끈the bond of union이라는 실마리를 가지고서 전개해 나간다. 서론적인 연구에 이어서, 에드워즈의 삼위일체론을 소개하고, 삼위일체의 연합의 끈으로써의 성령(성령론), 그리스도의 신성과 인성의 연합의 끈으로써의 성령(기독론), 그리스도인의 그리스도와의 연합의 끈으로써 성령(중생, 칭의), 그리스도의 삶에 있어서 연합의 끈으로써의 성령(성화), 하늘에서의 연합의 끈으로써의 성령(영화)에 대해서 차례대로 논구한다.

침례교 신학자인 마이클 A. G. 헤이킨의 저서 『조나단 에드워즈. 부흥 속에서 성령. 사람의 마음속에서의 성령의 지속적인 영향』은 에드워즈의 성령론을 부흥이라는 문맥 속에서 다루고 있다.[72] 헤이킨은 일반 독자들에게 부흥의 신학자로서의 에드워즈를 소개하려는 의도를 가지고 본서를 집필하였다. 저자는 역사신학자로서의 학문적 역량을 발휘하여 에드워즈의 주요 저술들과 시대 배경을 소개하고 있다. 헤이킨 교수는 에드워즈가 토론토 블레싱의 원조라고 하는 것에 반대하기 위하여 공저를 낸 적도 있다.[73]

이제 국내에서의 에드워즈의 성령론에 대한 연구 현황을 살펴보기로 하자. 국내에서 에드워즈의 성령론에 대하여 직접적으로 쓴 포괄적인 박사논문이나 저술은 없는 것으로 파악된다. 다만 양낙흥 교수는 조나단 에드워즈의 생애와 사상을 다루는 대작 속에서 청교도들의 회심관이나 대각성 운동에 대한 소개 그리고 부흥의 변호자로서의 에드워즈가 쓴 여러 주저들에 대한 세밀하고 자세한 분석을 제공해 주고 있다.[74] 그리고 에드워즈의 성령론과 관련해서 김성광 목사의 학위논문과 노병기 목사의 학위논문도 논의의 대상으로 삼아야 한다.[75]

1.4. 주제, 자료, 논의의 순서

본서는 청교도 개혁주의 신학자인 조나단 에드워즈의 성령론을 체계적으로 논구하여 조직적으로 진술하는 것을 목적으로 한다. 사실 에드워즈는 성령론에 대한 조직신학적인 저술을 남기지 않았기 때문에 이와 같은 체계적 정리의 작업은 가치가 있다고 사료된다.[76] 더욱이 아직도 국내에는 에드워즈의 성령론을 체계적으로 다룬 전문 연구서가 전무한 상황이기 때문에 본 논문의 연구 가치가 있다고 사료된다.

에드워즈는 비록 『의지의 자유』나 『원죄론』과 같은 수준의 성령론 저작을 남기지는 않았지만, 그가 영적 대각성 시기에 쓴 여러 편의 저술들과 대각성에 대해서 쓴 저술들 속에서 성령의 사역에 대한 성경적이고 신학적인 분석과 평가를 우리들에게 제시해 주고 있다. 그리고 그의 설교들 속에서도 성령의 사역에 대해서 많이 다루고 있기 때문에 성령의 위격과 사역에 대한 에드워즈의 신학 사상을 정리하는 데에 자료는 충분하다고 사료된다. 그리고 19세 초반 이래 에드워즈의 전집을 간행하려는 수많은 시도들이 있어 왔지만, 페리 밀러의 주도하에 1957년부터 시작되어 2008년에 26권짜리 전집으로 완간된 예일대학교 비평적 판본이 표준적인 에드워즈 전집이다. 본 논문에서 주로 의존하고 사용한 판본도 바로 이 판본이다. 각주에서는 *WJE*라고 약칭하여 인용하였다. 그리고 2008년 10월 5일 에드워즈 생일을 기하여 73권으로 된 디지털 전집도 인터넷 상에 론칭하여 에드워즈 연구에 있어서 획기적

인 발전을 이룩하였다.[77]

본서에서는 특별히 에드워즈가 부흥/대각성과 관련하여 쓴 여러 저술들에 주목을 하려고 한다. 빌름 판 플라스따윈 W. Vlastuin 박사는 부흥과 영적 대각성에 관련된 에드워즈의 저술들을 일일이 검토하며 분석을 했다. 그는 각 저서들의 특징을 한 마디의 문구로 묘사하기도 했다. 우리의 연구 수행을 위해서 도움이 된다고 사료 되기 때문에 판 플라스따윈 박사의 분석을 그대로 옮겨 적어본다.[78]

1. 『놀라운 회심의 이야기』 - 대각성의 모델(Het model van opwekking)
2. 『사랑과 그 열매』 - 대각성에 머무르기(Het blijven bij opwekking)
3. 『구속 사역의 역사』 - 대각성의 기대(De verwachting van opwekking)
4. 『성령의 역사 분별 방법』 - 대각성에 대한 광범위한 분석(De brede opwekingsanalyse)
5. 『균형잡힌 부흥론』 - 대각성에 대한 자기 비판적인 분석(De zelfkritische opwekkingsanalyse)
6. 『신앙감정론』 - 개인적인 대각성 분석(De persoonlijke opwekkingsanalyse)
7. 『기도합주회』 - 대각성을 위한 기도(Het gebed om opwekking)
8. 『데이비드 브레이너드의 생애와 일기』 - 대각성의 표본(Het voorbeeld van opwekking)
9. 『겸허한 질의』 - 대각성 속에서 하나의 개혁(Een reformatie in opwekking)

이상의 저서들은 1736년에서부터 1749년 어간에 에드워즈가 출간한 것들이다. 이 기간 동안 에드워즈와 그가 시무하던 노샘프턴 교회 회중들은 두 차례의 영적 대각성(1734-35, 1740-42)을 체험했다. 그는 영적 대각성 기간을 통하여서 성령의 은혜를 충만히 체험하는 가운데, 부흥에 대한 변호와 분석과 그리고 부흥의 기대와 진작을 위해서 저술 활동을 수행하게 된다. 따라서 우리가 에드워즈의 성령론의 실체를 파악

하기 위해서는 이상에서 제시한 책들을 논구해야 한다.[79]

에드워즈의 성령론을 이해하고 체계화하기 위해서 우리가 참조해야 하는 다른 저술들도 있다. 삼위일체론(Discourse on the Trinity)과 "은혜론"Treatise on Grace[80]등의 저술들과 『신학묵상집』(The Miscellanies)에 나오는 여러 항목들을 참조하여야 하겠고,[81] 또한 성령의 사역에 대한 여러 설교들도 참조해야만 할 것이다.[82] 또한 에드워즈의 개인적인 면모를 더욱더 분명하게 보여주는 서신들과[83] 개인적인 문서들도 필요에 따라 참조해야 할 것이다.[84]

이상에서 지적한 것들만 보더라도 우리는 에드워즈가 성령론이라는 조직적인 저술을 남기지는 않았지만, 성령론에 대한 풍성한 저술 활동을 하였음을 알 수 있다. 따라서 우리가 에드워즈의 성령론을 파악하고 체계적으로 이해하려고 한다면 이상의 일차적인 자료들을 소화해 내어야만 할 것이다. 그리고 앞서 소개한 성령론에 관련된 저술들이나 참고문헌록에 소개한 다양한 문헌들을 필요에 따라서 참조하게 될 것이다.

이상에서 살펴본 제1장에서는 본서의 연구 동기, 에드워즈의 중요성, 에드워즈의 성령론 연구의 역사, 연구 주제와 방법 혹은 자료문제에 대해서 다루었고, 이어지는 장들에서는 다음과 같이 논의를 전개하려고 한다.

제2장에서는 에드워즈의 성령론의 형성 배경을 다루고자 한다. 에드워즈의 성령론은 여러 가지 컨텍스트 속에서 형성되고 정립된 것이기 때문에 이런 연구가 선행될 필요가 있다고 본다. 그래서 그의 개인적인 체험, 목회현장의 체험 그리고 부흥신학자로서 부흥에 대한 변증 활동 등에 대해서 살펴보고자 한다.

제3장에서는 에드워즈의 삼위일체론적 성령론을 다루어 보려고 한다. 에드워즈의 삼위일체론은 19세기 이래로 역사적으로 많은 논란이 되어지고 공격받은 부분이기 때문에 에드워즈의 삼위일체론을 깊이 논구해야 할 필요성이 있다. 그리고 성령의 위격을 다룸에 있어서 삼위일

체론적 틀 속에서 다루어져야 한다는 것도 당연한 일일 것이다.

제4장에서는 에드워즈의 성령론을 구속사적인 관점에서 논구해 보고자 한다. 구약에서의 성령의 사역, 예수님과 성령, 오순절의 의미, 교회 시대와 종말에서의 성령의 사역 등에 대해서 에드워즈가 어떻게 말하고 있는지를 그의 주요 저서 중 하나인『구속사』*A History of the Work of Redemption*를 통해서 확인해 보려고 한다.

제5장에서는 에드워즈가 개인 성도 속에서 역사하시는 성령의 사역에 대해서 어떻게 이해하고 있는지를 논구하려고 한다. 먼저 에드워즈 구원론의 특징들이 무엇인지 살펴보고, 회심과 중생, 믿음과 칭의, 그리고 성화와 영화에 대한 에드워즈의 입장이 무엇인지 논구해 보고자 한다.

제6장에서는 공동체 속에서의 성령의 사역을 다루려고 한다. 특히 부흥과 대각성에 대한 에드워즈의 신학적 숙고들을 논구하고자 하는데, 부흥신학의 걸작이라고 일컬어지는 저술인『균형잡힌 부흥론』*Some Thoughts*을 철저하게 살펴보려고 한다.

제7장은 결론 부분이다. 앞서 다룬 논의들을 요약한 후에, 에드워즈의 성령론이 한국 교회에 기여할 수 있는 점들이 무엇인지를 제시하고, 본 연구의 한계를 인정함과 동시에 더 폭넓은 연구의 필요성에 대해서 지적함으로 연구를 마무리하려고 한다.

주

1. 세계 3대 칼빈주의자 중 한 사람인 아브라함 카이퍼(Abraham Kuyper, 1837-1920)는 근대 자유주의 신학자였다가 칼빈주의로 되돌아온 학자이다. 그는 1898년 프린스턴 신학교에서 행한 스톤 강좌를 시작하면서 "칼빈주의에서 내 마음은 안식을 발견했다. 칼빈주의에서 이 원리들의 거대한 충돌이 치열하게 펼쳐지는 곳에서 굳건하고 단호하게 취할 수 있는 영감을 얻었다"고 고백한 바 있다(아브라함 카이퍼, 『칼빈주의 강연』, 김기찬 역 [서울: 크리스챤다이제스트, 2000], 20). 필자는 카이퍼의 고백과 같이 칼빈주의 안에서 마음의 안식과 평안을 느끼며, 특히 영적인 문제에 관해서는 역시 칼빈주의자였던 에드워즈의 저술들 속에서 마음의 안식과 평안을 얻게 되었다고 할 정도로 많은 감명을 받았다.
2. 제3의 물결(The Third Wave)이란 1980년대 미국 풀러 신학교의 선교학 교수였던 피터 와그너가 주창한 성령 운동으로서 신약 성경에 기록된 모든 은사들이 현재에도 존재한다고 주장하였다. 이 운동을 대중적으로 보급하는데 크게 기여한 또 한 사람의 대표자는 바로 빈야드 운동의 창시자인 존 윔버 목사였다. 이들이 자신들의 운동을 제3의 물결이라고 칭하는 것은 20세기 초반에 일어난 오순절주의를 첫 번째 물결로 보고, 1960-70년대에 전개된 은사운동을 제2의 물결로 보기 때문이다(Wayne Grudem [ed.], *Are Miraculous Gifts for Today: Four Views* [Downers Grove: IVP, 1996], 11-12).
3. 「기독신문」, 1696호 (2008년 10월 1일), 4면.
4. 한국 교회의 양극된 상황에 대해서 최흥석 교수 역시 다음과 같이 지적을 한 바 있다: "Howel de Koreaanse protestantse kerk pas 100 jaar oud is, vertoont zij in de recente geschiedenis een opmerklijke groei die tot op heden voortduurt. Echter, zij heeft enerzijds last van mystieke stromingen binnen de kerk, die het Woord verontachtzamen, en anderzijds van de neiging tot *orthodox intellectualisme*, waarin het werk van de Hielige Geest wordt verwaarloods"(Hong Suck Choi, "Verkondiging en de Heilige Geest"[Doctoraal Scriptie, Theologische Universiteit te Kampen, 1984], 4).
5. 동영상을 보려면 http://news.kbs.co.kr/news.php?kind=c&id=1477267 을 보라. 일반 공영방송에서 조나단 에드워즈 목사를 다룬 까닭은 그가 위대한 가문을 연 신학자이기 때문이다. 에드워즈 가문에 대한 다음과 같은 특파원의 언급은 일반인들의 관심을 불러일으키고도 남았을 것이다. "지금까지 8대를 내려오면서 부통령이 나왔고, 주지사가 3명, 대학총장이 13명, 인구 6백만 이상의 대도시 시장이 3명, 장. 차관급 공무원이 82명, 변호사가 149명, 판. 검사 48명, 목사가 116명, 의사가 68명, 교수가 65명, 세계적인 사업가가 75명, 뛰어난 발명가가 25명이 탄생했습니다. 무엇이 이 가문을 이렇게 만든 것일까?". 다만 특파원은 자료 전달에 있어서 시대착오적 오류를 범하고 있다. 이상의 통계는 윈쉽(1845-1933)이라는 학자가 1900년에 내놓은 것이다: A. E. Winship, *Jukes- Edwards: A Study in Education and Heredity* (Harrisburg: R. L. Myers and Co., 1900). 1장 쥬크 가문 연구(7-14), 2장-11장 에드워즈 가문 연구(15-88).
6. Iain H. Murray, *Jonathan Edwards: A New Biography* (Edinburgh: Banner of Truth, 1987), xv에서 재인용.
7. Samuel Hopkins, *The Life and Character of Mr. Jonathan Edwards* (1765/ Harrisonburg: Sprinkle Publications, 2008), 4: "President Edwards, in the esteem of

all the judicious, who were well acquainted with him, either personally or by his writings, was one of the greatest … best … and most useful of men that have lived in this age." 홉킨스는 계속해서 자기 스승에 대해서 "one of the greatest divines," "a bright Christian, an eminently good man"라고 칭송한다.
8. Murray, *Jonathan Edwards*, xv에서 재인용.
9. 아치발드 알렉산더는 에드워즈에 대해 "few men ever attained … higher degrees of holiness"또는 "made more accurate observations on the exercises of others than Edwards"라고 평가하였고(Archibald Alexander, *Thoughts on Religious Experience* [Philadelphia: Presbyterian Board of Publication, 1841], 72-102), 세계 3대 칼빈주의 신학자 중 하나로 불리우는 벤쟈민 B. 워필드 교수 역시 에드워즈에 대해서 호평을 하기를 "성자요, 형이상학자요, 부흥사 그리고 신학자인 조나단 에드워즈는 식민지 시대의 지성적 삶에 있어서 참으로 가장 위대한 인물 중 하나로 돋보인다"라고 말하였다(Benjamin B. Warfield, "Edwards and the New England Theology," in *Studies in Theology*. The Works of Benjamin B. Warfield IX [1932/ Grand Rapids: Baker, 2003], 515). 워필드는 다른 구 프린스턴 신학자들과 마찬가지로 에드워즈를 계승한 뉴잉글랜드 신학에 대해서는 비평적이다(532-36). 그러나 에드워즈의 신학적인 정통성에 대해서는 확고부동한 신뢰를 표현한다: "In point of fact, what he teaches is just the 'standard' Calvinism in its completeness … elsewhere throughout the treatise(에드워즈의 원죄론을 가리킴) he speaks in the terms of the common Calvinistic doctrine … He strove after no show of originality … he is only solicitous that he should be understood to be not a blind follower of Calvin, but a convinced defender of Calvinism … But the doctrine of this treatise(에드워즈의 자유의지론을 가리킴) is precisely the doctrine of the Calvinistic schoolmen"(530-31). 그러나 프린스턴 신학교의 찰스 핫지 교수는 미합중국 장로교 형성의 역사를 기술하면서 영적 대각성 운동에 있어서 에드워즈의 중요성을 추적하되 비평적으로 다루고 있다(Charles Hodge, *The Constitutional History of the Presbyterian Church in the United States of America* [Philadelphia: Presbyterian Board of Publication, 1851], 2:11-101). 찰스 핫지는 그의 『조직신학』 속에서도 에드워즈를 대체로 비판적으로 다룬다: Charles Hodge, *Systematic Theology*, 3vols. (New York: Scribner, Amstrong, and Company, 1872-1873), II, 207, 208, 217(에드워즈의 전가론); III, 116, 148(칭의론); III, 563, 569, 571(성찬참여자격론) 등을 보라. 에드워즈에 대한 여러 구 프린스턴 신학자들의 평가를 보기 위해서는 다음의 책을 참조하라: David B. Calhoun, *Princeton Seminary* (Edinburgh: Banner of Truth, 1994, 1996), 1:128-29, 201, 213-15, 218-19, 254, 465, n4, 470, n36 2:411-12, 324, 526, n24, 526-27, n25, 564, n24. 그리고 아울러 이 자리에서 지적하고 넘어갈 것은 구 프린스턴 신학자들은 스콜라주의자들 혹은 합리주의자들이라는 평판을 받아 왔지만 최근의 연구 결과 많은 시정이 이루어졌다. 특히 앤드류 호페커의 박사 논문에 의하면 프린스턴 신학자들은 종교적 체험을 가지고 있었으며, 종교적 체험의 중요성과 성령의 역사의 중요성을 끊임없이 강조하였다(Andrew W. Hoffecker, *Piety and the Princeton Theologians: Archibald Alexander, Charles Hodge, and Benjamin Warfield* [Philippsburg: Presbyterian and Reformed Pub., 1981]).
10. John de Witt, "Jonathan Edwards: A Study," in *Biblical and Theological Studies*, by

Members of the Faculty of Princeton Theological Seminary (1912/ Solid Christian Ground Books, 2003), 109-36. 인용은 130쪽과 136쪽에서 온 것이다.
11. Murray, *Jonathan Edwards*, xv-xvi에서 재인용.
12. 에드워즈의 사후 얼마 지나지 않아서 한 네덜란드 사람이 쓴 글을 새뮤얼 홉킨스는 다음과 같이 소개해주고 있다: "That Mr. Edwards' writings, especially on the *Freedom of the Will*, was had in great esteem there: that the professors of the celebrated academy, presented their compliments to President Edwards. Several members of the classes of Amsterdam gave their thanks, by him, to pious Mr. Edwards, for his just observations on Mr. Brainerd's life; which book was translated in Holland, and was highly approved of by the University of Utrecht" (Hopkins, *The Life and Character of Mr. Jonathan Edwards*, 143). 에드워즈의 *Faithful Narrative*는 1740년에, 브레이너드의 생애와 일기는 1756년에, 의지의 자유는 1774년, 신앙감정론은 1779년, 원죄론은 1790년에 각각 네덜란드어로 번역되었다.
13. Herman Bavinck, *Reformed Dogmatics*, trans. John Vriend (Grand Rapids: Baker, 2003), 1: 201.
14. Bavinck, *Reformed Dogmatics*, 4:842에 있는 인덱스 참조. 헤르만 바빙크의 지도하에 얀 리덜보스는 조나단 에드워즈의 신학에 대한 전반적인 연구로 박사학위를 취득하였다 (Jan Ridderbos, *De theologie van Jonathan Edwards* ['s-Gravenhage: Nederbragt, 1907]). 리덜보스는 자신의 박사논문에서 에드워즈의 신학에 대해서 다소 비평적으로 다루는데, 특히 그는 에드워즈의 삼위일체론을 양태론이라고 비평하였다(258-80).
15. A. H. Strong, *Systematic Theology* (Rochester: Andrews, 1886), 26, 287, 588 passim.; M. X. Lesser. *Jonathan Edwards: A Reference Guide* (Boston: G.K. Hall, 1981), 84에서 재인용.
16. Robert W. Jenson. "Mr. Edwards' Affections," *Dialog* (1985 Summer): 169-75; Lesser. *Reading Jonathan Edwards: An Annotated Bibliography in Three Parts, 1729-2005* (Grand Rapids: Eerdmans, 2008), 386에서 재인용.
17. Robert W. Jenson, *America's Theologian: A Recommendation of Jonathan Edwards* (New York: Oxford University Press, 1988), 196: "Jonathan Edwards undertook critique in the service of the gospel and the adumbration of universal harmony as encompassed in triune harmony. He is America's theologian because he so astonishingly accomplished both undertakings. And at the last he penetrated to the ancient dualism, perpetuated in both Puritanism and Enlightenment, which has made critique destructive and harmony silent and impersonal, and transcended it."
18. Robert W. Jenson, *Systematic Theology* (New York: Oxford University Press, 1999), 1:119-20, 134-45; 2:18-20, 39-41, 367-369.
19. Perry Miller, *Jonathan Edwards* (New York: Sloane, 1949), xiii.
20. Sydney E. Ahlstrom, *Theology in America: The Major Protestant Voices from Puritanism to New-Orthodoxy* (Indianapolis: Bobbs-Merrill Co., 1967), 149-52
21. Daniel W. Howe, *Making the American Self: Jonathan Edwards to Abraham Lincoln. Studies in Cultural History* (Cambridge: Harvard University Press, 1997), 22.

22. D. Martyn Lloyd-Jones, "Jonathan Edwards and the Crucial Importance of Revival," in *The Puritans: Their Origins and Successors* (Edinburgh: Banner of Truth, 1987), 348-71.
23. 로이드 존스의 영향을 받아서 세워진 Banner of Truth Trust사는 1974년에 *The Works of Jonathan Edwards*, Ed. Edward Higman, 2 vols. (London: F. Westley, 1834)를 영인본으로 간행하게 된다. 영인본 제2권 재킷 뒷 날개 부분에 수록된 로이드 존스의 코멘트는 다음과 같다: "If I had the power I would make these two volume compulsory reading for all ministers! Edwards seems to satisfy all round; he really was an amazing man."
24. 역사적 평가들을 담고 있는 몇 몇 자료들을 소개하면 다음과 같다. Murray, *Jonathan Edwards*, xv-xvii; 헝가리 출신의 철학자인 Miklos Vetö 교수의 철저한 연구서인 *La penseé de Jonathan Edwards*. Ouverture Philosophique (1987/ Paris: L'Harmattan, 2007), 31-40에 보면 "조나단 에드워즈의 이미지: 칭찬들"(L'image de Jonathan Edwards: Louanges)이라는 소제목 아래 에드워즈에 대한 백 명이 넘는 학자들의 찬사를 인용하고 있다.
25. John Piper, *God's Passion for His Glory: With the Complete Text from "The End for Which God Created the World" by Jonathan Edwards* (Wheaton, Ill.: Crossway Books, 1998), 27에서 재인용.
26. Jonathan Edwards, "Sinners in the Hands of Angry God, *WJE* 22:404-35.
27. 에드워즈에 대한 비판적인 평가들도 다 열거하기에 지루할 만큼 많다. Vetö, *La penseé de Jonathan Edwards*, 41-52에 보면 "조나단 에드워즈의 이미지: 비평들과 저주들 (L'image de Jonathan Edwards: critiques et imprécations)"이라는 소제목 아래 70여 개의 비평적인 평가들이 인용되어 있다.
28. 노스이스턴 대학교의 은퇴 영문학 교수인 M. X. Lesser는 *Jonathan Edwards: A Reference Guide* (Boston: G.K. Hall, 1981)와 *Jonathan Edwards: An Annotated Bibliography*, 1979- 1993 (Westport, Conn.: Greenwood, 1994)를 출간했는데, 2008년에 이르러는 두 권을 합본하고 그 이후 시기의 참고 문헌록을 정리하여 *Reading Jonathan Edwards: An Annotated Bibliography in Three Parts, 1729-2005* (Grand Rapids: Eerdmans, 2008)를 출간하였다. 이 문헌록은 에드워즈에 대해 쓴 아티클, 단행본, 박사논문 등에 대한 정보를 제공하고 있으며, 영어뿐 아니라 독일어, 프랑스어, 이탈리아어, 스페인어, 한국어 등으로 쓰여진 문헌 정보를 포함하고 있어서 에드워즈 연구자들에게는 필수 참고문헌에 속한다.
29. 스티븐 니콜스는 2001년에 간행된 에드워즈 입문서 속에서 에드워즈에 관한 2차 문헌이 3천편이 넘는다는 말을 하고 있으나[Stephen J. Nichols, *Jonathan Edwards: A Guide Tour of His Life and Thought* (Philippsburg: Presbyterian & Reformed, 2001), 18], 본인은 Lesser 교수의 문헌록 속에서 소개되고 있는 모든 자료들을 확인한 결과 최소한 3,285편이 넘는 문헌들이 쓰여졌음을 확인하였다.
30. Kenneth P. Minkema, "Jonathan Edwards in the Twentieth Century," *Journal of Evangelical Theological Society* 47/4 (December 2004), 660-63. 그리고 미국의 UMI 사이트(http:// www.proquest.com)를 통해서 검색해 보면, 2001년에서 2008년까지 에드워즈에 관해 적어도 24편 이상의 박사논문이 더 쓰여진 것으로 파악된다.

31. Minkema, "Jonathan Edwards in the Twentieth Century," 662.
32. Minkema, "Jonathan Edwards in the Twentieth Century," 662.
33. 다양한 연구 경향에 대해서는 van Vlastuin, *De Geest van opwekking*, 15-18 (De verschillende categorieën in het Edwards-onderzoek); Stephen J. Nichols, *An Absolute Sort of Certainty: The Holy Spirit and the Apologetics of Jonathan Edwards* (Philippsburg: Presbyterian & Reformed, 2003), 5-17; Kevin Woong San Kang, "Justified by Faith in Christ: Jonathan Edwards' Doctrine of Justification in Light of Union with Christ"(Ph. D. diss. Westminster Theological Seminary, 2003), 307-37; 노병기, "조나단 에드워즈의 중생론-칼빈 웨슬리의 신학 사상과 관련하여"(Ph. D. 논문, 연세대학교, 2003), 4-23.
34. 페리 밀러 교수의 에드워즈에 대한 대표적인 연구는 다음과 같다: *Jonathan Edwards* (New York: Sloane, 1949); "Jonathan Edwards on the Sense of the Heart," *Harvard Theological Review* 41 (April 1948): 123-45; "Jonathan Edwards's Sociology of the Great Awakening," *New England Quarterly* 21 (March 1948): 50-77; *Errand into the Wilderness* (Cambridge: Beklnap Press, 1956).
35. Miller, *Jonathan Edwards*, 133-64. 밀러는 1957년에 간행된 에드워즈 전집 1권 편집장 서문에서 다음과 같이 자신의 견해를 밝힌다: "Whether because of that prodding or because of the logic of intellectual development, we find today a new urgency to confront and reinterpret the historic philosophical and theological cruxes with which Edwards grappled so courageously. This is not to imply that today the precise doctrines that Edwards maintained, in the language in which he cast them, have been or should be extensively revived; indeed it is quite beside the purpose of this edition to promulgate"(Miller, "General Editor's Note," *WJE* 1:viii).
36. van Vlastuin, *De Geest van opwekking*, 16.
37. Steven Michael Studebaker, "Jonathan Edwards' Social Augustinian Trinitarianism: A Criticism of and an Alternative to Recent Interpretations"(Ph. D. diss., Marquette University, 2003), 46. 밀러의 전통에 서 있는 작품들을 몇 권 소개하면 다음과 같다: Patricia J. Tracy, *Jonathan Edwards, Pastor: Religion and Society in Eighteenth-Century Northampton* (New York: Hill & Wang, 1980); Mason I. Lowance Jr. *The Language of Canaan: Metaphor and Symbol in New England* (Cambridge: Harvard University Press, 1980); Barbara O. Oberg and Harry S. Stout (eds.), *Benjamin Franklin, Jonathan Edwards, and the Representation of American Culture* (New York: Oxford Univ. Press, 1993); Leon Chai, *Jonathan Edwards and the Limits of Enlightenment Philosophy* (New York: Oxford University Press, 1998).
38. J. Hartounian, C. Cherry, V. Thomas, H. F. May, P. Dassow, B. A. Fisher, F. J. E. Woodbridge, I. H. Murray, P. Guy and V. L. Parrington(van Vlastuin, *De Geest van opwekking*, 16 참고). 이들 가운데 Conrad Cherry는 대표적인 학자인데, 그의 책 *The Theology of Jonathan Edwards: A Reappraisal* (Garden City, N.Y.: Doubleday, 1966; rep. Bloomington: Indiana University Press, 1990), 1-6, 15을 보라.
39. D. C. Brand에 의하면 에드워즈의 마음의 감각(sense of the heart)은 초자연적인 사건에 속하는 반면에 로크에 의하면 전적으로 자연적인 삶에 속한다. 그리고 N. Fiering, P.

Helm, D. Lawrence, J. Hoopers 등은 에드워즈가 로크를 따르기 보다는 로크와 투쟁했다고 한다(van Vlastuin, *De Geest van opwekking*, 16).
40. van Vlastuin, *De Geest van opwekking*, 16.
41. Caroline Schröder, *Glaubenswahrnehmung und Selbsterkenntnis : Jonathan Edwards' theologia experimentalis* (Göttingen: Vandenhoeck & Ruprecht, 1997). 카롤리네 슈뢰더는 조나단 에드워즈를 미국인 슐라이어마허로 소개하고자 한다: "Jonathan Edwards- der amerikanische Schleiermacher- mit dieser Charakterisierung könnte, am Edwards einer deutschen Leserschaft vorstellen"(1, 5, 53-60, 65, 122-41 등을 보라).
42. Paul Ramsey, "Editor's Introduction," *WJE* 1:43.
43. Norman Fiering, *Jonathan Edwards's Moral Thought and Its British Context* (Chapel Hill: Univ. of North Carolina Press, 1981), 125-26. 또한 제임스 카스는 에드워즈가 로크의 형이상학을 거부했다고 논증하였다(James Carse, *Jonathan Edwards and the Visibility of God* [New York: Scribner's Sons, 1967], 31-44).
44. Jenson, *America's Theologian: A Recommendation of Jonathan Edwards*, 42, 63; Gerstner, *The Rational Biblical Theology of Jonathan Edwards*, 3 Vols. (Orlando, Fla.: Ligonier Ministries, 1991-93).
45. Iain H. Murray, *Jonathan Edwards: A New Biography* (Carlisle, Pa.: Banner of Truth, 1988); idem, *Revival & Revivalism: The Making of American Evangelicalism 1750-1858* (Edinburgh: Banner of Truth, 1994); idem, *Pentecost-Today? The Biblical Basis for Understanding Revival* (Edinburgh: Banner of Truth, 1998); idem, "Lessons from the Extra ordinary Life of Jonathan Edwards," in *Knowing the Mind of God: Papers Read at the 2003 Westminster Conference* (Mirfield, West Yorkshire: Westminster Conference, 2003): 7-24. 그리고 James I. Packer, "Jonathan Edwards and Revival," in *A Quest for Godliness: The Puritan Vision of the Christian Life* (Wheaton: Crossway Books, 1990): 309-27; idem, "The Glory of God and the Reviving of Religion: A Study in the Mind of Jonathan Edwards," in: *A God-Entranced Vision of All Things: The Legacy of Jonathan Edwards*, eds., Piper, John, and Justin Taylor (Wheaton: Crossway, 2004): 81-108.
46. John Piper, *God's Passion for His Glory: With the Complete Text from "The End for Which God Created the World" by Jonathan Edwards* (Wheaton, Ill.: Crossway Books, 1998): 19-113; John Piper and Justin Taylor (eds.), *A God-Entranced Vision of All Things: The Legacy of Jonathan Edwards* (Wheaton, Ill.: Crossway, 2004); Samuel C. Storms. *Tragedy in Eden: Original Sin in the Theology of Jonathan Edwards* (Lanham, Md.: Univ. Press of America, 1985); idem, *Signs of the Spirit: An Interpretation of Jonathan Edwards' Religious Affections* (Wheaton: Crossway, 2007). 샘 스톰즈는 자신을 "은사주의적 개혁주의자(Charismatic Calvinist)"라고 부르면서, 빈야드의 성령론을 따라 예언을 비롯한 모든 은사의 현존을 긍정한다. 그의 자서전적인 책인 *Convergence: Spiritual Journeys of a Charismatic Calvinist* (Kansas: Enjoying God Ministries, 2005)를 보라.
47. 2019년까지 에드워즈에 관해 한국인 학자들이 쓴 박사논문에 대해서는 이상웅, "조나단

에드워즈를 어떻게 읽을 것인가?: 신학생들과 목회자들을 위한 독서 안내," 「신학지남」 86/1 (2019): 321을 보라.

48. Sang Hyun Lee, "The Concept of Habit in the Thought of Jonathan Edwards"(Ph. D. diss., Harvard University, 1972). 이 박사는 미출간의 학위논문을 바탕으로 해서 1988년에 *The Philosophical Theology of Jonathan Edwards* (Princeton: Princeton Univ. Press, 1988; rep. 2000)를 출간하였다. 그의 학위논문은 UMI에서 제공하지 않고 있기에 이메일로 그의 학위논문과 1988년 저작 사이의 관련성에 대해서 문의를 했고, 다음과 같은 답신을 받았다: "You asked about my doctoral dissertation and my book of 1988. The book is an expanded and totally rewritten version of the dissertation. In the thesis, I did not deal with God and the world issues as completely as I do in the book. So what I am saying is that you do not need to look at my thesis, because you will find there nothing that is not in the book."

49. 일례로 하버드 대학교 교수인 알란 하이머트 교수는 "이 저서로 이상현 박사는 에드워즈 연구의 최선두에 서게 되었다. 페리 밀러 교수의 1949년 연구서 이후에 가장 중요한 에드워즈 연구이다. 이박사는 밀러도 미처 보지 못했던 에드워즈의 비전의 역동적 성격을 잘 다루고 있다"라고 논평하였다. 이상현, 『조나단 에드워즈의 철학적 신학』, 노영상, 장경철 공역 (서울: 한국장로교출판사, 1999), 뒷표지에서.

50. Sang Hyun Lee, "Mental Activity and the Perception of Beauty in Jonathan Edwards," *Havard Theological Review* 69 (1976): 369-96; idem, "The Importance of the Family: A Reformed Theological Perspective," in *Faith and Families*. Ed. Lindell Sa*WJE*er (Philadelphia: Geneva Press, 1986): 115-35; *The Philosophical Theology of Jonathan Edwards* (Princeton: Princeton Univ. Press, 1988; rep. 2000); "Jonathan Edwards's Dispositional Conception of the Trinity: A Resource for Contemporary Reformed Theology," in *Toward the Future of Reformed Theology: Tasks, Topics, Traditions*, ed. David Willis-Watkins and Michael Welker (Grand Rapids: Eerdmans, 1999): 444-55; Sang Hyun Lee (ed.), *A Companion to the Theology of Jonathan Edwards* (Princeton: Princeton Univ. Press, 2005); Sang Hyun Lee and Alan Guelzo (eds.), *Edwards in Our Time: Jonathan Edwards and the Shaping of American Religion* (Grand Rapids: Eerdmans, 2000); Edwards, *Writings on the Trinity, Grace, and Faith*, ed., Sang Hyun Lee (New Haven and London: Yale University Press, 2003).

51. Kyoung-Chul Jang, "The Logic of Glorification: The Destiny of the Saints on the Eschatology of Jonathan Edwards"(Ph. D. diss., Princeton Theological Seminary, 1994); Kevin Woong San Kang, "Justified by Faith in Christ: Jonathan Edwards' Doctrine of Justification in Light of Union with Christ"(Ph. D. diss., Westminster Theological Seminary, 2003) ; 김성광, "조나단 에드워즈의 영성신학"(Ph. D. 논문, 연세대학교, 2000); 표재근, "조나단 에드워즈의 성향 사상 연구"(Ph. D. 논문, 호서대학교, 2002); 노병기, "조나단 에드워즈의 중생론-칼빈 웨슬리의 신학 사상과 관련하여"(Ph. D. 논문, 연세대학교, 2003).

52. Conrad Cherry, 『조나단 에드워즈의 신학』, 주도홍 역 (서울: 이레서원, 2001; Edna Gerstner, 『조나단 에드워즈의 영적 생활』, 황규일 옮김 (서울: 기독교문서선교회, 1999);

Edna Gerstner, 『조나단 에드워즈가 사랑한 사람들』 (서울: 생명의말씀사, 2005); 이상현 (편), 『조나단 에드워즈의 신학』 (서울: 부흥과개혁사, 2008); George M. Marsden, 『조나단 에드워즈 평전』, 한동수 역 (서울: 부흥과개혁사, 2006); Iain H. Murray, 『조나단 에드워즈-삶과 신앙』, 윤상문, 전광규공역 (서울: 이레서원, 2006); John Piper, 『(하나님의 영광을 위한)하나님의 열심』, 백금산 옮김 (서울: 부흥과개혁사, 2003); John Piper & Justin Taylor Justin (eds.), 『하나님 중심적 세계관』, 이용중 역 (서울: 부흥과개혁사, 2007); David Vaugan, 『조나단 에드워즈』, 김은홍 역 (서울: 기독신문사, 2004).

53. 조나단 에드워즈의 저술들 가운데 국내에 처음 소개된 책은 『사랑과 그 열매』, 서문강 옮김 (서울: 엠마오, 1984/ 청교도신앙사, 1999)이다. 그리고 부흥과개혁사가 아닌 다른 출판사들에 의해서 출간된 에드워즈의 저술들은 다음과 같다: 『의지의 자유』, 채재희 옮김 (서울: 예일문화사, 1987); 『신앙과 정서』, 서문강 옮김 (서울: 지평서원, 1993); 『그리스도를 아는 지식』, 서문강 역 (서울: 지평서원, 1994); 『놀라운 회심 이야기』, 정부흥 譯 (서울: 기독교문서선교회, 1997); 『놀라운 회심의 이야기』, 양낙흥 옮김 (서울: 크리스챤다이제스트, 2002); 『부흥을 원하면 고정관념을 버리라』, 배응준 옮김 (서울: 나침반사, 1998); 『영적 감정을 분별하라』, 김창영 옮김 (서울: 생명의말씀사, 2001); 『기독교 중심-이신칭의·은혜론』, 이태복 역 (서울: 개혁된신앙사, 2002); 『조나단 에드워즈가 본 천지창조의 목적』, 정일오 역 (서울: 솔로몬출판사, 2003); 『영혼의 위로』, 랄프 G. 턴불 ; 돈 키슬러 엮음, 조계광 옮김 (서울: 생명의말씀사, 2004); 『참된 신자가 되라』, 이기승 역 (서울: 씨뿌리는사람, 2007); 『데이비드 브레이너드의 생애와 일기』, 송용자 역 (서울: 복있는사람, 2008).

53. 백금산 목사가 운영하고 있는 부흥과개혁사에서 출간한 에드워즈의 저술들은 다음과 같다: 『조나단 에드워즈처럼 살 수는 없을까』, 백금산 편역 (서울: 부흥과 개혁사, 1999/ 개정판 2003); 『기도 합주회』, 정성욱, 황혁기 공역 (서울: 부흥과개혁사, 2000); 『성령의 역사 분별 방법』, 노병기 옮김 (서울: 부흥과개혁사, 2004); 『신앙감정론』, 정성욱 역 (서울: 부흥과개혁사, 2005); 『조나단 에드워즈 대표설교 선집』, 백금산 역 (서울: 부흥과개혁사, 2005); 『균형잡힌 부흥론』, 양낙흥 역 (서울: 부흥과개혁사, 2005); 『참된 미덕의 본질』, 노병기 역 (서울: 부흥과개혁사, 2005); 『부흥론』, 양낙흥 역 (서울: 부흥과개혁사, 2005); 『놀라운 부흥과 회심 이야기』, 백금산 역 (서울:부흥과개혁사,2006); 『목사, 성도들의 영혼의 지킴이』, 이용중 역 (서울: 부흥과개혁사, 2006); 『구속사』, 김귀탁 역 (서울: 부흥과개혁사, 2007).

53. 그리고 부흥과개혁사에서 간행된 에드워즈 관련 저술들은 다음과 같다: 양낙흥, 『체험과 부흥의 신학자-조나단 에드워즈』 (서울: 부흥과개혁사, 2003); John Piper, 『(하나님의 영광을 위한) 하나님의 열심』, 백금산 옮김 (서울: 부흥과개혁사, 2003); George M. Marsden, 『조나단 에드워즈 평전』, 한동수 역 (서울: 부흥과개혁사, 2006); John Piper & Justin Taylor Justin (eds.), 『하나님 중심적 세계관』, 이용중 역 (서울: 부흥과개혁사, 2007); 백금산 글, 김종두 그림, 『에드워즈의 나이테』 (서울: 부흥과개혁사, 2007); 이상현 (편), 『조나단 에드워즈의 신학』 (서울: 부흥과개혁사, 2008).

54. 박형룡, 『교의신학-서론』, 저작전집 I (서울: 한국기독교교육연구원, 1988), 140.

55. 필자는 에드워즈에 관한 연구 문헌 정보를 얻는데에 M. X. Lesser, *Reading Jonathan Edwards: An Annotated Bibliography in Three Parts*, 1729-2005 (Grand Rapids: Eerdmans, 2008)를 많이 참조하였다.

56. Patricia Wilson-Kastner, *Coherene in a Fragmented World: Jonathan Edwards' Theology of the Holy Spirit* (Washington: UPA, 1978).
57. Patricia Wilson, "The Theology of Grace in Jonathan Edwards" (Ph. D. diss., University of Iowa, 1973)의 제3장 "Jonathan Edwards' Theology of Grace in the Soul"(145-232)을 보라.
58. Wilson-Kastner, *Coherene in a Fragmented World: Jonathan Edwards' Theology of the Holy Spirit*, 75: "At a time when many were somewhat undecided about what America ought to be, he outlined a vision of America as a servant of God's glory in the world".
59. Bruce M. Stephens, *The Holy Spirit in American Protestant Thought, 1750-1850* (Lewiston: Edwin Mellen Press, 1992): 1-12.
60. Stephens, *The Holy Spirit in American Protestant Thought, 1750-1850*, i: "The century of theological debate following Jonathan Edwards is marked by rigorous discussions concerning the operations of the Spirit in the hearts and minds of saints and sinner alike."
61. Richard Chris De Prospo, "Nature and Spirit in the Writings of Jonathan Edwards" (Ph. D. diss., University of Virginia, 1977).
62. De Prospo, "Nature and Spirit in the Writings of Jonathan Edwards," Abstract: "My study examines Edwards' theories of Creation, Providence, and Grace in an attempt to show the consistency with which he reconciled a complex, and increasingly secular, historical experience with a conservative theology according to which nature and spirit were analogous, but distantly related."
63. John H. Gerstner, *Jonathan Edwards: A Mini-Theology* (Wheaton, Ill.: Tyndale House, 1987); idem, *Jonathan Edwards on Heaven and Hell* (Grand Rapids, Baker, 1980/ rep. Morgan, Pa.: Soli Deo Gloria, 1998); John H. Gerstner and Jonathn Neil Gerstner, "Edwardsean Preparation for Salvation," *Westminster Theological Journal* 42 (1979): 5-71; John Gerstner, *The Rational Biblical Theology of Jonathan Edwards*, 3 Vols. (Orlando, Fla.: Ligonier Ministries, 1991-93).
64. John H. Gerstner, *The Rational Biblical Theology of Jonathan Edwards*, 1-362.
65. Thomas Templeton Taylor, "The Spirit of the Awakening: The Pneumatology of New England's Great Awakening in Historical and Theological Context"(Ph. D. diss., University of Illinois, 1988): Chapter 5. Jonathan Edwards and the Extraordinary Season of the Great Awakening (208-96).
66. Taylor, "The Spirit of the Awakening," 290.
67. Rachel Susan Stahle, "The Trinitarian Spirit of Jonathan Edwards' Theology"(Ph. D. diss., Boston University, 1999).
68. W. van Vlastuin, *De Geest van opwekking. Een onderzoek naar de leer van de Heilige Geest in de opwekkingstheologie van Jonathan Edwards 1703-1758* (Leiden: Uitgevrij Groen, 2001) [한글로 제목을 옮겨 적으면 『부흥의 성령: 조나단 에드워즈 (1703 -1758)의 부흥 신학에 나타나는 성령론』에 대한 한 연구이다]. 이 논문은 네덜란드의 아뻴도른 신학대학(Theologische Universiteit van de Christelijke Kerken te

Apeldoorn)에서 유명한 종교개혁연구가인 W. van't Spijker의 지도로 통과된 박사논문이다.
69. A. Historische deel (31-190), B. Systematische deel (193-316), C. Evaluerend Deel (319-44).
70. Stephen J. Nichols, *An Absolute Sort of Certainty: The Holy Spirit and the Apologetics of Jonathan Edwards* (Philippsburg: Presbyterian & Reformed, 2003). 본서는 원래 저자가 웨스트민스터신학교에서 새뮤얼 로건 교수의 지도로 썼던 박사논문을 약간 수정하여 출판한 것이다.
71. Robert W. Caldwell, III, "The Holy Spirit as the Bond of Union in the Theology of Jonathan Edwards" (Ph. D. diss., Trinity Evangelical Divinity School, 2003); 이 학위 논문은 *Communion in the Spirit: The Holy Spirit as the Bond of Union in the Theology of Jonathan Edwards*. Studies in Evangelical History and Thought (Milton, Keynes: Paternoster, 2006)으로 출간되었다. 또한 논문의 요약은 "The Holy Spirit as the Bond of Union in the Theology of Jonathan Edwards," *Reformation & Revival Journal*, 12/3 (Summer 2003): 43-58에서 볼 수 있다.
72. Michael A. G. Haykin, *Jonathan Edwards: The Holy Spirit in Revival: The Lasting Influence of the Holy Spirit in the Heart of Man* (New York: Evangelical Press, 2005).
73. Michael A. G. Haykin and Gary W. McHale (ed.), *Jonathan Edwards: The Man, His Experience and His Theology*, Volume 3. *The 'Toronto Blessing': A Renewal from God?* (Ontario: Canadian Christian Publishers, 1995). 저자들은 결론 부분에서(296-305) 조나단 에드워즈의 저술들은 토론토 블레싱을 지지하지 않는다는 점을 분명하게 밝히고 있다. 조나단 에드워즈가 토론토 블레싱의 원조라고 주장하는 대표적인 논의는 Guy Chevreau, *Catch the Fire the Toronto Blessing* (London: Marshall Pickering, 1994), 70-144에서 볼 수 있다.
74. 양낙홍, 『체험과 부흥의 신학자 조나단 에드워즈』 (서울: 부흥과개혁사, 2003). 저자는 서문에서 "그중에서도 특히 청교도 회심론및 대각성과 관련된 에드워즈의 글들과 설교들에 대한 집중적 소개는 이 시대 교회들이 진정한 부흥에 이를 수 있게 하는 영적 통찰을 제공할 것이라 믿는다"라고 저작 의도를 밝힌다(14).
75. 김성광, "조나단 에드워즈의 영성신학"(Ph. D. 논문, 연세대학교, 2000); 노병기, "조나단 에드워즈의 중생론-칼빈 웨슬리의 신학 사상과 관련하여-"(Ph. D. 논문, 연세대학교, 2003). 그 이외에도 강웅산, "조나단 에드워즈의 부흥신학," 한국교회사 연구소 학술세미나자료 (2006년 5월 6일); 오덕교, "조나단 에드워즈의 구원과 성화," 『오희동 박사 고희기념논문집』, 오희동박사 고희기념 논문집 편찬 위원회 편 (안양: 성결교회와 역사연구소, 2005): 164-206 등의 글들도 보라.
76. Stephens, *The Holy Spirit in American Protestant Thought, 1750-1850*, 1. "Unlike 'Edwards on the will' or even Edwards on the great doctrine of original sin, there is no single work from the pen of the Northampton divine which set from his comprehensive views on the person and work of the Holy Spirit. We are forced instead to piece together from several different sources, both published and unpublished, his doctrine of the person and work of the Spirit."

77. 73권으로 된 디지털 에드워즈 전집의 목록과 내용을 보려면 http://edwards.yale.edu/research/browse을 방문해 보라.
78. Van Vlastuin, *De Geest van opwekking. Een onderzoek naar de leer van de Heilige Geest in de opwekkingstheologie van Jonathan Edwards 1703-1758*, 9-11
79. 총신대 신대원의 강웅산 교수는 빌름 판 플라스따윈 교수의 저서와 아무런 관련 없이 에드워즈의 부흥신학에 관련된 문헌들로 플라스따윈 교수가 제시한 9권의 저서를 포함하여, "Personal Narrative," *Freedom of the Will* (1754)를 더하고 있다(강웅산, "조나단 에드워즈의 부흥신학," 한국교회사 연구소 학술세미나 자료 [2006년 5월 6일], 7-9).
80. 에드워즈가 쓴 "삼위일체론"과 "은혜론"은 *WJE* 21:113-290에 수록되어 있다. 편집자 이상현 교수에 따르면 "삼위일체론"의 저술 시기는 1730년대 초반에 시작해서 1730년대 중반, 후반에 완성되었으며, "은혜론"은 1739-1742년 어간에 쓴 것으로 추정되어진다(Sang Hyun Lee, "Editor's Introduction," *WJE* 21:109, 150).
81. 평생 동안 에드워즈의 『신학묵상집』을 연구하고 transcribe하는데 심혈을 기울인 Thomas Schafer는 에드워즈의 "The Miscellanies"는 미국 지성사에 있어서 아주 독특한 자료라고 평가한 후에 다음과 같이 평한다: "For thirty-five years these notebooks trace the intellectual development and maturation of one of America's foremost theologians,. providing valuable insights into his mind and spirit"(Thomas A. Schafer, "Editor's Introduction," *WJE* 13:1).
82. 1,200편이 넘는 에드워즈의 설교 원고들은 예일판 전집을 통해서(*WJE* 10, 14, 17, 19, 22, 25) 일부분 간행되었고, 여러 권의 별도의 설교집들이 간행되었으나 완전히 출간되지는 못하고 있다. 개별적으로 출간된 설교집들에 대해서는 본 논문의 참고문헌을 참조하기 바란다.
83. 에드워즈가 쓴 편지 236통은 Edwards, *Letters and the Personal Writings*, *WJE* 16, ed., George S. Claghorn (Yale and London: Yale University Press, 1998), 29-738에 집대성 되어 있다.
84. 그의 개인적인 글들(Resolutions, Diary, On Sarah Pierpont, Personal Narrative)은 다음에 수록되어 있다. Edwards, *Letters and the Personal Writings*, *WJE* 16:753-804. 에드워즈의 자서전(Personal Narrative)에 대한 또 하나의 전문적이고 비판적인 판본은 Diane Clark Naples, "The Sensible Order : An Interpretation and Critical Edition of Jonathan Edwards' 'Personal Narrative'"(Ph. D. diss., University of California, Los Angeles, 1973), 153-83에서 찾아볼 수 있다. 국내에서는 에드워즈의 개인적인 글들이 백금산 목사의 편집과 번역에 의해서 『조나단 에드워즈처럼 살 수는 없을까』(서울: 부흥과 개혁사, 1999, 개정판 2003)으로 출간되어 있다. 특히 백금산 목사가 쓴 편역자 서문(19-149)은 에드워즈의 작품을 이해하는데 크게 도움을 준다.

제2장

에드워즈 성령론의 역사적 배경

역사적으로 살펴보면 조나단 에드워즈의 사상이나 신학의 독창성과 위대함에 대한 호평은 끊이지 않았다. F. J. E. 우드브리지는 "그는 구별되게 위대한 사람이다. 그는 단지 그의 시대의 사상을 표현하거나, 단지 그의 전통의 정신 안에서 마주친 것이 아니다. 그는 시대 사상을 거슬러서 시대 사상을 형성했다 … 그의 시대는 그를 설명할 수 없다"고 말했고,[1] 페리 밀러 교수는 "그 당시 지적으로 가장 현대적인 사람이었으며, 그의 통찰들 중 어떤 것은 그의 시대를 아주 앞서 갔기 때문에 우리 시대가 그를 따라 잡았다고 말할 수 없을 정도이다"[2]라고 하였다. 그럼에도 불구하고 부인할 수 없는 것은 에드워즈 역시도 시대적 배경에 의해서 형성된 사람임에는 틀림없다고 하는 사실이다.[3] 따라서 에드워즈의 신학뿐 아니라 성령론 역시도 여러 가지 요인들에 의해서 형성되어지고 발전된 것이라는 것을 부인할 수는 없을 것이다.[4]

에드워즈의 성령론의 배경을 이해하기 위해서는 우리는 세 가지의 요인들을 살펴보아야 한다. 첫째, 그의 개인적인 배경으로서 가정 환경의 영향이나 개인적인 신앙 체험과 학업 과정 등을 살펴보아야 한다. 둘째, 그가 노샘프턴 교회에서 23년 동안 목회자로 시무하는 동안에 두 차례에 걸친 부흥과 각성운동을 체험한 것을 감안할 때, 우리는 그의 목회적 체험과 부흥의 체험을 고려해야 한다. 셋째, 그는 비단 지역 교회의 목회자로서 사역하고 부흥을 체험했을 뿐 아니라 부흥을 둘러싼 찬반 논쟁의 중심에 서서 열광주의와 반부흥주의 양자에 대하여 부흥에 대한 변호자의 역할을 수행했다는 점을 살펴보아야 한다.

2.1. 개인적인 배경

에드워즈는 불과 54년의 짧은 생애를 살았지만 그의 생애는 간략하게 기술되어질 수 없을 만큼 풍부하고 다채로운 생애를 살았다.[5] 우리는 이 짧은 지면에서 그의 생애를 자세하게 기술할 수가 없으며, 더욱이나 이 논문의 주요 주제가 그의 성령론을 체계적으로 정리하는 것인 만큼 그의 생애 탐구에 집중할 필요도 없다고 본다.[6] 그러나 그의 성령론은 그의 가정 환경이나 개인적인 체험과 학습과정을 통해서 형성되고 체계화된 것이기 때문에 관련된 내용들을 간추려 보는 것도 도움이 되리라고 생각한다.[7]

2.1.1. 출생과 양육 과정

조나단 에드워즈는 1703년 10월 5일에 코네티컷주 이스트 윈저East Windsor의 목사관에서 출생하였다. 아버지 티모시 목사는 하버드 대학을 졸업하고 1694년에 이스터 윈저의 회중교회의 목사로 부임하여 무려 61년간이나 목회를 한 사람이다. 어머니 에스더 스토다드 에드워즈는 노샘프턴 교회의 목회자 솔로몬 스토다드의 4남 5녀 중 차녀였다. 여자들은 읽기 교육 정도만 시키던 당시 뉴잉글랜드 관습과는 달리 에스더는 소위 고등 교육을 받은 여인이었다. 신학적인 책들에 대해서도 논평을 할 정도로 교양이 있는 여성이었다.[8] 티모시 에드워즈와 에스더 스토다드 사이에 딸 10명과 아들 한 명, 총 11명의 자녀들이 출생하였다. 독자는 당연히 조나단 에드워즈이다.

"조나단 에드워즈는 적절한 때를 벗어나 태어난 청교도이다"라고 했던 제임스 I. 패커의 지적처럼[9] 에드워즈가 목사의 아들로 태어났을 때의 뉴잉글랜드의 신앙 상태는 필그림 부조들이나 첫 목회자들(토머스 후커, 토머스 셰퍼드, 존 카튼, 제임스 데븐포트 등)의 열정적인 신앙을 떠나 쇠락하고 있었다. 당시의 영적 쇠퇴 상황에 대해서 하버드 대학 학장을 지낸 고령의 인크리즈 매더(Increase Mather, 1639- 1724) 목사는 1702년에 다음과 같이 탄식했다.

여러분들, 고령자로서 50년 전 뉴잉글랜드의 모습이 어떠했는지를 기억할 수 있는 분들, 그리고 그 때 교회들의 모습을 보았던 분들이여! 지금 슬프게도 그 영광의 빛이 바래고 사그라지고 있지 않습니까? 어찌하여 찬란하던 황금의 빛이 희미해져 버렸습니까?[10]

"산 위의 도시"A City on the Hill라는 신정론적 이상을 가졌던 필그림 부조들의 이상은 17세기말, 18세기초에 이르러 여러 가지 요인들에 의해서 와해되고 쇠락하고 있었다. 1691년 이후에 정부와 교회의 결속력이 느슨해졌고, 성만찬 참여에 대한 자격 요건도 중도 언약과 스토다드주의에 의해서 점점 더 개방적이 되어 갔다. 게다가 당시대 정신Zeitgeist이 뉴잉글랜드에도 침투하여 그 영향력을 확장해 가고 있었다. 하나님의 주권보다는 인간의 능력을 신봉하는 알미니안주의가 확산되고 있었고, 근대 자연과학이나 존 로크 등의 경험론 역시 신세계의 지성인들과 목회자들에게 영향력을 미치고 있었다.[11] 조지 마즈던이 지적하였듯이 뉴잉글랜드 사람들은 비록 영국에서 떨어진 식민지에 살고 있었지만 "결코 시대에 뒤처지지 않으려 애썼던 지적인 전통에 젖어있는" 사람들이었다.[12]

이러한 시대적 분위기에도 불구하고 조나단 에드워즈가 "최후의 청교도," "칼빈주의 신학자," "성경주의자" 등이라고 일컬어지며, 칼빈주의적 복음주의 내지는 개혁주의 청교도 신학의 대변자로 평생을 헌신할 수 있었던 데에는 어린 시절 그를 양육했던 부모님의 영향이 지대했다.[13] 윌슨 킴나흐는 초기 에드워즈의 사상 형성에 미친 두 가지의 중요한 영향력으로써 성경과 그의 아버지 티모시의 설교를 지적하였다.[14] 에드워즈는 13세에 예일대에 입학하기 전까지 부모님의 슬하에서 각별한 사랑과 관심을 받으면서 양육되었고, 그 후에도 짧거나 긴 시간을 부모님 곁에 머물면서 영향을 받았기 때문에 우리는 킴나흐의 지적대로 에드워즈의 형성에 미친 티모시 에드워즈 목사의 영향력을 잘 숙고

해 보아야 한다.[15]

어린 시절 에드워즈는 홈 스쿨링을 통하여 대학 예비 과정을 다 이수하였다. 당시의 뉴잉글랜드의 많은 목사들의 관행대로 티모시는 자신의 자녀들뿐 아니라 마을의 아이들의 교육을 위한 교사의 역할도 동시에 수행했다. 에드워즈는 아버지의 특별한 교육을 통해서 일찍이 라틴어를 배우고 익혔기 때문에 후일에 예일대에 입학하여 라틴어로 글을 쓰고 말을 하는데 별 어려움이 없었다.[16] 또한 에드워즈는 책읽기를 좋아했던 부모님의 영향으로 어린 시절부터 독서광으로 자랄 수 있게 되었다.[17] 그리고 티모시와 에스터 부부는 펜을 사용하는 것을 즐겨했기 때문에 자신의 자녀들에게 일찍부터 글쓰기 훈련에 힘쓰도록 했다. 조나단은 일찍이 그에게 부과된 글쓰기 연습과 훈련 덕분에 평생 동안 손에 펜과 종이를 가까이 할 수 있는 사람이 되기도 한다.[18]

그러나 티모시 에드워즈가 그의 아들에게 미친 더욱더 중요한 영향력은 신앙적이고 영적인 것들이다. 하버드 대학에서 학사와 석사를 마친 티모시 에드워즈는 "엄격한 칼빈주의자"a strict Calvinist였다.[19] 당시 목사관은 젊은 목사 후보생들의 실습장으로 쓰였기 때문에, 일찍부터 조나단은 신학적인 분위기와 목회적인 분위기를 경험할 수가 있었다. 조나단은 어릴 때부터 청교도 목사의 아들로 자랐다. 그래서 어릴 때부터 그가 듣고 배우고 자란 것은 웨스트민스터 표준문서들에 구현된 정통 칼빈주의 신학이었다.[20] 티모시 에드워즈는 당시의 뉴잉글랜드의 영적인 분위기 보다는 그의 장인인 솔로몬 스토다드와 영적 유대감을 느꼈다. 영적인 부흥에 대한 관심과 잃어버린 영혼들에 대한 관심에 있어서 두 사람은 동질적이었다.[21] 이러한 정서와 강조점은 어린 에드워즈의 가슴 속에도 그대로 각인되고 전수되었다.

조나단은 어린 시절 이런 아버지의 목회 현장에서 종교적인 체험을 일찍부터 경험하게 되었다. 에드워즈는 후일에 쓴 『자서전』에서 "회심 전에도 내게는 두 번의 주목할 만한 신앙 각성의 시기"가 있었다고 고백한다.²² 특히 그가 예일대학에 입학하기 직전에 교회 가운데 일어난 신앙적 각성에 의해 얼마나 감동을 받았는지를 자서전에서 기록해 주고 있다. 그는 몇 달 동안이나 각성 상태에 있었으며, "하루에 다섯 번씩이나 개인기도 시간을 가졌으며, 친구들과 함께 많은 시간을 신앙에 관한 대화를 나누면서 보내기도 했다 … 학교 친구들과 몇 명과 함께 늪지의 아주 조용한 곳에다 오두막을 만들어 기도할 장소로 사용했다. 이외에도 나는 숲 속에 나만의 특별한 비밀 장소를 만들어 두고 혼자서 기도하곤 했는데 때때로 많은 감동을 받기도 했다."²³ 그런데 에드워즈는 후일에 그 시절의 자신이 가졌던 체험과 즐거움은 참된 것이 아니었다고 비평적으로 말하였다.²⁴ 그러나 "회심학에 관한 전문가"라 일컬어지는 아버지 티모시 에드워즈 목사의 목회지에서 자라면서 에드워즈는 성령의 역사나 청교도적인 기준에서의 회심conversion을 열정적으로 추구하게 된다.²⁵

2.1.2. 회심 체험과 계속되는 거룩에의 추구²⁶

에드워즈는 1716년 9월 13세의 이른 나이에 예일대에 입학하게 된다. 에드워즈는 예일대에 입학하여 학부 과정(1720년 9월 졸업), 석사과정을 이수하고, 그리고 개인교수tutor 사역까지 거의 십 여년을 예일대와 관련성을 가지게 된다. 그는 1720년 가을부터 예일대에서 석사 과정(A. M.)을 시작하였다. 에드워즈가 회심 체험을 하게 되는 것은 그가 예일대에서 석사과정을 이수하고 있던 1721년 봄에 되어진 일이다.²⁷ 당시 그의 나이 18세일 때였다. 그는 『자서전』에서 자신의 회심 체험에 대해서 비교적 자세한 기록을 남겼다.

내가 기억하기로, 하나님과 하나님께 속한 일들에 대해 그렇게 내적이고 달콤한 기쁨을 맛본 첫 번째 경우는 – 그때 이후 나는 살아오면서 그런 경험을 많이 했다 - 디모데전서 1장 17절을 읽을 때였다. "영원하신 왕 곧 썩지 아니하고 보이지 아니하고 홀로 하나이신 하나님께 존귀와 영광이 영원무궁하도록 있을지어다 아멘." 이 구절을 읽고 있는데 하나님의 영광에 대한 감각, 즉 전에 경험했던 것과도 전혀 다른 새로운 감각이 내 영혼에 생겼다. 그리고 내 영혼 전체에 확산되었다. 성경의 다른 어떤 구절도 이 구절처럼 내게 다가온 적은 한 번도 없었다. 나는 속으로 '하나님은 얼마나 놀라우신 분이신가!' 라고 생각했다. 또한, '만일 내가 그 하나님을 즐거워하고 천국에서 그 분에게 완전히 푹 빠지게 된다면 얼마나 행복하겠는가!' 하고 생각했다.[28]

에드워즈는 자신이 체험한 것이 단지 머리 속에서 이루어진 것이 아니라, "새로운 종류의 감정"a new sort of affection이었으며, "영적인 어떤 것 혹은 구원적 본성을 가진 어떤 것"anything spiritual, or of a saving nature 이었다고 진술한다.[29] 에드워즈는 뉴헤이븐 근처에 있는 언덕에 올라가 묵상을 하면서 거듭 그리스도 안에 있는 영광스럽고 아름다운 하나님의 사랑을 깨달을 수 있었다. 그는 "구원의 사역과 그가 이루신 영광스러운 구원의 방법"에 드러난 그리스도의 사랑에 대해 "마음속 깊이 감미로운 감격"을 경험하곤 했다. 특히 그는 이 시기부터 아가서의 말씀을 묵상하는 것으로부터 많은 유익을 얻었다. 그런 묵상을 하는 동안 그는 "세상의 모든 염려에서 벗어나 모든 사람과 격리된 산꼭대기나 광야에 홀로 서서 그리스도와 달콤한 사랑을 속삭이고, 하나님의 품에 거하며, 그에게 완전히 사로잡히는 것과 같은 이상"을 보았다. 거룩한 것들에 대한 이 새로운 인식은 "내가 어떻게 표현해야 할지 모르겠지만 종종 갑작스럽게 내 심장에 달콤한 불을 붙이고, 내 영혼을 작열하게 했다."[30]

여름 방학이 되어 이스트 윈저로 돌아온 에드워즈는 아버지와 더불어 자신에게 일어난 일들에 대해서 대화의 시간을 가졌다. 조나단은

이 대화를 통해서 감동을 받았고, 혼자 들판을 거닐며 묵상하는 동안 놀라운 영적인 체험을 또 다시 하게 된다. "내가 그곳에서 거닐고 있을 때 그리고 눈을 들어 하늘을 우러러 볼 때, 내 마음에 뭐라 말로 표현할 수 없는 영광스런 위엄과 하나님의 은혜에 대한 감미로운 감격이 밀려왔다." 에드워즈는 하나님의 성품 가운데 서로 상반되어 보이는 위엄과 은혜를 동시에 체험을 함으로써 이성적으로 풀어지지 않는 모순성을 극복하게 된다. 에드워즈는 계속해서 이렇게 말한다.

> 하나님의 위엄과 은혜, 이 두 속성이 부드럽게 연결되어 있는 것처럼 보였다. 위엄과 부드러움이 함께 결합되어 있었다. 즉, 그것은 달콤하고 부드럽고 거룩한 위엄이었다. 또한 위엄이 있는 부드러움이었으며 두려움이 깃든 달콤함이었다. 높고 크고 거룩한 온화함이었다(백금산 역).[31]

에드워즈는 놀라운 회심의 체험으로 만족하지 아니하고 "영혼의 간절한 갈망을 가지고 하나님과 그리스도와 더 나은 거룩함을 추구"해 나갔다. 에드워즈는 어디에 있든지 계속해서 "큰 소리로 기도하곤 했다. 회심을 체험한 그에게 기도는 숨쉬는 것처럼 자연스러웠다."[32] 에드워즈는 1722년 5월에 석사 학위를 받고, 8월부터 이듬해(1723년) 4월까지 뉴욕에 있는 장로교회의 목사로 6개월 섬기게 되는데, 이 기간 동안 그는 존 스미스와 그의 경건한 어머니가 사는 집에 거주하면서 영적으로 풍성한 삶과 성도의 교제를 만끽하게 된다. 에드워즈의 자서전에는 이 시기의 영적 체험에 대해 이런 고백이 기록되어 있다.

> 뉴욕에 있는 동안 전에 경험한 것보다 훨씬 더 강력한 수준으로 하나님의 성품과 사역을 아주 감각적으로 느꼈다. 하나님과 거룩을 추구하는 나의 갈망은 점점 깊어갔다. 기독교 신앙이 내게 아주 사랑스럽게 여겨졌다. 나는 모든 면에서 완벽한 그리스도인이 되려고 하는 불타는 소원을 가지

고 있었다. 복되신 그리스도의 형상을 닮으려고 노력했다. 그래서 모든 면에서 순전하고 달콤한 복음의 법칙에 따라 살려고 했다. 나는 이런 일들에 대해서 진보가 나타나기를 간절히 갈망했다(백금산 역).**33**

그리고 이 시기에 속하는 1723년 1월 12일에 자신을 하나님께 헌신하게 된다. 하나님께 자신을 헌신하였다는 것이 무엇을 의미하는지에 대해서 그는 『자서전』에서 다음과 같이 기록하고 있다:

1723년 1월 12일에 나는 하나님께 나 자신을 전적으로 헌신했다. 그리고 그것을 기록했다. 나 자신을 포기하고 내가 가진 모든 것을 하나님께 드렸다. 나의 미래를 전적으로 하나님께 맡기고 나 자신은 아무런 권리가 없는 자처럼 살기로 했다. 하나님을 나의 전부와 행복으로 받아들이기로 맹세하고, 오로지 하나님께만 나의 행복이 달려 있는 것처럼 간주하고 행동하기로 했다. 하나님의 말씀을 계속적인 삶의 법칙으로 받아들이고 순종하기로 했다. 그래서 내 목숨이 다할 때까지 나의 있는 힘을 다하여 세상과 육신과 마귀와 싸울 것을 결심했다(백금산 역).**34**

에드워즈는 이와 같은 헌신을 결단한 이틀 후에 작성한 결심문 63번에서는 자신이 어떤 사람이 되기를 소망하는지에 대해서 밝히고 있는 것을 보게 된다:

어떤 순간에도, 모든 측면에서 인격의 어떤 부분이나 어떤 환경하에서도 언제나 성도다운 참 빛을 비추며, 탁월하고 사랑스럽게 행동하는 참으로 완벽한 성도가 세상에 단 한 명 있다고 가정할 때, 만일 내가 그 한 사람이 되기 위해 내 힘껏 노력한다면 그렇게 될 수 있을 것처럼 행동하자(백금산 역).**35**

사실 19세의 나이에 에드워즈가 결심한 이 소원이 그의 평생의 신앙 생활과 목회를 이끌어가는 비전이자 푯대가 된다고 말해도 틀리지 않을 것이다.³⁶ 그는 평생에 완벽한 성도, 온전한 그리스도인이 되고자 하는 거룩한 소망을 품고 살았고, 자신이 목회하고 있는 현장의 성도들 역시 "가시적인 그리스도인"visible Christian이 되어야 한다고 가르쳤다.³⁷

그리고 우리가 유념해야 하는 것은 에드워즈의 체험적인 신앙은 청소년기나 청년기에 제한된 감성적인 체험이 아니었다는 것이다. 그는 평생에 동일한 종류의 영적 체험들을 수도 없이 많이 하면서 살아가게 되기 때문이다. 1734-1735년 코네티컷 강 유역 골짜기 부흥과 1740-42년 어간 일어난 1차 대각성 운동 사이 기간인 1737년에 에드워즈는 다음과 같은 영적 체험을 한다.

1737년 어느 날 나는 건강을 위해 말을 타고 숲 속으로 갔습니다. 휴식 장소에 도착해서 평소처럼 말에서 내려 걸으면서 하나님에 대해서 묵상하고 기도했습니다. 그때 나는 하나님의 아들의 영광을 보았습니다. 즉, 그 분의 하나님과 사람 사이의 중보자되심과 그 분의 놀랍고 위대하며 충만하고 순수하며 달콤한 은혜와 사랑 또한 그 분의 온유하고 부드러운 겸손하심을 보았습니다. 이 은혜는 아주 조용하고 달콤하게 임했습니다. 뿐만 아니라 하늘보다 크게 임했습니다. 그리스도의 인격은 말로 표현할 수 없을 정도로 탁월하게 보였습니다. 그리스도의 탁월함은 모든 생각과 개념을 삼킬 만큼 충분히 컸습니다. 이 체험은 내가 판단하기에 약 한 시간 가량 계속되었습니다. 그 시간 내내 나는 눈물을 홍수처럼 쏟으면서 큰 소리로 울었습니다(백금산 역).³⁸

아마도 조나단 에드워즈와 같은 이의 글이 아니라 다른 무명의 성도의 간증문이었다면 이러한 간증을 도에 벗어난 신비주의라고 비판할는지도 모르겠다. 하지만 에드워즈는 이처럼 삼위 하나님에 대한 직접적인 만남의 체험을 자주 했으며, 그 결과 거룩하고 헌신된 삶을 살아갈 수 있었다. 에드워즈는 1차 대각성을 변호하는 글들 중의 하나인 『성령의 역사 분별 방법』의 말미에서 다음과 같이 고백하기도 한다.

> 나로서는 일년 내내 예언적인 환상들을 보고 계시들을 받는 것보다, 그리스도의 영적이며, 신적인 아름다움과 무한하신 은혜, 그리고 죽으신 사랑을 나타내 보여 주시고, 거룩한 믿음을 발휘케 하시고, 신적인 사랑과 달콤한 만족 그리고 하나님 안에서의 겸손한 기쁨을 자아 내시는 성령의 달콤한 영향력을 단 15분간만이라도 즐기는 편을 택하겠다.39

2.1.3. 경건 훈련을 통한 성장

앞서 우리는 조나단 에드워즈가 부모님의 영향하에 성장한 것과 그가 개인적으로 체험한 종교적 경험들에 대해 살펴보았다. 이제 우리는 에드워즈가 세운 목표를 이루기 위해서 어떠한 수단 혹은 방법을 활용했는가를 점검해 보려고 한다. 소위 에드워즈의 경건 훈련 혹은 영성훈련은 어떤 내용으로 이루어져 있었는가 하는 것을 살펴보려고 한다.40

(1) 말씀 섭취41

에드워즈는 어린 시절부터 성경을 읽고, 성경에 대한 청교도적인 설교를 듣고 자라고, 성경의 교리들을 체계화한 웨스트민스터 표준문서들을 거의 외우다시피 하면서 자랐다. 그러나 에드워즈가 성경의 실체를 체험적으로 알게 되고 깊이 사랑하게 되는 계기는 그의 회심 체험 때 부터이다. 그는 그의 자서전에서 이렇게 말한다.

> 그 당시 또는 다른 때에도 나는 성경 전부를 아주 좋아했다. 성경을 읽고 있을 때, 자주 모든 단어가 내 마음에 와 닿았다. 나는 내 마음속에 있는

생각들과 성경의 달콤하고 능력있는 말씀이 조화를 이루고 있음을 느꼈다. 나는 종종 모든 문장마다 아주 강한 빛이 비치는 것과 영혼을 새롭게 하는 양식이 들어있는 것을 보았다. 그럴 때면 나는 계속해서 성경을 읽어 나갈 수가 없었다. 때로는 한 문장에 오래 머물면서 말씀 안에 담긴 놀라움을 보았다. 그때까지 거의 모든 문장이 놀라움으로 가득 들어찬 것처럼 보였다.[42]

에드워즈는 1724년 5월 23일자 일기에서는 다음과 같은 기록을 남기기도 했다.

내가 성경을 가장 많이 읽었을 때, 가장 생기가 넘치게 되고 가장 기분이 좋은데 지금까지 보아서는 어떻게 그런 일이 일어났는지는 모르겠지만, 단지 그런 일이 일어났다는 것은 말할 수 있다.[43]

에드워즈가 성경의 효능을 이처럼 만끽하게 되었으니 그가 회심 이후에 만든 결심문 28번에서 "성경을 아주 꾸준하게, 지속적으로 자주 연구하자. 그렇게 해서 깨닫고, 쉽게 이해한 지식을 바탕으로 자라가자"라고 결심하는 것이 결코 이상한 일이 아닐 것이다.[44] 에드워즈는 말씀의 연구와 묵상을 통해서 영적인 양식을 얻었을 뿐 아니라, 온전한 그리스도인, 거룩한 그리스도인이 되고자 하는 자신의 목표를 추구해 나갔다.[45] 사실 에드워즈는 평생 동안 입수 가능한 많은 책들을 읽었지만 성경책만큼 사랑하여 읽은 책이 없었다.[46] 그래서 그의 제자 새뮤얼 홉킨스에 따르면 그의 신앙적인 원리들은 어떤 인간적인 체계나 신학적 체계가 아니라 성경에서부터 취하였다고 한다.[47]

(2) 기도, 금식기도

우리는 에드워즈가 어린 시절에 종교적 각성을 체험한 때에 친구들과 더불어 기도처를 만들어 기도에 힘쓰고, 또한 개인적인 기도의 장소를 따로 마련하기까지 한 것을 보았다. 그리고 또한 회심을 체험한 이후에 뜨겁게 간절히 소리내어 기도하곤 했다는 것도 살펴보았다. 열정적인 기도의 삶은 에드워즈의 경건한 삶의 또 하나의 특징이다. 훗날에 목회를 할 때에도 그는 일어나자 마자 개인 기도로 시작하고, 아침 식사 전과 저녁에 가족들과 함께 기도회를 가졌다.[48] 에드워즈는 하나님의 면전에서 산다는 의식을 가지고 서재에서나 산책을 할 때나 은밀한 기도를 하는 데에 힘을 썼다.[49] 에드워즈는 후에 자신의 회중에게 설교하는 가운데 다음과 같이 경고한 적도 있다.

> 자기가 참된 회심자라는 소망을 품고 그런 거짓된 회심을 한 뒤로는 은밀히 기도해야 할 의무를 저버리고 늘상 기도를 빼먹는 사람들에게 헛된 소망을 버리라고 충고하고 싶습니다. 여러분이 하나님께 간구하기를 그만 두었다면 이제는 자기가 하나님의 자녀라고 상상하며 자기 멋대로 헛된 소망을 품는 것도 그만 두어야 할 때입니다.[50]

그리고 또한 에드워즈는 금식 기도를 중요하게 생각했다. 에드워즈는 전투, 전염병, 부흥 등 다양한 상황 속에서 전교인 금식을 언급하거나 요청했다. 심지어 목사직에서 쫓겨나기 8개월 전인 1749년 10월 26일을 금식일로 정했을 때에도 노샘프턴 교회는 순순히 따라 주었다.[51] 그리고 에드워즈는 개인적인 훈련을 위해서도 은밀한 금식에 힘을 썼다.[52] 에드워즈는 1차 대각성 기간에 쓴 『균형잡힌 부흥론』 속에서 목회자들이 성령의 역사로 말미암는 부흥의 역사를 진작시키려면 개인적인 은밀한 기도와 금식에 힘쓸 뿐 아니라 함께 모여 기도하고 금식하는 일에도 힘을 써야 한다고 동료 목회자들에게 권면하였다.[53] 에드워즈는 1749년에 데이비드 브레이너드의 생애와 일기를 출판하면서 첨부한 평가서 속에서 브레이너드가 목회자와 성도들에게 좋은 본보기가 되는 것 중의 하나가 은밀한 금식이라고 회고했다.⁵⁴ 그리고 에드워즈는 영적인 조언을 구하는 한 소녀에게 다음과 같이 권면하기도 하였다.

> 특별한 어려움에 처해 있거나 너 자신이나 다른 사람을 위해 어떤 특별한 은혜를 절실히 필요로 하거나 간절히 소망할 때는 하루 날을 잡아 혼자 은밀히 기도하며 금식해 보아라.⁵⁵

(3) 공부와 글쓰기

에드워즈의 영성훈련에 있어서 중요한 요소들 중에 빠트릴 수 없는 것은 공부와 글쓰기이다. 그는 어린 시절 호학好學하는 부모덕에 공부하는 것과 글쓰는 훈련을 제대로 받았다. 그리고 이와 같은 습성은 어린 시절이나 학생 시절에 끝나고 만 것이 아니라 평생에 지속되고 발전된 그의 일상이 되었다. 에드워즈는 노샘프턴 목회 기간 동안에 하루 평균 13시간을 서재에 머물러 있곤 했다고 홉킨스는 전해준다.⁵⁶ 개인 경건의 시간 이외에 설교 준비와 독서 그리고 글을 쓰는 것이 그의 일과였다. 에드워즈는 1750년에 노샘프턴 교회에서 고별 설교를 하고 난 후에 존 어스킨 목사에게 쓴 편지 가운데서 "나는 공부 외의 다른 일에는 적합하지 않다"⁵⁷고 고백하였고, 1757년 뉴저지 대학 이사들에게 보낸 편지 중에서는 동료 피조물들의 유일을 위하여 자신이 부여받은 은사들 중에 말하는 것보다는 글쓰는 것이 더 낫다고 말한다.⁵⁸ 이처럼 에드워즈의 생애를 관통하는 중요한 일과와 경건 훈련의 수단이 되는 것이 바로 공부와 글쓰기 임을 우리는 확인하게 된다.

그렇다면 에드워즈가 어떤 종류의 책들을 읽었을까? 우리는 몇 가지 자료를 통해서 에드워즈가 어떤 책들을 읽었는지 추적해 볼 수가 있다. 첫째는 앞서 지적했던 것 같이 그는 어린 시절 아버지 서재에 있는 책들을 읽었을 것이라고 생각할 수 있다.⁵⁹ 그리고 두 번째로 중요한 자료는 그가 뉴욕에서 목회하는 중에 작성하기 시작한 독서 카탈로그Catalogues of Books이다. 이 카탈로그에는 에드워즈가 읽었거나 읽기를 희망했던 도서 목록이 담겨있다.[60] 이 목록은 총 43페이지 분량의 육필 원고인데, 에드워즈는 720권의 도서목록을 제시하고 있다. 이 가운데 종교서적은 452권이나 차지하고 있는데, 분야별로 보자면 교회사 62권, 성경 33권, 경건서적 24권, 저작전집 17권, 설교 37권, 그리고 신학이 279권이다. 또한 비종교서적은 총 238권인데 세분해서 보자면 교육 8권, 지리 16권, 역사 43권, 가정과 에티켓 6권, 언어 43권, 사전 18권, 문학 28권, 생애 11권, 수학 12권, 자연사 23권, 철학 19권, 미분류 서적 11권 등이다.[61]

조나단 에드워즈는 어린 시절 아버지의 서재에 있는 책들을 읽었고, 예일대에 가서는 도서관에 있는 책들을 거의 다 읽었다.[62] 우리가 에드워즈의 지적인 배경을 확인할 수 있는 세 번째 자료가 되는 것은 바로 당시 예일대 도서관의 서지목록이라고 할 수 있다.[63] 에드워즈는 자신이 물려 받은 청교도 전통이나 개혁주의 전통에 속한 저작들을 읽었을 뿐 아니라 근대과학서나 계몽주의 사상가의 글들도 읽었다. 아버지의 서재에는 뉴잉글랜드의 대표적인 신학자들이었던 인크리즈 매더와 코튼 매더 부자의 책들이 20퍼센트나 차지하고 있었다.[64] 에드워즈는 아버지의 서재에 있는 뉴잉글랜드 신학자들의 글들과 외조부 솔로몬 스토다드의 저작들을 읽으면서 청교도 신학과 경건을 배웠다. 그리고 예일대에 진학한 후에는 학생들에게 의무적으로 부과되어 있는 윌리엄 에임스의 『신학의 정수』Medulla Sacrae theologiae(1627)를 암기할 정도로 부지런히 읽으면서 청교도 신학과 윤리의 골자를 익혔다.[65] 그리고 그가 개혁주의 신학의 교과서로 평생동안 높이 평가했던 것들은 네덜란드 신학자였던 페트루스 판 마스트리히트Petrus van Mastricht(1630-1706)의 『이론적이고 실천적인 신학』Theoretica-Practica Theologia(1699)과[66] 스위스 제네바의 신학자 프랑수아 투레티누스François Turretinus(1623-87)의 『변증신학강요』*Institutio Theologiae Enencticae*(1679-1685)이었다.**67**

또한 에드워즈는 어린 시절부터 실천적이고 체험적인 성격을 지닌 청교도 저작들을 많이 읽었다. 그의 초기 일기 가운데는 토머스 맨튼의 『시편 119편 강해』에 대한 언급이 나오고,**68** 그의 대작 『신앙감정론』에서는 존 오웬(1616-83), 리처드 십스(1577-1635), 존 플라벨(1630-91), 존 프레스턴(1587-1628), 윌리엄 퍼킨스(1558-1602), 앤서니 버지스(d. 1664), 토머스 셰퍼드(1605-49) 등의 청교도 저서들로 부터 인용을 하고 있음을 보아 에드워즈는 다량의 청교도 저술들을 읽었음을 알 수 있다.**69** 에드워즈는 또한 성경 연구에 필요한 여러 참고서들을 읽었다. 그가 평생 동안 사용했던 대표적인 주석적 전통은 매튜 풀의 다섯권짜리 *Synopsis Criticorum aliorumque Sacrae Scripturae interpretum* (1669-76), 매튜 헨리의 여섯 권짜리 *Exposition of the Old and New Testament* (1708-10), 그리고 필립 다드릿지의 여섯권짜리 *The Family Expositor; or, A Paraphrase and Version of the New Testament* (1739-48) 등이었다.**70**

에드워즈는 이와 같이 청교도적이고 성경적인 책들을 읽었을 뿐 아니라, 당시의 유럽과 영국 지성 사회를 풍미하고 있던 여러 계몽주의 혹은 이신론적인 서적들도 탐독하였다. 에드워즈가 예일대 학부 시절에 존 로크의 『인간오성론』을 처음으로 접하여 부지런히 읽었다는 것은 익히 알려진 사실이다.**71** 그러나 에드워즈가 새로운 사조에 속한 저서들을 많이 읽을 수 있었던 것은 그가 개인교수tutor로 예일대에 재직하는 동안이었다. 이미 앞서 언급한 다머의 기증 도서들이 도서관에 있었는데, 에드워즈는 그 책들을 분류하는 일을 하면서 과외 수당을 받았고, 직접 탐독하게 된다. 그 장서 속에는 랄프 커드워스, 존 틸로슨, 조셉 애디슨, 리처드 스틸경, 새뮤얼 클라크, 앤서니 애슐리 쿠퍼, 케임브리지 플라토니스트인 존 스미스, 대니얼 디포 등의 저서들과 피에르 베일의 사전들이 포함되어 있었다.**72** 계몽주의 사조에 속하는 작가들은 진리 탐구에 대한 보편적 의식을 촉진시키기 위해 애썼고, 엄격한 교리 체계보다는 도덕과 이성을 강조하는 기독교의 새로운 흐름을 옹호했다.[73] 청년 에드워즈는 이런 저술들을 탐독하면서 자신이 물려받은 정통적인 기독교 신앙과의 사이에서 적지 않게 갈등을 느낀 것 같다.[74]

그러나 에드워즈는 어린 시절부터 부모에게 물려 받은 청교도적 신앙과 신학 사상 그리고 회심체험을 통하여 명확하게 체험한 삼위일체 하나님의 영광에 대한 새로운 인식 때문에 계몽주의 사조에 물들지 아니하고서도 그들의 사상이 무엇인지를 충분히 습득해 낼 수가 있었다. 로크의 영향을 지나치게 강조하는 페리 밀러의 주장과 달리 에드워즈에게 있어서 성경과 청교도 작가들과 개혁주의 신학자들의 영향은 더 깊고 강력한 것이었다. 에드워즈는 자신의 독서 체험을 통하여 쌓게 된 지식을 동원하여 자기 안에 고립된 전통주의 신학이 아니라 당대의 사조에 대해서 소신있게 반론을 제기하고 변증적인 신학 자세를 수립할 수 있었다.[75]

이상에서 살펴본 것처럼 조나단 에드워즈는 여러 가지 경건 훈련의 도구들을 사용하여 자신의 목적하는 바 온전한 그리스도인이 되고, 거룩한 성도가 되기 위한 성화의 길을 분투노력하면서 나아갔음을 알게 된다. 이상에서 열거한 내용들 외에도 에드워즈의 경건 생활에서 돋보이는 점은 홀로 있기, 효과적인 시간 관리 등도 있다.[76]

2.2. 목회현장에서의 체험

조나단 에드워즈의 신학, 특별히 성령론의 역사적 배경을 살펴봄에 있어서 두 번째로 우리가 살펴보아야 하는 것은 그의 목회 현장에서의 체험이다. 에드워즈는 예일대에서 석사 과정을 마치고 나서 1722년 8월부터 1723년 4월까지 뉴욕에서의 짧은 목회 기간을 가졌고, 1723년

9월 예일대에서 문학석사 학위(A. M.)를 받은 후인 같은 해 11월부터 1724년 5월까지 이스트 윈저의 근처에 있던 볼턴에서 역시 짧은 기간 목회를 하게 된다. 그러나 두 곳의 교회 목회 기간은 다 합쳐야 1년 남짓에 불과하다.[77] 그러나 에드워즈가 본격적인 목회를 시작하게 되는 것은 1726년 8월 29일에 노샘프턴 교회 부목사로 청빙을 받아, 1727년 2월 15일 부임하면서부터이다. 에드워즈는 연로한 외조부 솔로몬 스토다드 목사를 보조하는 부목사로 부임하여, 1729년 2월 11일에 외조부가 소천한 후에는 노샘프턴 교회 제3대 담임목사로 시무를 시작하게 된다. 이렇게 해서 시작된 그의 목회는 두 차례에 걸친 부흥의 체험, 새로운 예배당의 신축, 저작가와 설교자로서의 명성, 일반적이지 않은 연합uncommon union이라고 일컬어지는 새라 에드워즈와의 사이에서 태어난 11명의 자녀들로 구성된 아름답고 유복한 가정 생활 등 다양한 결실을 맺었음에도 불구하고 성만찬 참여 자격 논쟁 때문에 1750년 6월 22일에 목사면직 당하기까지 만 23년간 지속된다.[78]

에드워즈는 노샘프턴에서 목회하는 23년 동안 가가호호 심방하는 일보다는 설교 사역에 힘을 쏟았다. 이는 목회적 임무에 대한 태만이라기보다는 자신의 은사에 대한 합당한 판단을 내린 결과였다. 그는 영적인 문제를 가지고 찾아오는 교인들에게는 항상 서재의 문을 개방하였다. 에드워즈는 홉킨스가 보도하는대로 하루에 13시간을 서재에 머물면서 개인 경건의 시간과 연구, 그리고 설교 준비에 매진하였다. 우리가 여기서 주목하려고 하는 것은 그의 목회 기간 동안 현장에서 체험하게 된 두 차례에 걸친 성령의 부어주심the outpouring of the Holy Spirit의 체험이다. 에드워즈 이전에도 부흥revival이라는 단어가 있었지만, 에드워즈는 성령의 부어주심 혹은 성령의 특별한 은혜라는 표현을 즐겨 사용하였다.[79]

2.2.1. 코네티컷 강 유역 계곡의 부흥(1734-35)[80]

에드워즈가 노샘프턴 교회의 목회자로 시무하면서 처음으로 체험하게 된 부흥 체험은 1734년에 시작되어 1735년에 이르기까지 노샘프턴 교회에서 처음으로 일어났던 성령의 놀라운 역사로써 이 성령의 역사는 요원의 불길처럼 코네티컷 강 계곡에 소재한 마을들로 번져 나갔다. 후세의 역사가는 이 첫 번째 부흥 사건을 코네티컷 강 유역의 계곡의 부흥이라고 칭한다.[81]

에드워즈가 사역하던 초기의 노샘프턴 교회는 영적 메마름과 둔감함이 지배하고 있었다. 한때 영광스러웠던 청교도적 영성과 도덕성이 해이해져가고 있었다. 솔로몬 스토다드 시절에도 다섯 차례나 영혼의 추수기(스토다드는 영혼의 추수 the harvest of souls라는 표현을 즐겨 씀)를 가졌지만, 에드워즈 부임 초기에는 아른한 옛 추억이 되고 있었다.[82] 청년들은 밤에 술집에 모여들고 음담패설을 즐기고 있었다. 교회에 성도들이 참석하기는 하지만 신앙의 열정이 없었다.[83] 그와 같은 영적인 황무지에 갑자기 성령의 부어주심이 임하였다. 1734년 봄에 젊은 청년과 갓 결혼한 여자 성도가 요절한 것이 마을 청년들에게 충격을 주었고, 영원한 것에 대한 관심을 불러일으켰다.[84]

1734년에서 1735년에 걸쳐 진행된 노샘프턴 부흥 기간 동안 에드워즈는 반 알미니안주의적인 설교들을 강단에서 선포하였다. 특히 목요 강좌에서 전한 "이신칭의론"과 같은 설교를 읽어 보면 부흥의 역사의 도구가 되기에는 너무나 교리적이면서 논증적인 것처럼 보인다.[85] 그러나 에드워즈는 이신칭의 강론이 오히려 영적 각성에 도화선이 되었다고 말한다:

> 이 강론은 시의적절한 가르침으로 판명되었다. 마을 주민들의 영혼에 아주 괄목할만한 하늘의 축복이 명백히 임했기 때문이다. 그 가르침으로 인

해 그들은 논쟁 중인 문제의 핵심에 관해 전체적인 만족을 얻게 되었다. 그들은 하나님께 용납되고 복음의 방법으로 구원받는 것을 더욱 진지하게 찾게 되었다(양낙홍 역).[86]

에드워즈는 그 외에도 "하나님 나라에로 침노해 들어감," "룻의 결단," "죄인들의 정죄에 나타난 하나님의 정의," "예수 그리스도의 탁월성" 등의 설교를 전하였다.

1734년 3월에 시작된 성령의 역사는 12월 후반에 이르러서 더욱더 비상하게 임하셔서 노샘프턴 성도들 가운데 역사하기 시작했다. 에드워즈에 의하면

아주 갑자기 한 사람 한 사람씩 대여섯 사람이 어느모로 보나 구원에 이르는 회심을 얻었다. 그들 중에 한 사교성이 풍부한 한 젊은 여성이 있었다. 그녀는 하나님의 무한하신 능력과 주권적 은혜의 영광스러운 역사가 임하여 새로운 마음, 참으로 깨어지고 거룩해진 마음을 주셨음을 감지할 수 있었다(양낙홍 역).[87]

이 유명한 여성의 회심은 에드워즈의 우려와는 달리 "하나님께서 그것을 마을에서 그때까지 있었던 모든 일들 중 가장 큰 각성의 계기로 삼으셨다." 그 일이 있은 직후 마을 전체에서 남녀노소, 빈부귀천을 막론하고 종교의 위대한 일들과 영원한 세계에 대한 크고도 엄숙한 관심을 가지게 되었기 때문이다. 사람들은 모이기만 하면 신앙적인 일 외에는 대화의 소재로 삼지 않았다. 심지어 결혼식장에서 조차도 신앙적인 대화를 나누곤했다.

에드워즈에 의하면 노샘프턴 부흥 사건의 최절정은 1735년 봄과 여름이다.

1735년 봄과 여름에는 하나님의 임재가 온 동네에 가득해 보였다. 마을이 그처럼 하나님의 사랑과 기쁨, 그러면서도 고뇌로 가득찬 적은 없었다고 한다. 거의 집집마다 하나님이 임재하신 놀라운 표시가 있었다. 그것은 가족들에게 임한 구원으로 인한 기쁨의 시기였다. 하나님의 역사는 성전에서도 일어나고 있었다. 주의 날 모이기를 힘쓰고, 공중 예배는 아름다웠고 회중은 예배드릴 때 생기로 넘쳤다. 성도들은 목사의 전하는 말을 한 마디도 놓치지 않으려고 주의해서 들었고, 고뇌로 울기도 하고 기쁨과 사랑으로 울기도 했다. 공중 찬양도 활기를 띠게 되었다. 이제는 정말 전에 없던 넘치는 마음과 음성으로 노래를 불렀기 때문에 찬양은 실로 즐거운 일이 되었다(양낙홍 역).[88]

에드워즈는 특히 3월과 4월에 일어난 놀라운 회심의 사건에 대해서 다음과 같이 보도한다:

이 마을에서 성령의 역사의 절정은 이른 봄, 즉 삼월과 사월이었다. 이 무렵에는 우리 중에서 대개 하루에 네 영혼, 일주일에 거의 삼십 명이 회심하는 일이 대여섯 주간 계속되었다. 하나님이 그처럼 놀라운 방식으로 역사하실 때는 보통 때 같으면 사람들이 동원할 수 있는 모든 노력을 다 동원하고 일상적인 축복을 다 사용해서 일 년간 일해야 이룰 수 있는 정도의 사역이 단 하루 이틀만에 완수되었다(양낙홍 역).[89]

이와 같은 노샘프턴 사람들의 영적인 각성의 소식은 뉴 햄프셔 카운티 내에 있는 다른 마을들과 코네티컷 주에 있는 많은 마을로 전해졌고, 동일한 축복의 소나기에 동참하는 역사들이 일어나게 되었다.[90]

에드워즈는 앞서 기술한 부흥의 역사에 나타나는 비범성에 대해서 몇 가지 지적하였다. 첫째, 그것은 보편성universality에 있어 비상했다. 남녀노소, 빈부귀천 모든 이에게 영향을 미쳤다. 그 전의 부흥들이 주로 젊은이들과 여자들 사이에 국한되었던 반면, 노샘프턴 교회의 부흥에서는 마을의 16세 이상의 젊은이들 절대 다수가 구원을 얻었을 뿐 아니라 중년 이상의 많은 사람들이 변화되었다.[91]

둘째, 구원의 확신을 얻은 자들의 수numbers에 있어서 비상했다. 이 일 후 교회 성찬에 참여하는 수는 620명에 달하게 되었다. 이는 노샘프턴 마을의 성인을 거의 망라하는 숫자이였다. 부흥시기에 사람들은 문자 그대로 떼를 지어 교회에 몰려왔다. 반 년 동안에 약 300명이 그리스도께 나아왔다고 보고한다.[92]

셋째, 하나님의 역사는 그 속도quickness에 있어서 비상했다. 많은 사람들의 심령 안에서 성령은 아주 신속하게 역사하셨다. 성령의 역사가 마을에서 다른 마을로 확산되는 과정도 신속했다. 이번 부흥에서 사람들은 아주 빨리, 크게 변화되었다.[93]

넷째, 성령의 영향influences의 정도가 비상했다. 즉, 각성의 깨달음, 체험의 정도와 범위가 비상했다는 것이다.[94]

이처럼 1734-35년에 걸쳐 에드워즈와 노샘프턴 교회 성도들은 모든 면에서 하나님의 축복을 받았고, 그 시기는 교회 역사상 전례없이 가장 건강한 시기였다.[95] 그러나 이러한 특별한 은혜의 시기season of grace는 그리 오래 가지 않았다. 한 가난한 사람이 커다란 영적 고통 속에서 자기 목을 따려는 충동을 느껴서 자살을 시도했다가 미수에 그치는 일이 일어나게 되었다. 에드워즈에 의하면 1735년 5월 하순경부터 성령의 역사가 그들 가운데서 물러가고 있다는 것이 느껴졌고, 사탄이 자유로이 역사하되 미쳐 날뛰는 것이 느껴졌다.[96] 우울증에 시달리던 그의 이모부인 조셉 홀리가 주일 예배 시간에 자기 집에서 목을 찔러 자살하는 사건이 일어나게 되었다. 게다가 사람들의 관심을 빼앗아가는 여러 가지 문제들이 발생했다.[97]

에드워즈는 이미 부흥의 역사가 끝맺음하고 난 시점(1736년 11월 6일)에서 부흥의 역사가 남긴 건전한 결과들을 소개한다. 대각성 기간 동안 회심되었다고 알려진 사람들은 그후에도 지속적인 변화를 보였다. 일반적으로 사물들에 대한 새로운 감각, 하나님과 신적 속성, 그리고 예수 그리스도 및 복음의 위대한 일들에 대한 새로운 이해와 전망을 가지게 되었다. 그들은 그 주제들의 진리에 대해 새로운 감각을 가지게 되었고, 그것들에 의해 새로운 방식으로 영향을 받게 되었다. 기질과 태도가 과거에 아주 거칠었던 어떤 이들은 놀라울 만큼 부드러워지고 달콤해졌다. 어떤 이들의 영혼은 빛, 사랑, 그리고 위로로 충만했다. 노샘프턴 사람들은 여전히 종교적인 주제로 대화를 즐겨했다. 젊은이들 가운데 과거의 해이하고 방종한 생활로 돌아간 사람은 하나도 없어 보였다. 사람들은 아직도 변화된 그대로 남아있다. 에드워즈는 "하나님은 분명히 우리를 새로운 백성으로 만드셨다"고 말한다.[98]

하나님은 여러모로 이 일의 방식을 주관하셔서 그것이 그 분 자신의 고유하고 직접적인 일임을 분명하고도 경이롭게 보여 주셨다. 그리하여 그 영광을 전적으로 당신의 전능하신 능력과 주권적 은혜에 돌리셨다. 그 부수적 상황과 수단이 어떠했건 간에, 그리고 비록 우리는 아주 무가치하지만, 하나님은 그렇게 일하시는 것을 기뻐하셨다. 우리는 분명히 하나님의 복을 받은 백성들이다! 여기 세계의 이 구석에 하나님이 거하시면서 자기 영광을 나타내셨다(양낙흥 역).[99]

2.2.2. 1차 대각성(1740-42) 중의 노샘프턴 부흥

1734-35 부흥의 역사가 끝났지만 에드워즈는 변함없이 강렬한 열정으로 새로운 성령의 부어주심을 사모하면서 목회를 해 나갔다. 에드워즈나 그의 부인 새라 에드워즈는 개인적인 경건 훈련에 매진하는 중에 개인적인 성령의 역사를 강력하게 체험하기도 했다.[100] 그리고 1730년대 후반 내내 에드워즈는 부흥의 때의 열렬함과 현재의 무감각함을 비

교하며 교인들을 책망하는 설교를 전했다. 특히 그는 무더기로 받아들인 회심자들 가운데 지속적인 변화에 이르지 못하는 사람들을 향하여 마태복음 25장 강해를 통해서 기름없는 등을 들고 있는 위선자와 같다고 통렬하게 지적하였다.[101] 그리고 1738년의 남은 기간 동안 고전 13장을 본문으로 한 『사랑과 그 열매』라는 연속 설교를 진행했다.[102] 에드워즈는 이 연속 강해를 통해서 감정이 아니라 지속적인 열매가 성령의 역사의 진정성을 증명하며, 성령의 내주는 거역할 수 없는 사랑의 능력이며, 부정적인 자아에의 죽음보다는 적극적인 열매로 구성된다고 주장하였다.[103] 에드워즈는 1739년 초부터는 우주적 구속사의 파노라마를 30회가 넘는 분량으로 연속 설교를 하게 된다.[104] 구속사의 핵심적 특징 가운데 하나는 인간의 역사가 주기적인 부흥으로 움직이고 있다는 주장이다. 이 연속 강해를 통해서 우리는 성령의 부어주심의 내용에 대한 명료한 이해를 가지게 된다.[105] 그리고 종말에 부어주실 성령의 위대한 부어주심에 대한 강렬한 기대를 이 연속 강해 속에서 발견하게 된다.

1735년 성령의 임재가 지역에서 현저하게 물러나신 이후, 그렇게도 사모하던 성령의 부어주심의 역사가 1740년에 일어나기 시작하여 1742년에 이르기까지 계속되었다. 교회사 가운데 "1차 대각성"The First Great Awakening이라고 일컬어지는 성령의 역사이다. 1차 대각성 운동은 규모면에서 식민지 전체에 영향을 미친 광범위한 부흥운동이었으며 특히 뉴잉글랜드 지역에 깊은 영향을 미쳤다.[106] 뉴잉글랜드 전역에 미치는 본격적인 대각성운동이 일어나기 전에 네덜란드 개혁교회 출신의 목사인 테오도루스 야코부스 프렐링하의슨Theodorus Jacobus Frelinghyusen(1691-1748)이 목회하던 레리턴 계곡에서 각성 운동이 있었고,[107] 그의 부흥운동은 스코틀랜드에서 이민 온 장로교 목사인 윌리엄 테넌트William Tennent(1676-1746) 목사와 네 아들, 그리고 테넌트가 세운 통나무 대학Log College 출신 목사들을 통하여서 중부 장로교회들에도 계속되었다.[108] 그러나 1차 대각성 운동의 중심 인물은 영국에서 온 순회 설교자 조지 윗필드(1714-71) 목사이었다.[109] 윗필드는 총 7차에 걸쳐서 미식민지를 방문했는데, 1차 대각성 운동은 그의 제2차 방문기간 (1739년 10월 30일-1741년 1월 16일) 중에 일어났다. 윗필드는 1740년 가을에 미국 뉴잉글랜드(미동북부 6개지역) 지방을 73일 동안 1,300km를 여행하면서 130회에 걸쳐서 설교를 했고, "그의 웅변적인 기술들과 뜨거운 심령으로 조지아주로부터 메인주에 이르기까지 부흥의 불길들을 다시 점화시켰다".[110]

에드워즈는 윗필드에게 편지를 보내 노샘프턴 교회도 방문해서 그와 함께 하고 있는 하늘의 복에 동참할 수 있게 해 달라고 요청하였고,[111] 이에 응하여 윗필드는 1740년 10월 7일부터 4일간 조나단 에드워즈가 목회하던 노샘프턴을 방문하였다. 윗필드가 머무는 동안 노샘프턴은 옛날 1734-1735년 때의 부흥과 같은 은혜의 물결에 휩싸이게 되었다.[112] 에드워즈는 윗필드가 떠난지 2개월 후에 그동안의 경과를 편지로 써 보낸다.[113] 에드워즈에 의하면 노샘프턴에서는 다시금 신앙이 풍성한 대화의 주제가 되고 있으며, 특별히 상당한 숫자의 젊은이들과 어린이들이 구원에 이르렀다. 더욱이 성령의 역사를 체험한 이들 가운데는 에드워즈 목사의 자녀들도 포함되어 있었다. 에드워즈는 성령을 더욱 부어주시고, 자신이 성령으로 충만하게 되어 불꽃처럼 뜨거운 사역자가 되어 하나님의 영광과 그리스도의 나라를 확장하는 일에 도구로 써주시도록 기도해주기를 부탁하였다.

에드워즈가 1743년 12월 12일자로 보스턴의 토머스 프린스 목사에게 보낸 편지에 의하면 윗필드가 다녀간지 한 달 내지 6주 만에 노샘프턴의 신앙고백자들에게는 부흥에 대한 관심이, 그리고 신앙을 고백하지 않는 자들에게는 각성에 대한 관심이 커졌다.[114] 1740년 12월 중순경에는 하나님의 성령의 역사가 젊은이들 가운데 상당히 임했고, 신앙 부흥의 열기는 계속 가열되어 1741년 봄에는 젊은이들과 어린이들이 신앙 문제에 몰두하는 일이 보편화되기에 이른다.[115] 그리고 1741년 5월에 이르러는 하나님 역사의 위대함과 영광과 영원한 일들의 무한한 중요성에 대한 깨달음에 너무 압도되어 심지어 신체에까지 나타나는 체험을 하는 이들이 생겼고, 그 영향으로 수많은 젊은이들과 어린이들의 감정이 감화를 받아 부르짖음과 기절하는 일까지 일어나게 되었다.[116] 에드워즈에 따르면 1741년의 8월과 9월은 가장 주목할 만한 시기였다. 왜냐하면 "죄인들이 죄를 깨닫고 회심했으며, 신앙을 고백하는 자들은 크게 부흥되고 소생하고 위로를 얻었으며, 이런 일들이 외부에 엄청난 영향을 주었기 때문이었다." 에드워즈에 의하면 사람들이 모인 곳에서 외침, 기절, 경련 같은 일들로 가득 차는 일은 흔한 일이 되었다. 때로 육체적으로 맥이 빠져 모임이 끝나도 집에 가지를 못하고 자리에서 밤을 꼬박 새우는 일도 종종 일어났다. 에드워즈는 이 여름 동안에 특별히 새로운 세대, 즉 어린이들에 대한 성령의 부으심이 괄목할만했다고 말한다. 물론 나이가 든 이들 가운데도 성령의 아주 놀라운 새 역사를 체험하되 마치 두 번째 회심을 체험하는 것처럼 체험하는 이들도 있었다고 한다.[117] 그리고 에드워즈에 의하면 두 번째 부흥의 특징이 되는 것은 "회심이 더 느껴지게 그리고 가시적으로 자주 일어났다"는 점이었다. 가시적인 회심들이 더 자주 사람들의 앞에서 즉, 신앙적 집회에서 공중이 관찰할 수 있도록 일어났다는 것이다.[118]

1741년 9월 이후에 비범함 모습들이 조금 사그러드는 것 같다가 1742년 2월에 새뮤얼 뷰얼Samuel Buell(1716-1798)이 노샘프턴을 방문하여 출타한 에드워즈를 대신하여 강단 사역을 하면서 다시금 강하게 부흥의 역사가 일어나게 되었다. 에드워즈에 의하면 뷰얼의 사역을 통해 노샘프턴은 밤낮으로 계속 굉장한 흥분의 도가니로 빠져들게 된다. 에드워즈가 돌아왔을 때에도 마을은 아주 비상한 상황 속에 있었다.[119] 일종의 황홀경에 빠져 24시간 동안 꼼짝도 하지 않는 이들이 생겨났고, 상턱한 상상에 이끌려 마치 하늘에 올라가 영광스럽고 즐거운 것을 부는 것 같은 체험을 하는 이들도 생겨났다. 이 지경에 이르자 에드워즈는 경각심을 가지게 된다. 사람들이 열광주의에로 넘어가지 않도록 많은 주의와 수고를 쏟는 일이 필요하다는 것을 절감하게 된 것이다.[120]

1742년 3월 16일 "하나님의 은혜로우신 임재가 계속되고 증가되게 하기 위해 금식하며 기도하는 날"에 에드워즈의 주도로 노샘프턴 교인들은 하나님과의 언약을 갱신하기에 이른다.[121] 그러나 에드워즈에 의하면 1742년 여름 초에 신앙 감정에 있어서 생동감이 줄어드는 것이 감지되기 시작했고, 그 해 가을과 겨울 동안 비범한 일들이 일어나긴 했지만, 전반적으로는 신앙에 대한 사람들의 열심과 그들 감정의 생동감이 내리막길을 걷게 되었다고 말한다.[122] 에드워즈는 프린스 목사에게 보낸 편지글을 마무리하면서 1734-35년 부흥과 1740-42년 부흥의 차이를 점검해 본다. 그에 의하면 후자가 전자보다 순수해서 불순물이 훨씬 적게 혼합되어 있었다고 한다. 그러나 1742년에 이르러 상황이 달라지게 되는데, 이는 노샘프턴 사람들이 다른 지역 사람들의 체험들에 대해서 듣기도 하고 가서 보기도 하면서부터 문제가 발생한 것이다. 에드워즈는 "우리 교인들은 그들이 은혜와 낙원을 훨씬 많이 맛보았기 때문에 황홀경과 격렬한 감정 그리고 열심 및 소위 그리스도를 위한 담대함에 있어 자신들을 훨씬 능가한다고 생각했다."라고 말해준다.[123] 그 결과 그런 사람들의 말에 귀를 기울이고 모범을 좇아 가려는 열심을 부리게 만들었다. 에드워즈는 그런 이상한 영향을 받은 사람들에게서 자기 양떼를 건져내기 위해서 오랫동안 힘든 노고를 쏟을 수 밖에 없었다. 그러나 에드워즈가 글을 쓰고 있던 시점에도 여전히 부흥의 복된 열매는 남아있었고, 마을에 미친 선한 영향이 남아 있었다. 특히 고질적인 문제이던 파당정신이 상당히 가라앉게 되었다고 에드워즈는 말한다.[124]

2.2.3. 진정한 부흥의 변호자

이제 1차 대각성에 대해서 좀 더 조망을 넓혀서 생각하면서 에드워즈가 맡아서 수행했던 주요한 역할에 대해서 살펴보도록 하자. 뉴잉글랜드의 대각성 운동은 앞서도 지적했듯이 조지 윗필드의 순회 설교 사역이 큰 역할을 했다. 그리고 윗필드에 이어서 장로교 목사요 통나무 대학의 설립자인 윌리엄 테넌트의 아들인 길버트 테넌트Gilbert Tennent(1703-64)가 설교를 통하여 부흥의 열기를 한층 더 고조시켰다. 테넌트 목사가 1740년 3월 8일 펜실베이니아 주의 노팅엄에서 행한 설교 "회심하지 못한 목회의 위험"The Danger of Unconverted Ministry이라는 설교는 도전을 주면서도 물의를 일으켰고,[125] 성도들 가운데는 환상을 보고 황홀경에 빠지는 열광주의적인 반응으로 인한 부작용도 생겨나면서 사람들 속에 윗필드의 순회 설교 때 싹텄던 반부흥주의의 정서를 더욱 강화시키는 결과를 낳기도 했다. 두 사람의 사역으로 불붙기 시작한 뉴잉글랜드 지역의 부흥은 여러 지역 목회자들에 의해 1741년 4월에는 20여 지역으로 확산되었고, 여름에는 더 넓은 지역으로 확산되어 갔다. 이 기간 중 에드워즈는 여러 지역으로 순회 설교를 다니게 되었고, 특히 1741년 7월 8일 엔필드Enfield에서 행한 "진노하시는 하나님의 손안에 있는 죄인"이라는 설교는 이후 에드워즈의 가장 유명한 설교로 알려지게 되었다.[126]

그러나 이 과정에서 지나친 열광주의로 인해 오히려 부흥에 찬물을 끼얹고 반부흥주의 노선에 있는 사람들의 입장을 강화시켜 주는 사건이 생겨나게 되었다. 이러한 열광주의를 부추긴 대표적 인물은 예일대 출신의 제임스 데븐포트James Davenport(1716-1757)였다.[127] 그는 1740년에 윗필드의 놀라운 성공 소식에 깊은 열등감을 가지고 교인들을 모아 놓고 24시간 연속 집회를 가졌다. 그는 회심했다고 여겨지는 사람들을 형제라 부르고 나머지 사람들은 이웃이라 불렀다. 그리고 그 후 이웃 마을들을 공략하기 시작했다. 1740년 봄에 목회지를 떠나 6개월 동안 회심하지 않은 목사들의 위험성을 강도 높게 경고하는 사역을 하고 있었던 장로교 부흥사 길버트 테넌트와 만났고, 10월에는 윗필드와 개인적인 교제를 나누었다. 그는 1741년 한 여름 하나님이 자신을 더 큰 일을 위하여 목회지를 떠나도록 부르셨다는 확신을 가지면서 코네티컷 지역을 공략하기 시작했다. 해안선을 따라 여러 지역을 차례로 순회하면서 데븐포트는 목사들에게 자신들의 영적 상태를 확인하며 회심 여부를 판단하라고 외쳤다. 그리고 이러한 자신의 주장을 받아들이지 않는 목사들에 대해서 공개적으로 회심하지 않았다고 선언하며, 회중들로 하여금 이러한 목사를 무시하게 하고 교회에서 분리되어 나올 것을 촉구했다.

데븐포트의 이러한 행동은 사려 깊은 사람들이 "부흥이 통제될 수 있을 것인가?"하는 우려를 하게 만들었다. 조나단 에드워즈는 열광주의가 요원의 불길처럼 번져가고 있던 1741년 9월 10일에 예일대 졸업식에 설교자로 참석하여 "성령의 역사의 구별되는 표지들"(한역본=『성령의 역사 분별 방법』)을 설교하였다. 에드워즈는 요한일서 4장 1절을 본문으로 삼고 당시 뉴잉글랜드 지방의 태풍의 눈으로 떠오른 이 문제를 정면으로 다루었다. 에드워즈는 이 설교에서 부흥 시 발생하는 강력한 체험, 특히 부흥에 대한 열광주의적인 극단으로 인해 초래되는 여러 가지 현상들을 보고 부흥 자체까지 반대하는 것은 잘못된 것임을 밝혔다. 오히려 성경이 말하는 참된 성령의 역사에 대한 증거를 살펴볼 때, 지금 일어나고 있는 부흥은 성령의 역사에 의한 참된 부흥임을 강조했다. 에드워즈의 이러한 설교에 대해 예일대 학생들은 열렬한 반응을 보였으나 교수진들은 냉담한 반응을 보였다. 이는 이후 부흥 운동에 대한 친부흥파와 반부흥파의 분열을 예고하는 전조이기도 했다.[128]

뉴잉글랜드 부흥이 진행되어 가면서 특히 부흥에 대해 양극단으로 치닫는 현상이 가속화하는 양상을 띠게 된다. 한쪽은 뉴잉글랜드에서 일어난 부흥이 하나님의 성령의 역사가 아니라고 반대하는 사람들이 있었고, 또 다른 극단에는 부흥 체험을 너무 열광적으로 몰아가는 사람들이 있었다. 전자는 보스턴 제일교회 동사목사copastor였던 찰스 촌시Charles Chauncy(1705-1787)를 중심으로 하고, 후자는 제임스 데븐포트James Davenport(1716 -1757)를 중심으로 했다. 열광주의(= 광신주의, enthusiasm)의 등장과 확산은 찰스 촌시와 같은 반부흥론자들이 뉴잉글랜드 전역에서 일어난 영적 대각성을 광신주의적 열기의 결과로 매도하게 만들었다. 그러나 조나단 에드워즈는 이 양극단에 속한 사람들이 뉴잉글랜드에서 일어난 하나님의 성령의 역사를 훼방하고 결국은 퇴조하게 만든다고 생각하였다. 대각성운동에 동정적이었던 존 무어헤드는 한 편지 가운데서 당시 상황을 다음과 같이 탄식하고 있다.

> 오, 사탄이 얼마나 독기를 뿜어대고 있는지! 하나님은 경건한 열성주의자들pious zealots과 차갑고 악마적인 반대자들cold, diabolical opposers에 대항해 우리가 해야 할 일을 지시하십니다!¹²⁹

열광주의자와 반부흥론자들 사이에서 중도의 길을 걷고자 했던 조나단 에드워즈는 힘겨운 싸움을 전개해 나갈 수 밖에 없었다.

열광주의의 대표자인 제임스 데븐포트는 1742년 봄부터 남부 코네티컷에서 사역을 재개했으나 자의적인 순회 설교자들의 설교를 반대하는 강력한 법에 의거하여 하트포드에서 체포되어 재판을 받게 되고 정신병자로 간주되어 사우스올드로 되돌아가게 되었다. 그러나 그는 사우스올드에 오래 머물지 아니하고 보스턴시에 모습을 나타냈다. 보스턴 지역 목회자들은 그가 강단에 설 기회를 허용하지 아니할 뿐 아니라, 1742년 7월 1일에 충동과 목회자를 비난하는 것과 거리에서 노래 부르는 것, 평신도들로 하여금 설교하도록 부추기는 행동에 대한 반대성명서를 내었다. 그러자 데븐포트는 많은 목회자들의 이름을 거명하여 이들이 회심하지 않았다고 비난하였다. 그러나 당국의 개입으로 그는 체포되어 다시금 재판을 받게 되었고, 그 결과 다시 정신병자로 판명되어 무죄방면되고 다시 추방되었다. 하지만 1743년 3월에 데븐포트의 광신주의적 행태는 절정에 달하고 만다. 데븐포트는 코네티컷 뉴런던의 개척 교회 목사로 초청을 받아들인 후에, 추종자들에게 세상을 사랑하는 마음에서부터 성결해지려면 자신들이 가진 모든 좋은 옷, 보석, 책을 태워야 한다고 지시했다. 그가 태우게 한 책들 중에는 존 플라벨 전집과 많은 청교도 책들이 포함되어 있었다. 그리고 할렐루야를 외치며 거리에서 광란에 가까운 춤을 추며 찬양을 불렀다. 하지만 자신의 지나친 행동으로 기력이 소진된 데븐포트는 고향으로 되돌아갔고, 휴식을 취하는 동안 제정신이 들었다. 그리고 1744년에는 자신의 지난 행동이 거짓 영 때문이었다는 고백과 회개의 글을 발표했다.[130] 하지만 그의 회개는 때늦은 것이었다. 이미 교회들은 광신주의 때문에 분리되었고, 반부흥론자들의 부흥 반대의 빌미를 제공한 후였기 때문이다.[131]

성령의 비범한 역사로 뉴잉글랜드 전역에 일어난 대각성과 부흥에 대해서 냉담하게 반응을 보이면서 비판하는 일단의 사람들, 즉 반부흥론의 진영의 선봉장은 보스턴 제일교회 협동 목사였던 찰스 촌시였다. 촌시는 "자유주의자이며, 알미니안 신학자요, 심원한 학자였고, 타고난 옛빛파Old Light"였다.[132] 그가 부흥에 대해서 비판의 포문을 연 것은 1742년 7월 데븐포트가 보스턴에 머물고 있을 때였다. 그는 "열광주의를 분석하고 경고함"Enthusiam Described and Cautioned Against이라는 설교를 통하여 열광주의를 공격하였다. 촌시는 광신주의를 일종의 종교적 광란으로 부르면서, 반율법주의, 교황주의, 무신론 등과 같은 뉴잉글랜드의 다른 혐오스러운 운동들과 묶어서 취급했다.[133] 촌시는 열광주의에 대해서 다음과 같이 비판한다.

열광주의자는 자신을 하나님의 비범한 임재의 은총을 입은 사람으로 과

대평가하는 자이다. 그는 자신의 열정의 작용을 하나님의 교통이라 오해하여 자신이 성령의 직접적 영감을 받은 자라 망상한다. 그러나 사실은 단지 과열된 상상의 영향 아래에 있을 뿐이다.¹³⁴

촌시는 또한 1742년 8월에 『보스턴에 있는 신사가 에딘버러 목회자 가운데 하나인 조지 위샤트에게 뉴잉글랜드의 신앙 상태에 대해 써 보내는 편지』라는 책자를 익명으로 간행하여 뉴잉글랜드에서 일어난 신앙 부흥에 대해서 열광주의적 열정이 빚어낸 결과라고 도매금으로 비판하였다. 촌시는 길버트 테넌트와 데븐포트를 구별함 없이 광신주의자로 비난하였다.¹³⁵

부흥의 열기가 점차 식어져가고 있던 1742년 말 쯤에는 이처럼 데븐포트의 광신주의와 촌시의 반부흥론적인 공격이 날카롭게 양극화되어 있었다. 조나단 에드워즈는 이와 같은 양전선으로 갈라져 있는 뉴잉글랜드의 영적 상황에서 『뉴잉글랜드의 현재의 신앙 부흥에 대한 소고』를 저술하여 1743년 3월 경에 책으로 발간하였다(한역본은 『균형잡힌 부흥론』이라는 이름으로 출간됨).¹³⁶ 에드워즈의 책은 전체 5부로 구성되어 있다. 부흥반대주의자와 부흥광신주의의 양극단에 대한 문제점을 지적하고, 균형잡힌 부흥론을 제시하는데 목적이 있었기 때문에 5부의 구성은 전체적으로 이것과 관련되어 있다. 먼저 1-3부는 부흥반대주의에 대한 답변이다. 그리고 4부는 부흥광신주의, 즉 열광주의에 대한 반박이다. 마지막으로 5부는 참된 부흥을 유지하기 위한 권면으로 구성되어 있다. 각부의 제목만 보아도 에드워즈가 전개할 내용의 주제가 잘 제시되어 있다:

제1부, 당시 뉴잉글랜드 지방에서 일어나고 있는 비범한 역사는 하나님의 영광스러운 사역이다.
제2부, 모든 사람이 이 부흥의 사역을 인정하고 기뻐하고 증진시켜야 할

의무를 지며, 그 반대의 일을 하는 것은 아주 위험한 짓이다.
제3부, 열심있는 부흥 사역자들이 근거 없는 비난을 받는 열가지 경우와
　그 부당성.
제4부, 열심있는 사역자들이 경계해야 하는 함정들.
제5부, 부흥을 진작시키기 위해 해야 할 일들이 있다.[137]

에드워즈의 책이 출간되자 마자 반부흥론자 찰스 촌시는 즉각적인 반박에 나선다. 우선 3월 16일자로 쓰여진 한 편지 속에서 에드워즈의 책에는 오류와 진리가 섞여있기 때문에 더욱더 잘 전파된다고 하면서 이에 대한 해독제를 제공하기 위한 책을 저술하겠다고 자기 계획을 밝혔다.[138] 촌시는 봄에 약속한대로 1743년 9월에 『뉴잉글랜드의 신앙 상태에 대한 시기적절한 생각들』라는 이름으로 비판서를 출판하기에 이른다.[139] 총 424쪽에 달하는 이 저서는 에드워즈의 책자와 유사한 타이틀을 붙였고, 내용적으로도 에드워즈의 글을 따라 가면서 반박하고 있다:

제1부, 최근 이 땅에 나타난 신앙적 상황에 있어서 나쁘고 위험스러운 일
　들을 충실히 지적함.
제2부, 전반적으로 모든 사람, 특별히 교회의 목사들에게 부과된 의무는
　만연된 무질서를 바로잡기 위해 총력을 기울이는 것이며, 이런 중요한
　문제를 소홀히 하는 것은 대단히 위험한 일임을 보여줌.
제3부, 일탈적인 행위들을 제지하려 한 사람들이 부당하게 받은 많은 피
　해 사례를 보여 줌.
제4부, 오늘날의 악한 일들을 반대하는 증언을 함에 있어 무엇을 교정하
　거나 피해야 할 것인가를 보여 줌.
제5부, 이 시대에 순수하고 오염되지 않은 신앙을 전파하기 위해 우리의
　생각을 모아 최선의 방법을 적극적으로 강구함.[140]

이상에서 살펴본 것 같이 1740년대의 조나단 에드워즈는 1차 대각성 운동의 지도자요, 부흥 설교자의 역할과 더불어서 열광주의와 반부흥론 양전선을 대면하여 진정한 부흥을 변호하는 신학자와 저술가로서의 명성을 굳혀 가게 된다. 에드워즈는 현장에서의 체험과 성경과 신학 연구를 바탕으로 해서 마침내 결정적인 저술을 1746년에 내놓게 되는데, 『의지의 자유』, 『원죄론』 등과 더불어서 3대 주요 저서라고 일컬어지는 『신앙감정론』이 바로 그 책이다.[141] 에드워즈의 저술들 가운데서 『데이비드 브레이너드의 생애와 일기』 등과 더불어서 가장 인기가 많았던 이 책은 에드워즈의 부흥신학 혹은 청교도적 회심론의 정수를 담고 있다. 그의 제자 중 하나인 조셉 밸러미는 이 책을 "영감의 시대 이래로 실험적인 신앙과 생동적인 영성에 대해서 쓴 가장 좋은 책들 중의 하나"one of the best books … on experimental religion and vital piety since the days of inspiration라고 칭하였고,[142] 예일판 전집 2권의 편집자인 존 E. 스미스는 다음과 같이 평가하기도 했다.

> 어떤 사상가를 평가할 수 있는 확실한 잣대 가운데 하나는 근본적인 질문들을 다루면서 보여주는 용기와 집요함이며, 이런 기준으로 평가할 때 에드워즈는 탁월한 사상가였다. 『신앙감정론』에서 에드워즈는 성령의 임재 여부를 어떻게 분별할 것인가라는 청교도적 개신교의 중심적인 질문과 씨름했다. 이 저서는 에드워즈가 근본적인 질문에 대해 가장 집중적으로 끈질기게 탐구한 작품이었다(정성욱 역).[143]

원래 본서는 1742-43년 어간에 노샘프턴 교회에서 전한 연속 강해 원고를 바탕으로 하고 있다. 에드워즈는 "참된 신앙은 대체로 거룩한 감정 안에 있다."True religion, in great part, consists in holy affections는 명제를 교리로 제시한 후에 신앙에 있어서 감정이 차지하는 위치와 중요성에 대해서 논증한다. 그러고 나서 에드워즈는 신앙 감정이 진정으로 은혜로운 것인지 아닌지에 대한 판단 근거가 될 수 없는 표지들 12가지를 논하고(제2부), 진정으로 은혜로운 거룩한 감정을 뚜렷이 구별해 주는 표지들 12가지를 제시한다. 에드워즈는 외적인 진기한 체험이나 몸의 영향보다는 본성의 변화, 새로운 감각, 그리스도를 닮은 성품 등을 중시하고, 나아가서는 그리스도인의 삶의 실천으로 나타나는 열매를 중시하였다.144

에드워즈는 진정한 부흥과 참된 신앙의 변호자로서의 관심을 계속해서 유지하면서 1747년에는 『성경-종말에 관한 약속과 예언들-에 준하여 기독교의 부흥과 지상에 그리스도 왕국의 확장을 구하는 비상한 기도 속에서, 하나님의 백성들 가운데 분명한 일치와 가시적 연합을 증진시키기 위한 하나의 겸손한 시도』라는 책을 출간하고,145 1749년에는 『데이비드 브레이너드의 생애와 일기』를 간행하였다.146 이 두 권의 저서는 선교의 역사를 바꾸어 놓은 책이 되었고 역사상 수많은 사람들에게 부흥과 세계 복음화를 위한 긴박한 기도의 필요성을 알리고, 그들을 기도로 인도한 책이 되었다.147

2.2.4. 교회 개혁

에드워즈의 노샘프턴에서의 목회 사역은 두 차례에 걸친 성령의 부어주심으로 말미암아 교회의 양적 성장을 가져왔다. 노샘프턴에 거주하는 성인 인구가 거의 대부분 교회에 출석할 정도가 되었다. 그리고 부흥과 대각성 운동의 중심 지도자였으며 부흥을 변호하는 여러 저술들의 저자로서의 에드워즈의 활동 때문에 매사추세츠주 서쪽 변두리에 위치하고 있던 노샘프턴은 뉴잉글랜드를 넘어서 구대륙에까지 유명해지게 되었다. 이런 추세로 간다고 하면 조나단 에드워즈는 자신의 아버지 티모시 에드워즈나 자신의 선임자요 외조부인 솔로몬 스토다드처럼 노샘프턴 교회에서 평생을 와석종신할 것으로 전망되었을 것이다.

그러나 그와 같은 예상은 완전히 빗나가고 만다. 한때 목회자와 교인들 사에에 "그렇게 위대한 하나의 연합"so great an union을 누렸던 노샘프턴 교회 회중은 1750년 6월 22일에 열린 공동의회를 통해서 230대 23표라는 표결로 자신들의 목회자의 시무 사면을 결정하게 되기 때문이다.148 로이드 존스는 에드워즈의 시무 사면 사건을 "지금까지 일어난 일들 가운데 가장 놀라운 일 중 하나이며, 목회자들과 설교자들에게 위로의 말이 됨에 틀림없다"고 말한 바 있지만, 사건의 진행 과정을 알지 못하는 이들에게는 이해하기 어려운 사건임에 틀림없다. 그러나 1742년 1차 대각성 이후에 일어난 여러 가지 상황들을 잘 고찰해 보면 이와 같은 사건은 예상 가능한 일이었으며, 에드워즈는 그와 같은 파국적인 결론을 예상하면서까지 자기의 길을 끝까지 갔다는 것을 알 수 있게 된다.

에드워즈가 노샘프턴 교회에서 축출당하게 되는 과정은 단시간 내에 이루어진 것이 아니다. 적어도 파국에 이르까지는 1744년에서 1750년에 이르는 수 년의 기간이 포함되어 있다. 그리고 그와 같은 비극적인 결말을 낳게 한 것도 단순히 성만찬 참여자격 논쟁만이 아니었다. 에드워즈의 후손으로 방대한 전기를 썼던 시리노 드와이트는 에드워즈의 축출 사건을 "뉴잉글랜드 교회사에 기록된 가장 고통스럽고 가장 놀라운 사건들 중의 하나"라고 평한 후에, 그와 같은 비극의 원인으로 1744년에 일어난 "젊은이 성경"사건과 성만찬 참여 자격 논쟁 문제를 거론하여 설명한다.149 우리는 이 두 가지 문제에 곁들여서 에드워즈가 그의 회중과 더불어서 여러 차례 갈등하고 논쟁했던 사안인 사례비 인상 문제를 또 다른 주요한 요인으로 부가하는 것이 옳을 것이다.150 그런데 이 세 가지 분쟁의 사안들을 주의깊게 살펴보면, 비록 어떤 면에서는 에드워즈의 실수와 허물들, 그리고 완고함이 역할하고 있기는 하지만, 모든 문제 이면에는 가시적인 성도다움의 문제와 교회 개혁의 문제가 주요 동기로써 작용하고 있음을 알 수 있다.

1744년에 일어난 "젊은이 성경"사건이란 마을의 몇몇 남자 청년들이 조산원들을 위하여 만들어진 여성 해부학 책자를 비밀리에 돌려보면서 음담패설을 즐기고 여자 청년들을 성적으로 희롱하는 말을 하다가 발각된 사건을 가리킨다.151 교회 청년들의 부패상을 알게 된 에드워즈는 즉각 진상 조사위원회를 구성하기로 결정하고, 공예배시간에 여러 청년들을 호명하여 사택으로 오라고 광고를 하게 된다. 그런데 이렇게 청년들의 명단을 호명하는 일에 있어서 에드워즈는 중대한 실수를 하고 만다. 에드워즈는 조사를 받고 권징을 받아야 할 청년들the accused과 증인으로 출두하는 청년들의 이름을 구분하지 아니하고 한꺼번에 불러버린 것이다. 더욱이 에드워즈가 호명한 명단에는 마을의 유력자들의 가정 중에 연루되지 않은 가정이 없을 정도였다. 당연히 예상할 수 있는대로 온 마을이 분노로 들끓어 오르게 되었고, 에드워즈는 사건을 진정시키고 해결하는데 어려움을 많이 겪게 된다. 결과적으로 노샘프턴에서의 에드워즈의 영향력은 많이 약해지게 된다. 특히 청년들에 대한 에드워즈의 영향력이 많이 약해지게 된다. 이 사건은 후일 에드워즈의 해임의 기초를 낳는 계기가 되고 만다.152

사례비 논쟁the salary dispute이란 당시 뉴잉글랜드에서 목회자와 회중들 간에 흔히 발생했던 문제였다. 심지어 에드워즈의 아버지 티모시 에드워즈 목사도 동원저 교회에서 사례비 논쟁을 하여야만 했다.153 당시 교회는 목회자 사례비를 현금으로 지불하지 아니하고 적어도 상당 부분은 현물로 지급했다. 그것도 교인 개개인이 할당 받은 부분을 직접 목회자에게 가져다 주거나 아니면 목회자가 받으러 가야만 했다. 어떤 교인들은 맡은 현물을 목회자에게 주지 않아서 애를 먹이곤 했다.154 그리고 에드워즈가 1740년대에 여러 차례 사례비 인상을 요구함에 따라 교회에서 논란거리가 되게 된 데는 여러 가지 요인이 있었다. 일단 현물의 가격이 변동하곤 하기 때문이고, 늘어나는 가족을 부양하고 마치 여관처럼 수도 없이 많은 방문객들이 묵고 가곤 하는데 그들의 식량을 공급하는데에 사례비가 충분치 않았던 것이다. 아무튼 에드워즈는 사례비 논쟁을 통해서 1747년에 자신의 요구를 관철시켰고, 1749년에는 보스턴을 제외하면 자신만큼 사례비를 많이 받는 목사가 없다고 고백할 정도가 되었다.[155]

그러나 이상에서 설명한 두 가지 문제들보다 누가 성만찬에 참여할 수 있는 자격을 가지고 있는가에 관련된 논쟁은 에드워즈의 해임에 결정적인 요인이 되었다. 현상적으로 보자면 외조부 스토다드가 조나단 에드워즈로 노샘프턴에 부임하도록 도왔다면, 역시 스토다드가 제창한 스토다드식의 성찬참여자격론이 그의 외손자로 하여금 노샘프턴에서 쫓겨나가게 만들었다고 할 수 있다. 원래 영국의 청교도들은 성찬참여자격으로서 믿음과 회개의 증거를 요구했을 뿐이지만, 뉴잉글랜드의 비분리적인 청교도들은 입교하여 완전한 교회 회원권full membership을 가진 자들에게만 성찬참여자격을 주었다.[156] 완전한 교회 회원권을 받으려면 기독교 신앙에 대한 기본적인 교리를 고백하고, 생활에서는 경건의 열매를 맺어야 하고, 유효적인 소명의 본질에 대해서 입증할 뿐 아니라 교리적, 영적, 실천적 자질을 나타내 보여야 했다.[157] 그것도 회중들 앞에서 약 15분간 회심체험을 증언해야만 했다. 소위 초기 입장에 의하면 성찬에 참여할 수 있는 자격을 가진 교인은 "가시적 성도"visible Saints이어야만 했다. 이러한 성찬참여자격론은 존 카튼, 리처드 매더 등이 1646-48년에 만든 케임브리지 플랫폼Cambridge Paltform에서 주창되었다.[158] 이처럼 초기 뉴잉글랜드 청교도들의 성찬 참여자격론은 역사상 유래를 찾아보기 힘들 정도로 엄격했다. 자신의 회심 체험을 전체 회중 앞에서 증언할 수 없는 사람은 교회 회원권을 얻을 수 없었고, 성찬에 참여할 수 없을 뿐 아니라 자신의 자녀들이 유아 세례를 받는 것도 거절당했다. 자신의 자녀들로 하여금 유아 세례를 받아 언약에 동참하게 하려면 부모 중 한 사람이라도 회심 체험을 공개적으로 고백한 완전한 입교 교인이어야만 했다. 그리고 뉴 헤이븐 식민지 같은 데서는 이와 같이 교회 회원 자격을 갖는 것은 곧 공민권을 위한 자격 요건이

기도 했다.¹⁵⁹

그러나 엄격한 성찬참여자격론을 고수했던 초기 뉴잉글랜드 청교도들은 두 세대가 지나가기도 전에 큰 문제에 봉착하게 되었다. 첫 세대의 신앙적 감화 아래 자라고 유아 세례를 받은 두 번째 세대가 장성하여 가족을 거느리게 되고 삼 세대를 낳아서 유아세례를 받게 해야 하는 상황인데도 자신의 회심 체험을 공개적으로 간증할 수 없는 일들이 다반사가 되었기 때문이다. 처음에는 2세대를 교회에서 추방하지 않으면서 그렇다고 3세대에게 유아세례를 허락하지 않는 방관주의적인 입장을 취했다. 그러나 1세대 청교도들이 죽고 영국으로부터 대이주 기간도 끝이 나고 나자 자격을 갖춘 교회 회원의 수는 급감하게 되어 더욱 더 위기 의식이 고취되게 된다.

이와 같은 난제를 해결하기 위하여 1657년 목사들 모임과 1662년 대회가 열리게 되는데, 새롭게 마련된 대안은 완전한 회원권과 별도로 "반쪽짜리 회원"the half-way members을 허용하자는 것이다.¹⁶⁰ 소위 "중도 언약"Half-way covenant이 주창되었다. 유아세례를 받고 장성한 교인들 가운데 비록 회심의 체험을 간증할 수 있을 정도로 구원의 은혜를 체험하지는 못했다고 하더라도 계속해서 교회에 남아있고 자녀를 낳았다고 하면 그들에게서 태어나는 자녀들도 유아세례를 받게 하자는 것이다. 단, 부모들이 특별한 추문이 없는 삶을 살고, 기독교 교리를 배우고 고백하며, 하나님과 교회에 자발적으로 순종하는 경우에 한한다는 조건을 달았다.¹⁶¹ 이렇게 해서 얻게 된 반쪽짜리 회원권으로는 교회 일에 대해 투표권도 행사할 수 없었고, 성찬에 참여할 수 있는 권리도 누리지 못했다. 반쪽자리 회원권을 가진 자들에게 주어진 권리는 자신의 자녀를 유아세례 받게 할 수 있는 권리와 교회의 권징권을 신청할 수 있는 권리였다. 폴 허즈번드는 이런 조치가 청교도 2세대들 가운데 교회와 교회의 가르침에 대해 신실하게 관심은 있지만 회심체험을 간증할 정도로 은혜를 체험하지 못한 이들에게 자신들과 자신의 자녀

들이 하나님의 언약에서 배제 당했다는 끔찍스러운 악몽에서 건져내어 주었다고 한다.[162]

가시적 성도visible saint 만이 성찬에 참여해야 한다는 초기 원칙은 노샘프턴 교회의 초대 목사인 엘르아자르 매더 목사가 목회할 때뿐 아니라 그의 후임자인 솔로몬 스토다드가 목회하는 32년 동안에는 변함없이 지켜진 교회 원칙이었다.[163] 그러다가 1704년에 이르러서 스토다드 목사는 성찬 참여 자격에 대한 변화된 입장을 공개화시키게 된다.[164] 그는 외견적으로 올바르게 사는 사람이라면 누구나 성찬 참여를 허용해야 한다는 입장을 주장했다. 이것은 1661년 대회가 주창한 중도언약을 넘어서는 혁신적인 입장이었다. 스토다드는 불신 영혼의 회심에 대해 지대한 관심을 가지고 있었다. 그는 성찬이 사람들에게 사죄를 발견하기 위하여 그리스도의 죽음의 필요성과 충족성을 배우는 한 방법이 된다고 생각하였다. 그래서 그는 성찬은 "회심의 규례"a ordinance of conversion라는 생각을 주장했다.[165] 소위 이것이 스토다드주의Stoddardeanism라고 불리는 혁신안이었다. 스토다드가 왜 이렇게 입장을 변개시켰는가에 대해서는 여러 가지 설명이 가능하겠지만, 스테티나의 설명처럼 그의 회심체험과 관련이 있다고 보는 것이 합당해 보인다.[166]

아무튼 이와 같은 스토다드주의는 노샘프턴 교회의 회원권을 느슨하게 만들었을 뿐 아니라, 젊은이들의 도덕적인 해이함을 가져오게 되었다. 이와 같은 분위기가 만연하던 노샘프턴에 에드워즈가 목사로 부임했던 것이다. 에드워즈는 성만찬 참여자격이나 교회 회원권 문제에 있어서 티모시 에드워즈의 입장처럼 엄격한 뉴잉글랜드 방식을 취하고 있었다.[167] 그러나 에드워즈는 부임 초기에는 자신의 입장을 분명하게 밝히지 못했다. 그럼에도 불구하고 신학묵상집 속에서 가시적 성도 다움에 대해서 외조부와 다른 입장을 쓰고 있다.[168] 그러다가 외조부가 소천한 후에 담임목사가 된 바로 직후에 한 금식일 설교 가운데서 하나님이 성령을 부어주시기를 원한다면 교회의 순결을 유지해야 한다는 요지로 설교하면서 성만찬 참여자격에 대해서 공개적인 언급을 하고 있음을 보게 된다.[169] 비슷한 시기에 쓴 신학묵상집 462번에서도 에드워즈는 성찬에 참여하는 자 외에는 교회의 어떤 특권도 누릴 수 없으며, 자녀를 세례 받게 할 수 없으며, 그리스도의 가시적인 교회에 속한 자로 간주되어서는 안 된다고 적고 있다.[170]

사실 에드워즈의 분명한 입장에 교인들이 주의를 기울이고 소동이 일어나게 되는 것은 1740년대 말의 일이지만, 에드워즈는 기회가 있을 때마다 자신의 분명한 입장을 밝히곤 했다는 것을 우리는 확인할 수 있다. 그의 제자 새뮤얼 홉킨스에 의하면 에드워즈는 1744년 봄에 성찬식에 대한 마음의 변화를 공개적으로 말했고 이 일은 노샘프턴에 큰 소동을 일으켰다고 한다.[171] 그리고 에드워즈는 1742-43년에 걸쳐 연속적으로 자기 회중에게 설교했던 내용을 다듬어서 1746년에 『신앙감정론』 속에서 참된 회심자의 12가지 표지에 대해서 분명히 밝혔고, 특히 기독교적인 고백이 무엇을 의미하는지를 제시한 바 있다.[172] 에드워즈는 기독교 신앙을 합당하게 고백하려면 당연히 그리스도인이 되는데 필수적인 모든 것을 고백해야 한다고 한다. 기독교의 본질에 속한 것, 예수가 메시아이신 것을 믿는다. 그가 우리의 죄악을 담당하셨다는 것을 비롯하여 복음의 다른 본질적인 것들을 고백해야 한다. 그리고 에드워즈는 정통적인 교리를 믿는 것 만큼이나 신앙에 본질적인 것들이 있다고 말한다. 우리가 우리의 죄를 회개하고, 우리 자신의 죄악을 깨닫고, 우리에 대한 하나님의 합당한 진노를 의식하고 우리의 마음으로 모든 죄를 버리며, 우리의 온 마음으로 그리스도를 우리의 유일한 구세주로 영접하며, 모든 것보다 그리스도를 사랑하며, 그를 위해 모든 것을 기꺼이 버릴 것이며, 우리 자신을 전적으로 그리고 영원히 그리스도의 소유로 바치겠다는 것을 고백하는 것은 기독교 신앙에 본질적인 것이다(마 3:6-12, 막 1:4, 행 2:38, 느 9:2, 33, 35 등). 그리고 또한 신앙 고백을 할 뿐 아니라 그 고백과 함께 가시적으로 거룩한 삶을 살아야 한다. 그들을 열매로 안다고 하는 것은 그들 자신들의 신앙고백과 삶이 일치하는지를 보고 안다는 말이다.173 에드워즈는 또한 이런 것들에 대한 신앙 고백은 적절하게 그리스도인의 신앙 고백이라고 불릴 수 있으며, 그렇게 신앙을 고백한 사람이 앞에서 제시된 기준을 통과하려면, 그 고백은 반드시 그리스도인의 실천과 결합되어야 하고, 그 고백은 이해할 수 있는 방식으로 이루어져야 한다고 말한다. 즉, 그들은 자신들이 고백하고 있는 내용의 의미를 이해할 수 있는 일반적인 능력을 갖추도록 신앙의 원리들을 충분히 교육받은 사람들이어야 한다는 것이다. 왜냐하면 사람들이 그들 자신의 말의 의미를 이해하지 못한다면 그 말은 아무런 의미나 뜻도 없는 것이기 때문이다. 신앙을 고백하는 사람은 이전에 그의 선생님에게서 철저하게 배웠다는 사실, 그에게 충분한 지식이 있다는 증거, 동시에 자신의 신앙 고백에 일치하는 삶이 이 사람의 자질을 판단하는 데 최선의 증거로써 반드시 인정되어야 한다.174

조나단 에드워즈는 이러한 신앙 고백과 삶의 증거가 있는 자들에게 성만찬 참여자격을 부여하는 새로운 방식(사실은 옛 뉴잉글랜드 방식)을 1748년에 실제적으로 노샘프턴 교회에 도입하고자 했다. 그의 입장은 분명히 이전에 선언되었지만, 그것을 테스트할 수 있는 지원자가 수 년 동안 없었던 것이다. 1748년 12월과 1749년 4월에 성만찬 참여 자격을 요청하는 두 청년이 있었지만, 번번히 에드워즈가 제시하는 신앙 고백의 방식을 따르기를 거절하고 만다. 이로써 성만찬 참여자격논쟁이 노샘프턴 교회에서 본격적으로 불이 붙게 된다. 교회 위원회는 에드워즈가 요구하는 성만찬 자격 부여 기준을 거부했다. 1749년에 이르러 에드워즈는 자신의 견해를 분명하게 논술한 『가시적인 교회의 온전한 교인에 관한 하나님의 법칙에 대한 겸허한 연구』라는 책자를 출간하였지만, 마을 사람들의 반응은 냉담했다.175 에드워즈는 시무사임을 염두에 두면서까지 필사적으로 자기 견해를 관철하려고 했고, 지역목회자 협의회가 여러 차례 중재를 시도했지만 에드워즈의 견해는 이미 목회자들 사이에서도 과도한 견해로 판단되어졌다. 1750년 6월 19일에 노샘프턴 교회 문제 해결을 위해 모인 마지막 지역 목회자 협의회에서는 에드워즈의 해임안이 결정되었고, 3일 뒤(6월 22일)에 열린 노샘프턴 교회 공동의회에서는 자신들의 목회자 해임 여부를 놓고 투표한 끝에 내보내자는 쪽이 230표, 반대하는 쪽이 23표 나와서 결국 에드워즈 목사의 해임안이 가결되고 만다.[176] 그러나 비록 에드워즈의 견해는 노샘프턴 교회에서 거절되고 말지만 노샘프턴에서 사직한 한 해 뒤에 그의 견해는 뉴잉글랜드에서 주목되었고, 50년 내에 에드워즈의 견해를 받아들이게 된다.[177]

2.3. 스톡브리지의 선교사

노샘프턴 교회의 담임목사직을 상실한 에드워즈는 후속 사역지를 결정하지 못한채 노샘프턴에 수 개월간 머물게 된다. 노샘프턴 교회 역시 후임 목사를 쉽사리 구하지 못하였기에 아주 못마땅해하면서도 에드워즈로 하여금 때때로 설교를 하도록 청하곤했다(1750년 7월-11월). 많은 가족들을 거느리고 "넓은 세상에 던져진 것 같다"는 심정을 토로하기도 했던 에드워즈에게 몇 몇 사역의 가능성이 제시되었다.[178] 노샘프턴에 남아서 신실한 추종자들과 더불어서 새로운 교회를 개척할 것인가, 아니면 버지니아나 스코틀랜드로 목회하러 갈 것인가, 스톡브리지의 인디언 선교사로 갈 것인가?[179] 에드워즈는 그 가운데서 스톡브리지의 인디언 선교사로 사역하기로 결심한다. 에드워즈는 1750년 10월에 스톡브리지에서 첫 설교를 했고, 1751년 2월 22일 스톡브리지의 지역교회 목사겸 인디언 선교사로 청빙받게 된다. 같은 해 8월 8일에 공식적으로 시무 시작하고, 8월 18일에 가족들이 스톡브리지로 이주하게 된다. 그렇게 해서 시작된 스톡브리지의 인디언 선교사로서의 사역은 에드워즈가 1758년초 뉴 저지 대학 학장으로 부임하기까지 약 7년여에 걸쳐서 이루어진다.

스톡브리지는 매사추세츠 주 총독 벨처의 제안으로 설립된 인디언 선교회가 1736 -39년 사이에 설립한 선교지이다. 윌리엄스와 스토다드 가문이 이 선교 사역에 깊이 참여하였고, 에드워즈 역시도 처음부터 관여하였다. 이곳에 처음에 파송된 선교사는 예일대를 갓 졸업한 존 서전트였다. 서전트는 스톡브리지에서 인디언 선교사로 충성스럽게 사역하다가 1749년 여름에 후두암에 걸려 요절하고 만다. 그가 소천할 때에 스톡브리지에는 281명의 인디언들이 살고 있었고, 영국인은 열 가정이 살고 있었다. 조나단 에드워즈는 서전트가 요절한 지 1년이 지난 후에 스톡브리지에 가서 첫 설교를 하고, 몇 개월이 지난 후에 선교사로 부임을 하게 된 것이다. 에드워즈가 할 일은 인디언 선교사 겸 그 지역에 살고 있는 영국인들 목회자의 역할을 수행하는 것이었다.[180]

흔히 에드워즈가 스톡브리지에서 선교사로 사역을 하게 된 것을 좋은 저술들을 집필할 섭리적 배려로 보는 경향이 있어 왔다. 그의 증손자인 시리노 드와이트는 에드워즈가 노샘프턴에서 시무 사면 당한 것이 매우 유감스러운 일이기는 하지만 또한 궁극적인 결과에서 보자면 하나님의 교회에 대한 본질적인 축복이었다고 말한다.[181] 그리고 마틴 로이드 존스는 에드워즈가 노샘프턴에서 축출되어 스톡브리지로 부임하게 된 것은 "몇 몇 대작들some of his greatest masterpieces을 산출하게 하기 위한 신적인 섭리the providence of God였다"고 평하였다.[182] 우리가 결과적으로 본다면 로이드 존스의 평가가 틀리지 않다는 것을 알 수 있다. 에드워즈는 스톡브리지에서 몇 권의 대작들을 산출하게 된다. 우선 1752년 여름에 이르러 성만찬 참여자격론에 대한 『잘못을 바로잡고, 진리를 옹호함』Misrepresentations Corrected, and Truth Vindicated을 저술하였다.[183] 그리고 1754년 12월에는 오랫동안 준비해왔던 반 알미니안주의 저작인 『의지의 자유』를 출간하게 되었고,[184] 1755년에는 『하나님의 천지창조 목적』과 『참된 덕의 본질』저술하였다.[185] 에드워즈가 스톡브리지에서 마지막으로 저작한 것은 1757년 5월에 완성되고 1758년 그의 사후에 출간되는 『원죄론』이었다.[186]

그러나 스톡브리지 선교지에서 에드워즈는 한가하게 저술 활동만 한 것이 아니었다. 민케마 교수가 잘 지적한대로 에드워즈의 삶은 늘 분주했고, 선교지에서 조차도 이권다툼을 하고 있는 영국인들(특히 윌리엄스가의 사람들)과 갈등하면서 인디언들의 권익을 보호하는 일을 해야만 했다. 에드워즈는 영국인들이 인디언의 땅을 빼앗고 인디언의 읍민회 참여권을 박탈하지 못하도록 하는 한편, 인디언 자녀들을 위한 학교의 운영 기금을 착취하거나 노동력을 착취하는 것과 맞서 싸워야 했다. 더구나 1754년에 시작된 7년 전쟁 때문에 인디언 부족들의 공격 위협에도 시달려야 했다. 이러한 힘겨운 과정을 거치면서 에드워즈는 영국의 제일 중요한 후원자에게서 선교 학교의 단독 운영권을 얻어 내는데 성공하게 된다. 이러한 복잡한 상황에도 불구하고 에드워즈가 앞서 소개한 대작들을 저술하였다는 것은 당연한 것이 아니라 정말 놀라운 일이라고 할 수밖에 없다.[187]

스톡브리지의 선교사와 목회자로서 에드워즈는 매 주일 백인들과 인디언들을 대상으로 하는 예배를 따로 드렸다. 에드워즈는 인디언 말을 배우지 않았기 때문에 인디언들에게 설교할 때에는 통역자를 세워서 설교를 통역하게 했다.[188] 에드워즈는 스톡브리지에서 사역하는 7년 동안 187편의 설교를 전했다.[189] 에드워즈는 노샘프턴의 백인 회중에게 설교하는 것과 달리 인디언들의 이해 능력에 맞추기 위해서 애를 썼다. 레이첼 휠러에 의하면 스톡브리지에서의 설교들은 노샘프턴 시절의 설교들보다 더욱 많은 이야기들을 포함하고 있으며, 표현이 더 단순하고 자연에서 파생된 이미지들을 많이 사용하고 있다.[190]

스톡브리지에서의 선교 사역은 뉴저지 대학의 학장이자 사위였던 아론 버의 소천으로 일단락 지어지게 된다. 뉴저지 대학 이사회는 1757년 9월 24일에 아론 버Aron Burr가 소천하자, 9월 29일에 에드워즈를 신임 학장으로 청빙하기로 결정을 한다. 여러모로 망설이던 에드워즈는 계속되는 청빙과 자문 위원회의 결정에 따라 학장직을 수락하게 된다. 1758년 2월 16일 뉴저지대학 학장으로 집무를 시작하게 되었지만, 2월 23일에 천연두 예방접종을 받은 후에 그 부작용으로 3월 22일에 소천하게 되는 바람에 에드워즈의 프린스턴 생활은 두 어달에 그치고 만다. 그리고 그의 부인 새라 에드워즈도 같은 해 10월 2일에 이질로 필라델피아에서 소천하게 된다.

2.4. 소결론

앞서 우리는 에드워즈의 역사적 배경에 대해서 살펴보았다. 에드워즈의 신학 사상이나 그의 성령론도 시대적, 역사적 배경에 의해서 형성되고 결정되어졌기 때문에 이와 같은 긴 논구는 적실성 있고 필요적절한 것이라고 사료되기 때문이다. 그러나 본서의 성격상 에드워즈의 생애를 다시금 전부 기술하려는 시도는 하지 않았다. 다만 그의 생애를 몇 대목으로 나누어서 그의 영적인 삶이나 성령론에 대한 견해 형성에 영향을 미치거나 그의 견해를 표명한 계기들을 포착하는데 집중을 해 보았다.

에드워즈의 초기 신앙 형성과 영적 삶에 있어서 아버지 티모시 에드워즈 목사의 영향을 먼저 주목해 보았다. 아버지의 설교와 아버지의 신앙 훈육 덕분에 에드워즈는 어린 시절부터 회심이나 영적 각성에 대해서 큰 관심을 기울이게 되었으며, 또한 웨스트민스터 표준문서들에 구현된 정통 칼빈주의에 익숙하게 되었다. 그리고 에드워즈는 아버지의 목회지에서 여러 차례 성령의 부어주심을 경험함으로써 영적 각성에 대한 체험적 기초를 놓게 된다. 뿐만 아니라 에드워즈는 예일대에 진학하여 수학하는 중에 회심을 체험하게 되는데, 이 회심 체험은 그의 신앙과 신학뿐 아니라 목회와 저술 활동에 지대한 영향을 미치게 된다. 성령의 내주로 말미암은 참된 회심의 주요 결과인 인식의 원리의 변화(마음의 감각)와 행동의 원리의 변화(성향의 변화)는 에드워즈에게 있어서 참된 성도다움의 출발점이 되고, 온전한 그리스도인이 되기 위하여 분투노력하는 성화에의 노력은 성도다움의 실현 과정이 된다.

그리고 에드워즈는 노샘프턴 목회 기간을 통하여 두 차례에 걸친 성령의 부어주심 또는 부흥의 역사를 체험하게 된다. 1734-35에 걸친 코네티컷 강 유역 골짜기 부흥과 1740-42에 걸친 1차 대각성 운동의 체험이 그것이다. 이미 개인적으로 성령의 역사를 체험하고 있던 에드워즈는 교회와 뉴잉글랜드 지역 가운데 일어나는 성령의 역사를 더욱더 진작시키는 일에 힘을 쓰는 한편, 참된 부흥의 변호자로서 영향력을 행사하게 된다. 그는 몇 권의 저술들을 통해서 부흥을 도매금으로 부정하는 찰스 촌시 등의 반부흥론에 대해서 반박하는 한편, 부흥을 열광주의로 몰고 가는 데븐포트 등의 광신주의에 대해서 경종을 울렸다.

에드워즈는 개인적 체험과 교회적인 성령의 체험을 바탕으로 해서 교회 개혁을 통한 순수한 고백자들의 교회를 노샘프턴에서 성취하고자 1740년대에 모험을 하였다. 교인들이 보기에는 에드워즈가 자신들의 신앙을 판별하는 독재자가 되려고 시도하는 것처럼 보였지만, 에드워즈의 입장에서는 자신에게 맡겨진 양무리들이 참으로 회심을 체험한 진정한 그리스도인이기를 바랐다. 그러나 그의 의도와는 관계없이 노샘프턴 교회는 냉담하게 반응을 보였고 마침내 노샘프턴 교회로부터 에드워즈는 축출을 당하게 된다.

노샘프턴 교회에서 해임된 에드워즈는 여러 가지 가능성 가운데서 스톡브리지의 인디언 선교사와 영국인 목회자로 부임하게 된다. 원래부터 선교에 대해서 많은 관심을 가지고 있던 에드워즈는 선교 현지에서 자행되고 있는 영국인들의 착취 행각에 맞서서 인디언들의 권익을 보호하기 위해 힘을 썼고, 인디언들에게 노샘프턴의 교인들에게와 마찬가지로 복음을 전파하고, 성령으로 말미암은 회심의 필요성을 역설하였다. 인디언들의 복음화는 곧 영광스러운 교회 시대의 서광이 될 것이라고 에드워즈는 굳게 믿었다.

주

1. Frederick J. Woodbridge, "The Philosophy of Edwards," in *Exercises Commemorating the Two-Tundredth Anniversary of the Birth of Jonathan Edwards Held at Andover Theological Seminary October 4 and 5 1903* (Andover: The Andover Press, 1904): 47-72.
2. Perry Miller, *Jonathan Edwards*, xiii. 또한 44쪽에 있는 다음과 같은 밀러의 평가도 참조하라: "Edwards was not the sort who undergoes a long development or whose work can be divided into 'periods'. His whole insight was given him at once, preternaturally ealy, and he did not change: he only deepend."
3. 네덜란드 개혁신학자인 끌라스 스킬더의 다음과 같은 지적을 피해 갈 자가 누가 있을까!: "Er is geen mensch in de wereld ooit groot geweest, of hij moest wel voor een deel verklaard en verstaan worden uit den tijd, waarin hij leefde, maar voor een ander deel uit zijn eigen persoonlijkheid, uit dat, wat de Vader der geesten in hem, individueel en eenmalig, had gelegd"(Klaas Schilder, *Christus en cultuur*, 4th ed. [Franeker: Wever, 1968], 25).
4. Van Vlastuin, *De Geest van opwekking*, 345.
5. 에드워즈의 증손자 시리노 드와이트가 쓴 전기는 총 766쪽에 달하고, 최근에 조지 마즈던이 쓴 표준적인 에드워즈 전기는 615쪽에 달한다. Sereno E. Dwight, *The Life of President Edwards*. in *The Works of President Edwards*, vol. 1 (New York: G. & C. & H. Carvill, 1829) 본고에서는 1830년에 전집과 별도로 출판된 판본의 영인본을 사용하였다; George M. Marsden, *Jonathan Edwards: A Life* (New Haven: Yale Univ. Press, 2003).
6. 조나단 에드워즈의 생애를 체계적으로 기술하고 있는 자료들은 수다하다. 주요한 전기들을 출간 연대순으로 정리해 보면 다음과 같다. Samuel Hopkins, *The Life and Character of Mr. Jonathan Edwards* (1765). 본고에서 참고한 것은 Harrisonburg에 소재한 Sprinkle Publications가 2008년에 간행한 판본이다; Sereno E. Dwight, *The Life of President Edwards, The Works of President Edwards*, vol. 1 (New York: G. & C. & H. Carvill, 1829); Samuel Miller, *Life of Jonathan Edwards* (Boston: Hilliard, Gray, & Co., 1837); Alexander V. G. Allen, *Jonathan Edwards* (Boston and New York: Houghton, Mifflin and Co., 1889); Henry Bamford Parkes, *Jonathan Edwards. The Fiery Puritan* (New York: Minton, Balch & Company, 1930); Arthur Cushman McGiffert Jr, *Jonathan Edwards* (New York: Harper and Brothers Pub., 1932); Ola Winslow, Jonathan Edwards (New York: MacMillan, 1941); Perry Miller, *Jonathan Edwards* (New York: Sloane, 1949); Alfred Owen Aldridge, *Jonathan Edwards* (New York: Washington Square Press, 1964); M. X. Lesser, *Jonathan Edwards* (Boston: Twayne, 1988); Iain Murray, *Jonathan Edwards: A New Biography* (Carlisle, Pa.: Banner of Truth, 1988)[=『조나단 에드워즈 - 삶과 신앙』, 윤상문, 전광규 공역 (서울: 이레서원, 2006)]; Kenneth Pieter Minkema, "The Edwardses: A Ministerial Family in Eighteenth Century New England" (Ph. D., diss. University of Conneticut, 1988);

George M. Marsden, *Jonathan Edwards: A Life* (New Haven: Yale Univ. Press, 2003)[=『조나단 에드워즈 평전』, 한동수 역 (서울: 부흥과개혁사, 2006)]; Philip Gura, *Jonathan Edwards: America's Evangelical* (New York: Hill and Wang, 2005); George M. Marsden, *A Short Life of Jonathan Edwards*, Library of Religious Biography (Grand Rapids: Eerdmans, 2008); 정부홍, 『조나단 에드워즈의 생애』 (서울: 기독교문서선교회, 1996); 양낙흥, 『체험과 부흥의 신학자 - 조나단 에드워즈』 (서울: 부흥과개혁사, 2003).
7. 조나단 에드워즈의 성령론에 대한 가장 체계적인 연구자인 W. van Vlastuin 박사 역시도 그의 학위논문의 첫 부분에서 대각성 이전의 신학적 영적 분위기와 에드워즈의 생애를 먼저 다루었다(van Vlastuin, *De Geest van opwekking*, 31-75).
8. 에스더 스토다드에 대해서는 Dwight, *The Life of President Edwards*, 16-18을 보라.
9. Packer, "Jonathan Edwards and Revival," in *A Quest for Godliness* (Wheaton: Crossway Books, 1990), 310: "Edwards was a puritan born out of due time."
10. 양낙흥, 『체험과 부흥의 신학자 - 조나단 에드워즈』, 111에서 재인용.
11. 에드워즈의 출생 전후의 시대적 배경에 대해서는 van Vlastuin, *De Geest van opwekking*, 31- 48(Het theologisch-geestelijke klimaat voor de Great Awakening)을 보라.
12. Marsden, *Jonathan Edwards. A Life*, 7.
13. John Piper and and Justin Taylor (eds.), *A God-Entranced Vision of All Things: The Legacy of Jonathan Edwards* (Wheaton, Ill.: Crossway, 2004)에 수록된 기고문에서 스티븐 니콜스는 에드워즈를 "Last of the Puritans"라고 칭하고(37), 제임스 패커는 "Edwards, however, like Calvin, was a very organic as well as a very powerful, Bible-centered, God-focused thinker"라고 평가하였다(106). 그리고 마즈던은 에드워즈가 "개혁주의 그리고 청교도 선조들과 같이 신학과 교회에 관련된 문제들에 대해 '오직 성경으로'라는 개혁주의 원리를 철저하게 따르기 위해 애쓰던 '성경주의자'(biblicist)였다"고 평한다. Marsden, 514. 사실 에드워즈가 자신의 저서에서 칼빈과 칼빈주의에 대해서 말하는 곳은 그리 많지 않다. 에드워즈는 1747년에 간행한 『데이비드 브레이너드 생애와 일기』 부록으로 수록한 자신의 평가서 속에서 브레이너드의 신앙은 칼빈주의적인 체계(the Calvinistical scheme)에 전적으로 일치한다고 평가하였다. (Edwards, *The Life of David Brainerd*, *WJE* 7:525-26). 그리고 1754년에 간행한 *Freedom of the Will*, *WJE* 1:131에서는 자신을 칼빈주의자로 칭하는 문제에 대해서 다음과 같이 고백한다: "However the term 'Calvinist' is in these days, among most, a term of greaater reproach than the term 'Arminian'; yet I should not take it at all amiss, to be called a Calvinist, for distiction's sake: though I utterly disclaim a dependence on Calvin, or believing the doctrines which I hold, because he believed and taught them; and cannot justly be charged with believed and taught them; and cannot justly be charged with believing in everything just as he taught." 이와 같은 에드워즈의 유보적인 언명은 그가 칼빈이나 칼빈주의를 가볍게 여겨서가 아니라 오직 성경으로라는 개혁주의 원리를 더 중시했기 때문이다.
14. Wilson Kimnach, "Editor's Introduction," *WJE* 10:3-4.
15. 티모시 에드워즈는 그의 아들과 달리 몇 편의 설교문들 이외에는 저서를 남기지 않았다. 그러나 그가 남긴 모든 설교 원고들이나 유고들을 바탕으로 한 종합적인 연구 결과는 다

음의 자료를 통해 도움을 받을 수 있다. (Kenneth Pieter Minkema, "The Edwardses: A Ministerial Family in Eighteenth Century New England"[Ph. D. diss., University of Conneticut, 1988]: 15-147). 민케마는 자신의 박사 논문에서 티모시 에드워즈와 그의 아들 조나단 에드워즈 그리고 그의 손자인 조나단 에드워즈 2세에 대해서 전기적으로 논구하였다.
16. 적어도 19세기까지는 유럽의 학계의 공용어는 라틴어였기 때문에 뉴잉글랜드의 학생들도 반드시 라틴어를 매스터 해야 했다. 에드워즈는 1723년 9월에 예일대에서 석사과정을 마치면서 라틴어로 논문을 작성하고, 학장과 교수들을 비롯하여 수많은 청중들 앞에서 라틴어로 강연하였다(Edwards, "Quaestio: Peccator non iustificatur coram Deo nisi per iustitiam Christi fide apprehensam," *WJE* 14:55-59).
17. 티모시 에드워즈 목사의 장서 목록이 남아 있는데 이 목록은 어린 시절 조나단의 독서 세계를 짐작할 수 있는 좋은 지표가 된다. 민케마 교수에 의하면 티모시의 장서는 800권의 책들과 팸플릿으로 구성되어 있었다. (Minkema, "Timothy Edwards' Library and Reading," *WJE* 26:363-415). 이 자료가 에드워즈 전집 마지막 권에 실리기 전의 초기 형태는 Minkema, "The Edwardses: A Ministerial Family in Eighteenth Century New England," 645-65에서 볼 수 있다.
18. 시리노 드와이트는 에드워즈 가정이 펜을 사용하는 것을 좋아했으며(fond of the use of the pen), 결과적으로 "형제 자매들 상호 간의 애정을 증대시키며, 그들의 지성을 강화하는데 도움이 되었으며, 그들의 생각과 표현의 정확성을 길러주는"중대한 결과를 낳았다고 평가하였다(Dwight, *The Life of President Edwards*, 20).
19. Marsden, *Jonathan Edwards. A Life*, 7.
20. 에드워즈는 1750년 7월 5일 노샘프턴 교회에서 고별 설교를 한 직후에 스코틀랜드에서의 목회지를 주선하려는 뜻을 가지고 있던 존 어스킨 목사에게 보낸 편지 가운데서 다음과 같이 고백하였다: "As to my subscribing to the substance of the Westminster Confession, there would be no difficulty: and as to the Presbyterian government, I have long been perfectly out of conceit with our unsettled, independent, confused way of church government in this land. And the Presbyterian way has ever appeared to me most agreeable to the Word of God, and the reason and nature of things, though I cannot say that I think that the Presbyterian government of the Church of Scotland is so perfect that I can't in some respects be mended" (Edwards, "To the Reverend John Erskine," *WJE* 16:355).
21. 물론 티모시와 그의 장인 솔로몬 스토다드가 신학이나 목회 모든 면에서 동질적이었던 것은 아니다. 두 사람 다 목회자의 특권을 강조했지만, 스토다드가 장로교적인 구조를 주창한 반면 티모시는 회중교회적인 교회 정치 제도를 옹호했다. 그리고 회심의 중요성에 대해서 강조하는 면은 같았지만 회심단계론(morphology of conversion)을 강조하는 스토다드에 비해서 티모시는 그것을 크게 강조하지 않았다. 후일에 에드워즈의 노샘프턴 교회 목사 사면과 관련된 중대한 문제였던 바 성찬참여자격론에 있어서 티모시 에드워즈와 스토다드의 입장은 판이하게 달랐다. 스토다드는 스토다드주의(Stoddardeanism)라고 널리 알려진대로 교인자격을 완화시키고 성찬식을 회심의 방편이자 은혜의 방편이라고 생각한 반면에, 티모시 에드워즈는 전통적인 청교도들의 입장대로 교인자격기준에 대해서 엄한 입장을 가지고 있었다(Minkema, "Jonathan Edwards: A Theological Life,"

in *The Princeton Companion to the Theology of Jonathan Edwards*, ed. Sang Hyun Lee [Princeton: Princeton Univ. Press, 2005], 2).
22. Edwards, "Personal Narrative," *WJE* 16:790.
23. Edwards, "Personal Narrative," 791. 에드워즈가 이 시기에(1716년 5월 10일자) 누나인 메리에게 편지를 써 보낸 것이 남아있다. Edwards, "To Mary Edwards," *WJE* 16:29-30. 에드워즈는 누나에게 "Through the wonderful mercy and goodness of God there hath in this place been very remarkable stirring and pouring out of the Spirit of God"(29).
24. Edwards, "Personal Narrative," *WJE* 16:791.
25. Edwards, "Diary," *WJE* 16:759, 771, 779, 788등을 보라. 그리고 티모시 에드워즈를 "회심학에 관한 전문가(an expert on the science of conversion)"라고 평하는 것은 조지 마즈던의 글에서이다. Marsden, *Jonathan Edwards. A Life*, 26. 티모시 에드워즈의 회심론에 대해서는 Minkema, "The Edwardses: A Ministerial Family in Eighteenth Century New England," 80-95를 보라.
26. 에드워즈의 회심 체험에 대해서는 그가 직접 쓴 자서전적인 글들 이외에 William S. Morris, *The Young Jonathan Edwards: A Reconstruction* (1955/ Eugene: Wipf&Stock Publishers, 2005), 29-43; Karin Spiecker Stetina, "The Biblical-Experimental Foundations of Jonathan Edwards' Theology of Religious Experience, 1720-1723"(Ph. D. diss., Marquette University, 2003), 129-38 등을 보라.
27. 민케마는 에드워즈의 회심 시기를 1721년 여름으로 보고(Kenneth P. Minkema, "Chronology of Edwards' Life and Writings," xxiii), 조지 마즈던은 1721년 봄이라고 보는데(Marsden, *Jonathan Edwards. A Life*, 39-43) 과연 어느 것이 정확한 것일까 의문이 생기지 않을 수 없다. 그러나 에드워즈의 자서전적인 진술을 주의 깊게 읽어보면 이 문제를 풀 수 있다. 에드워즈는 자신이 회심 체험을 한지 약 1년 반 뒤에(about a year and a half) 뉴욕에 목회하러 갔다고 밝히고 있는데, 에드워즈가 뉴욕에서 목회를 시작한 것은 1722년 8월이다. 따라서 대략 1년 반 전에 회심했다고 하는 표현을 기준으로 본다면 에드워즈의 회심의 시기는 1721년 봄이라고 하는 마즈던의 견해가 합당한 것으로 사료되어진다(Edwards, "Personal Narrative," *WJE* 16:795).
28. Edwards, "Personal Narrative," *WJE* 16:792 = 백금산 편역, 『조나단 에드워즈처럼 살 수는 없을까』, 163-64에서 인용함.
29. Edwards, "Personal Narrative," 793. 백금산 목사는 에드워즈의 회심체험에 대해서 다음과 같이 말한다: "에드워즈의 자서전에 나타나 있는 에드워즈의 회심은 성경이 말하는 회심이 무엇인지를 보여 주는 회심의 결정이자 표준이라 할 수 있습니다. 그의 회심 이전의 삶, 회심 과정 그리고 회심 이후의 변화된 삶에서 우리는 회심이 도대체 무엇인지를 분명하게 볼 수 있습니다"(백금산 편역, 『조나단 에드워즈처럼 살 수는 없을까』156).
30. Edwards, "Personal Narrative," *WJE* 16:793.
31. Edwards, "Personal Narrative," *WJE* 16:793.: "I seemed to see them both in a sweet conjunction: majesty and meekness jointed together; it was a sweet and gentle, and holy majesty; and also a majestic meekness; an awful sweetness; a high, and great, and holy gentleness."
32. Edwards, "Personal Narrative," *WJE* 16:794.

33. Edwards, "Personal Narrative," *WJE* 16:795: "While I was there, I felt them, very sensibly, in a much higher degree, than I had done before. My longings after God and holiness, were much increased. Pure and humble, holy and heavenly Christianity, appeared exceeding amiable to me. I felt in me a burning desire to be in everything a complete Christian; and conformed to the blessed image of Christ: and that I might live in all things, according to the pure, sweet and blessed rules of the gospel. I had an eager thirsting after progress in these things."
34. Edwards, "Personal Narrative," *WJE* 16:796-97. 에드워즈는 뉴욕 목회 시절에 행한 한 설교를 통해 우리 자신을 하나님께 드린다는 것이 구체적으로 무엇을 가르키는지를 네 가지로 설명하였다: "1. There must be and absolute renunciation of the flesh, the world, and the devil. 2. A joyful receiving of God as our whole portion and happiness. 3. A willing embracing all God's commands, and a devoting ourselves to his service and glory. 4. A resignation to his will." Edwards, "Dedication to God," *WJE* 10:553-55.
35. Edwards, "Resolution," *WJE* 16:758: "On the supposition, that there never was to be but one individual in the world, at any one time, who was properly a complete Christian, in all respects of a right stamp, having Christianity always shining in its true lustre, and appearing excellent and lovely, from whatever part and under whatever character viewed: Resolved, To act just as I would do, if I strove with all my might to be that one, who should live in my time. Jan. 14, and July 13, 1723."
36. 에드워즈가 1746년에 간행한 그의 3대 주저 중 하나인 『신앙감정론』 서문에 보면 그가 이른 시절부터 관심을 기울여 온 주제가 무엇인지를 다음과 같이 밝힌다: "What are the distinguishing qualifications of those that are in favor with God, and entitled to his eternal rewards? What is the nature of true religion? And wherein lie the distinguishing notes of that virtue and holiness that is acceptable in the sight of God?"(Edwards, *Religious Affections*, *WJE* 2:84).
37. 양낙흥, 『체험과 부흥의 신학자 조나단 에드워즈』, 641.
38. Edwards, "Personal Narrative," *WJE* 16:801.
39. Edwards, *Distinguishing Marks*, *WJE* 4:281 =『부흥론』, 양낙흥 역 (서울: 부흥과개혁사, 2005), 364-65에서 인용함.
40. 에드워즈의 경건훈련에 대해서는 다음의 두 자료가 유용하다. Donald S. Whitney, "Pursuing a Passion for God Through Spiritual Disciplines: Learning from Jonathan Edwards," in *A God-Entranced Vision of All Things*, 109-28; 백금산, "조나단 에드워즈처럼 살 수는 없을까?," in 『조나단 에드워즈처럼 살 수는 없을까』(서울: 부흥과 개혁사, 2003), 19-149.
41. 위트니는 말씀 섭취(Bible Intake)라는 용어가 "하나님의 말씀을 듣고, 읽고, 연구하고, 그리고 암송하는 것을 포함한다"고 말하는데, 필자는 합당한 정의라고 생각한다 (Whitney, "Pursuing a Passion for God Through Spiritual Disciplines," 112).
42. Edwards, "Personal Narrative," *WJE* 16:797 =『조나단 에드워즈처럼 살 수는 없을까』, 173-74에서 인용. 이와 같은 성경에 대한 강한 애정과 성실한 활용은 노샘프턴 부흥 기간 동안에 에드워즈의 회중들에게도 나타난 특징 중 하나이다. Edwards, *Faithful*

Narrative, *WJE* 4:181, 184: "That the Bible is a new book: they find there new chapters, new psalms, new histories, because they see them in a new light ⋯ While God was so remarkably present amongst us by his Spirit, there was no book so delighted in as the Bible; especially the Book of Psalms, the Prophecy of Isaiah, and the New Testament. Some by reason of their esteem and love to God's Word, have at some times been greatly and wonderfully delighted and affected at the sight of a Bible."

43. Edwards, "Diary," *WJE* 16:785-86.
44. Edwards, "Resolutions," *WJE* 16:755: "Resolved, to study the Scriptures so steadily, constantly and frequently, as that I may find, and plainly perceive myself to grow in the knowledge of the same."
45. 에드워즈에게 있어서 성경을 연구하고 묵상하는 것은 거룩한 삶을 목표로 한 것이었다. 일례로 Edwards, "Diary," *WJE* 16:783를 보라. 에드워즈는 매월 말, 그리고 매해 세모에 자신의 행동에 대해서 신약성경과 잠언서를 가지고 반성하는 시간을 가지곤 했다.
46. 그 증거들로 남아 있는 것이 *Blank Bible, Notes on Scripture, Notes on the Apocalypse, The "Miscellanies"* 등과 1300여편에 달하는 설교문들이다. 이러한 에드워즈의 글들은 모두 생전에 출판된 적이 없는 유고들이지만, 현재는 예일판 에드워즈 전집(*WJE*)과 디지털 전집으로 공개되었다. 특히 디지털 전집 42-73권에는 에드워즈의 설교 원고들이 연대 순으로 수록되어 있다. 이 전집은 에드워즈 연구 센터 홈페이지를 통해서 접근 가능하다 (http://edwards.yale.edu/).
47. Samuels, *The Life and Character of Mr. Jonathan Edwards*, 75: "He took his religious principles from the Bible, and not from any human system or body of divinity. Though his principles were Calvinistic, yet he called no man father. He thought and judged for himself, and was truly very much of an original."
48. Hopkins, *The Life and Character of Mr. Jonathan Edwards*, 73.
49. Marsden, *Jonathan Edwards: A Life*, 133.
50. Edwards, "Hypocrites Deficient in the Duty of Prayer," *WJE*(Banner) 2:74.
51. Whitney, "Pursuing a Passion for God Through Spiritual Disciplines,"118.
52. Hopkins, *The Life and Character of Mr. Jonathan Edwards*, 73: "Mr. Edwards made a secret of his private devotion, and therefore it cannot be particularly known; though there is much evidence that he was punctual, constant and frequent in secret prayer; and often kept days of fasting and prayer in secret, and set apart time for serious devout meditations on spiritual and eternal things, as part of his religious exercise in secret."
53. Edwards, *Some Thought*, *WJE* 4:507.
54. Edwards, "Some Reflections and Observations," *WJE* 7:531: "그러나 특별히 한 가지 신앙적 의무에 대해 브레이너드는 사역자들과 평신도 모두에게 진정한 본보기와 성공적인 예를 보여주었다. 그것은 바로 은밀한 금식이다. 브레이너드의 일기를 보면 그가 얼마나 많이, 얼마나 자주 금식을 했는지를 알 수 있다. 그리고 그가 금식을 통해 얼마나 많은 복을 누렸는지를 주목하지 않을 수 없다. 금식은 분명히 브레이너드의 영혼에 커다란 은혜와 유익을 주었다. 브레이너드가 일기에서 적고 있듯이 은밀한 금식과 기도 속에서 보

낸 수많은 날 가운데 성령의 특별한 개입과 위로 속에서 분명한 성공과 축복이 이어지지 않은 적이 거의 없었다. 그것도 금식을 다 마치기도 전에 깊은 은혜와 축복 가운데 거한 적이 얼마나 많았는가! 그러나 금식을 시작했을 때 브레이너드가 "스스로 분발하여 주를 붙잡는 자가 없사오니, 기도에 항상 힘쓰며" 진지하고 간절한 마음으로 임했음을 주목해야 한다. 천사에게 '당신이 내게 축복하지 아니하면 가게 하지 아니하겠나이다'라고 말했던 야곱의 간절하고 끈질긴 마음을 그가 품었던 것이다(『데이비드 브레이너드 생애와 일기』, 송용자 역 [서울: 복있는사람, 2008], 783-84에서 인용함).

55. Edwards, "To Deborah Hatherway," *WJE* 16:94.
56. Hopkins, *The Life and Character of Mr. Jonathan Edwards*, 74.
57. Edwards, "To the Reverend John Erskine (July 5, 1750)," *WJE* 16:355: "I am fitted for no other business but study."
58. Edwards, "To the Trustees of the College of New Jersey(October 19, 1757)," *WJE* 16: 729: "So far as I myself am able to judge of what talents I have, for benefiting my fellow creatures by word, I think I can write better than I can speak."
59. Minkema, "Timothy Edwards' Library and Reading," *WJE* 26:363-415.
60. 이전에는 David F. Coffin Jr., "A Select Bibliography of Jonathan Edwards' Reading," In Gerstner, *The Rational Biblical Theology of Jonathan Edwards*, 3:605-67이 유용했으나, 이제는 전집의 마지막 권으로 독서 목록이 출간되었다. Edwards, *Catalogues of Books*, *WJE* 26, ed., Peter J. Thuesen (New Haven and London: Yale University Press, 2008): 117-318. 이 책 속에는 "Catalogue" of Reading, "Account Book," The Hampshire Association of Ministers' Library, Books Recommended to Sir William Pepperrell 등과 부록으로서 에드워즈의 아버지 티모시 에드워즈 목사가 소장했던 독서 목록 등을 포함하고 있다.
61. Murray, *Jonathan Edwards*, 67-68; Ralph G. Turnbull, *Jonathan Edwards the Preacher* (Grand Rapids: Baker, 1958), 30-41.
62. 1723년 12월 12일자 일기에 보면 "내가 읽어야 할 좋은 책이 부족할 때는 수학을 공부하든지, 다른 종류의 오래된 학문을 공부하면서 시간을 사용하자"는 언급이 있다(Edwards, "Diary," *WJE* 16:782). 아버지의 집이나 그가 tutor로 봉직했던 예일대의 도서관은 당시로서는 상당히 많은 양의 도서들을 소장하고 있었다는 점을 유념한다면, 에드워즈는 입수할 수 있는 대로 모든 책들을 다 읽었다고 하는 새뮤얼 홉킨스의 말이 과히 틀리지 않다는 것을 확인할 수 있는 부분이다.
63. 1701년에 설립된 예일대학의 빈약한 도서관에 1714년 제러마이어 더머라는 사람이 800여권의 장서를 기증한 것은 대학과 목회자 사회에서 획기적인 일로 받아 들여졌다. 에드워즈는 이 장서들을 십분 활용하였다. (Peter J. Thuesen, "Edwards' Intellectual Background," in *The Princeton Companion to the Theology of Jonathan Edwards*, ed., Sang Hyun Lee [Princeton: Princeton Univ. Press, 2005], 19-23).
64. Minkema, "Timothy Edwards' Library and Reading," *WJE* 26:363.
65. 예일대의 바이네키 도서관에는 에드워즈가 1721년에 구입 서명하고 직접 사용했던 에임스의 책이 보관되어 있는데, 에드워즈는 에임스의 저서에 빚진 바가 많음을 기록하고 있다(John Dykstra Eusden, "Introduction," in *The Marrow of Theology*, by William Ames, trans. John D. Eusden [Grand Rapids: Baker, 1997], 2, 11, 65).

66. 1747년 1월 15일자로 조셉 밸러미 목사에게 보낸 서신을 보면, 판 마스트리히트의 저서에 대한 에드워즈의 평가가 상당히 높았음을 알 수 있다: "[T]ake Mastricht for divinity in general, doctrine, practice, and controversy; or as an universal system of divinity; and it is much better than Turretin or any other book in the world, excepting the Bible in my opinion"(WJE 16:217). 판 마스트리히트의 대작은 18세기에 이미 네덜란드어로 번역이 되었지만(Petrus van Mastricht, *Beschouwende en practicale Godgeleerdheit*, 4 Vols. (Rotterdam: Van Pelt, Van Gilst, Bosch, Douci/Utrecht: Poolsum, 1749-53), 영어로는 최근 Reformation Heritage Books에 의해 총 6권으로 영역되고 있고, 한국에서는 부흥과개혁사에 의해서 역간되고 있다.
67. 프랑수아 투레티누스 혹은 프랜시스 투레틴의 저서의 영역본은 이미 19세기에 번역이 되었으나, 최근에 들어와서야 출간되었다: Francis Turretin, *Institutes of the Elenctic Theology*, trans. George Musgrace Giger, 3 vols. (Philippsburg: P&R, 1992-97). 부흥과개혁사에 의해서 역간되고 있다.
68. Edwards, "Diary," WJE 16:774-75.
69. 에드워즈의 저서 속에 인용된 저자들에 대한 편집자의 해설문을 참조하라: John E. Smith, "Editor's Introduction," WJE 2:52-73.
70. 이러한 책들로부터 에드워즈가 얼마나 인용을 했는지에 대해서는 Thuesen, "Edwards' References to Printed Works in Manuscripts and the Yale Edition," WJE 26:439-40, 446, 456-57등을 보라.
71. Hopkins, *The Life and Character of Mr. Jonathan Edwards*, 26-27. 홉킨스에 의하면 에드워즈는 예일대학 2학년 때에 로크의 책을 처음 읽기 시작하여 "새로 발견한 보물에서 한 움큼의 금과 은을 긁어모으는 지독한 구두쇠보다 더 만족과 기쁨을 느끼면서"연구하였다고 말한다.
72. Thuesen, "Edwards' Intellectual Background," 19-21.
73. Thuesen, "Edwards' Intellectual Background," 19-20.
74. 튜슨은 "에드워즈도 이후 일생에 걸쳐 개신교 교리의 전통과 새로운 계몽주의 사조라는 두 철학적 세계 사이에서 망설인듯이 보인다. 계몽주의 사조의 영향력은 에드워즈의 예일 대학 개별 지도교수 시절에 특히 강했다"(Thuesen, "Edwards' Intellectual Background," 21)라고까지 주장한다. 사실 에드워즈는 3년여의 tutor 재직 기간을 마치고 나서 1726년 9월 26일자로 쓴 일기 가운데 자신이 3년 동안 영적으로 대부분 낮고, 가라앉은 상태와 조건 속에 있었음을 고백하는데, 그가 수행해야 했던 여러 가지 의무들 때문만이 아니라 새로운 사조에 탐닉하면서 고민과 갈등에 빠진 데도 원인이 있을수 있지 않을까 조심스럽게 추측해 본다 (Edwards, "Diary," WJE 16:788).
75. 제럴드 맥더모트에 의하면 에드워즈의 1,412항에 달하는 "The Miscellanies"(WJE 13, 18, 20, 23으로 출간됨)에는 약 25% 정도가 이신론의 도전과 직접적, 간접적으로 관계있다고 말하는데, 이는 에드워즈가 평생에 계몽주의 사조를 이해하고 반박하기 위해서 얼마나 많이 애썼는가를 보여주는 것이다(Thuesen, "Edwards' Intellectual Background," 27).
76. Whitney, "Pursuing a Passion for God Through Spiritual Disciplines," 117-18, 123-25.
77. 청년 에드워즈의 마음 가운데는 런던과 같은 곳에 가서 학자로서의 꿈을 펼치고 싶은 마

음이 있었지만 외아들을 가급적이면 이스트 윈저 근처에 붙잡아 두기를 원했던 아버지의 고집 때문에 꿈을 이룰 수가 없었다(Wilson H. Kimnach, "Editor's Introduction," *WJE* 10:185).

78. 에드워즈는 그의 가정성경(Family Bible)에 자신의 출생 연도로부터 시작해서 여러 자녀들의 출생과 죽음에 대해서 간략하게 기록했고, 노샘프턴 교회의 부임과 면직에 대해서는 다음과 같이 짧게 기록하고 있다: "I was ordained at Northampton, Feb. 15, 1727… I was dismissed from my pastoral relation to the first church in Northampton, June 22d, 1750." (Marsden, *Jonathan Edwards: A Life*, 513).

79. Lloyd-Jones, "Jonathan Edwards and the Crucial Importance of Revival," 368: "Read Edwards on revival. The term he used always is an outpouring of the Spirit." 그리고 부흥(revival)이라는 단어는 이미 1662년에도 쓰이고 있다. 코튼 매더에 따르면 Henry Vane이 1662년에 "a speedy and sudden revival of his cause"라는 문구를 사용하고 있다(IainH.Murray, *Pentecost - Today? The Biblical Basis for Understanding Revival* [Edinburgh: Banner of Truth, 1998], 3 각주 1).

80. 에드워즈는 후에 자신의 교회를 중심으로 해서 일어난 성령의 역사에 대해서 보고서를 써야 할 필요성을 느끼게 되었다. 에드워즈의 명성을 뉴잉글랜드를 넘어 영국과 유럽에까지 알려지게 만든 저서는 바로 *A Faithful Narrative of the Surprising Work of God in the Conversion of Many Hundred Souls in Northampton and the Neighbouring Towns and Villages of Hampshire in New-England* 이다. 우리가 흔히 접하게 되는 것은 최종적인 형태의 보고서이지만, 에드워즈는 이미 1735년 5월 30일자로 첫 보고서를 썼다. C. C. Goen 교수가 편집한 *The Great Awakening, The Works of Jonathan Edwards*, vol. 4 (New Haven and London: Yale University Press, 1972)에는 에드워즈가 쓴 여러 형태의 보고서와 추천인들의 글을 시기순으로 모아 놓고 있다: 1) 에드워즈가 1735년 5월 30일자로 보스턴의 벤자민 콜맨 목사에게 쓴 최초의 보고서(*WJE* 4: 99-110). 이 서신의 추기는 6월 3일자로 되어있는데, 에드워즈는 이모부 조셉 홀리의 자살에 대한 소식을 쓰고 있다. 2) 1736년 11월에 벤자민 콜맨 목사가 요약한 것(*WJE* 4:112-27). 에드워즈는 벤자민 콜맨 목사의 요청으로 1736년 11월 6일자로 이전의 편지보다 확장된 형태의 부흥 보고서를 작성하게된다. 콜맨 목사는 에드워즈의 보고서를 요약(abridgment) 형태로 윌리엄 윌리엄스의 *The Duty and Interest of a People*의 부록으로 출판하였다. 이것이 에드워즈가 쓴 노샘프턴 부흥보고서의 첫 인쇄본인 셈이다. 3) 1737년 런던에서 간행된 초판 서문(*WJE* 4:130-37). 에드워즈의 보고서는 영국 런던의 아이작 왓츠 목사(I. Watts)와 존 가이즈(John Gyuse) 목사의 주목을 끌었다. 이 두 사람의 후원하에 에드워즈의 글은 런던에서 단행본으로 처음 출간된다. 1737년 10월 12일자로 왓츠와 가이즈는 서문을 쓰는 가운데 1737년 3월 19일자로 쓴 에드워즈의 편지를 삽입하고 있다. 런던에서 간행된 이 판본으로 인하여 뉴잉글랜드 변방 노샘프턴에서 목회하고 있던 에드워즈 목사는 영국에 까지 그 명성을 떨치게 되었지만, 그러나 문제는 이 판본의 경우 두 편집자가 자유자재로 편집을 하는 바람에 적지 않은 오류들을 포함하고 있다는 것이다. 4) 1738년 보스턴에서 간행된 제삼판 교정본. 왓츠와 가이즈판은 오류들을 담고 있으면서도 1738년에 이르러 2판을 발행하게 된다. 이에 대한 불만을 가진 에드워즈는 뉴잉글랜드에서 교정본(a corrected version)을 출간하게 된다. 앞서 간행된 것을 포함해서 제3판이 되는 이 인쇄본 서문에는 네 사람의 보스턴 목사들(Josheph Sewall, Thomas

Prince, John Webb, William Cooper)등이 쓴 서문(*WJE* 4:138-42)과 햄프셔 주에서 목회하는 여섯 명의 목회자들의 증언(*WJE* 4:143)이 수록되어 있다. 에드워즈가 쓴 부흥 보고서의 타이틀도 약간의 변화를 겪는 것을 보게 된다. 1736년 11월에 간행된 콜맨 목사의 요약본의 경우 *Part of a large Letter of from the Rev. Mr. Jonathan Edwards of Northampton. Giving and Account of the late wonderful Work of God in those Parts* (*WJE* 4:110에 복사된 표지)인데, 1737년 런던에서 간행된 초판의 경우와 1738년 보스턴에서 간행된 삼판의 경우에는 제목이 다음과 같이 확정되어 나타난다. *A Faithful Narrative of the Surprising Work of God in the Conversion of Many Hundred Souls in Northampton and the Neighbouring Towns and Villages of Hampshire in New-England* (*WJE* 4:128. 보스턴 판의 경우 부제의 뒷부분이 약간 다르다 … *and Villages of the County of Hampshire, in the Province of the Massachusetts-Bay in New England* (*WJE* :129표지 복사본).

존 웨슬리 목사는 1738년 10월 9일자 일기에 이렇게 적고 있다: "On Monday 9, I set out for Oxford. In walking I read the truly surprising narrative of the conversions lately wrought in and about the town of Northampton, in New-England. Surely 'this is the Lord's doing, and it is marvellous in our eyes'"(John Wesley, *The Works of John Wesley* (Grand Raids: Baker, 2007), 1:160). 존 웨슬리에게 미친 에드워즈의 영향에 대해서 박명수 교수는 다음과 같이 지적한다: "1738년 5월 웨슬리는 런던의 올더스게잇가에서 은혜의 체험을 하였다. 그 후 그는 자기가 체험한 이 종교적인 경험의 의미를 조심스럽게 숙고하였다. 이때 웨슬리가 읽은 것이 에드워즈가 노샘프턴에서 일어난 부흥의 역사에 대해서 기술한 소책자였다. 그리고 그 뒤에도 웨슬리는 에드워즈의 많은 책을 읽었고, 그 중의 몇 권을 자기의 전도자들을 위하여 요약 출판하였다. 웨슬리 연구의 대가인 아웃러(Albert Outler) 교수는 '영국에서 일어난 웨슬리언 부흥운동의 실제적인 원인들 중의 하나가 뉴잉글랜드의 대각성운동이라고 말하는 것은 결코 과장이 아니다'라고 말한다. 이 두 사람은 다같이 부흥 운동과 경험적인 종교를 강조했다"(박명수, "근대복음주의와 에드워즈," 『그말씀』[1994.10], 143).

81. 코네티컷 강 유역 골짜기 부흥에 대해서는 다음의 자료들을 참조하라: C. C. Goen, "Editor's Introduction," *WJE* 4:19-48; Samuel T. Logan, "Jonathan Edwards and the 1734-1735 Northampton Awakening," in Preaching and Revival. 1984 Westminster Conference Papers (Hartshill: Tentmaker Publications, 2003), 57-85; Thomas S. Kidd, *The Great Awakening: The Roots of Evangelical Christianity in Colonial America* (New Haven and London: Yale University Press, 2007), 17-23.

82. 에드워즈의 보고에 의하면 스토다드 목사의 60여년 목회 기간 동안에 노샘프턴은 다섯 차례나 영혼의 추수기를 경험하였다(에드워즈가 글쓰는 시점에서 57년 전, 53년 전, 40년 전, 24년 전, 18년 전). 에드워즈가 외조부의 사역을 돕는 부목사로 부임한 1727년 경에도 약간의 은혜의 역사는 있었지만 그러나 일반적인 각성의 수준에는 못 미치고 있었다. 젊은이들 사이에 그 어느 때 보다도 방만해지는 시기였다고 한다(Edwards, *Faithful Narrative, WJE* 4:146-47).

83. 에드워즈는 외조부가 소천한 후 처음으로 가진 금식일 설교(1729년 3월 20일)에서 노샘프턴 교회 교인들의 형식적인 신앙에 대해 질타하면서 하나님의 성령의 물러나심에 대해서 경고의 목소리를 발한다. 특별히 젊은이들의 도덕적인 문란에 대해서 책망하고, 성

령의 부어주심을 사모한다면 교회가 순결해져야 한다고 설교하였다(Edwards, "Spiritual Judgments the Most Terrible to a People"(Amos 8:11)-이 설교는 아직 미간행 설교로서 에드워즈 센터 홈피에서 읽을 수 있다).
84. Edwards, *Faithful Narrative*, WJE 4:147-48.
85. Edwards, "Justification by Faith Alone," WJE 19:143-242. 이 강론에 대한 본문에서의 평가는 에드워즈의 전기 작가중 하나인 올라 윈슬로우에게서 빌려온 것이다(Winslow, *Jonathan Edwards, 1703-1758*, 152-53: "Read on the printed page, these sermons seem too heavily doctrinal and too argumentative to make revival history.").
86. Edwards, *Faithful Narrative*, WJE 4:148-49.
87. Edwards, *Faithful Narrative*, WJE 4:149.
88. Edwards, *Faithful Narrative*, WJE 4:151.
89. Edwards, *Faithful Narrative*, WJE 4:159.
90. 코네티컷 강 유역 계곡의 부흥에 동참한 교회, 목회자, 그리고 지리적 정보는 Goen, "Editor's Introduction," WJE 4:22-24를 보라.
91. Edwards, *Faithful Narrative*, WJE 4:157.
92. Edwards, *Faithful Narrative*, WJE 4:157.
93. Edwards, *Faithful Narrative*, WJE 4:158.
94. Edwards, *Faithful Narrative*, WJE 4:159.
95. Edwards, *Faithful Narrative*, WJE 4:205.
96. Edwards, *Faithful Narrative*, WJE 4:206.
97. Edwards, *Faithful Narrative*, WJE 4:208. 에드워즈의 의하면 노샘프턴 사람들의 관심을 이끌어간 다른 여러 문제들이란 총독의 방문, 인디언들과의 조약에 관한 의회 위원회, 스프링필드 논쟁(알미니안주의자 로버트 브렉의 목사 임직을 둘러싼 논쟁), 새로운 집회 장소의 건축 문제등이다.
98. Edwards, *Faithful Narrative*, WJE 4:208-09.
99. Edwards, *Faithful Narrative*, WJE 4:209-10.
100. 에드워즈의 부인 새러는 1740년 대각성이 일어나기 전해에 영적 각성을 체험하였고, 대각성 기간 동안에는 놀랍고 신비스러운 영적 체험을 하게 된다. 에드워즈는 1742년에 부흥을 변호하는 가운데 부인의 체험 사례를 익명으로 포함시키고 있다. Edwards, *Some Thought*, WJE 4:331-41.
101. 1737년말과 1738년초에 노샘프턴 교회에서 전한 10편의 "The Wise and Foolish Virgins" 2012년에야 편집 출간되었다: 이 연속 설교는 최근에야 편집 출간되었다: Jonathan Edwards, *True and False Christians: On the Parable of the Wise and Foolish Virgins* (Eugene: Wipf & Stock, 2012).
102. 이 설교는 유고로 남아있다가 1852년에 이르러 *Charity and Its Fruits; or, Chrisitan Love as Manifested in the Heart and Life*, ed., Tryon Edwards (New York: Robert Carter & Brothers, 1852)로 간행되었다. 예일 전집은 폴 램지 편집으로 WJE 9:125-397에 수록되어 있다. 또한 본서의 부록 1을 보라.
103. Van Vlastuin, *Geest van opwekking*, 86-91, 346.
104. Edwards, *A History of the Work of Redemption*, WJE 9
105. Van Vlastuin, *Geest van opwekking*, 92-100, 346.

106. 마크 놀 교수는 식민지 시대의 부흥운동이 대각성운동이라고 불리우는 것은 "이 부흥 운동이 매우 많은 지역과 식민지 생활의 매우 많은 국면에 영향을 끼쳤기 때문이다"고 지적하였다(Mark A. Noll, 『미국·캐나다 기독교 역사』 [서울: CLC, 2005], 127).
107. 오덕교, 『장로교회사』(서울: 합동신학대학원출판부, 2005), 255. *Forerunner of the Great Awakening: Sermons by Theodorus Jacobus Frelinghuysen (1691-1747)*, ed., Cornelis Pronk (Grand Rapids: Eerdmans, 2000)에는 프렐링하의슨의 22편의 설교와 프롱크의 서문이 담겨있다.
108. 오덕교, 『장로교회사』, 256-57. 윌리엄 테넌트는 에든버러 대학에서 공부한 후에 목사 안수를 받고, 1717년에 미국 뉴욕으로 이민하였고, 1718년에 필라델피아 대회에 가입했다. 1726년에는 네샤미니로 이사하여 목회를 하였고, 1728년에는 통나무 대학을 세워서 자신의 세 아들과 12명의 청년들에게 신학 훈련을 시작하였다. 후일에 뉴저지대학의 전신이 되는 이 통나무 대학 출신들은 개인적인 체험과 전도열, 경건한 생활을 강조하여 가는 곳마다 부흥 운동을 일으켰다. 1738년에 이르러서는 뉴브런스윅 노회를 설립하기도 했다.
109. Van Vlastuin, *De Geest van opwekking*, 103이하. 플라스따윈 박사는 윗필드를 대각성의 복음전도자라 칭하고, 길버트 테넌트는 대각성의 선지자, 그리고 조나단 에드워즈는 대각성의 신학자(de theoloog van de Great Awakening)이라고 명명하였다.
110. Edwards, *Letters and Personal Writings*, WJE 16:79.
111. Edwards, "To the Reverend George Whitefield," WJE 16:80-81: "…but I apprehend, from what I have heard, that you are one that has the blessing of heaven attending you wherever you go; and I have a great desire, if it may be the will of God, that such a blessing as attends your person and labors may descend on this town, and may enter mine own house, and that I may receive it in my own soul." 에드워즈는 윗필드를 자신의 집의 손님으로 모실 수 있다면 큰 호의와 하나님의 섭리의 미소 지으심으로 간주하겠다고 말한다. 그리고 기도하는 중에 자신에게도 윗필드에게 부어주신 동일한 성령을 부어주시도록 기도해 달라고 부탁을 함으로 편지를 끝맺는다(편지는 1740년 2월 12일에 쓴 것이다).
112. 윗필드는 노샘프턴을 방문하여 에드워즈 가정에 머물면서 에드워즈 부부를 보고 "내가 이제까지 보지 못한 감미로운 커플"이라고 칭찬했다. 윗필드가 주일 설교를 하는 동안 청중들도 감화를 받고, "에드워즈 목사도 예배 시간 내내 울었다"('and good Mr. Edwards wept during the whole time of exercise)라고 적었다. (*George Whitefield's Journals* [Edinburgh: Banner of Truth, 1985], 476-77).
113. Edwards, "To the Reverend George Whitefield," WJE 16:87.
114. Edwards, "To Thomas Prince," WJE 4:544-57 또는 16:115-27. 이 편지는 이전에 "An Account of the Revival in Northampton in 1740-42 in a Letter to a Minister of Boston," *Jonathan Edwards on Revival* (Edinburgh: Banner of Truth, 1965), 148-60으로 출간되기도 했다. 위의 내용에 해당하는 인용은 WJE 16:116이다.
115. Edwards, "To Thomas Prince," WJE 16:116-17.
116. Edwards, "To Thomas Prince," WJE 16:117.
117. Edwards, "To Thomas Prince," WJE 16:118-19.
118. Edwards, "To Thomas Prince," WJE 16:119-20.

119. Edwards, "To Thomas Prince," *WJE* 16:120. "When I came home I found the town in very extraordinary circumstances, such in some respects as I never saw it in before."이 시기에 그의 부인 새러 에드워즈도 이루 헤아릴 수 없는 수많은 영적인 체험을 하게 된다(Edwards, *Some Thought*, *WJE* 4:331-41).
120. Edwards, "To Thomas Prince," *WJE* 16:121.
121. 언약서의 사본은 Edwards, "To Thomas Prince," *WJE* 16:121-25에서 볼 수 있다.
122. Edwards, "To Thomas Prince," *WJE* 16:125.
123. Edwards, "To Thomas Prince," *WJE* 16:126.
124. Edwards, "To Thomas Prince," *WJE* 16:126.
125. Gilbert Tennent, "The Danger of an Unconverted Ministry(1740)," in *The Great Awakening: Documents of the Revival 1749-1742*, ed., Richard L. Bushman (New York: Antheneum,1970), 87-91. 이 설교는 1740년 보스턴에서 출판된 것인데 부쉬맨의 편집서에 담긴 것은 설교의 일부이다. 테넌트는 본 설교를 마가복음 6장 34절을 본문으로 삼고 회심이라는 자격을 갖춘 목회의 필요성을 역설하였다: "As a faithful Ministry is a great Ornament, Blessing, and Comfort, to the Church of God; even the Feet of such Messengers are beautiful: So on the contrary, an ungodly Ministry is a great Curse and Judgment: These Caterpilars labour to devour every green Thing"(87).
126. 미국 고등학교 영어 교과서에 실리기도 하는 이 유명한 설교의 원고는 두 가지나 남아있다: Edwards, "Sinners in the Hands of an Angry God," *WJE* 22:404-35.
127. 제임스 데븐포트에 대한 상세한 자료는 찾아보기 힘들다. Joseph Tracy, *The Great Awakening: A History of the Revival of Religion in the Time of Edwards & Whitefield* (1842/Edinburgh: Banner of Truth, 1989), 230-55; van Vlastuin, *Geest van opwekking*, 112-114; Harry S. Stout and Peter Onuf, "James Davenport and the Great Awakening in New London," *The Journal of American History* 70/3 (December 1983): 556-78; Robert William Brockway, "The Significance of James Davenport"(Ph. D. diss., Columbia University, 1952). 특히 브로크웨이의 학위 논문은 오늘날 쉽게 접근할 수 없는 당시의 자료들을 바탕으로 하여 제임스 데븐포트의 생애와 사역을 재구성해 낸 귀한 자료이다.
128. 에드워즈는 예일대 졸업식 설교를 확대하여 같은 해 보스턴에서 출판하였다. 초판의 제목은 다음과 같다: *The Distinguishing Marks of a Work of the Spirit of God*, *WJE* 4:215-288, 편집서문과 함께 단행본으로 간행된 경우는 A. Parrish & R. C. Sproul, *The Spirit of Revival: Discovering the Wisdom of Jonathan Edwards*(Wheaton: Crossway Books, 2000)이 있다. 국내에서는 세 종류의 한글 번역본이 출간되어 있다: 『부흥을 원하면 고정 관념을 버려라』(서울: 나침반, 1998);『성령의 역사 분별 방법』, 노병기 역 (서울: 부흥과개혁사, 2004);『부흥론』, 양낙흥 역 (서울: 부흥과개혁사, 2005), 277-373. 이하에서 한글 제목을 인용할 시는『성령의 역사 분별 방법』이라는 한역본 제목을 사용하겠다.
129. Goen, "Editor's Introduction," *WJE* 4:64
130. James Davenport, "Confession and Retractions(1744)," in *The Great Awakening: Documents of the Revival 1749-1742*, 53-55.

131. 제1차 대각성 운동에 대한 찬반을 둘러싸고 미국 장로교회는 1741년에 이르러 부흥에 찬성하는 신파(New Side)와 구파(Old Side)로 양분되었다. 신파는 New Light라고 부르기도 하는데, 주로 통나무대학과 예일대학 출신의 목회자들이 속했고, 구파는 Old Light라고 부르기도 하는데 주로 하버드 대학 출신의 목사들이었다. 그러나 양분된 장로교회는 수 차례의 모임 끝에 마침내 1758년에 이르러서 다시 합동을 하게 된다. 합동시 목회자의 수는 총 100명이었는데, 그중에 신파는 73명이었고, 구파는 27명이었다(오덕교, 『장로교회사』, 259-64).
132. Goen, "Editor's Introduction," *WJE* 4:62.
133. Charles Chauncy, *Enthusiasm Described and Caution'd against. With a Letter to the Reverend Mr. James Davenport*, Boston 1742; rep. in *The Great Awakening: Documents Ilustrating the Crisis and Its Consequences*, ed., Alan Heimert and Perry Miller (Indianapolis and New York: Bobbs-Merrill Co. 1967): 228-256.
134. Heimert and Miller eds., *The Great Awakening*, 230-31. 촌시는 하버드 출신의 학자 목사답게 enthusiasm이라는 단어의 어원을 설명하고 난 후에, 부정적인 의미에서 이 단어가 사용될 때에는 진정한 영감이 아니라 상상적인 영감에 사로잡힌 자를 의미한다고 말한다.
135. Charles Chauncy, *A Letter from a Gentleman in Boston, to Mr. George Wishart, One of the Ministers of Ednburgh, concerning the State of Religion in New-England*. Edinburgh 1742; rep. in *The Great Awakening: Documents of the Revival 1739-1742*, ed., Richard L. Bushman (New York: Atheneum, 1970): 116-21. 조나단 에드워즈의 예일대 졸업식 설교에 대해 조목 조목 비판한 *The Late Religious Commotions in New England Considered. An answer to the Reverend Mr. Jonathan Edwards's sermon, entitled, The distinguishing marks of a work of the spirit of God* (Boston 1743)도 촌시의 책으로 여겨져 왔으나 현재에는 그 저자가 윌리엄 랜드로 지목된다. 저자는 "성령의 비상한 역사라고 일컬어지는 것은 비상한 소요, 황당할 정도로 과도한 것으로서 사람들을 더 낫게 만드는 것이 아니라 더 악하게 만드는 경향"이 있다고 혹평하였다(Goen, "Editor's Introduction," *WJE* 4:64 각주 6).
136. Edwards, *Some Thoughts concerning the Present Revival of Religion in New-England, and the Way in which it ought to be acknowledged and promoted, Humbly offered to the Publick, in a Treatise on that Subject*, *WJE* 4:291-530. 한글 번역본은 양낙흥 교수에 의해서 출간되었는데, 출판사에서는 본서의 내용을 잘 고려하여『균형잡힌 부흥론』(서울: 부흥과개혁사, 2005)라는 제목으로 출간하였다.
137. 부흥에 대한 양 극단의 입장의 잘못을 지적하며 부흥에 대해 바르고 균형잡힌 시각을 잘 보여주는 본서의 가치에 대해서 백금산 목사는 "교회사 최고의 체계적인 부흥론이며 교회사 최고의 부흥신학"이요, "부흥신학의 원조로서 부흥신학에 대한 최고의 고전인 동시에 최고의 명저라 불러도 손색이 없다"라고 높이 평가하였고, 본서의 번역자 양낙흥 교수는 과거 1907년 평양 대부흥이나 1970년대 이후의 급속한 교회성장을 경험한 한국 교회이지만 과거 한국 교회의 부흥을 평가할 수 있는 신학적 기준이 한 번도 제시된 적이 없었다는 점을 지적하면서 부흥관에 대해서 교회사에서 가장 높은 경지에 도달한 조나단 에드워즈의 부흥론은 한국 교회에서 일어날 수 있는 부흥 현상들을 평가하는 데 큰 도움이 될 것이라고 주장한다(에드워즈, 『균형잡힌 부흥론』, 11, 47-48).

138. Goen, "Editor's Introduction," *WJE* 4:80-81에서 재인용: "Mr Edwards' book of 378 pages upon the good work is at last come forth; and I believe will do much hurt; and I am the rather inclined to think so, because there are some good things in it. Error is much more likely to be propagated, when it is mixed with truth. This hides its deformity and makes it go down the more easily. I may again trouble myself and the world upon the appearance of this book. I am preparing and antidote, and if the world should see cause to encourage it, it may in time come to light."
139. Charles Chauncy, *Seasonable Thoughts on the State of Religion in New-England, a Treatise in Five Parts* (Boston: Rogers and Fowle, 1743; 최신 영인본. no place: Kessinger Publishing, no date).
140. Charles Chauncy, *Seasonable Thoughts on the State of Religion in New-England, a Treatise in five parts*, 속표지. 촌시는 482km이상의 지역을 다니면서 부흥의 현장을 조사했다고 밝히고, 자신이 에드워즈 못지 않게 하나님의 영광과 뉴잉글랜드의 영혼들을 위해 투쟁하고 있다고 주장했다. 당시의 책들은 미리 구독자 신청을 받아서 출판하던 관례가 있기 때문에 18쪽에 달하는 A List of Subscribers를 보면 반부흥론의 입장에 서 있는 이들의 면면을 볼 수 있다. 그리고 고언은 에드워즈의 책과 촌시의 책 속에서 다루고 있는 주요 주제들에 대한 대조표를 제공해 주고 있다(Goen, "Editor's Introduction," *WJE* 4:82, 각주 4).
141. Jonathan Edwards, *The Religous Affections*, *WJE* 2, ed., John E. Smith (New Haven: Yale University Press, 1959); 조나단 에드워즈, 『신앙 감정론』, 정성욱 역 (서울: 부흥과개혁사, 2005).
142. Lesser, *Reading Jonathan Edwards*, 53에서 재인용.
143. John E. Smith, "Editor's Introduction," *WJE* 2:1.
144. 에드워즈는 12번째 적극적인 표지에 대해 가장 방대하게 다루었다(Edwards, *Religious Affections*, *WJE* 2:383-461).
145. Edwards, *An Humble Attempt to promote an explicit agreement and visible union of God's people through the world, in extraordinary prayer for the revival of religion, and the advancement of Christ's Kingdom on earth, pursuant to Scripture promises and prophecies concerning the last time*, *WJE* 5:309-436. 에드워즈, 『기도합주회』, 정성욱, 황혁기 공역 (서울: 부흥과개혁사, 2004 개정판)은 출판사의 판단에 따라 일부분을 생략하고 번역한 것이다.
146. Edwards, *The Life of David Brainerd*, *WJE* 7. 국내에는 서 너가지 판본이 출간되어 있지만, 필자의 번역 감수를 거쳐서 복있는사람이 2008년 9월에 출간한 『데이비드 브레이너드의 생애와 일기』는 거의 완역본에 해당한다.
147. Edwrds, 『기도합주회』, 13-14.
148. 에드워즈는 1750년 7월 3일자로 쓴 한 편지 속에서 "on me and this people (between whom was once so great an union)"라는 표현을 사용하고 있다(Edwards, "To the Reverend Thomas Gillespie," *WJE* 16:339).
149. Dwight, *The Life of President Edwards*, 298이하.
150. 양낙홍, 『체험과 부흥의 신학자 조나단 에드워즈』, 579-81. 올라 윈슬로우도 에드워즈

가 해임에 이르게 되는 삼대 주요 요인에 대해서 잘 해명하고 있다(Winslow, *Jonathan Edwards*, 215-59).
151. "젊은이들의 성경(the young folks' Bible)"이라고 부르는 것은 문제를 일으킨 청년들의 표현이고, 실상은 "bad book affair"라고 부르는 것이 타당할 것이다. 이 사건에 대한 전말은 Marsden, *Jonathan Edwards*, 292-301을 참조하고, 이 사건을 비롯하여 유사한 문제들에 대하여 에드워즈가 어떻게 목회자로서 반응하고 처리했는가 하는 문제는 Ava Chamberlain, "Bad Book and Bad Boys: The Transformation of Gender in Eighteenth-Century Northampton, Massachusetts," in *Jonathan Edwards at Home and Abroad: Historical Memories, Cultural Movements, Global Horizons*, eds., David W. Kling and Douglas A. Sweeney (Columbia: Univ. of South Carolina Press, 2003): 61-81을 보라.
152. Dwight, *The Life of President Edwards*, 299-300.
153. Minkema, "The Edwardses: A Ministerial Family in Eighteenth Century New England," 141-42.
154. 양낙흥, 『체험과 부흥의 신학자 조나단 에드워즈』, 579.
155. 패트리샤 트레이시는 당시 자료들을 근거로 하여 다음과 같이 주장하였다. "To be sure, Edwards was well paid: in 1749 he even bragged that he was the highest-paid minister in New England outside the city of Boston."(Patricia J. Tracy, *Jonathan Edwards, Pastor: Religion and Society in Eighteenth-Century Northampton* [New York: Hill & Wang, 1980], 157).
156. 에드먼드 모건 교수는 이러한 엄격한 성찬참여자격기준론은 "매사추세츠의 비분리적인 청교들에게서 발생하여 플리머스, 코네티컷, 뉴헤이븐을 거쳐 영국으로 되돌아갔다"고 지적한다(Morgan, *Visible Saints*, 33, 63-66). 그리고 로버트 베일리는 입교 후보자들의 믿음을 시험하는 것이야말로 독립파들을 장로파로부터 분리하는 결정적인 차이라고 말했다(양낙흥, 『체험과 부흥의 신학자 조나단 에드워즈』, 102).
157. Horton Davies, *The Worship of the American Puritans, 1629-1730* (Morgan: Soli Deo Gloria Publications, 1999), 199.
158. Cotton Mather, *Magnalia Dei Americana* (London 1702), II, BK. iv. 83; Davies, *The Worship of the American Puritans*, 199-200 에서 재인용.
159. 양낙흥, 『체험과 부흥의 신학자 조나단 에드워즈』, 102.
160. 전체적인 논의를 보기 위해서는 Paul E. Husband, "Church Membership in Northampton: Solomon Stoddard versus Jonathan Edwards"(Ph. D. diss., Westminster Theological Seminary, 1990), 105-35; Robert G. Pope, *The Half-Way Covenant: Church Membership in Puritan New England* (Eugene: Wipf and Stock Publishers, 2002), 3-74 등을 보라.
161. 세례자격에 대해 1662년 대회가 결정한 7가지 명제 가운데 5번째 명제는 다음과 같이 선언하고 있다: "Church-members who were admitted in minority, understanding the Doctrine of Faith, and publickly professing their assent thereto; not scandalous in life, and solemnly owning the covenant before the Church, wherein they give up themselves and their children to the Lord, and subject themselves to the Government of Christ in the Church, their children are to be

Baptized."(Husband, "Church Membership in Northampton," 111).
162. Husband, "Church Membership in Northampton," 117-18.
163. Dwight, *Life of President Edwards*, 300.
164. Karin Spiecker Stetina, "The Biblical-Experimental Foundations of Jonathan Edwards' Theology of Religious Experience, 1720-1723"(Ph. D. diss., Marquette University, 2003), 58, n.49.
165. 홀튼 데이비스에 의하면 성찬을 회심의 한 규례라고 처음 주장한 사람은 유명한 청교도 변호사 윌리엄 프린(William Prynne)이었다(Davies, *The Worship of the American Puritans*, 202).
166. Stetina, "The Biblical-Experimental Foundations of Jonathan Edwards' Theology of Religious Experience, 1720-1723," 57-58: "Stoddard's own unconventional conversion experience appears to have played an important role in his view. It was not until April of 1672, two years he took his post as a minister at Northampton that Stoddard became an official member of the church and sought formal ordination. Prior this time he doubted his own conversion."
167. Minkema, "Jonathan Edwards: A Theological Life," 2.
168. Edwards, "Miscellanies," no. 335, *WJE* 13:411-414. 1728년 7-8월 사이에 기록한 글이다.
169. 1729년 3월 20일 금식일 설교, 1756년에 스톡브리지에서 재설교한 "Spiritual Judgments the Most Terrible to a People (Amos 8:11)" 중에서[미간행설교].
170. 에드워즈는 성찬에 참여할 수 있는 참된 그리스도인의 자격을 다음과 같이 말한다: "Whether or no they believe the gospel with all their hearts, or are heartily convinced of the truth of it; and whether or no they are brought thoroughly to forsake all ways of sin, to deny every lust, and live in the performance of all Christ's commands universally."(Edwards, "Miscellanies," no. 462, *WJE* 13:503-06). 편집자인 Thomas A. Schafer 교수의 감정에 따르자면 문집 418번에서 510번까지의 기록들은 에드워즈가 1729년 7월부터 1731년 8월까지 노샘프턴에서 작성한 것이다. 이런 연대측정 결과에 따르자면 문집 462번은 스토다드의 사후에 쓴 것으로 보인다. 또한 Edwards, "Miscellanies," no. 873, *WJE* 20:112-13도 보라.
171. Hopkins, *Life of President Edwards*, 94.
172. 성령의 내주하심으로 회심(혹은 중생)한 자에게서 나타나는 12가지 적극적이고 긍정적인 표지에 대해서는 Edwards, *Religious Affections*, *WJE* 2:193-461을 보라. 그리고 참된 신앙 고백의 요건에 대해서는 413-18쪽을 보라.
173. Edwards, *Religious Affections*, *WJE* 2:413-15.
174. Edwards, *Religious Affections*, *WJE* 2:415-17.
175. Edwards, *An Humble Inquiry into the Rules of the Word of God, concerning ... Full Communion in the Visible Church*, *WJE* 12:167-348. 에드워즈는 자신이 의미하는 바 참된 신앙고백이 무엇인가에 대해서 다음과 같이 명료하게 설명한다: "When it is said, those who are admitted, etc. ought to be by profession 'godly' or 'gracious' persons. 't is not meant, they should merely profess or say that they are converted or are gracious persons, that they know so or think so,; but that they profess the

great things wherein Christian piety consists, viz. a supreme respect to God, faith in Christ, etc. Indeed 'tis necessary, as men would keep a good conscience, that they should think that these things are in them, which they profess to be in them; otherwise they are guilty of the horrid wickedness of willfully making a lying profession. Hence 'tis supposed to be necessary, in order to men's regularly and with a good conscience coming into communion with the church of Christ in the Christian sacraments, that they themselves should suppose the essential things, belonging to Christian piety, to be in them"(180).

176. 노샘프턴 교회 논쟁 과정에 대해서는 Marsden, *Jonathan Edwards*, 21장에서 잘 기술하고 있다. 또한 이 논쟁에 대한 현대적인 평가는 양낙흥, 『체험과 부흥의 신학자 조나단 에드워즈』, 639-46; Mark Dever, "How Jonathan Edwards Got Fired, and Why It's Important for Us Today," in *A God-Entranced Vision of All Things*, 129-44 등을 보라.

177. Ezra H. Gillett의 주장으로 Lesser, *Reading Jonathan Edwards*, 99에서 재인용

178. 에드워즈가 길레스피 목사에게 쓴 편지 끝 부분에 에드워즈의 심경이 표현되고 있다. "- I desire your prayers … that God would open a door for my future usefulness, and provide for me and my numerous family, and take a fatherly care of us in our present unsettled, uncertain circumstances, being cast on the wide world."(Edwards, "To the Reverend Thomas Gillespie," *WJE* 16:339).

179. Minkema, "The Edwardses: A Ministerial Family in Eighteenth Century New England," 343-46; Marsden, Jonathan Edwards, 364-65; 양낙흥, 『체험과 부흥의 신학자 조나단 에드워즈』, 669-70.

180. Marsden, *Jonathan Edwards*, 374-81.

181. Dwight, *Life of President Edwards*, 445-48. "On the whole, it is evident, that, while the dismission of Mr. Edwards was, in itself considered, an event greatly to be regretted, it was at the same time, in every part of it, most honourable to himself, and proved, in its ultimate consequences, an essential blessing to the Church of God"(448).

182. Lloyd-Jones, "Jonathan Edwards and the Crucial Importance of Revival," 349.

183. 최신 편집본은 *WJE* 12권에 수록되어 있다.

184. 초판의 제목은 *A Careful and Strict Enquiry into the Modern Prevailing Notions of that Freedom of Will, Which is Suppsed to be Essential to Moral Agency, Vertue and Vice, Reward and Punishment, Praise and Blame* (Boston: S. Kneeland, 1754). 현대 독자들은 *WJE* 1이나 *WB* 1:3-93 등을 통해서 읽을 수 있다. 미국 지성사에 있어서 본서가 차지한 위치와 관련된 논쟁들의 역사를 알기 위해서는 Allen C. Guelzo, *Edwards on the Will: A Century of American Theological Debate* (Middletown: Wesleyan Univ. Press, 1989)을 보라.

185. 이 저술은 에드워즈 생전에는 출간되지 못했고, 1765년에 이르러서 다음과 같은 타이틀로 세간에 빛을 보게 된다. *Two Dissertations, I. Concerning the End for which God created the World. II. The Nature of True Virtue* (Boston: S. Kneeland, 1765). 예일 전집에는 *WJE* 8: 399-627에 수록되어 있다.

186. 에드워즈의 3대 주요 저서 중 하나인 본서는 에드워즈가 프린스턴에서 소천한지 얼마 뒤에 인쇄본으로 출간되게 된다. *The Great Christian Doctrine of Original Sin Defended; Evidences of it's Truth produced, and Arguments to the Contrary Answered* (Boston: S. Keenland, 1758). 현대의 독자들은 예일 전집 *WJE* 3에서 Hollbrook 교수의 편집자 서문과 더불어서 본서의 내용을 읽을 수 있다.
187. Minkema, "Jonathan Edwards: A Theological Life," in *The Princeton Companion to the Theology of Jonathan Edwards*, 13: "With all these distractions and responsibilities, it is all the more remarkable that Edwards was nonetheless able, during a space of about five years, to write some of the most important theological and ethical disquisitions in the history of American thought, not to mention Christian thought as a whole."
188. 에드워즈는 스스로는 인디언 언어를 배우기를 극구 거절하였지만, 예외적으로 그의 아들 조나단 에드워즈 2세는 인디언 말을 배우게 했다(Gerald R. McDermott, "Missions and Native Americans," in *The Princeton Companion to the Theology of Jonathan Edwards*, 267). 맥더모트는 에드워즈가 인디언 문화가 열등하고 하찮다는 당시 백인들의 의식을 공유하고 있었다고 주장한다(Ibid., 267-68).
189. Racel Wheeler, "'Friends to Your Souls': Jonathan Edwards' Indian Patorate and the Doctrine of Original Sin," *Church History* 72/4 (2003), 749. 에드워즈가 1751-58년까지 전한 설교의 제목들에 대해서는 *WJE* 25:739-54를 보라.
190. Wheeler, "'Friends to Your Souls'," 750-51.

제3장

삼위일체론적인 성령론

우리는 이제 조나단 에드워즈의 성령론에 대해서 본격적으로 살펴보려고 한다. 그의 성령론은 몇 가지의 특징을 가지고 있는데 무엇보다도 삼위일체론적 특성을 가지고 있다고 말할 수 있다. 역사적으로 그의 삼위일체론에 대한 많은 논란과 시비가 있었지만 현재의 에드워즈 학계에 있어서는 그의 삼위일체론이 니케아-콘스탄티노플 신경에서 정립된 정통적 삼위일체론을 충실하게 대변하였다는 점을 대체로 인정하고 있다. 그의 생전에는 삼위일체론을 다룬 어떤 글도 출판한 적이 없었지만, 그가 회심이후부터 그의 생애 말년까지 정통적인 삼위일체론을 믿고 변호했을 뿐 아니라 삼위일체 하나님을 체험하고 살았다는 것을 분명하게 확인할 수 있다.

그의 회심 사건을 중심한 초기 생애에 대해서 집중적으로 기록하고 있는 그의 『자서전』*Personal Narrative*속에서 그는 이렇게 고백하고 있다.

그리고 하나님은 삼위일체이시기에 영광스럽게 보여졌다. 성부, 성자, 성령이라는 삼위로 존재하신다는 것이 내게는 하나님에 대한 품격 높은 사상을 가지게 만들었다.[1]

에드워즈는 조금 뒤에 가서 노샘프턴 목회 초기에 경험한 한 체험에 대해서 다음과 같이 고백한다:

나는 여러번 삼위일체 하나님 중에서 세 번째 위격의 영광을 느꼈고 성령의 거룩하게 하시는 사역을 느꼈다; 그분의 거룩한 역사들 속에서 신적인 빛과 생명을 영혼 속에 전달하시는 [것을 느꼈다]. 하나님은 성령의 전달하심 속에서 신적인 영광과 달콤함의 무한한 샘으로 보였다. 그 샘은 영혼을 채우고 만족시키기에 충만하고 충분했다. 그것은 태양의 광채가 달콤하고 즐겁게 빛과 생명을 나누어 주는 것처럼 달콤하게 쏟아 부어지면서 전달되었다(백금산 역).[2]

그리고 에드워즈는 자신의 신학적 묵상을 사적으로 기록한 『신학묵상집』*The Miscellanies*속에서 다음과 같이 자문자답을 하고 있다:

> 나는 때때로 홀로 이런 생각을 하곤했다. 삼위일체 같은 교리들과 규례들이 참이라면 어떤 필요에서 복음 속에 그런 것들이 계시되었을까? … 나는 이런 교리들이 얼마나 유용한지 경험적으로 알고 있다 … 이와 같은 교리들은 영적인 세계에 대한 지식과 식견, 그리고 궁극적인 실재에 대한 묵상으로 이끄는 영광스러운 관문이다. 나는 이러한 지식이 마음의 수양에 얼마나 많은 기여를 하는지 경험했다.³

이상의 인용구들만 보더라도 에드워즈의 내재적 삼위일체론은 난해해 보이고 오해의 가능성도 있지만 그의 삼위일체론은 체험적이고 실천적인 중요성을 추구하는 것이라고 짐작해 볼 수 있다.⁴ 에드워즈는 생애 만년인 1757년 2월 11일자로 당시 하버드 대학의 교수였던 에드워드 위글스워스Edward Wigglesworth(1693-1765)에게 편지를 보내어서 뉴잉글랜드에 만연하고 있던 반反 삼위일체론 분위기에 대해서 이의를 제기하면서, 특별히 조나단 메이휴Jonathan Mayhew(1720-1766)가 공개적으로 삼위일체론을 조소하고 있는데 젊은 신학도들에게 신학을 가르치고 있는 위글스워스 교수가 나서서 직접 정통 삼위일체론을 변호해야 하지 않느냐는 취지로 권면을 하기도 하였다.⁵

이처럼 회심 체험 이후부터 시작해서 생애 만년까지 에드워즈의 삼위일체론은 정통적인 입장에 서 있었다고 말할 수 있겠다. 그러면 이제 본격적으로 우리는 그의 삼위일체론의 특징들을 살펴보고, 특별히 성령에 대한 삼위일체론적인 견해를 정리해 보도록 하겠다. 그러기 위해서는 먼저 그의 삼위일체론이 개진되고 있는 여러 자료들에 대해서 확인해 보고, 삼위일체론에 대한 연구사를 간략하게 살펴보도록 하겠다.

3.1. 에드워즈의 삼위일체론 – 자료와 간략한 연구사

3.1.1. 에드워즈의 삼위일체론이 담긴 자료들

조나단 에드워즈는 생전에 삼위일체론에 대한 저술을 출간한 적은 없지만, 유고들 가운데는 삼위일체론을 다루고 있는 자료들이 많이 남아 있다. 우선 그의 신학적 사유의 형성과정을 보여주는 『신학묵상집』 The Miscellanies 속에는 삼위일체론에 대한 많은 묵상과 연구 결과들이 산재해 있다.[6] 그리고 삼위일체론과 관련된 여러 성경 구절들에 대한 에드워즈의 묵상 내지 연구 결과들도 그의 『성경에 대한 노트들』 Notes on Scripture나 『여백 성경』 Blank Bible 등에 담겨 있고 온전한 형태로 출판되어 있기 때문에 연구자들이 손쉽게 접근할 수 있다.[7] 그러나 무엇보다도 우리가 주목해서 살펴보아야 할 것은 1730년초에 쓰기 시작한 "삼위일체론" Discourse on the Trinity이다. 에드워즈는 1730년대 중반, 후반에 자신의 원고를 다시금 검토하였고 다른 연구 결과를 첨부하였다. 그러나 우리가 유념해야 하는 것은 에드워즈가 이 원고를 출판을 위해서 의도했다기보다는 자신의 연구 자료원a source book으로 만들어 사용했다고 하는 점이다.[8]

이제 유고로 남아있던 에드워즈의 삼위일체론의 출판 과정에 대해서 살펴보도록 하겠다. 에드워즈의 삼위일체론은 미간행 원고로 남겨진 까닭에 에드워즈의 정통성 시비가 불거졌는데, 그의 삼위일체론이 비정통적이지 않음not unorthodox을 증명하기 위하여 원고 출간의 시도가 1880년에 시작되었다. 최초로 세간에 나온 것은 에드워즈의 신학묵상집 1062번으로써 엑버트 C. 스미스의 편집에 의해서 *Observations concerning the Scripture Oeconomy of the Trinity and Covenant of Redemption*으로 출간되었다.[9] 그러나 삼위일체론을 다룬 논문의 출간은 1903년에 이르러 죠지 피셔에 의해서 이루어지게 된다. 피셔는 에드워즈가 육필로 남겨둔 삼위일체론 강론을 출판하는 기회에 에드워즈의 삼위일체론의 정통성 시비에 관련하여 반박하는 장문의 글을 수록하기도 하였다.[10] 이 논문은 1971년에 폴 헴에 의해서 다시 재출간되었으며,[11] 2003년에는 예일 전집 21권 속에 편집 출간되었다.[12] 프린스턴 신학교의 이상현 교수에 의해서 편집된 예일전집(WJE) 21권 속에는 에드워즈가 쓴 "삼위일체론"Discourse on Trinity과 "삼위일체의 위격들의 동등성에 관하여"On the Equality of the Persons of the Trinity라는 다른 글이 수록되어 있다. 이하의 논의에서는 에드워즈의 출간된 모든 판본을 다 참조하였지만, 특별히 최종적인 형태라고 할 수 있는 예일대 판본을 기준으로 삼았다.

3.1.2. 에드워즈의 삼위일체론에 대한 정통성 시비와 연구사[13]

에드워즈의 유고들을 맡은 이들이 삼위일체론 관련 문헌들의 출간을 미루는 바람에 에드워즈의 삼위일체론은 정통성 시비의 도마에 오르게 되었다. 에드워즈의 삼위일체론의 정통성에 대해서 처음으로 시비를 건 사람은 회중교회 목사이자 신학자인 호레이스 부쉬넬Horace Bushnell(1802-1876)이었다. 그는 1851년에 출간한 『신학속에서의 그리스도』Christ in Theology라는 저서 속에서 에드워즈의 "삼위일체를 위한 선험적인 논증"a priori argument for the Trinity에 대해서 비판을 가하였다.[14] 그러면서도 그는 성자의 영원한 출생과 성령의 영원한 나오심에 대한 에드워즈의 견해에는 호의적이었다.[15]

본격적으로 에드워즈의 삼위일체론에 대해서 비판의 글을 쓴 사람은 19세기 후반 보스턴의 엘리트 사회에서 명사였던 올리버 웬델 홈즈(Oliver Wendell Holmes, 1809-1894)이다. 그는 에드워즈의 노샘프턴 목회기를 "공포의 통치"였다고 맹렬하게 비난하고,[16] 그의 신학 체계는 "야만적이고, 기계적이며, 유물론적이며, 비관주의적"barbaric, mechanical, materialistic, pessimistic이었다고 비난하였다.¹⁷ 그러나 홈즈는 에드워즈에게서 희망의 미광을 찾아내었는데, 그것은 후기의 에드워즈가 삼위일체론에 있어서 아리안주의 혹은 사벨리우스주의로 위대한 변화를 했다고 하는 것이다.¹⁸ 물론 홈즈의 비판은 근거 없는 것이었다. 우리는 홈즈가 왜 에드워즈를 아리안주의자 내지는 사벨리우스주의자라고 부르는지 그 동기에 주의해야 한다. 피어스가 잘 지적한대로, 홈즈는 정통신앙을 버리고 유니테리안주의를 받아들인 사람이었기 때문에, 자신의 신학적 입장의 변화를 에드워즈를 이용하여 정당화하고 싶었던 것이라는 점을 잊지 말아야 한다.¹⁹

부쉬넬이나 홈즈가 아무런 근거도 없이 에드워즈의 삼위일체론의 정통성에 대해서 시비를 걸기는 했지만, 두 사람의 공이 전혀 없는 바는 아니었다. 왜냐하면 이들의 비난 때문에 에드워즈의 삼위일체론 저술들이 세간에 빛을 보게 되기 때문이다.²⁰ 앤도버 신학교의 교수였던 엑버트 C. 스미스Egbert C. Smyth(1829-1904)는 1880년에 에드워즈의 신학묵상집 1062번을 담은 『삼위일체의 성경 경륜과 구속언약에 관한 고찰들』Observations concerning the Scripture Oeconomy of the Trinity and Covenant of Redemption을 출간하였다.²¹ 에드워즈의 글 속에는 "성자의 영원한 출생과 성부에 대한 성자의 경륜적 종속"the economic subordination of the Son to the Father에 대한 견해가 표명되고 있었다. 사실 이것은 19세기 뉴잉글랜드 신학자들의 마음을 불편하게 만드는 내용들이었다. 에드워즈를 신학적 조상으로 삼고 있지만 뉴잉글랜드 신학자들(특히 Emmons)은 성자의 영원출생을 부정하는 입장에 서 있었기 때문이다. 이런 역사적 연관성을 염두에 둔다면 에드워즈의 유고를 맡았던 에드워즈 후손들이 왜 에드워즈의 삼위일체론을 빨리 출판하는 것을 꺼려했는지 이해할 수 있을 것이다.²²

한편 19세기 뉴잉글랜드 신학의 마지막 대표자였던 에드워즈 A. 파크Edwards A. Park(1808-1900)는 에드워즈의 삼위일체론을 변호하기 위하여 쓴 두 편의 논문을 1881년에 *Bibliotheca Sacra*에 게재하였다.[23] 우리는 파크의 에드워즈 변호 중 두 가지 사항을 눈여겨 볼 필요가 있다. 첫째, 삼위일체론에 관해 쓴 에드워즈의 저술들이 임시적인 신학적 묵상이지, 완전하게 개진된 사상을 간직하고 있지 않다. 둘째, 에드워즈의 교리적 신앙 고백은 정통적이지만 에드워즈가 삼위일체를 설명하기 위해서 만들어낸 이론들은 문제가 있다는 것이다.[24] 그러나 이것은 에드워즈의 삼위일체론에 대한 공정한 변호가 아니었다. 오히려 에드워즈의 삼위일체론의 중요성을 약화시키는 결과를 낳았을 뿐이었다.[25] 그의 제자 중 하나인 알렉산더 알렌Alexander V. G. Allen(1841-1908)은 1891년에 간행한 최초의 비평적인 에드워즈 전기 속에서 여러 가지 면에서 에드워즈를 비평하였다. 그는 특히 에드워즈의 신학에서는 인간론이 제대로 설 자리가 없으며, 그리고 그의 신학 체계 속에서는 기독론이 아무런 구성적인 역할을 하지 못한다고 비평하였다.[26]

에드워즈의 "삼위일체론"Discourse on the Trinity이 출간된 것은 그의 출생 200주년을 기념하는 1903년이었다.[27] 예일대 교수였던 조지 피셔 George Park Fisher(1827-1909) 에 의해서 빛을 보게 된 에드워즈의 삼위일체론 본문과 피셔 교수의 해설문 등을 통해 에드워즈의 어거스틴과의 친화성이 밝혀지고, 그의 삼위일체론이 이단적인 것이 아니라 니케아 정통Nicene orthodoxy을 대변하고 있다는 점이 분명해지게 되었다.[28] 스투더베이커는 이 저서의 출간과 더불어서 19세기 후반 50여년 동안 거론되었던 바 에드워즈의 삼위일체론에 대한 추문은 종지부를 찍게 되었다고 평가한다.[29] 그렇다고 해서 에드워즈의 삼위일체론에 대한 비판이 전혀 없어졌다는 뜻은 결코 아니다. 구 프린스턴의 워필드 교수는 에드워즈의 삼위일체의 존재론적 증명을 아주 매력적이라고 하면서도 일종의 삼신론적인 경향을 가졌다고 비평을 가하였다.[30] 그런가하면 네덜란드에서 헤르만 바빙크의 지도하에 에드워즈의 신학에 대한 연구로 1907년에 박사학위를 받은 얀 리덜보스Jan Ridderbos는 에드워즈의 삼

위일체론 속에 양태론적 경향이 있음을 비판하였다.[31]

이상에서 살펴본 것을 제외한다면 20세기 전반기에는 에드워즈의 삼위일체론에 대한 논의가 거의 없었다. 이런 경향은 삼위일체 교리 자체에 대한 시대적 무관심과 궤를 같이 한다고 스투더베이커는 지적한다.[32] 에드워즈의 삼위일체론에 대해서 학자들이 다시금 관심을 기울이기 시작한 것은 1962년 하버드에 제출한 허버트 W. 리처드슨의 박사논문에서부터이다.[33] 리처드슨의 학위논문은 에드워즈의 삼위일체론에 대해 집중하여 쓰여진 최초의 연구서이다. 그러나 본격적인 논의가 성황을 이루게 된 것은 1980년대 중반 이후부터이다.[34] 지금에 이르기까지 에드워즈의 삼위일체론에 대한 몇 편의 박사논문이 쓰여졌고(예를 들면 Richardson, Sairsingh, Pauw, Stahle, Studebaker, Caldwell III, Danaher 등), 여러 연구서들과 연구 논문들이 출간되어 왔다.[35] 최근의 연구 결과를 살펴보면 에드워즈의 삼위일체론에 대해서 일신론이나 삼신론이라고 몰아붙이는 경향은 거의 보이지 않는것 같다. 오히려 대다수의 학자들은 에드워즈의 삼위일체론의 중요성을 인정하고, 그의 전 신학 사상과의 연관성을 찾는다든지, 현대적인 삼위일체론적 관심과 연계시킨다든지 하는 경향을 보이고 있다.

에드워즈의 삼위일체론을 둘러싼 현대적 논의의 쟁점들을 알기 위해 몇 명의 학자들의 연구 경향을 살펴보도록 하겠다. 크리스터 세르싱 Krister Sairsingh은 에드워즈가 삼위일체론에 대하여 쓴 초기 작품들 속에서 관계적 존재론relational ontology과 교회론적 이상ecclesial idea의 관계를 발견해 내었다. 세르싱에 의하면 에드워즈는 교회란 "창조 속에 나타나고, 삼위 하나님의 위격들 간의 관계에서 표현된 대로의 신적인 영광을 재현re-present"하는 것으로 생각하였다고 본다.[36]

에드워즈의 삼위일체론 연구에 있어서 비중있는 학자 중 한 사람은 루이빌 장로회신학교 교수인 에이미 플랜팅가 파우Amy Plantinga Pauw이다. 그녀는 예일대학교 신학부에서 에드워즈의 삼위일체론으로 박사논문을 썼고, 그것을 수정하여 책으로 출간하기도 했다. 파우의 주요 요점은 에드워즈가 삼위일체론을 전개함에 있어서 "삼위일체론의 두 가지 모델들"Two models of Trinity을 사용했다고 하는 것이다. 그녀가 말하는 두 모델이란 어거스틴적인 심리학적 모델과 동방 정교회 신학에서 온 사회적 모델이다. 그녀의 주장에 따르면 에드워즈의 삼위일체론 속에는 이 두 가지 모델이 채용되고 있기 때문에 때로 갈등과 충돌이 일어나기도 한다는 것이다.[37]

파우와 동질성을 가지고 있고 상호 간에 영향을 주고 받는 학자들 중에 한 사람은 프린스턴 신학교의 은퇴교수인 이상현 교수이다. 이상현 교수는 특히 에드워즈의 신론에 있어서 경향적 삼위일체론Dispositional conception of the Trinity이라는 독특한 입장을 천명해서 학계의 주목을 받았다.[38] 그는 또한 신학적 관점에서 가족family을 논의하는 중에 에드워즈의 삼위일체론을 활용하기도 하였다.[39]

에드워즈에게 있어서 삼위일체론적 성령론에 대해서 박사논문을 쓴 수전 레이철 스탈Susan Rachel Stahle은 에드워즈의 삼위일체론의 중요성에 대해서 다음과 같이 언명하였다.

> 에드워즈의 신학은 그 자신의 독특한 삼위일체론에 근거하고 있고 통합되어 있다. 그에게 있어 삼위일체는 모든 실재의 국면들을 통합시키고, 시간, 역사, 선택과 성화, 종교적 체험과 신앙 부흥, 영화와 영벌, 이런 신적인 계획의 수행과 성취의 모든 부분에서 그 길을 만들어 나간다.[40]

리처드 웨버는 에드워즈의 삼위일체론이 전통적인 개혁주의 신학 진술에서 떠났지만 전적으로 정통적이라고 평가하였다.[41] 스티븐 마이클 스투더베이커Steven Michael Studebaker는 에이미 플랜팅가 파우의 두 모델이론에 반대하여 에드워즈는 한 모델만을 사용하였다고 주장하였다. 그는 사회적 모델을 에드워즈가 사용하기는 하지만 그것은 어거스틴적인 삼위일체론의 문맥 안에서 그렇게 한 것이라고 주장했다.[42] 윌리엄 J. 대너허 2세William J. Danaher, Jr.는 에이미 파우가 주창한 두 종류의 삼위일체론적 유비들을 수용하여 삼위일체론을 이해하며, 삼위일체론이 도덕적 숙고를 위하여 어떻게 도구 역할을 하는지에 대해 논구하고, 현대 윤리학적 논의에 기여하는 바가 무엇인지를 추구하였다.[43]

3.2. 에드워즈의 삼위일체론

앞서 살펴보았듯이 조나단 에드워즈의 삼위일체론은 실제 내용에 있어서 니케아-콘스탄티노플 회의에서 확립된 정통적인 삼위일체론에서 떠나지 않았다. 로저 올슨과 크리스토퍼 홀은 심지어 니케아 정통신학에서 벗어나는 내용이 없다는 점에서 "대체로 에드워즈는 삼위일체 교리와 관련해 새롭게 기여한 것은 없다"라고 단언하기도 하였다.[44] 한편 리처드 웨버는 에드워즈의 삼위일체론이 전통적인 개혁주의 신학 진술에서 떠났지만 전적으로 정통적이라고 평가하였다.[45] 과연 어떤 평가가 공정한 것일까? 우리가 에드워즈의 삼위일체론을 살펴보면 리처드 웨버의 평가가 좀 더 에드워즈의 삼위일체론을 공정하게 논구한 결과임을 알 수 있다. 그렇다고 해서 그의 삼위일체론이 흔히 비판되어 왔듯이 일신론이거나 삼신론인 것은 결코 아니었다. 다만 정통적인 표현들과 다른 점들이 있다고 한다면 그가 삼위일체론을 숙고하고 대변했던 시대적 상황을 잘 고려해야 할 것이다. 에드워즈는 신비와 합리적이지 않은 것에 대한 전반적인 거부를 당연시했던 계몽주의Aufklärung 시대에 산 사람으로서, 당시 풍미하던 반 삼위일체론에 대항하여 정통적인 삼위일체론을 변증한 사람이었다는 점을 염두에 두고 그의 삼위일체론의 특이한 면모들을 읽는 것이 좋을 것이다.[46]

조나단 에드워즈는 기독교 신앙이 합리적이기 때문에 계몽주의의 도전에 대하여 얼마든지 변증 가능하다고 초기부터 분명한 입장을 가지고 있었다. 그가 비록 이루지는 못했지만 그의 저술 계획 중 하나는 『기독교 주요 교리에 대한 합리적인 설명』*A Rational Account of the Main Doctrines of the Christian Religion Attempted*이었다. 에드워즈가 남긴 저술 계획 윤곽에 의하면 하나님의 존재와 본성, 창조된 마음들, 자유의지 등을 다루고 나서 세 번째로 "탁월성에 대하여"라는 제목 아래 삼위일체, 그리고 하나님의 속성들을 다루려고 의도하였음을 확인할 수 있다.[47] 에드워즈가 삼위일체론에 대해서 최초로 신학묵상록을 남긴 것은 1723년 12월경(20세)으로 『신학묵상집』 94번에 보면 삼위일체론에 대해서 "나는 순수한 이성의 범위 안에서 서로 구별되는 셋이 있으며, 이들 각각은 동일한 [하나님]임을 분명히 인식할 수 있다고 생각한다"라고 적고 있다.[48] 이것은 마치 에드워즈가 성경 계시와 아무런 관계없이 중생자든 비중생자든 관계없이 순수한 이성naked reason의 힘으로 삼위일체와 같은 진리를 발견할 수 있다고 주장한 것처럼 오해될 가능성이 있다. 그러나 그것은 결코 에드워즈의 의도가 아니었음을 우리는 기억해야 한다. 에드워즈는 삼위일체론의 신비를 이성의 힘으로 풀어 헤칠 수 있다고 생각하지 않았다. 도리어 그는 반대 입장을 1730년대에 작성했던 "삼위일체론" 속에서 분명하게 표현하고 있다.

> 나는 삼위일체의 신비를 해설하여 삼위일체의 신비로움과 그 불가해한 것을 펼쳐 보이고 해결한다고 결코 단언하지 않는다. 지금까지 언급되었듯이 이 교리와 관련해 일부 난제들은 줄어들었지만 여전히 새로운 문제들이 나타나고 있고, 이로 말미암아 뭔가 신비롭고 기이하며 이해하기 어려운 요소들이 점점 더 증대되고 있다. 이 사실을 나는 감지하고 있다. 나는 삼위일체를 단지 거룩한 진리의 하나님의 말씀이 이 위대한 신비와 관련하여 우리 마음에 조금 밝혀 제시해 준 것만 주장한다. 하나님의 말씀은 삼위일체와 관련하여 지금까지 일반적으로 감지했던 것보다 더 많은

것들을 우리에게 가르쳐 준다고 나는 생각한다.[49]

에드워즈의 입장을 정리해 보면 에드워즈는 삼위일체론의 신비를 다 파악하거나 설명할 수는 없으며, 오직 "거룩한 하나님의 말씀이 제시해 준 만큼" 알 수 있을 뿐이라고 확신했다. 그럼에도 불구하고 에드워즈는 "성서적 토대 위에 굳게 서는 한편, 동시에 기독교인의 경험에서 나온 이성적 추론과 동시에 아름다움으로서의 존재에 대한 관계론적 개념에서 삼위일체를 접근할 수 있다"고 생각하였다.[50] 그리고 당대의 합리주의적 사조에 근거하여 삼위일체론이 비합리적이라고 배척하는 이들에 대항하여 삼위일체론에 대한 신앙을 이성적으로 변증 가능하다고 보았던 것이라는 점도 유념해야 할 것이다.

3.2.1. 에드워즈의 새로운 실재 개념과 성향적 존재로서의 하나님 이해[51]

우리는 에드워즈가 삼위일체론을 전개해 나가거나 변증하는 방식을 잘 이해하기 위해서는 전통적인 실체관과 달리 에드워즈가 견지하였던 실재관을 확인해 볼 필요가 있다. 에드워즈는 실체 개념에 대한 존 로크의 도전에 직면하여 전통적인 의미에서의 실체 개념을 사용하지 아니하고 새로운 실재 개념을 만들어 내었다. 전통적으로 실체는 "속성들의 소유자"the owner of proprieties로 이해되었으나, 에드워즈는 "행동들의 행위자"the doer of deeds로 이해하였다.[52] 그리고 그는 실재를 '성향'disposition이라는 개념으로 대체하였다.[53] 에드워즈에 의하면 성향이나 경향성은 "존재론적으로 실재하는 것이며, 법칙적으로 원인적으로 작용하는 힘"이기까지하다.[54] 실체들과 마찬가지로 경향성들이나 성향들도 영속적인 요소로서 기능하고, 하나의 실재의 성질을 가진다고 이해하였다. 또한 역동적인 힘을 발휘하는 주체라고 보았다. 이처럼 실재를 본질적으로 성향적으로 보는 것은 실재 자체를 정태적으로 보는 것이 아니라 역동적으로 보는 것이며, 행동과 사건을 만드는 성향으로 보는 것이라는 점을 유념해야 한다.**55**

에드워즈는 "모든 존재는 어떤 실제적인 힘들과 경향성들로 구성되어 있는 것"이라고 파악하였다.**56** 그리고 또한 존재란 "비례적 균형, 곧 아름다움"이라고 에드워즈는 생각하였다.**57** 이상현이 정리하는 바에 의하면 "성향과 아름다움은 동일한 실재를 바라보는 두 개의 방법이다. 성향은 아름다움의 역동적 측면을 나타내는 반면, '아름다움'은 성향이 나타내는 방식, 곧 방향을 말한다."**58** 그리고 에드워즈에 의하면 참된 아름다움은 하나님의 아름다움이다.**59** 또한 존재란 더 많은 관계와 행동을 향하는 경향이다. 존재는 본질적으로 반복되는 성향을 지니며 자기 실현을 증대한다. 이 말은 존재가 실제적이며 동시에 자기 실현적이고, 또 계속해서 자기를 나타내며 이로 말미암아 보다 더 실존하고 아름답게 된다는 의미이다. 이와 같은 존재에 대한 성향적인 이해는 에드워즈의 삼위일체론을 이해하기 위해서 필수적이라고 할 수 있다.

에드워즈는 자신의 새로운 실재 개념 혹은 존재 이해에 근거하여 "자신을 전달하려고 하는 성향이 [하나님의] 본질이다"고 말한다.**60** 하나님은 자신의 선하심과 풍성하심과 지혜와 의와 진리 등을 드러내고자 하는 성향을 가지셨으며, 자기 자신을 밖으로 전달하려고 하는 성향을 가졌다는 것이 에드워즈의 주장이다.**61** 바로 이러한 본성 때문에 하나님은 천지 만물을 창조하셨을 뿐 아니라, 영원전부터 하나님의 신적 본질 안에서의 복수의 위격이 존재하게 되는 것이라고 에드워즈는 생각하였다. 에드워즈에게 있어서 하나님은 "참된 아름다움이고 전지한 존재이며 사랑의 존재이기 때문에, 하나님의 존재는 참된 아름다움을 계속 알고 계속 사랑하려는 주권적 성향이다."**62**

에드워즈에 의하면 하나님은 본질적으로 아름다움이라는 성향을 가지신 존재이신데, 이는 하나님은 본질적으로 관계적relational이라는 것을 의미한다. 왜냐하면 그는 아름다움이란 "동의의 관계, 즉 비례와 조화의 관계"라고 생각하기 때문이다.⁶³ 그리고 복수가 아니라면 관계는 있을 수가 없기 때문에, 하나님은 본원적으로 복수이며 관계적이다는 것이 합당하게 도출되는 것이다. 에드워즈에 의하면 하나님 존재 자체의 본성이 하나님 안에서의 내적 관계성과 복수성을 요청한다고 보았다. 1723년 말에 작성한 "정신"The Mind의 첫 항목에서는 에드워즈는 탁월성에 대한 철학적 숙고로 시작하여 "복수성이 없는 존재는 탁월성이 있을 수 없다"고 추론해낸다. 다시 말해서 하나님이 탁월하시다면 복수성을 가지실 수 밖에 없다는 것이다.⁶⁴ 『신학묵상집』 117번에서는 "따라서 만약 하나님이 뛰어나다면 하나님 안에 복수가 있기 마련이다"고 에드워즈는 적고 있다.⁶⁵ 에드워즈는 존재를 탁월성으로 재규정하고, 이것을 삼위일체에 적용하여 이해함으로써 그 자신의 뿌리인 "오래도록 전승된 철학적 신학의 전통과 극적으로 대비"되는 길로 나아갔다. 왜냐하면 에드워즈의 견해는 "하나님의 선하심은 자기 존재의 절대적 유일성과 그 단순함에 근거하는 것이 아니라 그가 관계를 형성하는 복수를 구성할 때만 그 선하심이 자신에게로 귀속된다"는 의미를 함축하기 때문이다.⁶⁶

3.2.2. 삼위일체의 두 모형(Two Trinitarian Models)?

에드워즈의 삼위일체론에 대해서 많은 연구를 한 에이미 플랜팅가 파우(Amy Plantinga Pauw)에 의하면 에드워즈는 두 종류의 삼위일체론적 모형을 사용하고 있다고 한다. 그 두 모형이란 하나님은 자신을 알고 사랑하는 정신과 유사하며, 또한 셋으로 이루어진 공동체 내지 가족과 유사하다는 것이다.⁶⁷ 첫 번째 모형은 심리학적 모형이라고 불리우며 간접적으로는 어거스틴에게서 비롯된 것이다.⁶⁸ 그러나 에드워즈는 코튼 매더Cotton Mather(1663-1728)를 통해서 간접적으로 이 모형을 알게 되었다고 보여진다.⁶⁹ 에드워즈는 "삼위일체론"속에서 어거스틴적인 심리적 모형을 활용하여 내재적 삼위일체론을 전개해 나간다. 에드워즈는 성부의 관념으로서의 성자의 구별된 존재 또는 위격을 논증하고 나서, 사랑과 기쁨으로서 뿜어져 나오는 신성의 제3위격인 성령에 대해서 논증해 나가는 방식으로 자신의 논의를 전개해 나갔다.[70]

파우에 따르면 에드워즈가 사용하는 두 번째 모형은 사회적 모델 social model for Trinity이다. 파우에 따르면 이 모형은 12세기 어거스틴주의자인 빅토르의 성 리처드 St. Richard of Victor에게서 빌려온 것으로 여겨진다. 리처드에 의하면 "어떤 인격의 완전성은 다른 인격을 사랑하는 데서 발견되어지기 때문에, 하나님도 인격적 존재들의 공동체일 수밖에 없다"고 주장했고, 또한 둘뿐이라면 서로 간에 누리는 행복의 기쁨을 소통하고 공유할 기회가 없기 때문에 사랑과 의지의 완벽한 일치로 연합된 세 인격적 존재로 구성되어야 한다고 주장하였다.[71] 에드워즈는 "삼위일체론"에서 이 모형을 적용하고 있는 듯이 보인다.

> 요한이 '하나님은 사랑이시다'(요일 4:8, 16)라고 말하는 것은 신격 안에는 한 분보다 더 많은 위격이 계심을 보여준다: 왜냐하면 그것은 사랑이 신격에 본질적이고 필수적인 것으로 보여 주며, 그분의 본성이 사랑임을 보여 주기 때문이다; 그리고 모든 사랑은 다른 이, 즉 사랑받는 자를 염두에 두고 있기 때문에, 이것은 하나의 영원하고 필수적인 대상이 존재한다는 것을 전제로 한다.[72]

이것에 의하여 우리는 그 분들 사이에 있는 위격적 상호 동등성을 즉, 그 분들이 세 분으로 구성된 사회 혹은 가정 안에서 모든 면에서 동등하시다는 점을 더욱더 명료하게 이해할 수 있을 것이다. 그 분들은 그들 모두에게 공통적인 명예 외에 명예에 있어서 동등하시다. 즉, 그 분들은 모두 하나님이시며, 그 사회 혹은 가정 속에서 각자 자신의 독특한 명예를 가지신다.[73]

삼위일체를 설명하면서 이처럼 신격 안에 사회성과 교제를 적용하는 것은 개혁주의 신학자들에게는 결여되어 있기 때문에, 에드워즈가 그와 같은 모형을 사용한 것은 개혁주의 신학적 틀 안에서 감히 결행하기 어려운 큰 모험을 한 것이었다라고 파우는 지적한다.[74] 그러나 에드워즈는 두 가지 모형을 상호보완적으로 사용함으로써 하나님의 구속 사역에 대한 독창적인 신학적 탐구에 도움이 되도록 만들었다라고 파우는 그 공을 인정한다.[75]

이처럼 조나단 에드워즈가 삼위일체론을 전개함에 있어서 어거스틴적인 심리적 모형과 빅토르의 리처드식의 사회적 모델을 사용했다고 하는 파우의 견해에 대해서 이상현 교수도 대체로 공감을 표현하였다.[76] 그러나 스투더베이커의 경우는 파우의 견해대로 에드워즈가 사회적인 모델을 사용했으며, 신적인 삼위일체성에 초점을 맞추었다고 하는 점에서는 동의를 표하지만, 그런 에드워즈의 경향이 그가 어거스틴적인 심리적 모델에 대하여 비호감을 가지게 되었기 때문이라고 하는 주장에 대해서는 반론을 제기한다.[77] 그는 에드워즈가 사용한 사회적 모델의 출처가 파우가 주장하는 것처럼 빅토르의 리처드가 아니라, 오히려 어거스틴적인 상호적인 사랑의 모형의 맥락에서 비롯된 것이라고 주장하였다.[78]

3.2.3. 내재적 삼위일체(immanent Trinity)

이제 우리는 에드워즈의 삼위일체론을 내재적 삼위일체론과 경륜적 삼위일체론으로 양분해서 논구해 보도록 하겠다.[79] 에드워즈에 의해서 개진된 내재적 삼위일체론은 B. B. 워필드에 의해서 "매우 매력적인 삼위일체의 존재론적인 증명"이라고 일컬어지고, 그 정통성에 의혹이 제기되기도 했던 부분과 관련되어 있다.[80] 사실 에드워즈의 내재적 삼위일체론의 내용은 현대인들이 이해하기에는 너무나 난해한 전개를 하고 있기 때문에 오해도 발생할 수 있다.

에드워즈는 성부 하나님을 "제일의, 기원이 없고, 가장 절대적인 방식으로 존재하시는 신성"이시라고 정의 내린다.[81] 그리고 성부는 "존재의 제일의, 무한한 탁월성을 가진 직접적인 실유"이시다라고 한다.[82] 그에 의하면 성부 하나님은 "무한하시고, 보편적이시고, 모든 것을 포괄하시는 실유이시기 때문에 최고로 탁월한 존재이실 수밖에 없다." 하나님은 "무한하게 동의하는 존재, 아름다움이시오, 탁월하신 존재"이시다.[83] 하나님은 무한히 탁월하신 존재이시기 때문에 영원전부터 자기 자신을 향유하시고 무한히 행복하신 분이시다.

자신을 즐거워하심 가운데 누리시는 하나님의 무한한 행복은 그 자신의 탁월한 본질과 완전성을 완전하게 보시고 완전하게 즐거워하심으로부터 비롯된다. 에드워즈에 의하면 하나님의 지식은 인간의 지식처럼 관념idea을 매개로 한다. 그러나 불완전한 인간의 관념과 달리 하나님의 관념은 지식에 있어서 완벽하고 완전하기에 사물 그 자체라고 하는 것이 다르다.[84] 즉, 하나님 자신에 대해서 가지시는 관념은 자신과 동일한 본질, 동일한 완전성, 동일한 실체를 가진다는 것이다. 하나님은 자기 자신을 숙고하심에 의해 하나님의 실질적인 형상이 출생하게 된다고 에드워즈는 주장한다.[85] 이렇게 해서 직접적으로 존재하시는 신성이신 하나님 아버지와 자기 자신에 대한 성부의 완벽한 관념으로 출생하신 신성이신 성자가 영원전부터 존재하게 되는 것이다.[86] 물론 에드워즈의 논의는 비형이상학적인 마인드를 가진 현대인들이 따라잡기에는 너무나 난해하다. 그럼에도 불구하고 에드워즈는 자신의 생각이 성경에서 성자를 "하나님의 말씀"the Word of God이라고 칭하고 있음에 근거하여 확증할 수 있다고 본다.[87] 에드워즈는 또한 "하나님은 사랑이시라"(요일 4:8, 16)는 구절을 대단히 중요하게 생각한다. 에드워즈에 의하면 사랑은 본질적이고 필연적으로 하나님께 속하며, 하나님의 무한한 사랑은 자기 사랑일 수 없기 때문에 사랑의 대상이 필요하다고 본다.

그리고 하나님의 무한한 사랑의 대상이 될 수 있는 것은 하나님의 본질과 동일해야 하므로 삼위의 제2위격이신 성자 외에는 그 대상이 될 수 없다는 것이다.[88]

에드워즈의 내재적 삼위일체론에서 제3위신 성령은 어떻게 설명되어지는지 보도록 하자. 에드워즈에 의하면 하나님은 무한하시고, 거룩하신 사랑을 그의 아들에게 베푸신다. 그리고 그 사랑은 주어지기만 하는 것이 아니라 다시금 성부에게로 되돌아온다. 에드워즈에 의하면 "상호적이지 않은 사랑은 고통이며, 유쾌한 것이 아니다."[89] 성부 하나님과 성자 하나님 사이에는 상호적인 사랑이 존재한다. "성부와 성자 간의 사랑은 서로가 각자를 사랑하고 기뻐한다는 점에서 상호적이다"라고 에드워즈는 말한다.[90] 그리고 이와 같은 성부와 성자 간에 주고 받는 상호적인 사랑이 다름 아니라 세 번째 위격이신 성령이시라는 것이 그의 주장이다.[91] 에드워즈는 하나님의 사랑이 우리 안에 거하시는 것과 성령이 우리 안에 거하시는 것을 동일시하는 요한일서 4장 12-13절 그리고 18절을 인용하면서, 사랑은 하나님의 영을 가리킨다고 주장한다.[92] 에드워즈에 의하면 성령은 하나님의 사랑을 중생자들에게 적용하시는 분agent이 아니시고, 오히려 성령 자신이 중생자에 대한 하나님의 사랑이시라고 한다. 에드워즈는 신약 성경 가운데서 아들에 대한 아버지의 사랑, 아버지에 대한 아들의 사랑 등에 대해서는 찾아볼 수 있지만, 아버지와 아들에 대한 성령의 사랑을 말하는 구절이 전혀 없음을 주목하고 깊은 묵상을 했다. 그와 같은 표현의 결여는 에드워즈에 의하면 성령이 바로 성부와 성자 간의 사랑이시기 때문이다. 그리고 그는 성도들에게 부어주신 아버지와 아들의 사랑이란 바로 성령을 가리킨다고 이해하였다.[93]

이제 우리는 필리오꾸에filioque 교리에 대한 에드워즈의 견해가 무엇인지 살펴보도록 하자. 필리오꾸에 교리란 성령의 나오심processio이 "아버지와 아들에게서도 또한"인지 아니면 오로지 "아버지에게서만"

인지에 대한 서방교회와 동방교회 간에 일어났던 교리적 논쟁을 가리킨다. 에드워즈의 삼위일체론에 대하여 비중있는 논문을 처음으로 쓴 리처드슨의 경우에는 성령의 성부에게서만의 단독 나오심이 에드워즈의 입장이었다고 주장했다. 그러나 사실 그것은 에드워즈에 대한 오해에 근거한 것이다. 에드워즈는 리처드슨이 주장하는 것처럼 성부의 성자에 대한 배타적인 사랑을 말한 적이 없다. 오직 성부와 성자 간의 상호적 사랑mutual love을 주장했고, 그 상호적 사랑이 바로 성령이시라고 주장했을 뿐이다.[94] 에드워즈에 따르면 성부는 누구에게서 나시지도 않았으며 발출하시지도 않으신다. 성자는 성부에 의해서 출생하신 분이시다. 그리고 성령은 성부와 성자에게서 나오신다.[95] 에드워즈는 "은혜론"Treatise on Grace에서 다음과 같이 자신의 견해를 분명하게 밝힌다.

> 성령께서도 말로 형용할 수 없고 상상할 수도 없는 어떤 방식으로 성부와 성자로부터 나오시고 숨쉬어지신다proceed and is breathed forth both from the Father and Son. 성부와 성자로부터 끊임없이 그리고 변함없이 발산되는 저 무한히 강렬하고 거룩하며 순결한 사랑과 기쁨 가운데서 신적 본질이 일차적으로는 서로를 향하여 이차적으로는 피조물을 향하여 전적으로 다 부어지고 흘러 나오는데, 그 신적 본질이 다른 존재와 다른 인격 안에서 도저히 설명할 수도 없고 상상할 수도 없는 방식으로 흘러 나감으로써 성령께서 성부와 성자로부터 나오신다.[96]

조나단 에드워즈의 내재적 삼위일체론을 살펴보면, 그는 성부와 성자와 성령 삼위의 한 하나님 되심을 믿었고, 삼위는 우열의 관계가 아니라는 것을 분명하게 주장하였다는 것을 확실히 알 수 있다.

삼위일체에는 질서상 앞서고 뒤서고 하는 바가 있다고 해도, 존귀와 탁월성의 등급들과 같은 것들이 있지는 않다. 한 분이 다른 분에게서 출래한

다고 해서, 전자가 후자에 비해 열등한 것이 아니다.[97]

따라서 성자가 성부에 비해 열등하시지 않듯이, 성령도 성부나 성자에 비해 열등하신 분이 아니다. 오히려 에드워즈는 성부, 성자, 성령 삼위가 같은 실체, 같은 신적 본질을 소유하고 계신다는 점에서 같은 하나님same God이시다라고 생각하였다:

> 그 이유는 그 분들 모두는 같은 하나님이시기 때문이고, 그리고 따라서 어떤 열등함이 존재한다는 것은 불가능하기 때문이다. 세 분 모두가 동일한 실체, 동일한 신적 본질이시고, 따라서 신적 본질에 속한 어떤 완전성, 위엄 혹은 탁월성이라도 그 분들 각각에게 속한다. 세 분 중 어떤 분도 신적인 본질에 속한 탁월성, 완전성, 혹은 위엄보다 더 큰 것을 가질 수는 없으며, 각자는 신적 본질을 가지고 계시며, 각자가 신적인 본질이시기 때문에, 그 정도만큼 가지신 것임에 틀림없다. 신적인 본질에 속한 어떠한 능력 혹은 지혜 혹은 거룩성 등이든지, 그것들은 어떠한 위격 안에서 실재하고 있든지 간에, 즉 [아버지, 아들 혹은 성령] 안에 실재하고 있든지 간에, 동일한 신적 본질 안에 속해 있는 것이다.[98]

조나단 에드워즈의 내재적 삼위일체론에 대한 요약은 다음의 글로 대신할 수 있을 것이다:

> 나는 우리가 거룩한 성경에서 읽는바 복되신 삼위일체가 다음과 같다고 생각한다. 아버지는 제일의, 기원이 없고, 가장 절대적인 방식으로 존재하는 신성이시거나 혹은 그 직접적 실존에 있어서 신성이시다. 아들은 하나님의 이해에 의해 출생되어지거나 하나님의 자기 자신에 대한 한 개념을 가지심에 의해서 출생되어지고, 그 개념 안에서 실재하시는 신성이시다. 성령은 행위 안에 존재하는 신성이시거나, 혹은 하나님의 자기 자신에 대

한 무한한 사랑과 기쁨 안에서 흘러나오고 내쉬어지는 신적 본질이다. 그리고 나는 전 신적 본질이 참으로 그리고 구별되게 신적인 개념과 신적인 사랑 안에 존재하고 있으며, 따라서 세 분들 각각은 완전히 구별된 위격들이라고 믿는다.[99]

3.2.4. 경륜적 삼위일체(economic Trinity)

경륜적 삼위일체란 "세계와의 관계에 나타난 대로의 삼위일체를 의미한다. 삼위 하나님의 사역의 관점에서 보면 외향적 사역opera ad extra은 경륜적 삼위일체의 일이다."[100] 에드워즈 역시 내재적 삼위일체론뿐 아니라 경륜적 삼위일체론을 논구하였다. 에드워즈는 창조 사역뿐 아니라 구속 사역에 있어서 삼위 하나님이 동등하게 관여하셨다고 말한다.[101] 성부 하나님은 세상을 사랑하시어 그의 영원한 사랑의 대상이신 외아들을 내어 주셨고, 성자는 세상을 사랑하여 자신을 주셨다. 그리고 성령은 아버지와 아들의 사랑이시기에 그리스도께서 구속하시기 위해 오셨던 택자들을 향하여 흘러 넘쳤다. 따라서 영광은 삼위 각위에게 다 돌아가야 한다는 것이 에드워즈의 주장하는 바이다.[102]

에드워즈는 구속 사역에 있어서 성부 하나님이 구속의 첫 번째 기원이시다는 점을 분명하게 말한다. 삼위일체의 수장으로서 가지시는 경륜적 특권 때문에 성부는 "우리 구속의 문제에 있어서 제일 동자이시며 개시자"the first mover and beginner in the affair of our redemption이시다.[103] 죄인들의 구속이라는 것이 존재하게 하실지 말지를 결정하시는 분도 아버지시이며, 누가 구주가 될지를 결정하고 임명하신 것도 성부이시다.[104] 그리고 그리스도를 우리에게 주시어 우리로 하여금 영적 유익들을 얻게 하시는 분도 바로 성부이시다.[105] 따라서 하나님은 구속의 사역에서 있어서 알파와 오메가가 되신다고 에드워즈는 주장하였다.[106]

에드워즈는 하나님과 사람 사이에 구속의 중보자의 역할을 할 분은 오직 예수 그리스도 밖에 없다고 말한다.[107] 그에 따르면 중보자는 소원한 관계 가운데 있는 두 당사자 간에 중간 역할을 하는 자이며, 평화를 만드는 자이다. 성자는 성부와 성령 사이에 중간 위격middle person이며, 성부와 죄인들 사이에 중보자이시다. 성부가 중보자가 되실 수 없는 것은 중보자가 유화시켜야 할 피해자 편이시고, 신격의 권리를 유지하시기 때문이다. 그리고 성령은 타락한 인간 가운데 들어오셔서 내주하시면서 그들을 중생케 하시는 거룩과 생명의 원리이시기 때문에, 중보자는 오직 성자 한 분 밖에는 없다. 내재적 삼위일체론의 관점에서 보면 성자는 성부와 성령 사이에서 중재자이시고, 신적 경륜의 관점에서 하나님과 인간 사이를 중보하시기에 적합하신 분이시다.[108] 그러나 그리스도께서 취하신 중보자 혹은 구속자의 권세와 직무는 성부 하나님께로부터 온 것이다.[109] 성부 하나님은 "우리들에게 중보자를 주실 뿐 아니라 그의 중보를 받아들이시고, 중보자의 능력과 은혜로 사놓은 것들을 우리에게 주실 뿐만 아니라 하나님이 우리의 중보자가 되어 주신다."[110]

에드워즈는 구속 사역에 있어서 삼위 하나님의 상호동등성coequality을 강조하기에 소홀히 하지 않았다. 그는 "삼위일체론"속에서 삼위일체의 동등성을 논하면서 "삼위는 모든 면에서 동등한 셋으로 된 공동체이고 가족이며, 이들 세 분이 모두 하나님으로서 각자 자신만의 독특한 영예를 그 공동체와 가족 안에서 지니고 있다"고 말하였다.[111] 성부는 그의 무한한 기쁨의 대상인 성자를 내어 주신 분이시고, 성자는 자신을 내어 주사 자기 목숨을 구속의 대가로 지불하신 분이시다. 그리고 성령은 구속에서 주어진 유익 자체이다. 우리는 특히 에드워즈가 성령의 역할에 대해서 전통적인 신학보다도 더 강조하고 있는 점을 유념해 보아야 한다. 즉, 전통적으로 성령은 그리스도가 이루신 객관적 구속을 신자들에게 적용하시는 분agent이라고 파악되지만, 에드워즈는 성령이야 말로 그리스도의 구속에 의해서 값주고 사신 유익 자체라고 주장하였기 때문이다.¹¹² 에드워즈는 1747년에 간행한 『성경-종말에 관한 약속과 예언들-에 준하여 기독교의 부흥과 지상에 그리스도 왕국의 확장을 구하는 비상한 기도 속에서, 하나님의 백성들 가운데 분명한 일치와 가시적 연합을 증진시키기 위한 하나의 겸손한 시도』(한역본은 『기도합주회』)에서 다음과 같이 말한다.

> 그리스도께서 자신의 고난과 구속 사역을 통해 우리에게 주시고자 했던 축복들의 총체the sum of the blessings는 바로 성령 하나님이셨다 … 성령은 그리스도의 희생으로 얻어진 위대한 축복이며 모든 구원받은 백성에게 주어진 것이다. 성령은 그분의 내주와 감화와 열매에 있어서 그리스도가 이 세상의 사람들을 위하여 값을 치르고 사신 모든 영적인 축복의 총체all the spiritual good이며, 모든 은혜와 거룩과 위로와 기쁨의 총체이시다. 또한 성령은 내세에 있을 사람들을 위하여 그가 값주고 사신 완전함과 영광과 영원한 희락의 총체가 되신다. 성령은 영원한 구속언약과 은혜언약이 제공하는 모든 약속들의 중심 주제가 되실 정도로 위대한 은총이다. 또한 성령은 구약에 약속되고 예언된 대로 메시아의 왕국이 가져올 축복들을 다 포용해낼 수 있는 거대한 주제가 된다.¹¹³

이렇게 함으로써 에드워즈는 타락한 인류의 구원에 있어서 성령의 역할의 중요성을 제대로 강조하고, 구속 사역에서 있어서 성부, 성자, 성령의 상호 동등성을 명확하게 천명하게 되었다.¹¹⁴ 에드워즈는 경륜적 삼위일체론 속에서 성자의 성부에 대한 종속, 그리고 성자에 대한 성령의 종속에 대해서 말하기도 하지만, 그것은 경륜적 질서 속에서 그러한 것이고, 결단코 삼위격의 상호 동등성을 부정하는 식으로 말하지 않았다.¹¹⁵

3.3. 성령의 신성과 위격성

그러면 이제 성령의 신성과 위격성에 대한 에드워즈의 견해를 살펴보도록하겠다. 에드워즈가 서 있는 서구의 어거스틴적 전통은 성령을 "사랑의 끈"vinculum caritatis이라고 칭함으로써 제3위격을 추상화하고 비위격화했다는 비판을 받아왔다.[116] 에드워즈 역시도 성령을 성부와 성자 간에 서로 주고 받는 사랑이라고 말한다든지,[117] 아니면 성부와 성자 간의 연합의 끈이라고 칭하기 때문에 성령의 위격성에 대하여 의심의 눈초리로 바라보는 사람들이 생겨났다.[118] 그러나 에드워즈는 성령의 신적 위격성에 대해 불분명한 입장을 취하지 아니하였다. 그는 성령의 신적 위격성에 대해서 분명한 입장을 취하고 있음을 앞서도 보았다. 그가 보기에 "성경은 성령을 독특한 신적 위격으로 충분하게 계시하고 있다"고 한다.[119] 에드워즈는 우리는 성령을 "구별된 위격적인 행위자"로 생각해야 한다고 "은혜론"에서 말한다. 그리고 이어서 다음과 같이 진술한다.

> 성경은 성령을 한 분의 위격으로, 위격의 여러 가지 행동들을 통해 계시된 한 분의 위격으로 자주 말한다. 성경은 성령이 한 분의 위격으로서 행하심에 대해서 말하고, 성경은 단순하게 구별된 위격을 적절하게 가리키는 모든 것들을 그에게 귀속시키고 있다.[120]

물론 에드워즈는 성경 가운데 인격이라는 용어는 거의rarely 사용되지 않았다고 말한다. 그럼에도 불구하고 "내가 믿기로는 영원한 삼위 하나님의 구별, 즉 성부와 성자와 성령의 구별에 관하여 성경에서 제시하는 내용을 가장 자연스럽게 표현할 수 있는 말이 영어에서는 '한 분 하나님이시지만, 세 위격으로 계신다'라는 말뿐이다"라고 에드워즈는 진술한다.[121] 따라서 에드워즈는 성령을 "삼위일체에 있어서 세 번째

위격"the third person in the Trinity이라는 표현을 서슴지 않고 사용한다.¹²²

또한 에드워즈는 다른 위격들에게 신적 본질(또는 신적 속성들)이 귀속되듯이 성령께도 귀속된다는 점을 주목한다.¹²³ 혹은 다르게 말하자면 성부, 성자, 성령 삼위는 "나누어지지 않고 독립적인 신적 본질"을 가지고 계신다고 말한다.¹²⁴ 에드워즈는 성령께서는 두 다른 위격처럼 영원적이고 필연적인 존재이심을 말하였다.¹²⁵ 또한 에드워즈에 의하면 성령은 성부와 성자처럼 "동일한 실체, 동일한 신적 본질"을 가지셨으며, "신적 본질에 속하는 완전성, 위엄, 혹은 탁월성"을 가지고 계신다고 말한다.¹²⁶ 에드워즈에 의하면 성부, 성자, 성령은 각각 인식하고, 사랑하고, 이 인식과 사랑을 자기 반복하며, 그렇게 하려고 하는 성향을 가지고 있으시다고 한다.¹²⁷ 에드워즈는 『신학묵상집』 308번 속에서는 다음과 같이 말하기도 한다.

> 성부도 이해하고, 성자도 이해하고, 성령도 이해한다. 왜냐하면 모두 동일한 이해력의 신적 본질이기 때문이다. 각자가 자신만의 독특한 이해력을 지닌 것이 아니다.¹²⁸

또한 하나님의 충만하심은 "신성의 거룩과 행복으로 구성되어 있으며" 성령은 거룩의 영이시다.¹²⁹ 그리고 성령은 성부와 성자가 주고 받으시는 신적인 사랑이라고 불리우신다.¹³⁰ 에드워즈에게 있어서 사랑과 거룩 그리고 아름다움은 동일한 성령을 가리킨다. 따라서 에드워즈에 의하면 성령을 받는 자는 하나님의 사랑과 거룩 그리고 아름다움에 동참하게 되는 것이다.¹³¹

에드워즈는 이처럼 성령의 신성과 위격성, 혹은 신적인 위격성에 대해서 정통적인 입장을 잘 개진하였다. 심지어 에드워즈는 삼위일체 하나님의 관계 속에서 성령이 어떤 의미에서는 우월성을 지닌다고 말하기도 한다. 1740년 초반에 쓴 "삼위일체의 위격들의 동등성에 관하여"

라는 짧은 글 속에서 에드워즈는 다음과 같이 자신의 독특한 견해를 밝힌다.

> 어떤 면에서 성부 하나님이 우월성superiority을 지닌다. 성부가 신성의 원천이다. 성부가 사랑하는 성자를 낳았다. 또 다른 측면에서 보자면 성자가 우월성을 갖는다. 성자는 신적인 사랑의 위대한 첫 대상이다. 말하자면 사랑을 받는 자가 사랑하는 자보다 우월성을 갖고 사랑하는 자를 지배한다. 반면에 신적인 사랑인 성령이 우월성을 갖는다. 말하자면 신격을 지배하고 그의 마음을 다스리고 전체적으로 모든 일에서 성부와 성자 양자에게 영향을 미친다.[132]

에드워즈는 이처럼 성령의 구별된 위격성을 분명하게 해명하려고 하였다. 성령은 성부와 성자 간의 상호적 사랑이라고 해서 결코 위격성을 부정하는 것이 아니고, 오히려 적극적인 사랑의 행위자로서 지배하고, 다스리고, 그리고 다른 두 위격에게 영향을 미치는 분으로까지 묘사되고 있을 정도이다.[133]

3.4. 소결론

이상에서 우리는 조나단 에드워즈의 삼위일체론과 삼위일체론적 맥락에서 성령론을 논구해 보았다. 에드워즈의 삼위일체론은 오랫동안 오해와 비판의 대상이 되어 왔지만, 현 시대에 이르러서는 그의 삼위일체론의 정통성을 시비하는 자는 거의 찾아보기 어렵다는 것을 확인하게 되었다. 에드워즈는 초자연적인 것을 모두 거부하고 합리주의적인 사고를 절대적 기준으로 삼았던 계몽주의 시대에 살아가면서, 그 시대정신에 대항하여 기독교 근본 교리인 삼위일체론을 변증하려고 하다 보니 일반인들이 이해하기 어려운 본체론적이고 형이상학적인 논증을 전개하였던 것이라는 점을 염두에 두고 그의 글들을 읽는다면 크게 무리가 없을 것이라고 판단되어진다. 그래서 에드워즈는 니케아-콘스탄티노플 신경에서 표현된 정통적인 삼위일체론에서 떠나지 않았으며, 동일한 하나의 신적 본질과 세 분의 위격성una substantia et tres pesonae에 대하여 정통적으로 변호하였다고 말할 수 있을 것이라고 본다. 그는 삼위 하나님이 동일한 하나님same God이라고 표현하고 있다. 그러면서도 삼위의 위격적 구별을 분명하게 말하기 위해서 "삼위로 [구성되는] 사회 혹은 가족"the society or family of the three이라는 표현까지 사용하고 있음도 보게 되었다.

따라서 에드워즈는 성부, 성자뿐 아니라 성령의 신성과 위격성에 대해서도 분명하게 논설하였음을 살펴보았다. 성령은 서구적 전통에서 고백해 온 대로 "성부와 그리고 성자에게서도filioque 나오"시는 분이시라고 그는 분명하게 말한다. 그리고 성자의 출생이나 성령의 나오심은 영원적이고, 필연적이라는 특징을 가지고 있음도 잘 지적하였다. 에드워즈는 성령께서 다른 두 위와 동일한 신적 본질을 가지셨으며, 구별되는 위격으로서의 모든 특성들을 가지셨음을 주장하였다. 사실 에드워즈의 삼위일체론 중에서 가장 독보적인 것이 있다면 바로 성령님에 대한 이해와 설명이라고 할 수 있다. 에드워즈에 의하면 성령은 성부와 성자 간에 영원전부터 주고 받으시는 상호적인 사랑이며, 성부에게서 나오는 사랑이며, 성자에게서 나오는 은혜 그 자체이다. 따라서 구원 사역에 있어서도 성자께서 대속의 죽음을 통하여서 택자들을 위해서 획득하신 구속의 내용은 바로 성령이시다라고 에드워즈는 주장하였다. 성령은 그리스도가 이루신 구속을 개인 신자들에게 적용하시는 분이실 뿐 아니라 개인 신자들에게 주어지는 구속의 선물 그 자체라고 하는 것이 에드워즈의 아주 독특한 견해라고 할 것이다.

간략하게 소결론을 내리자면 에드워즈의 삼위일체론은 다소 이해하기 어려운 면들을 가지고 있기는 하지만 분명하게 정통적이라고 할 수 있으며, 따라서 그의 성령의 신성과 위격에 대한 이해도 전적으로 정통적 입장에 서 있다고 말할 수 있다. 그리고 그의 성령에 대한 이해는 정통적인 범위 안에서 건전한 진보를 이루었다는 점에 대해서도 인정할 수 있을 것이라고 본다.

주

1. Edwards, "Personal Narrative," *WJE* 16:800: "And God has appeared glorious to me, on account of the Trinity. It has made me have exalting thoughts of God, that he subsists in three persons; Father, Son, and Holy Ghost."
2. Edwards, "Personal Narrative," *WJE* 16:801: "I have many times had a sense of the glory of the third person in the Trinity, his office of Sanctifier; in his holy operations communicating divine light and life to the soul. God in the communication his Holy Spirit, has appeared as an infinite fountain of divine glory and sweetness; being full and sufficient to fill and satisfy the soul: pouring forth itself in sweet communications, like the sun in its glory, sweetly and pleasantly diffusing light and life."
3. Edwards, "Miscellanies," no. 181. *WJE* 13:328.
4. Amy Plantinga Pauw, "The Trinity," in *The Princeton Companion to Jonathan Edwards*, 45. 파우는 에드워즈의 삼위일체론을 "실천적 삼위일체론(Practical Trinitarianism)"이라고 부른다(Amy Plantinga Pauw, "'The Supreme Harmony of All' : Jonathan Edwards and the Trinity"(Ph. D. diss., Yale University, 1990), 또한 이상현 교수도 다음과 같이 논평하였다: "What is striking about Jonathan Edwards' writings on the Trinity is that there is none of this bifurcation between the doctrine of the Trinity and the Christian life of faith and practice. Everything Edwards wrote about the Trinity expresses the intertwining connectedness of the Trinity and the Christian' experience of God as the Creator, Savior, and Sanctifier, and thus between the immanent and the economic Trinity"(Sang Hyun Lee, "Editor's Introduction," *WJE* 21:3).
5. Edwards, "To Dr. Edward Wigglesworth," *WJE* 16:697-700. 에드워즈로 하여금 뉴잉글랜드의 반삼위일체론적 상황에 대해서 경각심을 불러일으켜 이 편지를 쓰게 만든 것은 다음의 두 저자의 책들 때문이다. Jonathan Mayhew, *Sermons upon the Following Sbujects, Viz, On Hearing the Word* (Boston 1755); Thomas Emlyn, *An Humble Inqiry into the Scripture-account of Jesus Christ* (5th ed., Boston 1756). 특히 메이휴는 "성서에서는 [예수님의] 아버지와 우리의 하나님 아버지, 예수의 하나님과 우리의 하나님 외에 다른 참된 하나님이 있다고 하지는 않았다"고 주장하였다(Mayhew, *Sermons upon the Following Sbujects*, 418).
6. 에드워즈가 직접 만든 인덱스(그의 말로는 Table이라고 함)에 의하면 1,400여개에 달하는 에드워즈의 신학묵상집 속에는 다음의 항목들이 삼위일체론에 대해서 직접 다루고 있다. 이하의 아라비아 숫자는 그가 직접 붙힌 묵상집의 번호이다. 94번, 96번, 98번, 117번, 143번, [144번], 146번, 151번, 157번, 179번, 184번, [209번], 211번, 217번, 220번, 223번, [224-227번], 238번, 259번, 260번, 293번, 294번, 305번, 364번, 370번, 373번, 376번, 391번, 396번, 402번, 405번, 446번, 680번, 955번, 970번, 988번, 1008번, 1047번, 1065번, 1077번, 1102번, 1105번, 1114번, 1166번, [1180번], 1191번, 1253번 등. Edwards, "Table to the 'Miscellanies'," *WJE* 13:149을 보라. 그리고 이상에서 열거된 묵상들은 *WJE* 13,

18, 20, 23 등 네 권에 실려있다.
7. Edwards, *Notes on the Scpriture*, *WJE* 15(특히 394번을 보라); idem, *Blank Bible*, *WJE* 25/1, *WJE* 25/2.
8. Sang Hyun Lee, "Editor's Introduction," *WJE* 21:109; 파우는 에드워즈가 "A Divine and Supernatural Light"나 Religious Affections 같은 저서에서 이 자료원을 잘 활용하고 있다고 지적한다. Pauw, "The Trinity," 45.
9. Egbert C. Smyth, *Observations concerning the Scripture Oeconomy of the Trinity and Covenant of Redemption* (New York: Charles Scribner's Sons, 1880). 이 책은 에드워즈의 "Miscellanies," no. 1062를 수록하고 있다. 예일 전집에는 *WJE* 20:430-43에 수록되어 있다.
10. Geroge P. Fischer, *An Unpublished Essay of Edwards on the Trinity, with Remarks on Edwards and his Theology* (New York: Charles Scribner's Sons, 1903). vii-xv 와 1-74는 피셔의 에드워즈 변호이다. 피셔는 에드워즈의 삼위일체론이 "the ablest argument in behalf of fundamental positions of the Nicene theology"라고 말한다.
11. Paul Helm (ed.), *Treatise on Grace and Other Postumously Published Writings* (Cambridge: James Clarke, 1971), 99-131.
12. Edwards, *Writings on the Trinity, Grace, and Faith*, *WJE* 21:109-148.
13. 에드워즈의 삼위일체론의 정통성에 관한 논쟁과 연구사를 이 제한된 논문에서 집중적으로 다룰 수는 없다. 이 주제에 대하여 다음과 같은 좋은 연구서들과 논문들이 있다: Richard D. Pierce, "A Suppressed Edwards Manuscript on the Trinity," *Crane Review* 1 (1959 Winter): 66-80; Amy Plantinga Pauw, "'The Supreme Harmony of All'; Richard M. Webber, "The Trinitarian Theology of Jonathan Edwards : An Investigation of Charges Against its Orthodoxy," *Journal of the Evangelical Theological Society* 44 (2001 June): 297-318; Amy Plantinga Pauw, *The Supreme Harmony of All: The Trinitarian Theology of Jonathan Edwards* (Grand Rapids: Eerdmans, 2003); Steven Michael Studebaker, "Jonathan Edwards' Social Augustinian Trinitarianism: A Criticism of and an Alternative to Recent Interpretations"(Ph. D. diss., Marquette University, 2003); Sang Hyun Lee, "Editor's Introduction," *WJE* 21:1-38 (= 이상현,『삼위일체, 은혜 그리고 믿음』[서울: 대한기독교서회, 2003]: 27-78).
14. Studebaker, "Jonathan Edwards' Social Augustinian Trinitarianism: A Criticism of and an Alternative to Recent Interpretations," 17-18에서 재인용.
15. Studebaker, "Jonathan Edwards' Social Augustinian Trinitarianism," 19-20 참조.
16. Cf. Studebaker, "Jonathan Edwards' Social Augustinian Trinitarianism," 22.
17. Oliver Wendell Homes, "Jonathan Edwards," *International Review* 9 (1880): 1-28; M. X. Lesser, *Reading Jonathan Edwards*, 108에서 재인용.
18. Holmes, "Jonathan Edwards,"25, 28; "Edwards' views appear to have undergone a great change in the direction of Arianism, or of Sabellianism, which is an old-fashioned Unitarianism, or at any rate show a defection from his former standard of orthodoxy."; Stephens, *God's Last Metaphor: The Doctrine of the Trinity in New England Theology*, 5에서 재인용.

19. Pierce, "A Suppressed Edwards Manuscript on the Trinity," 78, Studebaker, "Jonathan Edwards' Social Augustinian Trinitarianism," 23에서 재인용.
20. Studebaker, "Jonathan Edwards' Social Augustinian Trinitarianism: A Criticism of and an Alternative to Recent Interpretations", 24.
21. Egbert C. Smyth (ed.), *Observations concerning the Scripture Oeconomy of the Trinity and Covenant of Redemption* (New York: Charles Scribner's Sons, 1880). 이 책은 에드워즈의 "Miscellanies," no. 1062를 수록하고 있다. 예일 전집에는 *WJE* 20:430-43에 수록되어 있다.
22. Studebaker, "Jonathan Edwards' Social Augustinian Trinitarianism," 27.
23. Edwards, A. Park, "Remarks of Jonathan Edwards on the Trinity," *Bibiotheca Sacra* 38 (January, 1881): 147-87 and (April, 1881): 333-69.
24. Cf. Studebaker, "Jonathan Edwards' Social Augustinian Trinitarianism," 35: "Park notes three trinitarian theories: the first depicts God as one person distinguished by three ontological modes, which serve as the foundation for certain acts-this, not economic modalism; the second consider God as three centers of personal consciousness and will; and the third portrays God as divine mind that differentiates itself by the act of self-consciousness and reunites itself by delighting in its self-consciousness."
25. Cf. Studebaker, "Jonathan Edwards' Social Augustinian Trinitarianism," 33-37.
26. Alexander V. G. Allen, *Jonathan Edwards* (Boston and New York: Houghton, Mifflin and Co., 1889), 376. 에드워즈의 신학을 오류 투성이요, 시대에 뒤떨어진 것이라고 주장하는 알렌의 비평적 전기는 상당히 인기를 누렸다. 수많은 이들이 공감을 표현하기도 했다.
27. Geroge P. Fischer, *An Unpublished Essay of Edwards on the Trinity, with Remarks on Edwards and his Theology* (New York: Charles Scribner's Sons, 1903).
28. 피셔 교수는 부록을 통해서 에드워즈의 삼위일체론이 어거스틴의 삼위일체론과 친화성(affinity)을 가지고 있음을 입증하였다(Fischer, *An Unpublished Essay of Edwards on the Trinity, with Remarks on Edwards and his Theology*, 139-40).
29. Studebaker, "Jonathan Edwards' Social Augustinian Trinitarinaism," 43.
30. B. B. Warfield, "Biblical Doctrine of the Trinity," in *Biblical Doctrines* (1932/ Grand Rapids: Baker, 2003), 137-38. 1971년에 에드워즈의 삼위일체론을 재출간하면서 Paul Helm도 에드워즈의 삼위일체론이 삼신론적이다라는 워필드의 견해를 소개하고 있다: "What God's Idea of Himself will be not another person of the Godhead but another God … implicitly tritheistic."(Helm, "Introduction," in *Treatise on Grace and Other Postumously Published Writings*, 21).
31. Jan Ridderbos, *De theologie van Jonathan Edwards* ('s-Gravenhage: Nederbragt, 1907), 258-80. 리덜보스의 에드워즈 해석에 대한 비평적인 논의는 van Vlastuin, *De Geest van opwekking*, 336-39에서 볼 수 있다. 리덜보스가 학위논문을 작성한 시기는 헤르만 바빙크의 『개혁교의학』(Gereformeerde Dogmatiek) 제2판 수정본의 간행 시기(1906-1911)와 맞물려 있는데, 리덜보스의 해석이 그의 스승 바빙크의 에드워즈 해석에서 온 것인지 아니면 역으로 리덜보스가 바빙크에게 영향을 미쳤는지에 대해서는 아쉽지

만 확인할 길이 없다. 그러나 적어도 분명한 것은 그의 개혁교의학 속에서 여러 차례 에드워즈를 논의의 대상으로 삼은 바빙크가 삼위일체론 파트에서는 전혀 에드워즈를 언급하지 않는다는 것이다(Cf. Bavinck, *Reformed Dogmatics* [Grand Rapids: Baker, 2004], 2:256-334).
32. Studebaker, "Jonathan Edwards' Social Augustinian Trinitarianism," 46.
33. Herbert Warren Richardson, "The Glory of God in the Theology of Jonathan Edwards: A Study in the Doctrine of Trinity"(Ph. D. diss., Harvard University, 1962). 레서에 의하면 리처드슨의 강조점은 다음과 같다: "Considers Edwards the 'first important modern' theologian because he attempted to join Christian doctrine to scientific doctrine in his ontology, epistemology, and trinitarian views. For Edwards, the universe and the mind of man are the 'external manifestations of the internal holiness' of God; the work and the Word of God are one. Historically, Edwards, and the Reformed thought he continues, 'self-consciously' bases his theological thinking on the doctrine of the Trinity."(Lesser, *Reading Jonathan Edwards*, 228-29). 리처드슨의 논문 요약과 평가는 Studebaker, "Jonathan Edwards' Social Augustinian Trinitarianism," 47-62를 보라.
34. Studebaker, "Jonathan Edwards' Social Augustinian Trinitarinaism," 47; Pauw, "The Trinity," 44.
35. Studebaker, "Jonathan Edwards' Social Augustinian Trinitarinaism," 47. 각주 98을 보라.
36. Krister Sairsingh, "Jonathan Edwards and the Idea of Divine Glory: His Foundational Trinitarianism and its Ecclesial Import"(Ph. D. diss. Harvard University, 1986).
37. Amy Plantinga Pauw, "'The Supreme Harmony of All'; idem, *The Supreme Harmony of All: The Trinitarian Theology of Jonathan Edwards* (Grand Rapids: Eerdmans, 2003); "'Heaven is a World of Love': Edwards on Heaven and the Trinity," *Calvin Theological Journal* 30 (1995): 392-401; "The Trinity," in *The Princeton Companion to Jonathan Edwards*, 44-58.
38. Sang Hyun Lee, *The Philosophical Theology of Jonathan Edwards* (Princeton: Princeton University Press, 1988; rep. 2000): 185-210; idem, "Jonathan Edwards's Dispositional Conception of the Trinity: A Resource for Contemporary Reformed Theology," in *Toward the Future of Reformed Theology: Tasks, Topics, Traditions*, ed., David Willis-Watkins and Michael Welker (Grand Rapids: Eerdmans, 1999): 444-55.
39. Sang Hyun Lee,"The Importance of the Family: A Reformed Theological Perspective." In *Faith and Families*, ed., Lindell Sa*WJE*er (Philadelphia: Geneva Press, 1986): 115-35. 이교수의 논의의 핵심은 다음과 같다: "For Edwards, God's Creative and redemptive works are 'closely related' but 'clearly distinguished.' The family, then, is the embodiment of the 'self-giving love' of the Father for the Son and so a type of divine beauty."
40. Rachel S. Stahle, "The Trinitarian Spirit of Jonathan Edwards' Theology" (Ph.D.

diss. Boston University, 1999).
41. Richard M. Webber, "The Trinitarian Theology of Jonathan Edwards : An Investigation of Charges Against its Orthodoxy," *Journal of the Evangelical Theological Society* 44 (2001 June): 297-318.
42. Studebaker, "Jonathan Edwards' Social Augustinian Trinitarianism," 그의 박사 논문의 요약은 다음의 논문에서 읽을 수 있다. "Jonathan Edwards's Social Augustinian Trinitarianism: An Alternative to a Recent Trend," *Scottish Journal of Theology*, 56/3 (2003): 268-85.
43. William J. Danaher, Jr, *The Trinitarian Ethics of Jonathan Edwards* (Louisville: Westmister / John Knox Press, 2004). * 필자가 박사논문을 썼던 2008년에 김유준도 연세대학교에서 에드워즈의 삼위일체론 연구로 박사학위 논문을 썼고, 후에 『조나단 에드워즈의 삼위일체론』(서울: CLC, 2016)으로 출간했다. 또한 정요석, 『삼위일체 관점에서 본 조나단 에드워즈의 언약론』(용인: 킹덤북스, 2011)도 본서에서 논의의 대상으로 삼지 못했다.
44. Roger Olason and Christopher Hall, *The Trinity: Guides to Theology*, 이세형 역, 『삼위일체』, 이세형 옮김 (서울: 대한기독교서회, 2004), 123.
45. Webber, "The Trinitarian Theology of Jonathan Edwards," 297-318.
46. Olson and Hall, 『삼위일체』, 123, 125: "이 논문은[에드워즈의 삼위일체론을 가리킴] … 반니케아적 이신론의 시기에 삼위일체 교리의 합리성을 탁월하게 변호하고 있고…에드워즈는 기독교 사상사의 결정적인 시기에 간과되고 거부된 삼위일체 교리에 새로운 혼을 불어 넣으려 했다." 이상현 교수는 에드워즈의 이러한 변증적인 노력에 대해서 다음과 같이 호평하였다: "This basic challenge to the old way of thinking about the nature of things did not escape Jonathan Edwards. He attempted to renew the original spirit of the trinitarian doctrine without ignoring the urgent philosophical issues of the Enlightenment. One aspect of Edwards' greatness as a theologian was that he did not merely study or oppose certain philosophical ideas and issues of his day but constructively offered possible solutions to them in philosophical and theological terms"(Sang Hyun Lee, "Editor's Introduction," *WJE* 21:5).
47. Edwards, "Outline of 'A Rational Account,'" *WJE* 6:396.
48. Edwards, "Miscellanies," no. 94, *WJE* 13:257: "I think that it is within the reach of naked reason to perceive certainly there are three distinct in God, each of which is the same [God]." 에드워즈는 또한 다음과 같이 자신감을 표현하기도 하였다. "There has been much cry of late against saying one word, particularly about Trinity, but what the Scripture has said ; judging it impossible but that if we did, we should err in a thing so much above us. But if they call that which necessarily results from the putting [together] of reason and Scripture, though it has not been said in Scripture in express words-I say, if they call this what is not said in the Scripture, I am not afraid to say twenty things about the Trinity which is the Scripture never said"(256-57). 에드워즈가 반론을 제기하게 만든 것은 Samuel Clarke, Hubert Stogdon, Isaac Watts등이 쓴 저술들 때문이었다.
49. Edwards, "Discourse on the Trinity," *WJE* 21:139.

50. Lee Sang Hyun, "Editor's Introduction," *WJE* 21:10: "Edwards approaches the doctrine of the Trinity not only with the biblical mandate and reasons from Christian experience but also with his relational conception of being as beauty."
51. 이 항목과 관련하여 이상현 교수의 여러 저술들에 크게 의존했음을 밝혀둔다.
52. Wallace E. Anderson, "Editor's Introduction," *WJE* 6:67.
53. Sang Hyun Lee, "Editor's Introduction," *WJE* 21:6. "에드워즈는 이 성향이라는 말을 '경향성'(habit), '지향성'(propensity), '법칙'(law), '성벽'(inclination), '경향'(tendency), '기질'(temper)이라고 부르기도 한다(*WJE* 2:206-07, 282-83, *WJE* 8:539, 623, *WJE* 6:384-85)."
54. Edwards, *The Miscellanies*, no. 241, *WJE* 13:358: "Because a habit can be of no manner of use till there is occasion to exert it; and all habits being only a law that God has fixed that such actions upon such occasions should be exerted."
55. Sang Hyun Lee, "Editor's Introduction," *WJE* 21:7.
56. Edwards, "The Mind," *WJE* 6:391.
57. Edwards, "The Mind," *WJE* 6:336: "For being, if we examine narrowly, is nothing else but proportion."
58. Lee Sang Hyun, "Editor's Introduction," *WJE* 21:7.
59. Edwards, *Religious Affections*, *WJE* 2:298. "God is God, and distinguished from all other beings, and exalted above 'em, chiefly by his divine beauty, which is infinitely diverse from all other beauty."
60. Edwards, "Miscellanies," no. 332, *WJE* 13:410: "God is communicative being."; "Miscellanies," no. 107[b], *WJE* 13:277-78: "For it is essence to incline to communicate himself."
61. Edwards, "Miscellanies," no. 1217, *WJE* 23:150-53: "'Tis true, 'tis from an excellent disposition of the heart of God that God seeks occasion to exercise his goodness and bounty, and also his wisdom, justice, truth, And this, in one word, is a disposition to glorify himself according to the Scripture sense of such an expression, or a disposition to express and communicate himself ad extra"(150). 또한 Edwards, *The End of Creation*, *WJE* 8:433을 보라.
62. Sang Hyun See, "Editor's Introduction," *WJE* 21:8.
63. Edwards, "The Mind," *WJE* 6:362: "When we spake of excellence in bodies we were obliged to borrow the word 'consent' from spiritual things. But excellence in and among spirit is, in its prime and proper sense, being's consent to being. There is no other proper consent but that of minds, even of their will; which, when it is of minds towards minds, it is love, and when of minds towards other things it is choice. Wherefore all the primary and original beauty or excellence that is among minds is love, and into this may all be resolved that is found among them."
64. Edwards, "The Mind," no. 1, *WJE* 6:332. 에드워즈에 의하면 아름다움(beauty)이나 탁월성(excellency)의 개념은 유사하다(Cf. *WJE* 6:362).
65. Edwards, "Miscellanies," no. 117, *WJE* 13:284: "Again, we have shown that one alone cannot be excellent, inasmuch as, in such case, there can be no consent.

Therefore, if God is excellent, there must be a plurality in God; otherwise, there can be no consent in him."
66. Wallace E. Anderson, "Editor's Introduction," *WJE* 6:84.
67. Pauw, "The Trinity," in *The Princeton Companion to Jonathan Edwards*, 45: "Edwards signaled the two interrelated models that funded all his trinitarian reflections: God is like a mind that knows and loves itself, and God is like a society or family of three."
68. 어거스틴은 인간의 정신 속에서 삼위일체의 유비를 많이 찾아낸 사람이다. 왜냐하면 인간이 하나님의 형상으로 지어진 유일한 존재이기 때문이다. 그가 발견한 첫 번째 형태는 정신, 인식하는 정신, 그것을 사랑하는 정신(*De Trinitate*, IX. 1-18), 두 번째 형태는 정신의 기능으로서 그 자체를 기억하고, 인식하며, 의지 혹은 사랑하는 기능(*De Trinitate*, XV. 5), 세 번째 형태는 하나님을 기억하고, 인식하고, 사랑하는 정신의 활동(*De Trinitate*, XIV. 15) 등이다. Cf. Pauw, "'The Supreme Harmony of All'," 56-61. 파우는 자신의 박사논문에서 어거스틴의 심리학적 유비(psychological analogy for the Trinity)에 대해서 간단하게 설명하고, 토마스 아퀴나스, 존 칼빈 등이 이에 대해서 어떻게 평가했는지도 간단하게 소개한다.
69. Pauw, *The Supreme Harmony of All*, 36-37. 파우는 에드워즈가 부친 티모시 에드워즈의 서재에 있던 코튼 매더의 *Blessed Unions* (Boston 1692) 독서를 통해서 삼위일체론을 형성하는데 도움을 받았을 것이라고 추정한다.
70. Edwards, "Discourse on the Trinity," *WJE* 21:116-121.
71. Pauw, "'The Supreme Harmony of All'," 49.
72. Edwards, "Discourse on the Trinity," *WJE* 21:113-14: "That in John, 'God is love'[1 John 4:8, 16], shows that there are more persons than one in the Deity: for it show love to be essential and necessary to the Deity, so that his nature consist in it; and this supposes that there is an eternal and necessary object, because all love respects another, that is, the beloved."
73. Edwards, "Discourse on the Trinity," *WJE* 21:135: "Hereby we may more clearly understand the equality of the persons among themselves, and that they are every way equal in the society or family of the three. They are equal in honor besides the honor which is common to 'em all, viz. that they are all God; each has his peculiar honor in the society or family"; idem, "Treatise on Grace," *WJE* 21:187: "The happiness of the Deity, as all other true happiness, consists in love and society"; idem, "Miscellanies," no. 1062, *WJE* 20:433에서 에드워즈는 성부를 "the head of the society of the Trinity"라고 명명한다.
74. Pauw, "The Trinity," 47: "large one, and rarely ventured…unusual, and even daring."
75. Pauw, "The Trinity," 48-49.
76. Sang Hyun Lee, "Editor's Introduction," *WJE* 21:12-13.
77. Studebaker, "Jonathan Edwards' Social Augustinian Trinitarianism: A Criticism of and an Alternative to Recent Interpretations"; idem, "Jonathan Edwards's Social Augustinian Trinitarianism: An Alternative to a Recent Trend," *Scottish Journal of Theology*, 56/3 (2003): 268-85.

78. Studebaker, "Jonathan Edwards's Social Augustinian Trinitarianism," 284: "While Edwards clearly used social language to discuss the immanent trinitarian relations, this language is not indicative of a distinct Cappadocian/ Victorine social model of the trinity. Edwards deployed social language within the context of the Augustinian mutual love model." 스투더베이커는 에드워즈가 사회적 모형을 사용했다고 해서 20세기 말의 사회적 삼위일체론자들(J. Moltmann이나 L. Boff와 같은 신학자들)의 관심을 공유하고 있는 것으로 해석하면 안 된다고 말한다.
79. 박형룡 박사는 내재적 삼위일체(immanent Trinity)에 대해 본체적 삼위일체라는 용어를 사용하되 영어로는 ontological Trinity나 essential Trinity를 같이 사용하였다. 논의의 편의를 위해서 박형룡 박사가 내재적 삼위일체와 경륜적 삼위일체(economic Trinity)에 대해서 정리한 것을 소개한다: "본체적 삼위일체란 영원부터 신격 안에 실재한 대로의 삼위일체를 의미한다. 그들의 본체적 내면적 생활에서 성부, 성자, 성령은 실체에서 동일하시고, 속성과 본질(박 박사 책에는 본권이라고 되어있는데 오타인듯 하다)에서 동일하시고 따라서 영광에서 동등이시다. 이것은 하나님의 세계와의 관계를 떠나 그의 본체적 존재에 관설함이다. 경륜적 삼위일체는 세계와의 관계에 나타난 대로의 삼위일체를 의미한다." 삼위 하나님의 사역의 관점에서 보면 내향적 사역(*opera ad intra*)은 본체적 삼위일체에게 귀속되고, 외향적 사역(*opera ad extra*)은 경륜적 삼위일체의 일이다(박형룡,『교의신학·신론』[서울: 한국기독교교육연구원, 1988], 206).
80. B. B. Warfield, "Biblical Doctrine of the Trinity," in *Biblical Doctrines* (1932/Grand Rapids: Baker, 2003), 137-38.
81. Edwards, "Discourse on the Trinity," *WJE* 21:131: "The Father is the Deity subsisting in the prime, unoriginated and most absolute manner, or the Deity in its direct existence."
82. Edwards, "The Mind," *WJE* 6:332-36.
83. Edwards, "The Mind," *WJE* 6:381.
84. Edwards, "Miscellanies," no. 94, *WJE* 13:258: "An absolutely perfect idea of a thing is the very thing, for it wants nothing that is in the thing, substance nor nothing else. That is the notion of the perfection of an idea, to want nothing that is in the thing. Whatever is perfectly and absolutely like a thing, is that thing: but God's idea is absolutely perfect … then God's idea, being a perfect idea, is really the thing itself."
85. Edwards, "Miscellanies," no. 94, *WJE* 13:258: "It must be a substantial idea, having all the perfections of the substance perfectly; so that by God's reflecting on himself the Deity is begotten, there is a substantial image of God begotten." 청년 에드워즈는 begotten이라는 단어가 성경에서 사용된 것은 아니지만 적절하게 표현할 수 있는 더 좋은 단어가 없다고 말한다.
86. Edwards, "Discourse on the Trinity," *WJE* 21:116: "That idea which God hath of himself is absolutely himself. This representation of the divine nature and essence is the divine nature and essence again. So that by God's thinking of the Deity, [the Deity] must be certainly be generated. Hereby there is another person begotten; there is another infinite, eternal, almighty, and most holy and the same God, the

very same divine nature."
87. Edwards, "Discourse on the Trinity," *WJE* 21:117. 에드워즈는 또한 성경에서 그리스도를 빛이라고 표현하고 있는 구절을 주목한다. Edwards, "Miscellanies," no. 331. *WJE* 13:409: "God is said to be light and love. Light is his understanding or idea, which is his Son; love is the Holy Spirit … This supposition of the Logos being God's perfect understanding of himself highly agrees with his office, his being the revealer of God to creatures."
88. Edwards, "Miscellanies," no. 117, *WJE* 13:283-84.
89. Edwards, "Fragment: Application on Love To Christ," *WJE* 10:617.
90. Edwards, "Discourse on the Trinity," *WJE* 21:121.
91. Edwards, "Discourse on the Trinity," *WJE* 21:121. 에드워즈는 잠언 8장 3절을 증거 구절로 제시한 후에 다음과 같이 말한다: "This is the eternal and most perfect and essential act of the divine nature, wherein the Godhead acts to an infinite degree and in the most perfect manner possible. The Deity becomes all act; the divine essence itself flows out and is as it were breathed forth in love and joy. So that the Godhead therein stands forth in yet another manner of subsistence, and there proceeds the third person in the Trinity, the Holy Spirit, viz. the Deity in act: for there in no other act but the act of the will."
92. Edwards, "Discourse on the Trinity," *WJE* 21:121. 에드워즈가 사랑을 신격화(vergoddelijking)하였다고 비평한 얀 리덜보스의 견해도 있다(Ridderbos, *De theologie van Jonathan Edwards*, 280).
93. Edwards, "Miscellanies," no. 341. *WJE* 13:415: "The Holy Ghost is the grace, the love and peace of God the Father and [the] Lord Jesus Christ … He(즉 바울을 가리킴) wishes grace and love from the Son and the Father, but the Communion of the Holy Ghost, that is, the partaking of him. The blessing from the Father and the Son is the Holy Ghost; but the blessing from the Holy Ghost is himself, a communication of himself."(이탤럭체는 에드워즈의 것이다). 또한 Edwards, "Discourse on the Trinity," *WJE* 21:130을 보라.
94. Webber, "The Trinitarian Theology of Jonathan Edwards," 310.
95. Edwards, "The Three Work of the Holy Ghost," *WJE* 14:379.
96. Edwards, "Treatise on Grace," *WJE* 21:185-86.
97. Edwards, "The Three Work of the Holy Ghost," *WJE* 14:379.
98. Edwards, "The Three Work of the Holy Ghost," *WJE* 14:379: "The reason is because they all are the same God, and it is therefore impossible there should be any {inferiority}. They all are the same substance, the same divine essence; and therefore whatsoever perfection, dignity or excellency belongs to the divine essence, belongs to every one of them. There are none of the three persons can have any more excellency or perfection or dignity than what belongs to the divine nature, and each one must have so much because each one has the divine nature, each one is the divine nature. Whatsoever power or wisdom or holiness, etc. belongs to the divine nature, still belongs to the same divine nature in whatsoever

person it subsists, whether it subsists in the (Father, Son or Holy Ghost)."
99. Edwards, "Discourse on the Trinity," *WJE* 21:131: "And this I suppose to be that blessed Trinity that we read of in the holy Scriptures. The Father is the Deity subsisting in the prime, unoriginated and most absolute manner, or the Deity in its direct existence. The Son is the Deity generated by God's understanding, or having an idea of himself, and subsisting in that idea. The Holy Ghost is the Deity subsisting in act, or the divine essence flowing out and breathed forth, in God's infinite love to and delight in himself. And I believe the whole divine essence does truly and distinctly subsist both in the divine idea and divine love, and that therefore each of them are properly distinct persons."
100. 박형룡, 『교의신학·신론』, 206.
101. Edwards, "The Three Work of the Holy Ghost," *WJE* 14:378; Edwards, "Treatise on Grace," *WJE* 21:189: "Hence we may better understand the economy of the persons of the Trinity as it appears in the part that each one has in the affair of redemption, and shows the equality of each person's concern in that affair, and the equality of honor and praise due to each of them for that work."
102. Edwards, "Treatise on Grace," *WJE* 21:189.
103. Edwards, "Miscellanies," no. 1062. *WJE* 20:436.
104. Edwards, "Miscellanies," no. 1062. *WJE* 20:433; Edwards, "The Three Work of the Holy Ghost," *WJE* 14:378: "So it is the work of redemption: the Father chooses the Christ, provides, chooses, sends and accepts a savior."
105. Edwards, "God Glorified in Man's Dependence," *WJE* 17:201: "'Tis God that has given us Christ, that we might have those benefits through him; he 'of God is made unto us wisdom, righteousness, sanctification, and redemption.'"
106. Edwards, "Miscellanies," no. 402, *WJE* 13:466: "God is of whom the purchase is made, God is the purchase and the price and God is the thing purchased: God is the Alpha and the Omega in this work."
107. Edwards, "Miscellanies," no. 772. *WJE* 18:419-22.
108. Edwards, "Miscellanies," no. 772. *WJE* 18:420.
109. Edwards, "Miscellanies," no. 1062. *WJE* 20:438-39. 에드워즈에 의하면 내재적 삼위일체론에 있어서 성부와 위격적 동등성을 가지신 성자께서 경륜적 질서 속에서는 아버지께 종속하신다고 주장하였다.
110. Edwards, "God Glorified in Man's Dependence," *WJE* 17:207.
111. Edwards, "Discourse on the Trinity," *WJE* 21:135: "Hereby we may more clearly understand the equality of the persons among themselves, and that they are every way equal in the society or family of the three. They are equal in honor besides the honor which is common to 'em all, viz. that they are all God; each has his peculiar honor in the society or family."
112. Edwards, "Treatise on Grace," *WJE* 21:188. "And the Holy Ghost is the good purchased. The Scripture seem to intimate that the Holy Spirit is the sum of all that Christ purchased for men." 에드워즈는 마 7:11에서 좋은 것(good things)이라고

일컬어지는 것이 병행본문인 눅 11:13에서 성령과 동일시되고 있음을 중요한 전거로 삼는다(Edwards, "Miscellanies," no. 402, WJE 13:466-67).
113. Edwards, *An Humble Attempt*, WJE 5:341 =『기도합주회』, 100-101에서 인용함.
114. Webber, "The Trinitarian Theology of Jonathan Edwards : An Investigation of Charges Against its Orthodoxy," 313.
115. Webber, "The Trinitarian Theology of Jonathan Edwards," 316-17. 한평생 에드워즈 애독자였던 마틴 로이드 존스는 한 설교 속에서 이 종속의 문제에 대해서 에드워즈와 같은 정통적인 해석을 제시한 바가 있다: "The Father, Son and Holy Spirit are co-equal and co-eternal. How then can the Father (God) be the Head of Christ? For the purpose of salvation the Son has subordinated Himself to the Son and to the Father. It is a voluntary subordination in order that salvation may be carried out. It is essential in the carrying out of the work."(D. M. Llyod-Jones, *Life in the Spirit in Marriage, Home & Work* [Edinburgh: Banner of Truth, 1985], 109).
116. Sang Hyun Lee, "Editor's Introduction," WJE 21:18.
117. Edwards, "Discourse on the Trinity," WJE 21:121.
118. Edwards, "Treatise on Grace," WJE 21:186: "But the Spirit that proceeds from the Father and the Son is the bond of this union, as it is of all holy union between the Father and the Son, and between God and the creature, and between the creatures among themselves." 그리고 연합의 끈으로써의 성령에 대해서 포괄적인 논의는 다음의 자료가 독보적이다. Robert W. Caldwell, III, "The Holy Spirit as the Bond of Union in the Theology of Jonathan Edwards"(Ph. D. diss., Trinity Evangelical Divinity School, 2003); *Communion in the Spirit: The Holy Spirit as the Bond of Union in the Theology of Jonathan Edwards*. Studies in Evangelical History and Thought (Milton Keynes, UK: Paternoster, 2006).
119. Edwards, "Treatise on Grace," WJE 21:181.
120. Edwards, "Treatise on Grace," WJE 21:181: "That I think the Scripture does sufficiently reveal the Holy Spirit as a proper divine person; and thus we ought to look upon him as a distinct personal agent. He is often spoken of as a person, revealed under personal characters and in personal acts, and it speaks of his being acted on as a person; and the Scripture plainly ascribes everything to him that properly denotes a distinct person."
121. Edwards, "Treatise on Grace," WJE 21:181: "And though the word 'person' be rarely used in the Scriptures, yet I believe that we have no word in the English language that does so naturally represent what the Scripture reveals of the distinction of the eternal three-Father, Son, and Holy Ghost-as to say they are one God but three persons."
122. Edwards, "Treatise on Grace," WJE 21:193.
123. Sang Hyun Lee, "Editor's Introduction," WJE 21:21: "Edwards' most frequently used term for the Divine Being is the 'essence' of God. And the term divine 'essence'(which he uses interchangeably with the term 'deity,' God's 'being', and God's 'nature') refers to all that each of the three persons."

124. Edwards, "On the Equality of the Persons of the Trinity," *WJE* 21:147: "The Son derived the divine essence from the Father, and the Holy Spirit derives the divine essence from the Father and the Son ⋯ 'Tis true the divine essence is undivided and independent."
125. Edwards, "Miscellanies," no. 1062, *WJE* 20:432: "⋯ and the natural order of the eternal and necessary subsistence of the persons of the Trinity."
126. Edwards, "The Three Work of the Holy Ghost," *WJE* 14:379.
127. Sang Hyun Lee, "Editor's Introduction," *WJE* 21:21. Edwards, True Virtue, *WJE* 8:557: "From hence also it is evident that the divine virtue, or the virtue of the divine mind, must consist primarily in love to himself, or in the mutual love and friendship which subsists eternally and necessarily between the several persons in the Godhead, or that infinitely strong propensity there is in these divine persons one to another." 에드워즈가 several persons라는 표현을 사용하고 있는 것은 『참된 미덕의 본질』이라는 저서가 순수철학적인 글임을 염두에 두고 읽을 때에 신격 안에 있는 복수성을 표현하는 것으로 이해하면 좋을 것이다.
128. Edwards, "Miscellanies," no. 308. *WJE* 13:392: "The Father understands, the Son understands, and the Holy Ghost understands, because every one is the same understanding divine essence; and not that each of them have a distinct understanding of their own."
129. Edwards, "Treatise on Grace," *WJE* 21:187.
130. Edwards, "Treatise on Grace," *WJE* 21:183.
131. Edwards, "The Mind," *WJE* 6:364: "But he exerts himself towards himself no other way than in infinitely loving and delighting in himself, in the mutual love of the Father and the Son. This makes the third, the personal Holy Spirit or the holiness of God, which is his infinite beauty, and this is God's infinite consent to being in general. And his love to the creature is his excellence, or the communication of himself, his complacency in them, according as they partake of more or less of excellence and beauty; that is, of holiness, which consists in love; that is, according as he communicates more or less of his Holy Spirit." 또한 Edwards, "Treatise on Grace," *WJE* 21:186: "The Holy Ghost⋯is the Deity wholly breathed forth in infinite, substantial, intelligent love: from the Father and Son first towards each other, and secondarily freely flowing out to the creature, and so standing forth a distinct personal subsistence."
132. Edwards, "On the Equality of the Persons of the Trinity," *WJE* 21:147: "In one respect the Father has the superiority; he is the fountain of Deity, and he begets the beloved Son. In another respect the Son has the superiority, as he is the great and first object of divine love. The beloved has as it were the superiority over the lover, and reigns over him. In another respect the Holy Ghost, that is, divine love, has the superiority, as that is the principle that as it were reigns over the Godhead and governs his heart, and wholly influences both the Father and the Son in all they do."

133. 이상현 교수는 이와 같은 에드워즈의 입장에 대해서 "그가 한 말을 보면 서방 교회에서 전형적으로 발전되지 못한 성령에 관한 교리, 즉 하나님의 삼위 간의 생명 안에서 역사하는 성령의 역할에 대한 교리에서 심오한 진전(a profound advancement)을 이룬 것이다"라고 평가하였다(Sang Hyun Lee, "Editor's Introduction," *WJE* 21:19).

제4장

구속사적 성령론

조나단 에드워즈는 심원한 사상가였음에도 불구하고 조직신학 내지 교리신학 분야에서 대작을 남기지 않았다. 앞서 2장에서 본 대로 그는 예일 시절 교과서였던 윌리엄 에임스의 『신학의 정수』와 애독했던 프랑수아 투레티누스의 『변증신학강요』와 페테루스 판 마스트리히트가 쓴 『이론적이고 실천적인 신학』 등의 교과서로 충분하다고 생각했다.[1] 오히려 그가 만년에 이르기까지 저술하고자 열망했던 대작 *magnus opus*은 새로운 형태의 신학 교본인 『구속 사역의 역사』 *A History of the Work of Redemption*였다.[2] 에드워즈는 1739년에 노샘프턴 교회 성도들에게 구속 사역의 역사에 관하여 30편의 연속 강해를 하였으며, 그 후 자료들을 보완하고 확충하여 역사적인 형태로 전개되는 기독교 신학 체계를 저술하고 싶은 열망을 가지고 있었다. 그러나 그는 노샘프턴 교회에서나 스톡브리지의 선교지에서나 다른 긴급한 저술 활동이나 에너지가 요구되는 다른 사역들 때문에 구속 사역의 역사 집필을 완수할 수가 없었다. 그 후에 뉴저지 대학 학장으로 부임하였으나 두 달도 채 안 되어 소천하는 바람에 결국 자신이 소원했던 저술을 준비할 수가 없었다.[3] 그의 사후 그가 남긴 1739년 원고들을 대본으로 해서 존 어스킨이 1774년에 스코틀랜드에서 출간한 것이 『구속 사역의 역사』이다.[4] 본서는 에드워즈의 책 가운데 대중적인 인기를 얻은 대표적인 저서가 되었다. 그러나 초판과 에드워즈의 육필 원고 간에 상이한 점이 많다는 것이 1989년에 비평적 판본이 출간됨으로써 알려지게 되었다.[5] 비록 우리는 에드워즈가 그토록 저술하고자 열망했던 저술은 읽을 수가 없게 되었지만, 그가 남긴 1739년 연속 설교 원고와 그후에 저술을 위한 예비 작업을 담은 노트들로부터 구성된 구속사역의 역사를 읽을 수는 있다.

에드워즈는 자신의 설교 패턴대로 이사야 51장 8절을 본문으로 선정한 후에, 본문에 대해 간략한 해명을 하고 나서, 교리를 명제로 제시한다. 30편에 달하는 연속 강해의 주제가 되는 교리는 다음과 같다. "구속 사역은 하나님께서 인간이 타락한 후부터 세상 끝날까지 수행하시는 활동이다."⁶ 에드워즈는 구속 사역이라는 말을 엄밀한 의미에서 구원의 취득the purchase of salvation으로 한정해서 볼 수도 있지만, 광의적인 의미에서는 "하나님이 이 목적을 행하시거나 성취하시는 모든 할동을 포함"한다고 본다. 즉, 그에 의하면 광의적인 의미에서의 구속 사역이란 "구원을 취득하는 일뿐 아니라 그것을 위하여 적절하게 행하신 하나님의 모든 예비적 활동, 곧 대속을 적용시키시고 그 효력을 나타내는 사역들"도 포함한다는 것이다. 다르게 말해서 구속 사역이란 "그리스도의 구속에 대한 준비, 전가 그리고 적용과 효력을 포괄하는 전 과정"을 가리킨다고 볼 수 있다는 말이다.⁷ 에드워즈는 교리에서 밝힌 대로 "인간이 타락한 후부터 세상 끝 날까지 구속 사역의 다양한 단계들을 통해 구속 사역이 어떻게 성취되는지"를 밝히기 위해서 세 시기로 나누어서 논의를 전개하였다.⁸

에드워즈는 첫 번째 설교에서 하나님의 구속 사역의 목적이 무엇인지를 먼저 다룬다. 개략적으로 말하자면 구속 사역의 다섯 가지 목적은 첫째, 원수들에 대한 하나님의 승리, 둘째, 인간이 타락했을 때 상실한 것을 회복시킴, 셋째, 피조물을 그리스도 안에서 연합시킴, 넷째, 전체 교회를 영화롭게 함, 다섯째, 삼위일체 하나님을 영화롭게 함 등이다.⁹ 에드워즈의 성령론에 대한 관심을 가지고 논구하고 있는 필자로서는 마지막 다섯 번째 목적을 주목하게 된다. 에드워즈는 구속 사역이란 삼위일체 하나님의 영광을 가장 높이 이루기 위한 목적을 가지고 있다고 말하면서, 성부는 성자로 말미암아 영광을 받으시고, 성자가 성부를 영화롭게 하고 자신도 영화롭게 되는 것은 "성령으로 말미암아 성취되도록 되어 있기 때문에 동시에 성령의 영광이 되고, 그리하여 삼위일체 하나님은 하나로 연합하고, 각 위격은 각자 특별한 영광을 받게 된다"라고 말한다.¹⁰ 에드워즈는 구속 사역의 목적을 생각할 때 성령의 영광 받으심을 잊지 않고 있음을 보여 주는 대목이다.

이제 우리는 에드워즈의 "최절정의 작품"¹¹이라고 일컬어지는 『구속사역의 역사』 속에서 개진되고 있는 성령의 사역에 초점을 맞추어서 살펴보려고 한다. 특히 에드워즈가 근간으로 삼고 있는 시대 구분을 따라 가면서 각 시대마다 성령의 사역이 어떻게 전개되는지, 그리고 독특성이 무엇인지를 규명해 보려고 한다.

4.1. 구약에 있어서 성령의 사역

에드워즈에 의하면 구속 사역의 첫 시기는 인간의 타락으로부터 성육신까지의 기간이다. 다르게 말하면 구약 성경이 기록하고 있는 시기이다. 이 시기에 대한 에드워즈의 명제는 "인간이 타락한 후부터 그리스도가 성육신 하실 때까지의 시기는 하나님께서 그리스도의 오심을 준비하고, 구속을 성취하고, 그 전조와 징조들을 준비하는 일들을 행하신 기간이다"라는 것이다.[12] 그는 첫 시기를 다시금 여섯 개의 시대로 나누어서 논의를 전개해 나가는데, 1) 타락에서 홍수까지, 2) 홍수에서 아브라함까지, 3) 아브라함에서 모세까지, 4) 모세에서 다윗까지, 5) 다윗에서 포로기까지, 6) 포로기에서 그리스도까지이고 두 번째 설교에서 13번째 설교까지 전개해 나간다.[13]

이상의 설명에서 볼 수 있듯이 에드워즈는 구속 사역의 시작 시점을 인간의 타락 후로 본다. 그럼에도 불구하고 에드워즈는 인간이 타락하기 전에도 구속 사역을 위한 활동들이 전혀 없었던 것은 아니라고 말한다.[14] 오히려 타락 이전에도 구속 사역을 위한 활동들이 많이 있었다고 말한다. 에드워즈가 말하는 바 타락 이전의 구속 사역의 내용이 무엇일까 의문이 생기는데, 에드워즈는 다음과 같이 우리의 의문에 답을 해준다.

어떤 일들은 세상이 창조되기 전에, 아니 영원전에 일어났다. 삼위일체 하나님의 각 위격들은, 말하자면 하나의 계획, 곧 구속 언약에 있어서 하나가 되었다. 곧 그것은 아버지께서 성자를 지정하셨고, 성자는 그 사역을 수행하셨으며, 그 사역에 수반된 모든 일들은 규정되고 합의된 언약에 따른 것이다.[15]

에드워즈가 말하는 바는 개혁주의 신학에서 구원 협약pactum salutis 구속 언약covenant of redemption에 대해서 가르쳐온 것과 다르지 않다.[16]

그러면 창조와 구속의 관계는 무엇일까? 사실 우리가 익히 알고 있는 구도scheme에 의하면 창조 - 타락 - 구속 - 완성 등의 순서로 논의가 되어질 것 같은데, 의외로 에드워즈는 창조에 대해서 거의 말을 하지 않는다.[17] 에드워즈는 본서에서 구속사역이 너무나 중요하기 때문에, 천국뿐 아니라 창조도 구속 사역을 위한 목적으로 이루어진 것이라고 말한다.[18] 혹은 에드워즈는 창조를 새로운 창조의 모형type이라고 보았다.[19] 에드워즈는 창조의 중요성을 잘 인식한 신학자이지만, 구속 사역에 비할 때에 모형 혹은 그림자에 해당하는 것이라고 보았다는 것을 알 수 있다.[20]

사실 구약 성경에서 성령을 직접적으로 언급하고 있는 첫 구절은 창세기 1장 2절("땅이 혼돈하고 공허하며 흑암이 깊음 위에 있고 하나님의 영은 수면 위에 운행하시니라")인데, 에드워즈는 본서에서는 전혀 해명을 하지 않고 지나간다. 비록 창조도 구속 사역을 위한 것이라고 말하기는 했지만 창조에 대해서 길게 해명하지 않는다. 에드워즈는 『신앙감정론』에서 창세기 1장 2절에 기록된 성령의 창조 사역에 관하여 다음과 같이 설명한다.

> 하나님의 영이 수면 위에 운행하셨을 때, 그 행동에는 당신의 본성에 일치하지 않는 것은 전혀 없었다. 하지만 성령은 그 행동에서 자신을 전달하지 않으셨다. 즉, 물의 움직임 속에 성령의 고유한 본성에 속한 것은 전혀 없었다.[21]

에드워즈는 중생자들과 비중생자들 가운데 성령이 역사하실 수 있지만 후자의 경우에는 자신의 본성에 맞게 행동하시면서도 자신의 본성을 전달하지 않으시는 방식으로 역사하신다는 점을 설명하기 위해서 창세기 1장 2절을 원용하고 있는 것이다.

4.1.1. 에노스 시대에 처음으로 성령을 두드러지게 부어 주셨다.

타락 이후의 인류 가운데 나타나신 성령의 최초 역사는 창세기 4장 26절에 기록된 에노스의 시대이다. "그때에 사람들이 비로소 여호와의 이름을 불렀더라"는 구절에 대해서, 에드워즈는 "타락한 인간에게 처음으로 그리스도로 말미암아 성령을 두드러지게 부어주심"the first remarkable pouring out of the Spirit through Christ that ever was이라고 해석한다.[22] 에드워즈는 에노스 시대의 사람들이 여호와의 이름을 불렀다고 하는 구절을 그때 사람들이 처음으로 기도하기 시작했다고 해석하는 사람들에 대해 동의를 하지 않았다. 그리고 "당시 사람들이 공식 예배를 드리거나 공적 모임에서 하나님의 이름을 부른"것을 의미한다고 말하는 견해를 소개한 후에 본문이 그것을 말하든지 안 하든지 간에 중요한 것은 "그 일이 가시적인 하나님의 교회 안에 새롭게 시작되었다"고 하는 점을 주목한다. 에드워즈는 에노스 시대의 사람들이 공적으로 하나님을 예배하고, 그리고 함께 기도하기 위하여 함께 모이자고 자극을 받았던 첫 번째 사람들이라고 하면서 "그 원인으로는 하나님의 영의 특별한 역사 외에 다른 것이 있을 수 없다"고 말한다.[23]

그리고 나서 에드워즈는 "우리는 경험을 통해 하나님의 영이 획기적으로 부어질 때, 반드시 이런 결과, 예컨대, 기도에 대한 실천력이 크게 강화되는 것을 발견한다. 하나님의 영이 사람들의 마음속에 역사할 때, 그들은 즉시 여호와의 이름을 부르게 된다"고 일반화시킨다.[24] 그는 또한 다음과 같이 말하기도 한다. "마찬가지로 성경에서 어떤 특별한 역사를 다루고 있는 기사를 보면, 항상 그곳에는 하나님의 영이 획기적으로 부어지는 역사가 함께 있었다"고 하면서, 스가랴 12장 10절, 사무엘상 14장 35절 등을 예로 들어 설명한다. 에드워즈에게 있어서 창세기 4장 26절은 하나님의 영이 획기적으로 부어진 결과로 수행되는 모든 구속 사역의 중요한 예이자, 하나님의 영이 획기적으로 부어진 최초의 사건으로써의 중요성을 가진다고 본다.**25**

에드워즈는 하나님의 구속 사역과 성령의 획기적인 부어주심의 관계에 대해서 다음과 같이 밝힌다.

> 여기서 우리는 인간이 타락한 때부터 오늘날 우리가 살고 있는 이 시대까지 구속 사역은 결국 하나님의 영이 획기적으로 부어진 결과로 말미암아 수행되어 왔다는 사실을 확인할 수 있다. 물론 하나님의 영은 하나님의 규례에 맞추어서 어느 정도 일정하게 지속적으로 역사하는 것이 사실이다. 하지만 이 사역을 수행하는 데 있어서 특별한 일을 이루실 때, 이 일은 반드시 특별한 자비를 따라 성령이 획기적으로 부어지는 역사를 통해 일어나게 된다. 이제부터 우리가 이 주제를 더 깊이 살펴보면, 그 점이 분명하게 드러날 것이다(김귀탁 역).**26**

그리고 에드워즈는 노아시대에 관해서는 다음과 같이 언급한다: "노아의 책망과 공의에 대한 설교는 완전히 무시를 당했다. 하나님의 영은 120년간 그들과 싸웠으나 결국 수포로 돌아 갔고 교회는 거의 삼킴을 당했다."**27**

4.1.2. 광야 2세대에게 성령의 부어주심

다음으로 에드워즈가 구약에서 주의해서 언급하는 시기는 이스라엘 백성들이 출애굽후 40년간 광야 생활하던 시기이다. 에드워즈는 이 시기에 관해 언급하면서 "하나님이 이 시기에 구속 사역을 위해 행하신 또 다른 일은 광야의 젊은 세대들에게 하나님의 영을 획기적으로 부어주신 사건"이라고 말한다.[28] 에드워즈는 1742년에 간행한 『균형잡힌 부흥론』*Some Thoughts* 속에서도 유사한 해석을 제시한다.

> 광야에서 이스라엘의 자녀들에게 어른들이 희생물이 되리라고 말했던, 더 어린 세대들 위에 놀라운 성령의 부으심이 있었다 … 그 세대는 이스라엘의 교회에 있었던 모든 세대 가운데 가장 탁월한 세대였던 것 같다.[29]

에드워즈는 출애굽 1세대의 경우는 무척 이기적이고 완고한 세대요, 우상숭배와 애굽의 사악함에 오염되어 있었고 그것을 포기하지 못한 자들로서 하나님의 진노를 사 안식에 들어가지 못하게 되었던 반면에, 2세대의 경우는 조상들에 대한 하나님의 두려운 심판을 보고 "각성하게" 되었으며, 회개시키고, 겸손하게 하고, 큰 자비를 받기에 합당하게 만들었다고 본다. 그는 "하나님은 기쁘게 이 세대를 자기의 찬송을 위한 세대로 만드셨고, 그들의 경건의 수준은 높았다 … 여기서 광야에서 하나님을 따라갔던 세대는 … 거룩함이 특출한 자들로 크게 칭찬"을 들었다고 말한다.[30]

출애굽 2세대에 대한 에드워즈의 칭찬은 계속해서 이어진다. 신명기 29장에 의하면 첫 조상들이 광야에서 죽고 난 후에 이 젊은 세대는 하나님과 새로이 언약을 갱신하게 되는데, "우리는 이와 같이 엄숙하게 언약이 갱신될 때 흔히 하나님의 영이 획기적으로 부어지는 역사가 동반되어 총체적인 개혁이 일어나는 것을 보게 된다"고 주장한다. 그리고 에드워즈는 기독교 교회 역사상 신앙이 가장 크게 부흥했던 시기라고 생각하는 사도들의 시대 the days of the apostles와 비견되는 구약 시대가 있다면 바로 "그 교회가 처음 세워졌던 모세와 여호수아 시대"였다고 말한다.[31]

4.1.3. 사사 시대와 사무엘 시대

에드워즈는 사사 시대의 배교 속에서도 참된 예배가 근절되지 않도록 하나님께서 역사하셨다고 말한다. 그리고 "때때로 신앙이 거의 사라진 것처럼 보이고 막다른 골목에 이르렀을 때, 하나님은 부흥a revival을 허락하시고, 개혁의 도구로써 천사나 선지자를 보내시든지 아니면 적절한 인물을 세우셨다"고 말한다.[32]

에드워즈는 사무엘 시대에 "선지자들의 계승이 시작되고 선지자 학교가 세워졌다"는 점에 주목을 한다. 그에 의하면 모세로부터 사무엘 이전까지 이스라엘에는 예언의 영이 어느 정도 존재했다there was something of the spirit of prophecy는 것도 분명한 사실이다.[33] 그러나 선지자 학교는 "젊은 학생들이 하나님이 그들을 선지자로 부르시기에 합당하도록 훌륭한 선지자를 주인이나 선생으로 삼아 영적 진리와 거룩한 행실들을 배우"도록 하기 위해 세워졌다고 이해하였다.[34] 그리고 선지자의 제자들이 선지자 학교에서 공부하는 동안 수시로 영감을 받았다는 점을 지적한다.[35] 물론 아모스 7장 14, 15절에 기록된 아모스의 경우처럼 선지학교 출신이 아닌데도 하나님의 직접적인 부르심을 받아서 선지자가 되는 경우들도 있었다는 점을 에드워즈도 인정한다. 그리고 이러한 두 가지의 통로를 통해서 선지자 계승을 하시는 하나님의 목적이 무엇인가에 대해서 에드워즈는 다음과 같이 말한다. "선지자들의 지속적인 계승의 핵심 목적은 그리스도와 그가 성취하실 영광스러운 구속을 예시하고, 그럼으로써 그리스도의 오심을 준비하는데 있었다."[36]

4.1.4. 다윗의 시대

에드워즈는 다윗과 다윗 시대에 대해서 크게 주의를 기울여 강해하였다. 에드워즈에 의하면 다윗도 예언의 영을 받은 사람에 속한다.[37] 사도행전 2장 29, 30절에 의하면 다윗을 선지자라고 말하고 있기 때문이다. 하나님께서 다윗에게 영감을 주셔서 "그리스도와 그의 구속을 미리 보게 하시고, 모든 시대에 사적 및 공적으로 하나님을 예배할 때 교회에 도움을 주는 신령한 노래를 짓도록 하셨다"고 한다.[38] 다윗이 처음으로 예언의 영을 받게 된 것이 언제인지에 대해서 확실히 정할 수는 없으나 다윗이 사무엘에 의해서 기름부음 받을 때 아니면 직후였을 것이라고 본다. 다윗은 골리앗과 싸울 때에 이미 "영으로 말미암아 행동하는 모습을 보여주기 때문"이라고 그 이유를 밝힌다. 에드워즈는 다윗에게 기름부을 때에 사용된 기름은 "하나님의 영에 대한 모형"a type of the Spirit of God이라 해석하며, 사무엘상 16장 13절 속에 그 원형과 모형이 함께 나와 있다고 말한다. 결국 에드워즈는 다윗에게 예언의 영이 임한 시초는 그가 사무엘에게 기름부음을 받을 때라고 확신있게 말하게 된다. 그리고 다시 한 번 더 예언의 영이 다윗에게 임한 목적을 다음과 같이 밝힌다.

> 그리고 이 영이 다윗에게 임한 이유는 다윗의 영혼을 감동시켜 그리스도와 그의 영광스러운 구속의 사실들을 신령한 노래로 지어 예견하도록 하는 데 있었다. 경건한 영혼은 하나님에 대한 사랑으로 불타고 찬양으로 고조되어 구속주의 영광스러운 진리들을 노래하고 싶은 열망으로 충만해지기 마련이다.[39]

에드워즈는 다윗에게 예언의 영이 임하므로 타락 이후로 차츰 밝게 비추어지던 복음의 빛이 급속히 더 밝게 드러나게 되었기 때문에 구속사역의 건물을 세우는데 큰 진보를 이루는 계기가 되었다고 말한다. 그리고 다윗이 예언의 영을 받아서 지은 시편들 속에는 "그리스도의 성육신, 생애, 죽음, 부활, 승천, 중보, 그리스도의 선지자와 왕과 제사장의 직분, 이생과 내세에서 주어지는 그의 영광스러운 축복"뿐만 아니라 그리스도의 "교회와의 연합, 그리스도 안에서 주어지는 교회의 행복,

이방인의 부르심, 세상 끝날에 주어질 교회의 장래의 영광 그리고 최후의 심판을 위해 다시 오시는 그리스도 등이 망라되어 있다."⁴⁰

에드워즈는 다윗 시대에 일어난 일 가운데서 특별한 한 성읍 즉, 예루살렘이 선택된 것에 대해서도 주목한다. 그는 하나님의 거룩한 성으로 불리우게 되는 예루살렘은 구약 성경 전체에서 그리스도의 교회에 대한 가장 대표적인 모형이라고 말한다. 그리고 장차 "그리스도가 부활하신 후에 하나님이 기독교 교회를 모으고 세우는 첫 번째 장소로 지정되어 사도들과 초대 교회 위에 하나님의 영이 획기적으로 부어진 도시"가 된다고 그 중요성을 미리 말한다. 그렇게 세워진 초대 교회는 "세계 모든 교회의 모교회"the mother of all other churches through the world라고 불리게 된다.⁴¹ 또한 에드워즈는 솔로몬의 성전 건축에 대해서 다루는 곳에서 성령이 다윗에게 보여주신 설계도에 따라 지어졌음을 설명한다.⁴²

4.1.5. 분열왕국 시대

에드워즈는 분열 왕국 시기 동안에 하나님의 백성들이 우상숭배에 깊이 빠지고 엄청난 배교에 떨어졌지만 하나님은 그의 교회의 참 신앙을 참으로 경이롭게 보존해 주셨다고 말한다. 그는 특히 히스기야와 요시야 시대에 일어난 신앙 부흥에 대해서 주목을 하였다.

> [하나님은] 이처럼 여러 번에 걸쳐 크게 타락하고 사태가 극단적으로 흐르며 신앙이 막다른 길에 도달한 것처럼 보일 때에도 실망치 않으시고, 특히 히스기야와 요시야 시대에 그의 영을 각별히 부어 주심으로써 특별한 부흥을 일으키셨다.⁴³

또한 에드워즈는 위대한 선지자들이 많이 활동했던 웃시야 시대를 다루면서 구약의 선지자들은 모두 예언의 영을 받아서 "앞으로 오실 위대한 구속주, 곧 예수 그리스도를 증언"하는 것을 목적으로 활동한 사람들이라고 거듭 반복해서 말한다.[44] 선지자들에게 주어진 영은 "그리스도의 영"이라고 에드워즈는 말한 후에, 그 영을 주신 목적은 "그리스도의 오심과 그것에 이어지는 영광을 예견하고 준비하도록 자기들의 예언을 기록하는 자로 세움을 받았다"고 말한다. 에드워즈는 특별히 이사야 선지자를 "복음적인 선지자"evangelical prophet라고 칭한다.[45]

4.1.6. 바벨론 포로 후기

에드워즈는 유대 나라가 망하고 유대인들이 전 세계로 흩어지게 하신 하나님의 섭리의 긍정적인 측면을 다음과 같이 말한다.

> 또한 유대인들이 전 세계로 흩어진 것이 그리스도의 나라가 세상에 세워지는 것을 준비했다고 보게 되는 또 다른 사실은 그것이 예수 그리스도에 대한 사실들을 세계에 공개적으로 알리는 데 기여했기 때문이다.[46]

이와 같이 흩어진 디아스포라 유대인들이 후일에 오순절 성령 강림 때 예루살렘을 방문했다가 "오순절에 성령이 부어진 일과 그 엄청난 결과"를 주목하고, 그들 가운데 많은 사람들이 회심하게 되며, 기독교 진리와 기독교 자체를 자기들 나라로 가지고 가서 전파하는데 기여하게 된다고 에드워즈는 설명한다.[47]

에드워즈는 바벨론에서 젊은 세대에게 획기적으로 성령이 부어지는 역사가 있었다고 말한다.[48] 에드워즈는 성경에서 거듭 거듭 노년 세대들이 완고하여 성령의 역사에 동참하지 못한 것에 대해 주목하였고, 자신의 동시대인들 중에 나이든 사람들에 대한 경고꺼리로 삼았다. 에드워즈는 『균형잡힌 부흥론』에서도 바벨론에 있는 유대인들에게 성령을 부어주셨다고 말한다: "마찬가지로, 하나님이 유대인들에게 커다란 자비를 베풀어 바벨론 포로 상태에서 건져 내어 본토로 귀환시키려 하셨을 때 바벨론에 있는 그들 위에 성령의 복된 부으심을 허락하셔서 죄를 깊이 깨닫고 회개하며 기도의 영으로 하나님의 자비를 간절히 찾도록 하셨다."[49] 에드워즈는 젊은이들에게는 위대한 자비의 때요, 성령이 부어지던 때가 늙은 세대에게는 무서운 보복의 때가 될 때가 많기 때문에, 나이든 사람들은 부흥에 참여하는 자가 되려고 크게 주의하라고 경고의 목소리를 발한다.[50]

포로 후기 가운데 일어난 일들 중에서 에드워즈가 크게 주목한 것은 바로 에스라 시대이다. 에드워즈는 포로기 이후 제사장 에스라의 사역에 하나님의 영이 부어지되 획기적으로 부어졌다고 말한다. 그리고 에스라서와 느헤미야서를 보면 이와 같은 사실에 대해서 다양하게 말하고 있다고 한다.[51] 에드워즈는 다니엘 선지자가 예언한 칠십 이레가 에스라 시대에 시작되었으며, 유대인들 사이에 만연된 악덕과 타락을 개혁하는데 큰 성공을 거두었다고 말한다. 그들은 모든 이방인들로부터 자신들을 분리시키는가 하면, 하나님과의 언약을 갱신하기도 했다. 에드워즈가 보기에 이는 "총체적인 대개혁"이라고 할 수 있으며, 하나님이 자신의 영을 획기적으로 부어 주셨기 때문에 가능한 일이라는 것이다.

> 하나님께서 이처럼 자신의 영을 획기적으로 부어 주신 것은 모든 면에서 그의 가시적 교회의 지위를 새롭게 하기 위해 취하신 조처였다 … 그리고 이 성령의 부으심은 그들이 직전에 이방인과 통혼함으로써 저지른 죄로부터 그 민족을 최종적으로 고쳐 놓았다. 그 결과 이전에 그들이 저지른 죄가 참으로 컸지만 이후에 그들은 그것을 지극히 싫어하는 태도를 보여 주었다(김귀탁 역).[52]

구속사의 첫 시기(인간의 타락으로부터 그리스도의 성육신까지의 기간)에 해당하는 구약 시대의 성령의 사역에 대한 에드워즈의 최종적인 언급은 말라기가 구약의 정경을 완결한 직후에 "예언의 영이 신약 시대까지 이스라엘 백성에게 중단되었다"는 것이다.⁵³ 에드워즈는 첫 시기에 대한 긴 강해를 마무리하면서 구약 성경의 모든 부분이 구속 사역과 밀접하게 관련되어 있다는 점을 자세하게 설명한다. 에드워즈가 보기에 그리스도와 그의 구속은 구약 성경의 역사나 예언들 속에서 중요한 주제로 취급되고 있다라고 평가하면서 또 다음과 같이 말한다.

제대로 파악만 한다면, 구약 성경은 그리스도의 복음으로 충만하고, 신약 성경의 주옥 같은 교리 및 약속들을 탁월하게 예증하고 확증하고 있다. 보통 신적 교훈을 전혀 포함하고 있지 않은 책으로 간주되고 있는 구약 성경의 부분들도 사실은 복음 진리의 광산이자 보고이다(김귀탁 역).⁵⁴

에드워즈는 이와 같은 보배를 우리 손에 맡겨 주셨는데도 많은 교인들이 성경을 읽는데 부주의하고 무성의한 것에 큰 책임을 통감해야 한다고 책망하였다. 그리고 "그 안에 있는 성령의 취지를 유의하지 않고 그것을 읽는다면, 이 모든 것이 우리에게 무슨 의미가 있겠는가"라고 주의를 주기도 하였다.⁵⁵

4.2. 예수님의 사역과 성령

조나단 에드워즈는 구속 사역의 역사의 두 번째 시기Second Period를 그리스도의 비하 기간 즉, 그리스도가 성육신한 때부터 부활하실 때까지의 기간으로 제한한다. 에드워즈는 이 시기가 30-40년에 불과한 짧은 기간에 불과하지만 "전무후무하게 아주 중요한 시기"the most remarkable article of time that ever was or ever will be이며, "태초부터 그때까지 일어난 일들보다 훨씬 더 많은 일이 그 기간에 일어났다"고 말한다.⁵⁶ 에드워즈는 "예수 그리스도의 오심을 준비하기 위해 엄청나게 많은 일이 있었다는 사실을 감안할 때, 그리스도가 얼마나 위대하신 분인지, 얼마나 크신 사명을 갖고 오신 분인지" 알 수 있으며, 심지어 "하나님은 태초부터 모든 시대에 걸쳐 그리스도의 오심과 그리스도가 오셔서 세상에서 행하셔야 할 사역을 준비하는 일 외에 다른 일은 하지 않았다"라고까지 말한다.⁵⁷ 에드워즈는 이 시기에 대한 모든 설교의 명제를 "곧 그리스도의 성육신에서부터 그의 부활까지의 시기는 구속이 이루어진 시기였다"로 제시해준다.⁵⁸ 에드워즈는 구속주 예수 그리스도께서 우리의 구속을 이루기 위해서 행하신 위대한 일을 "규모있고 체계적으로 고찰하기 위해" 그리스도가 이 취득을 위한 자격을 얻으려고 성육신하신 것과 그 취득 자체를 양분해서 다루어 나간다.⁵⁹ 에드워즈의 강해를 읽어나가노라면 "그 책 자체의 내용은 전통적이다"라고 논평한 편집자의 평가가 타당함을 공감하게 된다.⁶⁰ 혹은 마이클 데이비드 부쉬의 말대로 "에드워즈는 표준적인 개혁파 정통주의 기독론을 자신의 사고 속으로 통합"시킨 사람이며, "예수님의 삶에 대한 4복음서의 기사들을 액면 그대로 받아들인" 사람이라고 평가할 수 있을 것이다.⁶¹

4.2.1. 예수님의 성육신

에드워즈는 예수 그리스도의 잉태에 대해 "이것은 인간 피조물인 한 사람의 태내에서 이루어졌고, 거기서부터 그리스도는 진실로, 종종 그렇게 불리는 것처럼 인자, 곧 사람의 아들이 되셨다"라고 설명한다. 그러나 그리스도의 잉태는 자연적인 방법이 아니라 "성령의 권능으로 이루어졌다"라고 분명히 밝힌다. 그러면 그리스도께서 성령으로 잉태되었다는 것이 무엇을 의미하는가? 에드워즈는 이에 대해서 다음과 같이 말한다.

그리스도는 성령의 권능으로 말미암아 동정녀의 태내에서, 곧 그녀의 몸의 질료 속에서 형성되었다. 따라서 그리스도는 어떤 남자의 직접적 아들이 아니라 그 여자의 직접적 아들이었다. 그러기에 그리스도는 여자의 후손이요, 남자를 전혀 몰랐던 처녀의 아들이었다.[62]

에드워즈는 예수 그리스도께서 성령의 권능으로 잉태되신 것은 초자연적인supernatural 것이지만, 그의 인성은 자연적 과정을 통해 마리아의 태내에서 점점 자라갔고, 따라서 그의 탄생은 자연적 과정에 따라 이루어졌다고 말한다. 그러나 성령의 권능에 의해서 그리스도는 죄없이 잉태되고 또한 죄없이 출생하였다고 에드워즈는 말한다.[63]

에드워즈는 예수 그리스도의 성육신 사건과 이에 수반되는 첫 번째 사건으로서 성령의 귀환the return of the Spirit을 든다. 앞서 우리가 살펴본대로 말라기 선지자 이후로 예언의 영이 중단되었고, 환상과 직접적 계시가 중단되었었으나, 이제 그리스도의 탄생을 주변해서 성령의 역사가 다시 나타나게 되었다. 그는 사가랴에게 임한 환상, 마리아에게 임한 예언, 요셉에게 임한 예언, 엘리사벳에게 임한 예언 등 몇 가지 예를 열거한다.[64] 에드워즈는 또한 예수님의 선구자인 세례 요한의 사역에 "하나님의 영이 놀랍게 부어지는 역사가 있었다"라고 말한다.[65]

4.2.2. 예수님의 공생애 사역

에드워즈에 의하면 예수님은 30세에 공생애를 시작하셨고 그의 사역 기간은 3년 반 계속되었다고 한다.[66] 그리스도는 공생애를 시작하시면서 세례 요한을 통해 물세례를 받았고, 사탄에 의하여 시험을 받으셨다. 에드워즈는 예수님의 물세례 받으심에 대하여 "엄숙한 취임식"his solemn inauguration이라고 말한 후에, "그리고 그것은 엄숙하고 가시적인 방법으로 성[령]의 기름부음을 받는 사건"이며 "성령이 비둘기같이 임했다"고 말한다.[67] 에드워즈는 예수님이 공생애 동안 행하신 3대 사역으로서 복음 선포, 이적, 제자들을 부르심 등으로 설명한 후에, 그리스도가 "지금까지 행하신 일 가운데 가장 위대한 일, 그리고 그때까지 행하신 일 가운데 가장 중요한 일은 [자기 자신을 희생 제물로] 드리신 일"이었다라고 말한다.[68]

4.3. 구속사의 제3시기

조나단 에드워즈가 전개하는 구속역사의 마지막 세 번째 시기Third Period는 그리스도의 부활에서 시작하여 세상 끝 날에 이르는 시기이다. 세 번째 시기에 대한 에드워즈의 교리적 명제는 이 시기가 "그리스도가 취득한 구원의 놀라운 효력 또는 성공이 일어나도록 되어 있는 시기"라는 것이다.[69] 에드워즈는 이 시기 동안에 그리스도의 구속의 효력이 풍성하게 나타나게 되는 것은 "그리스도 자신의 죽음을 통해 성령에 대한 자격을 획득하고 승천하셔서 수천, 수백만의 영혼들이 회심하도록 성령을 충분히 부어주셨기 때문이다"라고 말한다.[70]

4.3.1. 오순절 성령 강림 사건과 사도행전의 기록들

조나단 에드워즈는 오순절 성령 강림 사건에 대하여 어떻게 설명하는가? 예상할 수 있는 것처럼 에드워즈는 그리스도께서 오순절 날에 성령을 획기적으로 부어주셨다고 말한다.[71] 에드워즈는 성령이 강림한 오순절 날이 주일이라는 사실에 주목한다. 성령 강림일이 주일이 되므로 인해, 유대인들의 안식일이 폐지되고, 그리스도가 부활하신 날이 공적 예배를 드리는 날로 확정되는데 기여를 하였다고 에드워즈는 생각한다.[72]

또한 에드워즈는 오순절 날에 하나님의 영이 충만하게 부어지시고, 사도들과 다른 사람들에게 방언 등과 같은 특별하고 이적적인 은사들

extraordinary and miraculous gifts of the Holy Ghost이 부여되었다는 것에 대해 말하면서, 요엘 2장 28-29절에 기록된 예언의 성취라고 본다. 에드워즈가 보기에 그리스도 탄생 후 사도 시대가 끝날 때까지 백년 동안은 이적이 괄목할 만하게 지속되었기 때문에 기적의 시대age of miracles라고 불린다고 말한다.73 그렇다면 하나님께서 교회에 기적을 주시는 목적이 무엇인가? 에드워즈는 "세상 전역에 기독교 교회를 세우는 그 시대에, 아니 그 세대뿐만 아니라 세상 끝 날까지 모든 시대에 있어서 복음 전파의 유력한 수단"이었다고 말한다. 그리고 사도들은 "성령의 특별한 은사들을 통해… 교회의 신앙과 행위와 삶의 방식에 있어서 무오한 법칙이 되도록 신약 성경을 기록할 수 있었다"고 말한다.74 그런 점에서 후대에 "아무리 위대한 성령의 부으심이 있다 할지라도 사도들에게 성령이 역사하신 방식으로, 즉 기독교 교리의 어떤 항목들에 있어 우리를 오류없이 인도함으로써 우리가 가르치는 것이 기독교의 표준으로 받아 들여지게 하는 방식으로 지금도 성령이 역사하시리라고는 기대할 수 없다"고 에드워즈는 단호하게 말하는 것을 보게 된다.75

에드워즈에 의하면 그리스도께서 죽으시기 전에도 구약 시대에 계시되었던 것보다 훨씬 많은 사실을 계시해 주셨지만, 제자들이 그런 일들에 대해서 "분명한 계시"the clear revelation를 받게 된 것은 오순절에 성령의 부어주심을 받은 후에 된 일이다.76 에드워즈는 그리스도가 승천한 후에 복음의 효력이 영광스럽게 유대인들 가운데 나타나게 된 것도 "오순절에 성령의 부어주심"으로 말미암아 비롯되었다고 말한다. 성령의 부어주심이 임하자 하루에 삼천 명이나 "대규모로 회심하게 되었을 뿐만 아니라 당시의 교회는 경건하기로도 유명"했다는 것이다.77

오순절에 성령의 부어주심의 또 다른 의미는 "그리스도가 그의 왕권을 갖고 오시도록 요구하는 첫 번째 중대한 섭리를 촉발시켰다"는 것이다. 에드워즈에 의하면 "그리스도가 영적으로 세상에 자신의 영광의 나라를 세우기 위해 오시는 것은 그리스도 자신이 하늘에서 내려오신 것으로 표현"되고 있다고 하면서, 요한복음 14장 18절, 28절 그리고 마가복음 9장 1절 등의 성경을 인용한다.[78]

에드워즈는 오순절 성령 강림 사건을 그 후 시대에 반복되어지는 부흥 사건의 첫 시작이라고 생각하였다.[79] 에드워즈는 성령이 오순절날 예루살렘에서만 부어지신 것이 아니고, "사마리아인들에게도 괄목할 만하게 부어졌으며"the Spirit of God was, nextly, wonderfully poured out on the Samaritans,[80] "이후에 방대한 이방인 무리가 세계 각처에서 주로 사도 바울의 사역과 그의 설교에 동반된 성령의 영광스러운 부어지심으로 말미암아 회심했고," "신약성경에서 찾아볼 수 있는 기사 가운데 특정한 도시에서 가장 괄목할 만하게 성령이 부어지신 사건은 대도시인 에베소에서 일어난 사건일 것이다"고 말한다.[81] 따라서 에드워즈에 의하면 오순절 성령 강림 사건과 더불어 질적인 변화가 일어난 것이 아니고, 하나님 나라의 양적인 확장이 일어났다고 판단한 판 플라스따윈 박사의 평가가 타당하다고 생각되어진다.[82]

4.3.2. 교회사 시대

에드워즈는 신약 시대를 다룬 후에 교회사 시대로 논의를 전개해 나간다. 그가 크게 주목하는 시대는 콘스탄틴 대제의 시대이다. 에드워즈는 그 시대에 "세상에서 가장 큰 변혁"이 일어났다고 평가하였다. 그것은 여러 가지 면에서 그리스도가 그의 백성을 구원하고 세상을 심판하기 위해 하늘 구름을 타고 오시는 것과 비견되었다고 말한다.[83] 콘스탄틴의 시대에 이르러 교회는 박해로부터 구원을 받고, 원수들이 심판당하는 것을 보게 되며, 평화와 번영의 시대에 돌입하게 되었다고 말한다.[84] 에드워즈는 옛 이교 세계의 종말이 그 중심부인 로마에 임하게 되었으며, 영광의 복음 시대에 대해 구약 성경이 예언하고 있는 말씀, 특히 다니엘의 예언들의 특별한 성취라고 말하기도 한다.[85]

천국은 영광스러운 지위를 갖고 임한다. 그 나라는 천국의 주재이신 여호와가 사탄의 나라를 멸망시키고 세우신다. 그리고 그 성공은 그리스도가 취득하신 구속의 결과이고, 그 영예는 그가 땅에 계실 때 받은 불명예에 대한 보상으로 아버지가 주신 것이다. 그리고 이제 우리는 타락 이후로 그 건물이 가장 영광스럽게 세워진 모습을 보게 된다(김귀탁 역).[86]

그리고 에드워즈는 이교 제국이 멸망한 때부터 적그리스도가 출현할 때까지 사탄이 교회를 오염시키는 방식 중의 한 가지는 교회를 이단들로 오염시키는 것이라고 말하면서, 아리우스파Arianism와 펠라기우스 이단Pelagianism을 언급한다. 이 이단들은 성령의 역사에 대한 그릇된 견해를 유포하였다. 에드워즈에 의하면 아리우스 파는 "삼위일체 교리를 부정하고, 그리스도의 신성과 성령을 부인하면서, 그것이 단순한 피조물이라고 주장"했고, 펠라기우스 이단은 원죄를 부인하고 자유의지의 능력을 주장하면서 "회심할 때 하나님의 영의 역사를 부정"하였다고 바르게 비평한다.[87]

에드워즈는 종교개혁의 전통을 따라 중세 교황제도papacy를 적그리스도라고 해석한다. 그리고 종교개혁에 대해 "하나님께서 암울한 흑암의 밤을 거친 후에 그의 교회를 다시 영광스럽게 하고, 그의 아들의 나라를 크게 발전시키기 시작하신 사건"이라고 말한다. "종교개혁 이전에도 진리를 위한 증인들을 통해 많은 노력이 있었지만, 이제 정하신 때가 되자 하나님의 사역은 갑자기 발흥하여 신속하고 경이롭게 전개되기 시작했다"라고 말한다.[88] 에드워즈는 "종교개혁 초기에는 하나님의 영이 영광스럽게 부어지는 역사가 동반되어서 단시일에 큰 무리를 로마 교회로부터 참된 종교로 개종시켰을 뿐만 아니라 많은 사람들을 참된 경건으로 이끌었다"고 말하는가 하면, 종교개혁 시대에는 "정통주의 정신"spirit of orthodoxy과 "기독교의 신비적이고 영적인 교리에 대한 열정"zeal for the mysterious and spiritual doctrine of Christianity이 있었다고

호평한다.⁸⁹

그러나 종교개혁에 대항하여 사탄도 반 종교개혁Counter-Reformation 운동을 일으켰는데, 그 중에 한 가지는 "부패한 사상을 통한 반대"였다고 에드워즈는 주장한다. 에드워즈는 그러한 예들로 재세례파, 소시누스파, 아르미누스파, 아리우스주의, 이신론 등을 언급한다.⁹⁰ 이중에 성령의 사역과 관련하여 문제가 되는 것은 재세례파Anabaptists와 아리우스주의이다. 재세례파는 열광주의자들enthusiasts로서 독일에서 시작하였으며, 그 추종자들 가운데는 에드워즈 당시 미식민지에서도 활동하고 있던 퀘이커 교도들도 있다고 말한다.⁹¹ 그리고 영국 교회와 비국교도 사이에 다시금 만연하고 있는 아리우스주의는 그리스도와 성령은 단지 피조물에 불과하다고 주장하기 때문에 에드워즈의 비판의 대상이 되었다.⁹²

에드워즈는 자신이 활동하고 있던 시대에도 "복음의 성공이 어떻게 나타나고 있는지, 또는 근래에 개혁파 교회에서 복음은 어떤 효력을 갖고 있는지"에 대해서 세 가지를 지적하였다. 첫째, 기독교 국가로 불리는 지역에서의 교리와 예배의 개혁-에드워즈는 모스크바 대공국에서 일어난 개혁을 주목한다. 둘째, 이방인 사이에서의 복음 전파-미국 인디언들 사이에서, 모스크바 대공국에서, 동인도의 이교도 사이에서 괄목할만하게 복음이 전파되고 있음을 말한다. 셋째, 신앙의 능력과 실천이 다시금 부흥하게 됨 - 에드워즈는 독일의 경건주의자 아우구스트 헤르만 프랑케의 주도로 일어난 자선활동을 주목하고, 뉴잉글랜드 지역에 하나님의 영이 괄목할 정도로 부어진 것에 대해서 언급한다.⁹³

에드워즈는 또한 구속의 효력이 자신의 시대부터 적그리스도가 몰락하고 사탄의 가시적 왕국이 멸망할 때까지의 기간 동안 어떻게 진행되는지에 대해서 설명해 나간다. 에드워즈에 의하면 이 기간에 대해 의지할 수 있는 인도자는 성경의 예언들 말고는 없다고 한다.⁹⁴ 에드워즈는 교회의 영광 시대가 임하기 직전에 암흑 시대가 먼저 임하게 될 것이라고 말한다. 그 시대의 특징은 "신앙에 대한 관심에 있어서 칠흑 같은 암흑 시대로서, 땅에 믿음이 거의 없고, 불신앙이 크게 만연되어 있는 곳이 될 것"이라고 한다.[95] 이때에는 하나님의 활동이 "아주 신속하지만 점진적으로"though very swiftly, yet gradually 진행될 것이라고 예견했다. 그러고 나서 하나님의 영광스러운 역사가 성취되기 시작할 것이라고 에드워즈는 말한다. 그러면 하나님의 영광스러운 일이 어떻게 성취되는가? 먼저 "하나님의 영이 놀라운 신앙의 부흥과 확장을 위해 영광스럽게 부어질 것이다"라고 말한다.[96] 하나님의 영의 부어주심이 시작되면 "현재 크게 만연되어 있는 죄악과 불경을 크게 억제시키고, 지금 세상에서 크게 멸시받고 조롱받고 있는 산 신앙을 크게 부흥"시킬 것이라고 예고한다. 그래서 이사야 44장 3-5절에서 예언하고 있는 대로 "전무후무한 회심의 역사가 일어나고 계속될 것"이라고 한다.[97] 하나님께서는 이와 같은 역사를 수행할 수 있도록 자기 백성들에게 성령을 부어 주실 것인데, 하나님의 일을 수행할 수 있도록 필요한 영광스러운 수단들을 제공해 주시고, "그리스도의 나라의 확장과 영혼들의 구원과 복음 전파에 대한 지식과 지혜와 열심을 채워 주실 것이다"고 말한다.

에드워즈에 의하면 다가오고 있는 그 영광의 시대는 "교회의 희년"the church's year of jubilee이라고 명명되어진다. 그 시대는 명백하고 강력한 복음 전파와 함께 성령의 영광스러운 부어주심이 함께 하는 시기가 될 것이다. 그 결과로 다음과 같은 일들이 일어나게 될 것을 그는 내다본다.

> 세상에서 가장 크게 조롱받고 있는 경건한 신앙의 교훈들이 크게 되살아나고, 무수한 무리가 이단과 로마 교회와 다른 거짓 종교로부터 등을 돌리고, 허다한 사람이 악덕과 불경을 버리며, 방대한 무리가 구원을 받아 그리스도를 소중히 여기게 될 것이다(김귀탁 역).[98]

에드워즈에 의하면 이와 같은 회심의 역사가 아주 신속하게 더욱 크게 확대되어질 것이지만, 사탄의 왕국을 방어하기 위해 교회를 훼방하는 최후의 발악이 적그리스도와 모하멧주의와 이교 사상 등의 연합 세력으로부터 일어나게 될 것이라고 보았다.[99] 그러나 그리스도의 교회는 이 전쟁에서 그들의 원수들을 완벽하고 철저하게 물리치고 승리를 쟁취하게 될 것이다. 에드워즈는 이 승리를 일곱번째 대접이 쏟아질 때 주어지는 승리로 본다(계 16:17).[100] 그리고 에드워즈는 그리스도와 그의 군대는 "그의 말씀과 성령으로 그들을 대적하고 그들과 맞서 싸워" 승리하게 된다고 말한다.[101] 그리하여 사탄의 가시적 지상 왕국은 멸망하고, 하나님의 말씀은 신속하고 빠르게 온 땅에 전파될 것이다. 에드워즈는 이 시기에 이단과 불신앙과 미신이 완전히 타파되며, 적 그리스도의 왕국이 완전히 전복되며, 모하멧 왕국의 전복뿐 아니라 유대인들의 불신앙도 타파될 것이라고 예견한다. 특히 에드워즈는 로마서 11장 26절을 유대인들의 민족적 회심this national conversion of the Jews으로 해석한다.[102] 또한 에드워즈는 사탄이 세운 이교도 왕국도 전복될 것을 예고한다. 짐승보다 못한 상태에 있는 아프리카의 많은 민족, 곧 흑인들과 다른 원주민들이 "영광스러운 빛의 조명을 받고 그 모든 흑암에서 해방되며, 예의 바르고, 기독교적이고, 이성적이고 거룩한 백성a civil, Christian, and an understanding and holy people이 될 것"이라고 예견한다.[103] 아메리카의 원주민들, 동인도, 터키, 북극과 남극, 그리고 발견되지 아니한 모든 지역에 그리스도의 나라가 세워질 것이라고 보았다.[104]

4.3.3. 천년왕국 시대

널리 알려진 대로 조나단 에드워즈는 후천년설 입장에서 천년왕국 시대를 설명한다.[105] 에드워즈는 요한계시록 20장 1-3절을 인용한 후에 이것은 "지금까지 일어난 어떤 것보다 더 위대한 혁명"the greatest revolution by far that ever came to pass 의 시대가 될 것이라고 말한다. 그리고 이것은 "성경에서 심판하러 오시는 그리스도로 비유되고 있는 세 번째 중대한 섭리의 역사"라고도 말한다.¹⁰⁶ 이전 시대의 교회는 씨를 뿌리는 시대로서 눈물과 피로 씨를 뿌렸다면, 이제는 "추수를 거둘 때로서 기쁨으로 그 단을 가지고 다시 돌아오는" 복을 누리게 될 것이라고 주장한다.¹⁰⁷ 또한 지상교회와 천상교회는 "한 마음과 한 뜻으로 영광스럽게 하나님을 즐거워하고 찬송하게 될 것이다." 이 시기는 "영광스러운 복음 시대"이며 다른 시기들은 이 시기에 대한 전조와 예비가 된다.¹⁰⁸ 에드워즈에 의하면 이 시기는 영광스러운 미래에 대한 구약의 모든 예언들이 다 성취되는 시기이기도 하다고 말한다.

에드워즈는 영광스러운 복음 시대 즉, 천년왕국 시대의 특징들을 여러 가지로 설명해준다. 첫째, 이 시기는 큰 빛과 지식이 지배하는 시기가 될 것에 대해 에드워즈는 다음과 같은 감동적인 필치로 말한다.

> 큰 지식이 모든 곳에서 주어질 것이다. 그때는 대다수 흑인과 인디언들이 신학자가 되고, 아프리카와 에티오피아와 터키에서 수준 높은 책들이 출판될 것을 바랄 수 있다. 학자들만이 아니라 평범한 사람들도 그때에는 신앙적 지식이 풍성해 질 것이다 … 그때는 종교적 교리의 난제들이 놀랍게 해명되고, 외관상 모순들이 다 해결될 것이다(김귀탁 역).¹⁰⁹

둘째, 이 시기는 거룩함이 충만한 때가 될 것이다. "살아 있는 신앙이 모든 곳에서 풍성하고 팽배할 것이며 … 두드러졌던 죄악도 도처에서 억제되고, 참된 거룩함이 보편화될 정도는 아닐지라도 일반화될 것이다." 그 때는 모든 사람들이 일상적인 업무와 일을 하는데 있어서 "거룩함이 생생히 드러나고, 일반적인 가정 생활도 하나님께 바쳐지며 거룩한 목적으로 행하게 될 것이다."¹¹⁰

셋째, 그때에는 모든 면에서 신앙이 가장 좋은 때가 될 것이다. 즉 에드워즈에 의하면 그 시대는 "신앙이 크게 중시되고 영예를 얻는 시대가 될 것이며… 성도들이 최고가 될 것이다." 그때에 왕들은 그들이 가진 모든 권세와 영광과 부요함을 가지고 "그리스도의 영예 및 영광과 그의 교회의 유익을 높이는데 사용"하게 될 것이라고 에드워즈는 내다보았다.[111]

넷째, 그때는 넉넉한 평화의 시대가 될 것이다. 세상을 지배하던 혼란, 전쟁, 그리고 피흘림 대신에, "보편적 사랑과 선한 이해"universal peace and good understanding가 있을 것이라고 에드워즈는 보았다.[112] 에드워즈는 이상적인 이 시대에는 지배자와 백성들의 관계도 질적으로 변화할 것이라고 예고한다.

> 지배자는 그 백성을 사랑하고, 온 마음을 다해 그들의 최고선을 추구할 것이다. 그리고 백성은 그 지도자를 사랑하고, 기쁘게 그들에게 복종하고, 그들에게 합당한 영예를 돌릴 것이다. 또한 돌보는 자와 돌봄을 받는 자 사이에도 행복한 사랑과 평강이 충만할 것이다.

그리고 성령의 고상한 열매들인 미덕들이 탁월하게 나타날 것이라고 주장한다. 에드워즈에 의하면 "그때는 사람들의 기질과 성향이 하나님의 어린 양이신 사랑스러우신 예수님 같이 될 것이다. 몸은 머리에 순응할 것"이라고 한다.[113]

에드워즈는 이와 같은 교회의 황금 시대가 얼마나 지속될 것인가에 대해서 문자적인 천년이라고 생각하지는 않았다. "교회의 번영 상태의 지속 기간에 대해 간략히 말해 보겠다. 그것은 오랜 기간이 될 것이다"라고 에드워즈는 말하면서 요한계시록 20장 4절("천년 동안 왕노릇 하니라")과 이사야 60장 15절("영원한 아름다움과 대대의 기쁨이 되게 하리니")을 같이 인용함으로써 천년은 곧 시간적으로 계측할 수 없는 오랜 시간을 가리킨다고 해석하였다.[114]

그러나 에드워즈에 의하면 교회의 번영 상태가 끝나갈 시점에는 대배교the great apostasy의 시기가 도래하게 될 것이라고 보았다. 대배교는 세상이 끝나기 직전에 일어나고, 백성 대다수가 그리스도와 그의 교회에서 크게 멀어진다는 점에서 대배교가 될 것이다. 무저갱에 갇혔던 사탄이 잠시 풀려나게 되어 활동하게 됨으로 "오랫동안 큰 번성기가 지속되던 인간 세상은 이제 그 번성을 그들의 정욕과 타락을 섬기는데 악용하기 시작하게 될 것이다."[115] 다시금 악의 세력이 융성하여 교회는 큰 위협에 빠지게 될 것인데 고난 중에 있는 성도들은 주님의 긴급한 재림을 간절히 사모하게 될 것이다.

4.3.4. 재림, 심판, 천국

그리 길지는 않겠지만 그러나 교회의 생사가 위협받을 만큼 심한 대배교의 시대가 차면 마침내 주님께서는 아버지의 영광으로 하늘 구름을 타고 거룩한 모든 천사와 함께 강림하실 날이 오게 될 것이라고 에드워즈는 생각하였다.[116] 그때가 되면 성도들은 원수들의 위협과 두려움에서부터 완전히 구원받게 될 것이며, "그리스도의 얼굴에서 자기를 향한 무한한 사랑을 보게 될 것이며, 그리하여 그 마음속에 기쁨이 충만하여 구름을 타고 오시는 그들의 구속주를 맞이하게 될 것이다"고 말한다.[117] 천사장에 의해서 마지막 나팔 소리가 울려 퍼지고 죽은 자는 부활하고 산 자는 변화될 것이며, 악인들의 몸은 "죽지 않고 영원한 고통을 받기에 합당한 몸으로 바뀌게 될 것이지만," 성도들의 몸은 "그리스도의 영광스러운 몸과 같이 바뀌게 될 것이다(고전 15:51-53)"라고 주장하였다.[118] 에드워즈는 그리스도의 재림과 동시에 성도들이 누리게 되는 영화의 상태에 대해서 다음과 같이 자세하게 묘사해 주고 있다.

그때 성도들의 몸은 완전히 변화되어 이전에 나타났던 고통, 불안, 침체와 중압감, 그리고 불구와 같은 증상들이 더 이상 그들에게 영원히 일어날 수 없는 상태가 될 것이다. 그들은 힘과 아름다움과 활력과 썩지 않고 영원히 시들지 않는 영광을 소유하게 될 것이다. 그리고 이 영광은 부활한 모든 성도의 몸에 나타날 것이다. 또한 구속 사역은 다른 면에서도 끝나게 될 것이다. 곧 택하심 받은 자들은 모든 영혼과 육체 모두가 실제로 구속을 받게 될 것이다. 이전의 구속 사역은 그 실제적 효력 면에서 볼 때 불충분하고 불완전했다. 왜냐하면 그때는 몇 몇 사례를 제외하고는 영혼만이 실제로 구원받고 영화되었기 때문이다. 그러나 이제는 성도들의 모든 몸이 함께 구원받고 영화되고, 모든 택하심 받은 자들의 전인이 영화되며, 영혼과 육체가 하나로 연합될 것이다.[119]

재림의 날에 또한 심판정이 베풀어질 것인데 마귀들과 악인들은 심판석 앞에 도열하게 되겠지만, 성도들의 전체 교회는 공중에서 주님을 영접하기 위해 구름 속으로 끌어올려 가게 될 것이라고 에드워즈는 설명한다.[120] 우리는 에드워즈가 구속 사역의 완성에 대해서 설명하는 중에 현존하는 이 땅으로부터 해방되게 될 것이라고 말하는 대목을 주의해서 읽어야 한다.

게다가 구속 사역은 또 다른 면에서도 끝나게 될 것이다. 즉, 그때 전체 교회는 완전히 그리고 영원히 현재 이토록 악한 세상, 영원히 버림 받을 이 저주 받은 땅에서부터 구원받게 될 것이다.[121]

그들이 떠나가면(즉, 성도들의 교회) 이 세상은 불에 타 거대한 용광로가 되고, 그 안에서 그리스도 및 그의 교회의 모든 원수가 영원토록 고통당할 것이다 … 이 아래 세상은 온통 불로 휩싸일 것이다.[122]

그리고 새 하늘과 새 땅, 곧 그리스도가 부활하신 후부터 시작된 만

물의 새로운 상태는 옛 하늘과 옛 땅의 물리적 체계가 파괴된 후에 완전히 마무리 될 것이다.[123]

개혁주의 관점에서 또 하나의 비판의 대상이 될 만한 에드워즈의 세계 멸절설Annihilatio mundi이 개진되고 있는 내용들이다. 에드워즈는 구속사 설교를 행한지 3년 뒤인 1742년에 출간한 『균형잡힌 부흥론』에서도 "이 절기가 끝나면 이 낮은 세상은 파괴될 것이다"라고 분명하게 선언하고 있는 것을 보아서 에드워즈의 입장은 분명 세상 파괴설이었다고 할 수 있다.[124] 그러나 이것은 세계 갱신론apokatastasis ton panton을 성경적인 교리로 파악하고 변호하고 있는 개혁주의의 입장과는 다른 입장이고 오히려 루터파의 견해와 가까운 입장이라고 할 것이다.[125]

그러면 공중으로 올려진 모든 교회는 어떻게 된다고 에드워는 설명하고 있는 것일까? 에드워즈는 모든 교회는 그리스도와 함께 가장 높은 하늘로 들어가게 된다고 말한다. 그리스도는 교회를 자신의 약속대로 아버지의 집으로 인도할 것이며 거기서 교회는 가장 크고 영원한 행복과 영광을 누리게 될 것이라고 한다. 이로써 교회는 가장 완전한 영광의 상태에 도달하게 되며, 전체 구속의 사역은 끝맺음을 하게 되는 것이다.[126] 에드워즈는 하늘에서 성도들이 누리게 되는 영광에 대해서 누구보다도 성경적인 묵상을 많이 한 사람이었다.[127] 에드워즈는 한 설교 속에서 하늘에서 "그리스도와 성부 하나님과 성도들이 한 사회, 한 가족"을 이루어 살게 되며, "교회가 복되신 삼위일체 하나님의 사회 안으로 받아들여"지게 될 것이라고 말하기도 한다.[128] 그리고 에드워즈는 하늘에서 성도들이 누리게 될 영광과 행복이 성령의 사역과 어떻게 연관이 되어 있는지를 다음과 같이 묘사한다.

> 하늘의 성도들은 자신의 모든 행복, 자신의 모든 거룩함 그리고 자신의 모든 빛에 있어서 지상의 성도들과 마찬가지로 하나님에게 의존한다. 지상에서와 마찬가지로 거기에서 모든 것은 성령을 통하여 하나님으로부터

온다. 그들이 하나님에 대한 지복의 비전을 가지는 것은 하나님으로 가득 차 있고, 하나님의 성령으로 충만해 있기 때문이다.[129]

그리고 에드워즈는 성도의 행복을 삼위일체 하나님의 공동체적 삶에 참여하는 것으로 이해하였다. 그리스도는 성도들을 타락의 결과와 원수들에게서 건져내어 "하나의 영광스러운 사회 속으로 들어가게 하시고 그 안에서 모두가 연합하게" 하셨을 뿐 아니라,[130] 성도들은 하늘에서 삼위일체의 사회 혹은 하나님의 가정 속으로 들어가도록 허락된다고 말한다.[131] 에드워즈는 구속 사역의 완성의 결과 교회의 영화뿐 아니라 삼위일체 하나님이 영광을 크게 받으시게 될 것이라고 말한다.

또한 위대한 구속주인 그리스도는 가장 완전한 상태로 영화롭게 되고, 하나님 아버지는 그로 말미암아 영화롭게 되며, 성령은 모든 교회의 심장 속에 그리스도의 사역이 완전하게 될 때 가장 큰 영광을 받게 될 것이다.[132]

하나님의 자기 영화 이것이야말로 구속 사역의 가장 중요한 목표인 것이다.

4.4. 소결론

이번 장에서는 에드워즈의 성령론을 구속사적 관점에서 살펴보았다. 에드워즈는 투레티누스, 에임스, 판 마스트리히트 등이 쓴 정통적인 조직신학 교본으로 만족하는 한편, 역사적 형태로 쓰여진 새로운 신학 교과서를 쓰고자 하는 평생의 염원을 가지고 있었다. 물론 그의 갑작스러운 죽음으로 평생의 염원을 이루지는 못했지만, 남아 있는 그의 연속 강해를 통해서 그가 전개한 구속사역의 역사의 윤곽을 알 수 있게 된다.

에드워즈는 구속 사역의 역사를 하나님께서 인간의 타락 이후부터 세상 끝날까지 수행하시는 활동이라고 정의한다. 에드워즈에 따르자면 구속 사역의 역사는 구원의 취득에 한정해서 볼 수도 있지만, 하나님이 이 목적을 행하시거나 성취하시는 모든 활동을 포함한다고 할 수 있다. 에드워즈는 구속 사역의 시기를 크게 3시대로 구분하여 다루었다. 1) 인간의 타락으로부터 그리스도의 성육신까지의 기간, 2) 그리스도의 성육신으로부터 그의 부활까지의 기간, 곧 그리스도의 비하 기간 전체, 3) 그리고 그리스도의 부활부터 세상 끝날까지의 기간 등으로 삼분하였다.

에드워즈가 첫 번째 시기라고 명명한 것은 구약에 기록된 시기와 일치한다. 이 시기에는 구속 사역을 준비하는 시기였다. 그는 구속 사역의 시작점terminus a quo을 타락에서부터 잡는다. 에드워즈는 구약에서도 하나님의 백성인 교회의 존재를 분명하게 긍정하고 있고, 시대마다 성령의 괄목할만한 부어주심(그가 부흥이라는 용어보다 더 많이 사용한 동의어)이 역사의 주동인이었고 교회 공동체를 새롭게 갱신하는 힘이었다. 에드워즈에 의하면 타락한 이후에 첫 번째 성령의 부어주심은 에노스 시대에 일어났다고 한다. 그리고 에드워즈는 구약의 여러 세대에 성령을 부어주신 일과 그 의미를 해명했다. 광야 2세대, 사사 시대, 사무엘 시대, 다윗의 시대, 히스기야, 요시야 시대, 바벨론 포로 후기의 청년 세대 등, 시대마다 하나님께서는 그의 성령을 부어주심으로 구약의 교회를 새롭게 하시고, 공적 예배를 새롭게 하시며, 예언의 영을 부으사 신약 시대를 예비케 하셨다고 한다.

에드워즈가 말하는 구속사의 제2시기는 그리스도의 성육신으로부터 그의 부활까지의 시기로써 구속을 이루신 시기이다. 에드워즈는 성령의 권능으로 그리스도가 잉태된 것에 대해서 정통적으로 해설한다. 그리고 예수 그리스도의 탄생과 더불어서 400여년 동안이나 떠나 갔던 예언의 영의 귀환을 지적한다. 그리고 예수님의 공생애 취임식에 해당하는 요단강 수세 사건과 성령 강림 사건에 대해서도 설명하고, 그의

3대 사역으로서 복음선포, 이적, 제자들을 부르신 일을 하셨지만 가장 중요한 일은 바로 자기 자신을 희생 제물로 드리신 것이라고 지적한다. 에드워즈는 예수 그리스도의 성육신, 공생애 시작, 그리고 공생애 사역, 희생적인 죽으심 등으로 이어지는 그리스도의 구속 취득의 사역에 있어서 함께 하신 성령의 역사의 중요성을 잘 강조하였다.

제3의 시기는 그리스도의 부활에서 시작해서 세상의 끝 날에 이르기까지 그리스도가 취득하신 구원의 놀라운 효력 또는 성공이 일어나고 적용되는 시기이다. 이와 같은 일이 가능하게 된 것은 그리스도가 자신의 죽음을 통해 성령에 대한 자격을 획득하고 승천하셔서 수많은 영혼들의 회심을 위해 성령을 충분히 부어 주셨기 때문이다. 에드워즈는 하나님의 영이 충만하게 부어지신 오순절 성령 강림 사건에 특별히 주목을 한다. 그에 의하면 오순절 성령 강림 사건의 의미는 비범한 은사들을 주심으로 교회를 세우시고, 분명한 계시를 제자들에게 주시며, 그리스도가 그의 왕권을 가지고 영광의 나라를 세우시기 위해서 강림하신 사건이라고 하는데 있다. 그러면 현대에서 논쟁거리였던 오순절 성령 강림 사건의 단회성과 반복성의 관점에서 보자면 에드워즈의 입장은 무엇이었을까? 에드워즈는 그리스도의 구속 사역의 결과로 이루어진 성령 강림 사건의 구속사적 유일회성을 분명히 인정한다. 그럼에도 불구하고 오순절 성령 강림 사건으로 성령 강림 사건이 끝이 났다고 생각하지 않는다. 그는 사도행전 가운데 여러 차례 성령이 부어지신 사건을 주목하였고, 교회사 시대에도 부흥과 대각성 운동을 통해서 성령이 괄목할만하게 부어지신 예들을 지적하였다. 특히 그는 종교개혁 시대와 자신의 시대에 임하신 성령의 부어주심을 중요하게 생각하였다. 에드워즈는 오순절 성령 강림 사건을 교회사 가운데 반복되는 부흥 사건의 시작이라고 생각했다.

그러면서도 에드워즈는 교회의 영광 시대 즉, 천년왕국 시대에 성령의 더 큰 부어주심의 시대가 있을 것을 확신하면서 그 날을 간절히 고

대하며 살았다. 그는 천년왕국의 시대는 역사상 유례가 없을 정도로 성령이 풍성하게 부어지시는 시기로써 교회의 황금시대가 될 것이라고 믿어 의심치 않았다. 복음이 온 세상에 전파되고, 영적인 이해와 풍성한 사랑이 사람들의 마음과 공동체를 지배하게 될 것이라고 보았고, 이것은 성령의 풍성한 임재와 역사로써 이루어지는 것이라고 에드워즈는 생각했다. 에드워즈가 개진한 입장은 소위 후천년설postmillennialism이라고 할 수 있다. 이 영광의 시대 끝에 대배교의 시대가 잠시 이어지고, 그리고 그리스도의 재림으로 인하여 인류 역사는 마감하게 되며 심판이 있고 의인들은 하늘에서 주님과 함께 영원히 살게 되는 것으로 구속의 역사는 끝이 나고 완성이 된다. 이렇게 대하와 같이 긴 구속 사역의 주요 동인은 바로 성령의 부어주심 혹은 부흥의 역사라는 것이 에드워즈의 지론이다. 그리고 이러한 구속 사역의 궁극적인 목적은 인류의 구원을 통한 하나님의 자기 영화이다.

우리는 에드워즈의 구속사 가운데서 통으로 읽는 그의 성경 이해와 교회사 이해를 만끽하게 된다. 그의 이해는 페리 밀러의 비판처럼(실제로는 에드워즈의 장점일 것인데) 근본주의식의 성경 읽기라고 할 수 있을 정도로 성경의 권위를 충실하게 인정하고 문자적인 이해를 견지하는 것을 볼 수 있다. 그리고 그의 종말론에 있어서는 세계 파괴설과 같은 비개혁주의적인 요소들도 있다는 점을 유념해야 한다. 그럼에도 불구하고 그의 구속사 이해와 구속사에 있어서 성령의 역사의 중심성에 대한 강조는 18세기라는 상황을 염두에 두고 읽는다면 실로 획기적인 일이고 기여한 바가 크다는 점을 긍정해야 할 것이다. 에드워즈의 저술이 19세기에 이르러 베스트 셀러가 되고 특히 선교 사역에 지속적인 영향을 미친 것이 그 대표적인 증거라고 할 것이다.

주

1. 조나단 에드워즈는 조직신학서를 저술하지도 않았고, 그의 신학은 조직신학적이지도 않았다. 그럼에도 불구하고 그는 존 칼빈의 기독교강요, 윌리엄 에임스의 *Medulla Theologica*, 프랑수아 투레티누스의 *Institutio Elencticae Theologiae* (3 Vols.), 페트루스 판 마스트리히트의 *Theologia theoretica et practica Theologia* 등을 신학의 표준으로 삼고 활용하였다.
2. 에드워즈는 사위 아론 버의 요절로 인해 공석이던 뉴저지 대학 학장직을 맡아달라는 제의를 받고 이사회에 주저하는 편지를 보낸 적이 있었다. 그는 편지 속에서 그의 저술 계획에 대하여 상세하게 설명하고 있다. Edwards, "To the Trustees of the College of New Jersey," *WJE* 16:727-28: "But besides these, I have had on my mind and heart(which I long ago began, not with any view to publication) a great work, which I call *A History of the Work of Redemption*, a body of divinity in an entire new method, being thrown into the form of an history, considering the affair of Christian theology, as the whole of it, in each part, stands in reference to the great work of redemption by Jesus Christ; which I suppose is to be the grand design of all God's designs, and the *summum and ultimum* of all the divine operations and degrees; particularly considering all parts of the grand scheme in their historical order. The order of their existence, or their being brought forth to view, in the course of divine dispensations, or the wonderful series of successive acts and events; beginning from eternity and descending from thence to the great work and successive dispensations of the infinitely wise God in time, considering the chief events coming to pass in the church of God, and revolutions in the world of mankind, affecting the state of the church and the affair of redemption, which we have an account of in history or prophecy; till at last we come to the general resurrection, last judgment, and consummation of all things; when it shall be said, "It is done. I am Alpha and Omega, the Beginning and the End"[Rev. 22:13]. Concluding my work, with the consideration of that perfect state of things, which shall be finally settled, to last for eternity. This history will be carried on with regard to all three worlds, heaven, earth, and hell: considering the connected, successive events and alterations, in each so far as the Scriptures give any light; introducing all parts of divinity in that order which is most scriptural and most natural: which is a method which appears to me the most beautiful and entertaining, wherein every divine doctrine, will appear to greatest advantage in the brightest light, in the most striking manner, showing the admirable contexture and harmony of the whole."
3. 에드워즈는 연속 강해 이후에 본격적으로 저술을 하기 위하여 오랫동안 기초 작업을 수행했던 것으로 파악된다. 에드워즈는 예비 작업을 담은 세 권의 노트를 남겼다(John F. Wilson, "Jonthan Edwards' Notebooks for *A History of the Work of Redemption*," *WJE* 9:543-56).
4. 초판- *A History of the Work of Redemption. Containg, the Outlines of a Body of*

Divinity, in a Method entirely new. By the late Reverend Mr Jonathan Edwads, President of the College of New Jersey (Edinburgh: W. Gray, 1774). 초판의 출판 경위에 대해서는 John F. Wilson, "Editor's Introduction," *WJE* 9:22-28을 보라.

5. Edwards, *A History of the Work of Redemption. WJE* 9, ed., John F. Wilson (New Haven and London: Yale University Press, 1989) =『구속사』, 김귀탁 역 (서울: 부흥과개혁사, 2007).
6. Edwards, *A History of the Work of Redemption. WJE* 9:116: "The Work of Redemption is a work that God carries on from the fall of man to the end of the world."
7. Edwards, *A History of the Work of Redemption. WJE* 9:117.
8. 에드워즈가 본서에서 제시하고 있는 3시기란 1) 인간의 타락으로부터 그리스도의 성육신까지의 기간, 2) 그리스도의 성육신으로부터 그의 부활까지의 기간, 곧 그리스도의 비하기간 전체, 3) 그리스도의 부활부터 세상 끝 날까지의 기간 등이다(Edwards, *A History of the Work of Redemption. WJE* 9:128).
9. Edwards, *A History of the Work of Redemption. WJE* 9:531, 122-26.
10. Edwards, *A History of the Work of Redemption. WJE* 9:125-26: "And [also] that the Son should thus be glorified and should glorify the Father by what should be accomplished by the Spirit to the glory of the Spirit, that the whole Trinity conjunctly and each person singly might be exceedingly glorified." 또한 같은 책 345도 보라.
11. 본서를 "the culmination of his work"라고 평가한 학자는 Wilson Kimnach이다. 그의 학위논문인 "The Literary Thechniques of Jonathan Edwards"(Ph. D. diss., University of Pennsylvania, 1971), 241, 374-78; Wilson, "Editor's Introduction," *WJE* 9:61에서 재인용함. 그리고 올라 윈슬로우도 말하기를 조나단 에드워즈가 본서를 그의 생애 중 위대한 작업이며 신학에 가장 중요한 기여가 될 것이라고 생각했다고 평가한다(Winslow, *Jonathan Edwards* 1703-1758, 309).
12. Edwards, *A History of the Work of Redemption. WJE* 9:128
13. Edwards, *A History of the Work of Redemption. WJE* 9:78
14. Edwards, *A History of the Work of Redemption. WJE* 9:118.
15. Edwards, *A History of the Work of Redemption. WJE* 9:118. 에드워즈는 그리스도의 비하기간을 다루는 구속사역의 2시기를 다루기 시작하면서도 다음과 같이 말한다: "It may also be observed that all that was done before the beginning of time in the eternal counsels of God, and that eternal transaction there was between the person of the Trinity, chiefly respected this period" (Edwards, *A History of the Work of Redemption. WJE* 9:294).
16. 구원 언약(*pactum salutis*)에 대해서는 Herman Bavinck, *Reformed Dogmatics*, trans. John Vriend (Grand Rapids: Baker, 2006), 3:212-16, 227-28, et passim. 그리고 Richard A. Muller, *Dictionary of Latin and Greek Theological Terms* (Grand Rapids: Baker, 1989), 217등을 보라.
17. 에드워즈의『구속사』와 유사한 주제를 다루고 있는 앞선 작품이 있다면 어거스틴의 *De Civitate Dei* (413-26)일 것이다. 에드워즈가 - 적어도『구속사』라는 저술에서 만큼은 - 구속의 사역을 강조하다 보니 창조에 대한 논의를 소홀히 하고 있는데 반하여, 어거스틴

의 경우는 *De Civitat Dei*, 11권과 12권에서 창조에 대해서 많은 논의를 하고 있다.
18. Edwards, *A History of the Work of Redemption*, WJE 9:118.
19. Edwards, "Miscellanies," no. 479, WJE 13:523.
20. 에드워즈가 창조의 목적에 대해서 다룬 대작인 *Concerning the End for which God Created the World* (Boston: S. Kneeland, 1765 = 예일 전집에는 WJE 8:399-627에 수록되어 있다)를 보면, 그가 창조에 대해서 얼마나 많은 숙고를 하고 심원한 이해를 가진 사람인지를 확인해 볼 수가 있다. 에드워즈의 창조신학에 대해서는 맥클라이먼드의 박사논문을 참조하라: Michael J. McClymond, "Creation in Jonathan Edwards"(Ph. D. diss. University of Chicago, 1992).
21. Edwards, *Religious Affections*, WJE 2:202. 또한 "A Divine and Supernatural Light," WJE 17:411을 보라.
22. Edwards, *A History of the Work of Redemption*, WJE 9:141, 143. 플라스따윈 박사는 에드워즈가 에노스 시대에 최초의 영적 부흥이 일어난 것으로 이해한다고 해석한다(Van Vlastuin, *De Geest van opwekking*, 93: "Hieruit concludeert hij dan hier sprake is van de eerste opwekking in de geschiedenis. Opwekking kenmerkt zich door intensivering van het gebedsleven").
23. 에드워즈는 *Blank Bible*의 해당 항목에서는 이 구절의 의미를 다음과 같이 해명할 뿐이다: "On the birth of Enos, it probably first began to be a custom for parents openly to dedicate their children to God, and call them by his name, and as it were insert them into his name by bringing [them] to the place of public worship, the transaction being performed by the parent' solemn declaration and covenant attended with prayer and sacrifice."(Edwards, The Blank Bible, WJE 24/1:143).
24. Edwards, *A History of the Work of Redemption*. WJE 9:142.
25. Edwards, *A History of the Work of Redemption*, WJE 9:143.
26. Edwards, *A History of the Work of Redemption*. WJE 9:143: "It may here be observed that from the fall of man to this day wherein we live the Work of Redemption in its effect has mainly been carried on by remarkable pourings out of the Spirit of God. Though there be a more constant influence of God's Spirit always in some degree attending his ordinances, yet the way in which the greatest things have been done towards carrying on this work always has been by remarkable pourings out of the Spirit at special seasons of mercy, as may fully appear hereafter in our further prosecution of the subject we are upon." Cf. Avihu Zakai, *Jonathan Edwards's Philosophy of History: The Reenchantment of the World in the Age of Enlightenment* (Princeton: Princeton University Press, 2003), 247-55.
27. Edwards, *A History of the Work of Redemption*, WJE 9:149: "God's Spirit had striven with them an one hundred twenty years, and all in vain, and the church was almost swallowed up."
28. Edwards, *A History of the Work of Redemption*. WJE 9:189.
29. Edwards, *Some Thoughts*, WJE 4:504.
30. Edwards, *A History of the Work of Redemption*, WJE 9:190.
31. Edwards, *A History of the Work of Redemption*. WJE 9:192. 에드워즈는 구속사역의 역

사 연속 강해를 마치고 나서 이듬해에 1차 대각성이라고 불리우는 성령의 특별한 부어주심을 회중들과 더불어 체험하게 되는데, 1742년 3월 16일에 14세 이상된 전체 교인들과 더불어 하나님과의 언약을 갱신한다. 에드워즈가 초안한 언약의 내용은 Dwight, *The Life of President Edwards*, 165-68에서 볼 수 있다.

32. Edwards, *A History of the Work of Redemption*. *WJE* 9:195.
33. Edwards, *A History of the Work of Redemption*. *WJE* 9:199.
34. Edwards, *A History of the Work of Redemption*. *WJE* 9:200.
35. Edwards, *A History of the Work of Redemption*. *WJE* 9:201.
36. Edwards, *A History of the Work of Redemption*. *WJE* 9:202.
37. Edwards, *A History of the Work of Redemption*. *WJE* 9:209: "David was himself endowed with the spirit of prophecy."
38. Edwards, *A History of the Work of Redemption*. *WJE* 9:209.
39. Edwards, *A History of the Work of Redemption*. *WJE* 9:201 =『구속사』, 277에서 인용함.
40. Edwards, *A History of the Work of Redemption*, 210-11. 이어지는 문장들을 보면 "This was a glorious advancement of the affair of redemption as God hereby gave his church a book of divine songs for their use in that part of their public worship, viz. singing his praises throughout all ages to the end of the world"라고 말하고 있다. 에드워즈가 목회하고 있던 노샘프턴 교회는 1742년경에 아이작 와츠의 찬송가를 사용하기 시작했다. 이와 같은 새로운 찬송 도입에 대해서 반론이 많았다. 그와 같은 비난에 대하여 에드워즈는 "나는 우리 공중 예배에서 시편 찬송을 팽개쳐 버려야 한다고 절대 생각하지 않는다. 오히려 나는 기독교회가 세상 끝날까지 항상 시편 찬송을 사용해야 한다고 믿는다. 그러나 우리가 꼭 그것만 사용하라는 법을 나는 찾을 수 없다"고 말하였다. Edwards, *Some Thoughts*, *WJE* 4:406-407. 그리고 van Vlastuin, *De Geest van opwekking*, 94-95를 참고하라.
41. Edwards, *A History of the Work of Redemption*, *WJE* 9:212-13.
42. Edwards, *A History of the Work of Redemption*. *WJE* 9:224-25. 에드워즈는 성전 건축이 모형론적으로 그리스도의 인성, 그리스도의 교회 그리고 하늘의 모형이 된다고 말한다. 그리고 특히 "성막을 잇는 성전의 아름답고 영화롭고 찬란한 구조는 고정되고 움직이지 않는 것으로, 특별히 하늘에서 영광의 상태 속에 들어가 있는 교회를 표상"하는 것으로 생각하였다.
43. Edwards, *A History of the Work of Redemption*. *WJE* 9:233. 편집자 윌슨의 각주에는 다음과 같은 논평을 담고 있다. "Note the pattern of revitalization found in the Old Testament. It strikingly paralleled the experience of the Northampton community, which was a model of and for further renewals, especially in the Colonies and Scotland."
44. Edwards, *A History of the Work of Redemption*. *WJE* 9:238.
45. Edwards, *A History of the Work of Redemption*. *WJE* 9:239.
46. Edwards, *A History of the Work of Redemption*. *WJE* 9:258.
47. Edwards, *A History of the Work of Redemption*. *WJE* 9:258-59. 에드워즈는 포로 후기에 헬라어가 세계적인 공용어가 되게 하신 것도 구속 사역의 진보에 큰 도움이 되었다고 말하면서 다음과 같이 논평한다: "물론 최초의 복음 전도자 가운데 어떤 이들은 방언의

은사를 받았고, 그래서 어느 나라 말로든 전할 수 있었지만, 모든 전도자가 이 특별한 은사를 받은 것은 아니었기 때문에, 만약에 공용어가 없었다면, 그들은 전하고 싶을 때 마음껏 전하지 못하고 단지 특정한 시기에 하나님의 영이 그들에게 이 은사를 주실 때만 전할 수 있었을 것이다." (Edwards, *A History of the Work of Redemption. WJE* 9:273).

48. Edwards, *A History of the Work of Redemption. WJE* 9:273.
49. Edwards, *Some Thoughts, WJE* 4:505.
50. Edwards, *Somes Thoughts, WJE* 4:506.
51. Edwards, *A History of the Work of Redemption, WJE* 9:266.
52. Edwards, *A History of the Work of Redemption. WJE* 9:266.
53. Edwards, *A History of the Work of Redemption. WJE* 9269: "Soon after this, the spirit of prophecy ceased among that people till the time of the New Testament. Thus the Old Testament lights, the stars of that long night, began apace to hide their heads, the time of the sun of righteousness now drawing nigh." 에드워즈는 243쪽에서는 그렇게 하는 것이 하나님의 뜻이었다고 말한다. 그리고 270쪽도 보라.
54. Edwards, *A History of the Work of Redemption. WJE* 9:290.
55. Edwards, *A History of the Work of Redemption. WJE* 9291: "How much does the Scripture contain if it was but observed the Bible is the most comprehensive book in the world. But what will all this signify to us if we read it without observing what is the drift of the Holy Ghost in it."
56. Edwards, *A History of the Work of Redemption. WJE* 9:294.
57. Edwards, *A History of the Work of Redemption. WJE* 9:292: "What has been said may show us how great a person Jesus so much done to prepare the way for his coming. God had been doing nothing else but prepare the way for his coming, and doing the work he had to do in the world, through all aged of the world from the very beginning."
58. Edwards, *A History of the Work of Redemption. WJE* 9:292-93.
59. 에드워즈가 그리스도의 비하기간에 대해서 할당하고 있는 설교는 총 네 편인데(14번째-18번째), 성육신 자체에 대해서는 14번째 강해에서 다루고, 14번 강해 후반부터 17번째 강해는 구속의 취득 자체를 다룬다.
60. 편집자 존 윌슨이 본서에 대해서 전통적이라고만 논평한 것은 결코 아니다. 해당 부분을 다 소개하자면 다음과 같다: "The enormous range and reach of the Discourse and its impact upon popular culture have been clear, but the materials of the book itself have appeared to be conventional, and, philosophically speaking, scarcely worthy of a Jonathan Edwards. Viewing the Redemption Discourse as a literary construct, however, makes sense of the discrepant estimates of its importance."(Wilson, "Editor's Introduction," *WJE* 9:61).
61. Michael David Bush, "Jesus Christ in the Theology of Jonathan Edwards" (Ph. D. diss., Princeton Theological Seminary, 2003), 154-57.
62. Edwards, *A History of the Work of Redemption, WJE* 9:297: "Christ was formed in the womb of the virgin, of the substance of her body, by the power of the Spirit of God. So that he was the immediate son of the woman, but not the immediate

son of any male whatsoever; and so was the seed of the woman, and the son of a virgin, one that had never known man."

63. Edwards, *A History of the Work of Redemption*. *WJE* 9:297: "But his conception being supernatural, by the power of the Holy Ghost, he was both conceived and born without sin."
64. Edwards, *A History of the Work of Redemption*. *WJE* 9:300.
65. Edwards, *A History of the Work of Redemption*. *WJE* 9:314. 그러나 세례 요한에 대한 에드워즈의 평가가 긍정적이기만 한 것은 아니었다. 후기에 쓴 "Miscellanies," no. 1058 에서는 세례 요한은 열광주의(enthusiasm)에 속한다고 비평했다. "Christ denies John the Baptist to be such a one" (*WJE* 20:395).
66. Edwards, A History of the Work of Redemption, *WJE* 9:313.
67. Edwards, A History of the Work of Redemption. *WJE* 9:315.
68. Edwards, A History of the Work of Redemption. *WJE* 9:315-18.
69. Edwards, A History of the Work of Redemption. *WJE* 9:344. 또한 128쪽도 보라: "That the space of time from the resurrection of Christ to the end of the world is all taken up in bringing about or accomplishing the great effect or success of that purchase."
70. Edwards, *A History of the Work of Redemption*. *WJE* 9:375. "For Christ by his death having purchased the Holy Spirit, and having ascended and received that Spirit, he poured it forth abundantly for the conversion of thousands and millions of souls."
71. Edwards, *A History of the Work of Redemption*. *WJE* 9:363.
72. Edwards, *A History of the Work of Redemption*. *WJE* 9:363.
73. Edwards, *A History of the Work of Redemption*. *WJE* 9:364-65. 또한 Edwards, *Charity and Its Fruits*, WJE 8:149를 보라.
74. Edwards, *A History of the Work of Redemption*, *WJE* 9:365.
75. Edwards, Distinguishing Marks, *WJE* 4:243-44.
76. Edwards, *A History of the Work of Redemption*, *WJE* 9:367.
77. Edwards, *A History of the Work of Redemption*. *WJE* 9:376. 싱클레어 퍼거슨 교수는 사도행전 1장 8절; 2장 4절; 4장 8절, 31절; 9장 17절 등에서 사용되고 있는 *pimplemi* 동사는 "하나님의 나라를 위해 섬기기 위한 특별한 능력과 권능의 유입을 의미한다 … 이것은 흥미롭게도 성령이 충만한 사람들의 설교와 항상 관계되어 있음을 보여 준다. 그들은 그리스도의 증인들이 되게 위해 '권능'을 받는다"고 말하였다. 그리고 성령 충만에 사용된 또 다른 동사인 *pleroo*의 경우(엡 5:18)는 "압도적으로 성령의 주권아래서 사는 삶 속에서 성령의 열매를 보여주는 것을 의미"한다고 구분지어 설명하였다(Sinclair B. Ferguson, *The Holy Spirit*, Contour of Christian Theology [Downers Grove: IVP, 1996], 89).
78. Edwards, *A History of the Work of Redemption*, *WJE* 9:377.
79. 다음과 같은 싱클레어 퍼거슨 교수의 견해는 에드워즈에게도 적합한 것으로 사료된다: "In some respects, Pentecost may be viewed as the inaugural revival of the New Testament epoch. Certainly the description of the conviction of sin experienced, the 'sense of the awe'(Acts 2:43) which was evoked, and the detailed model of

what church life ought to be(Acts 2:44-47) point in that direction. This is what revival is. To develop further the metaphor of the flow of water, we might say that revival is the unstopping of the pent-up energies of the Spirit of God breaking down the dams which have been erected against his convincing and converting ministry in whole communities of individuals, as happened at Pentecost and in the 'awakenings' which have followed." (Ferguson, *The Holy Spirit*, 90).

80. Edwards, *A History of the Work of Redemption*, WJE 9:378.
81. IEdwards, *A History of the Work of Redemption*, WJE 9:379-80.
82. Van Vlastuin, *De Geest van opwekking*, 100: "Ten slotte heeft Edwards ook iets laten zien van zijn heilshistorische denken en de plaats van Pinksteren. De indruk is nu gewekt dat er met Pinksteren geen kwalitatieve verandering is opgetreden, maar dat er alleen valt te denken aan een kwantitatieve verbreding van Gods koninkrijk."
83. Edwards, *A History of the Work of Redemption*, WJE 9:394. 에드워즈는 또한 "이것은 홍수 이래 세계에서 일어난 사건 가운데 가장 큰 변혁과 변화를 가져온 사건이었다. 이방 세계의 왕이자 신인, 흑암의 왕 사탄은 퇴출되었다"고 말하기도 한다(396).
84. Edwards, *A History of the Work of Redemption*. WJE 9:395-96.
85. Edwards, *A History of the Work of Redemption*, WJE 9:397-98.
86. Edwards, *A History of the Work of Redemption*. WJE 9:398.
87. Edwards, *A History of the Work of Redemption*. WJE 9:405-06.
88. Edwards, *A History of the Work of Redemption*. WJE 9:422: "Thus God began gloriously to revive his church again and advance the kingdom of his Son after such a dismal night of darkness as had been before from the rise of Antichrist to that time. There had been many endeavors used by the witness for the truth for reformation before, but now when God's appointed time was come, his work brake forth and went on with a swift and wonderful progress."
89. Edwards, *A History of the Work of Redemption*, WJE 9:438.
90. Edwards, *A History of the Work of Redemption*, WJE 9:430-32.
91. Edwards, *A History of the Work of Redemption*, WJE 9:431.
92. Edwards, *A History of the Work of Redemption*, WJE 9:432.
93. Edwards, *A History of the Work of Redemption*, WJE 9:432-36.
94. Edwards, *A History of the Work of Redemption*, WJE 9:456.
95. Edwards, *A History of the Work of Redemption*, WJE 9:457-58.
96. Edwards, *A History of the Work of Redemption*, WJE 9:460.
97. Edwards, *A History of the Work of Redemption*, WJE 9:460.
98. Edwards, *A History of the Work of Redemption*, WJE 9:461.
99. Edwards, *A History of the Work of Redemption*, WJE 9:463.
100. Edwards, "Exposition on the Apocalypse," WJE 6:117: "Now is the time for their final overthrow; now they are gathered together against God. Wherefore now 'the seventh angel pours out his vial into the air'[v.17], that is, the universal kingdom of Satan, who is the prince of the power of the air."

101. Edwards, *A History of the Work of Redemption*, WJE 9:464.
102. Edwards, *A History of the Work of Redemption*. WJE 9:467-70. 또한 *Blank Bible*, WJE 24/2:1028에도 "The fullness of the Jews[v.12] is the whole body of the Jewish nation professing Christianity"라고 말한다.
103. Edwards, *A History of the Work of Redemption*, WJE 9:472.
104. Edwards, *A History of the Work of Redemption*. WJE 9:472-73.
105. 조나단 에드워즈의 종말론, 특히 그의 후천년설에 대한 논의로는 다음을 참조하라: Christopher Ralph Smith, "Postmillennialism and the Work of Renewal in the Theology of Jonathan Edwards" (Ph.D. diss., Boston College, 1992); Jang Kyoung-Chul, "The Logic of Glorification: The Destiny of the Saints on the Eschatology of Jonathan Edwards" (Ph. D. diss., Princeton Theological Seminary, 1994); 장경철, "조나단 에드워즈의 종말론과 하나님 나라 이해(1)," 「목회와 신학」(1995.12): 261-73; 장경철, "조나단 에드워즈의 종말론과 하나님 나라 이해(2)," 「목회와 신학」(1996.1): 277-89; 장경철, "조나단 에드워즈의 종교와 사회적 비전," 『조직신학논총』 5 (2006.6.): 203-20; 장경철, "조나단 에드워즈의 후천년설 연구" 『인문논총』 (서울: 서울여자대학교 인문과학연구소, 2003): 353-71. 역사적으로 후천년설을 주장했던 이들은 16, 17세기의 몇몇 화란 개혁신학자들과 19세기의 구프린스턴 신학자들(Charles Hodge, A. A. Hodge, Caspar Wistar Hodge, B. B. Warfield)과 W. G. T. Shedd, R. L. Dabney, H. B. Smith, A. H. Strong등이 있었고, 20세기에 활동했던 Loraine Boettner도 후천년설을 변호했다(박형룡, 『교의신학·내세론』, 저작전집 VII [서울: 한국기독교교육연구원, 1981], 238-47; Hoekema, *The Bible and the Future*, 175-80 등을 보라).
106. Edwards, *A History of the Work of Redemption*, WJE 9:474.
107. Edwards, *A History of the Work of Redemption*. WJE 9:477.
108. Edwards, *A History of the Work of Redemption*. WJE 9:479-80.
109. Edwards, *A History of the Work of Redemption*. WJE 9:480.
110. Edwards, *A History of the Work of Redemption*. WJE 9:481-82.
111. Edwards, *A History of the Work of Redemption*. WJE 9:482.
112. Edwards, *A History of the Work of Redemption*. WJE 9:482.
113. Edwards, *A History of the Work of Redemption*. WJE 9:483. 에드워즈는 계속해서 이 시대의 특징 네 가지를 더 묘사한다. 즉 5. 교회의 권징과 관리에 있어서 가장 바람직한 질서의 시대가 될 것이다. 6. 하나님의 교회가 정말 아름답고 영광스러울 것이다. 7. 현세적으로 큰 번영의 시기가 될 것이다. 8. 큰 즐거움의 시기가 될 것이다(484-85).
114. Edwards, *A History of the Work of Redemption*. WJE 9:485-86.
115. Edwards, *A History of the Work of Redemption*. WJE 9:488-89.
116. Edwards, *A History of the Work of Redemption*. WJE 9:494.
117. Edwards, *A History of the Work of Redemption*. WJE 9:495.
118. Edwards, *A History of the Work of Redemption*. WJE 9:497: "The bodies of the wicked that shall be then living shall be so changed as to fit 'em for eternal torment without corruption, and the bodies of all the living saints shall be changed to be like Christ's glorious body, I Cor. 15:51-53."
119. Edwards, *A History of the Work of Redemption*. WJE 9:497-98 =『구속사』, 639에

서 인용함. 마지막 문장의 영문은 다음과 같다: "But now all the bodies of the saints shall be saved and glorified together, all the elect shall be glorified in the whole man, and the soul and body in union one with another."
120. Edwards, *A History of the Work of Redemption*, 498.
121. Edwards, *A History of the Work of Redemption*. WJE 9:498.
122. Edwards, *A History of the Work of Redemption*. WJE 9:505.
123. Edwards, *A History of the Work of Redemption*. WJE 9:509.
124. Edwards, Some Thoughts, WJE 4:360: "… this lower world wll be destroyed."
125. Louis Berkhof, *Systematic Theology* (Edinburgh: Banner of Truth, 1988), 737: "The question is often raised, whether this will be an entirely new creation, or a renewal of the present creation. Lutheran theologians strongly favor the former position with an appeal to II Pet. 3:7-13; Rev. 20:11; and 21:1; while Reformed theologians prefer the latter idea, and find support for it in Ps. 102:26, 27; (Heb. 1:10-12); and Heb. 12:26-28." 개혁주의적인 세계 갱신론에 대해서는 Hoekema, *The Bible and the Future*, 274-87; G. C. Berkouwer, *The Return of Christ*, trans. James van Oosterom (Grand Rapids: Eerdmans, 1972), 387-423 등을 보라.
126. Edwards, *A History of the Work of Redemption*, WJE 9:508-10.
127. 구속사 설교 보다 한 해 앞에 설교했던 고전 13장 강해의 15번째 설교가 대표적이다. 설교제목은 "Heaven in a World of Love"였다(Edwards, *Charity and Its Fruits*, WJE 8:366-97). 또한 다음의 글들을 보면 에드워즈의 하늘(=천국)에 대한 풍성한 해설을 맛깔할 수 있다. Edwards, *Heaven* (Three Rivers, Minions: Diggory Press, 2007)은 에드워즈의 "Miscellanies" 가운데 하늘이라는 주제에 대해서 쓴 글들만 뽑아서 선집한 것이다. Stephen Nichols, *Heaven on Earth: Capturing Jonathan Edwards's Vision of Living in Between* (Wheaton: Crossway, 2006)은 천국에 대한 에드워즈의 설교들을 요약하고 평가해서 소개하는 입문서이다.
128. Edwards, "The Excellency of Christ," WJE 19:594: "That he[i.e. Christ], and his Father, and his people, should be as it were one society, one family; that the church should be as it were admitted into the society of the blessed Trinity."
129. Edwards, *The Works of President Edwards*, ed. S. Dwight, 8:268; Kyoung-Chul Jang, "The Logic of Glorification," 147에서 재인용.
130. Edwards, *A History of the Work of Redemption*, WJE 9:507. 에드워즈는 구속사 전편에 걸쳐서 개인 성도보다는 그리스도 안에 하나로 연합된 지체들인 교회에 대해서 관심을 가지고 있음을 보여준다. 구속 사역의 완성도 교회적 관점에서 다음과 같이 설명한다: "And the mystical body of Christ, which has been growing ever since it first began in the days of Adam, will now be complete as to number of parts, having every one of its members; in this respect the Work of Redemption will be now finished" (Edwards, *A History of the Work of Redemption*, WJE 9:492).
131. Edwards, "Miscellanies," no. 571, WJE 13:110: "Christ has brought it to pass, that those that the Father has given him should be brought into the household of God, that he and his Father and they should be as it were one society, one family; that his people should be in a sort admitted into that society of the three

persons in the Godhead. In this family or household, God [is] the Father, Jesus Christ is his own natural and eternally begotten Son. The saints, they also are children in the family; the church is the daughter of God, being the spouse of his Son. They all have communion in the same spirit, the Holy Ghost."

132. Edwards, *A History of the Work of Redemption*, *WJE* 9:509: "And now shall Christ the great Redeemer be most perfectly glorified, and God the Father shall be glorified in him, and the Holy Ghost shall [be] most fully glorified in the perfection of his work in the hearts of all the church."

제5장

개인 속에서의 성령의 사역

우리는 앞서 에드워즈의 삼위일체론적인 성령이해와 구속사적 성령이해를 차례대로 살펴보았는데, 이번 장에서 살펴보고자 하는 것은 에드워즈가 "성령이 인간들의 마음에 행하시는 은혜로운 역사,"[1] "마음을 다루시는 역사," "영혼에 대한 성령의 초자연적인 역사"[2]라고 일컬었던 바 개인 신자들 속에서의 성령의 구원 적용 사역이다. 일반적으로 교의신학 교본에서는 이와 같은 내용을 구원론에서 다루고 있다. 박형룡 박사는 구원론의 내용을 정의하기를 "이것은 구원의 충용appropriation을 논한다고 말하는 것보다 이것은 구속 사역의 적용application을 설술한다"라고 하였다.[3] 에드워즈에게 있어서도 그리스도가 이루신 구속 사역의 적용은 성령께서 수행하시는 사역이시다. 에드워즈는 성령의 3중적 사역을 다룬 한 설교 가운데서 "그리스도의 구속을 적용하시는 것은 성령의 역사이다 … 사람으로 구원에 참여하게 만드는 것은 성령의 직접적인 역사이다"라고 말하고 있음을 발견하게 된다.[4] 따라서 이번 장에서는 개인 성도의 심령에 구원 사역을 적용하시는 성령의 사역을 다루는 에드워즈의 구원론을 논구하는 것을 목표한다.

사실 에드워즈는 개인적으로 자신의 심령 가운데 역사하시는 성령의 은혜를 풍성하게 체험한 사람이었고,[5] 자신의 목회 현장 가운데서 수많은 영혼들이 회심의 은혜를 누리고 성화의 역사를 체험하는 것을 목도한 경험이 있다.[6] 그리고 성경과 개혁주의 신학에 대한 심오한 연구를 바탕으로 해서 그러한 체험들을 분석하고 평가하는 일을 했고, 부흥이라는 공동체적인 현상뿐 아니라 개인 심령 가운데 역사하는 바 무엇이 참된 성령의 역사인지 아닌지에 대한 대작들을 저술하기도 했다. 우리는 특히 그의 『놀라운 회심의 이야기』, 『신앙감정론』, 『사랑과 그 열매』, "은혜론" 등과 수많은 설교들 가운데서 그의 구원론에 대한 내용들을 찾아볼 수가 있다. 특히 에드워즈의 『신앙감정론』은 성도의 내면에서 역사하시는 성령의 참된 역사들을 분별할 수 있는 12가지의 적극적인 표지들을 제공해 주며, 회심과 성화에 대한 그의 신학의 정수를 보여

준다고 할 것이다.

에드워즈의 구원론을 논구함에 있어서 먼저 그의 구원론 혹은 개인 속에서의 성령의 역사의 특징들을 살펴보고, 이어서 회심과 중생, 믿음과 칭의, 성화와 영화라는 주제들을 차례대로 논구하면서 각각의 단계에 있어서 성령의 역할에 대해서 에드워즈가 어떻게 해명하고 있는지를 살펴보기로 하겠다.

5.1. 에드워즈 구원론의 몇 가지 특징들

조나단 에드워즈의 구원론을 구체적으로 살펴보기 전에 먼저 그의 구원론을 지배하고 있는 몇 가지 특징들을 살펴보기로 하겠다.

5.1.1. 그의 구원론은 칼빈주의적이다

에드워즈의 구원론은 철저하게 칼빈주의적이다. 계몽주의가 풍미하면서 알미니우스주의가 뉴잉글랜드에 은연 중에 침투하고 있던 18세기의 상황 속에서 에드워즈는 칼빈주의적인 신학을 대변하였는데, 그의 구원론 역시 칼빈주의의 특징대로 하나님의 주권을 높인다는 특징을 가지고 있다.[7] 1730년에 노샘프턴 교회에서 설교하고 나서 1731년 7월 8일 보스턴 목회자 모임에서 설교했던 "인간의 의존 속에서 영광을 받으신 하나님"이라는 설교 속에서 에드워즈는 이와 같은 칼빈주의적 특징을 분명하게 드러내고 있다.[8] 고린도전서 1장 29-31절을 본문으로 하고 있는 이 설교는 "구속 받은 자들이 모든 것을 절대적으로 하나님께 의존할 때 하나님은 구속 사역을 통해 영광을 받으신다"는 명제를 교리로 제시하고 있다. 그리고 에드워즈는 다음과 같이 우리가 하나님께 의존해야 할 이유를 제시해 준다.

그러므로 고린도전서 1장 29-31절 본문은 우리의 모든 유익을 위해 우리는 성삼위 하나님의 각 위에 의존해야 한다는 것을 잘 보여 준다. 우리는 성자 그리스도에 의존해야 한다. 성자는 우리의 지혜, 의로움, 거룩함, 구속함이시다. 우리는 성부에 의존해야 한다. 성부는 우리에게 그리스도를 주시고, 그리스도가 우리에게 모든 것이 되도록 하셨다. 우리는 성령에 의존해야 한다. 우리가 그리스도 안에 있는 것은 성령 때문이다. 우리에게 믿음을 주시고, 이 믿음으로 우리가 그리스도를 영접하며, 그리스도와 연합되도록 해 주시는 분은 하나님의 성령이시다.[9]

또한 에드워즈는 우리의 구원의 매 단계를 통해서도 하나님의 능력에 의존해야 한다는 점을 역설한다.

우리는 구속의 매 단계를 통해 하나님의 능력에 의존한다. 우리는 우리를 회심시키고, 예수 그리스도에 대한 믿음을 주시며, 새로운 본성을 주시는 하나님의 능력에 의존한다.[10]

그리고 하나님이 허락하신 구원의 완성에 이르는 것도 하나님의 능력에 의존하는 것이라고 에드워즈는 말한다.

사람들은 모든 은혜의 역사를 위해 하나님의 능력에 의존한다. 즉 은혜를 마음속에 주실 때도, 죄와 부패를 제어하고, 거룩한 원리를 증가시키며, 선한 일에 열매를 맺고, 마침내 완전에 도달하여 영혼이 완전히 그리스도의 영광스러운 형상을 닮으며, 마음이 기쁨과 행복으로 충만하게 되며 또한 그처럼 완벽하고 복된 영혼이 살기에 적합한 완전한 상태로 몸이 부활하는 것 등의 모든 것을 하나님의 능력에 의존한다. 이러한 것들은 가장 영광스러운 하나님의 능력의 결과이며, 피조물과 관련된 하나님의 연속적인 행동 속에서 나타나는 것들이다.[11]

이와 같은 설교를 듣고 보스턴의 칼빈주의적인 목회자들이 에드워즈를 중심으로 환영하고 그의 설교를 출판하도록 주선해 준 것은 별로 놀랄 일이 아닐 것이다. 한편 에드워즈는 1734년에 노샘프턴 교회 성도들에게 전한 "이신칭의"강론 속에서 삼위일체 교리를 우리에게 주신 이유도 구원에 있어서 하나님의 주권성과 인간의 의존성을 깨닫게 하시기 위해서라고 지적하고 있다.

삼위일체 교리가 우리에게 계시되어야 했던 이유도 바로 이것 때문인 것 같다. 구원을 받는 위대한 일에 삼위 하나님이 각각 어떻게 관련되어 있는지를 알게 함으로써 구원에 필요한 모든 것을 하나님께 전적으로 의지하고 있다는 사실과 우리의 모든 능력이 오직 하나님께만 있다는 사실과 이 일에 있어서 하나님이 만유가 되신다는 사실을 우리가 더 잘 이해하고 깨닫도록 하기 위해서 삼위일체 교리를 주신 것으로 보인다.[12]

에드워즈의 구원론은 철저하게 하나님의 주권을 높이고 강조하면서, 역으로 인간의 전적인 의존성을 강조하는 구원론이라는 점은 그의 저작 전편에서 발견되기 때문에 더 이상 길게 살펴볼 필요가 없을 것이다.[13]

5.1.2. 성령은 구속의 적용자이실 뿐 아니라 구속의 선물 자체이시다

에드워즈의 삼위일체론을 살펴보면서 확인한 바이지만 에드워즈는 구속 사역에 있어서 성령의 역할을 대단히 강조했다. 그는 특히 성령이 구속 사역의 결과를 성도들에게 적용하시는 분으로만 이해하지 아니하고, 성령이 구속 사역의 결과 획득하신 유익 자체, 기업 자체라고 이해하였다.[14] 에드워즈에 의하면 성령은 "축복들의 총체"the sum of the blessings이며, "모든 영적인 축복의 총체all the spiritual good이며, 모든 은혜와 거룩과 위로와 기쁨의 총체"이시다.¹⁵ 이러한 언술들은 성령이 구속을 적용하는 행위자로만 인식하는 기존의 입장보다는 진일보한 입장이라고 할 수가 있다.

에드워즈는 "은혜론"Treatise on Grace속에서 성령의 교통the communion of the Holy Ghost(고후 13:13)에 대해서 다음과 같은 주장을 하였다.

> 따라서 우리가 성부 하나님과 성자 예수 그리스도와 더불어 갖는 교제는 하나님의 영이시요, 그리스도의 영이신 성령을 우리가 소유하는데 있다. 성부나 성자와 더불어 교제를 나누고 교통을 한다는 것은 그 분들과의 연합과 사귐 안에서 그 분들의 충만함 안에 있는 좋은 것들을 그 분들과 함께 나눈다는 것이다. 바로 이런 사실 때문에 성도들이 성부 하나님과 성자와 더불어 교통과 교제를 나눈다는 기록은 성경에서 찾아 볼 수 있지만, 성도들이 성령과 더불어 교제를 나눈다는 기록은 눈을 씻고 봐도 찾아볼 수 없는 것이다. 왜냐하면 성령은 성도들이 성부나 성자와 더불어 나누는 교제 속에서 참여하게 되는 좋은 것 자체 또는 충만함 자체이기 때문이다. 그리고 그들의 교제는 바로 그것을 함께 나누는 것이기 때문이다. 우리는 성경에서 '성령의 교통하심'이라는 표현을 볼 수 있다. 그러나 성령과 더불어 교통하다라는 표현은 성경에서 볼 수 없다 … 성령에 참여하는 것이 성부 하나님의 사랑을 얻는 것이요, 성자 예수 그리스도의 은혜를 얻는 것이다.¹⁶

그리고 그의 『신학묵상집』 330번에서는 다음과 같이 말한다.

> 330. 성령. 우리가 하나님과 그리스도와 가지는 교제는 우리가 성령에 참여하는 것으로 구성되기 때문에, 성령은 하나님의 거룩, 혹은 탁월성 그리고 기쁨이라는 것이 드러난다(고후 13:14, 고전 6:17, 요일 3:24, 4:13). 아론의 머리 위에 있던 기름은 그의 겉옷의 끝자락까지 흘러내렸다(시 133편); 우

리의 머리이신 그리스도가 한량없이 가지신 성령은 그의 교회와 그의 백성들에게 전달되어진다. 향기로운 기름은 그리스도의 탁월성과 달콤한 기쁨을 상징하였다(빌 2:1). 우리가 아는 교통communion이란 다른이들과 함께 선에 참여하는 것에 다름 아니다: 하나님과의 교제는 그분과 함께 그의 탁월성, 그의 거룩함과 행복에 참여하는 것과 다름이 아니다.[17]

에드워즈에 의하면 성령은 하나님의 은혜와 사랑, 거룩과 은혜 그 자체이시기 때문에 성령과 교통한다는 것은 성령의 그러한 본성에 참여하는 것이 된다. 따라서 성도의 심령 속에서 역사하시는 성령의 역사는 단순히 구속의 적용이라기보다는 구속의 결과 그리스도가 획득하신 구속의 내용 그 자체가 되어 주신다는 것이다. 이것은 에드워즈의 구원론적 사고 가운데서 대단히 독특한 면이라고 할 수 있다.

5.1.3. 성령의 일반 은혜와 특별 은혜, 평상적인 은사와 비범한 은사의 구별

우리가 에드워즈의 구원론을 바르게 이해하기 위해서는 그가 사람의 심령 가운데 역사하시는 성령의 역사를 일반 은혜common grace와 특별 은혜 혹은 구원하시는 은혜special grace or saving grace 등으로 양분하고 있는 것을 주의해서 살펴보아야 한다.[18] 그는 고린도전서 13장에 대한 연속강해 중 두 번째 설교 속에서 일반 은사common gifts of the Spirit와 특별한 구원의 은사special saving gifts로 양분하였다.[19] 그리고 동일한 설교 속에서 앞서 소개한 구분과는 별도로 성령의 은사들을 비상한 은사들the extraordinary gifts과 평상적인 은사들the ordinary gifts로 양분하여 해설하였다.[20] 에드워즈가 어떤 의미에서 이러한 구별을 하고 있는지를 검토해 보기로 하자.

(1) 일반 은혜와 특별 은혜

에드워즈는 하나님의 성령께서는 참된 그리스도인이 아닌 사람들의 마음에도 어느 정도 영향력을 행사하신다고 생각하였다. 즉, "참된 그리스도인들의 마음에도 선한 경향을 가진 여러 가지 기질과 성벽과 활동들"이 있다고 그는 생각했다. 그가 말하는 일반 은혜란 "성도들과 구원받지 못한 사람들에게 공통으로 있는 여러 가지 종교적 도덕적 행위의 원천인 성령의 작용이나 영향력을 의미한다. 이 경우 일반 은혜라는 표현은 사실상 성령의 일반적인 도움을 의미한다. 그리고 때때로 일반 은혜라는 표현은 성령의 일반적인 도움으로 열매맺은 여러 가지 종교적 도덕적 행위 자체를 의미한다."[21] 그는 또한 일반 은혜를 일반 은사라고 표현하기도 했는데, 일반 은사란 정결한 사람이나 경건치 아니한 사람이나 불문하고 주어지는 공통되는 은사를 가리키며, 특별한 예들로서 성령은 자연인 안에도 죄책감이나 종교적인 감정을 불러 일으키신다고 말한다.[22]

그러나 일반 은혜와 대비적으로 특별 은혜 혹은 구원에 이르게 하는 은혜가 있는데, 에드워즈에 의하면 이런 은혜는 "경건한 신자들 안에 구원에 이르는 활동과 성취를 불러 일으키는 성령의 특별한 종류, 특별한 등급의 작용이나 영향력"을 가리킨다. 결국 "특별 은혜 또는 구원 은혜라는 표현은 특별하고도 구원에 이르게 하는 성령의 도움을 의미"하는 것이다. 에드워즈에 의하면 또한 "특별 은혜 또는 구원에 이르게 하는 은혜라는 표현은 그러한 도움으로 열매 맺은 특별하고도 구원에 이르는 미덕 자체를 의미"하기도 한다고 본다.[23] 에드워즈에 의하면 구원하는 믿음, 구원 받은 사람이 가지고 있는 사랑 등은 "성령께서 구원 얻은 경건한 사람들에게 주시는 특별한 은혜들"Peculiar and Saving Graces of the Spirit이라고 말해진다.[24]

에드워즈는 일반 은혜와 특별 은혜를 비교하여 말하기를 "그 정도에 있어서 차이가 날 뿐 아니라 본질과 종류에 있어서도 전적으로 다르다"고 한다. 왜냐하면 비중생자의 경우에는 "성도가 되기에 합당한 정도의 미덕을 소유하고 있지 못할 뿐만 아니라 경건한 사람들에게 볼 수 있는 은혜 자체를 전혀 소유하고 있지 못하기" 때문이다.[25] 일반 은혜와 특별 은혜를 구분하여 설명하고 있는 에드워즈의 견해는 개혁주의 신학에서 설명되어지는 것과 크게 다르지 않다고 평가할 수 있다.[26]

(2) 비상한 은사들과 평상적인 은사들

고린도전서 13장에 대한 두 번째 연속강해 속에서 에드워즈는 또한 비상한 은사들과 평상적인 은사들을 양분하여 설명한다. 그가 말하는 비상한 은사들extraordinary gifts이란 방언, 예언, 지식, 이적을 행하게 하시는 성령의 특별한 은사들을 가리킨다.[27] 에드워즈가 이러한 것들을 비상한 은사들이라고 부르는 이유는 일반적 섭리 중에는 부여되지 아니하고 특별한 경우에만 주어지기 때문이다.[28] 성경이 완성되기 전에 하나님의 마음과 하나님의 생각을 선지자들이나 사도들을 통하여 계시하도록 하셨는데, 바로 그 경우에 선지자들이나 사도들에게 부여된 은사를 비상한 은사들이라고 한다. 이런 은사는 초대 교회에만 주어졌고 정경이 완성되고 교회가 완전히 설립되고 나서는 멈추어졌다고 에드워즈는 주장한다.[29]

반면에 평상적인 은사들ordinary gifts은 모든 교회 시대에 걸쳐 계속 주어지고 있는 것으로서 죄를 깨우치고 회개하여 회심할 때에 허락된다. 그 은사들은 성도들의 성화와 위안을 촉진하여 성도들을 바로 세워주는 데 소용된다고 에드워즈는 주장한다.[30] 비록 비상한 은사들이 위대한 특권이라 할지라도 성령의 일반적인 감화로 마음속에서 열매 맺는 사랑의 은혜만은 못하다는 것이 에드워즈의 견해이다.[31] 즉, 모세나 엘리야나 다윗, 열 두 사도들이 받았던 그 모든 이적적인 은사들보다 더 큰 축복은 마음속에 일반적인 성령의 감화로 일어나는 사랑의 은혜이다. 하나님의 구원하시는 은혜의 복락은 그것을 주시는 하나님의 본질에 고유한 성질이기 때문이다. 성령의 은사 중 참된 그리스도인의 성품을 창조하는 은사는 영혼 속에 은혜로운 행사를 하게 하며, 그리고 마음에 복락을 누리게 한다. 비상한 은사들은 훌륭한 것임에 틀림없으나 사람의 본성의 탁월함에 합당한 것은 아니다. 그것은 우리의 본성에 고유한 것이 아니기 때문이다. 그러나 참된 은혜와 거룩함은 사람들의 본성에 합당한 것이다. 비상한 은사들은 마치 아름다운 야회복garment과 같다. 그 옷을 입은 사람이 그 옷 때문에 성품상의 변화를 만나지는 않는다. 또는 그것들은 몸을 우아하게 보이게 하는 보배로운 보석들과 같다. 그에 반해서 "참된 은혜는 영혼 자체를 보석처럼 만드는 것"이다.[32]

따라서 에드워즈에 의하면 비상한 은사를 가지고 있으나 여전히 하나님께 가증스러운 사람이 될 수도 있다. 에드워즈는 『성령의 역사 분별 방법』에서 그와 같은 예들로서 발람, 사울, 가룟 유다와 마태복음 7장 22절의 예를 들어 설명한다.[33] 비상한 은사 혹은 이적적인 은사들의 중지를 말하는 은사중단론자cessationist의 입장에 서 있는 에드워즈는 동일한 설교 속에서 교회의 영광스러운 시대에 그러한 은사들의 회복이 불필요하다고 말하기도 하였다.[34] 에드워즈가 목회하던 당시에 뉴잉글랜드에는 각양 각색의 이적적인 현상들이 나타나고 있었다. 그럼에도 불구하고 에드워즈는 이적적인 은사들을 체험하는 것보다는 성령의 구원하시는 달콤한 은혜들을 더욱더 체험하는 것을 사모하였다.[35]

5.1.4. 다단계 구원(Steps to Salvation)인가 한단계 구원(One-Step Salvation)인가?

우리가 에드워즈의 구원론을 연구함에 있어서 또 하나 주목해 볼 만한 특징은 그의 구원론이 다단계의 구원론을 제시하고 있느냐 아니냐하는 문제이다.³⁶ 이 문제에 대해서 에드워즈가 구원의 다단계 서정론을 제시했다고 믿는 학자들과 일단계 구원론을 제시했다고 주장하는 학자들로 양분되어진다.

(1) Steps to Salvation

먼저 에드워즈가 다단계의 구원 서정론을 제시했다고 주장하는 입장을 살펴보도록 하겠다. 이 입장을 주장하는 대표적인 학자는 존 거스트너John H. Gerstner 교수였다. 그는 『조나단 에드워즈의 이성적이고 성경적인 신학』 제3권에서 에드워즈의 구원론에 해당하는 여러 주제들을 광범위하게 다루었다. 그가 논의하는 순서는 구원 자체라기보다는 구원의 준비 사역에 해당하는 복음전도와 회심의 추구를 다루고 나서, 중생, 칭의, 성화, 덕이론, 견인과 확신 등의 주제들을 차례로 다루고 있다.³⁷ 그리고 노병기 역시 에드워즈의 구원 서정론을 다음과 같이 제시하였다.

선택 → 성령의 주입(중생, 회심) → 마음의 감각=믿음 → 칭의 → 성화(의지의 타당한 행동)→ 영화³⁸

그렇다면 이와 같이 에드워즈의 다단계 구원서정론을 주장하는 학자들의 논거가 되는 근거구절들을 에드워즈의 저서들 속에서 찾아 보기로 하자. 에드워즈는 1739년에 연속으로 설교한 『구속사역의 역사』 첫 강해에서 구속 사역의 적용the application of redemption에 대해서 자신의 견해를 피력하고 있다. 그에 의하면 타락이후 세상 끝날까지 개인 영혼 속에서의 구속의 적용은 동일하다. 적용의 과정은 "그 영혼들을 회심시키고, 의롭게 하고, 성결케하며, 영화롭게 하는 것"으로 이어진다.³⁹ 에드워즈는 신자들이 이 네 가지 일들을 다 누림으로써 "실제로 구속이 이루어진다"고 말한다.⁴⁰ 그리고 에드워즈는 자신의 구원 서정을 입증하기 위하여 로마서 8장 30절을 인용한다.⁴¹ 이상에 의하면 에드워즈는 회심 – 칭의 – 성화 – 영화의 구원서정을 제시하였다고 할 수 있다. 그러나 에드워즈는 1734년에 행한 강론인 "이신칭의Justification by Faith Alone"에서 "회심이란 용서와 칭의의 조건이다"라고 말하는가 하면 "우리가 믿기 위하여 우리의 마음은 변화해야 하고, 그래야 의롭다함을 받게 된다"라고 설명한다.⁴² 이런 언급에 의거하면 에드워즈는 회심과 칭의 사이에 믿음을 위치시키는 것으로 볼 수 있기 때문에 그의 구원서정론은 회심 – 믿음 – 칭의 – 성화 – 영화 5단계로 늘어나게 된다.⁴³

(2) One-step Salvation

반면에 에드워즈의 구원론에 대해서 박사 논문을 쓴 리처드 M. 웨버는 에드워즈의 구원론을 한 단계 구원One-step Salvation론이라고 주장하였다.⁴⁴ 웨버는 자신의 박사논문 속에서 에드워즈의 신학에 있어서 구원의 다단계에 대해서 말하는 것은 부적절한 일이며, 구원이란 오직 하나의 신적인 은혜가 작용한 결과이며, 오직 한 단계만 가질 뿐이라고 주장하였다.⁴⁵ 웨버는 자신의 주장을 뒷받침하기 위한 주요 근거로써 에드워즈의 고린도전서 13장 강해 중 제12번째 설교문을 제시하였다.

에드워즈는 12번째 설교문의 핵심을 담은 교리적 명제에서 "기독교의 모든 은혜들은 함께 관련되어 있으며 서로 간에 의지하고 연합하여 있다"고 주장하였다.⁴⁶ 곧 그것들은 모두 함께 연결되고 서로 간에 연합되어 있다는 것이다. 에드워즈에 의하면 "모든 기독교의 은혜는 언제나 함께 가기 때문에, 하나가 있는 곳에 전부가 있고 하나가 모자라는 곳에서는 모든 것이 모자란다"고 말한다.⁴⁷ 다르게 말하자면 "기독교 은혜들이 모두 함께 서로 간에 의지하고 있으며, 그들 사이에는 서로를 묶고 있는 끈이 있어서 서로를 의지하고 있다"는 것이다.⁴⁸ 그렇다면 기독교의 모든 은혜들이 그렇게 서로 연관되어 있고 서로 의존하고 있는 이유가 무엇일까? 이에 대해서 에드워즈는 모든 기독교의 은혜들은 동일한 원천, 즉 성령에게서 나오는 것이기 때문이라(고전 12:4-5)고 대답한다.[49] 에드워즈는 설명하기를 "신자들이 누리게 되는 기독교의 은혜들은 모두 다 마음에 들어와 내주하고 계시는 그리스도의 영으로부터 나오는 것이며, 성령께서 자신의 거룩한 성품을 전달하시는 것"이라고 말한다.[50] 에드워즈는 모든 은혜들(사랑, 믿음, 겸손, 회개 등)이 한 분 성령에 의하여 행해지는 동일한 역사이며 동일한 회심의 결과이며, 거듭날 때에 우리들이 받는 새로운 성품 속에 다 들어있는 것들이라고 주장한다.[51]

(3) 에드워즈에게 있어서 구원 서정을 말할 수 있는가?

우리는 이상에서 에드워즈의 구원론를 논구함에 있어서 중요한 이슈 중의 하나인 구원 서정론에 대한 두 가지 입장을 살펴보았다. 거스트너나 노병기는 에드워즈가 다단계로 구성된 구원 서정론을 제시했다고 논증하였고, 웨버는 에드워즈의 구원 서정론은 한 단계 구원론이라고 주장하였다. 그러면 우리는 어떤 견해를 택해야만 하는 것일까? 필자가 생각하기에 에드워즈에 의하면 성령의 구원하시는 은혜는 마치 한 그루의 나무나 태중에 잉태된 태아를 연상케 한다는 점을 지적하고 싶다.[52] 둘이 시작부터 이미 그 속에 모든 잠재태를 포함하고 있듯이, 하나님의 은혜 역시도 처음 주어질 때에 믿음, 거룩 등의 은혜를 포함하고 있으며 영화에 이르기까지 반드시 그 은혜는 역사할 것이다라는 점을 에드워즈는 강조하려고 한 것으로 판단되어진다. 분명 에드워즈는 구원에 있어서 하나님의 주권을 믿었기 때문에, 한 번 시작된 구원은 끝까지 떨어지지 아니하고 완성되게 하신다는 점을 강조했던 것이다.[53]

그러나 또한 우리는 에드워즈의 구원론에 있어서 풍성한 내용을 효과적으로 설명하기 위해서 여러 가지 은혜의 단계로 구분하고 있음도 확인할 수 있다.[54] 앞서 살펴본 여러 가지 내용들을 바탕으로 하여 구원 서정에 대한 에드워즈의 입장을 다음과 같이 정리해 볼 수 있다고 사료된다. 성령의 구원하시는 은혜가 한 개인 심령에 처음 적용되어질 때에 회심conversion(이어서 살펴보겠지만 에드워즈에게 있어서 회심과 중생은 동의어이다)이 일어나며, 그 이후 믿음faith의 역사가 일어나며, 그 결과 칭의justification를 받게 되며, 회심에서부터 주어지기 시작한 거룩함의 원리는 성도의 구체적이고 평생에 걸친 삶의 과정을 통하여 성화sanctification의 과정을 밟게 하고, 마지막에 영화glorification로 종결되어지는 것이다.[55]

5.2. 회심과 중생(Conversion and Regeneration)

이제 우리는 에드워즈의 구원 서정론을 구체적으로 살펴보려고 한다. 그의 구원 서정론에 있어서 제일 먼저 올 뿐 아니라 가장 중요한 위치를 점하고 있는 것은 바로 그의 회심론이다. 에드워즈는 1740년에 행한 "회심과 같은 것이 있습니다"라는 제목의 설교에서 회심의 성경적 중요성에 대해서 다음과 같이 말한다.

> 회심 또는 신생 교리는 기독교의 가장 위대하고 기본적인 교리 가운데 하나이다 … 만일 우리가 하나님의 존재를 부인하지만 않는다면, 우리가 회심이 있다는 것을 부인할 수 없음을 이성은 많이 가르쳐 준다 … 성경은 회심의 교리를 많이 가르친다. 만일 우리가 회심을 부인하면 사실상 우리는 성경을 부인하는 것이다. 성경이 회심의 필요성과 우리의 마음이 죄에서 하나님께로 돌아서야 하는 것을 가르치는 것을 부인하면 성경 전체를 부인하는 거나 마찬가지이다. 만일 우리가 성경이 회심에 대해 가르치는 것을 부인하면, 성경의 나머지는 우리에게 전혀 의미가 없게 된다.[56]

한편 1742년에 저술한 『균형잡힌 부흥론』에서는 회심의 중요성을 다음과 같이 강조해준다.

> 내가 감히 단언하는 것은 한 영혼의 회심에 있어 하나님의 역사는 그 원천, 기초 및 가치 그리고 그 혜택, 목적 및 영원한 결과와 함께 생각할 때, 물질적인 우주 전체를 창조하는 것보다 더 영광스러운 하나님의 역사라는 점이다.[57]

그러면 이제 에드워즈의 저술들 속에서 개진되고 있는 그의 회심론을 살펴보기로 하자.

5.2.1. 회심, 중생, 회개

먼저 그가 회심론과 관련하여 사용하고 있는 용어들을 살펴보기로 하자. 에드워즈는 회심conversion과 중생regeneration, born again이라는 두 개념을 동의어로 사용하고 있다는 것을 먼저 지적하고자 한다. 위에서 언급한 "회심과 같은 것이 있습니다"라는 설교에서 에드워즈는 회심과 중생 교리를 같은 것으로 말하였다.[58] 그리고 그의 생전에 마지막으로 저술해서 인쇄소에 넘겼던 『원죄론』에서는 회개, 회심, 중생 등을 동의어로 여기고 있음을 알 수 있다.

> 나는 회개와 회심을 같은 말로 본다. 왜냐하면 성경(행 3:19)이 그것들을 함께 보기 때문이다. 그리고 그것들은 명백히 많은 같은 것을 의미하기 때문이다. 회개metanoia는 마음의 변화를 의미한다; 마찬가지로 회심conversion이란 단어도 죄로부터 하나님께로 변화 혹은 전향을 의미한다. 그리고 이것은 중생regeneration이라고 부르는 것과 같은 변화이다(중생이란 특별히 마음의 수동적인 측면에서 본 변화이다).[59]

에드워즈에 의하면 회심이든 중생이든 하나님께로 전향한다는 점에서 같은 변화라고 보는 것이다. 그러나 그도 회심과 중생 사이의 차이를 인정하기를 회심에 비해서 중생은 신자의 마음에서 수동적으로 일어나는 것이라고 구별하였다.[60]

에드워즈에 의하면 중생born again이란 "사람이 죄로부터 하나님께로 회심할 때에(돌이킬 때에), 하나님의 강력한 능력에 의해서 사람 안에서 역사하시는(일으키시는) 위대한 변화"를 의미하며, 또는 "사악한 사람에서 거룩한 사람으로 변화되는 것"을 의미한다.[61] 그에 의하면 "본성을 바꾸고, 본성의 힘을 능가하는 힘을 주는 원리를 주입하는 것은 "사람들의 마음에 역사하는 하나님의 어떤 강력한 역사"only some mighty work of God on their hearts에 의해서만 가능한 것이다. 더욱이 "본성의 힘을 능가하는 힘을 주는 어떤 특정한 기질이나 조건을 가진, 두 세 사람이 아니라 모든 시대, 모든 삶의 조건 속에서 남녀노소, 빈부귀천을 포함한 모든 사람을 바꾸는 결과"를 산출할 수 있는 것은 하나님의 강력한 역사 외에는 그 답이 있을 수가 없다고 에드워즈는 주장했다.[62] 결국 중생은 오로지 성령의 역사로 말미암는 것이라고 에드워즈는 주장하는 것이다.

이와 같이 중생, 회심, 회개 등을 동일시하는 에드워즈의 입장은 그가 속해 있는 개혁주의 신앙고백서들인 도로트신경과 웨스트민스터 신앙 고백의 입장과 일치한다.[63] 특히 도르트신경 III/IV, 11조를 보면 다음과 같이 말하고 있다.

하나님께서 택하신 사람들 안에서 자기의 기쁘신 뜻을 성취하실 때, 즉 그들 안에서 참 회개를 하게 하실 때에 외적으로는 그들에게 복음을 전하시고 또 성령으로는 그들의 마음을 강력하게 조명하셔서 하나님의 신령한 것들을 올바로 이해하고 분별하게 하실 뿐만 아니라, 중생케 하시는 동일한 성령의 효력으로 사람의 가장 깊은 곳까지 어루만져 닫힌 것을 여시고, 굳어진 마음을 부드럽게 하시고, 할례받지 못한 것을 할례 받게 하시고, 지금까지 죽어있던 의지를 살려서 새로운 의지를 갖게 하여, 악함과 불순종과 완고함에서부터 돌아서서 선하고 순종하고 온순하게 하시고, 또 활기차고 강하게 하여, 마치 좋은 나무처럼 좋은 행실의 열매를 맺게 하신다.[64]

라고 설명하고 있다. 또한 에드워즈가 어릴 때부터 익숙하게 학습했던 웨스트민스터 신앙고백서 제10장과 당시 뉴잉글랜드 특히 예일대에서 필독서로 읽혔던 윌리엄 에임스(=아미시우스)의 『신학의 정수』 1권 26장에서도 에드워즈와 동일한 견해를 발견할 수 있다.[65]

5.2.2. 회심의 필요성

두 번째로 생각할 것은 사람에게 왜 회심이 필요한가 하는 문제이다. 에드워즈는 "회심과 같은 것이 있습니다"라고 하는 설교 속에서 회심의 필요성에 대해서 다음과 같이 논증을 한다. 에드워즈에 의하면 인간의 행복은 창조주와의 연합에 달려있다. 그러나 인간이 거룩하지 않은 본성으로는 창조주와 연합할 수 없다. 인간은 거룩하지 않은 본성을 가지고 태어나기 때문에, 인간 본성이 변화되지 않는 한 거룩하게 될 수 없다. 그렇지만 인간의 타고난 본성은 창조주의 초자연적인 역사가 아니면 변화될 수가 없다. 이런 변화는 아주 큰 변화이다. 인간의 본성이 변화되어 거룩하게 되는 것, 사람 속에 탁월한 마음의 변화는 초자연적인 능력에 의해서이다.[66] 에드워즈에 의하면 "예전에 악명높고, 방탕한 삶을 살며, 모든 종교를 경멸하고, 온갖 불경스럽고 타락한 삶을 살며, 사람이라기보다는 짐승 같고 마귀 같이 보였던 사람들이 놀랍게 변화되어, 헛되고 악한 삶을 사는 대신 겸손하고, 경건하고, 영적이며 천국에 합당한 삶을 사는 경우가 많다"라고 하면서 이는 인간의 본성적 능

력에 의해서 가능한 것이 아니라, 오직 성령에 의해서 가능하게 된 것이다라고 역설하였다.[67]

그리고 에드워즈는 『원죄론』에서 타락 이전의 인간 본성이 두 종류의 원리two kinds of principles로 이루어져 있었다고 말한다. 하나는 인간 본성 만으로 이루어진 하위 원리이고, 다른 하나는 영적인 하나님의 형상으로 이루어진 상위 원리이다.[68] 상위 원리는 영광이라는 용어로 기술되며, 인간과 하나님의 연합과 교제 또는 신적인 소통과 성령의 감화에 직접적으로 의존한다. 인간의 불순종은 이 원리를 앗아 갔으며 따라서 하나님과의 교제가 단절되는 결과를 가져왔다.[69] 하나님은 도덕적 탁월성의 측면에서 피조물의 인식 능력 내지 행위 능력을 거두셨다. 그렇기 때문에 성령의 초자연적인 성령의 역사에 의해서만이 회심의 가능성이 존재하며, 회심의 결과로 인식의 능력과 행위의 능력의 회복이 가능하게 되는 것이다.

5.2.3. 회심의 형태론과 회심의 준비론

16, 17세기 청교도들은 개인이 회심을 체험할 때에 어떤 과정이나 단계를 거친다고 생각했다. 그들은 심지어 회심의 준비 과정에 대하여서도 담대하게 논의를 전개했다.[70] 이들의 논의를 통상 전문용어로 회심의 형태론the morphology of conversion이라고 한다. 청교도 신학의 대가 윌리엄 퍼킨스, 아더 힐더샴, 이즈키엘 컬버웰, 윌리엄 에임스 등과 뉴잉글랜드의 신학자 토머스 후커, 토머스 셰퍼드 등이 이런 회심론을 주창하고 주도했다.[71] 회심에 대한 강조가 지배적이었던 뉴잉글랜드에서 신학을 공부하고 목회를 하는 이들이라면 싫든 좋든 이 회심 형태론 혹은 회심 준비론에 대해서 무심할 수가 없었다.[72] 조나단 에드워즈의 경우도 예외가 아니었다. 에드워즈는 회심을 체험한 다음 해인 1722년 12월 18일자 일기에서 자신이 "하나님의 사랑과 은혜에 대한 관심을

가지고 있는지에 대해 아주 조금이지만 약간의 의문이 드는 이유" 네 가지를 기록하고 있는데 첫 두 가지는 다음과 같다.

> 첫째, 나는 신학자들이 말하고 있는 중생의 예비적 사역에 대한 나의 체험을 그렇게 충분히 말할 수 없다. 둘째, 나는 신학자들이 일반적이라고 말하는 그런 방식으로 정확히 중생을 체험한 것이 기억나지 않는다(백금산 역).**73**

옛 신학자들의 회심관과 자신의 회심 체험의 불일치에서 오는 고민은 1723년에도 계속되었다. 1723년 5월 25일자 일기에 보면 에드워즈는 "그러므로 명심해서 미래를 위하여 가장 세밀하고도 부지런하게 회심에 관한 우리 옛 신학자들의 견해를 조사하도록 하자"라고 결심한다.**74** 그리고 두 달 반쯤 지난 8월 12일 월요일 아침에 작성한 일기에도 동일한 문제로 고민하고 있음을 보여준다.

> 지금 나의 좋은 상태에 대해 문제를 제기하게 만드는 가장 중요한 것은 뉴잉글랜드 사람들이나 옛날 영국의 비국교도들이 경험하곤 했던 그런 특별한 방식으로 내가 회심을 경험하지 않았다는 점이다. 그러므로 왜 그들이 그러한 방식으로 회심하곤 했는지에 대한 근본적 바탕과 기초와 실제적인 이유가 무엇인지를 만족스럽게 알게 되기까지 절대로 연구를 포기하지 않기로 결심했다(백금산 역).**75**

에드워즈는 자신의 결심대로 옛 신학자들의 글을 부지런히 탐구하였다. 그러나 옛 신학자들이 말하는 회심 형태론에 자신의 체험을 맞출 수 없었다. 옛 신학자들의 회심론과 상관없이, 에드워즈는 자신이 확고한 회심 상태에 있다는 것을 1725년 5월 28일자 일기에 적고 있다.**76** 그리고 노샘프턴에서 목회하는 동안 두 차례의 성령의 부어주심을 경험하게 되고 회심의 체험의 다양성을 주목하게 되면서 옛 신학자들의 회심 형태론을 추구하기를 포기하게 된다.[77] 이제 우리는 에드워즈가 일치시켜 보려고 몸부림쳤던 16, 17세기 청교도들의 회심형태론을 먼저 간단하게 살펴보고, 이어서 에드워즈에게 더욱 직접적으로 영향을 미쳤던 외조부 스토다드 목사와 아버지 티모시 에드워즈의 입장을 살펴본 후에, 마지막으로 에드워즈의 입장을 정리해 보도록 하겠다.

(1) 옛 신학자들(= 일부 청교도들)의 회심 형태론

청교도들의 회심 형태론을 연구하는 자는 먼저 윌리엄 퍼킨스William Perkins(1558-1602)로부터 시작해야 한다. 퍼킨스는 영국과 미식민지에서 표준적인 청교도 신학자로 인정되고, 그의 책들은 표준적인 교과서로 읽혀졌기 때문이다.[78] 구원론에 대한 대표적인 저서인 『황금 사슬』 *A Golden Chaine*에 나타나는 그의 신학 사상에 모두가 다 동의하는 것은 아니었지만, 이 책은 개혁주의 청교도 사상의 클래식이 되었다. 그는 사람의 구원은 하나님의 영원한 작정에 의지한다는 점과 하나님은 인식할 만한 단계들을 통해 구원 계획을 이루어 나가신다고 주장했다. 그는 하나님의 유효적인 소명으로부터 구원 순서를 시작한다. 성령, 선포된 말씀 그리고 죄인의 의지는 죄인을 믿음으로 소명하시는데 있어서 하나님의 유효적인 요인들이라고 말한다.[79] 퍼킨스는 총 10단계에 이르는 회심의 형태론을 제안한 것으로 유명하다.[80] 그리고 퍼킨스의 형태론은 크게 봐서 믿음에의 예비적인 부분과 믿음을 구성하는 부분 등 두 부분으로 구성되어 있다.

믿음에의 예비적인 부분:
1. 말씀의 사역에 동참하여 듣기
2. 율법의 지식(즉, 하나님께서 도덕적으로 선하게 여기시는 것과 악하게 여기시는 것에 대한 지식)

3. 자신의 특별한 죄들에 대한 인식conviction
4. 심판에 대한 두려움(율법적 두려움, 율법적 슬픔, 공포)

믿음을 구성하는 부분:
5. 회개하는 죄인들에게 주시는 구원의 약속들에 대해 심각하게 숙고하기
6. 복음의 메시지를 믿고자 소원하기
7. 뜨겁고, 지속적인 사죄의 요청
8. 자신을 향한 하나님의 자비에 대한 확신감 혹은 설득되어짐
9. 자신의 죄가 죄이고, 하나님께 범죄하는 것이기에 슬퍼함(복음적 슬픔)
10. 새로운 순종과 더불어 계명들에 순종하려는 은혜의 지원을 받은 노력
   (즉, 하나님에 대한 노예적 두려움에 의해서라기보다는 하나님을 향한 사랑의 원리로부터 말미암는 순종의 노력).[81]

퍼킨스의 10단계 형태론을 죠엘 비키는 겸비(1-4단계), 믿음(5-8단계), 회개(9단계), 그리고 새로운 순종(10단계) 등으로 정리하여 제시하기도 하였다.[82]

그리고 에드워즈의 회심론에 많은 영향을 미친 바 뉴잉글랜드의 첫 신학자 중 한 사람인 토머스 셰퍼드Thomas Shepard(1605-49)의 회심 형태론을 살펴보도록 하자.[83] 셰퍼드의 회심론의 중요성과 에드워즈에 끼친 큰 영향력을 잘 이해하고 있는 양낙홍 교수는 "토머스 셰퍼드의 회심론"이라는 글을 통해서 셰퍼드의 회심론에 대해 소개해 주고 있다.[84] 양 교수는 에드워즈의 회심론을 이해하는데 셰퍼드의 회심론에 대한 이해가 필요함을 다음과 같이 강조해준다.

에드워즈의 회심론은 한 마디로 추구론 내지 준비론인데 그것은 셰퍼드의 회심론을 상당 부분 그대로 받아들인 것이라 할 수 있다. 따라서 셰퍼드의 회심론에 대한 사전 지식 없이는 에드워즈의 『놀라운 회심의 이야

기』나 『신앙감정론』같은 주요 저서들, 그리고 무엇보다도 에드워즈가 평생 전하고 강조했던 설교들의 핵심을 제대로 이해할 수 없다.[85]

그러면 셰퍼드가 주장한 회심 형태론은 어떠하였는지 알아보도록 하자. 셰퍼드는 『건전한 신자』*Sound Believer*라는 저서 속에서 4단계의 회심 형태론을 제시하고 있다.[86] 그가 말하는 첫 번째 단계는 성령께서 사람의 마음에 죄책과 죄의 지배 아래 있음을 확신시켜 주는 사역이다.[87] 성령께서는 먼저 특정한 죄에 대한 깨달음을 주시고, 점진적으로 나머지 모든 죄를 지적해 내신다.[88] 성령은 "영혼 속에 분명하고 실제적이며 지속적인 빛을 던져 영혼이 그 죄와 죽음을 보게 될 때 비로소 죄에 대한 철저한 깨달음이 생기게 된다."[89] 죄에 대한 깨달음에 이어지는 두 번째 단계는 통회compunction 즉, 죄에 대한 감각을 가지게 하시는 단계이다. 이 단계에 이르면 죄인들은 자기가 범한 악들에 대하여 영혼의 슬픔과 괴로움을 느끼게 된다.[90] 이때에 죄인들은 마음의 찔림을 받아 죄로 상한 심령이 된다. 그리고 셰퍼드가 말하는 통회의 3대 요소는 성령에 의한 두려움, 슬픔, 죄와의 결별 등이다.[91] 통회는 통회의 목적이 이루기까지만 하면 된다고 셰퍼드는 생각하였다. 그가 주장하는 바 통회의 목적이란 세 번째 단계에 해당되는 겸비해짐humiliation과 네 번째 단계인 그리스도에게로 가는 것이다. 겸비함이란 성령에 의해서 가능한 것으로써, 사람이 "자기가 가지거나 행하고 있는 어떤 선에 대한 자신감과 자부심으로부터 벗어나 하나님께 굴복하거나 하나님 앞에 엎드려 그 분의 기쁘신 뜻대로 처분되기"를 기다리는 상태에 들어가는 것이다.[92] 성령의 역사로 겸비해진 죄인은 그것에 의해 마지막 단계인 그리스도를 받아들임의 단계로 나아가게 된다.[93] 우리가 믿음으로 나아갈 수 있는 근거는 하나님의 부르심 때문이다.[94] 셰퍼드는 "그리스도에 대한 믿음believe in Christ을 갖기 전에 먼저 그리스도를 믿어야 한다must believe Christ"고 말하는데, 이는 참된 신앙을 소유하려면 그리스도에 대한 지식 혹은 지적 동의가 전제되어야 한다는 말이다.⁹⁵ 그리고 거저 주어진 은혜를 믿음으로 받아들이면 마침내 구원에 이르게 된다고 셰퍼드는 주장하였다.⁹⁶

(2) 외조부 솔로몬 스토다드와 아버지 티모시 에드워즈의 회심 형태론

이제 에드워즈의 외조부이자 노샘프턴교회 전임자였던 솔로몬 스토다드Solomon Stoddard(1642-1729)의 회심 형태론을 살펴보도록 하자. 스토다드는 구원은 하나님의 영원한 작정에 의존한다고 생각하였다.⁹⁷ 그는 회심의 준비가 필요하며, 구원에는 진행 과정a progression이 있다고 생각했다. 그러나 그는 구원에 이르는 엄격한 순서를 주장하지 않는다는 점에서 앞서 살펴본 윌리엄 퍼킨스와 견해를 달리했다. 스토다드의 회심론은 『구원적인 회심의 본질』이라는 저서 속에서 잘 제시되고 있다.⁹⁸ 스토다드는 개개인의 회심이 독특성을 가지고 있음을 인정하면서도 구원 과정에 있어서 몇 몇의 공통적인 요소들도 있다고 생각하였다. 스토다드에 의하면 회심의 첫 단계는 그리스도를 믿는 것이다. "그러나 회심의 첫 번째 행동은 예수 그리스도를 믿는 것이다. 믿음을 앞서 행하는 다른 은혜로운 행동은 없다."⁹⁹ 그러나 비중생자가 이와 같은 믿음을 가지게 되는 것은 하나님께서 영적인 빛을 비추어 주시고, 하나님의 신적인 아름다움God's divine beauty을 알게 하심으로 가능하게 된다.¹⁰⁰ 또한 스토다드는 그리스도에 대한 믿음은 "하나님의 말씀에 대한 믿음, 하나님과 그리스도에 대한 사랑, 회개, 겸손, 자기 부정의 정신, 감사의 정신, 보편적 순종의 정신 등을 포함한다"고 생각하였다.¹⁰¹ 스토다드에 의하면 회심을 준비하는 과정에서 "하나님께서 비추어 주시는 영적인 빛은 정죄의 끔찍스러움, 인간의 죄성, 그리고 그리스도의 의를 제외하고는 구원을 얻을 수 없는 무능함을 알게 해 주신다."¹⁰² 구원의 길은 오직 의지를 하나님께로 전향하고, 구원을 위해 하나님의 은혜를 구하는 것이다. 회심의 창시자author of conversion이신 하나님은 성령의 사역을 통하여 은혜를 심령 가운데 두심으로 죄의 권세를 파괴시킨다.[103] 한편 하나님의 영광스러우심을 확신하게 된 영혼은 그리스도를 영접하도록 이끌려진다. 하나님의 은혜, 그리스도의 의의 충족성, 복음 약속의 신실성은 영혼으로 하여금 그리스도를 믿도록 설복시킨다.[104] 그에 의하면 복음은 사람의 마음을 새롭게 하며 하나님의 형상을 회복시키기 위한 은혜의 경향성을 나누어 주시기 위해서 하나님이 사용하시는 도구이다.[105] 스토다드는 "사람의 마음이 거룩하게 되는 것은 복음에 의해서이다"라고 말한다.[106] 하나님의 말씀은 그 안에 자증적인 빛을 가지고 있어서 그것이 무한한 영광의 하나님으로부터 비롯되었다는 것을 확증해 준다고 생각하였다. 그리고 마음이 한 번 조명을 받고 나면 하나님의 영광은 자연 세계 속에서도 감지하게 된다고 말한다.[107]

마지막으로 에드워즈의 아버지인 티모시 에드워즈Timothy Edwards(1669-1758) 목사의 회심론을 살펴보도록 하자. 2장에서 살펴보았듯이 에드워즈의 생애, 종교적 체험, 신학 사상 형성 과정에 있어 티모시 에드워즈가 미친 역할은 결코 적지 않기 때문에 회심에 대한 티모시 에드워즈의 입장을 주의해서 살펴볼 필요가 있을 것이다.[108] 티모시 에드워즈 역시도 구원에 있어서 하나님의 절대적 주권을 강조하는 칼빈주의자였고, 이스트 윈저 교회에서 목회하는 동안 여러 차례의 부흥을 체험하기도 하였다. 그리고 그 역시도 분명한 회심론을 견지하고 있었고 그것을 그의 회중들에게 가르치기도 했다. 티모시 에드워즈에 의하면 회심에 이르는 첫 단계는 깨달음conviction의 단계로, 이는 "영원에 관련하여 자신의 슬픈 상태에 대해 각성된 감각"이다.[109] 다르게 말해서 이 단계에서 죄인들은 "영원을 위하여 자신이 준비되어 있지 않다는 것을 느끼고 확신하게 된다."[110] 그가 말하는 두 번째 단계는 겸비해짐humiliation의 단계로, 죄인은 인류 일반과 특별히 자신 안에 있는 죄에 대하여 하나님이 진노하신다는 것을 느끼는 단계이다. 참으로 겸비해지는 체험을 하지 않는 사람은 구원에 이르거나 참으로 회심에 이를 수가 없다. 자신의 무능과 죄성을 깊이 각성하고 겸비해진 죄인은 하나님께 전적으로 의존하게 되며 마침내 각성의 상태a state of awakening에 이르게 된다. "하나님의 '빛'은 실재적인 회개가 발생할 때까지, 그리고 개인이 '영광스러운 변화의 주체로 만들어질 때까지 자라간다."111 티모시 에드워즈는 회심의 형태론과 준비론을 제시했음에도 불구하고 앞선 청교도들처럼 엄격하게 단계를 구분할 수 있다고 생각지 않았으며, 개인이 언제 회심하게 되었으며, 어떤 과정을 밟았는지에 대해서도 모를 수 있다는 것을 인정했다.112

(3) 회심의 형태론(the morphology of conversion)에 대한 에드워즈의 입장

이제 에드워즈의 입장을 정리해 보도록 하겠다. 앞서 살펴보았듯이 에드워즈는 진정한 회심을 체험해 놓고도 옛 신학자들이 말하는 회심 형태론과 맞지 않아서 고민을 많이 한 적이 있다. 그러나 에드워즈는 회심의 실재가 중요하지 회심의 형태론에 꼭 맞는 것이 중요한 것이 아니라는 것을 깨닫게 된 후에 자신의 회심 사실에 대해서 더 이상 고민하지 않게 되었다. 그리고 노샘프턴 목회 현장에서 회심의 역사를 많이 관찰하면서 사람들의 심령에 성령이 역사하시는 방법이 사람들의 수만큼이나 많은 다양성이 있음과 동시에 많은 점에서 그들 사이에 커다란 유사성도 있음을 확인하게 된다.113 특히 에드워즈는 1734-35년에 일어난 코네티컷 강 유역 계곡 부흥시에 자신의 회중들 가운데 일어나고 전개된 회심의 역사 과정을 주도면밀하게 관찰하고 나서 자세한 보고서를 작성하기도 했다.114 에드워즈가 자세하게 관찰하고 기록해 놓은 것들을 읽어보면 마치 "임상 심리학자의 공책에 있는 메모들"jottings in the notebook of a clinical psychologist 같은 느낌을 가지게 된다는 고언의 평가에 누구나 공감하게 될 것이다.115 그리고 에드워즈의 제법 방대한 보고서 속에서 일종의 회심의 형태론 같은 것이 제시되고 있음을 확인하게 된다. 즉, 전형적인 회심의 세 가지 단계가 등장하고 있는데, (1)

'죄에 대한 깨달음'conviction의 단계로, 두려움이나 비참으로 느껴지는 죄에 대한 고통스러운 감각으로 시작하여, (2) 어떤 최저점에 떨어지게 되는데 그 지점에서 자신이 저주를 받아 합당하다는 것을 고백하며 심지어 구원에 대해 절망할 수도 있는 겸비해짐humiliation의 단계로 나아가서, (3) 회심의 은혜를 체험하고 죄 용서 받음으로 인한 기쁨으로 기뻐하게 되는 단계 등으로 구성된다고 에드워즈는 생각했다.[116]

에드워즈는 1740-42년에 걸쳐 진행된 제1차 대각성 기간 중에 자기 목회지에서 두드러지게 나타난 성령의 회심케 하는 사역에 대해서도 기록을 남겼는데, 이는 보스턴의 토머스 프린스 목사에게 보낸 편지이다.[117] 에드워즈는 이전에 경험한 신앙부흥의 역사와의 다른 점에 대해서 말하기를 "회심이 더 눈에 띄고 알아챌 수 있도록 더 자주 일어났다"고 지적하는가 하면, "명백하고 가시적인 회심들"these apparent or visible conversions이 마을 사람들 가운데서 나타났다고 말한다.[118] 그리고 심지어 이전에 회심을 체험했지만 신앙적으로 퇴보하였다가 이번 기회에 매우 괄목할 만한 성령의 새로운 역사에 힘입어 제2의 회심a second conversion이라고 부를 만한 회심과 유사한 체험을 한 사람들도 있다고 보고하고 있다.[119] 그러면 이처럼 명백하고 가시적으로 두드러진 회심의 체험에는 어떤 형태론이 있었을까? 에드워즈의 보고서를 읽어보면 앞의 보고서와 유사한 형태론을 제시하고 있음을 확인하게 된다. 에드워즈에 의하면 새로이 회심하는 자들이나 제2의 회심이라고 일컬어지는 역사를 체험하는 이들이나 자신의 "죄를 깊이 깨달아 겸비해지고 하나님과 겨룬 후 그들은 완전 충족하신 구주, 그리스도를 다시 발견했다"는 것이다.[120] 역시 앞서 살펴본 것과 같은 죄깨달음, 겸비해짐, 구주의 발견 등으로 구성된 회심의 형태론이 제시되고 있음을 볼 수 있다.

그러나 우리가 간과해서는 안 될 것은 1743년의 보고서 속에서는 에드워즈가 이전보다 좀 더 신중하게 회중들의 회심 과정과 그 결과에 대해서 소개하고 있다는 것이다.

은혜의 정도는 결코 기쁨의 정도나 열심의 정도로 측정할 수 없다. 또한 이런 것들로써 누가 은혜로우며 누가 그렇지 못한지 전혀 판단할 수 없다. 주안점을 두어야 하는 것은 신앙 감정의 정도가 아니라 본질이다.[121]

왜 에드워즈가 이렇게 신중한 자세를 취하게 되었는가 하면 "외견상 은혜로운 감정과 비슷하고, 육체에 똑같은 영향을 미치지만 사람들의 기질과 삶의 방향에 똑같은 영향을 미칠 수 없는 커다란 신앙 감정이 개인 속에 있을 수 있기 때문이다"라고 에드워즈는 설명한다. 그렇다면 진정으로 은혜를 받았다고 말할 수 있는 표지, 혹은 다르게 말해서 진정으로 회심했다고 말할 수 있는 표지는 무엇일까? 에드워즈는 다음과 같이 자신의 입장을 분명하게 밝힌다.

마찬가지로, 우리 가운데 나타나는 일들로 미루어 볼 때, 개인의 구원 여부를, 주로 처음으로 회심하는 것처럼 보이는 사람의 회심 단계와 체험 방법이 정확하다는 것으로 그 사람의 상태가 좋다고 판단해서는 안 된다. 오히려 우리는 드러나는 영, 즉 영혼의 기질에 나타난 결과로 판단해야 한다.[122]

에드워즈는 이런 기준에서 볼 때 자신의 회중들 가운데는 부흥의 복된 열매로써 참된 회심을 체험한 이들이 많다고 밝히고, 그 결과 많은 교우들 가운데 가시적으로 그 결실이 나타나고 있다고 지적한다. 우리는 에드워즈의 신중한 회심형태론의 결정판을 바로 같은 시기 즉, 1742-1743년에 베드로전서 1장 8절을 본문으로 하여 거짓된 신앙 감정과 참된 신앙 감정에 대하여 연속적으로 설교한 것을 1746년에 이르러 출간한 『신앙감정론』 속에서 확인할 수 있게 된다. 신앙 감정이 진정으로 은혜로운 것인지 아닌지에 대한 판단 근거가 될 수 없는 12가지 표지들 중 8번째 표지는 "양심의 각성과 죄에 대한 깨달음이 있은 후에 어떤 일정한 순서를 따라 위로와 기쁨이 뒤따른다는 사실로는 그 감정의 본질이 어떤 것인지 분명하게 판단할 수 없다"는 것이다.[123] 물론 에드워즈는 "사람들을 죄와 영원한 멸망에서 구원해 내시기 전에 하나님께서 그 사람들 스스로 그들이 처해 있는 죄의 상태와 멸망의 악함을 깊히 느끼고 인식하게 하는 것이 결코 불합리할 수 없는 것이다"라고 하면서 청교도 신학자들의 회심 형태론을 일면 변호하는 것으로 논의를 시작한다.[124] 에드워즈가 보기에 이런 순서로 하나님이 죄인들을 회심시키시고 구원의 은혜를 베푸신다고 하는 것은 성경적으로 근거가 있는 것이다. 그것은 구약에서 뿐 아니라 신약에서도 예증될 수 있는 "하나님께서 일반적으로 취하시는 방식"God's ordinary manner이라고 하면서 에드워즈는 여러 성경구절들을 제시한다.[125] 에드워즈는 성경적인 근거들 위에 서서 형태론에 무조건 반대하는 자들에 대한 비판을 다음과 같이 마무리 짓는다.

> 이런 예들을 통해 볼 때 믿음을 고백하는 그리스도인들이 다른 사람들이 체험하는 위로와 기쁨의 감정이 아주 두려운 근심과 번민 후에 생겼다는 사실을 가지고서 그 감정들의 진실성과 영적 본질을 반대하는 이유를 내세우는 것은 매우 불합리한 것very unreasonable 같다.[126]

이상에서 볼 수 있듯이 에드워즈의 완숙한 회심론에 의하면 죄인의 회심 과정이 죄의 각성, 겸비해짐 다음에 구원의 체험에 이르게 된다는 기본적인 형태론을 긍정하고 있음을 알 수 있다. 그러나 여덟 번째 표지를 논의하는 곳에서 에드워즈는 앞서 말한 것과 반대되는 것 같은 논의를 전개해 나간다. 에드워즈는 "다른 한편으로는 위로와 기쁨이 큰 공포와 지옥에 대한 놀라운 두려움에 뒤이어 왔다는 것이 반드시 그 위로와 기쁨이 바른 것이라는 증거는 아니다"라고 하면서 논의의 방향을 바꾼다.[127] 에드워즈에 의하면 큰 공포와 지옥에 대한 두려움을 느끼는 것이 현상적으로는 회심의 전단계인 죄의 깨달음과 혼돈될 수 있지만 본질에 있어서 둘은 서로 다르기 때문이다. 즉, "하나님의 성령을 통한 죄의 자각은 마음과 행위의 죄스러움을 깨닫는 것이며, 두려운 위엄과 무한한 거룩하심과 죄를 증오하시고 그 죄를 벌하시는 엄격한 공의를 지니신 하나님께 반역하여 범한 죄 때문에 공포를 느끼는 깨달음"으로써 그것은 지옥에 대해 느끼는 두려움이나 공포와는 다른 것이라는 것이다.[128] 사실 후자의 공포는 마귀도 사람의 심령에 잘 일으킬 수 있는 것이다.[129] 더욱더 예리한 에드워즈의 주장은 죄인이 설령 "각성케 하시고 죄를 깨닫게 하시는 성령의 영향"에 의해 큰 두려움을 느꼈다고 하더라도 회심의 열매를 맺지 못하고 소멸될 수도 있다고 말한다는 것이다.[130]

에드워즈는 마귀가 하나님의 성령의 구원케 하시는 모든 사역과 은혜의 모조품을 만들 수 있는 것 같이, 은혜를 받아들이도록 준비시키는 사역의 모조품도 만들어낼 수 있다고 예리하게 지적한다. 그에 의하면 사탄은 거짓 겸비함과 거짓된 굴복과 가짜 위로를 산출해 낼 수 있다는 것이다. 에드워즈는 대표적인 예로 사울왕을 든다.[131] 그리고 에드워즈는 "마귀에게 있어서 신적인 일의 본질the nature of divine things을 모방하는 것보다 신적인 일의 순서order를 모방하는 것이 더욱 쉽다"고 지적한다. 그렇기 때문에 "역사와 경험의 순서나 방법은 그것이 신령하다는 것을 드러내 주는 확실한 표지"가 아닐 수 있는 것이다. 그는 우리가 참된 회심자인지 아닌지, 구원의 은혜를 받은 자인지 아닌지에 대해서 판단내릴 때에 "사탄이 할 수 없는 것만을" 즉, "오직 하나님의 능력이 아닌 다른 능력으로는 불가능한 것"을 기준으로 삼아야 한다고 역설한다.[132] 에드워즈가 이처럼 회심의 역사에 대해서 좀 더 신중해지고 분별력이 생긴 것은 부흥과 대각성 기간동안 수많은 영혼들이 일정한 순서를 따라 회심한 것처럼 보였으나 나중에는 비회심자로 드러나는 경우들을 많이 보게 되었기 때문이었다.[133]

따라서 에드워즈는 "단계들과 방법들을 뚜렷하게 따르는 것처럼 보인다고 하는 그것이 참된 회심의 증거가 아닐 수도 있고 일 수도 있다"고 하는 매우 중요한 주장을 한다.[134] 그것 만으로는 참된 회심인지 아닌지를 정확하게 알 수는 없다는 것이다. 물론 일반적으로 회심은 죄에 대한 깨달음과 이어지는 그리스도를 구주로 영접하게 되는 회심의 체험으로 구성되기는 하지만, 앞선 청교도들처럼 여러 단계로 나누어서 (퍼킨스의 경우는 10단계) 세세하게 밝히고, 그 단계를 따라서 회심을 해야 참된 회심이라고 말하는 것은 옳지 않다고 에드워즈는 생각하였다.[135] 양낙흥은 다음과 같이 바르게 평가해 준다.

> 그는 여기서 앞선 청교도 신학자들이 회심의 단계를 그대로 밟지 않는 자는 참된 회심자가 아니라고 판단하는 식으로 회심을 정형화, 획일화하는 것에 반발하고 있는 것이다. 요컨대 그는 참된 회심을 위해 깨달음 다음에 위로라는 두 단계는 필수적으로 있어야 하지만 그 두 요소를 다시 세분해서 서너 가지 혹은 대여섯 단계, 혹은 심지어 그 이상의 많은 단계들로 구분하고 그 구분을 절대화하는 것에는 반대하고 있는 것이다.[136]

왜냐하면 에드워즈가 보기에 사람 영혼 속에 역사하시는 성령의 역사 방식은 "종종 매우 신비스럽고 헤아릴 수가 없기 때문이고," "하나님의 성령은 사람들이 생각하듯이, 틀에 짜여진 방법으로 사람들이 인식할 수 있도록 움직이시는 분"이 아니시기 때문이다. 에드워즈는 경험적으로 보더라도 "우리는 최고의 그리스도인들에게서, 하나님이 역사하시는 방법과 그리스도인들의 회심 과정에서 하나님의 성령을 헤아릴 수 없고, 추적할 수 없다"라고 하는 것이 분명하다고 주장하였다.[137] 에드워즈는 회심의 역사의 불가측정성을 설명하기 위해서 복된 마리아의 태에서 성령의 능력으로 그리스도가 잉태되는 것에 비유하기도 한다.[138]

회심의 형태론에 대한 에드워즈의 결론적인 입장은 회심의 사역에 있어서 성령의 사역 방식은 너무도 다양하기 때문에, 우리는 그 순서나 방식보다는 주로 "하나님께서 사람들의 영혼 안에 역사하시는 영향들의 본질"the nature of the effect that God has brought to pass in the soul을 살펴보아야 하는 것이고, 또한 "그 일이 일어나는 순서에 있어서가 아니라, 그 일의 영적이고 신적인 본질에서 가장 분명한 일"을 확인해 보는 것이 참된 회심 여부를 바로 알 수 있는 올바른 길이라고 하는 것이다.[139] 성경에 의하면 성령의 열매들의 본질로 우리 자신을 시험하라고 가르치기는 하지만, 그 열매들을 맺게 하시는 방식으로 시험하라는 가르침은 찾아볼 수 없다고 말한다.[140]

결국 에드워즈의 입장은 청교도적인 회심의 형태론 중 기본적인 골격은 받아들이지만, 그와 같은 순서와 절차를 정확하게 따른다고 하는 사실 자체가 참된 회심의 여부를 가릴 수 있는 본질적인 표지는 될 수 없다고 하는 입장인 셈이다. 에드워즈가 이처럼 분명한 입장을 취하게 된 것은 이 주제에 대한 성경적인 이해와 부흥과 대각성 기간동안 수많은 체험 사례들을 임상적으로 관찰하고 분석할 수 있는 기회를 가져 보았기 때문이다.[141]

(4) 회심의 준비론에 대한 에드워즈의 입장

회심의 형태론과 관련지어서 한 가지 더 살펴보아야 할 것은 소위 청교도들이 말하는 "회심의 준비론" 혹은 에드워즈의 용어로 표현하면 "은혜를 받아들이도록 준비시키는 사역"those operations that are preparatory to grace에 대한 그의 견해가 무엇인가 하는 것이다.[142] 존 거스트너에 의하면 에드워즈는 구원에 이르는 단계론을 밝히는 저술을 쓰지는 않았지만, 그러나 그 문제에 대해서 언급하지 않는 설교나 저서는 거의 없다고 말한다.[143] 앞서 살펴본 것처럼 분명히 구원에 있어서 하나님의 주권을 높이는 칼빈주의 신학자인 에드워즈가 구원에 이르는 준비 사역을 말하거나, 죄인들 편에서 구원을 받기 위해서 무엇인가를 해야 한다고 말하는 준비론에 대해 긍정적으로 많이 이야기했다고 하는 것이 매우 이율배반적이라고 생각될지도 모르겠다.

에드워즈는 "영혼의 구원이 추구되어져야 하는 방식"이라는 설교 속에서 다음과 같이 말한다.

> 하나님께서 그의 말씀 속에서 지시하시는 모든 의무들의 지속적인 준수의 방식으로 구원은 추구되어져야 한다 … 우리가 우리의 구원을 위해서 우리에 의해 수행되어져야 할 특별한 의무들이 무엇인지를 성경은 우리에게 말씀하고 있다.[144]

에드워즈는 비중생자들(비회심자들)도 이와 같은 의무들을 행해야 한다고 말한다. 그러나 또한 에드워즈는 그와 같은 순종이 구원을 얻게 하는 공로적 가치가 있는 것은 아니라는 점을 분명히 밝힌다.

> 사람들에 의해서 수행되어진 순종의 일은 구원을 사기에 필수적인 것은 아님에도 불구하고, 그러나 그것은 그들이 구원을 위해 준비되도록 하기 위하여는 필수적이다.[145]

에드워즈는 회심의 준비론을 말하는 것은 회심에 있어서 하나님의 주권적 사역을 강조하는 것과 전혀 모순되지 않는다고 생각하였다. 그가 1734년에 행한 "하나님은 회심의 역사에 있어서 주권적이시다"라고 하는 설교의 적용 부분에서 에드워즈는 다음과 같이 권면하였다.

> 이 교리는 사람들이 그 수단들에 어떤 공로나 자연적인 효능이 있다고 생각하기 때문이 아니라, 오로지 주권적인 하나님의 은혜를 기다리는 지정된 방편으로써 그 수단들을 사용해야만 한다고 가르친다.[146]

그러면 왜 죄인들이 자신들의 구원을 얻기 위하여 추구해야 하는 것인지, 즉 추구의 이유들에 대해서 에드워즈가 어떻게 말하였는지를 살펴보도록 하자. 에드워즈는 하나님께서는 비중생자들에게 하나님을 추구하라고 명령하고 계시기 때문에 추구는 이루어져야 한다고 생각했다. 에드워즈는 한 설교 속에서 다음과 같이 말한다.

> 구원은 그것에 대한 우리의 가치 평가와 그것의 중요성에 대한 인식을 보이도록 하기 위하여 그것을 추구하도록 하나님이 지정하신 것이다. 좁은 문으로 들어가기 위해 힘쓰고, 우리에게 있는 능력이 무엇이든지 간에 우리의 온 힘을 다해 구원을 추구하라는 것이 하나님의 명령이다.[147]

결국 에드워즈가 대부분의 설교의 적용들 속에서 비회심자들을 향하여 구원얻는 회심에 이르도록 온 힘을 다해 추구하라고 권면할 수 있었던 것은 성경에 기록되어 있는 하나님의 명령에 순종하기 위해서였다는 점을 알 수 있다.[148]

그리고 에드워즈는 하나님을 추구하고 구원을 추구하는 자는 반드시 구원을 받게 된다고 보증하지는 않지만, 구원에 이를 희망이 있다고 말한다.[149] 그는 호세아 6장 3절을 본문으로 하는 설교 가운데서 "하나님께서는 부지런히 그리고 항상 그리고 끈질기게 회심을 추구하는 자들에게 통상적으로 성공을 약속하신다"라고 말한다.[150] 에드워즈는 하나님의 주권성 때문에 감히 추구하는 자는 반드시 회심을 하게 될 것이다는 식으로 절대적 확실성은 말하지는 않는다.[151] 그럼에도 불구하고 이 주제와 관련된 50편 이상의 설교들을 연구해 본 존 거스트너는 22편 이상의 설교 가운데서 에드워즈는 추구 결과 구원에 이르게 된다는 것에 대해서 긍정적으로 말하고 있다고 보고한 것을 볼 때에 에드워즈가 회심의 추구를 얼마나 중요하게 생각하였는지를 알 수 있다.[152] 에드워즈는 사람이 회심의 추구로 회심에 이르지 못한다고 해도 도덕적인 삶

을 살게 되면 장차 적은 심판을 받게 될 것이라고 말하기도 하였다.[153]

사람이 회심에 이르기 위하여 추구하는 것이 필요하다면, 구체적으로 어떻게 추구해야 하는가 하는 질문이 이어지게 된다.[154] 사람이 자신의 영혼의 구원을 위해서 무엇을 해야만 할 것인가에 대한 에드워즈의 대답은 주로 그의 많은 설교들 속에서 주어지고 있다. 에드워즈는 심지어 노샘프턴 교회에서 고별설교를 하는 가운데도 비회심자들에 대한 권면을 잊지 않고 있다.[155] 추구의 방식들에 대해서 가장 구체적으로 설명하고 있는 설교는 전도서 9장 10절을 본문으로 전한 설교이다.[156] 에드워즈는 이 설교 속에서 구원에 이르기 위해 사람이 할 수 있는 10가지의 추구 방편에 대해서 설명해주고 있다:

첫째, 구도자seeker는 자신의 정욕의 외적인 극대화로부터 절제할 수 있다.
둘째, 구도자는 어떤 악한 과정과 실천을 개혁할 수 있다.
셋째, 구도자는 이웃에 대한 외적인 의무들을 수행할 수 있다.
넷째, 구도자는 성경을 읽을 수 있다.
다섯째, 구도자는 모든 공예배나 기도회에 참여할 수 있다.
여섯째, 구도자는 자신의 입술을 신앙적인 일에 사용할 수 있다. 즉, 자신의 영적인 문제에 대해서 조언을 구할 수 있다.
일곱째, 구도자는 자신의 생각을 통제할 수 있다. 즉 악한 생각에서 생각을 돌려 신적인 일들에 대해서 묵상할 수 있다.
여덟째, 구도자는 신앙적인 일들에 자기의 시간을 구별하여 사용할 수 있다.
아홉 번째, 구도자는 주어진 신적인 도움(즉 성령의 감동)을 활용할 수 있다.
열 번째, 구도자는 자신의 다른 일을 하듯이 이런 일들에 자신의 온 힘을 기울일 수 있다.[157]

에드워즈는 이처럼 회심에 이르기 위하여 죄인들이 구도자로서 힘써 준비해야 할 일들에 대해서 분명한 지침을 제시하였다. 그의 칼빈주의적 신학에 의하면 회심을 위한 분투노력은 결코 공로적인 의미는 없다. 하지만 하나님께서는 구원을 주권적으로 주시되 추구라는 방편을 사용하시어 주신다는 것이 에드워즈의 지론이었다. 다른 청교도 신학자들처럼 에드워즈 역시도 회심에 이르는 안일하고 나태한 길은 있을 수가 없다고 보았다. 하나님께서 구원을 베푸시기 위하여 지정하신 여러 가지 수단들을 잘 활용하여 은혜받을 수 있는 길에 서 있어야 구원의 소망이 있는 것이다.158 사실 오늘날 우리 한국 교회에서는 교회 내에 있는 비회심자들에게 너무나 손쉽게 구원의 확신을 주는 경향이 있는데, 회심에 대한 에드워즈의 강조와 회심의 준비론에 대해서 주의를 기울이는 것이 도움이 될 것이라고 사료된다. 에드워즈의 시절에도 그러했지만, 한국교회 내에도 명목뿐인 신자들이 너무나 많기 때문에 이러한 주의가 필요하다고 생각된다.

5.2.4. 회심의 특징

(1) 회심은 즉각적으로 그리고 순간적으로 일어나는 일이다

에드워즈에 의하면 "회심은 즉각적으로 이루어지는 일이다."159 그에 의하면 회심의 준비 단계들(지식, 개혁, 죄의 확신)이나 회심 이후에 따르는 은혜의 역사도 점진적일 수 있으나 회심의 역사는 즉각적인 것이다. 에드워즈는 『은혜론』에서 이 점을 명시적으로 밝힌다.

> 어떤 사람이 전적인 부패와 타락의 상태로부터 건짐을 받아 은혜의 상태로 들어가고 그리스도를 구주로 소유하게 되며 실제로 하나님의 자녀가 되는 수단인 회심이라는 이 은혜의 역사는 한 순간에 이루어진다.160

왜 회심은 한 순간에 이루어질 수밖에 없는 것이라고 하는 것일까? 에드워즈는 그 이유를 다음과 같이 밝힌다.

어떤 사람이 실제로 하나님의 자녀가 되고 은혜의 상태 안에 들어오기 바로 직전까지도 그 사람에게는 하나님의 자녀 안에 있는 진정한 선과 참된 미덕이 전혀 없기 때문이다.

그리고 자신의 논지를 입증하기 위해서 회심에 대한 성경적인 비유어들을 하나씩 나열해서 설명한다. 그에 의하면 성경은 회심을 무에서 유를 순식간에 창조해내는 것에 비유하고, 죽은 자의 부활에 비유한다.[161]
에드워즈는 또한 부르심calling을 회심을 표현하는 다른 명칭으로 이해한다. 즉, 부르심은 "그리스도께서 죄인을 구원에 이르도록 회심시키실 때 이루시는 역사" 외에 다른 것이 아니라는 것이다. 그리고 그 부르심은 "그리스도께서 죄인을 부르시는 것이요, 그러면 죄인의 마음은 즉각적으로 응답한다"고 말한다.[162] 에드워즈는 신약에서 그리스도가 그의 제자들을 부르신 사건은 회심의 예표가 되며, 그가 행하신 모든 기적들도 회심의 예표라고 말하기까지 한다. 즉 문둥병자가 즉각 고침을 받는 것이나, 소경이 즉각적으로 시력을 회복하는 사건 등이 회심의 즉각성을 예표한다는 것이다. 모든 질병들을 고쳐 주시는 것도 "우리 영혼에 의로운 마음을 주고 우리 영혼을 죄의 속박에서 자유롭게 하사 하나님을 영화롭게 하는 그리스도의 사역"이라고 설명하는가 하면, 귀신을 내쫓아 주시는 것은 "그리스도께서 회심을 통해 마귀로부터 우리 영혼을 자유롭게 하시는 것을 상징"하며, 바람과 파도를 잔잔케 하심은 "요동하는 바다처럼 불안정한 악인의 마음에 회심을 통해 평정을 주시는 것을 상징"한다는 것이다. 또한 "그리스도께서 죽은 자들을 살리기도 하셨는데, 이것은 그리스도께서 죄와 허물로 죽은 영혼들을 다시 살리시는 것을 상징"한다고 말한다.[163]
에드워즈는 그리스도인에 대하여 "누구든지 그리스도 안에 있으면 새로운 피조물이라"(고후 5:17)라고 말씀하시는 구절을 가지고서도 회심의 즉각성에 대해서 증명하려고 하였다. 에드워즈에 의하면 이 말씀은 다음과 같이 이해된다.

> 그리스도 안에 있는 사람은 그리스도 밖에 있었을 때와는 전혀 다른 종류의 피조물임이 분명하다. 또한 그리스도인이 됨으로써 그 사람에게 있게 되는 원리와 여러 가지 자질들은 전적으로 새로운 것이요 그리스도 안에 있기 이전에는 전혀 없었던 것이 분명하다.[164]

(2) 회심은 인간적인 일이 아니고 신적인 일이다.

에드워즈에 의하면 회심의 또 다른 중요한 특징은 "자기 자신의 힘과 노력을 통해 스스로 회심할 수 없다는 것이다."[165] 사람이 스스로의 힘과 노력을 통해 성취할 수 있는 것이라고 해봐야 전적으로 새로운 것이 아니고 자신의 기존 본성에 있는 여러 가지 자질과 원리와 재능을 점진적으로 향상시키고 개선시키며 재형성하고 감독하는 것에 불과하기 때문이다. 자신의 본성과 능력에 따라 아무리 힘쓰고 애쓴다고 해도 질적으로 새로운 것을 만들어 낼 수는 없는 것이다. 따라서 에드워즈에 의하면 "그 사람의 본성에 이미 있는 것을 단순히 새롭게 변경하는 것보다 더 차원 높은 것이 개입하지 않으면 회심이란 절대 불가능"한 것이며, "영혼 위에 신적 존재의 직접적인 주입이나 역사가 없는 한"unless…an immediate infusion or operation of the Divine Being upon soul 일어날 수 없는 일이다. 그것은 또한 "하나님의 직접적인 역사"the immediate work of God이며, "영혼에 이루어지는 하나님의 전능하신 능력의 산물"properly a production of his almighty power on the soul인 것이다.[166]

(3) 회심은 성령의 역사로 일어난다.

에드워즈는 회심 혹은 중생은 하나님의 직접적인 역사로 일어난다고 말했는데, 더욱더 분명하게 말하자면 회심이란 성령의 역사로 이루어진다. 회심은 성령의 내주indwelling 혹은 주입Infusion으로 시작된다. 에드워즈는 육에 속한 자, 즉 거듭나지 않은 자 속에서는 "성령이 없다"고 말한다.[167] 물론 비중생자도 "하나님의 영의 영향 하에서 비롯된 효과들, 일반적인 은사들, 자질이나 감정들"을 체험하기도 한다. 그러나 비중생자가 하나님의 성령의 내주로 말미암는 영적인 영향 혹은 구원의 역사를 체험할 수 있는 것은 아니다. 에드워즈는 오직 성령의 주입 혹은 내주로 말미암아 한 영혼은 회심 혹은 거듭나게 되어 영적인 사람이 되게 된다고 말하였다.[168] 성령의 내주로 말미암은 회심의 역사와 회심의 역사가 인간의 영혼에 일어날 때에 구체적으로 어떤 변화들이 일어나는지에 대해 에드워즈가 무엇이라고 생각했는지 그의 『신학묵상집』 제397번을 살펴보도록 하자:

> 회심에서 일어나는 가장 중요한 변화는 – 이것은 모든 것의 시작이요 기초이다 – 마음의 기질과 성향과 영의 변화이다. 왜냐하면 회심에서 일어나는 것은 하나님의 성령을 수여하는 것 외에 다른 것이 아니기 때문이다. 성령은 영혼 속에 내주하시면서 생명과 행동의 원리가 되신다. 이것은 새로운 본성이요 신적인 본성이다. 영혼의 본질이 변화됨으로 신적인 빛을 받아들인다. 신적인 것들이 이제는 탁월하고, 아름답고, 영광스럽게 보인다. 영혼이 다른 영적 상태였을 때는 그렇게 보이지 않았다. 하나님의 성령의 첫 번째 활동, 혹은 신적인 기질이 발휘되는 첫 번째 활동은 영적인 이해 혹은 마음의 감각, 영적인 것들에 대한 영광의 탁월함을 지각함에 있다. 이것은 의지의 어떠한 타당한 행동보다 앞선다.[169]

에드워즈에 의하면 회심은 성령이 사람의 영혼 속에 내주하심으로 일어나는 영적 역사이다. 그리고 성령은 사람의 영혼 속에 내주하시되, "새로운 본성의 원리로서 또는 생명과 행위의 신적이고 초자연적인 원천으로서"as a principle of new nature, or as a divine supernatural spring of life and action 성도의 심령에 영향을 미친다. 또한 성령은 "영혼의 기능과 연합해서 영혼 속에서 새로운 본성과 생명의 원리나 원천이 되시는 분"으로 역사하신다.170 성령의 주입으로 말미암아 인간의 본성이 바뀌게 된다.171 즉, 인간의 본성을 구성하는 지각 혹은 이해의 원리와 행동의 원리들이 바뀌게 된다.172 혹은 에드워즈에 의하면 인간의 기능들faculties이란 원리들principles이라고 할 수 있는데, 회심을 통해서 사람의 영혼의 두 기능들 혹은 두 원리들인 이해와 행동의 기능들이 영적인 것으로 변화된다. 에드워즈의 표현대로 하자면 "회심 때에 사람은 이전에 가지고 있었던 어떤 원리들보다 더 높은 영적인 이해와 영적인 행동의 원리가 주입"되어진다.173 이러한 원리들의 변화는 결국 전인의 변화를 의미한다.174 또한 사람의 이해의 원리가 바뀌게 됨에 따라 영혼은 이전에 자연적인 능력으로는 알 수 없었던 "하나님을 알고 그의 영광과 탁월성, 그리고 진리와 영적인 사물들의 탁월성을 알게 된다."175 에드워즈는 회심의 때에 "성령의 작용과 내재하심으로 말미암아 하나님의 신적인 것들을 아는 지식과 거룩한 성향과 모든 은혜가 주어지고 지속된다"고 말한다.176

에드워즈에 의하면 한 영혼에게 있어서 회심의 역사는 이전과 이후를 분명하게 구별짓는 획기적인 사건이며, 성령에 의해서 한 영혼이 회심하게 될 때에 전인적인 변화가 일어나며, 또한 구속의 은혜 전부가 부여되어진다고 할 수 있다. 에드워즈는 "신자들이 누리게 되는 기독교의 은혜들은 모두 다 마음에 들어와 내주하고 계시는 그리스도의 영으로부터 나오는 것이며, 성령께서 자신의 거룩한 성품을 전달하시는 것"이라고 말한다.177 에드워즈는 모든 은혜들이 한 분 성령에 의하여 행해지는 동일한 역사이며 동일한 회심의 결과이며, 거듭날 때에 우리들이 받는 새로운 성품 속에 다 들어있는 것들이라고 주장한다.178 에드워즈에 의하면 결정적인 칭의 행위도 "죄인이 회심할 때" 일어난다고 생각하였다. 그는 회심과 동시에 칭의 사건이 이루어진다고 본 것이다.179

또한 성도의 영혼 속에 내주하시어 회심의 역사를 이루시고 모든 은혜를 주시는 성령은 또한 자신의 고유한 본성에 따라 역사하시기 때문에 성령은 영혼을 거룩하게 하신다는 것이 에드워즈의 지론이다.

성도의 영혼 속에서 행하시는 하나님의 영은 그 자신의 고유한 본성을 따라 역사하시고 자신을 전달하신다. 거룩은 하나님의 영의 고유한 본성이다. 성령은 성도들의 마음속에 역사하시되 그 자신을 그들과 연합시키시고, 그들 안에 사시며, 그들의 기능들의 행사 속에서 그분 자신의 본성을 적용하심에 의해서 그렇게 하신다 … 성령은 거룩한 영향력과 영적인 작용들 속에서 역사하실 때, 그 자신을 독특하게 전달하시는 방법으로 일하신다. 그렇기 때문에 그것을 받는 사람은 '영적이다'라고 말해진다(백금산 역).**180**

에드워즈에 의하면 성령의 내주하심으로 말미암아 성도는 성령의 고유하신 본성인 거룩함에 참여하게 된다. 비록 "그 정도에 있어서는 하나님의 것보다는 무한히 적지만, 그 성질에 있어서는 하나님의 거룩함과 같은 거룩함을 누리게 되는 것"이다.**181** 이것을 다르게 말하면 신의 성품에 참여하는 것(벧후 1:4)이라고 묘사되어지는 것과 같다. 물론 에드워즈는 성도들이 "하나님의 본체에 함께함으로, 하나님과 함께 하나님이 되고, 그리스도와 함께 그리스도가 되는 것이 아니라, 성경의 표현대로 하나님의 충만하심에 참여하는 자가 되는 것을 뜻한다"고 말한다.**182**

5.3. 믿음과 칭의(Faith and Justification)

앞서 에드워즈의 구원 서정론에 대한 논의 자리에서 살펴보았지만 에드워즈에게 있어서 회심 다음에 오는 성령의 주요 사역은 바로 칭의의 사역이다.¹⁸³ 그리고 1734년에 노샘프턴 교인들에게 전했던 강론인 "이신칭의"Justification by Faith Alone에서는 "회심이란 용서와 칭의의 조건이다"라고 말하는가 하면 "우리가 믿기 위하여 우리의 마음은 변화해야 하고, 그래야 의롭다함을 받게 된다"라고 말함으로써¹⁸⁴ 에드워즈는 회심과 칭의 사이에 믿음을 위치시키고 있음을 볼 수 있다. 따라서 두 번째 구원 서정 논의는 믿음과 칭의라는 소제목으로 다루어 보고자 한다. 혹은 이신칭의라는 제목으로 바꾸어 논의해도 될 것이다.

5.3.1. 믿음에 대한 다양한 정의들

먼저 에드워즈가 믿음faith에 대해서 무엇이라고 정의내리고 있는지를 살펴보도록 하자. 에드워즈의 저술 전편에 걸쳐서 믿음에 대한 논의들이 산재해 있지만, 특히 1728년부터 시작하여 남은 생애 전체에 걸쳐서 때에 따라 적어 놓은 믿음에 대한 묵상집이 현존하고 있어서, 에드워즈의 믿음관을 이해하는데 도움을 주고 있다.¹⁸⁵ 에드워즈는 "믿음은 한 증언에 대한 한 신념(살후 1:10), 즉 진리에 대한 동의이다"라는 구절로 논의를 시작했다.¹⁸⁶ 두 번째 항목에서는 "믿음은 신실하신 하나님을 향한 영혼의 적절한 행동이다(롬 3:3-4)"라고 그는 적고 있다.¹⁸⁷ 에드워즈에 의하면 "믿음의 대상은 예수 그리스도일 뿐 아니라 복음이다."¹⁸⁸ 그리고 복음의 "약속들에 대한 신념은 신앙이거나 혹은 신앙의 주요 부분이다. 약속들에 의지한다는 것은 신앙의 행동"이다.¹⁸⁹ 하나님의 약속들의 진리성을 믿는 것은 두 가지 요소로 구성되어 있는데, "약속들에 의해서 설득되어지는 것과 그 약속들을 품어 들이는 것(히 11:13)"이 그것이다.¹⁹⁰ 우리가 주의해서 보아야 할 것은 바로 세 번째 항목이다.

믿음은 영광과 탁월성에 대한 감각으로부터 나오는, 혹은 최소한 그런 종류의 감각과 함께 하는 진리에 대한 신념이다 … 탁월하고 신적인 것에 대한 영적인 맛보기와 풍미로부터 신자들은 그것에 대한 사랑 속에서 진리를 받으며, 사랑 속에서 진리를 말한다(엡 4:15).[191]

에드워즈는 신자에게 있어서 신앙의 대상은 특별히 예수 그리스도이시라는 것을 명백하게 강조하고 있다. 그는 "신앙은 그리스도를 받아들이는 것이다(요 1:12; 히11:19; 골 2:5-7)"라고 말하는가 하면,[192] 신앙은 "그리스도를 마음속에 받아들이는 것"이다(롬 10:6-10)라고 말하였다.[193] 그리고 믿음은 또한 "그리스도를 신뢰하는 것"trusting in Christ이며, "그리스도를 즐거이 영접하는 것"gladly receiving Christ이라고 설명하기도 한다.[194] 에드워즈의 관찰에 의하면 성경에서는 믿음의 행위를 여러 가지로 설명하고 있는데, "그리스도에게 나아옴, 그리스도를 바라보다, 그에게 마음 문을 열어드림, 목말라함thirsting, 사모함desiring, 그리스도를 향해 팔을 뻗치기" 등 수많은 표현들이 사용되고 있다.[195] 또한 에드워즈는 믿음이란 "그리스도에 의해 참으로 충심으로 구원받기를 추구하는 것"이라고 말하였다.[196] 반대로 불신앙은 "그리스도를 부인하고 배척하는 것disallowing and rejecting Christ Jesus"이라고 말한다.[197] 에드워즈에 의하면 믿음은 그리스도를 "충심으로 믿는 것"이며, 또한 "마음으로 그리스도와 연합하는 것"이다.[198] 그리고 "그리스도를 믿는 것은 선지자이신 그분에게 듣는 것이요, 왕이신 그분에게 우리 자신을 복종시키는 것이요, 제사장이신 그분을 의지하는 것이다."[199]

에드워즈는 믿음이란 단순히 이해 속에서 이루어지는 동의assent만을 말하는 것이 아님을 분명히 말하고 있다.[200] 전통적으로 믿음은 동의, 인정, 그리고 신뢰 등의 3요소로 구성된다고 말해왔다.[201] 그러나 에드워즈는 신앙의 3요소라는 것을 엄밀하게 고찰하고 조사한 후에 그러한 구분이 적절하거나 정당하지 않다고 말한다. 왜냐하면 한 요소를 다른 요소와 그렇게 쉽게 구분할 수가 없다고 그는 판단 내렸기 때문이다.[202]

에드워즈에 의하면 믿음이란 "진리를 사랑으로 받아들이는 것이며, 마음으로부터 순종하는 것"이다.203 그리스도를 믿음의 본질도 "그리스도를 신뢰함"이다.204 믿음은 "그리스도를 붙좇음이고, 또한 그를 위하여 소유한 모든 것을 팔고 모든 것을 감수하는 것을 포함"하기도 한다.205 그리고 "교리의 계시자와 구주에 대한 탁월한 위엄과 충분성에 대한 감각으로부터, 예수 그리스도를 구주로 선포하는 계시에 대해 영혼이 고수하고 묵묵히 따르는 것"이 믿음이다.206 또한 에드워즈에게 있어서 구원에 이르게 하는 믿음은 "본질적으로 신적인 사랑을 함축"하고 있다고 지적한다.207 에드워즈에 의하면 구원얻는 믿음은 영혼의 양 기능들을 다 발휘해야 하는 것이다. 즉, "진리에 대한 믿음belief of the truth과 "그에 상응하는 마음의 성향"an answerable disposition of heart 양자를 다 포함하는 것"이다.208

에드워즈에게 있어서 중요한 것은 우리가 그리스도를 우리의 "영혼이나 마음으로 전적으로 받아들이거나 연합하는 행동"the whole act of acceptance or closing of the soul or heart이 믿음이라고 정의 내리고 있다는 것이다.209 그리스도와 교제하기 위해서는 반드시 성도와 그리스도 사이에 결합과 연합이 선행해야 한다는 것이 에드워즈의 지론이었다. 에드워즈는 믿음을 "영혼의 그리스도와 능동적인 결합이나 연합"이라고 말한다. 그리스도와 성도 사이에 이루어지는 믿음에 의한 연합의 성격은 머리와 지체의 관계, 나무와 가지들의 관계처럼 유기적이고 생명적인 연합의 관계이다.210 에드워즈는 의롭다하시는 믿음에 대하여 "그리스도와 그의 구원을 자신의 것으로 수용하는 것"일 뿐 아니라 "구주이신 그리스도에게 영혼이 적절하고 능동적으로 연합"하는 것이라고 정의 내린다.211

5.3.2. 마음의 감각(the sense of heart)으로서의 믿음

우리가 좀 더 자세히 살펴보고자 하는 것은 에드워즈가 믿음에 대해 "영적인 맛보기와 영적인 탁월함에 대한 마음의 감각에서 우러 나오는 진리에 대한 확신"이라고 정의한 것에 대해서이다.[212] 에드워즈는 그리스도와 하나님께서 우리를 위해 행하신 유익이 아니라 그리스도와 하나님의 탁월함 그 자체에 대한 감각sense을 믿음으로 보고, 또한 그리스도를 바로 우리를 위한 구세주로 영접하는 것을 믿음으로 본다. 이상현은 에드워즈의 이해를 다음과 같이 정리해준다.

> 무엇을 진정으로 그리고 마음 깊이 아는 것을 '감각할 수 있는'sensible 지식 또는 '마음의 감각'sense of heart이라고 했는데 믿음의 경우에도 '감각' 이라는 말을 사용하고 있다.[213]

이와 같은 독특한 신앙 이해는 에드워즈 저작 전편에 나타나고 있다. 특히 그의 "믿음"Faith에 대한 묵상집들이나 그의 3대 주요 저서 중 하나인 『신앙감정론』Religious Affections 속에서 상술되어지고 있다.

그리고 에드워즈의 믿음 = 마음의 감각 이론의 근원에 대해서 학자들은 많은 논쟁을 벌여왔다.[214] 특히 20세기 에드워즈 르네상스를 일으킨 페리 밀러는 에드워즈의 마음의 감각론의 근원을 존 로크의 경험주의 심리학에서 전적으로 찾으려고 했다. 그는 에드워즈의 신학에 있는 모든 초자연적인 요소를 부정하고 오직 "경험주의 심리학의 용어로 개작한 청교도주의"puritanism recast in the idiom of empirical psychology라고 평가하였다.[215] 밀러의 해석을 따르는 이들 가운데는 밀러에 이어 예일판 에드워즈전집WJE의 2대 편집장을 지낸 존 스미스John E. Smith가 있다. 스미스는 로크의 사상이 에드워즈에게 있어서 지배적인 영향력을 행사하였다고 보았다.[216] 그리고 밀러나 스미스 이전에 이미 윌리엄 제임스는 에드워즈의 『신앙감정론』에 대해서 초자연적 요소를 다 부정한 적이 있다. 제임스는 기포드강조를 출간한 『종교적 경험의 다양성』 속에서 다음과 같이 말하고 있다.

> 에드워즈의 『신앙감정론』 속에서 초자연적으로 일어난 상태에 대한 감탄할 정도의 풍부하고 세세한 묘사를 살펴보아도, 오직 예외적으로 높은 수준의 자연적 선일 수도 있다는 것으로부터 명백히 그 상태를 구분할 수 있는 어떤 표시도, 어떤 결정적인 흔적도 없다.[217]

에드워즈의 믿음 = 마음의 감각 이론의 근원을 전적으로 로크의 영향에서 찾으려는 반초자연주의적인 해석에 반대하는 여러 학자들도 있다. 콘라드 체리, 테렌스 에르트, 폴 헬름 같은 이들은 에드워즈가 칼빈주의 신학자로서 로크의 이론을 채용해서 사용했다는 점에 대해서 인정을 하는 한편, 어거스틴주의의 조명설과 같은 다른 근원도 추적하였다. 콘라드 체리에 의하면,

> 비록 에드워즈는 믿음의 행위와 관련된 지식의 형태를 설명하는 데 로크에게 많은 도움을 받았지만, 결코 로크의 통찰력과 범주들에만 의지하지 않았다. 에드워즈는 동일한 현상을 설명하기 위해서 어거스틴의 전통인 "조명"illumination이라는 용어를 끌어들였다. 그 전통은 그의 청교도적 유산 가운데 확고하게 자리 잡았다. 믿음의 "개념"idea은 정신적인 반응을 요구하는 정신의 "빛"light이다. 인간은 자신의 타고난 능력의 작용을 통해서는 결코 그 "빛"을 가져다 줄 수 없다. 그런 정도로 정신은 수동적이다. 그럼에도 불구하고 빛을 받아들이는 것은 적극적인 활동이다.[218]

그리고 테렌스 에르트Terrence Erdt는 에드워즈의 새로운 감각 이론은 로크보다는 칼빈과 17세기 청교도들에게서 영향 받은 것이라고 생각

하였다. 에르트는 특히 칼빈과 에드워즈의 유사성을 잘 지적하고 있다. 그에 의하면

> 칼빈은 에드워즈와 같이, 의지라고 하는 스콜라주의적 개념을 자아의 정서적인 중심으로서 마음과 동일시하였고, 중생은 개인의 인격적 차원에서 기초적인 성향disposition이나 경향bias의 변화라고 이해하였다. 칼빈에게 있어서 믿음이란, 에드워즈와 같이, 종교적 지식의 한 형태로 이해되기 보다는 '독특한 정서적인 감정 혹은 감각'으로 정의된다.

실로 에르트는 에드워즈에게 있어서 그렇게 눈에 띄는 '감각,' '미각,' '달콤함,' '기쁨' 등의 용어와 같은 지각적인 용어는 칼빈에게 있어서 충만히 사용되어지고 있으며, '칼빈주의자들 사이에 표준적인 어휘'의 한 부분이 되었다고 주장하였다.[219]

에드워즈의 저술들을 주의깊게 읽어 본다면 에드워즈의 믿음=새로운 감각이론의 근원이 반초자연주의적 존 로크의 사상이라고 하기 보다는(밀러, 스미스) 어거스틴적 조명설이나 칼빈주의적인 믿음 이해(체리, 에르트)에 근거하고 있다고 보는 입장이 더 공정한 해석이라는 것을 알게 된다.

우리는 에드워즈가 믿음에 관한 묵상집 세 번째 항목에서 말한 내용을 주목할 필요가 있다.

> 믿음은 영광과 탁월성에 대한 감각으로부터 나오는, 혹은 최소한 그런 종류의 감각과 함께 하는 진리에 대한 신념이다 … 탁월하고 신적인 것에 대한 영적인 맛보기와 풍미로부터. 신자들은 그것에 대한 사랑 속에서 진리를 받으며, 사랑 속에서 진리를 말한다(엡 4:15).[220]

에드워즈는 믿음의 영적 지식과 맛을 보는 감각 사이의 유사성을 이

끌어 내기를 좋아했다.²²¹ 그리고 에드워즈는 "신적이고 초자연적인 빛"이라는 설교 속에서는 요한복음 6장 40절을 인용한 후에 "참된 믿음은 그리스도를 영적으로 보는 것으로부터 생겨나는 것이다"고 말하였다.²²² 그는 요한복음 12장 44-46절을 인용하고 나서는 "그리스도를 믿는 것과 그를 영적으로 보는 것은 병행구절로 말해지고 있다"라고 설명하였다.²²³ 에드워즈에 의하면 참된 믿음은 그리스도를 영적으로 보는 것과 동일한 것이다.

그리고 이 지점에서 사변적 지식과 마음의 지식으로 양분하는 에드워즈의 견해도 함께 고려해 볼 필요가 있다. 에드워즈는 "하나님이 거룩하시고 은혜로우시다는 견해를 가지는 것"과 "그 거룩함과 은혜의 사랑스러움과 아름다움을 느끼는 것"은 서로 다르다고 말한다.²²⁴ 그에 의하면 전자는 사변적 지식이고, 후자는 마음의 지식에 속하는 것이다.²²⁵ 전자는 "이론적 기능을 담당하는 기능, 더 정확히 말해서 의지 또는 성향과 구별되는 지성understanding"으로 이루어지고, 후자는 "의지, 성향, 마음이 주로 관련된다."²²⁶ 믿음을 마음의 감각sense of heart이라고 정의하는 에드워즈의 논의의 빛에서 보자면 참된 믿음, 구원에 이르는 믿음은 일단 마음의 지식과 동일시 된다. 그러나 에드워즈의 논의를 주의해서 읽어보면 마음의 지식은 사변적 지식을 배척하지 아니하고 포함하고 있음을 알 수 있다.

> 가슴이 어떤 것의 아름다움과 사랑스러움을 느낄 때, 그것은 반드시 이해를 했기 때문에 즐거움을 느끼는 것이다. 어떤 것에 대한 개념이 자기 영혼에 달콤하고 즐겁게 다가온다는 것은 그것의 사랑스러움을 가슴으로 느낀다는 것을 의미한다.²²⁷

물론 에드워즈는 마음의 지식을 갖춘 자에게 사변적 지식이 도움이 된다는 점을 부정하지 않았고, 오히려 그런 지식을 부지런히 탐구할 것을 권면하기도 하였다.²²⁸ 우리는 에드워즈가 두 종류의 지식을 구분하고, 또한 믿음을 마음의 새로운 감각이라고 정의하고 일관되게 변증하는 이면에는 당대의 찰스 촌시를 비롯한 반부흥론자들에 대한 비판이 내재되어 있음을 기억해야 한다. 촌시는 합리주의적 입장에서 인간 이성의 중요성을 강조했고, 에드워즈는 회심의 역사로 말미암아 새롭게 부여되는 마음의 새로운 감각 혹은 거룩한 감정의 중요성을 역설하였다는 점에서 반부흥론과 에드워즈의 근본 입장은 달랐던 것이다.²²⁹

에드워즈에 의하면 영적인 지식 혹은 마음의 새로운 감각은 성령의 역사에 의해서 "새롭고, 신령하며, 초자연적인 원리들"을 주시거나 작동하심에 의해서 시작된다.²³⁰ 즉 다르게 말해서 성령에 의해서 중생 혹은 회심한 자 안에서만 일어나는 일이라는 것이다. 에드워즈는 『신앙감정론』에서 이 점에 대해서 분명하게 상술하고 있다.

> 하나님의 성령이 역사하시는 구원 사역을 통해 성도들의 마음에서 일어나는 은혜의 역사와 은혜로운 감정 속에는 마음을 새롭게 하는 내적인 지각이나 감각이 있는데, 이것은 그들이 거룩해지기 전에 그들이 마음으로 체험했던 어떤 것과도 그 성질과 종류가 완전히 다른 것이다.²³¹

하나님의 영이 사람의 마음에 지각하고 생각하며 의식하는 새로운 것을 창출해 내시기 때문에 "마음에 새로운 감각 또는 새로운 영적 지각과 감각의 원리"a new spiritual sense, or a principle of new kind of perception or spiritual sensation가 생겨나게 되는 것이다.²³² 이와 같은 역사는 거듭나게 하시는 성령의 역사로 말미암는 것이다. 이에 대해 에드워즈는 다음과 같이 말하고 있다.

> 따라서 거듭나게 하시는 하나님의 영의 사역은 성경에서 종종 새로운 감각을 주는 것과 볼 수 있는 눈을 주는 것과 들을 수 있는 귀를 주는 것과

귀머거리의 귀를 낫게 하는 것과 나면서 소경된 자의 눈을 뜨게 하는 것과 어두움에서 빛으로 돌아오는 것으로 비유한다. 그리고 이 영적 감각은 가장 고상하고 탁월한 것이며, 그것 없이는 모든 다른 지각의 원리와 우리의 모든 인격적 기능이 무용지물이 되기 때문에, 그것의 복된 열매들과 효과들과 아울러 사람의 영혼에 이 새로운 감각을 주는 것은 죽은 자를 다시 살리는 것과 새로운 창조의 역사로 비유한다.[233]

에드워즈는 성령의 거듭나게 하시는 역사로 중생자의 마음 가운데 새로운 감각이 주어지고, 새로운 성향들이 주어진다고 말하면서도, 우리에게 주의를 주는 것은 그런 것들이 새로운 감각 기능들이 아니라 본성의 새 원리라고 하는 것이다. 에드워즈가 말하는 바 본성의 원리의 변화라는 것은 회심에 대한 정확한 정의라고 리처드 웨버는 논평하였는데,[234] 본성의 원리principle of nature가 무엇을 의미하는지 에드워즈의 말을 직접 들어보도록 하자.

여기에서 내가 사용하는 본성의 원리라는 말은 어떤 특별한 방식이나 종류에 따라 영혼의 감각 기능들이 작용할 수 있게 해 주는, 본성 안에 있는 (그것이 새로운 본성이든 옛 본성이든) 토대를 말한다. 또는 사람의 감각 기능이 어떤 방식으로 작용할 수 있도록 영향력을 행사하는 힘이나 성향을 사람에게 주는, 본성의 경향성habit 또는 행동을 위한 토대를 말한다. 그래서 사람의 감각 기관이 어떤 방식으로 작용할 수 있도록 영향력을 행사하는 것은 그 사람의 본성nature이라고 말할 수 있다.[235]

그렇다면 새로운 영적 감각은 어떻게 이해해야 하는 것일까? 에드워즈는 다음과 같이 설명해준다.

새로운 영적 감각은 지성에 속한 새로운 감각 기능이 아니라, 지성이라는 같은 기능이 새로운 작용을 할 수 있도록 하는, 영혼의 본성 안에 있는 새로운 기초다. 이 새로운 감각에 동반되는 마음의 새롭고 거룩한 성향은 새로운 의지기능이 아니라, 의지라는 같은 기능이 새로운 작용을 할 수 있도록 하는, 영혼의 본성 안에 있는 새로운 토대다.[236]

이와 같은 새로운 마음의 감각은 전적으로 성령의 초자연적이고 신적인 역사로 사람의 영혼 속에 새롭게 주어지는 원리이며, 본성의 변화이다. 성령은 "성도들의 마음에 영적인 영향을 주실 때 새롭고 신령하며 초자연적인 원리들을 주시거나 작동하게 역사"하시며, 또한 이 원리들은 "본질상 새롭고 영적이며, 거듭나지 않은 사람에게 있는 모든 것들보다 훨씬 더 고상하고 탁월하다."라고 에드워즈는 말한다.[237]

5.3.3. 믿음은 곧 확신이다

에드워즈에게 있어서 믿음은 합리적이고 역사적인 증거에 근거하는 것이 아니라 마음의 감각에 근거하고 있기 때문에 그 성격이 직관적 intuitional이라고 할 수 있다. 그렇기 때문에 에드워즈는 믿음의 확신은 믿음의 본질이라고 생각하였다.[238] 에드워즈는 은혜로운 감정의 다섯 번째 표지를 다루면서 이 신앙의 확실성에 대한 문제를 해명하고 있다. 에드워즈는 "은혜로운 감정은 신적인 일들에 대한 실재성과 확실성을 합리적이고도 영적으로 확신할 수 있게 해준다"는 말로 다섯 번째 표지를 논의하기 시작한다.[239] 그리고 "참으로 하나님의 은혜를 입은 모든 사람들은 복음에 있는 위대한 진리를 견고하고, 온전하고, 철저하고, 효과적으로 확신한다"는 말로 자신의 입장을 분명하게 밝힌다.[240]

"확신을 가진 사람에게는 복음의 진리에 대한 의심이나 논란의 여지가 사라진다"고 에드워즈는 생각했다. 그것이 단지 여러 견해들 가운데 하나, 혹은 그럴 수도 있는 일 정도의 차원을 넘기 때문이다. 그들은 더 이상 두 견해 사이에서 머뭇거리지 않게 된다고 말한다. 에드워즈에 의하면 "참으로 은혜로운 감정은 복음의 진리성을 확신하고 성경의 증거를 사실로 믿을 때 생"기기 때문이다.241 그는 믿음과 확신을 거의 구분하지 않고 있음을 보여준다. 즉, 참된 믿음이 있는 자 속에는 확신이 있다고 그는 생각했다.

에드워즈는 사람들이 경험하는 신앙 감정들이 진정 기독교의 진리를 강하게 확신하기 때문에 생긴 것이라 할지라도 두 가지 조건을 구비해야 한다고 주장한다. 그것은 "이성적 확신reasonable persuasion or conviction에 근거하는 것"이어야 하며, 단지 다른 사람들의 의견이나 가르침에 근거한 것이 아니라 "참된 증거에 기초한 확신이며, 확신할 만한 좋은 이유나 정당한 근거에 기초한 확신"이어야 한다고 그는 생각한다.242 또한 그것은 "영적 믿음 또는 확신"spiritual belief or conviction이어야 한다고 에드워즈는 말한다.243 그는 자연인들도 가끔 기독교 진리에 대해 그것을 증명하기 위해 제시되는 합리적 논증이나 증거들에 근거해서 일종의 동의를 표할 수 있다는 점에 주목한다. 예를 들면 가룟 유다는 그가 보고 들은 것들로 인해 예수가 메시아임을 의심하지 않았다. 그러나 에드워즈는 그런 정도의 동의만으로는 믿음의 확신이 될 수 없다고 생각했다. 복음의 일들에 대한 영적 신념 내지 확신이 있어야 한다고 에드워즈는 생각했기 때문이다.

에드워즈에 의하면 그러한 영적 확신은 중생자들 혹은 영적인 사람들 즉, 자기들 속에 생명의 원리a vital principle로 내주하시는 성령을 가진 자들에게만 고유하게 주어지는 것이다. 에드워즈는 "분명한 것은 영적이거나 중생하여 하나님의 영을 소유하는 사람들에게는 특유한 영적인 믿음이 있고 복음의 진리성을 확신하는 특별한 믿음이 있다는 것이다. 하나님의 영은 생명의 원리로 그들 안에 내주하시면서, 하나님의 거룩함을 전달하신다"라고 말한다.244 에드워즈가 하나님의 영이 중생자들에게 복음의 진리성을 어떻게 깨닫고 확신하게 하시는가를 설명하

는 대목은 칼빈의 영적 조명론과 유사하다.²⁴⁵ 에드워즈에 의하면

> 복음이 우리에게 말씀하는 일들이 사실이며 거룩하다는 것을 정말 믿을 수 있는 것은 성령이 우리 마음에 깨달음을 주셔서, 그런 일들의 본질을 바르게 이해하게 하시기 때문이라는 것이다. 말하자면 그런 일들을 열어 보여 주시거나, 계시해 주시거나, 사람의 마음이 복음의 진리를 그대로 보고 이해할 수 있게 해 주시기 때문이다.²⁴⁶

5.3.4. 칭의하는 믿음(justifying faith)²⁴⁷

앞서 우리는 믿음의 여러 정의들, 마음의 새로운 감각으로서의 믿음, 믿음의 확신 등에 대해서 살펴보았고, 이제 마지막으로 칭의와 믿음의 관계에 대하여 살펴봄으로써 믿음에 대한 고찰을 마치려고 한다. 에드워즈의 이신칭의론을 살펴 보되 의롭다하시는 믿음justifying faith에 초점을 맞추어 살펴보려고 한다. 이신칭의론iustificatio per fidem, Justification by Faith은 삼위일체론, 기독론 등과 더불어 기독교 3대 교리를 구성한다고 할 만큼 대단히 중요한 교리이다.²⁴⁸ 혹은 이신칭의 복음을 재발견한 종교개혁자 마르틴 루터에 의하면 이신칭의 교리는 교회가 그것과 더불어 일어서고 넘어지기까지 하는 조항articulus ecclesiae stantis et cadentis에 속한다.²⁴⁹ 칼빈은 이신칭의 교리가 "종교를 좌우하는 요점"이며, "우리의 구원을 세울 기초"이며, 그리고 "하나님을 향해 경건을 세우기 위한 기초"라고 그 중요성을 해명하였다.²⁵⁰ 개혁주의 신학 전통에 서 있는 조나단 에드워즈 역시 1734년 노샘프턴 부흥의 촉매제가 되었던 "이신칭의"강론 속에서 이 교리의 중요성을 다음과 같이 강조하였다.

> 이것은(즉, 이신칭의 교리를 말함) 하나님께서 주신 모든 계시의 중심 내용이요, 그 모든 계시가 증거하는 모든 신비의 중심 내용이며, 본성의 빛을 초

월하여 특별히 계시에 속하는 모든 위대한 교리들의 중심 내용이다.²⁵¹

(1) 칭의가 무엇인가?

에드워즈는 1723년 예일대학교 석사과정을 마무리하는 Quaestio의 주제로 이신칭의에 대해 다루었고, 1734년 노샘프턴 교회에서 행한 강론 속에서 이신칭의론을 "가장 정교하고 체계적으로" 전개하였다.²⁵² 에드워즈는 석사논문에서 칭의가 무엇인가에 대해서 해명하기를 죄의식과 그로 말미암은 징벌로부터 자유롭다는 뜻(소극적인 의)만이 아니라 중생한 자에게 새로운 거룩한 삶과 영원한 생명을 얻을 수 있는 자격을 부여하는 의의 선물을 받는 것이기도 하다고 했다.²⁵³ 로마서 4장 5절을 본문으로 전한 "이신칭의" 강론 속에서 에드워즈는 칭의를 다음과 같이 정의하고 있다.

> 하나님께서 어떤 사람에 관하여 다음과 같은 사실을 인정하실 때, 즉 그 사람이 죄로 인해 응당 받아야 할 형벌과 죄책으로부터 벗어났으며 영원한 생명이라는 상급을 얻을 수 있는 자격인 의를 소유하고 있다는 사실을 하나님께서 인정하실 때, 그 사람은 의롭다함을 받았다고 말할 수 있다.²⁵⁴

에드워즈의 정의에 의하면 칭의는 죄사함과 영생을 상급으로 받는 것 두 가지를 다 포함하고 있다.²⁵⁵ 이처럼 죄인이 하나님 앞에서 죄책으로부터 벗어나 영원한 생명을 얻게 되는 새로운 길에 대한 소식이 복음이라고 에드워즈는 말한다.²⁵⁶

그리고 칭의라는 단어 자체가 "어떤 사람을 의롭다고 판단하는 것" 즉, 법정적인 의미를 가지고 있다고 본다. "칭의는 성경에 사용되는 의미를 볼 때 명백히 법정적 용어요 사법적인 사건이요 재판관의 행위이다."²⁵⁷ 그리고 에드워즈는 법정적 선언이 무엇을 의미하는지 다음과 같이 설명을 한다:

칭의의 선언이라는 것은 하나님께서 어떤 사람을 완전히 의로운 사람으로 공포하시는 것이다. 칭의 선언에서 하나님은 그 사람을 완전히 의로운 사람으로 공포하는 것이다. … 어떤 사람을 의롭다 칭하는 것은 단순히 그 사람의 죄가 없고 결백하다고 선언하는 것만이 아니라, 그 사람은 자신이 속해 있는 법과 관련하여 올바른 상태에 있고 생명을 상으로 얻기에 합당할 만큼 완전히 의롭다고 선언하는 것이기 때문이다. 본성과 이성과 하나님의 약속에 따르면 오직 이것만이 적극적이고 완전한 의이다.[258]

그러나 에드워즈에 의하면 인간의 전적 타락과 원의의 상실로 인하여 스스로 하나님의 법을 지켜서 의롭다 함을 인정받을 수 있는 자는 아무도 없다. 그렇다면 하나님께서는 어떻게 자신을 의롭게 하시면서도 죄인들을 의롭게 할 수 있겠는가? 에드워즈는 "이신칭의" 강론의 핵심 골자를 담은 교리적 명제에서 "우리는 그리스도 안에서 오직 믿음으로 말미암아 의롭다 함을 얻는다. 결코 우리 자신의 선함이나 미덕으로 의롭다 함을 얻는 것이 아니다"라고 자신의 입장을 분명히 밝혔다.[259] 즉, 에드워즈에 의하면 이신칭의란 결국 인간의 자기 의에 대한 하나님의 공정한 평가justice as fairness를 말하는 것이 아니라, 그리스도 안에서 의롭다 함을 받는 것을 의미한다.[260] 에드워즈는 그리스도 안에서 의롭다 함을 받는다고 하는 것이 무엇을 의미하는지 다음과 같이 설명한다.

참으로 신자의 칭의라는 것은 다른 것이 아니라 이것이다. 모든 신자들의 머리요 보증이신 예수 그리스도의 칭의와 교제할 수 있도록 허락을 받는 것, 바로 이것이 신자의 칭의이다. 이는 그리스도께서 죄의 형벌을 받으시되 개인의 자격으로 형벌을 받으신 것이 아니라 우리의 보증인으로서 형벌을 받으셨기 때문이다.[261]

만일 그리스도께서 이 세상에 오셔서 한 없이 무가치한 피조물을 위하여 자신의 피를 흘려주시지 않았다면 죄인들의 칭의라는 것은 있을 수 없다고 에드워즈는 분명하게 말한다.262 칭의의 유일무이한 조건이 있다면 그리스도의 속죄 사역과 순종 두 가지 뿐이다. 에드워즈는 다음과 같이 이 두 가지 사역의 중요성을 설명한다.

그리스도께서 자기 자신을 죽음에 내어 주신 일은 우리의 죄를 대속하는 속죄제였던 만큼 우리는 바로 그만큼 그리스도의 죽으심으로 인하여 구원을 얻는다. 또한 그리스도께서 자기 자신을 죽음에 내주신 일은 순종 행위였던 만큼 우리는 바로 그만큼 그리스도의 죽으심으로 인하여 구원을 얻는다. 그리스도께서 자기 자신을 죽음에 내어 주신 일은 우리의 구원을 획득한 유일한 순종 행위가 아니었다. 그리스도께서는 전 생애를 통해서 한 순간도 빠짐없이 우리 구원의 공로가 되는 순종 행위를 이행하셨기 때문이다 … 그리스도께서 전 생에 걸쳐 한 순간도 빠짐없이 행하신 모든 순종 행위는 구원의 공로가 되었다.263

에드워즈에 의하면 죄인들이 의롭다 함을 얻는 길은 단 한 가지의 길 밖에는 없게 된다. 예수 그리스도의 속죄와 순종을 통해서 획득하신 의가 우리에게 전가되어지는 길 하나 밖에 없는 것이다. 에드워즈는 그리스도의 의의 전가the imputation of Christ's righteousness가 무엇을 의미하는지를 다음과 같이 설명해 준다.

[그리스도의 의의 전가는] 그리스도께서 우리의 구속을 위해 행하시고 고난 받으신 것 모든 것을 우리의 것으로 넘겨 주신다는 의미이다 … 그리스도의 의의 전가는 그리스도의 속죄와 순종을 모두 우리의 것으로 넘겨 주시는 것이다. 그리스도의 의가 전가된다는 것은 다른 뜻이 아니다. 그것은 그리스도의 의가 우리의 것으로 하나님 앞에서 열납되고 우리 자

신 안에 있어야만 하는 완전한 내적 의로움으로 대신 인정받는다는 의미이다. 그리스도의 의가 우리에게 전가됨으로써 그리스도께서 이루신 완전한 순종은 우리의 것으로 간주되고, 그 결과 우리는 마치 우리 자신의 직접 완전한 순종을 이행한 것처럼 그에 따르는 혜택을 누리게 된다. 그러므로 우리는 영생에 대한 권리가 이렇게 전가된 의에 대한 상으로 주어진다고 생각한다. 성경이 전가하다라는 단어를 사용할 때 그 의미는 어떤 사람에게 속한 것을 다른 사람에게 속한 것으로 간주한다는 뜻이다 (1:18).[264]

(2) 칭의하는 믿음

에드워즈에 의하면 칭의는 이처럼 오직 그리스도의 대속과 순종에서 얻으신 의의 전가에 근거해서 이루어지는 것이다. 따라서 인간의 미덕이나 순종이 칭의의 근거가 될 수는 없다. 그 대신에 오직 믿음으로^{by faith alone, sola fide} 칭의를 얻는다고 할 수 있다.[265] 그러면 칭의와 믿음의 관계는 어떻게 이해하는 것이 옳은 것일까? 다시 말해서 이신칭의라고 할 때에, 믿음은 조건인가 아니면 도구인가 아니면 제3의 무엇인가? 에드워즈는 "어떤 이유로 칭의는 믿음으로 말미암는가라는 질문에 대하여" 답변하는 중에 "믿음이 무슨 작용을 하는지에 관해서 많은 이견이 있었다"고 말한 후에, "칭의의 사건에서 믿음은 진실로 칭의의 유일무이한 조건이지만, 믿음은 칭의의 조건이다고 말하는 것으로는 이 문제, 곧 칭의 사건에서 믿음의 역할을 명확하고 충분하게 설명할 수 없다"고 말한다.[266] 그리고 어떤 측면에서는 "오직 그리스도 만이 우리의 칭의와 구원의 조건을 성취한다"라고 말하기도 한다.[267] 그러면 믿음과 칭의의 관계는 어떻게 이해해야 하는 것일까? 에드워즈는 "칭의의 사건과 관련하여 믿음이 행사하고 있는 어떤 특별한 영향력, 또는 칭의의 사건이 믿음의 영향력에 걸고 있는 어떤 확실한 의존 관계"가 있다고 말한다.[268] 그리고 하나님께서 죄인들의 칭의를 "적당하고 합당하게"

여기시는 것은 "다른 것이 아니라 중보자에 대한 믿음 때문"이라고 바르게 지적한다.[269]

에드워즈는 "믿음"에 대한 개인 묵상집 속에서 "칭의하는 믿음"Justifying Faith이 무엇인지에 대해서 몇 항목을 남겨두고 있다. 에드워즈는 칭의하는 믿음이란 "우리의 구주로서 예수 그리스도에 대한 계시를 영혼이 전적으로 포옹하는 것"이다.[270] 혹은 다음과 같이 상술해 주기도 한다.

> 믿음에 속하는 것은 그리스도가 우리를 구원하시기에 능하시며 충분하시다고 하는 감각이다. 구속 사역을 위한 그의 적합성(마 9:2, 28-29, 21; 롬 4:21), 그의 신실성(마 14:30-31), 그리고 구원하고자 하시는 그의 기꺼운 마음(마 15:22-28; 딤후 1:5,12), 그의 능력(마 8:2; 8:8: 8:26; 9:18, 28; 16:8).[271]

또한 "의롭다하는 믿음이란 구주이신 예수 그리스도의 실재성과 탁월성과 충족성을 영혼이 감지하고 확신하는 것이다. 그 심령이 예수님께 응답하여 전적으로 예수님을 향하며, 그 심령 자체를 예수님께 헌신하며, 예수님께로 마음을 기울이고 움직이는 것이다"고 설명하였다.[272] 에드워즈는 믿음은 중보자 예수 그리스도에게 연합하는 것이며, 그렇기 때문에 이신칭의를 말할 수 있다고 보았다.[273] 믿음은 "참된 그리스도인 쪽에서 자신을 그리스도와 연합시키려고 행하는 어떤 행동 또는 그리스도와의 연합이나 관계를 성사시키기 위하여 행하는 어떤 행동"을 가리킨다. 에드워즈에 의하면 "우리는 예수 그리스도 안에서 그리고 예수 그리스도로 인하여 의롭다함을 얻는데, 믿음은 바로 그 중보자 예수 그리스도에게 연합한다. 그렇기 때문에 결국 우리는 믿음으로 말미암아 의롭다 함을 얻는다고 말할 수 있다"고 한다.[274] 그에 의하면 믿음 안에 있는 그 어떤 탁월함이나 가치 때문이 아니라 오직 "이 은혜의 주인이신 예수 그리스도와 믿음이 맺고 있는 관계" 때문에 그렇게 된다고 한다.275 그리스도와 연합 관계는 "그리스도인들이 그리스도의 모든 은혜를 얻을 수 있게 되는 권리의 근거"the ground of their right to his benefits가 된다.276

그러나 에드워즈는 칭의에 있어서 믿음의 중요성을 강조하면서도 이 믿음이 "공로적 적합성이나 도덕적 적합성"a merit of congruity or indeed any moral congruity을 가진 것은 아니라고 분명히 말한다. 에드워즈는 칭의를 가져오는 믿음에 대해 "도덕적 일치moral fitness는 없지만 자연적 일치natural fitness가 있다"고 말한다.277 도덕적 일치라는 것은 "어떤 사람의 도덕적 탁월함이 그 사람으로 하여금 어떤 지위에 오르도록 만드는 자격 조건이 될 경우, 그 사람이 구비하고 있는 모든 자격들이나 행위들의 도덕적 탁월함이나 가치나 온전함을 고려해 볼 때 그 사람이 그토록 좋은 지위에 들어가게 된 것이 참으로 합당하다고 여겨질 때"를 말하고, 반면에 자연적 일치란 "어떤 사람이 어떤 지위나 환경에 들어가는 것이 적합하고 적당하다고 여겨지는 데, 그 이유가 오직 그 사람이 구비하고 있는 여러 가지 자격들의 본성과 그 지위의 본성이 서로 일치하고 알맞기 때문일 경우, 그 사람이 구비하고 있는 자격들의 본성과 그 지위의 본성이 서로 일치하고 조화되고 동일하기 때문일 경우"를 말한다고 에드워즈는 설명한다.278 진실한 마음으로 예수 그리스도를 구주로 믿는 사람들의 믿음을 의롭다고 인정해주시는 것은 바로 자연적 일치 때문이라고 에드워즈는 생각하였다. 즉, "하나님께서 영혼이 구비하고 있는 믿음이라는 자격과 그리스도와의 연합이나 그리스도를 소유하는 것이라는 지위 사이에 존재하는 자연적 일치만을 고려하시고 믿음에 대한 결과로써 그리스도와 그리스도의 모든 은혜를 신자에게 하사해 주시는 것"이라는 것이다.279 에드워즈는 자연적 일치를 "하나님께서 우리의 믿음 때문에 그와 같은 은혜들을 주시는 것은 질서에 대한 하나님의 사랑에서 비롯"된 것이라고 말한다.280 결국 믿음으로 의롭다함을 받는다고 할 때 믿음에는 아무런 도덕적 공로가 없다는 의미이다. 그것은 다만 자연적으로 적합한 그리스도와의 연합의 행위가 됨으로써 칭의의 조건이 되는 것이다.

에드워즈의 믿음관에 있어서 또 한가지 독특한 점은 믿음이라고 하는 것이 전인적이고, 체험적이며, 역동적이라는 것이다. 에드워즈는 믿음으로 의롭다 함을 받는다고 할 때, 어떤 인간적인 공로나 선의 가치를 배제하려고 노력했지만, 그가 말하는 믿음이라는 것이 "싸늘하게 식어 있는 원리로 마음속에 남아있는 것이 아니라 자신을 적극적으로 표현하면서 존재하고 모습들 드러낸다"고 주장하고 있음을 본다. 소위 믿음의 표현 혹은 믿음의 행사는 어떻게 나타난다고 생각하는지를 확인해 보자. 그는 "복음적인 순종과 복음적인 행동"을 믿음의 행사로 보았고,[281] 또한 죄용서함을 얻기 위한 "복음적 회개"도 믿음의 본질에 속한다고 보았다.[282] 심지어 의롭다하는 믿음에는 지속적인 거룩한 삶이 포함된다고 보았다.[283]

우리는 이상에서 에드워즈의 믿음론과 이신칭의론의 개요를 간단하게 살펴보면서 믿음에 대한 그의 폭넓은 이해를 살펴보았다. 에드워즈에게 있어서 믿음이란 타락한 인간이 구원받는 유일한 길이지만, 그것에는 전혀 공로적인 의미가 없다. 하지만 믿음은 단순히 지적인 동의로 끝나지 아니하고 전인적으로 예수 그리스도를 품고 그와 연합하는 것이며, 회개나 선행이나 사랑의 행위를 포함하는 역동적이고 전인적인 것으로 이해하였다. 믿음이 그렇게도 역동적이고 전인적인 변화이면서도 믿음의 주체인 사람 편에서의 공로가 부정되어지는 이유가 무엇일까? 그것은 바로 믿음 자체가 성령의 선물이기 때문이다. 에드워즈는 이러한 사실을 다음과 같이 분명하게 주장하였다.

우리가 그리스도 안에 있는 것은 성령 때문이다. 우리에게 믿음을 주시고, 이 믿음으로 우리가 그리스도를 영접하며, 그리스도와 연합되도록 해주시는 분은 하나님의 성령이시다.[284]

5.4. 성화와 영화(Sanctification and Glorification)

앞서서 논의한 구원의 서정들(회심과 이신칭의)은 이미 성화를 함축하고 있다. 칭의와 성화는 그리스도와의 연합을 통해 받는 이중적 은혜 duplex gratia이며 그리스도는 동시에 성화시키지 않는 한 어떤 사람도 의롭게 하지 않는다고 하는 것이 칼빈의 주장이었는데, 에드워즈 역시도 칼빈주의자로서 같은 입장에 서 있음을 확인할 수가 있기 때문이다.[285] 그리고 에드워즈에 의하면 죄인을 회심으로 이끄시고, 믿음을 주시며, 또한 거룩하게 하시는 분은 성령이시다. 앞서도 인용한 바 있는 『구속 사역의 역사』에 의하면 성령의 역사인 구속 적용의 과정은 "그 영혼들을 회심시키고, 의롭게 하고, 성결케 하며, 영화롭게 하는 것"으로 구성된다고 에드워즈는 말한다.[286] 그리고 에드워즈는 성화의 주체가 성령이심을 여러 곳에서 분명하게 말하고 있다. "삼위일체론" 속에서 그는 성령의 3중적인 사역을 설명하는 가운데, 지적인 피조물을 거룩하게 하시는 성령의 역사를 말하고 있고,[287] "은혜론" 제3장 초두에서는 사람의 영혼 속에서 역사하시는 성령의 다양한 사역들을 열거하여 설명하는 중에 중생, 영혼의 소생 등과 더불어서 성화도 하나님의 영에 의해서라고 말하고 있다.[288] 그리고 에드워즈는 이미 회심을 체험한 후에 다음과 같은 고백을 하고 있음을 본다.

> 1723년 3월 6일 수요일 해질 무렵, 선택의 교리, 값없는 은혜, 하나님의 은혜가 없이는 아무것도 할 수 없는 우리의 무능력함, 그리고 거룩함은 전적으로 처음부터 끝까지 성령의 사역이라는 진리를 전보다 더 기쁜 마음으로 묵상했다.[289]

에드워즈는 회심하자마자 성화를 위해 전력투구하는 삶을 살기로 결심하고 실행해 나간다. 그가 남긴 "결심문," "일기," "자서전" 등이 그 증거 자료이다.²⁹⁰ 에드워즈는 성화를 위한 경주를 위해 혼신의 힘을 다해 전력투구하기도 했지만 그 영적 기쁨을 향유하기도 했다. 1723년 5월 12일 주일 오후 예배를 마치고 쓴 일기에는 다음과 같이 적고 있다.

> 하나님의 사랑을 받고, 거룩한 삶을 살며, 뜨겁게 하나님을 사랑하는 것으로부터 생겨나는 영적이고 거룩한 기쁨으로 영원히 살리라고 하는 소망 때문에 내 마음은 즐겁다.²⁹¹

이보다 한 해 전에 뉴욕의 작은 회중에게 전한 "거룩의 길"The Way of Holiness이라는 설교에서는 "오직 거룩한 사람만 천국 길을 걷고 있는 사람이다"는 명제를 제시하고, 거룩의 원천인 성령을 "모든 은혜의 영이고 모든 거룩의 근원이신 천상의 비둘기"the Heavenly Dove, spirit of all grace and original of all holiness라고 비유적으로 묘사하고 있음을 보게 된다.²⁹²

이상에서 살펴본 바에 의하면 에드워즈에게 있어서 거룩하게 되어 감(=성화)의 주제는 회심때부터 이미 강렬한 추구의 대상이었으며, 또한 향유享有의 즐거움을 주는 대상이었으며, 성화의 주체는 다름 아니라 성령 하나님이시다라는 점에 대해서 여러 곳에서 분명하게 선언하거나 설명하고 있음을 알 수 있다.²⁹³ 그리고 에드워즈는 칼빈주의자로서의 견인perseverance을 믿고 성화의 완성으로서 영화를 믿었을 뿐 아니라 강렬하게 소망하면서 한 평생을 살았다는 것을 저술들 속에서 확인하게 된다.²⁹⁴ 그리고 천국에 이르기 위해서는 거룩이 무엇보다 추구해야 할 덕목임을 그는 강조하고 있으며, 심지어 선택의 목적도 성도의 거룩을 위한 것임을 그는 분명하게 선언하고 있음을 보게 된다.²⁹⁵ 이 항목에서는 에드워즈의 성화와 영화에 대한 견해를 살펴보되, 그의 특징적인 견해들에 초점을 맞추어서 살펴보려고 한다.

5.4.1. 거룩 = 아름다움 = 사랑 = 덕

우리가 에드워즈의 성화론을 논구함에 있어서 먼저 주목해 볼 만한 특징적인 요소는 에드워즈가 거룩holiness을 어떻게 이해하고 규정하며 설명하고 있는가 하는 점이다. 앞서 언급한 바 있는 1722년 뉴욕에서 행한 설교 속에서 아직 19세에 불과한 청년 에드워즈가 거룩에 대해서 어떻게 설명하고 있는지를 먼저 주목해 보도록 하자.

거룩은 가장 아름답고 사랑스러운 것이다. 사람들은 어릴 때부터 거룩을 우울하고, 까다롭고, 불쾌하고, 재미없는 것으로 생각하는 경향이 있다. 그러나 거룩은 달콤하고 아주 사랑스러운 것이다. 거룩은 다른 모든 아름다움보다 월등하게 탁월한 최고의 아름다움이며 사랑스러움이다. 거룩은 신적인 아름다움으로 사람의 영혼을 지상에 있는 다른 어떤 것보다 더욱 순수하고 천상에 속한 것으로 만들어 준다. 거룩하게 된 영혼에 비교하면 이 세상은 진흙탕과 오물같이 더럽다. 거룩은 달콤하고, 사랑스럽고, 기쁘고, 고요하고, 안정이며, 평안한 것이다. 거룩은 너무나 고차원적인 아름다움이어서 어떤 피조물은 이런 거룩을 소유할 수 없다. 거룩은 사람의 영혼을 어느 정도는 영광스러운, 여호와의 사랑스럽고 기쁜 형상으로 만들어 준다 … 그리스도인의 거룩은 특히 이교도의 미덕보다 더욱 밝고 순수하며, 더욱 고요하고 안정적이며, 더욱 평화롭고 즐겁다. 거룩이 사람의 영혼에 주는 달콤한 고요함과 고요한 황홀함은 얼마나 큰지! 참된 거룩은 얼마나 부드럽고, 겸손한지! 참된 거룩은 얼마나 평화롭고 조용한지! 거룩은 다른 어떤 존재보다 사람의 영혼을 순수하고 밝고 탁월하게 만들어 준다.[296]

초기의 에드워즈는 이미 거룩을 "가장 아름답고 사랑스러운 것"a most beautiful, lovely thing이라고 말하고 있고, 그것은 신적인 아름다움이고, 고차원적인 아름다움이라고 설명하고 있다. 거룩은 사람의 영혼을 탁월하게 만들어 주는 것이라고 말하고 있음을 보게 된다. 사실 에드워즈의 저작들을 읽어보면 이와 같은 거룩에 대한 특이한 설명들을 풍성하게 만나볼 수 있다. 에드워즈가 거룩에 대해 쓴 글들을 읽어 보면 그는 거룩을 아름다움, 사랑, 덕과 등가等價의 개념으로 그리고 상호호환 가능한 것으로 이해하고 있음을 알게 된다. 에드워즈의 독특한 견해를 이해하기 위해서는 이와 관련된 그의 저작들을 주의해서 살펴보는 것이 좋을 것이다.

에드워즈는 "삼위일체론" 속에서 거룩하게 하시는 성령의 사역을 설명하면서 모든 거룩과 참된 은혜와 그리고 덕이 신적인 사랑으로 분해될 수 있다resolvable고 설명한다.

> 창조된 영들을 거룩하게 하시는 이는 성령이시다. 즉, 그는 그들에게 신적인 사랑을 주신다: 성경에서는 모든 거룩과 참된 은혜와 덕이 그 보편적인 근원과 원리인 사랑에로 분해될 수 있음을 가르치고 있기 때문이다.[297]

또한 『신앙감정론』 속에서는 "거룩함은 말하자면 하나님의 본성의 아름다움과 달콤함이다"라고 말하였다.[298] 그리고 에드워즈는 만년에 쓴 『하나님의 천지창조 목적』이라는 저서 속에서는 다음과 같이 말한다.

> 하나님의 충만의 발산은 덕과 거룩을 피조물에게 전달하시는 것이다. 이것은 하나님의 거룩의 전달인데, 이를 통해 피조물은 하나님의 본성의 아름다움인 하나님 자신의 도덕적 탁월함에 참여하게 된다 … 자신의 아름다움에 참여하는 피조물의 거룩을 틀림없이 기뻐하신다. 그러므로 피조물 안에는 이러한 거룩은 모든 참된 덕을 포함하는 사랑인데, 일차적으로 하나님을 최고로 존중하고, 하나님의 완전하심을 존경하며, 기뻐하며, 찬

양하는 하나님께 대한 사랑으로 구성되어 있다.²⁹⁹

에드워즈에 의하면 거룩은 모든 참된 덕을 포함하는 사랑이라는 것이다. 그는 『신앙 감정론』에서도 다음과 같이 말한다.

> 거룩은 모든 지성적인 존재들에게 있는 모든 참된 도덕적 탁월성the true moral excellency of intelligent beings을 포괄한다. 참된 거룩함 외에는 다른 참된 미덕이 없다. 거룩함은 선한 사람이 지닌 모든 참된 미덕을 포괄한다.³⁰⁰

그리고 몇 줄 건너가서 "하나님의 거룩하심은 하나님의 본성에 있는 도덕적 탁월성과 같은 것이다. 또는 하나님의 거룩하심은 도덕적 행위자인 하나님께 있는 순수함 그리고 아름다움과 같은 것이다"라고 말함으로써 거룩을 도덕적 탁월성이나 아름다움과 동일시 하는 것을 볼 수가 있다.³⁰¹

에드워즈는 『참된 미덕의 본질』에서 참된 덕true virtue은 곧 사랑이라고 말한다. 특히 그가 말하는 사랑은 하나님에 대한 사랑이고, 하나님을 염두에 두고 이웃을 사랑하는 것을 포함하는 것이다.³⁰² 에드워즈는 『참된 미덕의 본질』에서 참된 미덕의 본질에 대해서 다음과 같이 정의 내린다.

> 미덕의 일차적인 대상은 존재 일반이라는 것이다. 참된 미덕은 존재 자체에 대한 마음의 일치와 연합이며 존재 일반에 대한 절대적 호의다. 참된 미덕은 일차적으로 여기에 존재한다고 본다.³⁰³

에드워즈에게 있어서 존재 일반, 혹은 보편적 존재란 하나님을 의미한다. 따라서 참된 미덕이란 하나님을 사랑하는데 있다.

하나님의 모든 참된 미덕은 근본적이고 본질적으로 하나님의 사랑에 존재한다. 왜냐하면 하나님은 다른 모든 존재보다 무한히 위대하시고 탁월하실 뿐만 아니라, 보편적인 실존계의 머리이시기 때문이다. 하나님은 모든 존재와 모든 아름다움의 기초요 원천이시다. 하나님의 존재와 아름다움은 모든 존재와 탁월함을 전부 합하여 포괄하는 것이다.[304]

그러므로 "만일 우리가 무신론자가 아니라면, 참된 미덕이 우선적으로 그리고 가장 본질적으로 하나님을 향한 최고의 사랑에 있다는 것을 인정해야 한다. 그리고 이것이 결여 되어 있는 곳에는 참된 미덕이 존재할 수 없다."라고 에드워즈는 말한다.[305]

따라서 하나님께 대한 사랑이 없다면 다른 존재들에 대한 어떤 사랑도 참된 미덕의 본질에 속할 수 없다. 그러므로 보편 존재를 사랑하지 않는 어떤 개인이나 단체에 대한 사랑은 참된 미덕의 본질에 속하지 않는다. 같은 이유로 어떤 한 개인에 대한 사랑이 어떤 집단에로 확장 된다고 하더라도 보편 존재에 대한 사랑과 무관하다면 참된 미덕이라고 할 수 없다.[306]

어떤 피조된 존재에 대한 사랑이 하나님을 최고로 사랑하는 성향을 지닌 마음의 기질에서 나온 것이라면 그런 사랑은 충분히 덕스럽다고 말할 수 있다. 왜냐하면 어떤 개별적 존재들에 대한 사랑이 보편 존재에 대한 마음의 호의적 성향에서 나온 열매라면, 그 모두가 덕스러운 사랑이기 때문이다. 그러므로 어떤 피조된 존재에 대한 사랑이 하나님에 대한 사랑의 기질이나 성향에서 나온다면, 그것은 덕스러운 것이다.[307]

이처럼 에드워즈에 의하면 거룩holiness이란 곧 아름다움이요, 도덕적 탁월성이며, 참된 덕이요, 그리고 곧 그것은 사랑이다. 이 모든 것이 같은 원리이신 성령에게서 나오는 것이기 때문이다. 왜냐하면 에드워즈

에 의하면 성령은 거룩의 영이시자, 사랑의 영이시기 때문이다.308

5.4.2. 성화의 첫 시작과 점진적인 성화

(1) 성화는 회심 시에 이미 시작된다.

에드워즈는 회심에서부터 이미 성화가 시작된다고 생각하였다. 에드워즈는 한 영혼 가운데 역사하시는 성령의 사역 가운데 회심의 사역을 중요하게 생각했다. 그는 회심 때에 모든 은혜가 주어진다고 생각했다. 회심은 모든 것의 시작이요 기초라고 그는 생각했다. 그렇다면 회심(혹은 중생)과 성화가 어떤 관계를 가지고 있는가를 살펴보도록 하자.

회심에서 일어나는 가장 중요한 변화는 – 이것은 모든 것의 시작이요 기초이다 – 마음의 기질과 성향과 영의 변화이다. 왜냐하면 회심에서 일어나는 것은 하나님의 성령을 수여하는 것 외에 다른 것이 아니기 때문이다. 성령은 영혼 속에 내주하시면서 생명과 행동의 원리가 되신다. 이것은 새로운 본성이요 신적인 본성이다. 영혼의 본질이 변화됨으로 신적인 빛을 받아들인다. 신적인 것들이 이제는 탁월하고, 아름답고, 영광스럽게 보인다. 영혼이 다른 영적 상태였을 때는 그렇게 보이지 않았다. 하나님의 성령의 첫 번째 활동, 혹은 신적인 기질이 발휘되는 첫 번째 활동은 영적인 이해 혹은 마음의 감각, 영적인 것들에 대한 영광의 탁월함을 지각함에 있다. 이것은 의지의 어떠한 타당한 행동보다 앞선다.309

이상의 인용문은 에드워즈가 회심이라는 것이 성령의 내주(혹은 주입 infusion)로 시작되며, 성령이 내주하시면 생명과 행동의 원리로 역사하시기 시작하신다는 점을 강조하고 있음을 알게 해준다. 에드워즈에 의하면 사람의 영혼 가운데 내주하시는 성령은 인식의 원리를 바꾸시고, 또한 행동의 원리를 바꾸신다. 전자는 새로운 감각, 혹은 믿음을 주시는 것이고, 후자는 거룩에 참여하게 하시는 것을 의미한다. 에드워즈는 "신학 묵상집" 330번에서 신자들이 누리게 되는 성령의 교통의 의미가 무엇인지를 다음과 같이 잘 해명해준다.

> 성령. 우리가 하나님과 그리스도와 가지는 교제는 우리가 성령에 참여하는 것으로 구성되기 때문에, 성령은 하나님의 거룩, 혹은 탁월성 그리고 기쁨이라는 것이 드러난다(고후 13:14, 고전 6:17, 요일 3:24, 4:13). … 우리가 아는 교통communion이란 다른 이들과 함께 선에 참여하는 것에 다름 아니다: 하나님과의 교제는 그분과 함께 그의 탁월성, 그의 거룩함과 행복에 참여하는 것과 다르지 않다.³¹⁰

에드워즈에 의하면 성령은 하나님의 은혜와 사랑, 거룩과 은혜 그 자체이시기 때문에 성령과 교통한다는 것은 성령의 그러한 본성에 참여하는 것이 된다. 에드워즈에 의하면 성령은 중생자의 심령 가운데 자기 본성을 전달하시는데communicate 그것이 바로 거룩함이다. 에드워즈가 "은혜론" 말미에서 이점에 대해서 어떻게 말하고 있는지를 보도록 하자.

> 마음 안에 있는 참된 미덕의 유일한 원리는 바로 성령 자신이다. 그러므로 어떤 사람이 참으로 덕스럽다는 것은 그 사람이 영적인 사람이라는 것과 동일하다 …성도들에게 있는 모든 미덕과 거룩은 그들의 경향성 안에서 전적으로 하나님의 영께서 내주하시고 활동하시기 때문에 있을 수 있다 … 하늘에 있건 땅에 있건 거룩하거나 참으로 덕이 있는 하나님의 모든 피조물들의 거룩과 행복은 바로 그 성령의 교통하심에 달려 있다.³¹¹

따라서 에드워즈에 의하면 신자는 중생하는 순간부터 거룩함에 참여하게 된다고 생각했다. 다르게 말하자면 신자의 성화의 시작점terminus a quo은 신자가 중생하는 순간부터라고 그는 생각했다. 왜냐하면 회심은 성령의 내주로 일어나는 것이며, 성령이 사람의 심령 속에 내주하는 순간 중생과 성화는 동시에 시작되는 것이기 때문이다.

성도가 언제부터 거룩에 참여하게 되는가 하는 이 문제에 대해 우리는 이신칭의와 관련해서 살펴볼 수도 있을 것이다. 에드워즈에 의하면 회심 시에 이신칭의가 동시적으로 이루어지는데, 이미 그 시작점에 거룩의 과정이 시작된다고 주장한다.

> 복음의 길에 서는 사람은 거룩이 끝나기 전에 의롭다함을 받는다, 예, 그는 사람의 거룩의 시초, 혹은 그의 거룩이 시작되자마자, 그의 거룩한 과정의 첫 시점이나 첫 단계에서 의롭다 함을 받는 것이다 … 복음에 의한 칭의의 방식에서는, 한 사람이 그의 성향적인 거룩, 혹은 행동의 원리로서 정립된 거룩을 가지기 전에 의롭다 함을 받는다.[312]

에드워즈에 의하면 회심의 사건은 성령의 내주로 가능한 것이고, 칭의는 회심과 동시적으로 일어나는 것이라고 보기 때문에, 믿음으로 의롭다 함을 받기 이전에 이미 성령의 내주하심 때문에 거룩의 시초 혹은 거룩의 첫 단계가 시작되었다고 말하고 있는 것이다. 결국 에드워즈에게 있어서 성도의 거룩하게 됨, 혹은 성화가 언제 시작되는가 묻는다면, 그것은 바로 성령의 내주로 말미암는 회심 혹은 중생에서부터 시작된다고 대답할 수 있을 것이다.

(2) 점진적인 성화

성도의 회심 시에 성령의 내주로 주어지는 거룩에 의해서 시작된 성화의 과정은 한꺼번에 완성되는 것이 아니라 "성향적인 거룩 혹은 행동의 원리로서 정립된 거룩"을 가지는 데로 나아가게 하며, 한평생에 걸쳐서 성화의 과정을 추구하게 한다라고 에드워즈는 생각하였다.[313] 에드워즈에 의하면 "참된 성도들을 움직이는 거룩한 원리들은 훨씬 더 강하게 역사하여 노예적인 공포보다는 하나님과 거룩함을 추구하는 간절함을 불러 일으킨다. 따라서 하나님을 구하는 것은 성도들을 구별해 주는 특징 가운데 하나로 제시된다"라고 말한 후에,[314] 성경 가운데서 성도들이 하나님과 거룩함을 찾음과 구함과 수고함에 대해서 표현하고 있는 여러 가지 표현들을 소개하여 준다.

성경은 도처에서 그리스도인의 찾음과 구함과 수고함을 주로 자신의 회심을 찾고, 구하고, 위하여 수고함으로 묘사하며, 그리스도인의 회심은 단지 그가 해야 할 일의 시작이라고 묘사한다. 신약성경에는 경계함, 자신들을 진지하게 살핌, 자신 앞에 놓여있는 경주를 경주함, 분투하고 고통당함, 혈과 육이 아니라 정사와 권세와 싸움, 다툼, 하나님의 전신갑주를 입음, 굳게 섬, 모든 일을 다 한 후에 섬, 앞에 있는 것을 잡으려고 좇아감, 기도에 항상 힘씀, 밤낮으로 하나님께 간구함 등을 말하고 있다. 이런 말씀들의 대부분은 성도들에 대한 것이고, 성도들에게 주어진 것이다. 이런 일들은 회심을 구하는 죄인들과 관련해서 한 번 언급된 반면에, 성도들이 그들이 고귀한 소명에 따르는 위대한 의무를 다함과 관련해서는 열 번이나 언급되었다.[315]

또한 에드워즈는 참 은혜를 받은 성도들에게 있는 특징 중 한 가지는 "영적인 만족을 위한 영혼의 영적인 욕구와 갈망"이 더욱 커지는 것이라고 주장하였다.

거룩해지고 싶은 영적 욕구와 거룩한 감정을 더 많이 소유하고 싶은 갈망은 다른 사람들보다도 이미 탁월하게 거룩해진 사람에게서 더 생생하고 강렬해진다.[316]

성도들이 이 세상에서 누릴 수 있는 최대치는 장차 누리게 될 온전한 영광을 단지 맛보고 시식하는 것이다. … 이 땅에서 가장 탁월한 성도들은 그들이 장차 도달할 성숙함과 완전함에 비하면 단지 어린아이에 불과하다. 성도들에게는 이 세상에서 도달하게 되는 최고의 탁월함과 완전함에 만족하지 않고 더 많은 것을 소원하는 욕구가 사그라지지 않는다. 오히려 성도들은 바울처럼 앞으로 더 나아가려는 강렬한 갈망을 가지는 것이다.[317]

그 이유는 사람들이 더 거룩한 감정들을 더 체험하면 할수록 영적인 미각을 더 많이 가지게 되며, 그 미각으로 거룩함의 신적인 아름다움의 맛과 탁월성을 인식하게 되기 때문이다. 참된 그리스도인은 더 큰 영적 깨달음과 감정들을 체험하면 할수록, 더 성장하기 위해 은혜와 영적인 양식을 더욱 간절히 갈구하는 거지가 된다. 또한 그는 적절한 수단들과 방편들을 사용해서 더욱더 간절하게 은혜와 영적인 양식을 추구하게 된다. 왜냐하면 거룩함을 참되고 은혜롭게 갈망하는 것은 결코 나태하고 무력한 갈망이 아니기 때문이다.[318]

이처럼 에드워즈는 회심 때에 이미 성령의 역사로 거룩을 맛보기 시작했지만 한평생에 걸쳐 하나님과 거룩을 더욱더 사모하고 추구하는 삶, 성화의 과정을 밟아야 할 것을 바르게 강조하고 있다. 에드워즈가 점진적 성화에 대해서 묘사하는 바를 읽어보면 승리를 얻기 위한 치열한 투쟁, 목표를 쟁취하기까지 결코 쉬지 않는 부단한 노력으로 묘사하고 있음을 알게 된다.

우리는 여기서 점진적 성화 과정에 있어서 에드워즈가 성령의 역사와 성도의 참여라는 관계를 어떻게 이해하고 있는지를 점검해 보고 넘어갈 필요성을 느낀다. 에드워즈에 의하면 회심이나 성화의 주체는 성령 하나님이시다. 특히 시발적인 성화 initial sanctification 시에 성도가 거룩에 참여하게 되는 것은 거룩의 영이신 성령이 내주하시어 자신의 본성을 따라 우리들에게 거룩을 전달해 주시기 때문이라는 사실을 우리는 앞서 살펴보았다. 그러면 점진적 성화 과정에 대한 에드워즈의 강렬한 설명을 참조해 볼 때, 성화의 주체가 성령에서 성도에로 바뀐다고 생각한 것일까? 아니면 상호협력적인 사역으로 전환되는 것일까? 등의 질문이 일어난다. 그러나 에드워즈에 의하면 점진적 성화 과정에 있어서도 성령의 주권성과 주도성은 변하지 않는다. 에드워즈에 의하면 "성도가 성도일 수 있는 것은 하나님의 영이 그 속에 거하고 계시기 때문이다."[319] 그리고 에드워즈는 영혼 속에 이루어지는 첫 은혜의 사역뿐 아니라 후속적인 모든 은혜로운 사역들도 다 성령에게 의존하고 있다고 분명히 말하고 있기 때문이다.

> 첫 번째 은혜의 행동이 영혼에 이루어지는 하나님의 영의 직접적인 역사로부터 말미암는 것처럼, 첫 번째 행동 다음에 나오는 은혜로운 모든 행동들도 첫 번째 행동과 전혀 다를 바 없이 영혼에 이루어지는 하나님의 영의 직접적인 역사로부터 기인하며 그 역사에 크게 의존하고 있다. 따라서 만일 하나님께서 영혼으로부터 성령을 거두어 가시면, 마치 촛불을 끌 경우 방에 있던 빛이 일순간에 사라지는 것처럼 은혜로운 모든 경향성과 모든 행동도 일순간에 사라져 버리게 된다.[320]

이처럼 에드워즈는 성화의 과정이 전적으로 성령의 주권적이고 은혜로운 사역에 시종일관 의존하고 있다고 생각하였고, 그렇기 때문에 성도가 성도라 불리우고, 덕스러운 사람, 혹은 신령한 사람이라고 불리울 수 있는 것은 오직 성령이 그 사람 안에 거하시고 역사하시기 때문이라고 그는 생각하였다.[321]

에드워즈는 성화에 있어서 성령의 주권성과 인간의 의존성을 분명하게 견지하고 있으면서도 성도의 적극적인 참여와 분투노력을 인정하고 있다는 것을 앞서 우리는 살펴보았다. 에드워즈는 성화의 과정에 있어서 성도가 해야 할 역할이 있음을 강조한다. 그는 "유효적인 은혜"Efficacious Grace라는 유고 속에서 다음과 같이 이 문제에 대해서 답을 하고 있다:

> 우리는 그 안에서 단지 수동적이지 않다. 하나님이 어떤 것을 하시고 우리는 나머지를 하는 것도 아니다. 그러나 하나님은 모든 것을 하시고 우리는 모든 것을 한다. 하나님은 모든 것을 산출하시고, 우리는 모든 것을 행한다. 왜냐하면 하나님이 산출하시는 것은 우리의 행위이기 때문이다. 하나님은 오직 유일하게 적절한 작자이시고 근원이시다; 우리는 단지 적절한 행위자이다. 우리는 다른 관점들에서 보면 전적으로 수동적이고 그리고 전적으로 능동적이다.³²²

성화 과정에 있어서는 하나님도 백 퍼센트 일하시고 성도도 백 퍼센트 일한다는 것은 균형잡힌 칼빈주의의 입장이다. 에드워즈 역시 성령께서 주권적으로 역사하시지만, 성도의 적극적인 행동 역시 강조하고 있음을 확인해 볼 수 있다. 에드워즈는 사람의 영혼 속에서 일어나는 성화의 과정에 있어서 성령과 성도의 협력 관계를 다음과 같이 묘사해 준다.

> 어떤 사람 안에 은혜의 경향성이 있다면, 그것은 결코 다른 이유 때문이 아니다. 성령께서 그 사람을 성전삼아 그 사람 안에 거하시기 때문이요, 성령께서 생명을 주시는 중대한 원리라는 방식으로 그 사람이 본래 구비하고 있던 여러 가지 기능들과 연합하여 역사하고 계시기 때문이다. 그러므로 사도 바울의 말대로 성도들이 은혜로운 행동을 할 때, 그것을 행하는 이는 그들 자신이 아니라 그들 안에 거하시는 그리스도이시다. 물론 하나님의 영께서는 인간이 본래 구비하고 있는 여러 기능들에 연합하시고 그 기능들로 하여금 은혜로운 행동을 자연스러운 원리나 경향성으로

행하도록 만드신다. 성령께서는 이런 방식으로 매우 많이 활동하신다. 그렇기 때문에 은혜로운 행동을 한 가지 하게 되면 또 다른 은혜로운 행동으로 나아가게 되는 것이다.[323]

5.4.3. 성화의 표준 = 거룩의 본질

에드워즈는 19세가 되던 1722년에 뉴욕에서 행한 "거룩의 길"The Way of Holiness이라는 설교를 통해 "오직 거룩한 사람만 천국 가는 길을 걷고 있는 사람"이라는 점을 역설했다. 그리고 성령을 "모든 은혜와 모든 거룩의 원천이신 천상적인 비둘기"라고 하였고,[324] 거룩의 본질이 무엇인지를 세 가지로 설명해 주고 있다. 청년 에드워즈가 제시하는 거룩의 본질 혹은 성화의 표준에 대한 해설은 그가 보다 더 성숙한 후에 제시하는 내용못지 않게 완숙미가 느껴진다. 에드워즈가 제시하는 거룩의 본질을 살펴보도록 하겠다.

에드워즈는 거룩의 첫 번째 본질은 "마음과 삶이 하나님과 일치하는 것이다"라고 제시한다.[325] 거룩은 외적으로 거룩하게 보이는 것이 중요한 것이 아니라, "마음속에서 우러나오는 거룩"이 중요하다고 말한다. 또한 "거룩은 거룩하신 하나님 안에 있는 하나님의 형상, 곧 하나님의 모양이다"라고 진술한다.[326] 에드워즈에 의하면 하나님을 닮는다고 하는 것은 하나님의 영원성, 무한성, 무한한 능력을 닮는다는 것이 아니다. 그런 속성들은 하나님의 비공유적 속성들이기 때문이다. 그러나 성도가 닮을 수 있고, 닮아야 하는 것은 바로 하나님의 뜻에 일치하는 것이다. 에드워즈는 그런 점에서 "거룩은 하나님이 원하시는 것을 원하는 것이고, 하나님은 미워하시는 것처럼 행하는 것이다. 거룩은 하나님처럼 온전하고 합당하고 의롭게 자비롭게 행한다"라고 말한다. 이 거룩이 성도 안에서 "끊임없는 성향"the constant inclination이며 "영혼의 새로운 본성"new nature of the soul이 된다고 에드워즈는 말한다.[327]

청년 에드워즈가 두 번째로 제시하는 거룩의 본질은 "예수 그리스도와 일치하는 것이다." 예수 그리스도는 하나님의 형상으로서 하나님과 완벽하게 일치하는 분이시다. 그래서 그리스도의 모든 행동 속에서 그리스도의 거룩이 밝게 빛나는 것을 볼 수 있다. 이 예수님이 바로 우리의 거룩의 모델이시다라고 에드워즈는 말한다. 따라서 거룩이란 "예수 그리스도께서 우리에게 보여 주시고, 복음서 기자들이 우리에게 전해 준 예수 그리스도를 본 받는 것"이라고 할 수가 있다.[328] 에드워즈는 성도가 그리스도를 본받는다고 하는 것이 구체적으로 무엇을 가리키는지에 대해서 자세히 소개해 준다. 그에 의하면 "그리스도의 삶 속에 나타난 놀라운 겸손, 하나님께 대한 사랑, 신앙에 대한 사랑love to religion," 그리고 "놀라운 하나님의 영광에 대한 열심, 시험에 대한 계속적인 저항, 하나님께 대한 전적인 신뢰와 의존, 하나님의 모든 명령에 대한 온전한 순종, 온유, 사람에 대한 사랑, 원수에 대한 사랑, 자비와 인내" 등을 우리가 본받을 때에 우리는 거룩하다고 말할 수 있다고 한다.[329]

에드워즈에 의하면 세 번째 거룩의 본질은 "하나님의 율법들과 계명들에 일치"하는 것이다.[330] 그는 "하나님의 모든 계명과 특히 복음 안에서 우리에게 전달된 하나님의 말씀"을 하나님의 율법이라고 이해하였고, "복음은 율법의 성취이다"고 생각하였다. 그리고 "하나님이 우리에게 주신 명령과 규례는 모두 순수하고 완벽하고 거룩하다"라고 말한다. 그렇다면 하나님의 율법과 계명에 일치하는 것이 거룩이라고 하는 말은 어떤 의미를 가진 것일까? 에드워즈에 의하면 하나님의 율법이 사람의 마음에 새겨지고, "사람의 영혼이 하나님의 명령에 일치할 때 마음속에 하나님의 거룩이 있는 것"이라고 말할 수 있다고 할 수 있다.[331]

5.4.4. 거룩한 성도의 12가지 표지

에드워즈는 1746년에 간행한 『신앙감정론』이라는 대작을 통해서

"하나님의 성령의 은혜로운 역사의 본질과 표지"를 제시하고, "모든 노력을 기울여서 참된 종교를 분별하고, 참된 종교의 본질이 무엇인지를 해결하고 확립"해야 하는 중대한 임무를 수행했다. 에드워즈는 서문을 시작하면서 자신이 신학에 입문한 이래 지속적으로 그의 마음을 사로잡은 주제에 대해서 밝히는 것으로 시작하고 있는데 그의 말을 먼저 직접 들어 보기로 하자.

> 인류에게 매우 중요하며, 모든 개인이 확실한 입장을 취해야 하는 문제 가운데서, '하나님의 은혜를 받고 하나님의 영원한 보상을 받을 자격이 있는 사람들을 구별해 주는 특징은 무엇인가라는 문제만큼 중요한 것은 없다. 다른 말로 표현하자면, 참된 신앙의 본질은 무엇인가? 하나님께서 받으시는 미덕과 거룩함을 구별해 주는 표지는 무엇인가라는 문제만큼 중요한 것은 없다.332

『신앙감정론』의 저작 의도는 참된 신앙의 본질이 무엇이냐, 또는 참된 미덕과 거룩함을 구별해 주는 표지가 무엇인지를 바르게 제시해 주려는데 있다는 그의 말을 고려할 때, 우리는 이 저술 속에서 참된 거룩의 표지들 혹은 거룩한 성도들의 표지들도 확인해 볼 수가 있을 것이다.

에드워즈의 『신앙감정론』은 크게 세 부분으로 나누어져 있다. 첫 번째 부분에서는 그의 핵심적인 주장인 바 "참된 신앙은 대체로 거룩한 감정 안에 있다"라고 하는 교리적 명제를 해명해 준다.333 이곳에서 에드워즈는 감정affection에 대한 정의를 내리고 그 신앙 감정의 중요성을 성경적 증거를 가지고 논증해 나간다. 그가 감정에 대해서 내린 정의는 "한 인간의 영혼을 구성하고 있는 의지와 성향이 지닌 더 활기차고 감지할 수 있는 활동"이라는 것이다.334 그리고 그는 신앙에 있어서 감정의 중요성을 다음과 같이 강하게 역설하였다.

따라서 거룩한 감정이 없이는 참된 신앙이란 없다는 것이다. 그리고 마음 속에 거룩한 감정으로 드러나지 않는 어떠한 진리의 빛도 선하지 않다. 그리고 마음속에 거룩한 감정으로 드러나지 않는 마음의 경향성과 원리도 선하지 않다. 그리고 그런 감정적 작용에서부터 나오지 않는 어떠한 외적인 열매도 선하지 않다.[335]

에드워즈는 2부와 3부에서는 참으로 은혜로운 감정과 그렇지 않은 감정을 분별하는 표지를 각각 12개씩 제시하여 준다.[336] 에드워즈에 의하면 참으로 은혜로운 감정은 성령의 특별 은혜로 주어지는 것이며 그러한 감정은 성도만이 누릴 수 있는 것들이다. 반면에 소극적인 12가지의 표지들은 반드시 성령의 특별 은혜로 말미암은 것이라고 할 수 없는 것들이다. 소극적인 표지들은 앞서서 소개한 적이 있으므로, 여기서는 본 항목의 주요 관심사대로 참으로 은혜로운 감정을 분별하는데 쓰이는 12가지 적극적인 표지들을 생각해 보고자 한다. 12가지 표지는 은혜로운 감정이냐의 증거이기도 하지만, 그것은 성령의 특별한 은혜가 사람의 영혼 가운데 어떻게 역사하시느냐에 대한 표지이기도 하고, 따라서 참된 성도의 표지라고 이해해도 무리가 없을 것이다.[337]

(1) 성령의 내주가 있는 사람

참된 성도됨의 첫 번째 표지는 성령의 내주로 말미암아 자신들의 마음속에서 "영적이고 초자연적이며 신적인 영향과 작용들이 역사하는 것"을 체험하고 살아가는 자들이라는 것이다.[338] 성령의 일반적인 감화나 영향력이 아니라 특별하고 은혜롭고 구원하는 역사를 체험하게 하시는 성령에 의하여 거룩하게 된다. 이런 자들만이 성도이고, 이런 자들만이 영적이라고 부를 수 있다. 그리고 성도 가운데 내주하시는 성령은 "그 영향들을 통해 아주 고상한 방식으로 자신을 전달하시고, 피조물을 하나님의 본성에 참예하는 자로 만드신다."[339] 성령의 고유한 본성proper nature은 거룩함holiness이시기 때문에, 그의 특별한 은혜를 입은 성도는 거룩함에 참여하게 되는 것이다.340

(2) 자기 이익이 아니라 하나님의 영광을 위해 사랑하는 사람

참된 은혜로운 감정을 체험하고 사는 성도됨의 두 번째 표지는 "자신들이 얻게 될 가상적인 이득이나, 받은 또는 받을 혜택이나 자신의 이익에 관련되었기 때문에"가 아니라 "하나님의 탁월성과 영광 때문에 하나님, 예수 그리스도, 하나님의 말씀, 하나님의 사역 그리고 하나님의 길 등을 사랑"하는 자라는 것이다.341 자아 사랑에 이끌리는 비중생자들과 달리 하나님의 본성에 있는 아름다움과 영광과 선하심 때문에 하나님과 신적인 일들을 사랑할 수 있게 된 자들은 먼저 "그의 마음의 관점들에 변화가 일어났거나 영적인 감각이 변했기"때문에 그렇게 할 수 있는 것이다.342 에드워즈는 참된 성도가 하나님께 대하여 가지는 사랑의 "근본적인 기초는 하나님이시며, 하나님 본성의 탁월함에 대한 사랑이 모든 감정들의 원천이다. 그곳에서 자아 사랑은 시녀와 같다"라고 말한다.343 또한 에드워즈에 의하면 참된 성도가 하나님을 사랑할 수 있는 것도 하나님께서 먼저 그를 사랑하셨기 때문이라고 말한다.

> 성도가 하나님을 사랑하게 되는 것은 하나님께서 성도를 사랑하신 열매다. 즉 하나님을 사랑하는 성도의 사랑은 성도에게 주시는 하나님의 선물이다. 하나님께서는 성도에게 하나님을 사랑하는 영을 주셨다.344

(3) 도덕적인 탁월성 때문에 하나님과 신적인 일들을 사랑하는 사람

참된 성도의 세 번째 표지는 "신적인 일들에서 드러나는 도덕적 탁월성moral excellency이 아름답고 향기롭기 때문에 신적인 것들을 사랑"하는 자라는 것이다.345 에드워즈는 하나님의 탁월성(완전성, 속성)을 도덕적인 것moral excellency과 본성적인 것natural excellency으로 구분하여 사용한다. 에드워즈가 하나님의 속성론을 어떻게 이해하고 있는지를 주의해서 보도록 하자.

> 하나님의 도덕적 완전성이란 의미는 도덕적 행위자로서 하나님께서 발휘하시는 속성이나 하나님의 마음과 의지가 선하고, 의롭고, 한없이 마땅하고 사랑스러우심을 뜻한다. 예를 들어 하나님의 의로우심, 진실하심, 신실하심과 선하심 즉 한 마디로, 하나님의 거룩하심을 뜻한다. 하나님의 본성적인 속성이나 완전성이라는 의미는 우리가 생각하는 것처럼 하나님의 거룩하심이나 도덕적 선하심이 아니라 하나님의 위대하심을 뜻한다. 예를 들어 하나님의 능력, 전지하심, 영원하심, 편재하심, 그리고 장엄하고 두려운 위엄을 뜻한다.[346]

에드워즈에 의하면 성도들이 거룩한 감정들을 드러낼 때 "주로 신적인 일들 안에 거룩한 속성이 있기 때문에 신적인 일들을 사랑"하고, 성도들은 무엇보다도 "하나님 자체를 좋아하고, 하나님이 가지고 계신 거룩함이나 도덕 완전성 때문에 신적인 일들을 사랑"한다고 말한다.[347] 물론 성도들은 하나님의 도덕적 완전성뿐 아니라 본성적인 완전성도 기뻐한다고 에드워즈는 부언한다. 그러나 에드워즈가 하나님의 신적 속성을 두 가지로 분류하고, 도덕적 완전성을 강조하는 까닭은 비중생자나 사탄도 하나님의 도덕적 완전성(즉 거룩)을 전혀 알지 못하면서 본성적 완전성을 체험할 수 있기 때문이다.[348] 그러나 성도들은 그 본성이 성령에 의해서 거룩해졌기 때문에 하나님과 신적인 일들의 도덕적 탁월성(거룩)을 사랑할 수가 있게 되는 것이다.[349]

(4) 영적인 이해를 가진 사람

참된 성도의 네 번째 표지는 거룩한 사랑뿐 아니라 영적인 이해를 가지고 있다는 것이다.[350] 에드워즈에 의하면 참된 성도는 빛과 열을 함께 가지고 있는 사람이다.³⁵¹ 에드워즈가 네 번째 표지에서 강조하는 것은 성도가 가지고 있는 영적인 지식은 마음의 새로운 감각new sense of heart 또는 신적인 것의 아름다움과 도덕적 탁월성을 이해하는 감각과 같다는 것이다. 영적인 지식은 개념적인 지식과는 달리 그 안에 신적인 것의 아름다움과 도덕적 탁월성을 맛보는 새로운 감각이나 새로이 창조된 것을 담고 있다는 것이다. 우리가 앞서 살펴보았지만 에드워즈가 어거스틴의 조명설을 따르고 있다는 것을 확인할 수 있는 부분이다.³⁵² 조명된 지성에는 새로운 감각이나 미각이 생기며, 직접적으로 인식하는 감각은 하나님이 빛을 비추시는 통로가 된다. 에드워즈는 참된 성도에게는 이처럼 조명된 지성 또는 영적인 지성 혹은 마음의 감각이 주어져 있기에 신적인 일들의 도덕적 탁월성과 아름다움을 맛보고 알 수 있다고 한다.³⁵³ 그리고 이 감각을 가진 성도들만이 거룩함의 아름다움을 보거나 알 수 있다고 말한다. 에드워즈에게 있어서 "거룩함의 아름다움은 만물을 충만케 하시는 것으로 그것이 없이는 모든 세계는 헛될 뿐이며, 없는 것과 같으며, 진정 무보다 더 나쁜 것"이며, "거룩함의 아름다움을 모르는 사람은 사실상 아무것도 모른다"고 말하기까지 한다.³⁵⁴ 그리고 에드워즈는 참된 성도들에게는 성령께서 주시는 신적인 미각, 혹은 영혼의 거룩한 미각과 취향holy taste and appetite이 있다고 한다. 이 신적인 미각에 의해서 참된 성도는 "진정으로 영적이고 거룩한 아름다움이 있는 행동인지 아닌지를 분별하며 구별"하게 되고, "은혜가 강하고 생명력있게 임할 때, 어떤 행동들이 옳으며, 그리스도인에게 합당한지를 판단"할 수 있게 해 준다고 말한다.³⁵⁵

(5) 신앙의 확신을 가진 사람

에드워즈에 의하면 참된 성도의 다섯 번째 표지는 "신적인 일들에 대한 실재성과 확실성을 합리적이고도 영적으로 확신"한다는 것이다. 다르게 말해서 참된 성도는 "복음에 있는 위대한 진리를 견고하고, 온전하고, 철저하고, 효과적으로 확신"하고 산다는 것이다.356 네 번째 표지와 연관되어 있는 이 표지는 성도가 성령의 역사로 마음의 감각이나 미각을 가지고 하나님과 신적인 일들에 대해서 알 수 있게 되었기 때문에 확신이란 자연스럽게 따라오는 특성이라고 할 수 있을 것이다. 에드워즈는 심지어 성도는 복음에 속한 위대한 진리들을 확립되고 확정된 것으로 알기에 "자신의 모든 것을 거는 것을 두려워하지 않는다"고 까지 말한다.357

(6) 복음적 겸손을 가진 사람

에드워즈가 말하는바 참된 성도의 여섯 번째 표지는 "복음적 겸손"evangelical humiliation이 그 마음속에 있다고 하는 것이다.358 복음적 겸손을 가진 참된 성도는 "그리스도인 자신이 전적인 무능함, 혐오할 만함, 그리고 추악함과 같은 심령을 가진 존재라는 것을 아는 감각"을 가지고 있다.359 에드워즈에 의하면 이러한 복음적 겸손은 "초자연적이고, 신적인 원리들을 심으시고 작용케 하시는 성령의 특별 은혜에서 비롯"된 것이며, "신적인 일들에 있는 탁월한 (도덕적) 아름다움을 느낄 때 생기는 것이다."360 에드워즈는 겸손이야 말로 "참된 믿음에 있는 위대하고 가장 본질적인 것a great and most essential thing in true religion"이라고 생각했다.361

그리고 겸손한 참된 성도는 "참으로 자기를 부인하고, 심령이 가난하며, 상한 마음을 가진 사람들이다."362 또한 참된 성도들은 "자신들이 모든 성도 가운데서 가장 작은 자라고 더 쉽게 고백하고 모든 성도들의 업적과 체험이 자신들의 것보다 더 위대하다고 생각한다."363 성도들이 은혜를 더 많이 받으면 받을수록 "하나님의 무한한 탁월성과 영광을 크게 느끼게 되고, 그리스도의 인격에 있는 무한한 깊이와 높이를 더 크게 느끼게 되기 때문에" 성도는 더욱더 겸손해질 수밖에 없다고 에드워즈는 말한다.364 그는 성도는 가장 큰 은혜의 체험을 하고 있는 동안에도 자신 안에 있는 부패함을 더욱 예리하게 의식하기 때문에 더욱 더 겸손해 질 수 밖에 없게 된다고 그는 생각하였다.³⁶⁵

(7) 본성의 변화를 입은 사람

에드워즈가 말하는 바 참된 성도의 일곱 번째 표지는 성도는 창조주의 능력에 의해서 영혼의 본성 자체의 변화를 겪은 사람이라고 하는 것이다.³⁶⁶ 이것은 회심 시에 성령의 역사로 일어나게 되는 변화를 가리킨다. 그리고 이런 변화는 오직 신적이고 초자연적인 깨달음이나 조명에 의해서 초자연적인 효과를 입을 때 생겨나는 것이다.³⁶⁷ 회심 시에 성도는 "그의 마음과 본성 자체가 죄에서부터 돌아서서 거룩함으로 향하게 되며, 그 결과 거룩한 사람이 되며, 죄와 원수가 된다"고 에드워즈는 주장한다.³⁶⁸ 그에 의하면 성도가 회심 시에 체험하게 되는 은혜는 "악한 본성적 기질을 완전히 뿌리 뽑지는 않지만, 은혜의 강한 능력과 효과로 악한 본성적 기질을 고칠 수 있기 때문에 회심 때 일어나는 변화는 전반적인 변화a universal change"라고 이해하고 있기 때문이다. 참된 성도에게는 죄를 저지를 위험이 있기는 하지만 더 이상 죄들이 인격의 주된 요소가 되지 않는다고 그는 말한다.³⁶⁹ 에드워즈에 의하면 본성의 변화는 오직 신적인 역사에 의해서 가능한 것인데, 영적 깨달음과 감정을 통해서 그렇게 하신다. 그리고 영혼의 본성 자체가 바뀌는 과정은 "이 지상에서의 삶이 다할 때까지" 또는 "영광에 이를 때까지" 계속된다고 한다. 그래서 "성도의 마음속에서 일어나는 은혜의 역사"를 성경에서는 "본성의 계속적인 회심과 쇄신"a continued conversion and renovation of nature으로 묘사한다고 에드워즈는 말한다. 에드워즈에게 있어서 본성의 변화는 이처럼 단회적 성격과 점진적 성격을 가지고 있는 것으로 파악된다.

(8) 그리스도의 성품을 닮아가는 사람

에드워즈에 의하면 참된 성도의 여덟 번째 표지는 "예수 그리스도의 양같고, 비둘기 같은 심령"을 닮아가는 사람 즉, "그리스도께서 보여주신 사랑, 온유, 평온함, 용서, 자비의 심령을 자연스럽게 닮아가는" 사람이라는 것이다.370 에드워즈는 1722년 "거룩의 길"이란 설교 속에서도 거룩의 본질 세 가지 중 하나로 그리스도를 닮아가는 것을 제시한 바 있다는 것을 앞 항목에서 살펴보았다. 에드워즈에 의하면 그리스도의 성품을 닮아가는 것은 "탁월하게 기독교적인 정신"by way of eminency the Christian Spirit이며 "기독교인의 심령에 있는 참되고 뚜렷한 성향"the true and distinguishing disposition of the hearts of Christians 으로 여겨질 수 있다고 한다.371 또한 "참으로 경건한 사람들과 그리스도의 참된 제자들에게는 이러한 정신이 있을 뿐만 아니라 이런 정신에 입각해서 살아가고, 이러한 정신에 크게 사로잡히고 지배를 받기 때문에 이 정신이 그들의 참된 본질적인 성품이 된다"고 주장하였다.372

에드워즈는 예수 그리스도에게 있는 기질과 성향들을 가지지 않고서는 참된 그리스도인이라고 할 수 없으며, 가장 영광스러운 신앙고백과 특이한 은사들을 많이 가지고 있다고 해도 아무런 소용이 없다고 생각하였다. "그리스도인들은 그리스도를 닮은 사람들이다. 그들의 지배적인 성품이 그리스도와 같지 않은 사람은 누구도 그리스도인이라고 불릴 자격이 없다."373 그리스도인 안에는 그리스도의 은혜와 대응하는 은혜가 있다. 마치 둘 사이의 대응은 왁스와 도장the wax and seal간의 관계와 같다고 에드워즈는 비유를 들어 설명한다. 에드워즈는 성경에 계시되어 있는 여러 가지 그리스도의 성품들을 해설하는 중에, 특히 오해하기 쉬운 세 가지 성품들인 온유와 용기, 그리고 열정에 대해 주의해서 다룬다.374 그리고 나서 모든 그리스도인의 절대 필수적으로 소유해야 하는 세 가지 성품인 용서, 사랑, 자비에 대해서도 상술한다.375 그는 이런 성품들은 "탁월하게 복음적 구원에 이르게 하는 은혜의 본질이며,

참된 기독교의 본질적인 정신"이라고 생각했다.³⁷⁶ 그리고 에드워즈에 의하면 그리스도인이 본받아야 할 것으로 제시되는 그리스도의 모든 성품들(혹은 미덕들)은 "그리스도인의 심령이나 그리스도와 그의 지체들 안에서 일하시는 성령의 본성"이라고 말한다.³⁷⁷

에드워즈에 의하면 참된 성도라면 누구나 자신의 기질과 성향 속에 그리스도를 닮은 정신들이 있는 것이 당연하다고 생각하였다. 왜냐하면 "참된 회심은 그 사람이 과거에 갖고 있었던 사악함 중에 사람들에게 가장 많이 알려졌던 부분을 아주 주목할 만하고 느낄 수 있도록 변화"시키기 때문이다.³⁷⁸ 물론 성도가 온전하거나 완전한 것은 아니지만, 성령으로 거듭난 자는 그리스도를 닮은 성품들을 가지고 있어야 한다고 에드워즈는 강력하게 주장하였다. 에드워즈에 의하면 그런 성품들이 없다면 회심을 하지 않은 것이라고 봐야 하는 것이다. 사실 성품 면에서 많이 부족한 우리 한국 그리스도인들이 읽으면 비수로 가슴을 찌르는 듯 한 말들이 에드워즈의 글 가운데는 많은데, 다음의 문장도 읽는이로 하여금 무척이나 불편한 마음을 가지게 하는 지적일 것이라고 생각된다.

> 성경은 야비하고, 이기적이며, 까다롭고, 싸움을 즐기는 기질을 가진 사람들이 참된 그리스도인이라고 말하지 않는다. 까다롭고, 냉혹하며, 옹졸하고, 교만하며, 심술궂은 사람이 참된 그리스도인일 수 있다는 것보다 터무니 없는 생각은 없다.³⁷⁹

(9) 부드러운 마음

에드워즈에 의하면 참된 성도의 아홉 번째 표지는 부드러운 마음을 가지고 있다고 하는 것이라고 한다.³⁸⁰ 성령께서는 구원의 은혜로 임하실 때에 사람의 돌과 같은 마음을 부드러운 마음으로 변화시켜 주시기 때문이다. 참으로 거룩한 성도는 "죄나 또는 무엇이든 하나님을 불쾌하게 하고 하나님의 권위를 침범하는 것에 대한 두려움"에서 나온 "주의 깊음과 신중함과 엄격함"을 가지게 된다.381 에드워즈는 성도의 부드러운 마음을 "쉽게 움직이며, 쉽게 영향을 받으며, 쉽게 굴복"하는 어린 아이의 마음에 비유하여 설명하기도 하였다.382

그리고 성도의 마음 가운데는 하나님께 대한 거룩한 경외심holy fear이 있는데, 이는 참된 믿음의 본질의 주된 부분이다.383 거짓된 체험을 하는 자들 가운데는 마음이 강퍅해져서 "그리스도를 죄에서부터 구원하시는 분Saviour from sin으로 받아들이는 대신에, 그리스도를 자신들의 죄를 구원하시는 분Saviour of their sins"으로 믿는 자들이 있지만, 성도들이 누리는 참된 은혜는 오히려 다음과 같은 작용을 한다고 에드워즈는 말한다.

> 사람의 양심을 마비시키지 않고, 그것을 더 민감하게 해서, 죄악된 것이 죄악되다는 것을 더 쉽고 철저하게 인식하게 한다. 그리고 죄의 가증스럽고 두려운 본질을 더 크게 깨닫게 하며, 죄의 가증스럽고 두려운 본질을 더 빨리 그리고 더 깊이 인식하게 하며 자신의 심령의 죄성과 악성을 더 확실히 느끼게 한다.384

에드워즈에 의하면 전자는 거짓된 회심false conversion을 한 사람이고, 후자만이 참된 회심true conversion을 한 성도에 해당한다고 할 수 있다.385 오늘날 한국 교회 가운데는 은혜를 빙자하여 자신들의 방종하는 삶을 정당화하는 이들이 많은데, 그런 이들에게 에드워즈는 거짓 회심자들이라고 경종을 울릴 것이다.

(10) 아름다운 균형과 조화를 이룬 삶

에드워즈가 말하는 참된 성도의 열 번째 표지는 그들이 누리는 은혜로운 감정들, 즉 신앙에 아름다운 균형과 조화beautiful symmetry and proportion가 있다고 하는 것이다. 성도들은 이 땅위에서 완벽한 균형과 조화를 누릴 수는 없지만, 그래도 그들은 "성화의 보편성the universality of their sanctification의 자연스러운 결과로 조화와 균형"을 누리게 되며, "그들에게는 그리스도의 형상 전체가 각인되어 있다"라고 말한다. 혹은 "그리스도 안에 있는 모든 은혜가 성도들 안에 있다"라고 말하기도 한다.386 그리스도 안에 아름다운 균형과 조화가 있듯이, 성도 안에도 걸맞은 아름다운 조화가 있을 수 밖에 없다. 참된 성도의 신앙 혹은 그들이 누리는 은혜로운 감정에는 아름다운 조화와 균형이 있다고 에드워즈는 말하면서 구체적인 사례들을 들고 있다. 에드워즈에 의하면 성도들에게는 거룩한 소망과 거룩한 두려움이 공존한다.387 "성도들의 기쁨과 위로에는 특별하게 죄에 대한 경건한 슬픔과 애통함을 동반한다."388 성도들은 "영적이며 탁월한 일들을 신앙적으로 갈망하며 열망"하는데, 신앙적인 교제에도 열심을 내지만 신앙의 골방에서도 열심을 다하는 균형을 가지고 있다.389

    에드워즈는 참 성도가 아닌 위선자들 가운데 있는 불균형과 부조화에 대해서도 많은 지면을 할애해서 고찰을 하고 있다.390 그가 위선자에 대해서는 비판하고 있는 내용들을 뒤집어서 보면 참된 성도의 신앙이 어떻게 균형과 조화를 가지는지에 대해 말해주는 표지들이 될 수도 있다. 에드워즈의 복잡한 논의들을 간략하게 요약을 해 보도록 하자.391 에드워즈에 의하면 위선자들은 첫째, 과거에는 죄를 애통해 했으나 이제는 더 이상 하지 않는다. 둘째, 인간은 사랑하나 하나님은 사랑하지 않든지 아니면 그 역이다. 전자는 어떤 사람이 아주 성품이 좋고 관대하나 하나님에 대한 사랑이 없는 경우이고, 후자는 어떤 이가 하나님을 사랑한다 하면서 이웃을 향해 묵은 원한을 품고 있는 경우이다. 셋째, 사람의 영혼은 사랑하는 척하나 육신의 고통에 대해서는 동정심이 없는 경우다. 넷째, 남의 결점에 대해서는 흥분하나 자신의 결함과 부패에 대해서는 덤덤하다. 다섯째, 아직 더 낮은 차원의 것이 없다면 그

보다 높은 차원의 것은 없음에 분명하다고 결론지어도 무방하다. 예컨대 사소한 도덕성 차원을 초월하고 영적이고 신령한 삶을 살기로 했다고 하면서 실제는 그 시시한 도덕성도 없는 경우이다. 여섯째, 덜 중요한 것에는 참지 못하고 열을 올리나 더 중요한 것은 은밀한 기도와 찬양 중에 하나님 앞에 영혼을 쏟아 놓거나 하나님을 더 닮아가는 일 등은 소홀히 한다. 일곱째, 어떤 특정한 죄에만 분개하고 자신의 죄에는 냉담하다. 여덟째, 관심이 수시로 변하여 잠시 영적인 관심을 갖는 것 같다가는 금방 세상적 관심으로 옮아간다.

(11) 영적인 욕구과 갈망을 더욱 크게 느끼는 사람

에드워즈가 말하는 참된 성도의 열한 번째 표지는 그들이 누리는 "은혜로운 감정들이 더 높이 고양되면 될수록, 영적인 만족을 위한 영혼의 영적인 욕구와 갈망이 더욱 커진다"는 것이다.[392] 거짓된 체험을 하는 위선자들에게는 쉽게 만족하고 더 이상 갈망하지 않는 경향이 있는 반면에 거룩한 은혜를 체험하는 성도들은 끊임없이 더 큰 은혜와 사랑을 갈망하면서 산다는 것이 특징이다. 참된 성도는 하나님의 은혜를 더욱 체험하면 할수록 하나님을 더욱 사랑하기를 갈망하고, 심령이 더욱더 상하기를 갈망하며, 하나님의 거룩에 더욱더 목말라한다.[393] 성도들은 자신들이 "이 세상에서 누릴 수 있는 최대치가 장차 누리게 될 온전한 영광을 맛보고 시식"하는 것에 불과한 것을 알며, 가장 탁월한 성도들이라고 하더라도 "그들이 장차 도달하게 될 성숙함과 완전함에 비하면 단지 어린아이에 불과"하다는 것을 알기 때문에, 성도들은 "이 세상에서 도달하게 되는 최고의 탁월함과 완전함에 만족하지 않고 더 많은 것을 소원하는 욕구가 사그라지지 않고" 오히려 "앞으로 더 나아가려는 강렬한 갈망"을 가지게 된다고 에드워즈는 말한다.[394] 그래서 참된 성도들은 "더 큰 깨달음과 감정들을 체험하면 체험할수록, 더 성장하기 위해 은혜와 영적인 양식을 더욱 간절히 갈구하는 거지"가 되어

"적절한 수단들과 방편들을 사용해서 더욱더 간절하게 은혜와 영적 양식을 추구"하게 된다고 말한다.395

에드워즈는 특별히 참된 성도를 뚜렷하게 구별 지어 주는 표지는 "더 거룩해지고 싶은 열망과 더 거룩한 삶을 살고 싶은 열망"이라고 말한다.396 에드워즈에 의하면 성도들이 거룩함을 갈망하되 위선자와 달리 거룩함 속에 있는 도덕적 탁월성이 아니라 거룩함 자체를 갈망하는 것이라고 한다.397 그리고 성도들에게는 "거룩하고자 하는 내적으로 불타는 갈망inward burning desire이 있으며, 이것은 생명력 있는 열기가 몸에 자연스러운 것처럼, 새로운 피조물에게 자연스러운 것"이며, 참된 성도에게는 "거룩을 더 이루기 위해 하나님의 영을 더 거룩하게 열망하고 갈증을 느끼는데 이것은 호흡이 살아있는 몸에 자연스러운 것처럼 거룩한 본성에 자연스러운 것"이라고 에드워즈는 말한다.398 그리고 그에 의하면 참된 성도들 가운데 있는 거룩함 혹은 거룩함의 도덕적 탁월성에 대한 불타는 갈망이 얼마나 중요한지 그와 같은 갈망은 "위대한 깨달음을 갈망하고, 하늘나라에 있기를 갈망하는 것이나 죽기를 열망하는 것"보다 더욱더 참된 성도인지를 뚜렷하게 구별해 주는 표지라고까지 말한다.399

(12) 실천적인 그리스도인

에드워즈가 참된 성도의 마지막 표지로 제시하는 것은 "기독교적인 실천"Christian practice으로 나타나고 열매맺는 삶을 산다고 하는 것이다.400 에드워즈에 의하면 참된 성도는 삶과 행위를 통해서 열매를 맺는 사람이어야 한다. 에드워즈는 거룩한 실천의 세 가지 특징들로서 "1) 사람들은 금지의 명령뿐 아니라 믿음의 적극적인 명령에도 보편적으로 순종해야 한다는 것과, 2) 자신들이 생계를 꾸리기 위해서 힘쓰는 것만큼이나 신앙 생활과 하나님에 대한 섬김을 아주 진지하고 부지런하게 행하는 것이어야 하며, 3) 온갖 시련에도 불구하고 인생의 마지막

까지 전적인 순종의 길과 부지런하고 진하게 하나님을 섬기는 일을 지속해 나가는 것이어야 한다"고 주장한다.⁴⁰¹

그렇다면 참된 성도가 이상에서 말한 것과 같은 거룩한 실천을 추구하고 실제로 행할 수 있는 원인은 무엇일까? 에드워즈에 의하면 그것은 바로 성령의 내주하심 때문이라고 한다.

> 성령의 내주하심은 내적인 생명의 원리이며, 영혼의 인격적 기능들이 작용할 때 성령 역시 당신의 본성대로 역사하신다. 이것이 바로 참된 은혜가 그런 활동과 능력과 효력을 갖는 이유이다. 신적인 것이 힘이 있고 효력이 있다는 것은 놀랄 만한 일이 아니다. 왜냐하면 하나님께서는 전능한 능력이 있으시기 때문이다.⁴⁰²

그는 성도가 성령에 의하여 회심할 때에 새로운 피조물, 새로운 사람이 되기 때문에 성도 안에는 새로운 마음과 새로운 귀와 새로운 혀와 새로운 손과 발이 생기며, 삶이 새로워지며, 새롭게 행할 수 있게 된다고 말하기도 하였다.⁴⁰³ 한편 그리스도인의 실천이 가능한 이유로 꼽은 성령의 내주는 앞서 설명한 첫 번째 표지였다는 점을 기억해야 한다. 에드워즈는 첫 번째 표지뿐 아니라 나머지 10개의 표지들(2-10표지)도 성도가 거룩한 삶을 살고 거룩한 실천을 행사하도록 하는 이유들이 된다고 상세하게 설명하고 있기 때문이다.⁴⁰⁴

에드워즈는 또한 참된 성도가 실천적으로 열매 맺는 삶을 살 수 있는 이유는 성도 가운데 주신 하나님의 은혜의 활동성 때문이라고 설명하기도 하였다.

> 참된 은혜는 비활동적인 것이 아니다. 참된 은혜보다 더 활동적인 본질을 가진 것은 하늘에도 땅에도 없다. 왜냐하면 은혜는 생명 그 자체이며 가장 활동적인 생명이고 심지어 영적, 신적 생명이기 때문이다. 은혜는 열

매를 맺지 못하는 것이 아니다. 그 본질에서 은혜보다 열매를 맺고자 하는 더 큰 경향성을 가진 것은 이 세상에 결코 없다.⁴⁰⁵

우리는 앞서 에드워즈의 성향(혹은 경향성)적인 존재 이해를 살펴본 적이 있는데, 에드워즈에게 있어서 중생으로 말미암아 성도 가운데 주입된 은혜의 경향성은 "거룩한 행동이나 실천의 원리로 드러나게 된다"고 할 수 있다.⁴⁰⁶ 결국 성도 가운데 주어지는 은혜는 실천을 목표로 하고 있으며, 모든 은혜의 사역은 실천을 목표로 진행된다고 할 수 있다. 이것을 다르게 표현하면 "거룩한 실천의 삶은 하나님께서 당신의 성도를 위해 행하시는 모든 일의 목적"이라고 말할 수 있다.⁴⁰⁷

기독교적인 실천이라는 열매는 참된 성도들에게서 언제나 나타나는 것이요, 위선자들은 흉내 낼 수 없는 것이라고 에드워즈는 생각했다. 성화의 은혜를 체험하지 못한 위선자들은 죄를 숨기거나 얼마동안 삼가할 수는 있지만 죄를 근본적으로 끊어버리는데 까지는 나아가지 못하기 때문이다.⁴⁰⁸ 반면에 참된 성도들은 크고 작든 모든 죄를 끊어버리라는 말씀에 순종할 수가 있다. 따라서 에드워즈에 의하면 기독교적 실천 혹은 거룩한 삶은 "참되고 구원을 가져다 주시는 은혜의 크고 확실한 표지a great and distinguishing sign of true and saving grace"이며, "모든 표지 가운데 최상의 표지"the greatest sign of grace라고 할 수 있다.⁴⁰⁹

에드워즈는 그리스도인의 실천은 자신과 다른 사람들의 믿음의 신실성을 판단하는데 사용될 수 있는 "주된 표지"principle sign라고 말하고 자세히 설명해 준다. 에드워즈는 성경에서 다른 사람을 평가할 때에 "그들의 열매로 알리라"(마 7:16)고 하신 주님의 말씀대로, 다른 사람의 말보다는 다른 사람의 행위로 다른 사람의 신실성을 평가할 수 있다고 생각하였다.410 또한 그리스도인의 실천, 선한 일을 함, 또는 그리스도의 계명을 지키는 것은 우리 양심에 우리가 참된 그리스도인이라고 하는 것을 알려주는 확실한 표지라고 하는 것은, "그 실천은 우리들의 양심이 볼 수 있는 실천"을 뜻하며 "단지 우리의 몸의 움직임뿐만 아니라, 그 몸의 움직임을 지령하고 명령하는 영혼의 작용과 행사"를 포함하는 것이기 때문이라고 에드워즈는 주장한다.[411] 에드워즈는 영혼의 작용과 관계없는 실천조차도 긍정하고 있는 것이 아니다. 다만 성도의 영혼에서 작용하시는 은혜는 외적으로 열매 맺는 삶으로 드러나게 되어 있다는 것을 균형있게 강조하고 있는 것이다. "성경이 우리에게 제시하는 신실성의 큰 증거로서는 내면적인 것이 가장 중요하지만, 몸의 행위를 지령하고 명령하는 의지를 은혜의 실천적 작용에 따라 외적으로 행하는 것도 큰 증거가 된다"고 에드워즈는 생각했다.[412] 에드워즈는 거룩한 실천을 성도의 참된 표지 중의 표지로 얼마나 중요하게 생각하고 있는지를 다음과 같이 결론을 내린다.

지금까지 논의한 바를 통해 나는 그리스도인의 실천이 자신들과 다른 사람들에게 신앙을 고백하는 사람들이 받은 은혜의 진실성을 가장 적절하게 보여주는 증거라는 것이 너무도 명백한 사실이라고 생각한다. 그리고 그리스도인의 실천은 은혜의 모든 표지 중의 으뜸the chief of all the marks of grace이고, 표지 중의 표지the sign of signs이며, 증거 중의 증거evidence of evidences이고, 모든 다른 증거들을 인치고, 그것들보다 탁월한 것이다. 나는 나의 회심의 절차와 체험들을 가장 정확하고 비판적으로 검토하는데, 지난 수천 년 동안 살았던 지혜롭고, 건전하며, 경험이 많은 모든 신학자들의 판단과 전적인 승인보다는, 나의 지고의 심판주께서 나에게 "나의 계명을 가지고 지키는 자라야 나를 사랑하는 자니"(요 14:21)라고 말씀하신다는 양심의 증언을 받아 들이고자 한다. 그것은 이것 외에 은혜의 진실성을 밝힐 다른 좋은 증거들이 없어서가 아니다. 이런 효과적 작용들 외에도 성도들이 묵상하면서 누릴 수 있고, 그들에게 큰 만족을 주는 은혜의 다른 작용들이 있을 수 있다. 하지만 그리스도인의 실천이야말로 가장 주되고 본질적인 증거다. 어떤 나무가 무화과나무라는 몇 가지 좋은 증거가 있을 수 있지만, 가장 본질적인 최고의 증거는 그 나무가 실제로 무화과 열매를 맺는다는 것이다.[413]

5.4.5 성화의 두 본보기들- 새라 에드워즈와 데이비드 브레이너드

에드워즈는 성화의 본질을 성경적으로 해명하고, 거룩한 성도의 12가지 표지를 성경적으로 해설하는 것에만 멈추지 아니하고, 구체적으로 성도다운 성도의 예를 우리들에게 제시한다는 것도 그의 성화론의 한 특징이라고 할 수 있다. 에드워즈는 본보기example의 중요성을 기회 있을 때마다 강조한 사람이다. 1741년 예일대 졸업식 설교 속에서 에드워즈는 본보기는 "하나님의 수단 가운데 하나"라고 말하면서, "본보기를 통해 하나님의 역사를 행하시는 것이 하나님의 사역을 진행하는 성경적인 방식일 뿐 아니라 합리적인 방법이기도 하다"라고 말하였다.[414] 그리고 "스스로 경험하지도 않은 무감각한 사람이 무덤덤하게 말하는 것보다는 실제 그 즐거움을 누리고 있는 사람 혹은 시각과 미각을 통해 느끼고 있는 사람의 행동을 통해 우리는 탁월하고 유쾌한 어떤 것을 더 잘 이해할 수 있다"라고 본보기의 유용성을 주장하기도 하였다.[415] 또한 에드워즈는 과거의 위대한 부흥의 역사를 살펴보더라도 "본보기가 주된 역할을 하지 않았던 적은 없다"라고 말한다.[416] 참된 신앙을 진작시키는데 본보기가 얼마나 중요한 역할을 하는지에 대해서 에드워즈가 가장 분명하게 상술하고 있는 곳은 그가 1749년에 출간한 『데이비드 브레이너드 생애와 일기』 저자 서문 속에서이다. 그의 서문의 첫 두 문단에 주목해 보도록 하자.

세상에 대해 참된 신앙과 가치를 제시하고 추천하는 방법에는 두 가지가 있다. 하나는 교리와 교훈doctrine and precept을 통한 것이고, 다른 하나는 예증과 본보기instance and example를 통한 것이다. 두 가지 모두 성경에서 많이 사용되는 방법이다. 성경의 교리는 신앙의 근거와 본질, 의도와 중요성을 분명하게 제시한다. 성경의 명령과 권면은 실천을 명확히 보여주고 강조한다. 신구약의 역사서에서 우리는, 믿음의 능력과 실천을 보여준 탁월한 예들excellent examples of religion을 수없이 만난다.

참된 신앙을 강조하고 가르치기 위해 "세상에 빛으로"오신 예수 그리스도는 누구보다도 이 두 방식을 자주 사용하셨다. 예수님은 교리를 통해 하나님의 마음과 의지를 보여 주셨고, 그 가치의 본질과 성격을 선포하셨다. 하나님의 마음과 의지는 우리의 상황 속에서 가장 분명하고 온전하게 드러난다. 예수님은 거룩에 대한 의무와 동기를 선포하고 강조하셨다. 또한 가르치신 가치를 친히 실천을 통해 가장 완벽하게 보여 주셨다. 예수님은 겸손과 하나님의 사랑, 분별력 있는 열정, 자기부인, 순종, 인내, 포기, 견고함, 온유함, 용서, 긍휼, 자애, 완전한 거룩함의 모습으로 세상에 거하셨고 친히 본이 되셨다. 그것은 어떤 인간이나 천사도 결코 보여주지 못한 모습이었다.[417]

에드워즈는 이처럼 본보기를 중요하게 생각하고 있음을 알게 되었는데, 과연 에드워즈는 성화의 모델, 참된 성도의 모델로 누구를 제시하고 있는지를 확인해 보도록 하자. 우선 에드워즈가 1736년에 저술한 『놀라운 회심의 이야기』 마지막 부분을 보면 우리는 두 사람의 예들을 만나게 된다. 에드워즈는 자신의 목회 현장에서 1734-35년 어간에 일어난 놀라운 회심 사건에 대한 신실한 보고서를 작성하면서, 두명의 주목할만한 회심자들의 예로써, 젊은 처녀였던 아비가일 허친슨Abigail Hutchinson과 네 살바기 아이였던 피비 바틀릿Phebe Bartlet의 예를 들고 있다.[418] 특히 에드워즈는 허친슨의 예를 들고 나서 이는 "기독교적 체험의 매우 탁월한 예"a very eminent instance of Christian experience라고 평가하기도 하였다.[419] 그러나 우리가 성화의 모델로써 에드워즈가 제시한 두 명의 다른 사람들에 주목하는 것이 훨씬 더 나을 것 같다. 그 두 사람은 자신의 아내였던 새라 에드워즈와 데이비드 브레이너드 선교사이다.

(1) 새라 에드워즈(Sarah Edwards, 1710-58)⁴²⁰

에드워즈는 1740-42년 어간에 일어난 1차 대각성 운동에 대한 변호서를 쓰면서 괄목할 만한 성령의 부으심의 복에 동참한 대표적인 실례로써 자신의 부인 새라 에드워즈를 소개하고 있다.⁴²¹ 에드워즈는 부인의 체험 사례를 상세하게 제시함을 통해서 성령의 부으심으로 말미암은 부흥의 역사를 변호하는데 일조하려고 한다. 에드워즈가 제시하는 바에 의하면 새라 에드워즈는 1740년 이전에 이미 성령의 강한 역사를 체험하기 시작했던 것으로 소개된다.⁴²² 에드워즈가『신앙감정론』에서 참된 신앙의 본질을 분별하는 적극적 기준으로 제시했던 12가지 기준들에 부합하는 사례로써 자신의 부인이 소개되고 있다. 그녀는 "수시로, 상당한 시간 동안 하나님의 완전하심과 그리스도의 탁월하심의 영광을 보면서 묵상하는 동안 영혼이 완전히 압도되었으며, 빛과 사랑과 감미로운 위로, 영혼의 안식과 말로 다할 수 없는 기쁨에 사로잡혔다."⁴²³ 때로는 그녀가 체험한 신적인 무게 때문에 "종종 맥이 풀리고 몸의 기력이 사라져 서 있거나 말할 힘도 없어"질 정도가 되기도 했고, 앓아누울 정도가 되기도 했다.⁴²⁴ 에드워즈에 의하면 새라는 이미 27년 전에 회심했지만, 3년 전에 "하나님의 탁월하심을 놀랍게 알게 되고 그분을 지극히 사랑하게 되고 그분 안에서 안식과 기쁨을 누림으로 말미암아 자신을 온전히 헌신하고 세상을 부인하며 모든 것을 하나님께 맡겨 드림으로써" 부흥의 역사를 체험하게 되었다고 한다.⁴²⁵ 그러한 각성을 체험하기 전의 새라는 때때로 우울증에 사로잡혀 짓눌리기까지 했지만, "은혜의 힘과 신적인 빛이 오랫동안 이러한 약점들을 정복함으로써 허약했음에도 불구하고 정신을 안정적으로 이끌어주는" 상태에 이르게 되었다. 그리하여 마침내는 우울증을 완전히 극복하는 단계에 이르게 되었다고 한다.⁴²⁶

새라 에드워즈는 "위대한 신적인 빛을 보았고, 흘러 넘치는 하나님의 사랑의 힘과 감미로움"을 느꼈고,[427] "복음에 계시된 위대한 일들이 진실이라는 큰 깨달음, 구속 사역의 영광에 대한 압도적인 깨달음 그리고 예수 그리스도를 통한 구원의 방법, 거기에 나타난 하나님의 속성들의 영광스러운 조화, 그리스도의 충만함과 영광스러운 충족성에 대한 시각, 그리스도를 통해 하나님을 지속적이고도 흔들림 없이 신뢰함, 그분의 능력과 신실하심, 그 분의 언약의 확실성 그리고 그분의 약속은 변함이 없으시다는 것"을 크게 깨닫기도 했다.[428] 새라는 또한 "세상을 전적으로 초월하는 자유의 달콤함을 맛보면서, 하나님을 위해 모든 것을 포기하고 무한히 충만하신 하나님 한 분만을 소유했고, 이러한 것들과 함께 달콤한 평안이 지속되었고 영혼은 고요하고 평온했는데 이것을 방해하는 구름은 전혀 없었다."[429]

그러나 새라는 대단한 체험만 한 것이 아니었다. 새라는 달콤함과 평강을 느끼고 더 겸손해지면서 "하나님의 영광을 위해 살고 죄를 경계하고 죄에 맞서 싸우고자 하는 새로운 각오를 다졌고,"[430] 하나님께 찬양하는 삶과 기도로 하나님께 접근하는 경건의 시간을 게을리 하지 않았다.[431] 그리고 에드워즈에 의하면 새라는 "위대한 것을 맛보았다고 해서 설교나 은혜의 수단들을 조금도 가볍게 넘기지 않았으며 … 설교의 필요성에 대해 더 민감해졌다."[432] 또한 새라는 경건한 일에만 함몰된 것이 아니라 "세상에서 반드시 해야 할 소명"을 등한시 하지 아니하고, 오히려 "세상 일들을 하나님에 대한 봉사의 일환으로 아주 의욕적으로 행했다. 세상 일을 그렇게 하고 보니 세상 일도 기도만큼이나 좋은 것 같다"고 고백하기까지 했다.[433]

에드워즈에 의하면 자기 부인 새라는 성령의 구원하시는 특별 은혜를 충만히 체험한 이상적인 인물이었다고 판단되어졌다.[434] 새라가 성령의 직접적인 역사로 말미암는 풍성한 구원의 은혜들을 체험하되 영혼과 몸이 압도될 정도로 강렬하게 체험했으며, 본성이 변화하여 더욱더 겸손하고 온유한 사람이 되었으며, 하나님의 일에 대하여 크게 관심을 기울이게 되었으며, 자신 안에 있는 부패성을 더욱더 분명하게 깨닫게 되었으며, 자기를 부인하고 죄를 죽이며 거룩에 이르도록 전력투구하는 삶을 살아가는 모습을 옆에서 친히 목도할 수 있었기 때문이다. 그리고 새라는 경건의 훈련에만 몰두하지 아니하고 사회적인 의무들에 대해서도 소홀히 하지 않는 균형 감각도 가지고 있었다고 한다. 에드워즈는 이와 같은 복음적 경건의 모델인 새라의 경우를 소개한 후에 찰스 촌시와 같은 반부흥론자들을 향하여 다음과 같이 신랄하게 질문을 던진다:

> 만일 부흥 시 생겨나는 이런 일들이 광신주의적인 것이며, 정신이 돌아서 생긴 일이라면 내 머리가 더욱 이런 정신병에 걸리게 되기를 바란다. 만일 이것이 미친 짓이라면 나는 세상 모든 사람이 이렇게 온유하고, 유익하고, 아름답고, 영광스럽게 미치기를 기도한다.[435]

(2) 데이비드 브레이너드(David Brainerd, 1718-47)

에드워즈가 생전에 출간한 저서들 가운데 지난 260여 년 동안 변함없는 사랑을 받고 있는 두 권의 베스트셀러가 있다면 『신앙감정론』(1746)과 『데이비드 브레이너드 생애와 일기』(1749)일 것이다.[436] 후자는 인디언 선교사로서 사역하다가 폐결핵으로 29세의 나이에 요절한 데이비드 브레이너드의 일기를 에드워즈가 편집하여 출간한 것인데, 이 책은 에드워즈가 『신앙감정론』에서 성경적으로 상술한 내용들의 탁월한 예증이 된다고 생각하여 본인의 사양에도 불구하고 출간한 것이다.[437]

에드워즈는 1749년에 초판을 내면서 쓴 저자 서문 가운데서 "하나님은 때로 잘 알려진 교사들을 세워 교리로 진리를 증거하며 세상의 오류와 어둠, 사악함과 싸우게 하셨다. 또한 탁월한 사람들을 세워 믿음의 본으로 삼으셨다. 그들의 본은 하나님의 섭리를 통해 세상에 널리 알려졌다"고 말하고 있는데, 에드워즈에 의하면 자신의 역할은 전자에 해당하지만, 브레이너드의 경우는 후자에 해당한다고 생각했던 것 같다.[438] 에드워즈는 브레이너드와 같은 본보기가 되는 사람들은 "성경의 교리와 교훈에 사람들의 관심을 모을 뿐 아니라, 그것을 확신시키고 강조하는데 큰 역할"을 하며, "가장 확실하게 교리와 규칙을 가르치고 실천한 사람들은 그들의 삶을 통해서 믿음의 진리와 영향력을 입증"해 보여 주었다고 말한다.[439] 에드워즈는 브레이너드의 약점들(우울증에 쉽게 빠지는 그의 성격이나 과로 등)도 잘 알고 있었음에도 불구하고, 경건하고 분별력있는 독자들을 위해서 이 책을 출간하게 된 것은 "이 일기에서 보여주는 모습이 진정 살아있는 신앙과 선한 능력을 지키려는 참된 그리스도인의 놀라운 예증"이기 때문이며, 또한 "그것이 가장 본받을 만한 모습이며, 또한 이 일기를 읽는 이들의 영적 유익에 도움을 주기" 때문이라고 서문에서 밝히고 있다.[440]

에드워즈는 본문에서 브레이너드의 일기들을 편집자의 주를 달아서 소개하고 난 후에 본서에 대한 자기 나름대로의 평가서reflections를 부록으로 수록하였다.[441] 에드워즈가 제공하는 평가서의 중요성에 대해서 이안 머리는 "체험적 종교의 본질에 대한 두 사람의 견해들의 대부분을 제공해 주고"있으며, "기독교적 삶에 대하여 에드워즈가 쓴 가장 중요한 서술적인 페이지들"에 속하기 때문에, 많은 요약본들이 에드워즈의 평가서를 삭제하고 출판하는 것은 "에드워즈의 원래 의도를 심각하게 박탈하는 것"이라고 말하였다.[442] 우리는 이하에서 에드워즈의 브레이너드에 대한 평가서를 살펴보면서 특별히 그가 브레이너드를 참된 성도, 혹은 참된 그리스도인의 본보기로 소개하고 있는 내용들에 집중해서 살펴보려고 한다.[443]

에드워즈는 첫 번째 평가Reflection I 부분을 브레이너드의 일기는 생생한 방식으로 참된 신앙의 본질이 무엇인지 보여준다는 말로 시작하였다.[444] 브레이너드는 회심에 이르기 위해 분투노력했을 뿐 아니라, 믿고 난 다음에도 성화를 위해서 몸부림 친 인물이었다. 에드워즈가 보기에 브레이너드가 끊임없이 치열하게 분투노력한 삶의 모습은 성경이 자주 보여주는 그리스도인의 삶과 부합하는 것이었다.445 브레이너드는 그의 영혼 속에서 단 한 번의 성령의 역사만 체험한 것이 아니라 계속해서 믿음의 과정으로 이어졌고 죽음의 순간까지도 계속되었다.446 에드워즈가 고찰한 바에 따르면 브레이너드의 회심 체험 역시도 "성경에서 참된 회심을 통해 일어나는 변화로 묘사된 것과 일치"했다고 한다. 즉, 그의 회심 체험은 "커다란 변화이자 지속적인 변화이며, 회심자를 새로운 사람 새로운 피조물로 만드는 변화"였다는 것이다. 뿐만 아니라 그것은 "본질의 변화, 지속적인 경향성과 마음의 기질의 변화"a change of nature, a change of the abiding habit and temper of his mind를 가져왔다고 말한다.447

　에드워즈가 보기에 브레이너드의 체험은 광신주의자의 체험과는 거리가 멀었다. 그는 회심 시에 "하나님의 영광과 그분의 성품이 지닌 아름다움의 현시"를 보고 마음이 사로잡히고 이끌림을 받았고, "그리스도로 말미암은 구원의 길이 무한한 지혜이자 온당하고 탁월하다는 것을 새롭게 깨닫도록 이끌었고, 강력한 힘으로 그의 영혼을 사로잡아 이 구원의 길을 받아들이고 그 안에서" 기뻐하게 되었던 것이다.448 그가 자신의 영적 상태에 대해서 만족하게 된 것은 에드워즈가 『신앙감정론』의 제2부 소극적인 표지론에서 비판했던 것과 같은 체험들을 통해서가 아니라, "자신 안에서 거룩한 성품과 천국의 기질, 두려움을 내어쫓는 하나님의 사랑이 역동적으로 역사하는 것을 생생히 느끼는"것을 통해서 였다.449 브레이너드는 광신자들이 주장했던 "암시에 의한 직접적인 증거"an immediate witness by suggestion 없이도 평생동안 요동치 않는 확신을 누린 사람이었다. 그의 확신은 인생의 마지막 단계에서 더욱 강했다. 에드워즈는 브레이너드가 신앙의 확신을 얻은 방식은 "그의 성화에서 발견한 것이나 천상적인 마음의 기질의 실행 즉 하나님에 대한 최고의 사랑 등과 같은 것에서이지 암시에 의한 직접적인 확신"과 같은

것에 의해서가 아니었다고 지적한다.⁴⁵⁰

　에드워즈가 보기에 브레이너드의 신앙은 이기적이거나 다른 목적을 위한 것이 아니었다는 특징을 가진다. 하나님에 대한 그의 사랑도 "주로, 원칙적으로 하나님의 가장 탁월하신 성품" 때문이었다.⁴⁵¹ 그는 "하나님의 무한한 영광과 변치 않는 복되심, 그분의 주권과 우주적 통치에 대한 생생한 묵상"을 통해 지속적인 위로를 얻었다. 그리고 그는 "하나님을 향한 감미로운 사랑으로, 자신을 그분께 내어 드렸고, 그 분 앞에 엎드렸고, 그 분을 위해 자신을 부인했고, 그분께 의지했고, 그분의 영광을 위해 일했고, 부지런히 그 분을 섬겼다. 또한 장차 있을 그리스도의 나라 확장을 즐거운 마음으로 기대하고 소망"하는 삶을 살았던 것이다.⁴⁵² 또한 그가 회심하고 나서 세상을 떠나는 날까지 그의 삶 속에서 지배적인 큰 목표이자 갈망은 "거룩함이며, 하나님께 순종하는 마음이며, 그분을 영화롭게 하는 것"이었다. 에드워즈가 판단하기에 "이것이 브레이너드의 신앙 감정의 모든 물줄기가 향하는 바다였고, 그가 뜨겁고 목마른 갈망으로 진지하게 추구하고 붙든 목표"이었으며, "이것이 이 세상에서 가장 격렬하게, 끊임없이 갈망"한 것이었다. 이것이야말로 브레이너드에게는 "하늘에 속한 아름다움과 복"이었던 것이다.⁴⁵³ 에드워즈가 보기에 브레이너드는 자신의 부족함과 비천함과 혐오스러운 존재라는 인식에서 비롯된 복음적 겸손을 가지고 있었으며, 그를 아는 많은 이들은 그를 어린양 같고 비둘기 같은 그리스도의 영을 많이 닮았다고 생각했다고 말한다.⁴⁵⁴ 에드워즈가 판단하기에 자기 부인의 예로써 브레이너드와 비교할 자가 없을 정도였으며, 그는 "지극히 부드럽고 자애로운 영혼의 소유자"of how soft and tender a spirit was he!이었다.⁴⁵⁵ 그에게는 신앙의 변덕스러운 고저도 없었고, 영적 포만감에 빠져 영적 갈망의 불을 꺼버리는 일도 없었다. 그가 가장 중요하게 생각한 것은 은밀한 기도의 시간이었다.⁴⁵⁶ 그리고 그가 받은 위로가 크고 감미로울수록 "거룩함을 향한 그의 갈망은 더 강렬해졌다."⁴⁵⁷ 그가 사모하며 구한 것은 "하나님을 더 잘 섬길 수 있는 능력, 하나님의 영광을 위해 더 많은 일을 하는 능력, 자신의 의와 힘이 되시는 그리스도께 더 깊은 경외심으로 모든 것을 할 수 있는 능력" 등과 같은 것들이었다.[458]

에드워즈가 브레이너드에게서 중요하게 생각한 것 중 하나는 그의 신앙은 실천이 따르지 않는 단순한 체험experience without practice만 좋아하는 스타일의 것이 아니었다는 것이다. 그의 신앙은 "단순히 입술의 고백이나 외적으로 보여주는 데 있지 않았다. 자신의 경험을 자랑하듯 알리는데도 있지 않았다. 오히려 헌신적인 수고와 신앙적 의무를 최선을 다해 이행하는데 있었다. 브레이너드는 사역에서 나태해지지 않고 열정적인 심령으로 주님을 섬기며, 하나님의 뜻에 따라 자기 세대의 사람들을 섬기는 자였다."[459] 우리가 익히 알고 있는 대로 브레이너드는 29세의 젊은 나이에 폐결핵으로 폐가 완전히 망가지기까지 온 힘을 다해 거친 원주민들과 더불어 험한 황무지에서 수고하고 여행하는 수많은 노고를 아끼지 않았던 사람이었다는 점을 기억한다면 그의 실천적인 신앙이 "비범하고 견줄 자 없는 본보기"라는 사실을 부인할 자 없을 것이다.[460] 브레이너드는 에드워즈처럼 실천이 없는 체험만 강조하는 거짓된 신앙자들에 대해서 시종일관 비판적이었다.[461] 그리고 브레이너드는 사역의 현장에서도 놀라운 성공으로 인치심을 받았다고 에드워즈는 말한다. 그가 선교한 인디언들 가운데는 가장 놀라우면서도 지속적인 변화를 체험한 이들이 많이 있다는 것이 널리 알려졌기 때문이다.[462] 이상이 에드워즈가 브레이너드의 일기에 대해 쓴 첫 번째 평이다.

에드워즈는 두 번째 평가reflection II 부분에서 "검증되지 않은 체험적 신앙에 속해 있으면서 진위를 분별하지 못하는 것이 바로 세상이 처한 비참함 가운데 하나다"라고 말하면서, 브레이너드의 분별력과 활동은 대각성 시기와 신앙 부흥기에 있었던 고양된 신앙 감정과 사람들의 마음에 새겨진 놀라운 인상들 가운데서 진위를 구별하도록 도와 준다고 평가하였다.[463] 그의 세 번째 평가Reflection III는 브레이너드의 일기에 반영된 그의 삶은 하나님의 직접적인 영향들로부터 생겨나는 참으로 체험적인 신앙true experimental religion이 존재한다는 것을 확신케 해준다는 것이다.⁴⁶⁴ 에드워즈는 네 번째 평가Reflection IV에서 브레이너드의 삶의 이야기는 소위 칼빈주의적인 은혜의 교리에 합치한다고 말하였다.⁴⁶⁵ 브레이너드의 신앙은 "하나님의 절대적 주권, 하나님의 능력과 은혜에 대한 인간의 보편적이고 철저한 의존이라는 교리를 확신하는 방식으로 변함없이" 나아갔다.⁴⁶⁶ 브레이너드의 삶에 대한 에드워즈의 다섯 번째 평가Reflection V는 사역자로 부르심을 받은 자들에게 "사역의 위대함과 중요성을 깊이 자각하고 무겁고도 선한 부담감"을 가지게 한다는 것이었다.⁴⁶⁷ 특히 그의 생애는 선교사들에게 많은 가르침을 준다고 에드워즈는 평가하는데 그의 평가는 역사적으로 볼 때에 참으로 예언의 말씀과 같이 응했다.⁴⁶⁸ 여섯 번째 평가Reflection VI를 통해 에드워즈는 브레이너드의 생애는 일반 평신도들에게 "적극적으로 실천하는 신앙인의 바른 모습"을 보여준다고 주장한다. 특히 그는 은밀한 금식이라는 신앙적 의무에 대해서 사역자와 평신도들에게 진정한 본보기와 성공의 예라고 소개하였다.⁴⁶⁹ 에드워즈는 일곱 번째 평가Reflection VII 속에서 브레이너드의 삶은 하나님의 백성들이 이 세상에서 그리스도의 나라의 확장을 위해 간절한 기도와 노력을 다하도록 격려하고 일깨워준다고 평가하였다.⁴⁷⁰ 그리고 에드워즈는 브레이너드의 삶에 대한 긴 평가문을 다음과 같은 기도문 형태로 끝맺음하고 있다.

무한하신 긍휼의 하나님, 우리가 이 모든 것을 잘 기억하게 하소서. 우리가 받은 이 혜택을 더 온전히 발전시키게 하소서! 주님, 브레이너드의 생애와 죽음의 이야기가 그것을 읽는 모든 이들로 하여금 커다란 영적 유익을 얻게 하소서. 그리고 참된 신앙의 부흥을 증진시키는 복된 수단임을 입증시켜 주소서! 아멘.⁴⁷¹

5.4.6. 회심한 성도는 성화를 위해서 어떻게 해야 하는가?

우리는 앞서 에드워즈의 성화론의 특징적인 면들을 살펴보았다. 에드워즈에 의하면 성화는 성도의 회심 시에 이미 시작되며, 거룩하게 됨(=성화)의 시작부터 완성에 이르기까지 주체는 성령 하나님이시라고 주장하는 것을 보았다. 그러나 성도의 성화 과정에는 하나님도 백 퍼센트 일하시고 인간도 백 퍼센트 일해야 한다는 것 또한 에드워즈가 분명하게 견지했던 입장이었다.⁴⁷² 앞선 역사적 배경에서 에드워즈가 회심 후에 거룩을 위하여 어떻게 전력투구하는 삶을 살았는가를 구체적으로 보는 과정에서 성화에 있어서 인간의 책임 혹은 역할에 대해서 보았고, 성화에 대한 앞선 논의들 가운데서도 에드워즈의 입장들이 무엇이었는지를 확인해 보았다. 그럼에도 불구하고 성화론을 마무리 해야 하는 이 부분에서 다시 한 번 더 성도가 성화 과정에서 수행해야 할 의무들obligations에 대해서 에드워즈가 어떻게 말하고 있는지 그의 입장을 한 번 정리해 보려고 한다. 이와 같은 우리의 목적을 이루는데 유용한 자료는 에드워즈가 1741년 6월 3일자로 서필드Suffield에서 살고 있는 젊은 회심자인 드보라 해더웨이에게 쓴 영적 조언의 편지이다.⁴⁷³ 에드워즈의 이 편지 글 속에는 회심한 성도가 새로이 시작한 기독교적 과정Christian course속에서 어떻게 행동해야 하는가를 설명하고 있기 때문에, 성화를 위해 성도가 해야 할 일이 무엇인지를 잘 보여주고 있다고 할 수 있다. 물론 어떤 부분들은 성화를 위한 지침이라기보다는 믿는 자들의 태도와 자세를 이야기하는 듯한 느낌을 줄 것이다. 이하에서는 에드워즈가 18세 소녀에게 권면한 내용들을 성도에게 주는 일반적 권면 형식으로 바꾸어서 열거해 보도록 하겠다.

(1) 성도는 자연인일 때 회심을 추구하기 위해서 했던 것 만큼이나, 신앙의 모든 부분에서 거대한 투쟁과 진지함을 유지하도록 노력해야 한다. 많

은 이들이 회심에 이르기 위해서는 진지하고 격렬했으면서도, 정작 회심 후에는 신앙적인 영역에서 덜 주의하고, 덜 수고하고, 덜 진지해지는 바람에 "영적인 일들에 대한 달콤하고 생생한 감각"the sweet and lively sense of spiritual things을 잃어버리게 되는 것이라고 에드워즈는 말한다. 그는 빌립보서 3장 12-14절에 있는 바울의 고백대로 실천할 것을 권면하였다.**474**

(2) 성도는 비회심자들에게 추구하라고 권면되어지는 동일한 것에 대해 추구하고, 얻고자 노력하고, 기도하는 것을 멈추지 말아야 한다. 즉, 자신의 영안이 열려서 보게 되기를 바라며, 자신을 알게 되고, 하나님의 발 아래로 인도되며, 하나님과 그리스도의 영광을 보게 되며, 그리스도의 사랑이 자신의 마음속에 넘쳐 흐르도록 기도하여야 한다.**475**

(3) 성도는 모든 설교를 들을 때에 비록 다른 조건에 있는 사람들(예컨대 비회심자들)에게 설교하는 것일 때에 조차라도 자신을 위한 설교로 들으라고 권한다. 내 영혼의 유익을 위해서 이것이 어떻게 적용될 수 있을까를 생각하면서 설교를 들어야 한다.**476**

(4) 성도는 과거의 죄들을 하나님이 용서하시고 잊어주셨지만, 스스로는 그 죄들을 잊어서는 안 된다. 바울이 과거의 죄들을 기억하면서 그의 마음속에 겸손을 새롭게 하고, 자신이 성도들 중에 지극히 작은 자라고 고백했듯이 하라는 것이다. 그리고 에스겔 16장 63절의 말씀을 자주 보며, 과거의 죄들을 고백해 보아야 한다.**477**

(5) 회심의 은혜를 입은 성도는 하나님을 위해 살기 위해 자신에게 놓여 있는 무한히 더 큰 의무들 때문에 자신들의 죄들을 더욱 탄식하고 자신을 겸비하게 해야 한다. 그리고 자신의 무가치함에도 불구하고 변함없이 지

속되고 있는 그리스도의 사랑스러운 자비 속에 있는 신실성을 바라보도록 해야 한다.⁴⁷⁸

(6) 성도는 자신 안에 남아있는 죄remaining sin 때문에 항상 크게 자신을 낮추어야 하며, 충분히 낮아졌다고 생각해서는 안 된다. 그러나 그 죄들 때문에 결코 용기를 잃거나 낙심할 정도가 되어서는 안 된다. 왜냐하면 우리는 과도하게 죄로 가득하지만, 우리는 태산같은 우리의 죄들을 능가하는 그리스도의 의의 공로를 가지고 있기 때문이다.⁴⁷⁹

(7) 성도는 기도의 의무를 수행할 때나, 성만찬에 참여할 때나, 예배에 참여할 때에 누가복음 7장 37-38절에 기록된 막달라 마리아처럼 행해야 한다. 즉, 마리아처럼 그리스도의 발 아래 자신을 던져서 그의 발에 입맞추고, 순결하고 깨어진 마음에서 나오는 신적인 사랑으로 달콤한 향기가 나는 향유를 부어드리도록 해야 한다.⁴⁸⁰

(8) 성도는 교만이야말로 자신의 마음속에 있는 가장 나쁜 독사임을 기억해야 한다. 교만은 영혼의 평화와 그리스도와의 달콤한 교통을 어지럽히는 가장 큰 방해꾼이기 때문이다. 그것은 존재하는 최초의 죄이며, 사탄이 세운 전체 건물의 기초이기도 하다.⁴⁸¹

(9) 성도는 자신의 마음 상태들에 대해서 좋은 판단을 내려서, 자신을 어린 아이처럼 작게 하고 겸손하게 만들며, 하나님을 위해 자신을 부인하며 하나님을 위해 시간을 보내게 하는 효과를 주는 최선의 강론들과 최선의 위로들을 항상 바라 보아야 한다.⁴⁸²

(10) 마음의 어두움과 둔한 상태 아래서 자신의 영혼의 상태에 대해 의심에 빠지게 되면 성도는 과거의 경험들을 뒤돌아보는 것이 적절하다. 그러

나 더욱 좋은 것은 최선을 다하여 새로운 체험들, 새로운 빛, 새롭고 생생한 신앙과 사랑의 행동들을 추구하도록 해야 한다. 그리스도의 얼굴의 영광과 그의 달콤한 은혜와 사랑의 샘을 새로이 발견하면 어두움과 의심을 단 1분 만에 사라지게 만들 것이기 때문이다.[483]

(11) 성도는 은혜의 역사가 내리막 길에 있고 부패가 기승을 부릴 때 그래서 두려움이 지배할 때에 사랑을 새롭게 하는 방식 이외에 다른 길을 추구해서는 안 된다. 하나님의 지혜로우신 경륜에 따라 사람은 두려움에 빠지게 되면 죄에서 멀리하게 되며, 요한일서 4장 18절에 의하면 사랑은 두려움을 내쫓기 때문이다.[484]

(12) 성도는 다른 사람들에게 권면하고 상담을 해 주고 경고를 해야할 의무가 있다(히 10:25). 그러나 그렇게 할 때에 성도는 진지하게, 애정이 넘치게, 그리고 철저하게 해야 한다. 동료들에게 권면하거나 경고할 때는 자신의 무가치함에 대한 인식과 자신을 남다르게 만든 하나님의 주권적인 은혜를 표현하도록 하라.[485]

(13) 성도는 공적 집회 외에도 또래 집단들끼리(에드워즈는 젊은 여성들의 모임을 예로 들고 있다) 신앙적인 목적을 가지고 모이는 것이 좋다. 이것은 오늘날의 소그룹 모임이나 연령별 부서 모임에 해당한다고 할 수 있다.[486]

(14) 특별한 어려움이 있을 때나 자신이나 남을 위하여 특별한 자비를 구해야 할 필요성이 있을 때는 비밀스러운 금식과 개인기도를 위하여 날을 잡는 것이 필요하다. 개인적으로 기도의 날을 보낼 때에는 간구 이전에 자신의 마음을 살피고, 죄를 고백하는 일을 먼저 해야 한다. 에드워즈는 그런 날에는 회심 이후의 죄를 다 되짚어 본다든지 아니면 어린 시절부터 지은 죄들을 다시금 되짚어 회개하는 시간을 가지라고 권하였다.[487]

(15) 성도는 비회심자들에게 너희들이 무엇이 다른 점이 있느냐는 소리를 들을 정도가 되어서는 안 된다. 성도는 빛의 자녀로 행하며, 우리 구주 하나님의 가르침을 빛나게 하는 삶을 살도록 해야 한다. 특별히 기독교적 덕들이라고 일컬어지는 것들을 실천하며, 하나님의 어린 양처럼 닮아가도록 노력해야 한다. 온유하고 낮은 마음을 가지며, 남들에게 대해 순결하고 천상적이며 겸손한 사랑으로 가득하며, 다른 사람들에게 자선의 행위를 풍성히 하며, 자기 부인을 하며, 남을 자신보다 낮게 여기는 성향을 가지도록 해야 한다.[488]

(16) 성도는 신앙이나 체험에 대해 가볍게 그리고 우스갯소리 하듯이 이야기해서는 안 된다.[489]

(17) 성도는 자신의 모든 여정 속에서 하나님과 동행해야 하며, 작고, 가난하고, 힘없는 어린 아이가 되어 그리스도의 손을 잡고 그의 손과 옆구리에 상처를 계속해서 쳐다 보며 그리스도를 따라가도록 해야 한다.[490]

(18) 성도는 그리스도의 교회와 하나님의 구속 사역을 위해서 많이 기도해야 한다. 그리스도의 종들을 위해서도 기도해야 한다.[491]

5.4.7. 성화의 완성 = 영화(glorification)

에드워즈에 의하면 성도는 이 세상 가운데서 이미 거룩을 체험하고, 천국의 영광을 맛보는 삶을 살 수가 있지만, 이 연약한 몸을 입고 이 땅 위에 사는 동안에는 언제나 불완전할 수밖에 없다고 생각했다. 자신이나 새러 에드워즈나 브레이너드 속에서도 분명하게 체험되었던 것은 아무리 은혜를 충만히 체험해도 성도 속에 남아있는 죄와 부패의 흔적들을 온전하게 벗어버릴 수 있는 사람은 없다는 것이었다. 그리고 하나님이 성령을 괄목할 만하게 풍성하게 부어 주시고 사랑을 베풀어 주시더라도 이 연약한 몸으로는 그 사랑과 은혜를 다 수용할 수가 없다는 것을 분명하게 알게 되었다.⁴⁹² 그래서 에드워즈는 칼빈과 청교도들처럼 이 세상에서의 삶은 끊임없는 죄죽이기와 성령의 은혜로 소생함을 입음mortificatio et vivificatio으로 구성되는 전력투구하는 삶이 되어야 하며, 우리의 성화는 성도가 이 세상을 떠날 때에 완성된다고 하는 성경적 가르침을 분명하게 고수하고 가르쳤다. 성화의 완성은 곧 성도의 영화glorification라고 표현할 수도 있다. 성도의 영화는 크게 보자면 두 부분 혹은 두 시기로 나누어진다고 할 수 있다. 하나는 성도가 개인적으로 죽어서 이 세상을 떠나 하늘에 가게 되는 것이고, 다른 하나는 주님의 재림의 날에 이루어질 몸의 부활에 참여하게 되는 것이다.

(1) 성도가 몸을 떠나 주와 함께 거하게 될 때에 영혼은 영화됨.

에드워즈에 의하면 성도가 죽을 때에 "그 영혼이 완전히 거룩하게 되어 즉시 영광 중에 들어가고 그 몸은 여전히 그리스도께 연합하여 부활할 때까지 무덤에서 쉰다"라고 하는 웨스트민스터 소요리 문답 37문의 답과 같이, 성도는 육신을 벗고 하늘에 갈 때에 온전히 거룩한 사람이 되어진다고 믿었다.⁴⁹³ 하늘에는 영적인 부패와 오물들이 전혀 들어갈 자리가 없기 때문에, 성도는 죽을 때에 그의 죄와 부패를 완전히 벗어 버리고 영화롭게 된다고 하는 것이다.⁴⁹⁴

성도가 이 육신을 벗고 하늘에 들어가서 누리게 될 복이 무엇인가에 대해 에드워즈가 어떻게 생각하고 믿고 가르쳤는지의 분명한 실례가 되는 것은 데이비드 브레이너드의 장례식에서 행한 설교라고 할 수 있다.⁴⁹⁵ 에드워즈는 탁월한 성도 중에서도 가장 탁월한 본보기라고 평가했던 브레이너드의 장례식 설교 중에 성도는 그리스도와 함께 있기 위해 이 몸을 떠난다고 하는 논지를 제시하고 이에 대해서 상세하게 강해하였다.⁴⁹⁶ 에드워즈에 의하면 참된 성도들이 육신을 벗고 하늘에 들어

가게 될 때에 누리게 되는 영광은 다음과 같다:

첫째, 성도들의 영혼은 그리스도의 영화롭게 된 인성과 함께 거하며 축복
을 누리게 된다.
둘째, 성도들의 영혼은 하늘로 올라가 즉각적이고 온전하며 끊임없이 그
리스도를 보며 그 분과 함께 거하게 된다.
셋째, 성도들의 영혼은 가장 온전하게 그리스도를 따르고, 그분과 연합하
게 될 것이다.
넷째, 성도들의 영혼은 그리스도와 함께 거하며 영광스럽고 즉각적인 교
제와 대화를 나누게 된다.
다섯째, 성도들의 영혼은 그리스도의 축복 속에서 그분과 영광스러운 교
제 속으로 들어가게 된다.[497]

그리고 에드워즈는 성도들이 그리스도와 연합하고 교제를 나누며 하늘에서 누리게 될 영광과 축복들에 대해서 상세하게 설명해 주었다. 에드워즈가 제시하는 바 성도가 누리게 될 하늘의 영광과 축복은 다음과 같다.

첫째, 성도들은 하늘에서 그리스도가 하나님 아버지를 누리는 가운데 소
유하시는 말할 수 없는 기쁨에 동참하게 된다.
둘째, 성도들은 하늘 아버지가 그리스도를 높이신 영광스런 통치권 안에
서 그리스도와 교제를 누리게 되고 그분의 특권에 동참하게 된다.
셋째, 성도들은 하나님 아버지를 영화롭게 하는 그리스도의 복되고 영원
한 행위 속에서 그리스도와 교제를 나눈다.[498]

(2) 주님이 재림하시고 몸의 부활을 입을 때에 완성될 영화
그러나 성도의 영화가 완성되는 것은 주님께서 아버지의 영광으로

하늘 구름을 타고 거룩한 모든 천사와 함께 강림하시는 날에 이루어진 다라고 에드워즈는 생각하였다.[499] 그날에 성도들은 원수들의 위협과 두려움에서부터 완전히 구원받게 될 것이며, "그리스도의 얼굴에서 자기를 향한 무한한 사랑을 보게 될 것이며, 그리하여 그 마음속에 기쁨이 충만하여 구름을 타고 오시는 그들의 구속주를 맞이하게 될 것이다."[500] 천사장에 의해서 마지막 나팔 소리가 울려 퍼지고 죽은 자는 부활하고 산 자는 변화될 것이다. 악인들의 몸은 "죽지 않고 영원한 고통을 받기에 합당한 몸으로 바뀌게 될 것이지만," 성도들의 몸은 "그리스도의 영광스러운 몸과 같이 바뀌게 될 것이다(고전 15:51-53)."[501] 에드워즈는 그리스도의 재림과 동시에 성도들이 누리게 되는 영화의 상태에 대해서 다음과 같이 자세하게 묘사해 주고 있다.

그때 성도들의 몸은 완전히 변화되어 이전에 나타났던 고통, 불안, 침체와 중압감, 그리고 불구와 같은 증상들이 더 이상 그들에게 영원히 일어날 수 없는 상태가 될 것이다. 그들은 힘과 아름다움과 활력과 썩지 않고 영원히 시들지 않는 영광을 소유하게 될 것이다. 그리고 이 영광은 부활한 모든 성도의 몸에 나타날 것이다.

  또한 구속 사역은 다른 면에서도 끝나게 될 것이다. 곧 택하심 받은 자들은 모든 영혼과 육체 모두가 실제로 구속을 받게 될 것이다. 이전의 구속 사역은 그 실제적 효력 면에서 볼 때 불충분하고 불완전했다. 왜냐하면 그때는 몇 몇 사례를 제외하고는 영혼만이 실제로 구원받고 영화되었기 때문이다. 그러나 이제는 성도들의 모든 몸이 함께 구원받고 영화되고, 모든 택하심 받은 자들의 전인이 영화되며, 영혼과 육체가 하나로 연합될 것이다.[502]

그리스도의 재림의 날에 또한 심판정이 베풀어질 것인데 마귀들과 악인들은 심판석 앞에 도열하게 되겠지만, 성도들의 전체 교회는 공중에서 주님을 영접하기 위해 구름 속으로 끌어올려 가게 될 것이다"라고 에드워즈는 설명한다.[503] 에드워즈에 의하면 구속 사역이 완성되면 현존하는 이 땅으로부터도 해방되게 될 것이라고 한다.

게다가 구속 사역은 또 다른 면에서도 끝나게 될 것이다. 즉 그때 전체 교회는 완전히 그리고 영원히 현재 이토록 악한 세상, 영원히 버림 받을 이 저주 받은 땅에서부터 구원받게 될 것이다.[504]

그러면 공중으로 올려진 모든 교회는 어떻게 되는 것일까? 에드워즈는 모든 교회는 그리스도와 함께 가장 높은 하늘로 들어가게 된다고 말한다. 그리스도는 교회를 자신의 약속대로 아버지의 집으로 인도할 것이며 거기서 교회는 가장 크고 영원한 행복과 영광을 누리게 될 것이라고 한다. 이로써 교회는 가장 완전한 영광의 상태에 도달하게 되며, 전체 구속의 사역은 끝맺음을 하게 되는 것이다.[505] 에드워즈는 하늘에서 성도들이 누리게 되는 영광에 대해서 누구보다도 성경적인 묵상을 많이 한 사람인데, 한 설교 속에서 하늘에서 "그리스도와 성부 하나님과 성도들이 한 사회, 한 가족"을 이루어 살게 되며, "교회가 복되신 삼위일체 하나님의 사회 안으로 받아들여"지게 될 것이라고 말하기도 한다.[506] 그리고 에드워즈는 하늘에서 성도들이 누리게 될 영광과 행복이 성령의 사역과 어떻게 연관이 되어 있는지를 다음과 같이 묘사한다.

천국의 성도들은 자신의 모든 행복, 자신의 모든 거룩함 그리고 자신의 모든 빛에 있어서 지상의 성도들과 마찬가지로 하나님에게 의존한다. 지상에서와 마찬가지로 거기에서 모든 것은 성령을 통하여 하나님으로부터 온다. 그들이 하나님에 대한 지복의 비전을 가지는 것은 하나님으로 가득 차 있고, 하나님의 성령으로 충만해 있기 때문이다.[507]

그리고 에드워즈는 성도의 행복을 삼위일체 하나님의 공동체적 삶에 참여하는 것으로 이해하였다. 그리스도는 성도들을 타락의 결과와 원수들에게서 건져내어 "하나의 영광스러운 사회 속으로 들어가게 하시고 그 안에서 모두가 연합하게" 하셨을 뿐 아니라,[508] 성도들은 하늘에서 삼위일체의 사회 혹은 하나님의 가정 속으로 들어가도록 허락된다고 말한다.[509] 이와 같은 성도들의 구속 사역의 완성을 통하여 삼위일체 하나님께서는 크게 영광을 받으시게 된다.[510] 이상이 성도들의 영화에 대한 에드워즈의 설명이다.

5.5. 소결론

우리는 이상에서 에드워즈의 구원론에 대해서 살펴보았다. 그의 구원론은 그리스도가 대속과 순종을 통해서 획득하신 구원을 성령께서 개인 신자들의 영혼에 적용하시는 사역에 대한 포괄적인 논의였다. 우리가 살펴본 대로 에드워즈는 회심을 체험한 이후 평생 동안 성령의 구원 적용 사역에 대하여 지속적으로 깊은 관심을 기울였으며, 풍성한 연구 결과들을 후세에 남겨 놓았다. 그리고 그의 구원론적 사상은 그가 속해있는 개혁주의 입장에 충실한 것들이 대부분이지만, 때로는 개혁주의 노선 안에서도 발전적인 입장을 표현한 것들도 있다는 것도 보았다. 소위 그의 구원론에 있어서의 그 자신의 특이한 기여라고 표현해 볼 수도 있을 것이다.

이 장에서 먼저 우리는 에드워즈의 구원론이 드러내는 몇 가지 특징들을 살펴보았다. 에드워즈는 철저하게 칼빈주의적 구원론을 전개했다. 이 말은 에드워즈가 구원의 시작과 과정과 그리고 완성에 이르기까지 삼위 하나님의 주권적인 사역이라는 점, 따라서 인간은 철저하게 하나님께 의존해야 한다는 점을 강력하게 역설했다는 의미이다. 에드워즈는 단순히 칼빈의 사상이니까 따라가는 그런 식의 노예적 순종slavish obedience을 한 사람은 아니었다. 자신의 부모에게 물려 받은 청교도 개혁주의 노선과 그가 스스로 성경과 신학을 연구하면서 마음 깊이 확신하게 되었기 때문에, 그도 칼빈처럼 하나님의 절대주권과 하나님만이 영광을 받으셔야 한다는 신본주의 노선에 굳게 서서 구원론을 전개한 것이다. 또한 우리는 그의 구원론을 살펴보면서 그가 성령의 역할에 대하여 구원의 적용자라는 표현보다는 그리스도가 획득하신 구속 그 자체라고 표현하는 바 그 자신의 독특한 견해를 살펴보았다. 그뿐만 아니라 에드워즈는 성령의 일반 은혜와 특별 은혜, 평상적인 은사와 비상한 은사를 각기 양분하여 사용하고 있음을 주의하여 살펴보았다. 에드워즈에게 있어서 일반 은혜와 비상한 은사는 불신자에게도 임할 수 있는 것이지만, 특별 은혜 혹은 평상적인 은사는 오직 구원받은 성도들 만이 누릴 수 있는 은사이다. 에드워즈는 성령께서 구원에 이르도록 역사하시는 특별하고, 평상적인 은사들의 중요성을 잘 강조하고, 일반적인 은혜나 비범한 은사들의 역할과 한계를 잘 설정해서 설명해 주었음을 우리는 확인하였다. 에드워즈의 구원론의 특징 중 하나는 그가 구원 서정의 다양한 단계들, 즉 회심(중생, 회개) - 믿음 - 칭의 - 성화 - 영화의 단계들로 구분은 하지만, 구원의 첫 단계인 회심 시에 나머지 모든 은혜가 주어진다는 점에서 One-step salvation을 주장하고 있다는 점도 살펴보았다.

에드워즈의 구원론의 각론을 다루면서 먼저 우리는 회심과 중생에 대해 논의를 했다. 회심, 중생, 회개, 그리고 나아가서 부르심, 이 네 가지는 에드워즈에 의해서 전부 동의어로 사용되었다. 에드워즈에게 있어서 한 영혼의 회심은 물질 세계를 창조하는 것보다 더 위대한 하나님의 역사라고 중요시되고 있음을 보았다. 아담의 타락 이후 모든 인류는 죄의 속박 아래 놓여있기 때문에 자기 구원의 가능성은 전혀 없기 때문에 오직 하나님의 주권적인 능력의 역사로 회심이 가능하다고 하는 것이 에드워즈의 회심론이 표방하는 중요한 명제이다. 그리고 회심은 성령에 의해서 즉각적으로, 그리고 순간적으로 일어나는 것이라고 그는 생각했다. 성령의 내주로 회심이 일어나게 되며, 회심 시에 성도는 마음의 기질과 성향과 영적 변화를 체험하게 된다고 그는 주장하였다. 회심자에게는 영적인 이해와 영적인 의지의 변화가 수반됨을 바르게 지적하기도 했다. 그리고 에드워즈는 옛 청교도들이 주장한 회심의 형태론에 대해서 오랫동안 구속력을 느꼈음에도 불구하고 자신의 회심 체험과 목회 현장에서 수도 없이 많이 임상적으로 관찰하게 된 회심사례들을 통해서 비교적 간단한 형태론으로 만족하게 되고(죄인식- 겸비해짐- 회심), 더욱더 중요한 것은 회심의 단계보다는 회심의 본질에 있다는 점을 바르게 강조했다. 그리고 그는 청교도들처럼 비회심자가 회심에 이르도록 진지하고 치열하게 준비할 것을 강조하는 입장에 굳게 서 있기도 했다.

에드워즈에 의하면 회심과 중생 다음으로 이어지는 구원의 단계는 – 회심과 구분되지만 분리할 수는 없는 – 이신칭의의 단계이다. 에드워즈의 믿음에 대한 이해는 매우 체험적인 용어로 구성되어 있다. 즉, 그에 의하면 믿음은 진리에 대한 동의 이상의 문제였다. 그리고 전통적으로 믿음을 동의, 승낙, 신뢰 등으로 구분하는 것에 대해서 그는 구분이 가능하지 않다고 해서 거부하기도 했다. 그에 의하면 믿음은 복음의 진리와 그리스도를 마음속에 받아들이고 연합하는 행동이다. 그리스도를 신뢰하기에 자신의 모든 것을 걸 수 있는 것이 믿음이기도 하다고 역설하였다. 에드워즈는 또한 믿음을 마음의 새로운 감각이라고 정의 내리기도 했다. 영적인 조명에 의해서 회심자의 마음에는 하나님과 영적 사물을 감각하고 볼 수 있는 새로운 감각과 미각 혹은 취향이 주어진다고 보았다. 또한 믿음은 이처럼 직관적이고 체험적인 것을 본질로 하고 있기 때문에 확신을 본질로 포함하고 있다고 보았다. 또한 우리는 에드워즈의 이신칭의론 역시 개혁주의 입장을 충실하게 반영하고 있다는 것을 확인하였다. 그는 우리가 그리스도 안에서 믿음으로 말미암아 의롭다 함을 얻는 것이지, 결코 우리 자신의 선함이나 미덕으로 의롭다 함을 받는 것이 아니다라고 주장했다. 그는 그리스도의 의의 전가라는 방식만이 우리의 칭의의 근거가 된다는 것을 분명하게 밝힌다. 칭의하는 믿음이 무엇인가에 대한 에드워즈의 견해는 믿음이 예수 그리스도에게 연합하는 것이기 때문에 이신칭의를 말할 수 있다는 것이었다. 에드워즈는 믿음이란 그 자체에 공로적 의미가 전혀 없으며, 오직 하나님께서 인정하시는 자연적 일치natural fitness가 있을 뿐이라고 생각했다.

에드워즈의 구원 서정론에 있어서 이신칭의에 이어지는 단계는 성화와 영화이다. 그는 성화는 이미 회심과 칭의의 순간에 시작된다고 바르게 말했다. 성도 가운데 내주하시는 성령의 본성이 거룩이기 때문에 성도는 회심때 부터 성령에 의해서 거룩하게 된다고 보았다. 그러나 에드워즈는 회심 때에 거룩이 시작된다고 해서 한꺼번에 성화가 이루어진다고 순진하게 믿은 것은 결코 아니다. 그는 성도의 전 생애를 통하여 전력투구하면서 이루어가야 할 성화의 과제를 누구보다도 분명하게 역설한 사람이었다. 그리고 에드워즈의 성화론의 특징 중 하나는 그는 거룩을 아름다움, 사랑, 미덕, 그리고 성령과 동일시한다는 점이다. 그리고 거룩의 본질로써 마음과 삶이 하나님과 일치하는 것, 예수 그리스도를 닮아 가는 것, 그리고 하나님의 율법들과 계명들에 일치하는 것이라고 성경적으로 잘 해명했다. 에드워즈의 주저인 『신앙감정론』은 성령의 역사로 체험하게 되는 은혜로운 감정에 대한 논구서이지만, 결국 참된 성도, 참 그리스도인은 어떤 특징들을 가지고 있는가를 명석하고 풍부하게 잘 해명하고 있는 작품이기 때문에 그가 제시하는 은혜 받은 성도 즉, 참 성도의 적극적인 12가지 표지론도 살펴보았다. 그리고 에드워즈는 성경적이고 신학적인 성화론만 제시한 것이 아니라, 구체적으로 몸을 입고 있는 본보기들(새라 에드워즈, 데이비드 브레이너드)을 제시하였다는 점에서 특이성을 보이고 있다는 점도 주목했다. 이 두 사람은 에드위즈가 성경적이고 신학적으로 확신하게 된 참 성도의 모습 즉, 가시적인 성도다움visible Sainthood을 탁월하게 보여주는 예증들이라고 생각했다. 에드워즈는 성화의 주체가 누구인가에 대해서 분명한 입장을 가지고 있었다. 그는 회심이나 칭의뿐 아니라 성화도 전적으로 하나님의 주권적인 사역이고, 성령의 역사라는 점을 강조했고, 더불어 하나님도 100퍼센트 일하시고, 사람도 100퍼센트 일해야 한다고 하는 개혁주의적 구원론의 역설을 잘 해명했다. 성령의 주권적인 사역인 성화의 과정에 있어서 인간의 책임을 바르게 강조하여 균형잡힌 성화론을 그는 대변하였다. 브레이너드의 신앙의 투쟁에 대해 에드워즈가 묘사한 것처럼 우리의 구원의 과정 혹은 성화의 과정은 결코 쉽고 안일하게 갈 수 있는 과정이 아니라 생계를 위해 힘쓰는 것 만큼이나 분투노력해야 하는 과정임을 거듭 강조하고 있는 것을 살펴보았다. 그리고 성도의 성화의 완성인 영화는 이 세상에서 이루어지지 않고, 성도가 이 몸을 떠나 하늘에서 그 영혼이 주님과 함께 거할 때에 영혼의 영화가 이루어지며, 장차 주님의 재림 시에 몸의 부활을 입으므로 그 영화가 완성되게 된다는 점도 살펴보았다.

주

1. Edwards, *Distinguishing Marks*, *WJE* 4:275: "The Holy Spirit in his gracious operations on the hearts of men."
2. Edwards, *Some Thoughts*, *WJE* 4:321: "The influences of the Spirit of God upon the heart … the supernatural influence of the divine Spirit upon their souls."
3. 박형룡, 『교의신학·구원론』(서울: 한국기독교교육연구원, 1988), 25.
4. Edwards, "The Three Work of the Holy Ghost," *WJE* 14:377: "'Tis the Holy Ghost that makes application of Christ's redemption. That is to say that although Jesus Christ prepares the way for man's salvation by his righteousness and sufferings, yet, 'tis the immediate work of the Holy Ghost actually to make men partakers of that salvation; 'tis he that doth the finishing stroke." 에드워즈에 대해서 비판적인 전기를 쓴 알렌은 에드워즈가 하나님의 내재성을 강조하고, 초자연적 빛, 신앙 감정, 성령론적 은혜 교리들에 집중해서 다루었다고 하면서 이 모든 것들이 인간 영혼 안에서 내재하시는 성령의 사역에 바탕하고 있다고 논평하였다(Allen, *Jonathan Edwards*, 67-72, 218-32, 360-61).
5. 앞에서 다룬 2.1.2.와 2.1.3.을 보라.
6. 앞에서 다룬 2.2.1.과 2.2.2.을 보라.
7. 이승구 교수는 "개혁신학과 관련해서 무엇보다 강조되어야 할 것은 하나님의 주권(sovereignty of God)에 대한 철저한 인정이라고 할 수 있다. 성경에 제시하는 하나님의 모습에 따라 하나님을 믿고 있는 이들은 가장 성경에 충실한 하나님 개념을 제시하고, 따라서 하나님의 온전한 주권을 강조하는 신학인 개혁신학에 대해 매력을 느끼지 않을 수 없다"라고 지적하고 있다(이승구, 『21세기 개혁신학의 방향』[서울: SFC, 2008], 14). 한편 알미니우스주의에 대한 에드워즈의 반론은 Mary Ava Chamberlain, "Jonathan Edwards Against the Antinomians and Arminians"(Ph. D. diss., Columbia University, 1990)에서 잘 정리되어 있다.
8. 에드워즈의 이 설교는 같은 해에 *God Glorified in the Work of Redemption, By the Greatness of Man's Dependence upon Him* (Boston: S. Kneeland and T. Green, 1741)로 출판되었다. 이 설교문은 에드워즈의 저술들 중에 최초로 간행된 것이다. 페리 밀러는 에드워즈가 보스턴에서 행한 첫 설교에 대한 언급으로 자신의 전기를 시작한다(Miller, *Jonathan Edwards*, 3이하). 그리고 이 설교로 인하여 에드워즈는 보스턴에서 유력한 칼빈주의 변호자로 인식되어진다(Marsden, *Jonathan Edwards*, 140-41).
9. Edwards, "God Glorified in the Work of Redemption," *WJE* 17:201 =『조나단 에드워즈 대표설교선집』, 백금산 역 (서울: 부흥과개혁사, 2005), 146-47에서 인용함. 성령에 대한 부분만 영문을 인용해 본다: "We are dependent on the Holy Ghost, for 'tis of him that we are in Christ Jesus; 'tis the Spirit of God that gives us faith in him, whereby we receive him, and close with him."
10. Edwards, "God Glorified in the Work of Redemption," *WJE* 17:205: "We are dependent on God's power through every step of our redemption. We are dependent on the power of God to convert us, and give faith in Jesus Christ, and

the new nature."
11. Edwards, "God Glorified in the Work of Redemption," 206 =『조나단 에드워즈 대표설교 선집』, 154에서 인용함..
12. Edwards, "Justification by Faith Alone," *WJE* 19:239-40: "It seems to have been very much on this account that it was requisite that the doctrine of the Trinity itself should be revealed to us; that by a discovery of the concern of the several divine persons, in the great affair of our salvation, we might the better understand and see how all our dependence in this affair is on God, and our sufficiency all in him, and not in ourselves; that he is all in all in this business." 에드워즈는 이어서 고전 1:29-31을 인용한다.
13. 심지어 그는 하나님의 천지 창조 목적도 하나님의 영광을 위한 것이고, 그 영광을 이성적인 피조물들에게 나누어 주셔서 그들로 하여금 행복하게 하며, 결과적으로 다시금 영광이 하나님께로 돌아오도록 하시기 위해서 창조하셨다고 주장하였다. Edwards, *End of Creation*, *WJE* 8:405- 536.
14. Edwards, "Treatise on Grace," *WJE* 21:188: "And the Holy Ghost is the good purchased. The Scripture seem to intimate that the Holy Spirit is the sum of all that Christ purchased for men." 에드워즈는 마 7:11에서 좋은 것(good things)이라고 일컬어지는 것이 병행본문인 눅 11:13에서 성령과 동일시되고 있음을 중요한 전거로 삼는다 (Edwards, "Miscellanies," no. 402, *WJE* 13:466-67).
15. Edwards, *An Humble Attempt*, *WJE* 5:341.
16. Edwards, "Treatise on Grace," *WJE* 21:188 =『기독교 중심』, 이태복 역 (서울: 개혁된 신앙사, 2002), 394-95에서 인용함.
17. Edwards, "Miscellanies," no. 330, *WJE* 13:409.
18. H. Kuiper, *Calvin on Common Grace* (Goes: Oosterbaan & Le Cointre, 1928), Appendix, iv-v. 헤르만 카이퍼는 에드워즈에게 있어서 일반 은혜란 성령의 일반적인 영향들(the common influences)과 동의어라고 바르게 지적한다.
19. Edwards, *Charity and Its Fruits*, *WJE* 8:152-53; 서문강 역, 『고린도전서 13장 사랑』개역본 (서울: 청교도신앙사, 2012), 39-65
20. Edwards, *Charity and Its Fruits*, *WJE* 8:153.
21. Edwards, "Treatise on Grace," *WJE* 21:153.
22. Edwards, *Charity and Its Fruits*, *WJE* 8:152. 에드워즈는 성령께서 일반인들에게도 주시는 영향력에 의해서 일반적인 죄의 깨달음, 일반적 조명, 일반적 신앙감정, 일반적 감사, 일반적 슬픔등과 같이 것이 존재한다고 말하였다. 그리고 에드워즈가 1746년에 간행된 『신앙감정론』제2부에서 신앙감정이 진정으로 은혜로운 것인지 아닌지에 대한 판단 근거가 될 수 없는 표지들로 소개하고 있는 12가지 표지들은 성령의 구원하시는 은혜가 아니라 일반적인 은혜의 영역에 속하는 것들이다. 물론 에드워즈의 견해를 정확하게 이해하자면 이하의 내용들은 성령의 일반적인 영향력에 의한 것일 수도 있고, 사탄의 영향력에 의해서 일어나는 일일 수도 있고, 경우에 따라서는 인간 영혼 자체에서 일어나는 일일 수도 있다. 그러나 적어도 에드워즈의 관점에서 보자면 아래의 현상들이 성령의 역사로 일어날 수 있지만 그것은 구원하시는 은혜의 역사가 아니라 일반적인 은혜의 역사 영역에 속한다는 것이다. 그가 말하는 12가지 표지를 제목만 보면 다음과 같다. 1. 신앙 감정이 매

우 크게 발휘되거나 아주 높이 고양되는 것 자체는 그 감정들이 은혜로운 것인지 또는 아닌지를 판단할 근거가 될 수 있는 표지가 아니다. 2. 감정이 몸에 큰 영향을 미치는가 하는 것은 그 감정에 참된 믿음의 본질이 있는 것인지 아닌지를 판단할 수 있게 해 주는 표지가 아니다. 3. 신앙 감정이 있는 사람들이 신앙적인 일들을 매우 유창하고 열정적으로 그리고 풍부하게 말한다는 사실 자체가 그 감정들이 은혜로운 것인지 또는 아닌지를 판단할 근거가 될 수 있는 표지는 아니다. 4. 신앙 감정이 있는 사람들이 신앙적인 일들을 매우 유창하고 열정적으로 그리고 풍부하게 말한다는 사실 자체가 그 감정들이 은혜로운 것인지 또는 아닌지를 판단할 근거가 될 수 있는 표지는 아니다. 5. 신앙 감정들이 성경 본문을 마음속에 기억나게 한다는 것 자체는 그 감정들이 거룩하고 영적인 것인지 또는 아닌지를 판단할 근거가 될 수 있는 표지가 아니다. 6. 사람들이 체험하는 감정에서 사랑이 나타난다는 것 자체는 그 감정들이 구원에 이르게 하는 감정인지 아니면 그렇지 않은지를 판단할 수 있는 표지가 아니다. 7. 사람들이 여러 신앙 감정들을 동시에 체험했다는 사실은 그 감정들이 은혜로운 것인지 아닌지를 결정하는데 충분한 근거가 될 수 없다. 8. 양심의 각성과 죄에 대한 깨달음이 있은 후에 어떤 일정한 순서를 따라 위로의 기쁨이 뒤따른다는 사실로는 그 감정의 본질이 어떤 것인지 분명하게 판단할 수 없다. 9. 사람들이 가지고 있는 신앙 감정이 그들로 하여금 신앙적인 일에 시간을 많이 사용하게 하고, 예배의 외부적인 의무들에 열심히 헌신하게 한다는 사실 자체가 그 감정에 참된 신앙의 본질이 있는지 또는 그렇지 않은지를 알 수 있는 확실한 표지는 아니다. 10. 사람들이 가진 신앙 감정이 그들로 하여금 입으로 하나님을 찬양하고 영광을 돌리게 한다는 사실로는 그 감정의 본질이 무엇인지 확실하게 알 수 없다. 11. 어떤 감정이 생긴 사람들 스스로 자신들의 체험이 신령하기 때문에 자신들이 영적으로 건전한 상태에 있다고 크게 확신한다는 사실은 그 감정이 바른 것인지 또는 잘못된 것인지를 알 수 있는 표지가 될 수 없다. 12. 사람들이 밖으로 표현한 감정이 참된 성도들의 마음에 들고 호응을 얻을 만큼 크게 감화력이 있고 기쁨은 준다는 사실만으로는 그 신앙 감정의 본질이 어떠한지 확실한 결론을 내릴 수 없다(Edwards, *Religious Affections*, WJE 2:127-90 =『신앙감정론』, 191-282).

23. Edwards, "Treatise on Grace," *WJE* 21:153.
24. Edwards, *Charity and Its Fruits*, WJE 8:152.
25. Edwards, "Treatise on Grace," *WJE* 21:154.
26. Kuiper, *Calvin on Common Grace*, Appendix, iv-v.
27. Edwards, *Charity and Its Fruits*, WJE 8:150-51.
28. Edwards, *Charity and Its Fruits*, 153.
29. 에드워즈의 비상한 은사들의 중지론에 관한 현대적인 논의들은 다음의 글들을 참조하라: Philip A. Craig, "'And Prophecy Shall Cease': Jonathan Edwards on the Cessation of the Gift of Prophecy," *Westminster Theological Journal* 63 (2002): 163-84; John D. Hannah, "Jonathan Edwards, the Toronto Blessing, and the Spiritual Gifts: Are the Extraordinary Ones Actually the Ordinary Ones?" *Trinity Journal* 17 (Fall 1996): 167-89. " 또한 조현진, "조나단 에드워즈의 성령은사론,"「개혁논총」 41 (2017): 47-70을 보라.
30. Edwards, *Charity and Its Fruits*, WJE 8:153.
31. Edwards, *Charity and Its Fruits*, 157.
32. Edwards, *Charity and Its Fruits*, 154-66. 에드워즈는 또한 1741년 예일대 졸업식에

서 행한 설교에서 다음과 같이 말하였다: "The greatest privilege of the prophets and apostles was not their being inspired, and working miracles, but their eminent holiness. The grace that was in their hearts, was a thousand times more their dignity and honor, than their miraculous gifts." (Edwards, *Distinguishing Marks*, WJE 4:279).

33. Edwards, *Distinguishing Marks*, WJE 4:278-79.
34. Edwards, *Distinguishing Marks*, 281: "Therefore I don't expect a restoration of these miraculous gifts in the approaching glorious times of the church, nor do I desire it: it appears to me that it would add nothing to the glory of those times, but rather diminish from it."
35. Edwards, *Distinguishing Marks*, 281: "For my part, I had rather enjoy the sweet influences of the Spirit, shewing Christ's spiritual divine beauty, and infinite grace, and dying love, drawing forth the holy exercises of faith, and divine love, and sweet complacence, and humble joy in God, one quarter of an hour, than to have prophetical visions and revelations for a whole year."
36. 개혁신학자 가운데 구원의 서정(*ordo salutis*)에 대해서 가장 종합적으로 잘 정리한 학자는 죽산 박형룡이라고 할 수 있는데, 죽산은 9단계의 구원 서정론(소명, 중생, 회개, 신앙, 칭의, 수양, 성화, 견인, 영화)을 제시하였다(박형룡,『교의신학? 구원론』, 111-426). 죽산의 종합적인 논의는 특히 루이스 벌코프와 존 머리의 선행 연구를 토대로 정리된 것이라고 할 수 있다. 벌코프는 일반적이고 외적인 소명, 중생과 유효적인 소명, 회심, 신앙, 칭의, 성화, 그리고 성도의 견인 순으로 구원서정론을 전개했고(Louis Berkhof, *Systematic Theology* [Edinburgh: Banner of Truth, 1988], 454-549), 머리는 유효적 소명, 중생, 신앙과 회개, 칭의, 수양, 성화, 견인, 그리스도와 연합, 영화 등의 순서로 논의를 전개했다(John Murray, *Redemption: Accomplished and Applied* [Edinburgh: Banner of Truth, 1979], 88-181).
37. John H. Gerstner, *The Rational Biblical Theology of Jonathan Edwards*, 3:1-362. 거스트너는 1960년에 *Steps to Salvation: The Evangelistic Message of Jonathan Edwards* (Philadelphia: Westminster, 1960)이라는 책을 간행하였는데, 1995년에 재간행할 때에 *Jonathan Edwards, Evangelist* (Morgan: Soli Deo Gloria, 1995)라고 제명을 바꾸었다. 책의 내용을 살펴볼 것 같으면 개정판의 제목이 더 적절해 보인다.
38. 노병기, "조나단 에드워즈의 중생론," 105.
39. Edwards, *A History of the Work of the Redemption*, WJE 9:120: "This effect that I here speak [of] is the application of redemption with respect to the souls of particular persons in *converting, justifying, sanctifying and glorifying*" (강조는 필자의 것임).
40. Edwards, *A History of the Work of the Redemption*, 120: "By these things the souls of particular persons are actually redeemed - do receive the benefit of the Work of Redemption in its effect in their souls."
41. Edwards, *A History of the Work of the Redemption*, 121.
42. Edwards, "Justification by Faith Alone," WJE 19:223-24: "Now, 'tis true, that conversion is the condition of pardon and justification … Conversion is the

condition of justification, because it is that great change by which we are brought from sin to Christ, and by which we become believers in him ⋯ But our minds must be changed, that we may believe, and so may be justified."

43. 노병기는 앞서 소개한 에드워즈의 구원서정론의 논거로써 에드워즈의 저술들에서 여러 구절들을 제시한 후에, 가장 결정적인 증거로서 "신학묵상집" 397번을 제시한다: Edwards, "Miscellanies," no. 397, *WJE* 13:462: "CONVERSION. SPIRITUAL KNOWLEDGE. See No. 411. Corol. [to No. 396]. Hence we learn that the prime alteration that is made in conversion, that which is first and the foundation of all, is the alteration of the temper and disposition and spirit of the mind for what is done in conversion, is nothing but conferring the Spirit of God, which dwells in the soul and becomes there a principle of life and action. 'Tis this is the new nature, and the divine nature; and the nature of the soul being thus changed, it admits divine light. Divine things now appear excellent, beautiful, glorious, which did not when the soul was of another spirit.

Indeed the first act of the Spirit of God, or the first that this divine temper exerts itself in, is in spiritual understanding, or in the sense of the mind, its perception of glory and excellency etc. in the ideas it has of divine things; and this is before any proper acts of the will. Indeed, the inclination of the soul is as immediately exercised in that sense of the mind which is called spiritual understanding, as the intellect. For it is not only the mere presence of ideas in the mind, but it is the mind's sense of their excellency, glory and delightfulness. By this sense or taste of the mind, especially if it be lively, the mind in many things distinguishes truth from falsehood."

44. Richard M. Webber, "'One-step' Salvation: The Knowledge of God and Faith in the Theology of Jonathan Edwards" (Ph. D. diss., Marquette University, 2002).

45. Webber, "'One-step' Salvation," 324-29. 이 부분은 웨버의 박사논문의 결론 부분이다.

46. Edwards, *Charity and Its Fruits*, *WJE* 8:327-28, n.5: "That the graces of Christianity are all connected together and mutually dependent on each other." 본문에서 제시한 명제는 트라이언 에드워즈의 초판본에 나오는 것이고, 폴 램지는 비평본에서 "There is a concatenation of the graces of Christianity"를 12번째 강해의 교리고 소개한다(327). 그리고 에드워즈에게 있어서 은혜라는 것은 두 가지 의미로 해석될 수 있다: Edwards, "Treatise on Grace," *WJE* 21:153: "Such phrases as 'common grace,' and 'special' or 'saving grace,' may be understood as signifying *either diverse kinds of influence of God's Spirit on the hearts of men, or diverse fruits and effects of that influence*"(강조는 필자의 것임).

47. Edwards, *Charity and Its Fruits*, *WJE* 8:328: "All the graces of Christianity always go together, so that where there is one, there are all; and when one is wanting, all are wanting."

48. Edwards, *Charity and Its Fruits*, 329: "The graces of Christianity depend one on another. There is not only a conjunction whereby they are always joined together, but there is a mutual dependence of one grace and another, so that one cannot be

without another."
49. Edwards, *Charity and Its Fruits*, 332.
50. Edwards, *Charity and Its Fruits*, 332: "Grace in the soul is the Holy Ghost acting in the soul, and there communicating his own holy nature. As it is in the fountain, it is all one and the same holy nature; and only diversified by the variety of streams sent forth."
51. Edwards, *Charity and Its Fruits*, 332: "They are all communicated in the same work of the Spirit, viz. the work of conversion … But all are given in one work of the Spirit. All these things are infused by one conversion, one change of the heart; which argues that all the graces are united and liked together, as being contained in that one and the same new nature which is given in regeneration."
52. 나무의 이미지를 제시한 이는 웨버이다. Webber, "'One-step' Salvation," 325.
53. 에드워즈가 구원 서정에 대한 전거구절로 중시했던 로마서 8장 30절(*WJE* 9:120-21)에 대하여 *Blank Bible*에서는 다음과 같이 해명하고 있음을 보라: Edwards, *The Blank Bible*, *WJE* 24/2: 1020: "This verse proves perseverance two ways. First, it is said, 'whom he did predestinate, them he also called.' We are to understand it, they and they only; so that all that are called are predestinated or elected. And those that are elected, they can't finally fall away(Matt. 24:24). Secondly, we are told that all that are called are justified and glorified; so that all that are called go to heaven."
54. Edwards, "God Glorified in the Work of Redemption," *WJE* 17:205: "We are dependent on God's power through every step of our redemption. We are dependent on the power of God to convert us, and give faith in Jesus Christ, and the new nature"(강조는 필자의 것임).
55. 9단계의 구원서정론을 제시한 박형룡박사는 구원의 서정 논의는 "구속 사역에서의 성령의 다양 동작을 그 논리적 순서로, 또는 그 상호관계에 의하여 묘사하기로 목적"하는 것이며, "이 순서는 구원의 행복들이 명확한 시간의 선후에 따라 죄인에게 주어지는 듯이 순전히 시간적인 의미로 이해될 것이 아니다"고 바르게 지적하였다(박형룡, 『구원론』, 26).
56. Edwards, "The Reality of Conversion," in *The Sermon of Jonathan Edwards A Reader*, eds., Wilson H. Kimnach, Kenneth P. Minkema, and Douglas A. Sweeney (New Haven: Yale Univ. Press, 1999), 83, 89-90: "The doctrine of conversion, or of the new birth, is one of the great and fundamental doctrines of the Christian religion … Thus the voice of reason, Scripture and experience, and the testimony of the best of men do all concur in it, that there must be such being a thing as conversion. Reason teaches it so much that, unless we deny the being of God, we can't avoid acknowledging such a thing as conversion … The Scripture does so teach this doctrine of conversion that, if deny it, we do in effect renounce the Scriptures. We had as good deny the whole as deny what the Scripture teaches us about the necessity of conversion or the turning of the heart from sin to God. If we deny what the Scripture says of this, the rest can be significancy to us." 에드워즈의 설교 원 제목은 "There is such a thing as conversion"으로서 1740년 7월에 노샘

프턴 교회에서 행한 설교이다.

57. Edwards, *Some Thoughts*, *WJE* 4:344: "I am bold to say, that the work of God in the conversion of one soul, considered together with the source, foundation and purchase of it, and also the benefit, end and eternal issue of it, is a more glorious work of God than the creation of the whole material universe: it is the most glorious of God's works, as it above all others manifests the glory of God."
58. Edwards, "The Reality of Conversion," 83.
59. Edwards, *Original Sin*, *WJE* 3:362: "I put repentance and conversion together, because the Scripture put them together(Acts 3:19), and because they plainly signify much the same thing. The word μετάνοια(repentance) signifies a change of the mind; as the word 'conversion' means a change or turning from sin to God. And that this is the same change with that which is called regeneration(excepting that this latter term especially signifies the change, as the mind is passive in it) the following things do shew." 에드워즈는 회개를 "적극적인 회심 또는 마음의 적극적인 변화"를 의미한다고 생각하였다. Edwards, "Justification by Faith Alone," *WJE* 19:223.
60. 이상현 교수는 에드워즈에게 있어서 중생과 회심의 차이를 다음과 같이 구별하여 설명한다: "The term 'regeneration' usually refers to the basic change that occurs in a human being through the infusion of the Holy Spirit, and the word 'conversion' to the actual effect of such a change in the act of faith." Sang Hyun Lee, "Editor's Introduction," *WJE* 21:39. 그는 이와 같은 구별의 근거로서 에드워즈의 신학묵상집 241번과 397번을 제시한다. Edwards, "Miscellanies," nos. 241 and 397, *WJE* 13:357-58, 462-63.
61. Edwards, "Born Again," *WJE* 17:186: "But, affirmatively, hereby is meant that great change that is wrought in man by the mighty power of God, at his conversion from sin to God: his being changed from a wicked to a holy man."
62. Edwards, "The Reality of Conversion," 89.
63. 노병기, 『거룩한 구원: 복음주의 대각성 운동과 청교도의 조직신학 - 구원론·성령론』(서울: 예영커뮤니케이션, 2007), 480-93.
64. 노병기, 『거룩한 구원』, 481-82에서 인용. "The Canons of the Synod of Dort, A. D. 1619," in *The Creeds of Christendom, with a Hisotry and Critical Notes*, ed., Philip Schaff (New York: Harper & Brothers, 1919), 3:590: "Art. XI. But when God accomplishes his good pleasure in the elect, or works in them *true conversion*, he not only causes the gospel to be externally preached to them, and powerfully illuminates their minds by his Holy Spirit, that they may rightly understand and discern the things of the Spirit of God, but by the efficacy of the same *regenerating Spirit* he pervades the inmost recesses of the man; he opens the closed and softens the hardened heart, and circumcises that which was uncircumcised; infuses new qualities into the will, which, though heretofore dead, he quickens; from being evil, disobedient, and refractory, he renders it good, obedient, and pliable; actuates and strengthens it, that, like a good tree, it may bring forth the fruits of good actions."

65. William Ames, *The Marrow of Theology*, trans. John D. Eusden (Grand Rapids: Baker, 1997), 157-60.
66. Edwards, "The Reality of Conversion," 84-86.
67. Edwards, "The Reality of Conversion," 86.
68. Edwards, *Original Sin*, *WJE* 3:381: "When God made man at first, he implanted in him two kinds of principles. There was an inferior kind, which may be called *natural*, being the principles of mere human nature; such as self-love, with those natural appetites and own liberty, honor and pleasure, were exercised: these when alone, and left to themselves, are what the Scriptures sometimes call *flesh*. Besides these, there were *superior* principles, that were spiritual, holy and divine, summarily comprehended in divine love; wherein consisted the spiritual image of God, and man's righteousness and true holiness; which are called in Scripture the *divine nature*."
69. Edwards, *Original Sin*, 382.
70. Norman Pettit, *The Heart Prepared: Grace and Conversion in Puritan Spiritual Life* (New Haven: Yale University Press, 1966), 2. 페티트는 엄격한 개혁주의 신학을 고수하는 영국 청교도 신학자들이 회심의 준비론을 발전시킨 것은 이단적(heretical)이라고 비평한다: "It was, in fact, forbidden by Reformed dogmatics; for the Reformed understanding of St. Paul had led to an extreme emphasis on the utter depravity of man and his inability in any way to influence God or to predispose himself for saving grace."
71. Edmund Morgan, *Visible Saints: The History of Puritan Idea* (Ithaca and London: Cornell University Press, 1965), 66-73, 90-92. 특히 66쪽에 보면 청교도 신학자들이 추구한 것이 무엇인지에 대해서 다음과 같이 설명한다: "They wished to trace the natural history of conversion in order to help men discover their prospects of salvation; and the result of their studies was to establish a morphology of conversion, in which each stage could be distinguished from the next, so that a man could check his eternal condition by a set of temporal and recognizable signs."
72. Miller, *Jonathan Edwards*, 155.
73. Edwards, "Diary," *WJE* 16:759.
74. Edwards, "Diary," 771.
75. Edwards, "Diary," 779: "The chief thing, that now makes me in any measure to question my good estate, is my not having experienced conversion in those particular steps, wherein the people of New England, and anciently the Dissenters of Old England, used to experience it. Wherefore, now resolved, never to leave searching, till I have satisfyingly found out the very bottom and foundation, the real reason, why they used to be converted in those steps."
76. Ibid., 788: "Friday, May 28. It seems to me, that whether I am now converted or not, I am so settled in the state I am in, that I shall go on it all my life. But, however settled I may be, yet I will continue to pray to God, not to suffer me to be deceived about it, nor to sleep in an unsafe condition; and ever and anon, will

call all into question and try myself, using for helps some of our old divines, that God may have opportunities to answer my prayers, and the Spirit of God to show me my error, if I am in one."

77. Miller, *Jonathan Edwards*, 207, 215; Pettit, *The Heart Prepared*, 210-11.
78. Brad Walton, *Jonathan Edwards, Religious Affection and the Puritan Analysis of True Piety, Spiritual Sensation and Heart Relgion* (Lewiston: Edwin Mellen Press, 2002), 74-77.
79. Stetina, "The Biblical-Experimental Foundations of Jonathan Edwards' Theology of Religious Experience, 1720-1723," 50-55.
80. William Perkins, "The Whole Treatise of the Cases of Conscience," *The Works of William Perkins* (Lodon: John Legatt, 1617), 2:13-18. 이외에도 *The Works of William Perkins*, 1:353-420, 635-44 등을 보라.
81. 이상의 인용은 브래드 왈튼이 정리한 것을 인용한 것임(Walton, *Jonathan Edwards*, 123).
82. Joel Beeke, *Assurance of Faith: Calvin, English Puritanism, and the Dutch Second Reformation* (Bern and New York: Lang, 1994), 109-18.
83. 셰퍼드에 대해서는 John A. Albro, "Life of Thomas Shepard," in *The Works of Thomas Shepard*, 3 Vols., (Boston: Doctrinal Tract and Book Society, 1853; rep. New York: AMS Press, 1967), 1:vii-cxcii와 Walton, *Jonathan Edwards*, 91-100를 보라.
84. 이전에 발표된 이 논문은 양낙흥, 『체험과 부흥의 신학자 조나단 에드워즈』, 45-100에 최종적으로 소개되고 있다. 이하에서 셰퍼드의 회심론을 다룸에 있어서 본서와 셰퍼드의 저술을 주로 참조하였다.
85. 양낙흥, 『체험과 부흥의 신학자 조나단 에드워즈』, 46.
86. Thomas Shepard, "Sound Believer: A Treatise of Evangelical Conversion Discovering the Work of Christ's Spirit in Reconciling of a Sinner to God," *The Works of Thomas Shepard*, 3 Vols. (Boston: Doctrinal Tract and Book Society, 1853; rep. New York: AMS Press, 1967), 1:113-284.
87. Shepard, "Sound Believer," 117-18.
88. Shepard, "Sound Believer," 120.
89. Shepard, "Sound Believer," 130: "When thus the Spirit hath let into the soul a clear, real, constant light to see sin and death, now there is a thorough conviction."
90. Shepard, "Sound Believer," 131.
91. Shepard, "Sound Believer," 146.
92. Shepard, "Sound Believer," 175.
93. 셰퍼드는 그리스도를 받아 들인다, 그리스도에게 간다, 그리스도를 믿는다, 신뢰한다, 매달린다는 등의 표현을 동의의로 이해한다(Shepard, "Sound Believer," 190-91, 202-203).
94. Shepard, "Sound Believer," 219.
95. 양낙흥, 『체험과 부흥의 신학자 조나단 에드워즈』, 77.
96. 양낙흥, 『체험과 부흥의 신학자 조나단 에드워즈』, 85.
97. Miller, *The New England Mind: From Colony to Province*, 234

98. Solomon Stoddard, *The Nature of Saving Conversion And the Way Wherein it is Wrought Together with Several Sermon* (Boston 1719; rep. Morgan: Soli Deo Gloria, 1999).
99. Stoddard, *The Nature of Saving Conversion*, 13: "The act of faith in accepting Jesus Christ is the conversion of the whole soul unto God" (16).
100. Stoddard, *The Nature of Saving Conversion*, 58.
101. Stetina, "The Biblical-Experimental Foundations of Jonathan Edwards' Theology of Religious Experience, 1720-1723," 56, 각주 38참고.
102. 스토다드는 *A Guide to Christ* (Boston 1714; rep. Morgan: Soli Deo Gloria, 1993/ 1998)속에서 회심의 준비 단계론을 상세하게 설명하고 있다: 이순임 역, 『그리스께로 가는 길』(서울: 기독교문사, 2004), 27-147.
103. Stoddard, *The Nature of Saving Conversion*, 21, 26.
104. Stoddard, *The Nature of Saving Conversion*, 38.
105. Stoddard, *The Nature of Saving Conversion*, 11.
106. Stoddard, *The Nature of Saving Conversion*, 15.
107. Stoddard, *The Nature of Saving Conversion*, 35-36: "The world is a looking glass, reflecting the glory of God; and when men's eyes are opened they may plainly see it."
108. 앞에서 논의한 2.1.1.을 보라. 그리고 Stetina, "The Biblical-Experimental Foundations of Jonathan Edwards' Theology of Religious Experience, 1720-1723," 61-66을 보라. 조나단 에드워즈가 13세가 되던 해인 1716년 동원저 교회에서 일어난 부흥 사건에 대해 기술하면서 그는 "a very remarkable stirring and pouring out of the Spirit of God"이라는 표현을 사용하였고(*WJE* 16:28), 그 결과 일어난 회심에 대해서 언급한다.
109. Minkema, "The Edwardses: A Ministerial Family in Eighteenth Century New England," 82. 티모시 에드워즈의 저술은 거의 출판되지 않고 육필 원고의 형태로 남아 있을 뿐이다. 민케마의 박사논문은 티모시 에드워즈의 신학 사상에 대해서 유일무이하게 접근가능한 자료원이다.
110. Minkema, "The Edwardses," 83.
111. Minkema, "The Edwardses," 83.
112. Minkema, "The Edwardses," 88-90. 조나단의 아버지 티모시 에드워즈와 그의 외조부 솔로몬 스토다드가 죄인의 회심의 중요성에 대해서 강조하는 면은 같았지만 회심 형태론(morphology of conversion)을 강조하는 스토다드에 비해서 티모시는 그것을 크게 강조하지 않았다는 차이점이 있다고 민케마는 논평한다. (Minkema, "Jonathan Edwards: A Theological Life," in *The Princeton Companion to the Theology of Jonathan Edwards*, 2).
113. Edwards, *Faithful Narrative*, *WJE* 4:160.
114. Edwards, *Faithful Narrative*, *WJE* 4:159-91. 그리고 191-205에는 편집자 고언이 "Two Converts"라고 소제목을 붙힌 부분이 이어지는데, 이곳에서 에드워즈는 자신의 회중 가운데 대표적인 회심 사례로서 젊은 여인 아비가일 허친슨과 네 살 바기 피비 바틀릿의 회심 체험을 소개하고 있다.
115. Goen, "Editor's Introduction," *WJE* 4:28.

116. Goen, "Editor's Introduction," 28-29.
117. Jonathan Edwards, "To the Rev. Thomas Prince of Boston(Dec. 12, 1743)," *WJE* 4:544-57.
118. Edwards, "To the Rev. Thomas Prince of Boston(Dec. 12, 1743)," 549.
119. Edwards, "To the Rev. Thomas Prince of Boston(Dec. 12, 1743)," 548.
120. Edwards, "To the Rev. Thomas Prince of Boston(Dec. 12, 1743)," 548: "And after great convictions and humblings, and agonizings with God, they had Christ discovered to them anew as an all-sufficient Saviour."
121. Edwards, "To the Rev. Thomas Prince of Boston(Dec. 12, 1743)," 556: "The effects and consequences of things amongst us plainly shews the following things, viz. that the degree of grace is by no means to be judged of by the degree of joy, or the degree of zeal; and that indeed we can't at all determine by these things, who are gracious and who are not; and that it is not the degree of religious affections, but the nature of them that is chiefly to be looked at."
122. Edwards, "To the Rev. Thomas Prince of Boston(Dec. 12, 1743)," 556: "And likewise there is nothing more manifest by what appears amongst us, than that the goodness of [a] person's state is not chiefly to be judged of by any exactness of steps, and method of experiences, in what is supposed to be the first conversion; but that we must judge more by the spirit that breathes, the effect wrought on the temper of the soul, in the time of the work, and remaining afterwards."
123. Edwards, *Religious Affections*, *WJE* 2:151: "Nothing can certainly be determined concerning the nature of the affections by this, that comforts and joys seem to follow awakenings and convictions of conscience, in a certain order."
124. Edwards, Religious Affections, 152. Edwards, "God Makes Men Sensible of Their Misery Before He Reveals His Mercy and Love," *WJE* 17:158: "A man is converted is in two exceeding different states: first, a very miserable, wretched state, a state of condemnation, and then, in a blessed condition, a state of justification."
125. Edwards, *Religious Affections*, *WJE* 2:152-55.
126. Edwards, *Religious Affections*, 155.
127. Edwards, *Religious Affections*, 155-56.
128. Edwards, *Religious Affections*, 156.
129. Edwards, *Religious Affections*, 156-57.
130. Edwards, *Religious Affections*, 157-58. 에드워즈의 오해받을 만한 이 담대한 주장의 원문을 제시한다: "And if persons have had great terrors, which really have been from the awakening and convincing influences of the Spirit of God, it don't thence follow that their terrors must needs issue in true comfort. The unmortified corruption of the heart may quench the Spirit of God (after he has been striving) by leading men to presumptuous, and self-exalting hopes and joys, as well as otherwise. 'Tis not every woman is really in travail, that brings forth a real child."
131. Edwards, *Religious Affections*, 158-59.

132. Edwards, *Religious Affections*, 159.
133. Edwards, *Religious Affections*, 160.
134. Edwards, *Religious Affections*, 160: "And as a seemingly to have this distinctness as to steps and method, is no certain sign that a person is converted; so as a being without it, is no evidence that a person is not converted."
135. Edwards, *Religious Affections*, 160-61: "For though it might be made evident to a demonstration, on Scripture principles, that a sinner can't be brought heartily to receive Christ as his Savior who is not convinced of his sin and misery, and of his own emptiness and helplessness, and his just desert of eternal condemnation; and that therefore such convictions must be some way implied in what is wrought in his soul; yet nothing proves it to be necessary, that all those things which are implied or presupposed in an act of faith in Christ must be plainly and distinctly wrought in the soul, in so many successive and separate works of the Spirit that shall be, each one, plainly and manifest, in all who are truly converted."
136. 양낙홍, 『체험과 부흥의 신학자 조나단 에드워즈』, 471.
137. Edwards, *Religious Affections*, WJE 2:162: "Experience plainly shows, that God's Spirit is unsearchable and untraceable, in some of the best of Christians, in the method of his operations, in their conversion."
138. Edwards, *Religious Affections*, 161: "복된 마리아의 태에서 성령의 능력으로 그리스도가 잉태되는 것과 성도의 영혼 속에 같은 성령으로 그리스도가 잉태되는 것 사이에는 의도적인 유사성이 있다. 우리는 성령의 길이 어떠한지를 알지 못하며, 탯속에서 또는 이 거룩한 아기를 잉태하는 심령 속에서 뼈가 어떻게 자라는지를 알지 못한다."
139. Edwards, *Religious Affections*, 162-63.
140. Edwards, *Religious Affections*, 162: "We are often in Scripture expressly directed to try ourselves by the nature of the fruits of the Spirit; but nowhere by the Spirit's *method* of producing them."
141. Edwards, *Religious Affections*, 162.
142. Edwards, *Religious Affections*, 158.
143. Gerstner, *Jonathan Edwards, Evangelist*, 9.
144. Edwards, "The Manner on Which the Salvation of the Souls is Sought," in *Seeking God: Jonathan Edwards's Evangelism Contrasted with Modern Methodologies*, ed., Williams C. Nichols (Ames, IA: International Outreach, 2001), 221: "It is the salvation in a way of constant observance of all the duty to which God directs us in his word ⋯ The Scripture have told us what particular duties must be performed by us in order to our salvation."
145. Edwards, "The Manner on Which the Salvation of the Souls is Sought," 224: "Although the work of obedience performed by men, be not necessary in order to merit salvation; yet it is necessary in order to their being prepared for it."
146. Edwards, "God is Sovereign in the Work of Conversion"; William David Henard, III, "An Analysis of the Doctrine of Seeking in Jonathan Edwards' Conversion

Theology as Revealed in through Representative Northampton Sermons and Treatises" (Ph. D. diss., Southern Baptist Theological Seminary, 2006), 140에서 재인용. 허나드 3세의 학위논문은 에드워즈의 회심 준비론에 대하여 종합적으로 다룬 자료이다.

147. Edwards, "Persons Ought to Do What They Can for Their Salvation," in *Knowing the Heart: Jonathan Edwards on True and False Conversion*, ed. William C. Nichols (Ames, IA. : International Outreach, 2003), 387.

148. Henard, III, "An Analysis of the Doctrine of Seeking in Jonathan Edwards' Conversion Theology as Revealed in through Representative Northampton Semons and Treatises," 150.

149. Edwards, "Natural Men in a Dreadful Condition," *WB* 2:829: "It is a very rare thing, that are who are thoroughly and perseveringly in earnest for salvation, fail of it, unless they have put off the work until they are near death before they began."

150. Edwards, "God Makes Men Sensible of Their Misery Before He Reveals His Mercy and Love," *WJE* 17:168-69: "Consider the encouragement there is in Scripture to hold on in a way of seeking conversion; Hos. 6:3, 'Then shall we know, if we follow on to know the Lord.' Thence we may gather that God usually gives success of those that diligently and constantly and perseveringly seek conversion."

151. Henard III, "An Analysis of the Doctrine of Seeking in Jonathan Edwards' Conversion Theology as Revealed in through Representative Northampton Semons and Treatises," 153.

152. Gerstner, *Jonathan Edwards, Evangelist*, 96: "these, I found that twelve taught that the sinner would probably be successful in his seeking, seven that he would possibly be successful, five that the outcome was uncertain, and three that the seeker would certainly find, if some specific conditions were met."

153. Gerstner, *The Rational Biblical Theology of Jonathan Edwards*, 3:72-73.

154. 이 문제에 대하여 잘 논의하고 정리하고 있는 자료는 Henard, "An Analysis of the Doctrine of Seeking in Jonathan Edwards' Conversion Theology as Revealed in through Representative Northampton Semons and Treatises," 156-63; John H, Gerstner and Jonathan Neil Gerstner, "Edwardsean Preparation for Salvation," *Westminster Theological Journal* 42 (1979): 5-71이다.

155. Edwards, "Farewell Sermon," *WJE* 25:479-81. 에드워즈는 자기회중들 가운데 남아있는 비회심자들의 상태를 "in a Christless, graceless condition"라고 하면서 회심에 이르도록 추구하기를 간곡하게 권면하고 있다.

156. Edwards, "Persons Ought to Do What They Can for Their Salvation," in *Knowing the Heart: Jonathan Edwards on True and False Conversion*, ed., William C. Nichols (Ames, IA. : International Outreach, 2003), 370-95.

157. Edwards, "Persons Ought to Do What They Can for Their Salvation," 374-79. 에드워즈가 1734년 노샘프턴 부흥 기간중에 설교한 다음의 설교문도 참조하라: Edwards,

"Pressing into the Kingdom of God," WJE 19:274-304.
158. Henard III, "An Analysis of the Doctrine of Seeking in Jonathan Edwards' Conversion Theology," 142: "With the Puritans Edwards replies that they are to get 'in the way' of grace, taking advantage of the appointed means that God has provided for salvation." Wilson H. Kimanach et al (ed.), *The Sermons of Jonathan Edwards A Reader*, 지도 보라.
159. Edwards, "Treatise on Grace," WJE 21:161: "Conversion is wrought at once."
160. Edwards, "Treatise on Grace," WJE 21:161: "Yet that work of grace upon the soul whereby a person is brought out of a state of total corruption and depravity into a state of grace, to an interest in Christ, and to be actually a child of God, is in a moment."
161. Edwards, "Treatise on Grace," WJE 21:161 : "It is often compared to a resurrection. Natural men (as was said before) are said to be dead, and to be raised, when they are converted by God's mighty effectual power; from the dead. Now, there is no medium between being dead and alive; he that is dead has no degree of life in him, he that has the least degree of life in him is alive" (163).
162. Edwards, "Treatise on Grace," WJE 21:162.
163. Edwards, "Treatise on Grace," WJE 21:162-63.
164. Edwards, "Treatise on Grace," WJE 21:164. "Which obviously implies that he is an exceeding diverse kind of creature from what he was before he was in Christ, that the principle or qualities that he has by which he is a Christian, are entirely new, and what there was nothing of, before he was in Christ."
165. Edwards, "Treatise on Grace," WJE 21:164.
166. Edwards, "Treatise on Grace," WJE 21:164-65. 에드워즈는 1731년 보스턴에서 행한 "God Glorified in Man's Dependence"라는 설교 속에서도 다음과 같이 말한다: "We are dependent on God's power through every step of our redemption. We are dependent on the power of God to convert us, and give faith in Jesus Christ, and the new nature." (WJE 17:205). 무신론자인 페리 밀러도 에드워즈의 이 설교를 중시하여 전기 초두부터 다루었는데, 그가 보기에도 에드워즈의 설교의 요지는 다음과 같다. "The thesis was that conversion is in every thing, directly, immediately, and entirely dependent on God … that the creature is nothing, and that God is all." (Miller, *Jonathan Edwards*, 29).
167. Edwards, *Religious Affections*, WJE 2:201.
168. Edwards, *Religious Affections*, 200.
169. Edwards, "Miscellanies," no. 397, WJE 13:462 = 노병기, "조나단 에드워즈의 중생론," 105에서 한역문은 인용함.
170. Edwards, *Religious Affections*, WJE 2:200.
171. 에드워즈는 회심 혹은 중생으로 말미암아 인간의 본성이 바뀌게 되는데 그것은 도덕적 변화가 아니고, 본성적 변화라고 생각하였다: Edwards, "Born Again," WJE 17:187. "The change of man from a sinner to a saint is not a moral, but a physical change. A moral change I wrought by human instruction, and government, and

example, and by a man in himself, by resolution and pains. But these changes don't reach to the nature of the soul so as to change that."
172. 에드워즈는 영혼의 기능이 지, 정, 의 3요소로 구성된다고 주장한 기능 심리학(faculty psychology)을 따르지 아니하고 지각 혹은 이해라는 기능과 성향, 의지, 감정, 혹은 마음이라고 불리우는 기능으로 구성된다고 생각하였다(Edwards, *Religious Affections*, WJE 2:96). 개혁자 칼빈 역시 인간의 영혼이 오성과 의지 두 기능으로 구성된다고 생각하였다: John Calvin, *Institutio Christianae religionis*. I. xv. 7: "Sic ergo habeamus, subesse *duas humanae animae partes*, quae quidem praesenti instituto conveniant, *intellectum et voluntatem*. Si autem officium intellectus, inter obiecta discernere, prout unumquodque probandum aut improbandum visum fuerit: voluntatis autem, eligere et sequi quod bonum intellectus dictaverit: aspernari ac fuere quod ille improbarit." (*OS*, III. 184-85) - 강조는 필자의 것임.
173. Edwards, "Born Again," WJE 17:187: "There is in conversion infused a principle of spiritual understanding and spiritual action that is as far above any principles that man had before."
174. Edwards, "Born Again," 188: "The change is universal or the whole man … So when a man is changed from a sinner to a saint, the whole man is renewed or made new … The whole man is sanctified." 에드워즈는 엡 4:22, 24과 살전 5:23을 전거 구절로 제시한다.
175. Edwards, "Born Again, 188. 또한 "Miscellanies," no. 397, WJE 13:462을 보라.
176. Edwards, "God Glorified in the Work of Redemption," WJE 17:203: "And also as the Holy Ghost himself is God, by whose operation and indwelling, the knowledge of God and divine things, and a holy disposition, and all grace is conferred and upheld."
177. Edwards, *Charity and Its Fruits*, WJE 8:332: "Grace in the soul is the Holy Ghost acting in the soul, and there communicating his own holy nature. As it is in the fountain, it is all one and the same holy nature; and only diversified by the variety of streams sent forth."
178. Edwards, *Charity and Its Fruits*, 332: "They are all communicated in the same work of the Spirit, viz. the work of conversion … But all are given in one work of the Spirit. All these things are infused by one conversion, one change of the heart; which argues that all the graces are united and linked together, as being contained in that one and the same new nature which is given in regeneration."
179. Edwards, "Justification by Faith Alone," WJE 19:203: "And that it is so, that *God in the act of final justification that he passes at the sinner's conversion*, has respect to perseverance in faith, and future acts of faith, as being virtually implied in the first act, is further manifest by this, viz. that *in a sinner's justification at his conversion* …" (강조는 필자의 것임)
180. Edwards, "A Divine and Supernatural Light," WJE 17:411.
181. Edwards, *Religious Affections*, WJE 2:202.
182. Edwards, *Religious Affections*, 203: "Not that the saints are made partakers of

the essence of God, and so are 'godded' with God, and 'Christed' with Christ, according to the abominable and blasphemous language and notions of some heretics; but, to use the Scripture phrase, they are made partakers of God's fullness, that is God's spiritual beauty and happiness, according to the measure and capacity of a creature."
183. Edwards, *A History of the Work of the Redemption*, WJE 9:120: "This effect that I here speak [of] is the application of redemption with respect to the souls of particular persons in *converting, justifying, sanctifying and glorifying*" (강조는 필자의 것임).
184. Edwards, "Justification by Faith Alone," WJE 19:223-24: "Now, 'tis true, that conversion is the condition of pardon and justification … Conversion is the condition of justification, because it is that great change by which we are brought form sin to Christ, and by which we become believers in him … But our minds must be changed, that we may believe, and so may be justified."
185. Edwards, "Faith," WJE 21:417-68. 에드워즈는 믿음에 대해 길고 짧은 149개의 목상록을 남겼다. 편집자인 이상현 교수에 의하면 이 단편집들은 1728년에 시작하여 1756년경까지 에드워즈가 쓴 것들이다(415). 국내에서는 오래전에 에드워즈의 믿음관에 대하여 김의환 교수가 소개를 한 적이 있다(김의환, "Jonathan Edwards' Concept of Faith," 「신학지남」 36/1[1969]: 23-67).
186. Edwards, "Faith," no. 1, WJE 21:417: "Faith is a belief of a testimony (II Thess. 1:10), an assent to truth."
187. Edwards, "Faith," no. 2, WJE 21:417: "'Tis the proper act of the soul towards God as faithful (Rom.3:3-4)."
188. Edwards, "Faith," no. 4, WJE 21:417. 에드워즈는 그리스도뿐 아니라 하나님도 신앙의 대상이다고 적고 있다(Edwards, "Faith," no. 5, WJE 21:417). 에드워즈는 믿음은 그리스도를 믿음으로 하나님과 화해되는 것을 포함하며, "우리의 구원을 위해 그리스도에 의해 하나님께 마음으로 요청하는 것 혹은 우리의 마음이 그리스도로 말미암아 하나님에게서 구원을 찾는 것"을 의미한다고 말한다(Edwards, "Faith," no. 21, 24. WJE 21:421).
189. Edwards, "Faith," no. 6, WJE 21:417.
190. Edwards, "Faith," no. 18, WJE 21:420.
191. Edwards, "Faith," no. 3, WJE 21:417: "'Tis belief truth from a sense of glory and excellency, or at least with such a sense … From a spiritual taste and relish of what is excellent and divine. Believers receive the truth in the love of it, and speak the truth in love (Eph.4:15)."
192. Edwards, "Faith," no. 7, WJE 21:419.
193. Edwards, "Faith," no. 8, WJE 21:419.
194. Edwards, "Faith," no. 13-14, WJE 21:419-20.
195. Edwards, "Faith," no. 17, 23, 27, 31, 98. WJE 21:420, 421, 422, 443. 에드워즈에게 있어서 믿음의 행위에 대한 다양한 성경적 연구는 Edwards, "Faith," no. 113-120. WJE 21:450-56을 보라.
196. Edwards, "Faith," no. 28, WJE 21:422.

197. Edwards, "Faith," no. 25, *WJE* 21:421.
198. Edwards, "Faith," no. 28, 29, *WJE* 21:422.
199. Edwards, "Faith," no. 30, *WJE* 21:422: "To believe in Christ is to hearken to him as a prophet, to yield ourselves subjects to him as a king, and to depend upon him as a priest." 또한 Edwards, "Faith," no. 68. *WJE* 21:435를 보라: "A man is saved by that faith which is a reception of Christ in all his office, but he is justified by his receiving Christ in his priestly office."
200. Edwards, "Faith," no. 10, *WJE* 21:419: "'Tis something more than only what may be called a believing the truth of the gospel(John 12:42)."
201. 박형룡, 『교의신학-구원론』, 248-49.
202. Edwards, "Faith," no. 121, *WJE* 21:456: "The distinction of the several constituent parts or acts of faith into ASSENT, CONSENT, and AFFIANCE, if strictly considered and examined, will appear not to be proper and just, or strictly according to the truth and nature of things, because the parts are not all entirely distinct one from another, and so are in some measure confounded one with another: for the last, viz. AFFIANCE, implied the other two, assent and consent, and is nothing else but a man's assent and consent, with particular relation or application to himself and his own case, together with the effect of all in his own quietness and comfort of mind and boldness, in venturing on this foundation in conduct and practice." 에드워즈는 121번 항목에서 신뢰와 인정에 대해서 상술하고 있다(456-58). 콘라드 체리에 의하면 에드워즈가 비판하고 있는 믿음의 3요소설은 인간의 영혼을 3분하는 기능적 심리학에서 주장하는 것이라고 한다(Cherry, *The Theology of Jonathan Edwards*, 16-17). 체리는 청교도 토머스 맨튼의 견해를 예로 제시하고 있다.
203. Edwards, "Faith," no. 36, *WJE* 21:423.
204. Edwards, "Faith," no. 71, 86, 87. *WJE* 21:435, 439. 또한 Edwards, "Faith," no. 130. *WJE* 21:462를 보라.
205. Edwards, "Faith," no. 94, *WJE* 21:442.
206. Edwards, "Faith," no. 50, *WJE* 21:425.
207. Edwards, "Faith," no. 108, *WJE* 21:448: "That saving faith implies in its nature divine love is manifest (I John 5:1)."
208. Edwards, "Faith," no. 146, *WJE* 21:465: "As the whole soul in all its faculties is the proper subject and agent of faith, so undoubtedly there are two things in saving faith, viz.; BELIEF OF THE TRUTH, and an answerable DISPOSITION of heart. And therefore faith may be defined: A thorough believing what the gospel reveals of a Savior of sinners, as true and perfectly good, with the exercise of an answerable disposition towards him. That true faith in the Scripture sense of it implies not only the exercise of the understanding, but the heart or disposition, is very manifest."
209. Edwards, "Faith," no. 59, *WJE* 21:432.
210. Edwards, "Faith," no. 102, *WJE* 21:444; "Faith," no. 106, *WJE* 21:446: "Faith is the proper active UNION of the soul with Christ as our Savior, as revealed to us in

the gospel."
211. Edwards, "Faith," no. 139, *WJE* 21:463: "The general description of justifying faith is *a proper reception of Christ and his salvation, or a proper active union of the soul to Christ as a Savior*."
212. Edwards, "Faith," no. 3, *WJE* 21:417.
213. 이상현, 『삼위일체, 은혜, 그리고 믿음』, 116.
214. 노병기, "조나단 에드워즈의 중생론," 138-40에 이 논쟁에 대한 요약이 잘 소개되어 있다.
215. Miller, *Jonathan Edwards*, 62.
216. John E. Smith, *Jonathan Edwards: Puritan, Preacher, Philosopher* (London: Geoffrey Chapman, 1992), 25-26.
217. 윌리엄 제임스, 『종교적 경험의 다양성』, 김재영 역 (서울: 한길사, 2005), 315.
218. Cherry, *The Theology of Jonathan Edwards*, 19. 또한 Smith, "Editor's Introduction," *WJE* 2:25n. 도 보라.
219. 노병기, "조나단 에드워즈의 중생론," 140. 노병기 박사는 에르트의 한 논문을 인용하고 있지만, 에르트의 견해는 그의 학위논문에서 풍성하게 개진되어있다: Terrence Erdt, *Jonathan Edwards, Art and the Sense of the Heart* (Amherst: Univ. of Massachusetts Press, 1980). 특히 제1장 The Calvinist Psychology of the Heart(1-20)와 제2장 Edwards on the Sense of the Heart(21-42)을 보라.
220. Edwards, "Faith," no. 3, *WJE* 21:417: "'Tis belief truth from a sense of glory and excellency, or at least with such a sense … From a spiritual taste and relish of what is excellent and divine. Believers receive the truth in the love of it, and speak the truth in love(Eph.4:15)."
221. 체리는 에드워즈에게 있어서 믿음을 맛 본다고 하는 것이 무엇을 의미하는지에 대해서 다음과 같이 잘 설명해 주고 있다: "The Edwardsean tasting in faith is an experience which one man cannot have for another-and which he cannot give another. And it is a kind of knowing which is radically different from a mere knowing about. Just as one cannot perceive the sweet taste of honey for another and give it to another, so knowledge in faith is a knowing which one man cannot attain for or give to another. Just as one really knows the sweet taste of honey only when he actually perceives it and not when he knows about it, so one really knows the simple idea of faith when he directly perceives it and not when he withdraws to contemplate it" (Cherry, *The Theology of Jonathan Edwards*, 21).
222. Edwards, "A Divine and Supernatural Light," *WJE* 17:418: "Where it is plain that a true faith is what arises from a spiritual sight of Christ."
223. Edwards, "A Divine and Supernatural Light," 419: "Their believing in Christ and spiritually seeing him, are spoken of as running parallel."
224. Edwards, "A Divine and Supernatural Light," 414: "Thus there is a difference between having an opinion that God is holy and gracious, and having a sense of the loveliness and beauty of that holiness and grace."
225. 1739년에 전한 한 설교 속에서 에드워즈는 사변적 지식을 자연적 지식이라고 부르고,

실천적 지식을 영적 지식이라고 부른다. 전자는 머리 만의 지식이고, 후자의 지식은 "전적으로 머리에만 또는 이론에만 달려 있지 않고 마음이 관련"된 지식이라고 말한다 (Edwards, "The Importance and Advantage of a Thorough Knowledge of Divine Truth," *WJE* 22:87).

226. Edwards, "A Divine and Supernatural Light," *WJE* 17:413.
227. Edwards, "A Divine and Supernatural Light, "414.
228. Edwards, "Distinguishing Marks," *WJE* 4:282-83. 부흥의 시대에 설교자들이 설교 준비나 신학 공부를 등한시하는 것에 대해서 에드워즈는 경고를 하고 있다. 그리고 1739년에 행한 설교인 "The Importance and Advantage of a Thorough Knowledge of Divine Truth"에서는 모든 성도들이 성경 연구와 신학 연구에 힘쓸 것을 역설하고 있다 (*WJE* 22:83-102).
229. Goen, "Editor's Introduction," *WJE* 4:83.
230. Edwards, *Religious Affections*, *WJE* 2:207: "But the Spirit of God in his spiritual influences on the hearts of his saints, operates by infusing or exercising new, divine and supernatural principles; principles which are indeed a new and spiritual nature, and principles vastly more noble and excellent than all that is in natural men."
231. Edwards, *Religious Affections*, 205 =『신앙감정론』, 302.
232. Edwards, *Religious Affections*, 205.
233. Edwards, *Religious Affections*, 206 =『신앙감정론』, 303에서 인용함.
234. Richard M. Webber, "'One-step' Salvation," 240: "A change of principle … for Edwards, is very definition of 'conversion'."
235. Edwards, *Religious Affections*, *WJE* 2:206 =『신앙감정론』, 304에서 인용함. 원리 (principle, ἀρχη)에 대하여 잘 설명하고 있는 것은 Webber, "'One-step' Salvation," 241-43이다.
236. 에드워즈,『신앙감정론』, 304 = *Religious Affections*, 206: "So this new spiritual sense is not anew faculty of understanding, but it is a new foundation laid in the nature of the soul, for a new kind of exercises of the same faculty of understanding. So that new holy disposition of heart that attends this new sense, is not a new faculty of will, but a foundation laid in the nature of the soul, for a new kind of exercises of the same faculty of will."
237. Edwards, *Religious Affections*, 207.
238. 개혁신학자들 사이에도 확신이 신앙의 본질이냐 아니냐를 두고서 논란이 많다. 주관적 확신이 신앙의 본질에 속한다고 주장하는 이들은 칼빈, 카이퍼, 바빙크, 루이스 벌콥 등과 같은 화란 개혁신학자들이고, 이와는 대조적으로 웨스트민스터 신앙고백서나 C. Hodge, A. A. Hodge, 그리고 Dabney등의 미장로교 신학 전통과 박형룡 박사는 신앙의 果實說을 주장한다(이상웅, "박형룡과 화란 개혁주의 신학과의 관계연구" [Th. M. 논문, 총신대학교 대학원, 2004년], 55).
239. Edwards, *Religious Affections*, *WJE* 2:291: "Truly gracious affections are attended with a reasonable and spiritual conviction of the judgment, of the reality and certainty of divine things."

240. Edwards, *Religious Affections*, 291: "All those who are truly gracious persons have a solid, full, thorough and effectual conviction of the truth of the great things of the gospel."
241. Edwards, *Religious Affections*, 293.
242. Edwards, *Religious Affections*, 295: "By a reasonable conviction, I mean, a conviction founded on real evidence, or upon that which is a good reason, or just ground of conviction."
243. Edwards, *Religious Affections*, 295.
244. Edwards, *Religious Affections*, 296.
245. Calvin, *Institutes*, 3.2.33.
246. Edwards, *Religious Affections*, WJE 2:296: "And therefore it follows, that a spiritual conviction of the truth of the great things of the gospel, is such a conviction as arises from having a spiritual apprehension of those things in the mind. And this is also evident from the Scripture, which often represents a saving belief of the reality and divinity of the things proposed and exhibited to us in the gospel, as what proceeds from the Spirit of God enlightening the mind. Hence right apprehensions of the nature of those things; the Spirit as it were unveiling, or revealing them, and enabling the mind to view them as they are."
247. 에드워즈의 이신칭의론에 대한 종합적인 논의는 강웅산 교수의 박사 논문에서 볼 수 있다. Kevin Woong San Kang, "Justified by Faith in Christ: Jonathan Edwards' Doctrine of Justification in Light of Union with Christ" (Ph. D. diss., Westminster Theological Seminary, 2003). 그리고 다음의 논문들도 에드워즈의 이신칭의론에 대한 이해를 도와준다. Samuel T. Logan Jr. "The Doctrine of Justification in the Theology of Jonathan Edwards," *Westminster Theological Journal* 46 (Spring 1984): 26-52; Jeffrey C. Waddington, "Jonathan Edwads's 'Ambigous and Somewhat Precarious' Doctrine of Justification?" *Westminster Theological Journal* 66 (2004): 357-72; George Hunsinger, "Dispositional Soteriology: Jonathan Edwards on Jsutification by Faith Alone," *Westminster Theological Journal* 66 (2004): 107-20.
248. 서철원, 『신학서론』(서울: 총신대학교출판부, 2000), 65-73.
249. 이신칭의에 대한 루터의 평가를 알트하우스는 다음과 같이 요약적으로 제시해 준다: "Der Artikel von der Rechtfertigung ist nicht einfach einer unter anderen, sondern - so erklärt Luther - der Grund- und Hauptartikel, mit dem die Kirche steht und fällt, an dem ihre ganze Lehre hängt, 'die Summe der christlichen Lehre', 'die Sonne, die Gottes heilige Kirche erleuchtet.' Er allein ist das Besondere und Eigene des Christentums, das 'unsere Religion von allen anderen Religionen unterscheidet'. Er für sich allein ist es, der die Kirche bewahrt." (Paul Althaus, *Die Theologie Martin Luthers*, 7. Aufl. [Gütersloh: Gütersloher Verlag, 1994], 195).
250. Calvin, Institues, III. xi. 1.
251. Edwards, "Justification by Faith Alone," *WJE* 19:239: "This seems to be the great drift of that revelation that God has given, and of all those mysteries it reveals, all those great doctrines that are peculiarly doctrines of revelation, and above the

light of nature." 에드워즈의 이신칭의 강론은 이태복 목사에 의해서 번역 출간되어 있다:『기독교중심 - 이신칭의·은혜론』, 이태복 역 (서울: 개혁된신앙사, 2002), 19-301. 필자는 에드워즈의 강론 원문과 대조를 했지만, 본문에서는 특별한 경우를 제외하고는 이태복 목사의 번역본을 그대로 사용하였음을 밝혀둔다.
252. 이상현,『삼위일체, 은혜, 그리고 믿음』, 113.
253. Edwards, "Quaestio: Peccator non iustificatur coram Deo nisi per iustitiam Christi fide apprehensam," *WJE* 14:55-64.
254. Edwards, "Justification by Faith Alone," *WJE* 19:150: "A person is said to be justified when he is approved of God as free from the guilt of sin, and its deserved punishment, and as having that righteousness belonging to him that entitles to the reward of life."; "Justification by Faith Alone," *WJE* 19:154: "To be justified is to be approved of God as a proper subject of pardon, and a right to eternal life."
255. Edwards, "Justification by Faith Alone," 151: "But that a believer's justification implies not only remission of sins, or acquittance from the wrath due to it, but also an admittance to a title to that glory that is the reward or righteousness, is more directly taught in the Scripture."
256. Edwards, "Justification by Faith Alone," 240.
257. Edwards, "Justification by Faith Alone," 188: "For justification is manifestly a forensic term, as the word is used in Scripture, and the thing a judicial thing, or the act of a judge"
258. Edwards, "Justification by Faith Alone," 190-91.
259. Edwards, "Justification by Faith Alone," 149: "We are justified only by faith in Christ, and not by any manner of virtue or goodness of our own."
260. "의롭다 여김을 받는다"는 표현이 더욱더 에드워즈의 의도를 잘 전달 할 것이다. 에드워즈는 로마서 4장 3절(창세기 15장 6절의 인용)에 있는 말씀, "아브라함이 하나님을 믿으매 이것이 저에게 의로 여기신 바 되었느니라"는 구절에 대해서 다음과 같이 해설한다: "'Tis manifest the Apostle lays the stress of his argument for the free grace of God, from that text he cites out of text of the Old Testament about Abraham, on the word counted or imputed, and that this is the thing that he supposed God to show his grace in, viz. in his counting something for righteousness, in his consequential dealings with Abraham, that was no righteousness in itself" (Edwards, "Justification by Faith Alone," 148).
261. Edwards, "Justification by Faith Alone," 151.
262. Edwards, "Justification by Faith Alone," 153-54: "If Christ had not come into the world and dies, etc. to purchase justification, no qualification whatever, in us, could render it a meet or fit thing that we should be justified; but the case being as it now stands, viz. that Christ has actually purchased justification by his own blood, for infinitely unworthy creatures."
263. Edwards, "Justification by Faith Alone," 198. Cf. Kang, "Justified by Faith Alone," 118-42, 166.

264. Edwards, "Justification by Faith Alone," *WJE* 19:185-86. Cf. Kang, "Justified by Faith Alone," 142-65.
265. 마르틴 루터는 로마서 3장 28절(So halten wir nun dafür, dass der Mensch gereht wird ohne des Gesetzes Werk, allein durch den Glauben)을 번역하면서 오직 믿음에 의한 칭의를 강조하기 위해서 헬라어 원문에 없는 allein(라틴어에 sola에 해당됨)을 첨가하였다. 멜랑히톤이나 칼빈 역시 루터의 번역을 정당한 것으로 옹호하였다 (*Institues*, 3.11.19). 또한 에드워즈 역시 성경에 의하면 오직 믿음으로의 방법 밖에 없다고 바르게 지적하였다: "For 'tis most plain from the Scripture that the condition of justification, or that in us by which we are justified, is but one, and that is faith" (Edwards, "Justification by Faith Alone," *WJE* 19:222).
266. Edwards, "Justification by Faith Alone," *WJE* 19:152.
267. Edwards, "Justification by Faith Alone," *WJE* 19:152.
268. Edwards, "Justification by Faith Alone," *WJE* 19:153.
269. Edwards, "Justification by Faith Alone," *WJE* 19:153.
270. Edwards, "Faith," no. 38. *WJE* 21:423: "Faith is the soul's entirely embracing the revelation of Jesus Christ as our Savior." 에드워즈는 loving이나 choosing이라는 단어보다는 embracing이라는 단어가 더욱 적절하다고 말한다. "Faith," no. 39, *WJE* 21:423. 에드워즈는 그리스도를 구주로 말씀하는 진리를 믿는 것에 대해서 "entirely adhering to and acquiescing" 또는 "entirely acquiescing in and depending upon"이라고 말한다(Edwards, "Faith," nos. 41-43, *WJE* 21:423).
271. Edwards, "Faith," no. 32, *WJE* 21:422.
272. Edwards, "Faith," no. 55, *WJE* 21:428: "Justifying faith is the soul's sense and conviction of the reality, the excellency and sufficiency of Jesus Christ as a Savior, with the soul's answerable entire inclination, entirely an answerable inclining of the heart towards him, and application of itself to him, entirely inclining and moving the heart to him." Edwards, "Faith," nos. 59, 63, *WJE* 21:432, 433.
273. Edwards, "Faith," no. 29, *WJE* 21:422: "Believing in Christ is heartily joining themselves to Christ … and we are justified freely through faith, i. e. we are saved by Christ, only on joining ourselves to him. It is a being persuaded to join ourselves to him and to be of his party (John 8:12)." 에드워즈는 일반적으로 유익을 얻기 위하여 누군가를 믿는다고 하는 것은 남을 신뢰하는 것을 함축하는 것이라는 점에 대해서도 말한다. "Faith," no. 145, *WJE* 21:465.
274. Edwards, "Justification by Faith Alone," *WJE* 19:155.
275. Edwards, "Justification by Faith Alone," *WJE* 19:155.
276. Edwards, "Justification by Faith Alone," *WJE* 19:156. 몇 줄 건너 뛰어 에드워즈는 다음과 같이 말한다: "First we must be in him, and then he will be made righteousness, or justification to us."
277. Edwards, "Justification by Faith Alone," *WJE* 19:159.
278. Edwards, "Justification by Faith Alone," *WJE* 19:159.
279. Edwards, "Justification by Faith Alone," 159. 그리고 "Miscellanies," no. 1331, *WJE* 23:321-22: "FITNESS, NATURAL. Faith is appointed the condition of an interest in

Christ because there is a propriety in it that such only should be interested in him as do believe in him, or that such only should be looked upon as in him, or one with him, whose hearts are united to him as their Savior."
280. Edwards, "Justification by Faith Alone," *WJE* 19:160.
281. Edwards, "Justification by Faith Alone," 207. 에드워즈는 믿음을 "오직 순종의 행위나 순종의 증거로서만 우리를 의롭다 한다"고 주장하는 알미니안 주의에 반대하여 "순종은 오직 믿음의 증거라는 자격으로만 칭의와 관련이 있고, 그 외의 다른 자격으로는 순종은 칭의와 절대 무관하다"고 대답한다(ibid., 208).
282. Edwards, "Justification by Faith Alone," *WJE* 19:222-27. 또한 "Miscellanies," no. 820, *WJE* 18:531을 보라.
283. Edwards, "Controversy: Justification," *WJE* 21:360.
284. Edwards, "God Glorified in the Work of Redemption," *WJE* 17:201: "We are dependent on the Holy Ghost, for 'tis of him that we are in Christ Jesus; 'tis the Spirit of God that gives us faith in him, whereby we receive him, and close with him."
285. Calvin, Institutio, 3.16.1: "*Nullum ergo Christus iustificat quem non simul sanctificet. Sunt einm perpetuo et individuo nexu coniuncta haec beneficia, ut quos sapientia sua illuminat, eos redimat: quos redimit, iustificet: quos iusiticat, sactificet. Sed quia de iustitia et sanctificatione tantum quaestio est, in iis insistamus. Inter se distinguamus licet, inseparabiliter tamen utranque Christus in se continet*" (OS, III. 249).
286. Edwards, *A History of the Work of the Redemption, WJE* 9:120: "This effect that I here speak [of] is the application of redemption with respect to the souls of particular persons in *converting, justifying, sanctifying and glorifying*" (강조는 필자의 것임).
287. Edwards, "Discourse on the Trinity," *WJE* 21:123: "This is very consonant to the office of the Holy Ghost, or his work with respect to creatures, which is threefold: viz. to quicken, enliven and beautify all things; to sanctify intelligent [creatures]; and to comfort and delight them."
288. Edwards, "Treatise on the Grace," *WJE* 21:176: "Sanctification is by the Sprit of God"라고 진술한 후에, 살후 2:13; 고전 6:11; 벧전 1:2등을 인용한다.
289. Edwards, "Diary," *WJE* 16:767 =『조나단 에드워즈처럼 살 수는 없을까?』, 232. 뒷부분만 영어로 인용해 보면 "and that holiness is entirely, throughout, the work of God's Spirit, with more pleasure than before."
290. 이 세 자료는 *WJE* 16:753-804에 수록되어 있다.
291. Edwards, "Diary," *WJE* 16:770: "I think I find in my heart to be glad from the hopes I have that my eternity is to be spent in spiritual and holy joys, arising from the manifestation of God's love, and the exercise of holiness and a burning love to him."
292. Edwards, "The Way of Holiness," *WJE* 10:471.
293. 성화에 대한 에드워즈의 관심이 얼마나 지대했는가에 대한 또 하나의 증거는 존 거스트

너가 제공하고 있는데, 그는 수 십년 동안 에드워즈를 연구한 학자로서, 에드워즈의 설교들 중에 200편 이상이 성화를 중심 주제로 삼고 있다고 보도하고 있다(Gerstner, *The Rational Biblical Theology of Jonathan Edwards*, 3:224).

294. 에드워즈는 1722년에 시작된 뉴욕 목회 시절부터 성도의 견인 교리, 즉 성도는 하나님의 은혜에서 떨어져 나갈 수(falling from grace) 없음을 분명하게 믿고 있었다. Edwards, "Miscellanies," no. y, *WJE* 13:176: "It is not reasonable to believe that a man may fall from grace, upon this account, because Christ has already acted the part of those that believe, and those merits are sure and certain that he has purchased." 그리고 "Miscellanies," nos. 84, 171, [327b], 415, 428, 467, 695, 711, 726, 729, 744, 750, 755, [773], 774, 795, 799, 823, 945 등을 보라.

295. Edwards, "The Way of Holiness," *WJE* 10:471: "Therefore, it behooves us all to be sensible of the necessity of holiness in order to salvation; of the necessity of real, hearty and sincere, inward and spiritual holiness, such as will stand by us forever and will not leave us at death." 그리고 *Charity and Its Fruits*, *WJE* 8:295: "Though God does not elect men because he foresees that they will live holy, yet he elects them that they may live holy. Thus God in the decree of election ordained that man should walk in good works."

296. Edwards, "The Way of Holiness," *WJE* 10:478-79 = 『조나단 에드워즈의 대표 설교 선집』, 76에서 인용함.

297. Edwards, "Discourse on the Trinity," *WJE* 21:123: "'Tis he that sanctifies created spirits, that is, he gives them divine love: for the Scripture teaches us that all holiness and true grace and virtue is resolvable into that, as its universal spring and principle."

298. Edwards, *Religious Affections*, *WJE* 2:201: "Holiness, which is as it were the beauty and sweetness of the divine nature."

299. Edwards, *End of Creation*, *WJE* 8:442. 본문은 백금산 역에서 인용했다.

300. Edwards, *Religious Affections*, *WJE* 2:255.

301. Edwards, *Religious Affections*, *WJE* 2:255. 에드워즈에게 있어서 "사람 속에 있는 거룩함은 단지 하나님의 거룩하심의 모형에 불과하다."

302. 『참된 미덕의 본질』(*The Nature of True Virtue*)을 텍스트로 하여 에드워즈의 덕의 윤리를 잘 분석하고 설명한 글은 이상원 교수의 "조나단 에드워즈의 덕의 윤리,"「신학지남」65/4 (1998 겨울호): 269-95이다.

303. Edwards, *True Virtue*, *WJE* 8:540: "True virtue most essentially consists in benevolence to Being in general. Or perhaps to speak more accurately, it is that consent, propensity and union of heart to Being in general, that is immediately exercised in a general good will".

304. Edwards, *True Virtue*, *WJE* 8:551.

305. Edwards, *True Virtue*, *WJE* 8:554, 557.

306. Edwards, *True Virtue*, *WJE* 8:554-57. 따라서 에드워즈에 의하면 어떤 종교나 도덕 철학이 아무리 어떤 점에 있어서 인류에 대한 호의나 그에 따르는 다른 미덕들을 다룬다 할지라도 그들이 행하는 행동들의 첫 번째 기초와 원천이 하나님의 가장 높으신 위엄과

영광을 파악한 것이 되지 못한다면, 그리고 하나님께 대한 마땅한 존경과 사랑이 되지 못한다면, 그리고 하나님을 최고의 목적으로 존중하는 것이 아니라면, 그 어떤 것도 참된 미덕의 본질에 속하지 않는다(560).

307. Edwards, *True Virtue*, WJE 8:557.
308. 에드워즈는 "삼위일체론" 말미에서 "Holy Ghost is Divine Beauty, love and joy"라고 말하고 있음을 본다. Edwards, "Treatise on the Trinity," WJE 21:144.
309. Edwards, "Miscellanies," no. 397, WJE 13:462.
310. Edwards, "Miscellanies," no. 330, WJE 13:409.
311. Edwards, "Treatise on Grace," WJE 21:197: "'Tis the Spirit itself that is the only principle of true virtue in the heart. So that to be truly virtuous, is the same as to be spiritual … It consist altogether in the indwelling and acting of the Spirit of God in their habits … and so the holiness and happiness of every holy or truly virtuous creature of God, in heaven or earth, consist in the communion of the same Spirit."
312. Edwards, "'Controversies': Justification," WJE 21:371: "But in the way of the gospel, a person is justified before holiness is thus finished, yea, he is justified in the very beginnings of the person's holiness, or as soon as ever his holiness is begun, in the very first point or first step of his holy course; and that, however perseverance in holiness is taken into the account, or he be justified in some sense by persevering holiness in the manner that was before observed … That in the method of justification by the gospel, a person is justified before he has any habitual holiness, or any holiness as an established principle of action- not before there has been one act of sincere holiness, an act from the bottom of the heart and with the whole soul- yet the establishing holiness as an abiding principle of spiritual life and action is consequent on justification."
313. 에드워즈가 표준문서로 따르는 바『웨스트민스터 신앙고백서』 제13장에 의하면 그리스도인의 성화는 예수를 믿음과 동시에 급진적으로 일어나는 시발적인 성화(initial sanctification)와 점진적인 성화(progressive sanctification)로 이루어진다고 한다(오덕교, "조나단 에드워즈의 구원과 성화," in 『오희동 박사 고희기념논문집』, 오희동 박사 고희기념논문집 편찬 위원회 편 [안양: 성결교회와 역사연구소, 2005], 199-200). 현대 개혁주의 신학자 가운데 성화의 양면성을 주의하여 결정적 성화와 점진적 성화로 나누어서 설명한 이는 John Murray이다. Murray는 신자가 구원의 시초에 그리스도와 연합을 통해 성취하는 죄에 대한 단번의 승리 혹은 죄의 세력과의 결정적 단절을 결정적 성화(definitive sanctification)라고 명명하였다(John Murray, *Collected Writings of John Murray*, 박문재역, 『조직신학 II』[고양: 크리스챤 다이제스트, 2001], 289-306; 오창록, "존 머레이의 결정적 성화론(Definitive Sanctification)," in 『성경과 개혁신학』, 서철원 박사 은퇴기념 논총위원회 편 [서울: 쿰란출판사, 2007]: 359-82).
314. Edwards, *Religious Affections*, WJE 2:380-81: "Whereas the holy principles that actuate a true saint, have a far more powerful influence to stir him up to earnestness in seeking God and holiness, than servile fear. Hence seeking God is spoken of as one of the distinguishing characters of the saints."

315. Edwards, *Religious Affections*, 381-82 = 『신앙 감정론』, 537-38에서 인용함.
316. Edwards, *Religious Affections*, WJE 2:377: "So that the spiritual appetite after holiness, and an increase of holy affections, is much more lively and keen in those that are eminent in holiness, than others."
317. Edwards, 『신앙 감정론』, 532.
318. Edwards, 『신앙 감정론』, 532-33.
319. Edwards, "Miscellanies," no. 733, WJE 18:359: "For 'tis the Spirit of God in the saints that is that by which they are saint. The Spirit is the sum of all that which they have from the Father through the Son, all that the Father doth through the Mediator, to and for the saints, terminates in the Spirit."
320. Edwards, "Treatise on Grace," WJE 21:196. 본문은 이태복 역에서 인용했다.
321. Edwards, "Treatise on Grace," 197.
322. Edwards, "Efficacious Grace," WJE 21:251: "We are not merely passive in it, nor yet does God do some and we do the rest, but God does all and we do all. God produces all and we act all. For that is what he produces, our own acts. God is the only proper author and fountain; we only are the proper actors. We are in different respects wholly passive and wholly active." 청교도 존 오웬 역시도 이 문제에 대해서 다음과 같이 말한다: "He(즉, 하나님) works in us and with us, not without us and against us"(John Owen, *On the Mortification of Sin, The Works of John Owen*, 6:20).
323. Edwards, "Treatise on Grace," WJE 21:196-97. 본문은 이태복역에서 인용했다.
324. Edwards, "The Way of Holiness," WJE 10:470-71.
325. Edwards, "The Way of Holiness," WJE 10:471: "Holiness is a conformity of the heart and life unto God."
326. Edwards, "The Way of Holiness," WJE 10:472: "Holiness is the image of God, his likeness, in him that is holy."
327. Edwards, "The Way of Holiness," WJE 10:472.
328. Edwards, "The Way of Holiness," WJE 10:473: "Now holiness is a conformity unto this copy: he that copies after Jesus Christ, after that copy which he has set us and which is delivered to us by the evangelist, is holy."
329. Edwards, "The Way of Holiness," WJE 10:473.
330. Edwards, "The Way of Holiness," WJE 10:473: "Holiness is a conformity to God's laws and commands."
331. Edwards, "The Way of Holiness," WJE 10:473-74.
332. Edwards, *Religious Affections*, WJE 2:84: "There is no question whatsoever, that is of greater importance to mankind, and that it more concerns every individual person to be well resolved in, than this, what are the distinguishing qualifications of those that are in favor with God, and entitled to his eternal rewards? What is the nature of true religion? And wherein lie the distinguishing notes of that virtue and holiness that is acceptable in the sight of God?" (한글 인용문은 『신앙 감정론』, 133).

333. Edwards, *Religious Affections*, 95: "True religion, in great part, consist in holy affections." religion이라는 단어를 종교가 아니라 신앙이라고 번역하고, affection을 감정이라고 번역하는 것은 별로 무리가 아니라고 사료된다. affection이라는 단어는 라틴어 *affectus*에서 온 말로 감정으로 이해하는데 문제가 없다. 다만 후대의 프리드리히 슐라이어마허의 감정(Gefühl) 개념과 내용을 구별해서 쓰는 것이 좋을 것이다. Cf. Matthew Todd Mathews, "Toward a Holistic Theological Anthropology: Jonathan Edwards and Friedrich Schleiermacher on Religious Affection"(Ph. D. diss., Emory University, 2000).
334. Edwards, *Religious Affections*, WJE 2:96: "I answer: The affections are no other than the more vigorous and sensible exercises of the inclination and will of the soul."
335. Edwards, *Religious Affections*, 119.
336. Edwards, *Religious Affections*, 124-90(제2부), 191-461(제3부).
337. 노병기 박사는 에드워즈가 제시하는 12가지 적극적 표지를 "참된 중생을 입증하는 12가지 표지"라고 이해하여 소개한다(노병기, "조나단 에드워즈의 중생론," 183-85). 그리고 제럴드 맥더모트는 12가지 적극적 표지를 "Twelve Reliable Signs of True Spirituality"으로 사용하기도 하였다(Gerald R. McDermott, *Seeing God: Twelve Reliable Signs of True Spirituality* [Downers Grove: IVP, 1995]).
338. Edwards, *Religious Affections*, WJE 2:197-239.
339. Edwards, *Religious Affections*, WJE 2:203.
340. Edwards, *Religious Affections*, WJE 2:236: "The inheritance that Christ has purchased for the elect, is the Spirit of God; not in any extraordinary gifts, but in his vital indwelling in the heart, exerting and communicating himself there, in his own proper, holy or divine nature."
341. Edwards, *Religious Affections*, WJE 2:240.
342. Edwards, *Religious Affections*, WJE 2:241.
343. Edwards, *Religious Affections*, WJE 2:246: "In the love of the true saint God is the lowest foundation; the love of the excellency of his nature is the foundation of all the affections which come afterwards, wherein self-love is concerned as an handmaid."
344. Edwards, *Religious Affections*, WJE 2:249.
345. Edwards, *Religious Affections*, WJE 2:253-54.
346. Edwards, 『신앙감정론』, 367 = Edwards, *Religious Affections*, WJE 2:255: "By the moral perfections of God, they mean those attributes which God exercises as a moral agent, or whereby the heart and will of God, are good, right, infinitely becoming, and lovely; such as his righteousness, truth, faithfulness, and goodness; or, in one word, his holiness. By God's natural perfections, they mean those attributes wherein his greatness consists; such as his power, his knowledge, his being from everlasting to ever lasting, his omnipresence, his awful and terrible majesty."
347. Edwards, *Religious Affections*, WJE 2:256.

348. Edwards, *Religious Affections*, WJE 2:262-66.
349. Edwards, *Religious Affections*, WJE 2:260-61.
350. Edwards, *Religious Affections*, WJE 2:266-91.
351. Edwards, *Religious Affections*, WJE 2:266: "Holy affections are not heat without light."
352. Cherry, *The Theology of Jonathan Edwards*, 19; John E. Smith, "Editor's Introduction," *WJE* 2:25n.
353. Edwards, *Religious Affections*, WJE 2:273.
354. Edwards, *Religious Affections*, WJE 2:274. 에드워즈는 거룩함의 아름다움 혹은 도덕적 선에 대해서 얼마나 강조하는지 하나님께 대하여 다음과 같이 말하기도 하였다: "This is the beauty of the Godhead, and the divinity of Divinity(if I may so speak), the good of the infinite Fountain of Good; without which God himself (if that were possible to be) would be an infinite evil."
355. Edwards, *Religious Affections*, WJE 2:283.
356. Edwards, *Religious Affections*, WJE 2:291.
357. Edwards, *Religious Affections*, WJE 2:291.
358. Edwards, *Religious Affections*, WJE 2:311-40. 에드워즈는 겸손과 교만에 대해서 관심을 많이 가지고 있었고, 예리하고 자세한 분석을 남겼다. *Charity and Its Fruits*, WJE 8:232-51; *Some Thoughts*, WJE 4:414-32 등도 보라.
359. Edwards, *Religious Affections*, WJE 2:311: "Evangelical humiliation is a sense that a Christian has of his own utter insufficiency, despicableness, and odiousness, with an answerable frame of heart."
360. Edwards, *Religious Affections*, WJE 2:311.
361. Edwards, *Religious Affections*, WJE 2:312.
362. Edwards, *Religious Affections*, WJE 2:319.
363. Edwards, *Religious Affections*, WJE 2:322.
364. Edwards, *Religious Affections*, WJE 2:324.
365. Edwards, *Religious Affections*, WJE 2:325.
366. Edwards, *Religious Affections*, WJE 2:340-44.
367. Edwards, *Religious Affections*, WJE 2:340-44.
368. Edwards, *Religious Affections*, WJE 2:341: "A man may be restrained from sin, before he is converted; but when he is converted, he is not only restrained from sin, his very heart and nature is turned from it, unto holiness: so that thenceforward he becomes a holy person, and an enemy to sin."
369. Edwards, *Religious Affections*, WJE 2:341.
370. Edwards, *Religious Affections*, WJE 2:344-45.
371. Edwards, *Religious Affections*, WJE 2:345.
372. Edwards, *Religious Affections*, WJE 2:345: "All that are truly godly, and real disciples of Christ, have this spirit in them; and not only so but they are of this spirit; it is their true and proper character."
373. Edwards, *Religious Affections*, WJE 2:346: "Christians are Christlike: none deserve

the name of Christians that are not so, in their prevailing character."
374. Edwards, *Religious Affections*, *WJE* 2:349-53.
375. Edwards, *Religious Affections*, *WJE* 2:353-57.
376. Edwards, *Religious Affections*, *WJE* 2:356: "And that this is essentially and eminently the nature of the saving grace of the gospel, and the proper spirit of true Christianity."
377. Edwards, *Religious Affections*, *WJE* 2:348: "That such manner of virtue as has been spoken of is the very nature of the Christian spirit, or the Spirit that worketh in Christ and in his members, and the distinguishing nature of it, is evident by this, that the dove is the very symbol or emblem, chosen of God, to represent it."
378. Edwards, *Religious Affections*, *WJE* 2:357.
379. Edwards, *Religious Affections*, *WJE* 2:356-57: "The Scripture knows no true Christians, as of a sordid, selfish, cross, and contentious spirit. Nothing can be invented that is a greater absurdity, than a morose, hard, close, high-spirited, spiteful, true Christian."
380. Edwards, *Religious Affections*, *WJE* 2:357.
381. Edwards, *Religious Affections*, *WJE* 2:360.
382. Edwards, *Religious Affections*, *WJE* 2:360-61.
383. Edwards, *Religious Affections*, *WJE* 2:361.
384. Edwards, *Religious Affections*, *WJE* 2:358, 363.
385. Edwards, *Religious Affections*, *WJE* 2:364-65. 에드워즈는 이 참된 회심, 거짓된 회심이라는 두 용어를 사용하여 설명하고 있다.
386. Edwards, *Religious Affections*, *WJE* 2:365.
387. Edwards, *Religious Affections*, *WJE* 2:366.
388. Edwards, *Religious Affections*, *WJE* 2:366.
389. Edwards, *Religious Affections*, *WJE* 2:376.
390. Edwards, *Religious Affections*, *WJE* 2:367-76.
391. 이 항목의 정리는 양낙흥, 『체험과 부흥의 신학자 조나단 에드워즈』, 545-48를 따랐다.
392. Edwards, *Religious Affections*, *WJE* 2:376.
393. Edwards, *Religious Affections*, *WJE* 2:376.
394. Edwards, *Religious Affections*, *WJE* 2:377.
395. Edwards, *Religious Affections*, *WJE* 2:378.
396. Edwards, *Religious Affections*, *WJE* 2:383.
397. Edwards, *Religious Affections*, *WJE* 2:382. 에드워즈는 위선자들에 대해 다음과 같이 예리하게 비판한다: "But the truth is, their desires are not properly the desires of appetite after holiness, for its own sake, or for the moral excellency and holy sweetness that is in it; but only for by-ends."
398. Edwards, *Religious Affections*, *WJE* 2:382-83: "There is an inward burning desire that a saint has after holiness, as natural to the new creature, as vital heat is to the body. There is a holy breathing and panting after the Spirit of God to increase holiness, as natural to a holy nature, as breathing is to a living body." 그리고 바

로 이어지는 문장도 주의해서 읽어볼 필요가 있다. "And holiness or sanctification is more directly the object of it, than any manifestation of God's love and favour. This is the meat and drink that is the object of the spiritual appetite; John iv. 34. "My meat is to do the will of him that sent me, and to finish His work."

399. Edwards, *Religious Affections*, WJE 2:383: "But neither a longing after great discoveries, or after great tastes of the love of God, nor longing to be in heaven, nor longing to die, are in any measure so distinguishing marks of true saints, as longing after a more holy heart, and living a more holy life."

400. Edwards, *Religious Affections*, WJE 2:383. 에드워즈에게 있어서 12번째 표지는 대단히 중요하기 때문에 상당한 분량을 할애하여 다루는 것을 볼 수 있다. 예일판에 의하면 앞의 11가지 표지는 WJE 2:197-383에 걸쳐서 다루고 있고, 마지막 12번째 표지는 WJE 2:383-461까지 다루고 있다.

401. Edwards, *Religious Affections*, WJE 2:383-89.

402. Edwards, *Religious Affections*, WJE 2:392: "The reason of it appears particularly from this, that gracious affections arise from those operations and influences which are spiritual, and that the inward principle from whence they flow, is something divine, a communication of God, a participation of the divine nature, Christ living in the heart, the Holy Spirit dwelling there, in union with the faculties of the soul, as an internal vital principle, exerting his own proper nature in the exercise of those faculties. This is sufficient to show us why true grace should have such activity, power, and efficacy. No wonder that what is divine, is powerful and effectual; for it has omnipotence on its side."

403. Edwards, *Religious Affections*, WJE 2:391.

404. Edwards, *Religious Affections*, WJE 2:392-97.

405. Edwards, *Religious Affections*, WJE 2:398: "The tendency of grace in the heart to holy practice, is very direct, and the connection most natural, close, and necessary. True grace is not an unactive thing; there is nothing in heaven or earth of a more active nature; for 'tis life itself, the most active kind, even spiritual and divine life. 'Tis no barren thing; there is nothing in the universe that in its nature has a greater tendency to fruit."

406. Edwards, *Religious Affections*, WJE 2:398.

407. Edwards, *Religious Affections*, WJE 2:399: "Holy practice is as much the end of all that God does about his saints, as fruit is the end of all the husbandman does about the growth of his field or vineyard."

408. Edwards, *Religious Affections*, WJE 2:401-402.

409. Edwards, *Religious Affections*, WJE 2:406.

410. Edwards, *Religious Affections*, WJE 2:407-20.

411. Edwards, *Religious Affections*, WJE 2:424.

412. Edwards, *Religious Affections*, WJE 2:425.

413. Edwards, *Religious Affections*, WJE 2:443 =『신앙감정론』, 614에서 인용.

414. Edwards, *Distinguishing Marks*, WJE 4:238: "And as 'tis a scriptural way of

carrying on God's work, to carry it on by example, so 'tis a reasonable way."
415. Edwards, *Distinguishing Marks*, WJE 4:239.
416. Edwards, *Distinguishing Marks*, WJE 4:239: "There never yet was a time of remarkable pouring out of the Spirit, and great revival of religion, but that example had a main had."
417. Edwards, *The Life of David Brainerd*, WJE 7:89 =『데이비드 브레이너드 생애와 일기』, 51-52.
418. Edwards, *Faithful Narrative*, WJE 4:191-205.
419. Edwards, *Faithful Narrative*, WJE 4:199.
420. 새라 에드워즈에 관해서는 다음의 자료를 참고하라. Elisabeth E. Dodds, *Marriage To a Difficult Man: The Uncommon Union of Joanthan & Sarah Edwards* (Audubon Drive: Audubong Press, 2004); Noël Piper, "Sarah Edwards: Jonathan's Home and Haven," in *God-Entranced Vision of All Things: The Legacy of Jonathan Edwards*, eds., John Piper and Justin Taylor (Wheaton: Crossway, 2004): 55-78.
421. Edwards, *Some Thoughts*, WJE 4:331-41. 에드워즈는 부인의 이름을 밝히지 아니하고 익명으로 소개하고 있다. 그러나 이 대목에서 소개되고 있는 사람이 새라 에드워즈라고 하는 것은 일반적으로 인정되고 있다. Goen, "Editor's Introduction," WJE 4:68-70. 윌리엄 제임스, 『종교적 경험의 다양성』, 355-57에서도 새라 에드워즈에 대한 이야기임을 당연시하고 있다.
422. Edwards, *Some Thoughts*, WJE 4:333.
423. Edwards, *Some Thoughts*, WJE 4:331-32.
424. Edwards, *Some Thoughts*, WJE 4:332.
425. Edwards, *Some Thoughts*, WJE 4:333-34.
426. Edwards, *Some Thoughts*, WJE 4:334-35.
427. Edwards, *Some Thoughts*, WJE 4:335.
428. Edwards, *Some Thoughts*, WJE 4:336-37.
429. Edwards, *Some Thoughts*, WJE 4:340.
430. Edwards, *Some Thoughts*, WJE 4:334. 그리고 337쪽에 보면 하나님의 영광을 위해서 살고자 갈망한 새러의 상태가 기술되고 있다: "A most vehement and passionate desire of the honor and glory of God's name; a sensible, clear and constant preference of it not only to the person's own temporal interest, but spiritual comfort in this world."
431. Edwards, *Some Thoughts*, WJE 4:337: "A great delight in singing praises to God and Jesus Christ, and longing that this present life may be, as it were, one continued song of praise to God", Ibid., 340. "A wonderful access to God by prayer, as it were seeing him, and sensibly immediately conversing with him, as much oftentimes (to use the person's own expressions) as if Christ were here on earth, sitting on a visible throne, to be approached to and conversed with"
432. Edwards, *Some Thoughts*, WJE 4:341.
433. Edwards, *Some Thoughts*, WJE 4:340. 또한 335쪽에 보면 다음과 같은 에드워즈의 언급이 나온다: "And another thing that was felt at that time, was a very great sense

of the importance of moral social duties, and how great a part of relgion lay in them."

434. 편집자 Goen이 새라 에드워즈를 소개하는 부분을 "An Example of Evangelical Piety" 라고 타이틀을 붙힌 것(Edwards, *Some Thoughts*, WJE 4:331)은 에드워즈의 의도를 잘 이해한 것으로 판단되어진다.

435. Edwards, *Some Thoughts*, WJE 4:341: "Now if such things are enthusiasm, and the fruits of a distempered brain, let my brain be evermore possessed of that happy distemper! If this be distraction, I pray God that the world of mankind may be all seized with this benign, meek, beneficent, beatifical, glorious distraction!"(한글 인용은 『부흥론』, 444).

436. 두 저서의 초판 이래 최근까지의 출판 역사를 보고자 한다면 M. X. Lesser, *The Printed Writings of Jonathan Edwards* (Princeton: Princeton Theological Seminary, 2003), 47-62, 68-89를 보라. 그리고 『브레이너드 생애와 일기』가 교회사적으로 얼마나 지대한 영향력을 미쳤는지를 알고자 한다면 Norman Pettit, "Editor's Introduction," WJE 7:1-4; Joseph A. Conforti, "Jonathan Edwards's Most Popular Work: 'The Life of David Brainerd' and Nineteenth-Century Evangelical Culture," *Church History* 54/2 (1985): 188-201; David Weddle, "The Melancholy Saint: Jonathan Edwards's Interpretation of David Brainerd as a Model of Evangelical Spirituality," *Harvard Theological Review* 81/3 (1988): 297-318; Joseph A. Conforti, *Jonathan Edwards, Religious Tradition, & American Culture* (Chapel Hill and London: University of North Carolina Press, 1995) 등을 보라.

437. Edwards, *The Life of David Brainerd*, WJE 7:96 =『데이비드 브레이너드 생애와 일기』, 61. 브레이너드는 에드워즈의 *Religious Affections*을 "명백한 말투로 인정하고 추천"했다(WJE 7:511).

438. Edwards, *The Life of David Brainerd*, WJE 7:89 =『데이비드 브레이너드 생애와 일기』, 52.

439. Edwards, *The Life of David Brainerd*, WJE 7:90 =『데이비드 브레이너드 생애와 일기』, 52.

440. Edwards, *The Life of David Brainerd*, WJE 7:89: "But notwithstanding all these imper- fections, I am persuaded, every pious and judicious reader will acknowledge that what is here set before him is indeed a remarkable instance of true and eminent Christian piety in heart and practice; tending greatly to confirm the reality of vital religion, and the power of godliness, that it is most worthy of imitation, and many ways tending to the spiritual benefit of the careful observer."

441. Edwards, *The Life of David Brainerd*, WJE 7:500-541. 에드워즈가 붙인 평가서의 제목은 "An Appendix containing some reflections and observations on the preceding memoirs of Mr. Brainerd"이다.

442. Murray, *Jonathan Edwards*, 308.

443. 브레이너드의 생애와 사역에 대한 에드워즈의 평가는 그가 브레이너드 장례식 때 행한 설교 속에서도 찾아볼 수 있다: Edwards, "True Saints, When Absent from the Body,

Are Present with the Lord(II Cor. 5:8)," WJE 25:225-56.
444. Edwards, *The Life of David Brainerd*, WJE 7:500-17. 8개의 평가중 첫 번째 평가 부분이 내용상 제일 길다.
445. Edwards, *The Life of David Brainerd*, WJE 7:500. 앞서도 살펴보았지만 에드워즈는 엄밀하게 회심의 순서와 단계를 고정시키는 청교도적인 회심 형태론에 대해 회의적이었다. 그러나 브레이너드의 경우는 회심 체험이 본질적으로 명확할 뿐 아니라 심지어는 순서에 있어서도 명확하다고 평가하였다. 에드워즈는 브레이너드의 회심과 같은 경우는 500명의 참된 회심자 가운데서 채 한 명도 안 될 것이라고 말하기까지 하였다(Edwards, *The Life of David Brainerd*, WJE 7:511).
446. Edwards, *The Life of David Brainerd*, WJE 7:501.
447. Edwards, *The Life of David Brainerd*, WJE 7:502.
448. Edwards, *The Life of David Brainerd*, WJE 7:503=『데이비드 브레이너드 생애와 일기』, 736.
449. Edwards, *The Life of David Brainerd*, WJE 7:504: "But the way he was satisfied of his own good estate, even to the entire abolishing of fear, was by feeling within himself the lively actings of a holy temper and heavenly disposition, the vigorous exercises of that divine love which casts out fear."
450. Edwards, *The Life of David Brainerd*, WJE 7:505.
451. Edwards, *The Life of David Brainerd*, WJE 7:505.
452. Edwards, *The Life of David Brainerd*, WJE 7:506=『데이비드 브레이너드 생애와 일기』, 741.
453. Edwards, *The Life of David Brainerd*, WJE 7:506=『데이비드 브레이너드 생애와 일기』, 742.
454. Edwards, *The Life of David Brainerd*, WJE 7:506-507.
455. Edwards, *The Life of David Brainerd*, WJE 7:507.
456. Edwards, *The Life of David Brainerd*, WJE 7:509. "And his sweetest joys, were in his closet devotions and solitary transactions between God and his own soul."
457. Edwards, *The Life of David Brainerd*, WJE 7:509. "And the greater and sweeter his comforts were, the more vehement were his desires after holiness."
458. Edwards, *The Life of David Brainerd*, WJE 7:509.
459. Edwards, *The Life of David Brainerd*, WJE 7:510=『데이비드 브레이너드 생애와 일기』, 749.
460. Edwards, *The Life of David Brainerd*, WJE 7:512.
461. 우리는 브레이너드의 거짓 신앙에 대한 비판적 주장은 특히 토머스 셰퍼드 목사의 일기를 출판하는 기회에 브레이너드가 썼던 서문 속에서 찾아볼 수 있다. WJE 7:513-15을 보라. 그리고 에드워즈가 인용한 맨 마지막 부분을 보면, 브레이너드는 참된 신앙의 본질에 대해서 다음과 같이 말하고 있다: "Wherein the essence of true religion consists viz. in being 'conformed to the image of Christ'(Rom. 8:29), not in point of zeal and fervency only, but in all divine tempers and practices … they often appear like the best of men" (Edwards, *The Life of David Brainerd*, WJE 7:515).
462. Edwards, *The Life of David Brainerd*, WJE 7:516-17.

463. Edwards, *The Life of David Brainerd*, WJE 7:517-19. 이런 관심은 에드워즈도 공유했던 것으로서 에드워즈는 이 주제에 대하여 *Distiguishing Marks* (WJE 4), *Some Thoughts* (WJE 4), *Religious Affections* (WJE 2)등을 저술하였다.
464. Edwards, *The Life of David Brainerd*, WJE 7:520-22. 에드워즈가 생각하는 체험적인 종교에 대한 정의는 다음과 같다: "True experimental religion, arising from immediate divine influences, supernaturally enlightening and convincing the mind, and powerfully impressing, quickening, sanctifying, and governing the heart; which religion is indeed an amiable thing, of happy tendency, and of no hurtful consequence to human society"(Edwards, *The Life of David Brainerd*, WJE 7:522).
465. Edwards, *The Life of David Brainerd*, WJE 7:522-30. 에드워즈는 "Calvinistical scheme" (525) 혹은 "Calvinistical doctrines" (526)이라는 표현을 사용했고, 내용적으로 "doctrines of grace"와 일치한다고 생각했다(522).
466. Edwards, *The Life of David Brainerd*, WJE 7:524. 에드워즈는 브레이너드가 견지한 칼빈주의가 미덕과 선행이라는 열매를 맺기에 적합하지 않은 기초라고 비판하는 알미니안주의자들에 대해서 다음과 같이 통렬하게 비판한다: "But where can they find an instance of so great and signal an effect of their doctrine, in bringing infidels, who were at such a distance from all that is civil, sober, rational, and Christian, and so full of inveterate prejudices against these things, to such a degree of humanity, civility, exercise of reason, self-denial, and Christian virtue? Arminians place religion in morality: let them bring an instance of their doctrine producing such a transformation of a people in point of morality" (526).
467. Edwards, *The Life of David Brainerd*, WJE 7:530-31.
468. Edwards, *The Life of David Brainerd*, WJE 7:531: "And his example of labouring, praying, denying himself, and enduring hardness, with unfainting resolution and patience, and his faithful, vigilant, and prudent conduct in many other respects (which it would be too long now particularly to recite) may afford instruction to missionaries in particular". 브레이너드에게서 도전과 영감을 얻은 수많은 선교사들의 예는 Norman Pettit, "Editor's Introduction," WJE 7:1-4를 보라. 대표적으로 윌리엄 캐리, 짐 엘리어트, 데이비드 리빙스턴등을 생각해 볼 수 있다.
469. Edwards, *The Life of David Brainerd*, 531.
470. Edwards, *The Life of David Brainerd*, 531-34. 그리고 에드워즈의 마지막 여덟 번째 평가는 브레이너드가 마지막 병과 함께 죽음을 맞이하게 된 환경 속에서 드러난 하나님의 놀라운 섭리에 대한 긴 설명이 담겨져 있으나 본 논의와 관련성이 적기 때문에 생략한다(ibid, 534-41).
471. Edwards, *The Life of David Brainerd*, WJE 7:541=『데이비드 브레이너드 생애와 일기』, 800.
472. Edwards, "Efficacious Grace," WJE 21:251: "We are not merely passive in it, nor yet does God do some and we do the rest, but God does all and we do all. God produces all and we act all. For that is what he produces, our own acts. God is the only proper author and fountain; we only are the proper actors. We are in

different respects wholly passive and wholly active."
473. Edwards, "To Deborah Hatheway," *WJE* 16:91-95. 1741년 4월 11일에서 11월 5일까지 서필드는 목회자가 공백중이었다. 그래서 갖 회심한 18세의 소녀인 해더웨이가 에드워즈에게 영적 자문을 구했던 것이다(Ibid., 90).
474. Edwards, "To Deborah Hatheway," *WJE* 16:91.
475. Edwards, "To Deborah Hatheway," *WJE* 16:91-92.
476. Edwards, "To Deborah Hatheway," *WJE* 16:92: "Yet let the chief intent of your mind be to consider with yourself, in what respects is this that I hear spoken, applicable to me, and what improvement ought I to make of this for my own soul's good?"
477. Edwards, "To Deborah Hatheway," *WJE* 16:92.
478. Edwards, "To Deborah Hatheway," *WJE* 16:92.
479. Edwards, "To Deborah Hatheway," *WJE* 16:92-93.
480. Edwards, "To Deborah Hatheway," *WJE* 16:93.
481. Edwards, "To Deborah Hatheway," *WJE* 16:93.
482. Edwards, "To Deborah Hatheway," *WJE* 16:93.
483. Edwards, "To Deborah Hatheway," *WJE* 16:93.: "One new discovery of the glory of Christ's face, and the fountain of his sweet grace and love will do more towards scattering clouds of darkness and doubting in one minute, than examining old experiences by the best mark that can be given, a whole year."
484. Edwards, "To Deborah Hatheway," *WJE* 16:93-94.
485. Edwards, "To Deborah Hatheway," *WJE* 16:94.
486. Edwards, "To Deborah Hatheway," *WJE* 16:94. 소그룹에 모인 구성원들이 말씀을 중심으로 해서 자신의 삶을 나누는 것이 신앙을 진작시키고, 죄에서 보호하며, 그리스도의 몸을 체험하는데 얼마나 유익을 끼치는지는 20세기에 들어와서 이미 널리 인정되었다.
487. Edwards, "To Deborah Hatheway," *WJE* 16:94.
488. Edwards, "To Deborah Hatheway," *WJE* 16:94-95.
489. Edwards, "To Deborah Hatheway," *WJE* 16:95.
490. Edwards, "To Deborah Hatheway," *WJE* 16:95.
491. Edwards, "To Deborah Hatheway," *WJE* 16:95. 에드워즈의 편지에는 총 19개의 권면들이 있지만, 유사한 내용을 담은 13번과 14번을 한꺼번에 소개함으로써 18개 항목으로 축소하였다.
492. 아비가일 허친슨을 소개하는 글 속에서 성도가 이 세상에서 하나님의 은혜를 충만하게 누리기에는 얼마나 연약한 조건 속에 있는지에 대한 에드워즈의 입장이 선명하게 드러나 있다: "It was, doubtless, partly owing to her bodily weakness, that her nature was so often overcome, and ready to sink with gracious affection; but yet the truth was, that she had more grace, and greater discoveries of God and Christ, than the present frail state did well consist with. She wanted to be where strong grace might have more liberty, and be without the clog of a weak body; there she longed to be, and there she doubtless now is."(Edwards, *Faithful Narrative*, *WJE* 4:198-99).

493. *The Shorter Catechism of Westminster*, Q. 37: "What benefits do Believers receive from Christ at death?" "Answer. The souls of Believers are at their death made perfect in holiness, and do immediately pass into glory: and their bodies, being still united to Christ, do rest in their graves till the Resurrection."
494. Edwards, "Justification by Faith Alone," *WJE* 19:210: "Men must be made perfectly holy, before they are admitted to the enjoyment of the blessedness of heaven; for there must in no wise enter in there any spiritual defilement: and therefore when a saint dies he leaves all his sin and corruption, when he leaves the body."
495. Edwards, "True Saints, When Absent from the Body, Are Present with the Lord(II Cor. 5:8)," *WJE* 25:225-56.
496. Edwards, "True Saints, When Absent from the Body, Are Present with the Lord(II Cor. 5:8)," *WJE* 25:226. 에드워즈가 제시하는 설교의 교리적 명제는 "The souls of true saints, when they leave their bodies at death, go to be with Christ"였다.
497. Edwards, "True Saints, When Absent from the Body, Are Present with the Lord(II Cor. 5:8)," *WJE* 25:227-34.
498. Edwards, "True Saints, When Absent from the Body, Are Present with the Lord(II Cor. 5:8)," *WJE* 25:234-43.
499. Edwards, *A History of the Work of Redemption*, *WJE* 9:494.
500. Edwards, *A History of the Work of Redemption*, *WJE* 9:495.
501. Edwards, *A History of the Work of Redemption*, *WJE* 9:497.
502. Edwards, *A History of the Work of Redemption*, *WJE* 9:497-98; 김귀탁 역, 『구속사』, 639에서 인용.
503. Edwards, *A History of the Work of Redemption*, *WJE* 9:498.
504. Edwards, *A History of the Work of Redemption*, *WJE* 9:498; 김귀탁 역, 『구속사』, 640에서 인용.
505. Edwards, *A History of the Work of Redemption*, *WJE* 9:508-10.
506. Edwards "The Excellency of Christ," *WJE* 19:594: "That he[i.e. Christ], and his Father, and his people, should be as it were one society, one family; that the church should be as it were admitted into the society of the blessed Trinity."
507. Edwards, *The Works of President Edwards*, ed., S. Dwight, 8:268; Kyoung-Chul Jang, "The Logic of Glorification: The Destiny of the Saints on the Eschatology of Jonathan Edwards," 147에서 재인용.
508. Edwards, *A History of the Work of Redemption*, *WJE* 9:507.
509. Edwards, "Miscellanies," no. 571, *WJE* 13:110.
510. Edwards, *A History of the Work of Redemption*, *WJE* 9:509: "And now shall Christ the great Redeemer be most perfectly glorified, and God the Father shall be glorified in him, and the Holy Ghost shall [be] most fully glorified in the perfection in the perfection of his work in the hearts of all the church."

제6장

공동체 속에서의 성령의 사역
– 부흥과 대각성의 영

이번 장에서 우리가 살펴보고자 하는 것은 공동체 속에서의 성령의 사역에 대한 에드워즈의 견해이다. 특히 부흥과 대각성에 대한 에드워즈의 견해를 살펴보고자 한다. 에드워즈는 목회 현장 가운데서 두 차례에 걸친 부흥 사건을 체험했고, 광신주의와 반부흥론 양쪽 입장 사이에서 정도를 걸으며 참된 부흥론을 제시하기도 했기 때문에 부흥과 대각성에 대한 그의 연구는 성령론 논구에 있어서 필수적이라고 할 수 있다. 에드워즈에게 있어서 부흥의 중요성을 누구보다도 잘 인식하고 대중적으로 영향력있는 평가를 내린 사람은 로이드 존스 목사라고 할 수 있다.

> 조나단 에드워즈보다 기독교의 현재 상황에 더욱 적실한 사람은 없다 … 그는 강력한 신학자이자 동시에 위대한 복음전도자였다 … 그는 탁월하게 부흥의 신학자였다. 당신이 부흥에 대하여 무엇인가를 알기를 원한다면, 참조해야 할 사람은 에드워즈이다 … 부흥들은 종종 사람들이 에드워즈 전집들을 읽기 시작한 결과로 일어나곤 했다. 따라서 이 사람을 읽으라.[1]

에드워즈 이전에 이미 부흥revival 이라는 단어가 사용되고 있었다. 코튼 매더에 따르면 Henry Vane이 1662년에 "a speedy and sudden revival of his cause"라는 문구를 사용하고 있음을 알 수 있다.[2] 그러나 에드워즈는 부흥이라는 단어보다는 "성령의 부어주심"이라는 표현을 많이 사용했다. 에드워즈는 1742년에 간행한 『균형잡힌 부흥론』 속에서 revival of religion이라는 표제를 사용하고 있다.[3] 제임스 패커에 의하면 에드워즈가 부흥이라는 단어를 쓸때 그것은 회생reviving이라는 말과 동의어이다. 에드워즈에게 있어서 "신앙 부흥이란 하나님 자신의 실재성과 죄와 구원의 실재성을 불가항력적이고 회피할 수 없을 만큼 생생하게 인식시키시는 하나님의 역사를 통해 영적인 실재를 강력하게 자각하는데 바탕을 두고 있다".[4] 그와 같은 성령의 역사가 소수의 개인들에게 미치는 것이 아니라 집단적으로 나타날 때에 그것을 부흥이라고 말하는 것이고, 또한 그 파급효과가 심령들이나 교회를 넘어서 공동체와 국가의 변화를 가져왔기 때문에 대각성the Great Awakening이라는 용어를 사용하고 있는 것이다.[5]

조나단 에드워즈의 부흥 신학을 살펴보기 위해서 이번 장에서는 그가 1742년에 간행한 『균형잡힌 부흥론』을 분석하는 일에 집중해 보려고 한다.[6] 본서는 부흥에 대한 에드워즈의 저술들 가운데서 특히 1740-42년 1차 대각성 운동에 대한 변호서요, 또한 그의 부흥 신학이 가장 잘 집대성되어 있는 책이기 때문이다. 부흥에 대한 양 극단의 입장의 잘못을 지적하며 부흥에 대해 바르고 균형잡힌 시각을 잘 보여주는 본서의 가치에 대해서 백금산 목사는 "교회사 최고의 체계적인 부흥론이며 교회사 최고의 부흥신학"이요, "부흥신학의 원조로서 부흥신학에 대한 최고의 고전인 동시에 최고의 명저라 불러도 손색이 없다"라고 평가하였고,[7] 양낙흥 교수는 과거 1907년 평양 대부흥이나 1970년대 이후의 급속한 교회성장을 경험한 한국 교회이지만 과거 한국 교회의 부흥을 평가할 수 있는 신학적 기준이 한 번도 제시된 적이 없었다는 점을 지적하면서 부흥관에 대해서 교회사에서 가장 높은 경지에 도달한 조나단 에드워즈의 부흥론은 한국 교회에서 일어날 수 있는 부흥 현상들을 평가하는 데 큰 도움이 될 것이라고 평가했다.[8]

에드워즈의 책은 전체 5부로 구성되어 있다. 부흥반대주의자와 부흥광신주의의 양극단에 대한 문제점을 지적하고, 균형잡힌 부흥론을 제시하는데 목적이 있었기 때문에 5부의 구성은 전체적으로 이것과 관련되어 있다. 먼저 1-3부는 부흥반대주의에 대한 답변이다. 그리고 4부는 부흥광신주의 즉, 광신주의에 대한 반박이다. 마지막으로 5부는 참된 부흥을 유지하기 위한 권면으로 구성되어 있다.

제1부. 당시 뉴잉글랜드 지방에서 일어나고 있는 비범한 역사는 하나님의 영광스러운 사역이다

제2부. 모든 사람이 이 부흥의 사역을 인정하고 기뻐하고 증진시켜야 할
  의무를 지며, 그 반대의 일을 하는 것은 아주 위험한 짓이다
제3부. 열심있는 부흥 사역자들이 근거없는 비난을 받는 열가지 경우와
  그 부당성
제4부. 열심있는 사역자들이 경계해야 하는 함정들
제5부. 부흥을 진작시키기 위해 해야 할 일들.[9]

6.1. 참된 부흥의 분별 기준

에드워즈는 당시 뉴잉글랜드 지방에서 일어나고 있는 비범한 역사는 하나님의 영광스러운 사역이라고 생각하였다. 그는 『균형잡힌 부흥론』 제1부에서 부흥이 하나님의 비범한 역사임을 판단하고 평가하는 기준에 대한 문제를 다루었다.

6.1.1. 부흥을 반대하는 사람들이 사용한 잘못된 분별 기준 세 가지

먼저 에드워즈는 뉴잉글랜드에서 일어난 위대한 신앙적 부흥에 대해 부정적 인식을 가진 자들의 오류는 근본적으로 세 가지 원인을 가지고 있다고 지적한다.

(1) 사후 판단하지 않고 사전 판단하는 것은 잘못이다

에드워즈가 보기에 부흥 반대주의자들의 첫 번째 오류는 부흥이 하나님의 영의 역사인지 아닌지를 시험하는 방식이다. 즉, 그들은 이 부흥이 시작된 방식, 사용된 도구나 수단이나 방법들로부터 부흥을 미리 판단judge a priori하는 큰 잘못을 범했다는 것이다. 에드워즈는 부흥을 미리 판단할 것이 아니라 일어난 결과를 보고 판단해야 한다고 주장한

다.¹⁰ 그는 "만일 부흥을 정밀히 검사한 결과 하나님의 말씀에 부합되는 것으로 드러난다면 우리는 더 이상 소란을 일으키지 말고 부흥을 하나님의 역사로 받아 들여야 한다"고 말한다.¹¹ 사람은 "하나님께서 어떻게 이런 저런 일을 일어나게 하셨는지 그리고 왜 그 일을 그런 식으로 하셨는지, 혹은 그런 방식을 취하는 것과 이러저러한 수단들을 사용하는 것이 왜 그를 기쁘시게 하는지 알지 못한다."¹²

에드워즈는 하나님께서 위대한 부흥을 시작하게 하시고 진행시킴에 있어 사람들의 방법을 기뻐하시지도 사용하시지도 않는다고 말한다.¹³ 오히려

> 위대하신 하나님은 이 일을 진행하심에 있어 하나님답게 행하셨다. 하나님 자신의 영광을 보여 주시고 자신의 주권과 능력과 자기 충족성을 높이시며, 사람들이 의지하고자 하는 인간의 모든 능력, 지혜, 신중성 및 충족성을 멸시하셨다. 그래서 사람들의 교만과 많은 부패를 견제하고 꾸짖고 경계하셨다(사 2:17). 하나님은 자신의 섭리로 역사 속에 많은 걸림돌을 섞으셔서 인간의 연약함과 허물이 많이 드러나게 하시며, 높고 명예로우며 부유하고 학식있는 자들에게보다 주로 보통 사람들에게 자신의 영을 부어주시고 최대 최고의 은총을 베푸시며 그들을 자신에게 더 가까이 오게 하신다(슥 12:7).¹⁴

에드워즈가 주의 깊게 관찰해 본 결과 하나님은 부흥의 역사를 위해 세상의 약한 것들과 어리석은 것들을 사용하시는 경향이 있으셨다고 한다. 즉 하나님께서 주로 사용한 목사 가운데 어떤 사람은 연령과 지위에 있어 어린 아이였고 어떤 사람은 동료 가운데서도 남들처럼 명성이 그리 높지 않은 자들이었다고 에드워즈는 지적한다.¹⁵ 우리는 1차 대각성 운동 시 주도적인 설교자였던 조지 윗필드의 경우 불과 이십대 중반의 나이의 젊은 목회자였다는 점을 유념하면 에드워즈의 지적

이 틀리지 않음을 알 수 있다.[16] 하나님께서 이처럼 부흥의 역사에 있어서 약하고 천한 사람들을 사용하시는 것은 지혜로운 처녀들과 어리석은 처녀들, 목사들과 교인들이 깊은 잠에 빠져 있는 당시대의 "일반적 타락과 영적 냉랭함의 시대에in the late times of general declension and deadness" "목사들의 영적 냉랭함, 태만, 세속적 마음 가짐과 허영을 경계하시며 … 하나님의 자녀들과 참된 종들을 더 겸손케 하시고 정결케" 하시려는 목적을 가지고 있다고 지적한다.[17]

(2) 성경 대신 다른 것으로 판단하는 것은 잘못이다

에드워즈는 부흥 반대자들이 범하는 두 번째 오류는 "성경을 전체로서 인정하지 않을 뿐 아니라, 성경이 이런 일들을 판단하는 충분한 기준criterion이 된다는 것을 인정하지 않는 것"이라고 말한다.[18] 그들은 부흥을 평가하기 위해 "성경과 다를 뿐 아니라 성경과는 거리가 먼 것들을 성경 못지않게 성경보다 훨씬 더 많이 사용"한다는 것이 문제이다.[19] 에드워즈는 이처럼 성경 대신에 평가 기준으로 사용되는 몇 가지 구체적인 사례를 들어서 비판하였다.

첫째, 성경 대신 철학을 부흥의 판단 기준으로 삼는 사람들이 있다. 에드워즈는 특별히 "영혼의 본성, 그 기능들faculties과 감정들affections에 대해 성경과는 배치되는 철학적 지식"을 사용하는 것에 대해서 분석하고 비판한다. 그들의 철학에 의하면 감정은 의지와 달리 영혼의 가장 고상한 부분이 아니라 오히려 가장 저급한 원리에 속한다. 감정은 순수한 영들에 일치하게 하는 것이 아니라 동물적 본성을 띠게 하며, 짐승들과 공통으로 갖고 있는 부분이라고 주장한다. 그리고 그들은 신앙에서 감정을 잘 사용할 수 있는 여지를 인정할 때에도 신앙의 본질은 감정에 있지 아니하다고 말하며, 감정은 우발적이고 부수적인 것이라고 주장한다. 이런 입장은 에드워즈와 부흥찬성론자들을 향해 가장 적대

적인 목소리를 내었던 찰스 촌시의 견해였다.[20]

　에드워즈는 이와 같은 주장에 대하여 "일시적인 격정이나 열정 passion과 감정affections을 구분해야 한다"고 응수한다.[21] 또한 에드워즈는 "모든 진정한 종교의 생명과 혼이 바로 고양된 신앙 감정에 있다"라고 주장한다.[22] 그리고 영혼의 감정들은 본질적으로 의지와 구분될 수 없다고 말한다. 그가 보기에 "감정의 모든 행위는 어떤 의미에서 의지의 행위이며, 의지의 행위는 모두 감정의 행위이기 때문이고, 의지의 모든 작용은 다소간에 영혼의 욕구appetition 혹은 혐오aversion의 결과이며, 달리 말하면 사랑과 증오의 결과"이기 때문이다.[23] 그래서 에드워즈는 촌시와 반대로 "참된 미덕 혹은 거룩은 주로 머리보다 마음에 그 좌소를 둔다"고 말한다.[24] 앞서 말한 사실들을 근거로 할 때에 "신앙은 주로 거룩한 감정들을 그 본질로 한다는 결론을" 내릴 수 있으며, "사람의 마음에 신앙이 생기는 것은 사람들이 신앙적인 일들에서 감동을 받는 정도 이상일 수 없으며", "지성에 정보를 제공하는 것은 마음에 감동을 주지 않는 한, 혹은 같은 말이지만 감정에 영향을 주지 않는 한 아무 의미가 없다"고 그는 말한다.[25]

　에드워즈는 하늘에 있는 자들은 거룩한 감정으로 충만한 자들이며, 지상에서도 가장 뛰어난 성도들은 거룩한 감정이 풍부한 자들이라고 주장한다.[26] 비록 신앙에 가짜 감정들이 있고, 또 어떤 면에서는 높이 고조되었으나 겉만 번지르르한 감정들이 있지만, 참되고 거룩하며 견실한 감정들도 있다고 말한다. 거룩한 감정이 영혼에 굳게 자리잡는 만큼, 그리고 높은 수준에 이르면 이를수록 교회 상태나 개인 성도들은 우리는 더 거룩해진다고 말한다.[27] 신앙 감정이 너무나 강력해서 어떤 사람들에게서는 격렬해지는 것처럼 보이는 것이 일부 사람들에게는 걸림돌이 되고, 그래서 성령의 역사가 아니라고 부정하는 근거로 삼기도 한다. 그러나 성경을 보면 "하나님의 영의 능력보다 더 강력한 것으로 묘사"하고 있는 것이 없다는 것을 고려하면 그렇게 판단하는 것을 잘못이라고 에드워즈는 비평하였다(눅 1:35, 고전 2:4, 엡 1:19, 3:7, 20, 골 1:11, 살후 1:11, 딤후 1:7, 행 2:2-3).²⁸

둘째, 에드워즈가 보기에 성경이 제시하는 온전한 기준을 버리고 다른 기준들을 취하는 다른 경우들이 있다. 부흥반대자들은 어떤 일이 하나님의 역사인지 아닌지 판단하는 기준으로 "신앙적인 활동이나 마음의 감정들이 몸에 미치는 영향들"을 가지고 판단하는 오류를 범하고 있다고 에드워즈는 비판한다.²⁹ 이에 대해서 에드워즈는 다음과 같이 논박한다. "성경의 기준들은 마음의 상태, 인간의 도덕적 행위 그리고 자원하는 행위에 대한 것이지, 신체의 물리적 상태에 대한 것이 아니다. 성경의 의도는 신학을 가르치는 것이지 물리학이나 해부학을 가르치는 것이 아니다. 목사들은 영혼의 파수꾼으로 세워졌지 육체의 파수꾼으로 임명된 것이 아니다."³⁰ 따라서 목사들은 "사람들의 마음 상태"와 "사람들의 도덕적 행위"를 살펴서 그 두 가지가 그리스도께서 우리에게 주신 기준에 부합되는 것을 보기만 한다면 신체에 미치는 비범한 영향 때문에 의심하거나 두려워할 필요가 없다고 그는 말한다.³¹

에드워즈는 신앙적인 놀라운 인상이 사람들의 마음에 박힐 때 설사 건강에 지속적인 상처를 입게 되는 일이 꽤 자주 혹 반복적으로 있을 수 있으며, 얍복강에서 천사와 씨름하다가 환도뼈가 부러진 야곱의 경우처럼 육체의 장애가 생길 수도 있다고 생각했다. 그리고 성경에 보면 그리스도에 대한 사랑으로 인해 병이 나거나 그분을 열렬하게 사모함으로 육체의 기력이 쇠약해지는 경우가 있다고 말씀한다.³² 거품과 같이 연약한 인간, 먼지와 재에 불과한 존재가 하나님의 무한하신 영광과 사랑의 엄위하신 진노를 보게 될 때 견디지 못한다고 에드워즈는 성경의 예를 든다(출 33:20, 고전15:20, 단 10:6-8, 계 1:17).³³ 만일 영적 위엄과 영광의 외적 표현과 이미지를 보는 것만으로도 인간의 본성이 그처럼 압도당했다면, 그림자의 실체인 영광 자체의 광경이 그처럼 강력한 영향력을 가진다고 생각하는 것은 불합리하지 않다고 에드워즈는 말한다.³⁴

또한 그는 하나님께서는 자기 백성에게 복을 내리실 때, 때로 그는 어떤 면에서 우리 인간의 작은 그릇으로 감당할 수 없는 많은 분량을 부어 주기를 기뻐하신다고 말한다(시 23:5, 말 3:10, 대하 20:25-26, 눅 5:6-7, 요 21:6).³⁵ 그는 더 나아가서 하나님이 자신을 너무 많이 드러내심으로써 어떤 사람의 육신을 약하게 하시거나 뇌의 기능을 심하게 손상시키시고 사람의 이성을 박탈해 버리는 일도 하실 가능성이 있음에 대해서 말한다. 심지어 몇 해 동안 깊은 잠에 빠져 있게 하실 수도 있다고 말한다.³⁶

어떤 사람들은 다른 사람들의 영혼을 위해 깊은 염려와 고뇌를 하는 모습을 보고서 걸려 넘어지는 사람도 있다고 말한다. 그러나 그리스도의 영으로 충만한 이들이 그리스도께서 영혼들을 사랑하신 것처럼 영혼들을 사랑하는 것은 결코 이상한 일이 아니다. 오히려 "영혼들에 대한 그러한 사랑과 염려의 영이 그리스도의 영이듯 그것은 또한 교회의 영이기도 하다 … 다른 사람들의 영혼을 위해 고뇌하는 이들의 영은 사도의 영과 다르지 않다"라고 논박하였다.³⁷

셋째, 어떤 사람들이 성경 대신 부흥을 판단하는 기준으로 삼는 또 하나는 역사 혹은 이전의 관점이다. 에드워즈가 보기에 그들이 범하는 오류는 두 가지이다. 첫째, "어떤 일이 과거에 볼 수 없었던 어떤 새롭고 비상한 점이 있으면 그들은 그것을 기준으로 이 일이 하나님의 역사가 아니라고 거부"해 버리는 것이다. 그러나 에드워즈는 이들은 "하나님이 기준으로 주시지 않은 것을 기준으로 삼고 있으며 하나님이 스스로를 제한하지 않으신 곳에서 하나님을 제한하는 오류를 범한다"고 논박한다.³⁸ 구속의 역사를 진행해 나감에 있어 하나님은 새로운 장면들을 열고 새롭고 경이로운 것들을 줄곧 선보이는 방식으로 역사하시기 때문이다(고전 2:9).³⁹ 에드워즈는 부흥에서 새로운 것이라는 불평을 주로 들어온 것들은 일반적으로 짐작되는 것처럼 그렇게 새로운 일들이 아니라고 말한다. "비록 부흥이 일의 비범한 정도, 범위와 신속성 및 다른 비상한 상황들에 비례하여 근자에 훨씬 더 잦아지기는 했지만 종류에 있어 새로운 것"은 아니었으며, "그것들은 과거 하나님의 교회에서 수시로 발견되고 인정되었던 것들과 같은 성격의 것"이라고 에드워즈는 반박한다.[40] 에드워즈는 자신의 주장을 입증하기 위하여 여러 역사적인 예들을 제시하기도 하였다.[41]

어떤 사람들이 성경 대신 역사나 과거의 관점으로 이 일을 판단하는 기준으로 삼는 오류를 범하는 두 번째 방식은 "이 일의 어떤 외적이고 부수적인 상황들을 때때로 광신주의자들에게서 나타난 것들과 비교하는 것"이다. 그리고 그러한 것들에서 어떤 일치점을 발견하면 그들은 이 일 전부, 혹은 최소한 그것의 본질을 거부하면서 그것이 광신주의라고 단정한다는 것이다.[42]

넷째, 어떤 이들은 성경 대신 자기 체험을 기준으로 삼아서 자기가 체험해 보지 못한 것은 무조건 반대하는 경우이다. 에드워즈는 선량한 사람들 조차도 이런 오류에 쉬 빠진다고 말한다. "구원에 필요하다고 생각되는 것들, 즉 성령의 직접적인 영향 때문에 죄를 온전하고 확실히 깨닫는 것, 하나님의 영광과 그리스도의 탁월성을 알게 됨, 복음의 진리에 대한 내적 확신을 거부"하는 자들이 많이 있다는 것이다. 그러나 에드워즈가 보기에 이런 오류는 정당화할 수 없는 것이다. 에드워즈는 "하나님의 지혜에 굴복하고 그 분의 말씀을 정확무오한 기준으로 받아들이는 대신, 자신의 체험을 판단의 기준으로 삼는 이런 자들은 지존자의 지혜를 심히 비난하는 죄를 짓고 있는 것"이라고 비판한다.[43]

(3) 부분으로 전체를 판단하는 것은 잘못이다

부흥을 반대하는 자들의 세 번째 오류는 "선한 것과 악한 것을 구분하지 아니하고, 아주 부당하게도 부분으로 전체를 판단한다"는 것이다. 그들은 "부흥에 부수적으로 수반되는 악한 것들 때문에 부흥 전체 혹은 부흥의 주된 실체를 거부"해 버리는 자들이다.[44] 에드워즈는 "대부분의 인류의 커다란 약점이 새롭고 흔치 않은 어떤 일을 구분하는 데 있기보다는 오히려 모든 것을 도매금으로 인정하거나 정죄하는데 있는 것 같다"고 말한다.⁴⁵ 그런 성향을 가진 사람들은 전체 속에 있는 잘못되고 자기 마음에 들지 않는 어떤 것이 눈에 뜨이면 그 전체를 단번에 거부해 버린다. 그래서 부흥을 경험하는 전체 중에 두 세 사람이 일탈 행동을 해도 부흥 전체가 욕을 먹고 거부되곤 하는 것이다.⁴⁶

그러나 에드워즈는 "우리 안에 많이 남아있는 부패성 및 신앙 문제들과 실천 문제들을 판단하는 데 많은 오류를 범할 수 있다"는 점을 인정했다. 심지어는 "하나님을 지극히 사랑하는 것이 아주 잘못되고 또 사람으로 하여금 하나님의 뜻과 마음에 반대되도록 이끌어 갈 수 있다"는 것을 성경적 인물들 속에서 찾아볼 수도 있기 때문이다.⁴⁷ 또한 성경에는 "참으로 경건한 원리들에 의해 영향을 받는 바로 그 일에서 조차도 오류와 올바른 사고 및 주의력 부족으로 아주 성급하게 자신들의 열심"을 내는 경우들도 있다고 말한다.⁴⁸ 따라서 에드워즈는 사려깊은 사람들이라면 당시의 큰 부흥의 역사와 같은 시기에 많은 이들이 자신들의 의무를 행하는데 있어서 많은 오류와 실수를 범하게 되며 그 결과 신중치 못하고 일탈적인 많은 행동과 관행에 빠지게 된다는 사실로 인해 놀라지 않을 것이라고 말한다. 왜냐하면 "그처럼 희귀한 상황에서 그리고 일의 정도, 범위, 신속함과 능력이 너무나 비범하고 새롭기 때문에 사람들의 행실에 대한 기준을 만들 충분한 시간도 경험도 없으며, 과거에도 너무 드문 일이기 때문에 신학자들도 우리를 지도할 어떤 기준도 제시하지 못하는 상황"에서는 여러 가지 오류들과 일탈적인 행동들이 나타날 수 있기 때문이다.⁴⁹

에드워즈가 보기에 "신앙 부흥기에는 인간성의 약점 때문에 극단으로 치달아 혼란에 빠지곤 하며 특별히 광신주의enthusiams, 미신superstition, 무절제한 열심intemperate zeal"이 나타날 수 있다고 한다.⁵⁰ 그리고 부흥에 따르는 오류들과 일탈들은 부흥의 상황들과 함께 인류의 연약함과 약점 및 보편적인 부패를 생각할 때 설명가능하다고 에드워즈는 말한다.[51] 그리고 에드워즈가 보기에 하나님이 부흥의 시작 단계에서 사람들의 현재의 연약한 상태에서 강한 신앙 감정과 열심으로 인해 흥분된 가운데 빠지게 된 그 많은 일탈과 오류가 나타나게 허락하심으로 향후에 여러 세대 동안 이런 오류들로 인해 계속해서 당하게 될 불행들을 미연에 방지하시기도 하고, 또한 그렇게 허용하심으로써 하나님은 그들이 어떤 자들인지를 가르치시고 그들을 겸손케 하시며, 당신은 이제 그들에게 허락하고자 하시는 저 영광스러운 번영에 그들을 적합하게 하심으로써 더 많은 영광을 받고자 하려는 것이라고 한다.[52] 그러나 이런 일들이 사탄의 역사로 일어난 오류라고 해도 이상할 것은 없다고 한다. 왜냐하면 에드워즈가 보기에 1차 대각성 운동 기간 중에 일어난 "신앙 부흥의 역사가 뉴잉글랜드에 있었던 어떤 성령의 부으심보다 훨씬 더 위대한 일인 것처럼, 마귀가 더 경악하여 격노하며 부흥에 대항해서 더 격렬히 반발할 뿐 아니라 부흥의 주체들이나 추진자들을 시험하고 오도하려고 더 강하게 몸부림치는 것도 전혀 놀랄 일이 아니기 때문이기" 때문이다.[53]

6.1.2. 성령의 역사로 주어지는 참된 부흥

에드워즈는 비록 여러 가지 오류가 있기는 했지만 1차 대각성 운동 기간에 일어난 역사는 성령의 역사로 일어난 참된 부흥이라고 판단하는 것이 옳다고 확신했다. 그는 "뉴잉글랜드 이쪽 끝에서 저쪽 끝에 이르기까지 대부분의 주민들 마음에 아주 비범한 성령의 역사가 있었다"고 하면서, 부흥의 결과를 제시함으로 자신의 주장을 증명하고자 한다.

그리고 다음의 결과가 뒤따랐다. 진지한 정신의 고양, 영원한 세상 일들에 대한 진지한 숙고, 이런 일들에 대해 주의 깊고도 열린 마음으로 귀를 기울이는 경향, 신앙인들을 엄숙하고 아주 중요하게 다루는 경향, 이런 일들을 대화의 주제로 삼는 성향, 선포되는 하나님의 말씀에 귀를 기울이고 말씀을 들을 수 있는 가능한 모든 기회를 포착하는 경향, 더 엄숙하고 점잖은 태도로 하나님에 대한 공적 예배와 밖으로 드러나는 신앙 의무들을 행하는 경향이 그것들이다.54

그리고 에드워즈는 신앙 부흥의 결과로 "뉴잉글랜드에 일어난 두드러지고 일반적인 변모a remarkable and general alteration in the face of New England"를 상세하게 제시함으로써 부흥의 진정성을 입증하고자 한다. 모든 지역에 살고 있는 한심하고 생각없고 부주의한 무리가 크게 변화되어 진지하고 사려깊은 자들이 되었으며, 소중한 영혼의 구원에 대한 관심과 내가 어떻게 하여야 구원을 얻으리이까하는 질문이 많아졌다. 자신들의 구원을 위해 하나님이 지시하신 수단들이 무엇인지 간절히 알고 싶어하게 되었으며, 그것을 위해 하나님의 말씀에서 지정하신 수단들을 더 부지런히 사용하게 되었다. 아주 어리석고 무감각한 많은 죄인과 허영심이 강한 사람들이 크게 각성되었다.55 또한 에드워즈에 의하면 뉴잉글랜드 전역에 걸쳐 젊은이들도 영적으로 크게 각성되었다. "그들은 일반적으로 너무 좋아해서 중독되다시피 했던 일들, 삶을 행복하게 해 주는 것처럼 보이던 일들, 이전에는 절대로 포기할 수 없었던 일들을 당장에 버리게 되었다."56 에드워즈는 당시 젊은이들이 좋아했던 세속적인 일들을 다음과 같이 열거한다. "떠들썩하게 어울려 다니는 일, 밤에 쏘다니는 일, 환락과 쾌락, 불순한 언사들, 음란한 노래들 등." 그러나 그들은 이제 헛되고 세속적이며 사악했던 삶의 방식과 성향을 포기하고 새로운 세상으로 옮겨간 것 같아 보인다. 그들의 생각과 말 그리고 염려와 감정과 질문은 이제 하나님의 은총, 그리스도 안에서 받을 유업, 새로워지고 성화된 마음, 영적인 복 그리고 하늘과 행복에 대한 것에 대한 것으로 바뀌었다.57

에드워즈는 뉴잉글랜드 전역에서 일어난 변화를 일반화 시켜서 설명해 나간다.

이제 노소를 물론하고 음주, 술집 출입, 불경한 언어 그리고 난잡한 의상을 입는 일에 있어서 큰 변화가 일어나게 되었다. 악명 높은 많은 사특한 인물들이 개과천선해서 외적으로도 아주 딴 사람이 되었다. 부유하고 유행에 민감하며 방탕한 삶을 살던 사람들, 헛된 과시와 쾌락에 마음을 온통 빼앗겨 그런 것들 외에는 어떤 것에도 관심이 없어 보이던 대단한 멋쟁이들과 귀부인들이 놀랍게 변화되어 이런 허영들을 버리고 진지하고 육신을 죽이며 겸손한 삶을 살게 되었다.[58]

그뿐만 아니라 "성경이 과거보다 훨씬 더 큰 존중을 받고 더 많이 사용"되고 있고, "경건 서적들이 훨씬 많이 읽히고 있고, 주일은 더 신앙적이고 더 엄격하게 지켜지고 있다"라고 말하면서, 에드워즈는 "아마 최근 2년 동안 이루어진 이런 일이 그 전 30년 동안 이루어진 것보다 더 많을 것이라"고 말한다.[59]

그리고 에드워즈는 뉴잉글랜드에 부어진 성령의 놀라운 역사들에 대해서 많은 것들을 증언한다. 묵은 원한들이 해소되고, 적개심은 사라지고, 귀중한 시간을 낭비하며 살았다는 것을 회개하게 되고, 자신들의 죄악됨을 깊이 생생하게 깨닫게 되었다. 그래서 하나님이 그들 위에 무한한 저주를 부으신다 하더라도 그것은 전적으로 합당하고 의로운 일임을 인식하게 되었다. 허다한 무리가 복음의 일들의 진실성과 확실성을 새롭고도 크게 확신하게 되었다. 거룩한 삶을 살고자 하는 지속적 관심, 남아있는 부패성을 크게 탄식함, 죄와 사망의 몸에서 더 자유롭고자 하는 갈망이 생겨났다. 신앙의 부흥은 새로운 회심자들에게만 나타난 것이 아니고 가장 온전하고 경건한 사람들로 인정받던 수많은 사람들에게도 영향을 미쳐서 크게 생기를 얻게 하였다. 그들의 마음은 더 많은 빛으로 새롭게 되어 회개와 겸비, 그리고 믿음, 사랑, 주 안에서의 기쁨이 더 활발하게 드러났다.[60]

에드워즈는 심지어 "저 비참한 사람들, 인류의 찌꺼기들로서 짐승과 다를 바 없다"고 여겨졌던 인디언, 흑인들도 은혜를 받고 변화되는 일이 있었고, 어린아이들도 괄목한 방식으로 성령의 역사를 경험했다고 증언한다.[61]

에드워즈가 많은 증거들을 제시하는 이유는 앞서 자신이 소개했던 분별 기준 중에 "부흥을 정밀히 검사한 결과 하나님의 말씀에 부합하는 것으로 드러난다면 우리는 더 이상 부흥을 하나님의 역사로 받아들이지 않으면 안된다"라고 하는 기준에 근거하여 당시에 뉴잉글랜드에 일어난 부흥은 성령의 부어주심으로 말미암은 것임을 증명하기 위해서였다.[62] 에드워즈는 수많은 증거 자료들을 제시하면서 1차 대각성 운동을 성령의 부어주심으로 말미암은 참 부흥이라고 하는 것을 증명하고자 했다. 그리고 나서 에드워즈는 부흥에 반대하거나 유보적인 자세를 가진 목회자들을 향하여 "만일 우리가 지금까지 묘사한 이러한 역사들을 하나님의 역사로 인정하지 않는다면 우리는 성경의 어떤 특정한 본문들뿐 아니라 그 핵심들을 모두 포기해야 한다고 생각한다. 복음 전체가 이것을 증명한다. 성경이 우리에게 주는 신앙에 대한 개념 자체가 이것을 확증한다"라고까지 선언한다.[63]

에드워즈는 이미 우리가 앞서 살펴본 대로 성령의 부어주심을 체험한 개인적인 예로써 새라 에드워즈의 체험담을 익명으로 소개하였고,[64] 그리고 앞서 상술한 특수한 사례 외에도 수많은 사례들을 관찰한 결과 모든 지역에 있는 역사가 동일한 영에서부터 비롯되었다는 사실을 쉽게 관찰할 수 있었다고 말한다.[65] 그 땅 가운데 성경에서 말하는 성령의 역사 증거들에 합치하는 열매들이 그렇게도 많이 나타나고 있는데 도대체 언제까지 무엇을 기다릴 것이냐고 따져 묻기도 한다. 에드워즈는 "한 나라에서 성령의 부으심이 있을 때 거기서 기대할 수 있는 가시적 열매는 그 나라의 가시적 개혁인데, 앞서 살펴본 내용으로 판단할 때 영광스러운 성령의 역사라고 말할 수 밖에 없다"고 역설한다.[66] 에드워즈가 보기에 당시에 일어난 부흥의 역사는 "아주 위대하고 경이로우며 지극히 영광스러운 하나님의 역사"인 것이 분명하며, 그것은 "갑자기 일어난 놀라운 사건이며, 비상한 혁명a strange revolution이며, 예기치 못한 반전임surprising overturning of things이 확실"하다고 판단되어졌다.[67]

에드워즈는 당시의 부흥 역사를 주도면밀하게 관찰한 후에 몇 가지 특징을 우리들에게 소개해 준다. 부흥 역사는 그 성격과 종류에 있어 하나님의 모든 역사 가운데 가장 영광스러운 것이라는 것이다. 부흥은 "발생, 전개, 결말에 있어서 구속 역사이며, 구속은 하나님의 모든 역사의 위대한 목표이므로 창조 역사는 단지 구속 역사의 그림자일 뿐이라"고 에드워즈는 말한다.[68] 부흥은 새 창조의 역사로써 옛 창조보다 무한히 더 영광스러운 것이며, 심지어 하나님의 역사 가운데 가장 영광스러운 것이라고 주장한다. 에드워즈에 의하면 "부흥은 성경에서 하나님의 능력이 지극히 위대하고 하나님의 은혜가 영광스럽고 부요하다는 것을 보여주는 것으로 언급되고 있으며, 부흥을 통해 그리스도는 원수들에 대해 가장 영광스러운 승리를 거두며 하나님은 능하신 분으로 높임을 받게 된다." 그러나 부흥이 다른 무엇보다도 영광스러운 이유는 그것이 인류의 행복에 대해 가지는 관계 때문이라고 말한다. 에드워즈는 "부흥의 소나기 한 줄기가 가져다 주는 열매는, 한 지역이나 나라에서 일어난 가장 행복한 혁명이 가져다 주는 모든 물질적 유익이나, 혹은 세상의 정복을 통해 얻을 수 있는 것보다 더 큰 행복과 유익을 가져다 준다"고 말한다.[69]

에드워즈가 보기에 당시의 부흥은 그 성격뿐 아니라 그 정도와 형편에 있어서도 아주 영광스럽다고 그는 말한다.[70] 부흥에 연루된 사람들의 무가치함을 생각해 볼 때 부흥은 아주 영광스러워 보인다고 말한다. 부흥은 또한 범위 면에서도 아주 영광스럽다고 그는 말한다. 과거에는 어떤 특정한 회중 속에 각성의 역사가 있었지만, 이번의 경우에는 아메리카에 있는 영국 식민지들 이 끝에서 저 끝까지 미쳤다는 점에서 아주 영광스러운 일이다. 또한 외견상 죄에서부터 하나님께로 돌이킨 사람들의 수에 있어서도 부흥은 아주 영광스럽다고 에드워즈는 말한다. 수천 명의 회심이 일어났다. 부흥 역사는 또한 비상한 많은 상황과 형편에 있어 아주 영광스럽고 경이로웠다고 말한다. 하나님은 희귀한 방식으로 자신의 손길을 드러내시고 그 능력을 보이셨다. 놀라운 깨달음이 있었고, 수많은 경우 갑작스럽게 회심하는 일이 일어났다. 아주 무지하고 야만적인 많은 사람들에 미친 영향과 효과에 있어서도 영광스러웠다. 부흥은 또한 많은 그리스도인들에게 하나님이 부어 주신 빛, 사랑, 그리고 영적 기쁨을 누리게 해주었다. 마치 새 예루살렘이 하늘에서 내려오기 시작한 것 같다고 그는 말한다. 하늘 영광을 지상에서 이처럼 많이 맛볼 수 있었던 적은 아마 과거에 한 번도 없었을 것이라고도 말한다. 물론 부흥 속에는 인간의 연약함, 어리석음, 죄악들이 혼합되어 나타나기도 했지만 그러나 그런 것들은 어떤 면에서 부흥의 영광을 돋보이게 한다. 신적 능력과 은혜의 영광은 그와 함께 드러나는 질그릇의 연약함으로 말미암아 더 찬란한 광채를 낸다. 하나님의 기쁘신 뜻은 자신의 능력의 탁월성과 은혜의 부요함과 함께 인간들의 연약함과 무가치함을 현저히 나타내는 것이다.

6.2. 참된 부흥에 대하여 취하여야 할 바른 자세와 위험한 반응

에드워즈는 참된 부흥의 역사에 대해서는 성령의 사역임을 인정하고 기뻐하며 진흥시키기 위해서 힘써야 할 의무가 있지 그 반대의 일을 하는 것은 위험하다는 점을 『균형잡힌 부흥론』 2부에서 역설하였다. 에드워즈는 1740-42 부흥 사건을 역사상 유례가 없는 위대한 성령의 부어주심이라고 믿었고, 그 감격이 너무나 강하여서 "천년왕국의 여명이나 최소한 서막"일 수 있다고 까지 생각하였다.[71] 이와 같이 위대한 역사를 바르게 평가하고 그 역사를 증진시키기 위해서 협력하는 것은 그리스도인들이 마땅히 해야 할 일인 것이다.

6.2.1. 부흥에 대해 중립적인 자세를 취해서는 안 된다

하나님이 자기 교회를 위해 그리고 자신의 원수들을 대적해서 어떤 위대한 일을 하고자 할 때, 하나님의 역사에 대해서 인정하기를 더디하는 것은 잘못된 일이라고 에드워즈는 역설한다. "하나님이 자기 교회를 위해 이처럼 위대한 역사 속에서 자신을 드러내실 때 중립적인 입장being neuters이란 것은 있을 수 없다. … 그리스도께서 자기 왕국을 시온의 거룩한 언덕 위에 세우실 때, 그리고 그리스도께서 천국에서 지상으로 비상한 방식으로 내려오셔서 자기 백성에게 구원의 위대한 역사를 펴시기 위해 눈에 보이는 교회에 나타나실 때 중립적인 입장이란 있을 수 없다."[72]

부흥의 때는 하나님께서 자신의 사랑하는 독생자를 높이시는 때이다. 이미 영원 전에 작정하신 그 목적을 성취하시기 위해서 특정한 시기를 정하셨고, 그 시기에 하나님은 자신의 약속과 맹세를 이루시기 위해 전능하신 능력으로 강림하신다. 에드워즈가 말하는 그런 시기는 하나님 나라를 확장하기 위해 하나님의 영이 놀랍게 부어지는 시기를 가리킨다.[73] 그리스도께서 구원을 가지시고 우리 시온에 오셔서 자기 영으로 말미암는 이 능한 역사를 통해 자신의 영광을 경이롭게 나타내시고 그처럼 많은 제자가 기뻐하면서 큰 소리로 하나님을 찬양하고 있는데도 오랫동안 침묵하는 이들을 향해 돌들이 정죄를 할 것이다(눅 19:39-40).[74] 부흥과 같이 위대하고 경이로운 성령의 역사는 하나님이 손을 높이 드셔서 자신의 위엄을 나타내시며 죄인들에게 위대한 은총과

자비를 베푸시는 영광스러운 기회라는 것을 바로 알고 인정해야 한다고 에드워즈는 독려하였다.[75]

6.2.2. 부흥을 반대하는 것의 위험성에 대한 성경적인 증거들

에드워즈는 계속해서 위대한 성령을 부어주시는 시대에 "주님을 도우러 오지 아니하고 가만히 앉아있는 것이 얼마나 위험한 일"인지를 성경의 여러 예들을 들어서 증명한다. 우선 그는 교회의 영광스러운 수확의 계절과 영적 잔치를 구약의 절기인 초막절에서 예표를 본다.[76] 스가랴 14장 16-19절에 의하면 초막절을 지키러 올라오지 않는 자들은 하나님의 진노를 사게 되며, 성령의 상징인 축복의 소나기의 혜택을 누리지 못한다고 한다. 에드워즈는 기독교회의 위대한 절기인 초막절(계 14:14-18, 21:3, 왕상 8:2)을 지키고 나면 이 지상 세계는 파괴될 것이라고 한다.[77] 여기서 우리는 이미 앞서 살펴본 것처럼 에드워즈의 종말론의 특징이 후천년설과 첫 세상의 멸절설을 주장하는 것임을 기억해야 한다. 이 두 가지 특징은 분명 우리 개혁파 신학과 입장을 달리하는 부분이다.[78] 에드워즈는 유대인들이 같은 달(즉 7월)에 나팔절과 속죄일을 지내면서 초막절을 준비한 사실을 상기시키고, 영적인 교훈을 끌어낸다.[79] 즉 이 땅의 하나님의 교회가 영광스러운 상태를 기쁘게 누리기 위해서는 먼저 복음의 비상한 전파, 과거의 죄들 및 눈에 보이는 교회의 크고도 오래 계속된 영적 죽음과 육신적인 성향에 대해 깊이 회개하고 겸비해져야 한다는 것이다. 에드워즈에 의하면 초막절은 죄인들을 향한 하나님의 은혜, 즉 성령이 비범하게 부어지는 것을 상징한다(요 7:37-38,계 21:6 ,22:17, 사 44:3). 이 절기를 지키지 않는 반대자들은 저주가 임하여 하나님의 소나기에 참여하지 못한다(슥 14:12). 영광스러운 날에 하나님의 백성과 힘을 합치지 않으면 이사야 60장 12절에 나타나 있는 대로 파멸당하고 진멸당하게 된다.[80]

에드워즈는 이와 같은 예들을 성경에서 많이 찾아내어 제시한다.[81] 아말렉 자손(출 17:14-16, 삼상 15:3), 모압과 암몬 자손(신 23:3-4), 드보라 사사 때의 메로스 거민(삿 5:23), 기드온 사사 때의 숙곳과 브누엘(삿 8장), 법궤가 예루살렘으로 옮겨지는 날 너무 기뻐 춤추던 다윗을 멸시하다가 평생 불임이 된 미갈(삼하 6:16, 20-23), 이삭이 젖 떼는 날 희롱하다가 쫓겨난 이스마엘(창 21:8-9, 갈 4:22ff), 엘리사 선지 때의 사마리아의 불신 장관(왕하 7장), 느헤미야 시절에 성벽 재건을 반대하던 자들(느 4:2-5, 2:20) 등. 에드워즈는 성경적인 증거를 예거한 후에, "이와 같은 때에 반대하거나 멀찌감치 서서 침묵을 지킴으로 사람들은 스스로를 하나님의 저주에 노출시키게 된다"고 경고한다. 반대로 "그들이 일어나 하나님을 인정하고 그러한 일에서 그에게 영광을 돌리며 즐겁고도 힘차게 그 일을 증진시키기 위해 분발하는 것은 하나님께 큰 복을 받는 길"이라고 그는 독려한다.[82] 그리고 에드워즈는 "하나님이 자기의 사랑하는 이들을 거룩한 산 시온 위에 왕으로 세우실 때 여호와를 도우러 오는 자들에게 하나님이 복을 훨씬 더 많이 베푸실 것이라고 말씀하신다(시 2:6)"라고 말한다. 따라서 부흥의 시대에는 천지의 기상은 분별할 줄 알면서도 시대는 분변치 못하여 책망받았던 유대인들(눅 12:56)처럼 되지 말고, 시세를 마땅히 알고 이스라엘이 마땅히 행할 것을 알았던 잇사갈 사람들처럼 되는 것이 현명한 선택이 될 것이다(대상 12:32).[83]

6.2.3. 모든 사람들은 부흥을 증진시키기 위해 힘써야 한다

에드워즈는 부흥의 시대에는 모든 사람들이 부흥을 인정하고 증진시키기 위해서 힘을 써야 한다고 생각했다. 즉, 공직자들, 목사들 그리고 성도들이 부흥을 증진시키기 위해 힘을 써야 한다고 말한다.

(1) 공직자들의 의무(duties of civil rulers)

에드워즈는 부흥의 시기에 공직자들의 역할이 중요하다고 생각했다. 에드워즈에 의하면 "왕에게 가장 큰 존경과 충성을 바칠 사람은 왕국의 중책을 맡은 관원들, 대인들이듯이, 하나님의 영원하신 아들, 만왕의 왕이신 그리스도께서 자기 임재의 영적 증거로써 시온의 왕도로 입성하실 때 하나님의 눈은 특별히 지상의 군주들 귀족들과 재판관들 위에 있다"라고 한다.84 시온으로 법궤를 옮길 때도 성막 건축과 예루살렘 성벽 재건에 있어서도 앞장 선 사람들은 족장들이었다고 성경적 예를 제시한다.85 그리고 뉴잉글랜드에 일어난 영적 부흥에 공직자들이 관심을 기울이지 않는 것을 에드워즈는 질책한다. 그들은 부흥이 하나님이 하신 일이라는 것을 공적으로 인정하고, 부흥을 증진시키기 위해 자신들의 권위를 사용해야 마땅한데도 그렇게 하지 않고 있기 때문이다.86 에드워즈는 공직자들을 향해 "만일 그들이 이 영광에 참여하고자 한다면 이와 같은 날에 자신들의 영광과 명예를 영적 예루살렘으로 가져와야만 한다"라고 권면하기도 하였다.87

(2) 목사들의 의무(duties of ministers)

에드워즈는 부흥의 시대에 하나님의 눈은 누구보다도 복음의 사역자 위에 머무르고 있으며, "복음의 사역자들인 목사들이 하나님을 인정하며 영화롭게 하며 부흥을 격려하고 증진시키기 위해 최선을 다할 것을 기대하신다"라고 말한다. 왜냐하면 "부흥을 진작시키는 것이야말로 그들이 헌신하도록 부름받고 있는 일이기 때문이다."88 에드워즈에 의하면 하나님께서는 "신앙 부흥과 세상 개혁을 일차적으로 목사들의 수고로 이루시기를 원하신다"라고 한다. 하나님께서 목회자들에게 맡겨주신 "복음 사역은 하나님 말씀과 규례들을 행하는 것으로 이루어지는데, 그것은 하나님이 인간의 영혼에 자신의 일을 이루시기 위해 정하신 주된 수단이다."89 목사들에게 기대되는 것은 다른 무엇보다도 그들이 이 시대를 이해해야만 한다는 것과 이스라엘이 해야만 하는 일을 알아야 한다는 것이다. 성경을 보면 하나님의 일에 제사장과 레위인이 솔선수범했다(레 8-9장, 왕상 8장, 대하 5-7장, 대상 15장, 느 3장). 반면에 자신의 의무에 태만했던 바리새인과 서기관들에 대해 주님은 크게 진노하셨다(마 23장).[90]

에드워즈는 부흥의 시대에 성령의 부어주심에 참여하지 못하고 냉담하게 설교하는 자들의 위험성에 대해서도 경고의 목소리를 발한다. 부흥의 시절에 부흥에 별로 감동이 없으며 오히려 의심스러워하는 목회자는 교인들에게 해를 끼치는 사람이며, 그런 목회자들 때문에 교인들은 모든 생동감 있는 신앙을 의심케 하고, 사람들로 하여금 부흥에 대해 부정적으로 말하게 하며, 부흥이 나타나는 모든 곳에서 방해를 놓으며, 부흥을 보는 대로 거부하게 만들기 때문이라는 것이다. 그런 목회자들은 주님의 책망을 면치 못할 것이다. 에드워즈는 이와 같은 부흥의 시절에는 아예 그런 담임목사가 없는 것이 유익할 것이라고까지 말한다.[91] 그리스도께서 자기 교회를 위해 놀랍게 나타나셔서 신앙을 부흥시키시고 세상에 자기의 왕국을 증진시키는 때는 목회에 충성하지 않는 목사들을 놀랍게 심판하실 때임을 예상해야 한다고 그는 경고하였다.[92] 그리고 하나님이 부흥을 일으키시는데 있어서 자신보다 더 많이 사용하시는 다른 목사들에 대해 시기심을 품지 않도록 조심하라고 목회자들에게 주의를 주기도 하였다.[93] 에드워즈는 "부흥의 때에 우리가 취할 수 있는 가장 현명하고 좋은 태도는 하나님이 부흥을 일으키시는 방식과 수단을 존중하면서 온전하고도 기꺼운 마음으로 위대하신 하나님께 경배하며 전적으로 순종하는 것이라"라고 말한다.[94]

(3) 성도들의 의무

에드워즈는 공직자들과 목사들뿐만 아니라 "살아있는 모든 영혼은 이제 일어나 부흥에 있어서 하나님을 인정하고 부흥을 증진시키기 위해 협력해야 한다"고 말한다.[95] 에드워즈는 성도들의 동참을 촉구하기 위하여 성경의 여러 가지 예를 들었다. 성경 속에서 모든 사람, 빈부귀천, 남녀노소, 지위고하를 막론하고 이스라엘의 온 회중이 광야에서 장막을 세우는 일에 일조했으며(출 35장), 실로의 회막을 세울 때에 온 회중이 동참했고(수 18장), 법궤를 메어 올릴 때에도, 예루살렘 성벽을 재건하는 일을 할 때도(느 3-4장) 이스라엘 온 백성이 동참했다는 점을 지적하면서, 이와 같이 모든 남녀노소가 그들과 같은 자원하는 심령으로 부흥을 진작시키기 위해 기어이 무언가 해야만 한다고 에드워즈는 말한다.[96]

에드워즈는 이와 같은 부흥의 시기에는 부흥의 취지에 역행하는 어떤 조치를 취하지 않도록 크게 주의해야 한다고 말한다. 부흥에 의심을 불러일으키거나 부흥을 반대하는 소책자도 출판하지 말라고 경고한다. 이런 경고는 찰스 촌시를 향한 것이지만, 그는 아랑곳하지 아니하고 『시의적절한 생각』*Seasonable Thoughts*를 1743년에 출판하였다.[97] 에드워즈는 부흥의 때에 성령의 역사를 반대하는 자들의 동기를 예리하게 지적하기도 했다. 즉 그런 사람들은 "부흥이 자신들의 육신적인 마음에 소중한 어떤 것을 건드리기 때문이며, 또 부흥이 자신들로 하여금 잘난 체하지 못하게 만들고 자신들에게서 정욕의 대상들을 빼앗아 간다고 생각하기 때문"이라는 것이 에드워즈의 비판이었다.[98] 에드워즈는 직접 말로 부흥을 반대하지는 않으면서 간접적으로 부흥에 대한 부정적인 생각과 의심을 불러일으키는 사람들이 있음을 지적한다. 에드워즈는 부흥의 때에 동반되었던 모든 경솔함과 일탈에 집중하여 조롱하거나 경멸하는 투로 혹은 혈기를 부리면서 말하기보다는 부흥의 본질 속에 나타나는 하나님의 능력과 은혜의 영광을 주목하고 즐거워해야 한다고 말한다. 많은 죄인들이 그리스도에게로 돌아오는 위대한 부흥은 선한 목자이신 그리스도 자신에 큰 기쁨이기 때문에(눅 15:6), 우리가 그리스도의 친구들이라면 부흥은 큰 기쁨의 날이 되어야 마땅한 것

이다.⁹⁹

에드워즈는 공직자들, 목사들, 그리고 모든 성도들의 의무에 대해서 설명한 후에 결론적으로 다시 한 번 더 모든 이들을 향해 부흥의 찬성자가 되고 반대자가 되지 말라고 경고성의 권면을 발하는 것으로 2부를 마무리 하였다.

하나님은 분명히 지금 이것을 기대하신다. 즉 뉴잉글랜드의 모든 사람들, 관원들, 목사들과 교인들, 빈부귀천, 남녀노소 모두가 이 능한 하나님의 은혜의 역사 속에서 그 분의 손길을 분명히 발견하고 부흥의 때에 드러나는 하나님의 영광을 인정하며 크게 기뻐하여, 하나님이 각각 처한 곳에서 부흥을 증진시키기 위해 각자가 최선을 다하는 것이다. 하나님은 놀라운 인내로 아직도 하나님을 인정하고 영화롭게 할 기회를 주시면서 기다리고 계신다 … 그러나 만일 우리가 끝내 거부한다면 하나님의 무서운 저주가 우리를 좇아오게 될 것임은 의심할 여지가 없다. 하나님의 진노는 우리가 하나님의 성령과 은혜의 부어주심을 멸시한 것에 비례할 것이기 때문이다.¹⁰⁰

6.3. 부흥 사역자들에 대한 근거없는 비난들에 대한 논박

에드워즈는 『균형잡힌 부흥론』 제3부에서 열심있는 부흥 사역자들을 겨냥하여 제기되곤 했던 10가지 비난들이 아무런 근거없는 것들임을 논박한다. 그는 3부를 시작하면서 당시의 부흥이 하나님의 영광스러운 일이며, 심지어 "만일 부흥이 계속 확산된다면 뉴잉글랜드는 일종의 지상 천국이 될 것이라"라고 하는 기대를 표현하기도 했다.¹⁰¹ 에드워즈는 부흥의 역사가 영광스러운 만큼 "위대한 부흥을 진흥시키기 위한 우리의 노력에 있어서 우리는 최대의 주의와 성실함과 재간을 사용해서 그 목적을 이루기 위한 수단들을 채택해야 한다"라고 주의를 준다.102 그리고 "부흥을 증진시키기 위해서 취해야만 하는 수단들을 다룸에 있어서 첫째, 부흥의 주체 혹은 부흥을 증진시키는 데 열성적이었던 자들의 행위에서 잘못되었던 것들이 무엇인가를 주목하여 다루려고 하고, 둘째, 우리가 어떤 이들을 교정하고 피해야만 하는가를 보여 줄 것이며, 셋째, 나아가서 적극적으로 이 영광스러운 하나님의 일을 증진시키기 위해 우리가 해야만 하는 일이 무엇인가를 보여주겠다"라고 말한다.103 이상의 세 가지 과제는 순서대로 3부, 4부, 5부에서 다루어질 것이다. 에드워즈는 제3부에서 열성적인 부흥주의자들이 근거없이 받은 비난 10가지를 소개하고 그 비난들의 부당성을 논박한다. 그리하여 3부는 부흥에 대한 변호요 옹호가 된다.104

6.3.1. 청중의 지성보다 감정에 호소한다는 비난에 대한 답변

에드워즈가 다루는 첫 번째 비난은 "목사들이 청중의 지성understanding보다 감정affections에 호소하여 그들의 감정을 최고도로 끌어 올리기 위해 애쓴다"고 비판한 것이다. 그들에 의하면 부흥찬성론자들은 명료한 논증과 정보를 제공함으로써가 아니라 너무 감정적인 방식의 설교, 음성과 몸짓을 아주 진지하게 함으로써 그런다는 것이다. 그렇게 함으로써 지성을 적절하게 깨우는 것이 아니라 감정만을 움직인다고 비난한다.105

에드워즈는 "목사들이 설교할 때 기독교 교리를 분명하고도 또박또박 잘 설명하려고 애를 쓰며, 그에 따르는 난점들을 해명하며, 논증과 이성의 힘으로 그것들을 확인하며, 강론을 쉽고도 분명한 방법과 순서를 따라 함으로써 교인들이 기억하고 이해할 수 있게 하는 것을 전혀 반대하지 않는다."106 그러나 에드워즈에 의하면 앞선 비난은 감정의 본질과 원인을 잘못 알고 있거나 아니면 지나치게 지성에 의지하기 때문에 제기되는 것이라고 해명한다. 에드워즈에 따르면 "모든 감정은 지성에 어떤 빛이 비칠 때나 어떤 실수와 망상 때문에 생기는 것이며, 모든 감정은 지성이 어떤 것을 이해했을 때 생기는 것이 분명하다. 또한 지성의 이해는 진리에 부합하는 것이든지 아니면 어떤 실수나 망상일 것이다"라고 말한다. 만일 그것이 진리에 부합하는 이해나 인식이라면 그것은 지성에 비친 빛이다. 그러므로 에드워즈에 의하면 "우리가 여기서 제기해야 하는 질문은 감정적인 설교자들이 감정을 자극했을 때 사람들의 마음에 일어난 신적이고 영원한 일들에 대한 인식과 이해가 진리에 부합하는 이해인가, 아니면 착각인가 하는 것이다." 그래서 "만일 정신에 정보를 제공함으로써 혹은 이해력에 빛을 제공함으로써 일어난 것이라면 그 감정들은 일어나야 할 방식대로 제대로 일어난 것이다"라고 에드워즈는 말한다.[107]

에드워즈는 목사가 설교할 때에 청중들이 진리로 받는 감동이라면 기독교의 위대한 일들을 아주 감동적으로 설교하여야 한다고 주장했다. 그렇게 하면 사람들의 마음에 설교 주제를 더 잘 이해시키기고 사상을 만듦으로써 지성에 더 큰 빛을 준다. 만일 주제가 그 성격상 아주 고양된 감정을 드러낼 가치가 있는 것이라면 당연히 그렇게 해야 그 주제의 성격에 잘 어울리고 그 주제를 가장 바르게 전달할 수 있기 때문이다. 에드워즈는 자신의 청중이 "오직 진리로만 그리고 그들이 감동 받는 것에 어울리는 감정으로 감동 받는다면, 청중의 감정을 가능한 한 높게 고양시키는 것이 설교자의 의무"라고 토로하였다.[108] 그리고 그는 빛만 풍부하고 열이 없는 당시 영적 상황, 설교자들의 수준에 대해서 신랄하게 비판했다. "과연 논증의 힘과 철저함, 학식의 범위, 구별의 엄격성, 문체의 정확성, 표현의 명료함이 이 시대만큼 풍성했던 시대가 지금까지 있었을까? 동시에 죄의 악함에 대한 감각, 하나님에 대한 사랑, 천상적 마음, 거룩한 생활이 참된 신앙 고백자들 사이에 이 시대만큼 적었던 시대가 있었을까?"[109] 에드워즈의 통렬한 지적은 21세기에 살아가는 우리 그리스도인들에게 더 날카롭게 적실성이 느껴진다는 것은 가슴 아픈 일이다.

에드워즈는 교인들에게 필요한 것은 머리에 지식을 채우는 것보다 마음에 감동을 받는 것이 더 필요하기 때문에 마음에 감동을 주는 설교를 더 필요로 한다고 생각했다.[110] 그는 성경에서도 열정적이고 감동적인 설교 전달을 지지해 준다고 말한다(사 58:1, 겔 6:11). 하나님의 말씀을 설교할 때 강한 감정과 열심과 열렬함을 드러내는 것이 정당하다는 것을 성경은 여러 가지로 증거해 준다고 생각했다. 그리고 설교를 큰 소리로 열정적으로 말하는 것이라고 표현하는 구절들이 많음을 지적해 준다(사 40:2, 6, 렘 2:2, 욘 1:2, 사 61:1-2, 62:11, 롬 10:18, 렘 11:6, 19:2, 7:2, 잠 8:1, 3-4, 1:20, 9:3). 그리고 특히 종말의 부흥 시기에 복음을 큰 소리로 열정적으로 전해야 할 것을 성경은 예고하고 있다고 지적한다(사 40:9, 52:7, 8, 27:13, 42:14). 그리스도는 자기 종들을 통해 부르짖으시며, 교회는 직분자들을 통해 부르짖는다. 신약 성경에서 흔히 사용되는 것으로써 '전파하다'로 번역하는 단어의 본래 의미는 부르짖는 자처럼 큰 소리로 선포한다는 뜻이라고 그는 해석했다.[111]

6.3.2. 두려움을 준다는 비난에 대한 답변

에드워즈가 두 번째로 다루는 비난은 "이미 큰 공포를 느끼고 있는 자들에게 위로가 아니라 두려움을 많이 설교한다"라는 것이었다.[112] 그러나 에드워즈는 이러한 비난도 부당하다고 생각하였다. 에드워즈는 "만일 목사들이 사실이 아닌 것을 가지고 사람들을 공포에 빠뜨리든지 혹은 그들의 상태를 실제보다도 더 악하게 묘사함으로써 그들에게 겁을 준다든지, 혹은 어떤 점에서든지 사실과 다르게 말하고 있는 경우라면 정죄 받아 마땅하다"고 인정한다.[113] 그러나 "만일 목사들이 사람들을 두렵게 만드는 것이 단지 그들에게 더 많은 빛을 제공함으로써 그들이 자신들의 상태를 바로 알 수 있게 할 목적이라면 전적으로 정당화 될 수 있는 것"이라고 에드워즈는 주장했다.[114] 만약에 목회자가 사람의 마음을 얻고자 예수 그리스도를 한 번도 믿은 적이 없는 자들에게 자신들의 상태가 지극히 무서운 것이라는 것 말고 다른 말을 하는 것은 하나님의 말씀을 전하는 것이 아니라고 그는 생각했다.[115] 무한히 비참한 상태에 있는 사람들에게 진리를 가르치거나 그들을 빛으로 인도하는 것을 두려워하지 말아야 한다고 그는 생각했다. 왜냐하면 성령은 죄인들의 양심에 빛을 비추어 주심으로써 그들의 양심을 크게 각성시키는 분이시기 때문이다. 따라서 에드워즈에 의하면 설교자들은 사람들이 만일 그리스도를 거부한다면 하나님의 진노가 그들 위에 머물러 있으며, 하나님의 원수이며, 마귀의 자식이라는 사실을 더욱더 느끼게 해야 한다.[116]

에드워즈는 죄인들은 자신들의 상태가 얼마나 비참한가를 들어야 하는 동시에, 와서 구주를 영접하고 자신들의 마음을 그분에게 드리도록 간절한 초청을 받아야 한다고 생각했다. 에드워즈는 "설교자들이 복음이 제공하는 그 모든 매력적이고 격려하는 논거들을 동원해서 그들이 구주를 영접하도록 설득해야 한다"고 말한다.[117] 그리고 양심이 각성된 죄인들에게는 위로가 제시되어야 한다. 그리스도를 의지하지 못하게 만드는 다른 모든 거짓된 위로는 제거해야 한다. 만일 죄인들이 스스로 품고 있는 착각이나 오해 때문에 어떤 고통을 당하고 있다면 그것은 제거되어야 하지만, 죄에 대한 깨달음, 혹은 진리에 대한 인식 때문에 생긴 두려움은 더욱 커져야 한다고 에드워즈는 말한다.[118] 에드워즈는 부흥의 시기에 두려움을 불러일으키는 설교를 듣고 자살을 기도한 우울증 환자들의 예들 때문에 각성 설교를 하지 말아야 하는 것은 아니라고 대답한다. 물론 우울증 환자들은 이야기를 잘못 받아들이는 이상한 성향이 그 속에 있기 때문에 진리를 들려 주어야 할 때는 깊이 주의해야 한다는 것을 그도 인정한다.[119] 그러나 어떤 사람이 어떤 설교를 오

용해서 스스로를 해한다는 것 때문에 그런 설교를 반대할 논거는 될 수 없는 것이다.[120]

6.3.3. 어린이에게 지옥 불 이야기를 한다는 비난에 대한 답변

반부흥론자들이 분개하고 반대의 목청을 높이게 만든 것은 설교자들이 가련하고 순진한 어린이들을 지옥 불 이야기와 영원한 저주에 대한 말로 놀라게 만든다는 점이었다.[121] 그러나 에드워즈는 이와 같은 비난에 대해서도 부당하다고 대답을 한다. 에드워즈는 뉴잉글랜드인들이 보편적으로 고백하는 칼빈주의 신앙 고백에 따르면 그렇게 비난하는 사람들은 연약하고 생각없는 사람이라는 것을 드러낼 뿐이라고 답한다.[122] 왜냐하면 에드워즈가 성경적으로 이해하기에 "어린이들은 우리가 보기에 순진해 보일지라도 그들이 그리스도 밖에 있으면 하나님 보시기에는 그렇지 않기 때문이다. 오히려 그들은 독사 새끼이며 독사보다 무한히 더 가증스러우며 아주 비참한 상태에 놓여 있다는 점이 성인들과 다를 바 없으며, 그들은 날 때부터 아주 무감각하고 어리석기 때문이다."[123] 따라서 에드워즈는 어린이들의 영혼의 문제도 적당하게 넘어가서는 안 된다고 생각했다. 어린이들이 영원한 지옥의 불의 위험에 노출되어 있는 것을 안다면, 우리는 그들이 하나님의 영원한 자녀로서 행복해지기 위해서 그에 마땅한 각성의 고통을 당하는 것을 감수해야만 하기 때문이다.[124]

6.3.4. 신앙적인 문제에 너무 많은 시간을 보낸다는 비난에 대한 답변

반부흥론자들이 제기하는 또 하나의 비난은 "신앙 집회를 너무 자주 가지면서 신앙 문제에 너무 많은 시간을 할애한다"라는 것이었다.[125] 에드워즈는 신앙 생활에 있어서 적절하게 비율을 맞추지 못하는 현상에 대해서 인정했다. 그가 보기에 당시에 신앙 집회를 열고 기도하며 성경 읽고 설교 듣고 찬송 부르며 모임을 갖는 일에는 너무 열심을 다하고, 자선 행위와 두 번째 돌판의 의무들에 대해서는 열심을 내지는 않는 모습을 보이고 있었기 때문이다.126 그러나 신앙 문제에 너무 많은 시간을 보낸다는 것은 근거없는 반대라고 그는 답변한다. 물론 세상일도 해야 하지만, 비상한 시기에는 평소보다 더 많은 시간을 신앙 활동에 소비하는 것이 하나님을 영화롭게 하는 일이라고 그는 생각했다. 그리고 우리가 세상 일에 조금도 차질이 없을 정도로만 신앙적인 일을 해야 한다는 주장은 잘못된 것이라고 에드워즈는 답변했다.127 그리고 그는 "영원한 일들이 세상일들 만큼이나 생생하고 사실은 무한히 더 중요한 것이라면 영원한 부요와 불멸의 영광을 찾기 위해 일시적인 관심사를 어느 정도 희생시키는 일이 문제 될 것이 없지 않느냐"고 반문한다.128 그리고 공정하게 숙고해 본다면 최근의 비상한 신앙 활동 때문에 시간과 물질을 더 낭비한 것이 아니라 절약하게 되었다고 그는 말한다.129

6.3.5. 설교를 너무 자주한다는 비난에 대한 답변

에드워즈가 다섯번째 비난으로 다룬 것은 부흥의 역사를 체험하는 기간 동안에 많은 설교가 선포되었는데, 이러한 잦은 설교가 무익하고 해롭지 않느냐고 하는 것이다.130 비난하는 사람들의 논거는 설교를 너무 자주 들으면 한 설교가 다른 설교를 밀어내는 경향이 있어서 사람들은 모든 설교에서 유익을 얻지 못한다는 것이었다.

에드워즈는 이러한 비난은 "설교가 청중에게 유익을 끼치는 방식the way that sermons usually profit an auditory"을 적절히 고려하지 못한데서 비롯된 것이라고 응수한다. 그는 설교를 통해 얻게 되는 유익, 기억과 인상의 관계를 다음과 같이 설명한다.

설교를 통해 얻게 되는 주된 유익은, 설교를 들을 때 마음에 새겨지는 인상 때문이지 그것을 기억함으로써 일어나는 효과 때문이 아니다. 비록 설교 때 들은 것을 후에 기억하는 것이 종종 아주 유익하지만 대체로 그 기억은 설교 들을 때 그 말씀이 마음에 새겨 준 인상을 새삼스럽게 하고 강하게 할 때이다. 설교할 때 신앙에 있어서 더 중요한 것들을 자주 가르친다고 해서 그런 인상들이 잘려 나가지는 않는다. 그것은 오히려 그 인상들을 강하게 하며 마음에 더욱 깊이 고정시킨다.[131]

에드워즈는 자신의 입장을 입증하기 위해서 성경적인 증거들에 주목했다. 성경에 의하면 사도들은 가는 곳마다 매일 설교를 했으며, 초대교회 성도들은 매일같이 사도들의 가르침을 받았다(행 2:42, 46)는 것을 알 수 있다. 그리고 하나님이 종말에 있을 신앙의 부흥 상태를 시작하려 하실 때는 설교를 비상하게 자주 해야 한다는 것을 이사야 62장은 보여준다.[132]

6.3.6. 신체적 현상을 너무 많이 일으킨다는 비난에 대한 답변

에드워즈가 다루는 또 다른 비난은 "어떤 목사들은 고함이나 기절과 같은 육체의 현상을 너무 많이 일으키며, 또 그런 현상이 하나님의 임재의 증거라고 생각하며, 혹은 자신의 설교가 성공했다는 증거라고 내세우며, 회중들을 그러한 현상으로 이끌기 위해 온갖 애를 쓴다"고 하는 비난이다.[133] 에드워즈는 그와 같은 비난에 적합한 목사를 단 한 사람도 본 적이 없다고 응수한다. 그리고 "회중 속에서 커다란 부르짖음이 일어나는 것을 볼 때, 그들이 하나님의 말씀의 주요한 진리들을 설교한 결과로서 그러한 현상들이 일어났다면 하나님께 감사해야 한다"라고 말한다. 사람마다 체질과 기질과 상황이 다르기는 하지만, 그럼에도 불구하고 각양 각색의 사람들이 모인 곳에서 성령의 아주 강한 역사가 임할 때는 어떤 식으로든 눈에 띄는 큰 소동이 있기 마련이다.¹³⁴ 에드워즈는 진리를 깨달음으로 오는 신체적 현상을 고조시키려고 하는 것은 비난 받을 일이 아니라고 말한다.

> 그들은 단지 청중이 감정을 이런 현상들 속에 아주 흔히 나타나는 수준으로 고조시키려고 애쓰고 있을 뿐이다. 그런 감정들이 대체로 좋은 것이며, 그런 정도의 감정이 일반적으로 선한 결과를 낳는다는 것이 경험적으로 증명되었다면 그렇게 하는 것은 아무 잘못이 아니라고 나는 생각한다.¹³⁵

6.3.7. 다른 사람을 보고 따라 하도록 방치했다는 비난에 대한 답변

부흥에 열심있는 자들이 받는 일곱 번째 비난은 "어떤 목사들은 아주 특별한 외적 현상 때문에 감동을 체험한 사람들을 함께 모아둔다"라고 하는 것이었다. 비난하는 자들에 의하면, 그렇게 모아 두면 혼란을 조장하며, 서로의 마음이 불안해지며 혼란스러워질 뿐이라는 것이다. 따라서 그들은 회중 속의 누군가가 강한 감정에 사로 잡혀서 그것을 외부로 표현하는 것을 억제할 수 없을 때는 다른 곳으로 격리해야 한다고 주장한다.¹³⁶

한편 에드워즈는 "불가피하게 강한 신앙 감정을 표현하는 것은 그것을 보는 자들의 마음에 복된 영향을 가져다 주는 경향이 있으며, 경험적으로 볼 때도 그것은 탁월하고 지속적인 효과를 가져다 준다"라고 반박하였다.¹³⁷ 그리고 그에 의하면 "본보기야말로 신앙의 부흥기에 하나님이 자신의 사역을 행하시기 위해 사용하시는 주된 수단 가운데 하나이다"라고 말한다. 에드워즈는 『성령의 역사 분별 방법』에서 이와 동일한 문제를 다루면서 자신의 주장을 입증하기 위하여 많은 성경구절들을 제시한 적이 있었다.¹³⁸ 그는 여러 성경 구절들(슥 9:15-16, 사 62:3, 60:3, 22, 슥 10:8-9, 호 2:23, 렘 31:27등)을 추가로 제시한다.¹³⁹

6.3.8. 말을 너무 많이 한다는 비난에 대한 답변

많은 사람들에게 거부감을 일으켜서 비난의 대상이 된 것 중 하나는 "사람들이 큰 감동을 받았을 때 말을 너무 많이 하고 그것도 열렬하고 격렬하게 한다는 것이었다. 그렇게 함으로써 그들이 신적이고 영원한 일들의 위대함과 경이로움과 중요성을 역설하고, 또 다른 사람들을 열정적으로 경고하고 초청하며 간청한다는 것이다."140 에드워즈는 이러한 비난에 답하여 당시에 아무 한계를 정하지 않을 뿐 아니라 어떤 제한이나 지침도 없이 이러한 성향을 격려하고 남용함으로써 어떤 이들이 실수를 범했다는 점을 인정한다. 그러나 "그러한 성향은 이성과 성경이 정당한 것으로 인정하는 바"라고 말한다.141 에드워즈는 "만일 어떤 사람이 자신과 사람들에게 직접적으로 깊은 관련을 가진 엄청난 위험의 순간이나 아주 크고 감동적인 기쁨의 순간에 서로의 유익에 대해 크게 염려하고 깊은 애정으로 유대를 맺은 자들에게 많은 말을 한다고 할지라도 그들은 그것을 전혀 이상히 여기지 않을 것이다. … 훨씬 중요하고 감동적인 영적 일들에 어울리게 그리고 참된 신앙이 다른 사람들의 유익을 위해 사람들의 마음에 일으키는 염려 및 그것이 하나님을 찬송하고 그분의 무한한 영광을 제시하며 그분의 모든 영광스러운 완전과 역사들을 말하게 하는 성향에 어울리게 더욱더 그렇게 해야 하지 않겠는가"라고 반문하였다.142 에드워즈는 "신앙적인 일들의 중요성과 죄인들이 처해 있는 위험에 대한 아주 큰 깨달음은 때로 다른 사람들에게 말하고 경고하고 싶은 거의 억제할 수 없는 성향을 불러 일으킨다"라고 지적한다.143 그리고 "신앙적인 감동을 크게 받은 많은 사람들이 어떤 모임의 여기 저기에서 자기들 곁에 있는 사람들에게 하나님의 경이로운 일들에 대해 동시에 진지하게 말할 때 어떤 이들은 이 사람의 말에 귀를 기울이고 또 어떤 이들은 저 사람의 말을 기울이게 되는 것"은 "대단히 아름다운 일이라"something very beautiful고 에

드워즈는 말한다.[144]

6.3.9. 모임 시 찬양을 너무 많이 부른다는 비난에 대한 답변

또 다른 비난은 "집회에서 노래를 너무 많이 부른다"는 것이었다.[145] 에드워즈는 그러한 비난 역시 부당하다고 생각하였다. 그는 비난하는 자들에 대해서 "부흥에 참여한 사람들이 참으로 하나님의 사랑을 비상한 정도로 체험하여 하나님 안에서 천국의 기쁨을 누리고 있다고 생각했다면 찬양을 많이 하고 싶어하는 것을 이상하게 여기지는 않을 것이다. 하늘에 있는 성도들과 천사들이 주야로 쉬지 않고 하나님을 찬양하고 있는 것을 안다면, 땅위의 성도들이 하늘의 성도와 천사들을 닮아갈수록 그만큼 더 그들처럼 찬양하고 싶어지는 것은 당연한 일이다"라고 응수했다.[146] 그리스도인들이 하나님을 찬양하고 싶은 커다란 갈망을 드러내며 그 천상적인 활동에 기쁨을 표현하는 것을 비난하는 것은 바리새인에 가까운 일이다. 성경은 다가오는 영광스러운 시대에 하나님의 교회에는 말로나 노래로나 하나님을 찬양하는 일이 풍성할 것이라고 말한다.[147]

에드워즈는 또한 공중 예배에서 시편 찬송을 유지해야 한다는 것을 인정하지만, 시편 찬송만 불러야 하는 것은 아니라고 주장한다. 다윗의 시편 외에도 다른 찬양들을 하는 것이 필요하다고 말한다. 왜냐하면 그리스도의 교회가 영원히 그리고 심지어 하나님과 어린 양을 찬송하는 데 있어 가장 큰 빛을 받는 이 시대에 구약 성경의 말씀만 사용해야 한다고 생각하는 것은 불합리하기 때문이다. 교회의 가장 큰 찬송 제목들인 가장 위대하고 영광스러운 복음의 모든 일이 구약 성경에서는 베일에 가려진채 언급되고 있어 우리의 영광스러운 구속주의 이름이 언급조차 되지 않고 있기 때문이다.[148]

6.3.10. 어린이들이 성경 읽고 기도한다는 비난에 대한 답변

에드워즈가 보기에 "많은 사람이 싫어하고 비난하는 것은 어린이들이 집회를 가지면서 자기들끼리 성경을 읽고 기도하며 종교적 행위를 하는 것이었다." 어린이 집회를 반대하는 이유는 "어린이들에게는 지식과 분별력이 결여want of that knowledge and discretion되어 있어서 신앙 활동을 점잖고 유익하게 할 수 없기 때문"이라는 것이었다.[149]

그러나 에드워즈는 그와 같은 반대의 논거가 충분하지 않다고 논박한다. 에드워즈에 의하면 "어린이들도 인간의 본성을 가지고 있기 때문에 사회성inclined to society을 가지고 있으며, 그리고 서로 서로 사교할 수 있는 능력capable of society one with another이 있는 자들은 그 행하는 열매들에 있어 성령의 영향을 받을 수 있는데, 만일 그들이 성령에게서 받은 신앙심을 신앙적인 방식으로 그리고 신앙적인 목적을 위해 서로 교제를 증진시키고 싶어 한다면 누가 그것을 말릴 수 있겠는가"라고 그는 반문한다.[150] 에드워즈는 하나님이 보시기에 "성인들은 기도할 때 아이들보다 천배나 더 나쁜 결함"이 있어서, 하나님이 보시기에 아이들의 무분별보다 더 큰 혼란이며 더 불합리한 난센스이다고 말한다.[151] 따라서 하나님 앞에서는 어린이와 어른 사이에 우리가 상상하는 만큼의 큰 차이는 없다고 말한다. 우리는 하나님 앞에서 모두 가련하고 무지하며 어리석은 아기들이기 때문이다. 우리의 나이가 많다고 해서 그것이 우리를, 우리가 생각하듯, 하나님께 더 가까이 데려가지는 못한다. 그리고 하나님은 어린이들과 젖먹이의 입에서 나오는 찬양을 놀라운 방식으로 온전케 하시기를 기뻐하신다(마 21:16). 그 가운데 다수는 세상의 많은 위대하고 박식한 사람들보다도 하나님을 더 기쁘시게 하고 하나님이 열납하시는 예배를 드릴 수 있는 더 많은 지식과 지혜를 가지고 있다고 본다.[152]

에드워즈는 자신의 목회 현장에서 있었던 "어린이 집회에서 많은 복된 결과들"을 목도하는 체험을 했다. 에드워즈는 하나님은 종종 어린이 집회에서 놀라운 방식으로 그들을 인정하실 뿐 아니라 실제로 하늘에서 내려오셔서 그들 가운데 계신 것처럼 보였으며, 그러한 모임에서 어린이들이 회심한 여러 경우를 알고 있다고 말한다. 따라서 우리는 어린이들의 집회를 방해해서는 안 되며, 잘 지도하여 신중하지 못한 처신과 일탈적인 행동들이 나타날 때 그것들을 고쳐 주어야 한다고 말한다.[153]

6.4. 부흥을 촉진시키기 위해 피해야 할 것들

에드워즈는 『균형잡힌 부흥론』 제4부에서 부흥을 촉진시키기 위해 피해야 할 것들이 어떤 것들인가를 보여 주고자 한다. 이 부분은 특히 에드워즈가 부흥에 찬성하고 촉진하는 사역에 있어서 도를 넘어선 열광주의 혹은 광신주의enthusiasm에 속한 이들을 향한 경고의 메시지를 발하고 있는 부분이다. 에드워즈는 사탄이 부흥의 역사를 잠재울 수 없으면 다른 극단으로 나아가게 만든다는 것을 교회사에서 관찰해 내었다. 다른 극단이란 사람들을 "과도하고 엉뚱한 방향으로 몰아감으로써 신앙의 부흥을 좌초시키는"것을 말한다.[154] 마귀는 부흥의 지지자들에게 집중하여 이들을 오도하려고 부단히 노력하며, 그 결과 "광신주의, 미신, 그리고 적대자들에 대한 가혹함이란 세 극단three extremes of enthusiasm, supersition, and severity towards opposers"으로 몰아가곤 한다고 한다.[155]

그렇게 해서 부흥이 일어날 때 부흥을 위해 큰 역할을 한 것처럼 보여 많은 주목을 끄는 정말 열심있는 한 사람이 크고 강하게 공개적으로 반대하는 백 명보다도 부흥을 더 많이 저해하는 사태가 발생하곤 했다. 하나님의 부흥의 동역자들, 특별히 부흥을 크게 증진시키는 자들이 범하는 실수들은 부흥을 대적하는 사람들에게 반대할 빌미와 핑계를 제공함으로서 커다란 해악을 끼쳐왔다. 사실 신앙의 친구들이 실수하지 않았더라면 부흥의 원수들은 무엇을 가지고 싸워야 할지 알지 못해서 결국 패배하고 말았을 것이다.[156] 그렇기 때문에 부흥에 찬성하고 동참하며 쓰임받는 자들은 극히 조심스럽고 경성하여 자만이나 방심에 빠지지 않도록 해야 하며(벧전 4:7, 5:8), 격렬하게 혈기를 부리며 훈계와 교정을 무시하고 밀어붙이는 것, 즉 자신들이 성령 충만하다는 이유로 틀림없이 옳은 편에 서 있다고 자신만만해 하지 않도록 주의해야 하는 것이다.[157]

에드워즈는 영적인 자들을 권면해 줄 온전한 사도는 더 이상 존재하지 않는다는 사실을 인정하면서, 비록 하찮은 벌레에 불과한 자이지만 성도들의 진실하고 열렬한 친구인 한 사람으로서 권면을 하려고 한다고 말한다. 그는 "이 위대한 하나님의 일에 열성적으로 동조하는 자들이나 증진하는 자들이 빠졌거나 빠질 수 있는 관행들과 방법들에 있어 그들이 범했거나 범할 수 있는 오류들"에 대해서 말하고자 한다.[158]

6.4.1. 신앙 부흥의 오류들이 생기는 일반적인 원인 세 가지

에드워즈는 신앙 부흥에서 생기는 오류들은 영적 교만, 잘못된 신학적 관점 그리고 사탄의 계교로 인한 영적 체험에 대한 무지 때문에 발생한다고 보았다.[159]

(1) 영적 교만

에드워즈가 보기에 "부흥에 만연된 오류의 첫 번째 그리고 최악의 원인은 영적 교만이었다." 에드워즈 만큼 겸손의 중요성과 교만의 죄악됨을 잘 해명한 학자가 없다고 할 정도로 그는 겸손과 교만이라는 주제에 대해서 너무나 풍부하게 설명한다. 에드워즈에 의하면 교만은 마귀가 신앙 부흥에 열성적인 사람들의 마음에 들어오는 정문이다. 영적 교만은 마음을 어둡게 하고 판단을 흐리게 하는 연기가 밑없는 구덩이에서 올라오는 주된 통로이다. 영적 교만은 마귀가 신앙적인 사람들을 붙잡는 주된 운전대이며, 하나님의 일을 저지하고 방해하기 위해 끌어들이는 모든 불행의 주된 원천이다. 이 오류의 원인은 나머지 모든 원인들의 근원, 최소한 주된 지원처가 된다. 이 질병이 치유되기까지는 다른 질병들을 치유하기 위해 쓰는 백약이 무효이다 … 우리 가운데 최선의 사람들조차도 얼마나 많은 교만을 마음에 품고 있는지 모른다. 교만은 죄와 사망의 몸 가운데 최악의 부분이다. 교만은 세상에 들어온 최초의 죄이며 마지막으로 뿌리 뽑힐 죄이다. 교만은 하나님의 가장 완악한 원수이다 … 교만은 마귀를 가장 많이 닮았으며, 교만은 어떤 부패보다도 알아채기가 훨씬 어렵다.[160]

에드워즈는 모든 교만 가운데 가장 감추어져 있고, 어렵사리 발견되는 것은 영적 교만이라고 생각했다. 영적 교만이야말로 가장 은밀한 죄이며, 자신들이 빛을 받았고 겸손하다는 허황된 자부심 때문에 영적 교만은 생겨난다고 한다. 그리고 "영적 교만의 본성 자체가 자만심을 일으키고 자신들을 믿게 만든다." 영적 교만은 모든 것을 왜곡시키고 오용하며 심지어 참된 은혜와 참된 겸손을 표현하는 것에서 조차도 자신을 드러낼 기회로 삼는다. 우리는 사단이 타락하기 전에 천국에서 커다란 명예와 높은 특권을 누리면서도 교만하여 타락했다는 것을 기억해야 한다. 어떤 성도라고 하더라도 아무리 탁월하고 하나님께 가까이 있는 자라 할지라도 스스로 이 위험에서 벗어나 있다고 생각하는 자야말로 사실은 가장 위험한 자이다(고후 12장).[161]

에드워즈는 영적 교만은 본질상 아주 은밀하지만 그 결과와 효과들 때문에by the effects and fruits of it 드러나게 된다고 말한다.[162] 그렇다면 그가 말하는 바 영적 교만의 결과와 열매들이 어떤 것인가? 에드워즈는

"영적 교만은 다른 사람들의 죄에 대해서 적개심을 가지고, 신랄하게, 혹은 조롱과 빈정거림으로 그리고 경멸하는 투로 말하는 경향이 있다"라고 한다.[163] 그리고 영적으로 교만한 사람은 다른 사람들의 결점에 대해서 가혹하게 비난하는 경향이 있다. 그들은 진실만을 말하기 때문에 상대방이 어떻게 느껴도 상관이 없다는 태도를 취한다.[164] 또한 "교만한 사람은 외양에 있어서 독특성을 과시하게 만들고,"[165] "교만은 사람들 속에 어떤 뻣뻣함과 경직성을 불러 일으킨다."[166] 영적으로 교만한 사람은 자기가 다른 사람보다 낫다고 생각하여 자신을 다른 사람과 분리시키려 한다.[167]

에드워즈는 영적으로 교만한 사람의 특징으로써 자신에 대한 반대와 공격에 대해서 아주 예민하게 반응하게 하여, 핍박이라고 외치든지, 아니면 반대자들을 향해서 바리새인들, 육신적인 박해자들, 그리고 뱀의 후손 등의 단어들을 동원해서 비난하는 것을 들었다.[168] 영적 교만의 또 다른 결과는 그들은 비난을 당할 때에 비난당하는 일을 더욱 열성적으로 담대하게 행하여 하나님과 사람 앞에서 부적절하고 자신감 넘치는 담대함을 자랑하는 경향을 가진다는 것이다.[169] 교만한 사람들은 또한 자신이 주목받고 존경받는 것을 당연하다고 생각한다. 그리고 영적으로 교만한 사람은 배우려 하기보다는 가르치려고 든다. 그들은 제자의 자세가 아니라 선생의 자세를 취한다.[170]

에드워즈는 부흥의 주역으로 쓰임받는 사람들, 특히 순회 설교자들 itinerant preachrs은 영적 교만을 경계해야 한다고 권면한다. 다음과 같은 에드워즈의 경고는 오늘날 교만한 지도자들이 귀담아 들을만한 귀중한 충고이다:

그들이 받은 가장 탁월한 은사들 그리고 하나님의 은총과 복받은 최고의 증거들 조차도 변명이 될 수 없다. 인간은 최선의 상태에서도 아무것도 아닌 존재이다. 가장 큰 은혜를 받은 그리스도인 혹은 가장 뛰어나고 성공적인 목사가 무엇이기에 스스로 어떤 것을 받기에 충분하며 대단한 인물로 존경받아야 한다고 생각한단 말인가? 또 마치 스스로 현명하며 강하고 선한 자인 것처럼 자신을 내세우고 동료들 사이에서 행세한단 말인가?[171]

에드워즈의 경고는 우리의 심장 폐부를 찌른다. 그는 부흥의 주역으로 쓰임받는 자들의 경고 꺼리로써 므리바 물가에서의 모세의 망령된 행동(민 20장), 웃사(삼하 6장)등의 예를 든다.[172] 에드워즈는 특히 부흥 기간 동안에 크게 쓰임 받은 목사들은 젊은층이었음을 주목하고, 젊은 목사들은 나이 든 목사들을 존중해야 한다고 말한다. 그리고 목사의 좋은 자질 가운데 하나는 반대자들에게 온유하게 잘 가르치는 것이라고 말한다.[173]

(2) 잘못된 신학적 관점

에드워즈는 신앙 부흥의 오류들이 생겨나게 된 두 번째 원인은 잘못된 신학적 관점 때문이라고 하면서 몇 가지 구체적인 예를 들어준다.

첫째, 에드워즈가 보기에 하나님이 "영감 혹은 직통 계시를 통해by inspiration, or immediate revelation" 인도하신다는 생각은 부흥에 가장 큰 해가 된다고 한다. 영감 혹은 직접 계시를 통해 이후에 어떤 일들이 일어날 것인지, 무엇을 하는 것이 자신들을 향한 하나님의 뜻인지를 그들 "마음에 새겨주시는 인상들impressions"을 통해 자신들에게 알려주신다고 생각하는 광신주의자들이 있었다. 그러나 에드워즈가 판단하기에 그러한 잘못된 인식을 통해 "마귀는 크게 틈을 얻게"된다. 그래서 "교회 내에 이러한 인식이 자리를 잡게 되면 사탄은 하나님 백성의 안내자요 신탁자로서 자신을 부각시키고 자신의 말을 그들의 무오한 규범으로 여기도록 만든다. 그 결과 사탄은 성도들로 하여금 성경을 무시하고 멸시하게 만들고 결국은 거의 쓸데없는 책으로 만든다."[174] 그리고 자신이 하늘의 직접적인 계시에 따라 인도받는다고 생각하게 되면 그는 자신의 모든 잘못된 처신에 있어 교정 불능 그리고 난공불락이 되어 버린다.[175] 선량하고 신앙적인 많은 사람이 이런 인식에 사로잡히곤 했지만, 그러나 역사를 보면 직통계시는 모두 잘못된 것으로 판명나고 말았다. 목회 사역에 필요한 기술은 "직접 계시가 아니라 배움과 훈련을 통해" 이루어진다고 에드워즈는 말한다(슥 13:5).[176]

그리고 에드워즈는 성경 본문에 대한 충동적인 이해와 성령의 조명과는 전혀 다른 것이라고 말한다. 그에 의하면 "성령의 조명은 어떤 새로운 계시를 주시는 것이 아니라, 새로운 계시 없이 단지 마음으로 하여금 이해하게 하며 이미 주어진 계시를 적용할 수 있게 함으로써 이루어진다."[177] 그리고 로마서 8장 14절과 갈라디아 5장 18절에 언급된 성령의 인도는 충동적인 성령의 인도와 관계없다고 한다. 오늘날 성령의 인도하심에 대해서 그릇된 견해를 가진 이들이 많기 때문에 에드워즈가 성령의 인도에 대해서 말하는 바를 주목해 보도록 하자.

성령의 인도는 은혜로운 인도 혹은 하나님의 자녀에게 고유한 것이다 … 하나님의 영이 하나님의 자녀들을 인도하는 탁월한 방법은 그들로 하여금 하나님의 뜻을 행할 마음이 생기게 하는 것이다. 즉 하나님의 영이 하나님의 자녀들에게 거룩한 천국을 소망케 함으로써 그들을 소생시키시고 그들로 하여금 진리와 기독교적 성결의 빛 된 길을 가게 하는 것이다. 이것은 하나님의 자녀들을 이끌어 하나님의 마음에 합하는 탁월한 일들에 마음이 기울어지게 한다 … 그리고 성도들의 눈을 단일하고 순수하게 만듦으로써 그들의 의무에 대해 그들을 조명하신다. 성령의 거룩케 하시는 영향은 영혼의 입맛을 바로 잡아서 하나님에게서 온 것들을 맛보며 거룩하고 하나님의 마음에 합하는 일들을 기뻐하고 즐거워하게 만든다 … 그리고 성령의 인도는 하나님이 자녀들에게 새로운 계명을 주는 것이 아니라 성경에 이미 주어진 하나님의 계명을 깨닫게 한다.[178]

에드워즈는 또한 기도와 설교에 있어 성령의 도우심이라는 것을 오해하는 사람들이 있다고 한다. 소위 기도와 설교에 있어 성령에 의한 초자연적 영감을 추구하는 사람들이다. 그러나 에드워즈가 말하는 바 "기도와 설교에 있어 성령의 은혜롭고 탁월하며 친절한 도우심은 내가 이해하도록 말씀을 직접 주시는 것이 아니고 마음을 뜨겁게 하여 말씀하실 일들에 대한 커다란 깨달음과 거룩한 감정으로 마음을 가득 채워 그 깨달음과 감정으로 말씀을 보게 하는 것이다. 그러므로 성령은 참으로 우리에게 매개를 통해 간접적으로 말씀을 제시함으로 우리를 위해 간구하시며 설교자들이 말해야 할 것을 가르치신다고 할 수 있다. 성령은 마음을 충만하게 하시기 때문에 그 결과 우리의 입술은 충만하게 된다. 사람들이 어떤 문제에 있어 크게 감동되고 그들의 마음이 충만할 때에는 말하고 싶은 것들로 가득하게 되며 그 주제에 대해 유창하게 된다는 것을 우리는 안다."[179] 또한 성령은 "천국과 같은 마음의 상태를 그들에게 주심으로 그들로 하여금 설교를 탁월하게 하도록 만드실 수 있다"고 에드워즈는 보았다.[180]

둘째, 에드워즈는 많은 사람들이 속아 넘어간 하나의 방식은 "참된 전제들에서 잘못된 결론들을 끌어냄으로써by drawing false conclusions from true premises"이라고 지적한다.[181] 에드워즈는 믿음으로 기도했다고 해서 너무 많은 것을 정당화시켜서는 안 된다고 말한다. 진실하고 뛰어난 많은 성도들이 실수와 올무에 빠지게 되는 것은 자신들이 믿음으로 기도했다는 것을 지나치게 강조하기 때문이다. 그러나 에드워즈에 의하면 하나님의 말씀에 있는 계시, 즉 성경에서 믿음의 기도에 대해 주신 약속들에 따라 우리는 추론해야 하지, 상상이나 감동이나 자기 의를 기초로 기도 응답을 확신해서는 안 된다. 그리고 우리는 우리가 자비를 바라는 이유가 무엇인지, 자비를 간절히 원하는 동기가 무엇인지를 숙고해야 한다. 그것이 얼마나 선한 것이며, 하나님의 마음과 뜻에 부합되는지, 우리가 기도하면서 얼마나 하나님에 대한 사랑을 표현했는지, 하나님의 충족하심을 얼마나 깨달았는지, 하나님이 베푸신 자비로 말미암아 우리가 얼마나 도움을 얻었는지를 깊이 생각해야 한다. 겸손, 심령의 가난, 자기를 비우고 하나님의 거룩한 뜻에 맡기는 것보다 더 중요한 것은 없다. 우리 마음이 이런 상태로 충만할 때 특별한 자비를 위해 기도하면 놀랍게 응답받는 것을 에드워즈는 종종 경험했다고 고백한다.[182]

셋째, 에드워즈는 처신에 있어서 많은 실수의 원천이 되었던 또 하나의 잘못된 원리는 "성령께서 사람들로 하여금 마음이 내키게 하는 것은 무엇이든지 항상 행해야만 한다"라고 생각하는 것이다.[183] 그러나 에드워즈는 우리가 어떤 일을 하고자 하는 욕구가 간접적으로 성령으로 말미암은 것이라 할지라도, 우리가 하지 말아야 하는 많은 것이 있다고 말한다. 그 욕구가 일반적으로 선한 것이며 성령으로 말미암은 것일 수 있으나, 특정한 행동들, 대상들 및 형편들에 따라, 그 욕구를 특별히 결행하는 것은 나쁠 수 있으며 성령으로 말미암은 것이 아닐 수 있기 때문이다. 그것은 오히려 우리의 연약함, 눈멂, 부주의, 망상이나 부패에서 비롯된 것일 수 있기 때문이다. 그러므로 "성령으로 말미암은 욕구가 전반적으로 허용되고 증진되어야 하지만, 그리고 단순히 성령으로 말미암은 것은 모두 행해야 하지만, 그럼에도 불구하고 그 욕구가 어떤 다른 요인에서 비롯되어서 특별히 나쁜 방향이나 결심으로 나아간다면, 그 욕구대로 해서는 안 된다."[184] 에드워즈는 선한 성향은 사람으로 하여금, 어떤 부주의나 망상을 통해 선한 성향에 정반대될 일을 하도록 강력히 이끌 수 있다고 말한다. 간접적으로 성령이 주신 욕구라고 할지라도 표출할 때는 절제가 필요하다. 바울은 고린도전서 14장 31-33절에서 예언의 은사를 받은 자들에게 (예언하고자 하는) 욕구가 간접적으로 성령으로 말미암은 것이라 하더라도 억제되어야 하며, 욕구를 표출하는 특정한 시간과 장소에 대해 예언하는 자들의 분별력에 복종해야 한다고 권하고 있음을 에드워즈는 지적한다.[185]

넷째, 미래의 결과를 고려하지 않고 당장 눈앞에 유익되는 것은 무엇이든지 해도 좋다는 오해를 하는 이들이 있다고 한다. 에드워즈는 물론 그 자체로써 "우리의 의무인 일들에 있어, 즉 도덕적 규칙들이나 혹은 하나님의 절대적이고 적극적인 명령들이 요청할 때, 우리는 그 일을 해야만 하며 미래의 결과는 하나님께 맡겨 두어야" 하지만, 그러나 "다른 일들에서는 분별력을 받아야 한다"라고 응답한다.[186] 주님은 제자들에게 뱀 같이 지혜로우라고 말씀하셨다(마 10:16). 성령이 복음 사역자의 일을 묘사할 때는 항상 지혜를, 미래의 사건들과 결과들을 현명하게 예견하고 대비를 필요로 하는 것에 발휘되어야 할 것으로 말씀한다. 목회자들은 복음을 전함에 있어 사도 바울처럼 가능한 불신자들에게 걸림돌이 될 만한 것을 피해야 한다(고전 10:30-33, 9:19-23, 롬 15:1-2, 14:19).[187] 지혜로운 어부처럼 우리는 사람의 영혼을 재간을 사용해서 붙잡아야 한다(고후 12:15-16).[188] 그리고 사람들의 마음에 부흥에 대한 적대감이 있지만 가능한 한 그런 적대감을 없애려고 노력해야 한다고 말한다. 에드워즈는 "이 부흥의 열성적 추진자들 대다수가 기독교적 자비, 온유, 겸손 및 신중함의 원칙들을 제대로 지켰더라면 부흥은 세 배나 더 진전되었을 것이다"라고 통렬하게 비판한다.[189]

다섯째, 에드워즈에 의하면 하나님의 섭리에 대한 오해에서 비롯된 경우가 있다. 어떤 사람이 성공하는 것을 보고 "그들이 취하는 모든 노선을 인정하는 증거"로 보는 경우이다.[190] 그러나 에드워즈는 하나님이 어떤 사람들을 성공하게 하시는 것이 그 사람들과 그들이 취하는 모든 노선을 인정하신다는 의미는 아닐 수 있다고 말한다. 더욱이 하나님이 주신 섭리적 성공을 근거로 해서 하나님 말씀에 반대되는 행동을 해서는 안 된다. 그것은 하나님이 자신들에게 주신 은혜와 커다란 명예를 오용하는 죄를 범하는 것이다. 다른 사람이 비난하는 어떤 일을 하고 있을 때 성령의 특별한 위로를 받았다는 이유로 자기 행위가 모두 정당하다고 결론내리는 것은 잘못이다. 에드워즈에 의하면 "섭리적 사건들, 우리 자신의 관찰과 경험, 인간의 역사, 조상들과 탁월한 사람들의 견해를 선하게 사용할 수도 있다. 그러나 최종적으로는 모든 것이 한 가지 기준, 즉 하나님의 말씀에 굴복해야 한다. 말씀만을 우리의 유일한 기준으로 여겨야 한다"라고 말한다.191

여섯째, "어떤 불행과 혼란의 계기가 된 또 하나의 그릇된 인식은, 신앙 문제에 있어 외적 질서와 은혜의 수단의 사용은 별로 중시하지 않아도 된다"라고 하는 인식이다.192 이런 오류에 빠진 자들은 "참된 경건이 외양에 있지 않다는 것"을 근거로 주장을 펼치지만, 에드워즈는 그런 원리가 외적 질서와 은혜의 수단을 무시하는 이유가 되어서는 안 된다고 말한다. 참된 경건이 먹과 종이에 있는 것은 아니지만 먹과 종이가 없으면 우리는 하나님의 말씀을 가지지 못하며, 가시적 교회에는 질서가 있어야 한다(고전 12:14이하, 롬 12:4-8)라고 에드워즈는 주장한다.193 에드워즈는 "질서는 하나님의 교회의 영적인 유익을 위한 모든 외적 수단 가운데 가장 필요한 것"이며, "질서는 천국에서도 필수적인 것"이며, "비록 질서가 영혼의 양식은 아니라 할지라도 어떤 점에서 영혼의 방패막이가 된다"라고 주장한다.194

에드워즈는 질서를 무시하는 것에 대해서 상세하게 예를 들어서 비판을 한다. 즉 어떤 사람들이 다른 사람들을 판단하고 공개적으로 비난하는 능력이 모든 사람에게 열려 있다는 생각도 외적 질서를 무시하는 것이며, 가정예배에 습관적으로 불참하는 것도 외적 질서를 무시하는 것이다. 그리고 목회 교육을 받은 사람만 목회할 수 있다는 생각을 거부하는 것도 외적 질서에 대한 무시이다. 비상한 체험을 했다고 할지라도 배우지 못한 사람들을 목회 사역에 받아들이게 되면, "폭넓은 지식이 부족한 탓으로 종종 다른 사람들을 다른 어느 때보다도 오늘날 같은 때에 사람들이 빠질 위험에 있는 일들, 즉 충동, 헛된 상상, 미신, 무분별한 열심 그리고 그와 유사한 극단적인 일들로 인도하는데 적극적이 되기 때문이다".195

일곱 번째, 에드워즈는 목회자의 권위에 대한 오해에 대해서 비판한다. 에드워즈는 목사들은 자신들이 "옛 선지자들과 그리스도와 똑같은 권위를 가진 것처럼 행동해서는 안 된다"고 말한다. 비록 하나님이 목사들에게 커다란 명예를 주셨고 목사들은 하나님의 사신 자격으로 발언할 수 있지만, 하나님은 결코 그리스도가 마지막 날 심판을 위해 오실 때 갖게 될 것과 똑같은 권위있는 외모와 위엄을 목사들에게 주시지 않았다라고 그는 말한다.[196]

(3) 영적 체험에 대한 무지

에드워즈는 신앙 부흥시에 생기는 오류의 세 번째 원인은 마귀가 특별히 사용하는 어떤 것들에 대한 무지 혹은 불찰 때문이라고 한다.

에드워즈가 지적하는 첫 번째 무지는 성도들의 내적 체험에 대한 무지에 대한 것이다. 1) 에드워즈는 참된 성도의 체험 속에 종종 불순물이 섞일 수 있다는 사실을 지적한다. "사실 그리스도인들은 이 세상에서 자연적이고 육신적인 불순물이 전혀 섞이지 않은 전적으로 순수하고 온전히 영적인 어떤 체험을 기대해서는 안 된다 … 하늘에서 비롯되어 마음에 심긴 씨앗은 순수하지만, 그 씨가 마음에서 싹 날 때는 불순하기 때문이다."[197] 영적 체험에 자주 혼합되는 것들로는 인간적 혹은 자연적 감정과 열정, 상상력에 가해지는 인상들 그리고 일정한 자기 의 혹은 영적 교만 등이다. 영적 체험에 이런 혼합물이 많이 섞이게 되면 은혜의 아름다움을 가리게 된다. 짙은 연기가 찬란한 불꽃을 가리는 것처럼 말이다. 영적 체험이 불순물로 섞일 수 있다는 것을 잘 알아야 체험을 잘 분별하여 대처할 수 있다.

2) 에드워즈는 참 그리스도인들의 체험 속에서도 참된 기독교적 체험이 없는 것은 아니나 그리스도의 고유한 형상의 아름다움에 절대 필요한 것이 결여되어 있는 경우도 있다는 점을 말한다.[198] 에드워즈는 특히 하나님의 본성적 탁월성과 도덕적 탁월성에 대한 체험과 관련하여 두 속성에 대한 성도의 이해는 적절한 비율로 균형이 잡혀야 한다고

말한다. 만일 "전자 쪽으로 치우치면 불신, 죄악된 두려움, 노예의 영에 사로잡히게 된다. 후자 쪽으로 치우치면 영적 교만, 육신적 자신감, 주제넘음에 빠지게 된다."[199] 한편 에드워즈는 가장 탁월한 체험들most excellent experiences의 갖추어야 하는 조건들은 "1. 불순물이 거의 없거나 가장 순수하게 영적인 것, 2. 결함이나 치우침이 거의 없이 그리스도인의 체험에 관련된 다양한 것들이 서로 균형을 이루는 것, 3. 최고도에 도달한 것"이라고 말한다.[200]

3) 에드워즈가 보기에 앞의 두 가지보다 더 중요한 것은 "체험의 변질"degeneration of experience이다. 그가 말하는 체험의 변질이란 "체험의 퇴화나 점차적 쇠잔해짐, 혹은 감각 상실이 아니라 점점 더 질이 떨어지는 것"을 말한다. 즉, 그것이 "점점 더 부분적이고 결함있는 것으로 변하며 부패한 혼합물이 더 많아지며, 점점 더 불균형이 되는 것"을 의미한다.[201] 순수한 영적 요소는 점점 더 감소하는 반면 육신적이고 보편적인 감정이나 상상력의 작용이 점점 더 많아지고 자기 의와 영적 교만이 점점 더 많이 개입하게 되는 것을 말한다. 에드워즈가 보기에 "미처 보지 못한 영적 교만과 자만이야말로 체험을 변질시키는 가장 중요한 요인"이며, "인간성의 부패한 부분에 사탄이 자리 잡고 역사하기 시작하면 처음에는 건강하게 시작되었던 어떤 사람의 체험이 나중에는 육신적 감정의 격렬한 발동, 상상력의 열기, 열광주의, 그리고 부풀은 영적 교만만 남는 경우가 종종 있다"라고 말한다.[202]

에드워즈가 지적하는 두 번째 무지는 내적 체험의 외적인 결과the external effects of experiences에 대한 무지이다.[203] 에드워즈는 "마음의 내적 감정이 외적으로 어떻게 드러나고 표현되는지에 관련해서, 관습이 사람들에게 은밀하고 설명할 수 없는 방식으로 영향을 미친다"라고 생각하였다. 여기서 "관습이란 사람들에게 일반적으로 허용되는 어떤 습관적인 행동에 자신이 익숙해져 있는 것, 그리고 함께 살고 있는 다른 사람들의 일반적인 견해와 행동으로 말미암아 옹호되고 승인되는 것

둘 다"를 말한다.204 에드워즈가 판단하기에 관습은 사람들이 자신들의 기쁨을 표현하는 방식에 엄청난 영향을 미친다고 한다. 웃음과 경박한 태도로든지 더 엄숙하고 경외하는 태도로든지 말이다.205

6.4.2. 일반적 원인에서 발생한 특수한 오류들 세 가지

(1) 다른 사람들을 회심하지 않았다고 비난하는 오류

1차 대각성 기간 동안에 나타난 최악의 질병이며 기독교의 정신과 원칙에 정반대되는 것으로써 최악의 결과를 낳는 문제는 "신앙을 고백하는 그리스도인들로서 눈에 보이는 교회 안에서 문제 없이 신앙 생활 하고 있는 자들을 회심되지 않은 자들이라고 비난하는 것"이라고 에드워즈는 말한다.206 심지어 교인들은 목사들의 기도와 설교를 듣고서 회심했는지 안했는지 분별하려는 그런 경향이 생겨났다. 이런 질병은 분명 1734-5년 코네티컷 강 계곡 부흥시기에는 없었던 것이다. 제임스 데븐포트 같은 광신주의자는 다른 목사들을 회심하지 못한 사람이라고 비난하며 교회에서 추방하려고 하는 시도를 했다. 그러나 에드워즈가 보기에 이것은 주제넘은 짓이다. 왜냐하면 "물론 신실하지 못한 목사들에 대한 무서운 심판이 집행될 때가 올 것이지만 그 심판권은 인간에게 있지 않고 그리스도께 있기 때문이다. 그러므로 그리스도의 손에서 채찍을 빼앗아 휘두르는, 주제넘은 일을 해서는 안 된다"라고 에드워즈는 말한다.207

에드워즈는 목사들이 하나님의 말씀을 철저하게 사용하여 사람들의 양심을 검토하게 해야 하지만 자신이 심판자 역할을 떠맡아서는 안 된다고 말한다. 부흥을 반대하는 목사들이 회심하지 않은 자들이라고 공공연히 비난하지 말도록 하자고 호소했다. 부흥을 반대하는 사람이 구원받은 사람인지 아닌지 판단하는 것은 우리 책임이 아니다. 분명 부흥을 반대하는 것은 위험한 일이지만, 그럼에도 불구하고 부흥을 반대하는 자들이 은혜의 상태에 있는지 아닌지 판단하는 것은 우리에게 맡겨진 책임이 아니다. 에드워즈는 그처럼 어려운 일을 자신에게 맡기지 않아서 기쁘다고 고백하기까지 한다.208 에드워즈는 하나님은 눈에 보이는 교회에서 다른 사람이 구원받았는지의 여부를 판단하는 것을 금하셨으며, 하나님은 교만한 심령으로 형제들 위에 군림하는 것을 허락지 않으신다고 생각했다. 다른 사람의 회심 여부를 비난하는 사람들에 대해서 하나님은 그런 행동을 엄히 책망하실 것이다. 그리고 "일단 회심했다고 판단한 자들을 교회의 회원으로 받아들이고 난 후 다시 그들을 회심하지 않았다고 가시적으로 거부하면서 그들을 특정한 명칭으로 구별 짓는 것은 일관성 없는 행동이다"라고 할 수 있다.209 에드워즈는 이 비평의 독한 뿌리를 완전히 뽑아내야 한다고 말한다.210

(2) 평신도 권면(lay exhorting)과 관련된 오류

에드워즈 당시에 평신도 권면의 가능성을 둘러싸고 많은 논란과 논쟁과 다툼이 있었다. 에드워즈 이 문제에 대해서 크게 두 가지 입장을 밝힌다. 첫째, 평신도끼리 서로 권면하는 모든 것이 불법이거나 부적절하지는 않으며 어떤 경우에는 그것이 오히려 그리스도인의 의무가 된다는 점을 인정하면서도, 둘째, 목사들에게만 적합한 것이 있다고 말한다.211 에드워즈는 목사의 가르치는 사역을 설교preaching라 하고, 평신도가 서로 대화 가운데 가르치는 것을 권면exhorting이라고 구별한다.212

에드워즈는 평신도들이 서로 권면함에 있어서 "목사들에게만 적합한 권위를 자신에게 부여해서는 안 된다"라고 주의를 준다.213 단지 형제일 뿐인 자들은 권면에 있어 권위있는 척해서는 안 되기 때문이다. 평신도들은 목사들처럼 그리스도의 대사 혹은 사신들인 양 권면해서는 안 되며, 또 평신도들은 그리스도의 이름으로 권면하고 경고하고 명령해서는 안 되며, 평신도들은 용어 사용이나 말하는 방식이나 어투에 있어 자신에게 목사와 같은 권위를 부여해서는 안 된다고 말한다. 평신도들이 특별한 상황에서 겸손과 정절의 법칙을 따라 자유롭게 발언하는 것은 가능하다. 그러나 미리 준비해서 형식을 갖추고 예배당에서 많은 사람에게 가르치는 것은 자신을 공적 교사로 내세우는 것이 되기 때문에 불가능하다고 말한다. 에드워즈가 보기에 "평신도들이 서로 권면을 할 때는 간청의 형식으로 겸손하게 이루어져야 한다."[214] 단 이런 일반 법칙은 가정의 가장이나 학교의 교사등의 경우에는 적용되지 않는다고 생각했다. 모든 기독교 가정은 작은 교회이며 가장은 가정의 권위있는 교사요 통치자로 세움 받았기 때문이다.[215]

한편 에드워즈는 가르침과 권면을 소명으로 받은 이들은 목사들이라는 점을 분명히 했다. 그들은 "교사로서의 권위를 덧입으며, 교사로 부름을 받아서 가르치는 것을 자기 생애의 과업으로 삼아야 하는 자들이다." 에드워즈는 평신도가 목사의 직분을 침해해서는 안 되며, 그렇게 하는 것은 그것은 대단히 위험한 일이라고 경계한다.[216] 에드워즈는 평신도에게 자제가 필요한 것이 세 가지가 있다고 말한다: "a) 하나님에 대한 엄숙한 예배, 즉 공중 기도, 찬양, 설교, 성만찬 시행 혹은 어떤 집단적 예배 같은 때에 발언하는 것은 허락될 수 없다. b) 감동받았다고 해서 목소리를 너무 크게 하는 것은 자제해야 한다. c) 감동받았다고 해서 말을 너무 많이 하는 것도 자제해야 한다."[217]

(3) 찬양과 관련된 오류

에드워즈 당시에 부흥을 체험한 사람들은 "성령의 감미롭고도 유쾌한 영향이 비범했기 때문에" 찬송을 많이 부르고 싶은 충동을 느끼고 실제로 자주 찬송을 불렀다는 점을 인정한다.[218] 그러면서 찬양과 관련된 몇 가지 오류들을 시정하고자 한다. 우선 찬송가를 부를 때 경외심 없이 마치 유행가 부르듯이 오락으로 해서는 안 된다고 경계한다. 왜냐하면 어느 곳에서 찬송하든지 거룩한 활동으로 행해져야 한다는 것이 에드워즈의 지론이기 때문이다.[219] 길거리 찬양과 같은 문제는 비본질적인 문제이기 때문에 성급하게 도입하려고 하기 보다는 교회가 공적으로 득실을 충분히 검토한 후에 시행하는 것이 좋다고 그는 생각했다.²²⁰ 그러나 공예배를 드리러 가면서 성도들이 함께 길거리에서 찬양하는 것을 반대할 이유는 없다고 본다(사 30:29, 시 42:4, 100:4, 122:1). 오히려 에드워즈는 온 세상이 찬양하는 일로 가득하게 될 때를 고대한다. 그러나 길거리 찬양과 같은 일을 새롭게 도입할 때는 자신들을 지도하는 목사와 상의해야 한다는 점을 유념케 한다. 목사들은 예배 모임의 목회자들이며 공중 예배에 있어 그들의 머리요 안내자이기 때문이다. 만일 어떤 일에 있어 양 떼를 지도하고 인도하는 것이 목사들과 다스리는 자들에게 속한 것이라면 공중 예배의 세부 사항을 살피는 것 역시 목사들의 일이기 때문이다.²²¹

6.5. 부흥을 진작시키기 위해 해야 할 일들

에드워즈는 『균형잡힌 부흥론』 제5부에서는 부흥을 진작시키기 위해서 적극적으로 어떤 일을 해야 하는지에 대한 구체적인 견해를 밝힌다.

6.5.1. 부흥의 걸림돌을 제거해야 한다

에드워즈는 부흥을 진작시키기 위해서는 제일 먼저 걸림돌을 제거해야 한다(사 40:3, 57:14)고 말한다. 부흥을 반대했던 사람들은 공개적으로 자기 잘못을 자백해야 한다고 말한다. 그것은 그리스도를 반대한 것이고 성령을 대적한 일이기 때문이다. 그러나 부흥 광신주의자들도 자신들의 노골적인 과실로 다른 사람들의 길에 큰 걸림돌을 놓았음을 인정하고 공개적으로 회개해야 한다고 요구하였다. 에드워즈는 쌍방 간의 회개를 요구하였다.²²² 에드워즈는 또한 부흥에 대한 상반된 입장을 가진 사람들은 서로 온유하게 용납해야 한다고 주장했다. 마지막에 누가 하나님께 정당성을 인정받고 높임을 얻게 될지 모르기 때문에 겸손해야 하는 것이다. 에드워즈는 당시에 유행하던 관습도 비판한다. 즉, "서로 상대방에게 좋지 않은 이름을 붙이며 비난하는 것은 상호 분리를 심화시키며 하나님의 일을 방해할 뿐이다." 오히려 어려울 때는 인내심을 가지고 하나님을 기다리고 서로 관용을 베풀어야 한다.[223] 하나님이 특별히 나타나시고 자기 교회를 위해 위대한 일을 행하시는 것은 어려움 속에서도 참음으로 주님을 기다리는 자들을 위해서이다(사 30:18, 40장, 49:23, 시 37:9등). 그러므로 교회가 어려움 가운데 처해 있는데 그리스도가 주무시는 것처럼 보일 때(마 8:23-27), 그리스도를 기다리지도 않고 너무 성급하게 폭력적인 수단을 사용해서 상황을 타개하려 해서는 안 된다고 에드워즈는 말한다.[224]

6.5.2. 부흥을 위해 직접적으로 해야 할 일들이 있다

에드워즈는 부흥을 진작시키기 위해서 직접적으로 해야 할 일들이 있다고 말한다. 일단 "모든 사람은 먼저 자신의 마음을 들여다보고 자기가 이 부흥의 수혜자가 되게 하며 자신의 영혼 속에서 부흥이 일어나게 해야 한다. 당시는 영혼을 유익하게 할 수 있는 아주 영광스러운 기회이기 때문이다."[225] 그리고 에드워즈는 다양한 부류의 사람들에게 그들이 해야 하는 구체적인 의무에 대해서 상술하고 호소했다.

(1) 부흥 반대주의자들이 해야 할 일

에드워즈는 부흥반대론자들은 "자신의 영혼을 들여다보고 자신들 스스로 성령의 구원하시는 참된 역사의 대상인지 주목"하여야 한다고 요청했다. 만일 부흥이 참된 역사라면 자신들의 알미니안 체계도 전적으로 바꾸어야 할 때라고 보았다. 그러나 만일 부흥을 소홀히 하고 등한시하면 하나님의 진노를 사는 위험을 감수해야만 한다고 경고하기도 한다. 위대한 은혜와 성령의 부으심 및 하나님의 자비의 시대는 이러한 때를 무시하고 외면하는 자들에게 하나님의 진노가 크게 부어지는 시대이기도 하기 때문이다.[226]

(2) 나이든 사람들이 해야 할 일

에드워즈는 부흥의 시기에 나이든 사람들이 열외자가 되기 쉽다는 점을 성경을 들어서 역설했다. 그에 의하면 광야 시절이나 바벨론 포로 후기에 신앙 부흥을 체험한 세대는 주로 젊은 세대였다는 것을 기억하고 도전을 받아야 한다는 것이다. 에드워즈는 "나이 든 자들은 부흥에 참여하는 자가 되려고 크게 주의해야 한다. 많은 세월 동안 하나님의 진노만 쌓아 가다가 지옥으로 떨어지는 것은 얼마나 두려운 일인가"라는 준엄한 경고를 한다.[227]

(3) 목사들이 해야 할 일

에드워즈는 목사들은 먼저 성령의 구원하는 역사를 체험하는 것이 중요하다고 말한다.[228] 에드워즈는 성경적 근거를 가지고 불경건한 목사들이 "지옥에서 가장 낮은 자리"에 처하게 될 것이라고 말한다.[229] 그리고 회심하지 않은 목사들은 부흥에 대해 말할 자격이 없기 때문에 "부흥의 시기에는 목사들이 성령을 갑절이나 체험해야 한다"라고 에드워즈는 말한다.[230] 목사들은 유리처럼 빛으로 충만하고, 불꽃같은 천사처럼 될 필요가 있다. 이를 위해서 목사들끼리 모여서 기도와 금식의 시간을 가져야 하며, 목사들은 현재의 영광스러운 부흥을 증진시키기 위해서 한 마음 한 뜻이 되어 협력해야 한다고 보았다. 서로의 설교를 듣고 검토해주는 것도 필요하며, 그리고 목사들은 동료 목사들이 교인들에게 더욱 존중받고 사랑받도록 도와야 한다고 말한다.[231]

에드워즈는 목사들이 그리스도의 나라를 확장하기 위해 어떤 위대한 일을 하고자 할 때 크게 필요한 두 가지는 "열심과 결심"zeal and resolution이라고 보았다.²³² 에드워즈는 "열심과 결심을 가진 평범한 능력의 소유자들이 열심과 결심 없이 단지 그들보다 열배나 되는 학식과 재능을 가진 이들보다 더 많은 일을 할 수 있다"고 보았다. 열심과 결심이 있으면 단 며칠 혹은 몇 주 내에 열심과 결심 없이 몇 년에 걸쳐서 해 낼 수 있는 일보다 더 많은 일을 이룰 수 있다고 보았다.²³³ 목사들이 열심과 용기가 부족하기 때문에 많은 실패를 경험하게 된다고 비판하였다. 그리고 그는 목사들에게 열심과 용기뿐 아니라 대단한 재능까지 겸비한다면 특별히 위대한 일을 이룰 수 있을 것이라고 생각했다. 에드워즈는 당시 뉴잉글랜드 지역의 "탁월한 목사들이 빛에 상응할 정도로 그들 마음에 하늘과 하나님을 향한 뜨거운 열정이 있다면 얼마나 커다란 영광과 상급을 받을 수 있을 것인지를 숙고해 보라"고 도전을 하기도 하였다.²³⁴ 그리고 에드워즈는 "목사들은 가시적인 교회 회원이 되기 위하여 요구되는 것 이상의 미덕과 경건에 대한 시험이 있어야 한다"라고 주장했다.²³⁵

(4) 대학 교수들이 해야 할 일

에드워즈 당시에는 하버드 대학과 예일대학이 있었다. 그는 대학이 사람들을 훈련시켜 목회 사역에 적합하게 만드는 기구로 세워진 만큼 "경건의 산실"nurseries of piety이 되어야 한다고 주장했다.²³⁶ 그는 대학이 불신앙으로 오염되는 것에 대해 탄식한다. 이는 대학은 경건과 거룩의 원천이 되어 주어야 한다고 확신했기 때문이다. 그는 대학들이 거룩한 사회holy societies가 되어서 "살아있는 신앙과 체험적이고 실제적인 경건으로 학생들을 양육하기 위해서 비상한 수단들을 사용해야 한다"라고 주장했다.²³⁷ 교수들은 학생들의 영적 상태에 대해 학생들과 개별적으로 대화를 나누는 것이 중요하다고 제안하기도 했다.²³⁸

(5) 부자나 사회 지도층이 해야 할 일

에드워즈는 "어떤 점에서 목사보다 부흥을 증진시키는 데 더 유리한 지위를 가지고 있는 사람들이 부자와 사회 지도층 인사들이다"고 말한다.[239] 그들은 명예와 영향력이 큰 자들이기 때문에 "그들이 원하기만 한다면 신앙을 격려하고 그것이 자유롭게 뻗어 나갈 수 있는 길을 열어 주며 반신앙적인 일을 진압하는 일을 많이 할 수가 있기 때문이다."[240] 특히 그리스도인 부자들은 돈으로 어떤 주목할 만한 일을 함으로써 그들이 구속주로 고백하는 분의 왕국을 확장할 수 있으며 사람들의 영혼에 유익을 줄 수 있다고 하면서, 에드워즈는 구체적인 사안들을 제시하였다. 즉, 뛰어난 재능과 은혜를 가진 복음 사역자를 지원하거나 자질이 뛰어나고 그리스도에 대한 사랑으로 충만하지만 가난한 가정의 출신의 어린아이들을 발굴하여 목회 사역을 준비하도록 후원하는 일, 책들을 반포하거나 학교를 설립하는 일 등을 돕는 것 등의 일을 할 수 있다는 것이다.[241]

(6) 모든 성도가 해야 할 일

에드워즈는 마지막으로 부흥을 진작시키기 위해서 모든 성도들이 무엇을 해야 할 것인가에 대해서 다룬다.

첫째, 성도들은 더 많이 기도하고 금식하는 것이 필요하다고 말한다. 에드워즈는 당시 같이 위대한 부흥의 시기에는 세 배는 더 금식하고 기도해야 한다고 주장한다.[242] "기도는 이 세상에서 그리스도의 나라를 확장시키는데 중요한 수단이기 때문이고, 하나님은 자기 교회를 위해 위대한 어떤 일을 이루고자 하실 때 그것에 앞서 자기 백성이 비상하게 기도하게 하시기 때문이다(겔 36:37, 슥 12:10, 마 17:21). 하나님이 자기 교회 위에 어떤 위대한 은혜를 베풀려 하실 때 종종 사용하시는 방식은 먼저 자기 교회에 은혜가 얼마나 필요한지를 보여주시고 교회로 하여금 은혜의 결핍으로 인해 괴로워하게 하심으로써 은혜를 간절히 부르짖게 하시는 것이기 때문이다."243 에드워즈는 그리스도인들이 개인적인 차원에서 하나님의 부흥을 증진시키고 그리스도의 나라를 확장하기 위해 할 수 있는 최선의 일은 기도라고 보았다.244 오두막에 사는 가난한 사람도 기도로 온 세계에 복된 영향을 행사할 수 있다고 보았다. 에드워즈는 "심지어 하나님은 믿음의 기도의 명령에 따라 움직이신다"라고 말하기까지 하였다.245 성도들은 목사에게 불평하는 대신 목사를 위해 기도해야 한다고 권면하였다. 목사들은 자신을 위해 성령 충만해야 하지만 하나님의 교회를 위해 더욱 성령 충만해야 한다. 금식과 기도의 날에는 그룹별 기도 모임으로 기도하는 것도 좋다고 보았다. 한 나라의 성도 전체가 하루를 금식과 기도의 날로 정해서 성령의 부으심과 세계 복음화를 위해 합심 기도회를 하는 것도 의미있는 일이라고 보았다. 그것은 하나님의 백성들을 더욱더 일치시키고 연합시키며 하나님께 더욱 큰 영광을 돌리는 일이다. 에드워즈는 또한 금식 기도를 모든 그리스도인이 자주 실천해야 한다고 말한다.246

둘째, 에드워즈는 부흥의 때는 성찬식을 자주 하는 것이 좋다고 주장한다. 영적인 만찬 시간인 즐거운 계절에 하나님의 백성들은 구주가 죽기까지 하신 사랑을 더욱 자주 기념하는 것이 마땅하기 때문이다.247

셋째, 에드워즈는 하나님에 대한 예배의 모든 외적 의무도 열심히 실천해야 하지만 이웃에 대한 의, 진실, 온유함, 용서와 사랑 같은 도덕적 의무를 열심히 행해야 한다고 보았다. 하나님께 대한 내적 예배의 두 가지 외적 표현 중에서 "종교적 행위보다 도덕적 행위가 더 중요하다 much greater importance"라고 에드워즈는 주장하였다.248 왜냐하면 외적인 종교적 행위보다는 도덕적 행위가 우리의 내적 신앙을 더 잘 보여주기 때문이라는 것이다. 에드워즈는 부흥의 때에 교회는 도덕적 의무를 힘쓰도록 요구받는다(사 56:1, 눅 3:4, 10-14)라고 생각했다.249 부흥의 때에 교회는 특히 가난한 자들에 대한 구제 행위를 풍성히 해야 한다. 하나님이 영적으로 관대하게 베풀어 주시는 때에 우리는 그분에게 인색해서는 안 될 것이며 세상 물질을 아까워해서는 안 된다. 그는 자선은 영적인 복을 받는 비결이라고까지 말한다(시 112:4-9, 요일 3:18-19). 그 대표적 사례로 아브라함을 든다(창 15:1). 그리고 그리스도의 공생애 동안 그리스도에게 자선을 베푼 여인들(눅 8:2-3)은 풍성한 영적 복을 받았다(마 29:9). 리브가(창 24장)와 고넬료(행 11장)도 예로 든다. 자선이 풍성하게 시행되고 있다는 것은 복된 징조이다. 왜냐하면 종말에 있을 성령의 위대한 부으심의 시대에는 하나님의 백성이 자선 의무를 풍성히 행할 것이라 예언되었기 때문이다(사 32:5, 8).[250]

넷째, 에드워즈는 신앙을 고백하는 사람들 사이의 모든 의무와 관련하여 개혁을 추진하기 위한 하나의 적합한 수단이자 성경에 자주 등장하는 모범적인 수단은 신앙을 고백하는 사람들이 하나님과 맺은 언약을 엄숙하고도 공적으로 갱신하는 것이라고 주장한다. 에드워즈는 언약서를 만들어 금식 기도하는 날 모든 교인들이 하나님의 집에 모여 공적으로 사인하고 서약하게 해야 한다라고 구체적인 지침을 알려준다. 이렇게 함으로써 교회의 회중은 아름다운 일을 하는 것이며 하나님께는 영광을 돌리며 자신들에게도 아주 유익한 일을 하는 것이라고 말한다.[251] 에드워즈는 스코틀랜드의 예를 들었지만 노샘프턴 교회에서도 1742년 3월 16일에 언약 갱신 의식을 가졌다.[252]

다섯째, 에드워즈는 부흥에 대한 잡지를 발간하는 것도 부흥 확산에 큰 도움이 된다고 제안한다. 경험상으로 볼 때 어떤 장소에서 일어난 하나님의 능력과 은혜의 놀라운 역사에 대한 소식이 다른 곳에 있는 사람들의 마음을 일깨우고 그들의 관심을 집중시키는 데 큰 효과가 있다고 보는 것은 에드워즈의 평소의 지론이었다.[253]

이상으로 에드워즈는 당시의 부흥에 대한 자신의 소견을 다 밝혔다. 그는 1740-2년 대각성 시기가 뉴잉글랜드 지역에 있었던 가장 행복한 시절most happy season이라고 고백하였다.[254] 에드워즈는 시작된 부흥의 역사가 장애물을 극복하고 교회의 영광스러운 미래에 대한 하나님의 역사에로 이어지기를 간절히 소망하는 마음을 책 말미에서 다음과 표현하고 있다.

> 만일 하나님이 우리에게 이 부흥이 하나님의 손 안에 있다는 것을 확신시켜 주시고, 부흥 안에 있는 하나님의 영광스런 능력과 은혜를 충분하고 자발적으로 인정하게 해 주시며 한 마음과 한 뜻으로 부흥에 참여하며, 또 적절한 방법으로 부흥을 촉진시킬 수 있도록 해 주신다면 부흥은 위대하고 영광스러운 일들이 하나님의 교회에 다가온다는 복된 신호이며, 하나님의 말씀에 예언된 것처럼 그리스도께서 속히 오셔서 이 땅에 빛과 거룩과 평화와 기쁨의 왕국을 세우실 것을 정당하게 소망할 수 있도록 만들어 주는 하나님의 섭리가 가장 영광스럽게 드러나는 시기가 될 것이다. 아멘 주 예수여 오시옵소서(계 22:20).[255]

6.6. 소결론

이번 장에서 우리는 조나단 에드워즈의 『균형잡힌 부흥론』 속에 개진된 그의 부흥 신학을 정리해 보았다. 에드워즈는 부흥이라는 단어와 성령의 부어주심이라는 단어를 같은 뜻으로 사용하였다. 그리고 에드워즈는 어린 시절 아버지의 목회 현장에서 여러 차례 부흥의 사건을 목도하였고, 자신의 목회 현장에서도 두 차례의 성령의 부어주심을 체험하기도 했다. 그리고 부흥운동이 극단화되어 광신주의로 기울어지는 것도 목도했고, 그에 대한 반동으로 부흥 전체를 부정하려는 반부흥론자들의 맹활약도 경험하였다. 그의 부흥신학은 이와 같은 현장에서 형성되었으며 완성된 신학이기 때문에 그가 부흥에 관련하여 쓴 저술들은 역사적으로 많은 부흥 운동의 교과서로 사용되기도 했다.

우리는 부흥의 분별 기준에 대한 에드워즈의 논의로부터 시작했다.

에드워즈는 일어난 사건이 참된 성령의 역사인지 아닌지를 분별하기에 합당하지 않은 기준들(사전판단하는것, 성경대신 다른 기준으로 판단하는 것, 부분으로 전체를 판단하는 것)과 합당한 기준(에드워즈는 성경만이 판단 기준이라고 보았다)을 우리에게 제시하고 나서 당시대의 부흥 사건은 하나님의 영광스러운 역사로 말미암아 주어진 부흥 사건임을 선언하는 것을 보았다.

두 번째 부분에서 우리는 참된 부흥이라면 마땅히 환영하고 그 부흥을 진작시키기 위해서 협력을 해야 한다는 에드워즈의 주장을 살펴보았다. 에드워즈는 영광스러운 부흥의 시기에 부흥에 대해 반대하는 자들뿐 아니라 부흥에 대해 관망하거나 중립적인 자세를 취하려고 하는 것은 위험스러운 일이라는 것을 성경의 여러 예들을 들어서 경계하는 것을 보았다. 그리고 모든 공직자들, 성도들, 목사들은 부흥을 진작시키기 위해서 각자 맡은 임무들을 잘 감당해야 한다는 에드워즈의 주장도 살펴보았다.

세 번째 부분에서는 부흥 사역자들에 대해서 근거없이 제기된 10가지의 비난에 대해서 에드워즈가 조목 조목 반박하는 것을 살펴보았다. 제기된 비난들이란 설교가 청중의 지성보다 감정에 호소한다, 두려움을 준다, 어린아이에게 지옥불 이야기를 한다, 신앙적인 문제에 너무 시간을 보낸다, 설교를 너무 자주한다, 신체적 현상을 너무 많이 일으킨다, 다른 사람을 보고 따라 하도록 방치하고 있다, 말을 너무 많이 한다, 모임시 찬양을 너무 많이 한다, 어린아이들이 성경을 읽고 기도한다는 등이었다. 에드워즈는 반부흥론자들의 비난들에 대해서 인정할 것은 인정하면서도 성경적으로 훌륭하게 반박하는 것을 살펴보았다.

네 번째 부분에서는 부흥을 촉진시키기 위해서 피해야 할 것들에 대해 에드워즈가 주장하는 바를 살펴보았다. 에드워즈는 신앙 부흥의 오류들이 생기게 하는 일반적인 원인들로 영적 교만, 잘못된 신학적 관점, 영적 체험에 대한 무지를 제시하며 자세하게 논증하고 논박하는 것을 살펴보았다. 그리고 그가 신앙의 부흥시 생겨난 특수한 오류들이라고 생각했던 것들, 즉 타인의 회심 여부를 따져서 비회심자라고 비난하려는 성향, 평신도 설교권, 찬양과 관련된 오류들에 대해서 역시 논박하는 것도 살펴보았다.

마지막 다섯 번째 부분에서는 부흥을 진작시키기 위해 해야 할 일들에 대해 에드워즈가 제시하는 바들을 살펴보았다. 에드워즈는 부흥의 걸림돌을 제거하기 위해서 반부흥론자와 광신주의자들 다 쌍방 회개를 해야 한다고 요청하고, 같은 친 부흥운동 라인에 서 있는 사람들끼리는 서로 이해하고 관용해야 한다고 호소하는 것을 살펴보았다. 그리고 부흥을 진작시키기 위해서 무엇을 해야 하는가에 대해서 나이든 사람들, 목사들, 대학 교수들, 부자나 사회 지도층, 성도들 등으로 나누어서 권면하는 것을 살펴보았다.

주

1. Lloyd-Jones, "Jonathan Edwards and the Crucial Importance of Revival", 348-371.
2. Iain H. Murray, *Pentecost - Today? The Biblical Basis for Understanding Revival* (Edinburgh: Banner of Truth, 1998), 3, 각주 1.
3. 에드워즈가 편집한 데이비드 브레이너드의 생애와 일기 가운데서도 브레이너드는 부흥이라는 단어를 사용하고 있다.
4. James I. Packer, "The Glory of God and the Reviving of Religion: A Study in the Mind of Jonathan Edwards," in *A God-Entranced Vision of All Things*, 96.
5. 하버드 대학교의 알란 하이머트는 1차 대각성의 여파로 개인주의 의식이 생겨났고 종래는 미국 독립 혁명에로 이어졌다고 주장했다. Alan Heimert, *Religion and the American Mind From the Great Awakening to the Revolution* (Cambridge: Harvard University Press, 1966).
6. Edwards, *Some Thoughts concerning the Present Revival of Religion in New-England, and the Way in which it ought to be acknowledged and promoted, Humbly offered to the Publick, in a Treatise on that Subject*, WJE 4:291-530. 국내에서는 양낙흥 교수의 번역으로 두 가지 판본이 출간되어 있다: 단독적인 판본인 『균형잡힌 부흥론』(서울: 부흥과개혁사, 2005)과 부흥에 관한 다른 두 저서들과 함께 편집 출간된 『부흥론』(서울: 부흥과개혁사, 2005), 377-697이 있다.
7. Edwards, 『균형잡힌 부흥론』, 11.
8. Edwards, 『균형잡힌 부흥론』, 47-48.
9. 이상에서 소개한 것은 에드워즈가 각 부에 대해 붙인 타이틀이고, 필자가 분석할 때에는 필요에 따라 제목을 수정했다.
10. Edwards, *Some Thoughts*, WJE 4:293: "Whereas, if we duly consider the matter, it will evidently appear that such a work is not to be judged of a priori, but a posteriori."
11. Edwards, *Some Thoughts*, 293.
12. Edwards, *Some Thoughts*, 294.
13. Edwards, *Some Thoughts*, 294.: "Indeed God has not taken that course, nor made use of those means, to begin and carry on this great work, which men in their wisdom would have thought most advisable, if he had asked their counsel; but quite the contrary."
14. Edwards, *Some Thoughts*, 293-95 = 『부흥론』, 387에서 인용함.
15. Edwards, *Some Thoughts*, WJE 4:295.
16. 우리가 앞서 살펴 보았듯이 1차 대각성 운동의 중심 인물은 영국에서 온 순회 설교자 조지 윗필드(1714-71)이었다. 윗필드는 총 7차에 걸쳐서 미식민지를 방문했는데, 1차 대각성 운동은 그의 제2차 방문기간(1739년 10월 30일-1741년 1월 16일)중에 일어났다. 윗필드는 1740년 가을에 미국 뉴잉글랜드(미동북부 6개지역) 지방을 73일 동안 1,300km를 여행하면서 130회에 걸쳐서 설교를 했고, 그의 웅변적인 기술들과 뜨거운 심령으로 조지 아주로부터 매인주에 이르기까지 부흥의 불길들을 다시 점화시켰다. Arnold Dallimore,

George Whitefield: the Life and Times of the Great Evangelist of the 18th Century Revival (Edinburgh: Banner of Truth, 1989), 413-590에 보면 그의 2차 방문 기간의 사역을 소상하게 소개하고 있다. 현재까지 나온 수많은 윗필드 전기 가운데 두 권으로 된 델리모어의 전기를 능가할 전기는 아직 없다고 사료된다.

17. Edwards, *Some Thoughts*, 295-96.
18. Edwards, *Some Thoughts*, 296. 조나단 에드워즈는 *sola Scriptura*의 종교개혁신학의 원리를 굳세게 고수한 사람이다. 에드워즈는 참 성령 체험이냐 아니냐, 부흥이 하나님의 역사이냐 아니냐를 평가하는 유일무이하고 정확무오한 표준으로 성경만을 제시한다. Edwards, *Distinguishing Marks*, WJE 4:227-28. Cf. Robert E. Brown, *Jonathan Edwards and the Bible* (Bloomington & Indianapolis: Indiana University Press, 2002), 1-26.
19. Edwards, *Some Thoughts*, WJE 4:296.
20. Charles Chauncy, *Seasonable Thoughts on the State of Reigion in New-England*, 111, 301-303.
21. Edwards, *Some Thoughts*, WJE 4:297.
22. Edwards, *Some Thoughts*, 297.: "And false divinity to suppose that religious affections don't appertain to the substance and essence of Christianity: on the contrary, it seems to me that the very life and soul of all true religion consists in them." 에드워즈가 본서보다 4년 뒤에 간행한 『신앙감정론』의 핵심 명제와 유사하다는 것은 주목할 만하다. *Religious Affections*, WJE 2:95: "True religion, in great part, consists in holy affections."
23. Edwards, *Some Thoughts*, WJE 4:297: "I humbly conceive that the affections of the soul are not properly distinguished from the will, as though they were two faculties in the soul. All acts of the affections are in some sense acts of the will, and all the acts of the will are acts of the affections. All exercises of the will are, in some degree or other, exercises of the soul's appetition or aversion; or which is the same thing, of its love or hatred."
24. Edwards, *Some Thoughts*, 297-98.
25. Edwards, *Some Thoughts*, 298.
26. Edwards, *Some Thoughts*, 298.: "And it will doubtless be yet further allowed, that the more eminent the saints are on earth, the stronger their grace, and the higher its exercises are, the more they are like the saints in heaven - i. e. (by what has been just now observed,) the more they have of high or raised affections in religion."
27. Edwards, *Some Thoughts*, 299: "And therefore the higher this holy affection is raised in the church of God, or in a gracious soul, the more excellent and perfect is the state of the church, or a particular soul."
28. Edwards, *Some Thoughts*, 299-300.
29. Edwards, *Some Thoughts*, 300.
30. Edwards, *Some Thoughts*, 300.
31. Edwards, *Some Thoughts*, 301: "I can't see which way we are in danger, or how

the Devil is like to get any notable advantage against us, if we do but thoroughly do our duty with respect to those two things, viz. the state of persons' minds and their moral conduct, seeing to it that they be maintained in an agreeableness to the rules that Christ has given us. If things are but kept right in these respects, our fears and suspicions arising from extraordinary bodily effects seem wholly groundless."

32. Edwards, *Some Thoughts*, 301.
33. Edwards, *Some Thoughts*, 302.
34. Edwards, *Some Thoughts*, 302.
35. Edwards, *Some Thoughts*, 303.
36. Edwards, *Some Thoughts*, 304.
37. Edwards, *Some Thoughts*, 305.
38. Edwards, *Some Thoughts*, 306.
39. Edwards, *Some Thoughts*, 306.
40. Edwards, *Some Thoughts*, 307: "And besides, those things in this work that have been chiefly complained of as new, are not so new as has been generally imagined: though they have been much more frequent lately, in proportion to the uncommon degree, extent and swiftness, and other extraordinary circumstances of the work, yet they are not new in their kind; but are things of same nature as have been found, and well approved of, in the church of God before, from time to time."
41. Edwards, *Some Thoughts*, 307-13. 에드워즈가 들고 있는 예들은 볼턴, 트로세, 1625년 스코틀랜드 서부, 캐서린 브레터 부인, 티모시 에드워즈, 존 플라벨, 클랩 대령, 디어필드의 윌리엄스 목사 등이다.
42. Edwards, *Some Thoughts*, 313.
43. Edwards, *Some Thoughts*, 314: "These persons who thus make their own experiences their rule of judgement, instead of bowing to the wisdom of God, and yielding to his word as an infallible rule, are guilty of casting a great reflection upon the understanding of the Most High."
44. Edwards, *Some Thoughts*, 314.
45. Edwards, *Some Thoughts*, 315.
46. Edwards, *Some Thoughts*, 315.
47. Edwards, *Some Thoughts*, 316.
48. Edwards, *Some Thoughts*, 316-17.
49. Edwards, *Some Thoughts*, 318.
50. Edwards, *Some Thoughts*, 318-19.
51. Edwards, *Some Thoughts*, 323.
52. Edwards, *Some Thoughts*, 324.
53. Edwards, *Some Thoughts*, 324-25.
54. Edwards, *Some Thoughts*, 325 =『부흥론』, 425에서 인용함.
55. Edwards, *Some Thoughts*, 325-26.

56. Edwards, *Some Thoughts*, 326.
57. Edwards, *Some Thoughts*, 326.
58. Edwards, *Some Thoughts*, 326 = 『부흥론』, 426에서 인용함
59. Edwards, *Some Thoughts*, 327.
60. Edwards, *Some Thoughts*, 327-28.
61. Edwards, *Some Thoughts*, 329-30.
62. Edwards, *Some Thoughts*, 293.
63. Edwards, *Some Thoughts*, 331.
64. 에드워즈는 성령의 부어주심을 체험한 개인적인 사례도 들었는데 우리가 앞서 살펴본 것처럼(5.4.5.) 자신의 부인 새라 에드워즈의 예이다(Edwards, *Some Thoughts*, 331-41).
65. Edwards, *Some Thoughts*, 342.
66. Edwards, *Some Thoughts*, 343: "The visible fruit that is to be expected of a pouring out of the Spirit of God on a country, is a visible reformation in that country. What reformation has lately been brought to pass in New England, by this work, has been before observed."
67. Edwards, *Some Thoughts*, 343-44.
68. Edwards, *Some Thoughts*, 344.
69. Edwards, *Some Thoughts*, 345: "And it is a work above all others glorious, as it concerns the happiness of mankind; more happiness, and a greater benefit to man, is the fruit of each single drop of such a shower, than all the temporal good of the most happy revolution in a land or nation amounts to, or all that a people could gain by the conquest of the world."
70. Edwards, *Some Thoughts*, 345-47.
71. Edwards, *Some Thoughts*, 353: "'Ttis not unlikely that this work of God's Spirit, that is so extraordinary and wonderful, is the dawning, or, at least, a prelude of that glorious work of God, so often foretold in Scripture, which in the progress and issue of it, shall renew the world of mankind." 에드워즈가 왜 그렇게 생각하는지 그의 논증들은 353-58쪽에까지 실려 있다.
72. Edwards, *Some Thoughts*, 349.
73. Edwards, *Some Thoughts*, 350.
74. Edwards, *Some Thoughts*, 352.
75. Edwards, *Some Thoughts*, 352.
76. Edwards, *Some Thoughts*, 358.
77. Edwards, *Some Thoughts*, 359-60.
78. 앞서 4.3.4.에서 논의한 것을 참조하라.
79. 에드워즈에게 있어서 모형론(typology)은 그의 성경 해석의 주요한 원리 중 하나였다. 구약의 절기들을 복음시대의 구원과 번영을 예표 한다고 생각하였다. Edwards, *Some Thoughts*, 362: "Most of the great temporal deliverances that were wrought for Israel of old, as divines and expositors observe, were typical[i. e. types] of the great spiritual works of God for the salvation of men's souls, and the deliverance and prosperity of his church, in the days of the Gospel; and especially did they

represent that greatest of all deliverances of God's church, and chief of God's works of actual salvation, that shall be in the the latter days; which, as has been observed, is above all others the appointed time and proper season of actual redemption of men's souls." 에드워즈의 모형론에 대한 최근의 연구는 Janice Knight, "Typology," in *The Princeton Companion to Jonathan Edwards*, 190-209를 보라.

80. Edwards, *Some Thoughts*, WJE 4:361-62.
81. Edwards, *Some Thoughts*, 362-66.
82. Edwards, *Some Thoughts*, 368-69.
83. Edwards, *Some Thoughts*, 369-70.
84. Edwards, *Some Thoughts*, 370.
85. Edwards, *Some Thoughts*, 372.
86. Edwards, *Some Thoughts*, 372-73.
87. Edwards, *Some Thoughts*, 373.
88. Edwards, *Some Thoughts*, 374.
89. Edwards, *Some Thoughts*, 374.
90. Edwards, *Some Thoughts*, 375.
91. Edwards, *Some Thoughts*, 376.
92. Edwards, *Some Thoughts*, 376-77.
93. Edwards, *Some Thoughts*, 378.
94. Edwards, *Some Thoughts*, 378.: "'Tis our wisest and best way, fully and without reluctance, to bow to the great God in this work, and to be entirely resigned to him, with respect to the manner in which he carries it on, and the instruments he is pleased to make use of."
95. Edwards, *Some Thoughts*, 379.
96. Edwards, *Some Thoughts*, 379-80.
97. Edwards, *Some Thoughts*, 381. Goen, "Editor's Introduction," WJE 4:79-83.
98. Edwards, *Some Thoughts*, WJE 4:381: "When a people oppose Christ in the work of his Holy Spirit, it is because it touches 'em in something that is dear to their carnal minds; and because they see the tendency of it is to cross their pride, and deprive them of the objects of their lusts."
99. Edwards, *Some Thoughts*, 382.
100. Edwards, *Some Thoughts*, 383 =『부흥론』, 500-501에서 인용함.
101. Edwards, *Some Thoughts*, WJE 4:385: "The work that is now begun in New England is, as I have shown, eminently glorious; and, if it should go on and prevail, would make New England a kind of heaven upon earth."
102. Edwards, *Some Thoughts*, 384.
103. Edwards, *Some Thoughts*, 385.
104. 양낙흥,『체험과 부흥의 신학자 조나단 에드워즈』, 389.
105. Edwards, *Some Thoughts*, WJE 4:385.
106. Edwards, *Some Thoughts*, 386.
107. Edwards, *Some Thoughts*, 386. 이와 같은 에드워즈의 이해는 *Religious Affections*,

WJE 2:266-91에서 풍성하게 개진되고 있다. 은혜로운 감정을 분별하기 위한 적극적 표지 4번의 주제는 "Gracious affections do arise from the mind's being enlightened, rightly and spiritually to understand or apprehend divine things."

108. Edwards, *Some Thoughts*, WJE 4:387: "I should think myself in the way of my duty to raise the affections of my hearers as high as possibly I can, provided that they are affected with nothing but truth, and with affections that are not disagreeable to the nature of what they are affected with."
109. Edwards, *Some Thoughts*, 387-88.
110. Edwards, *Some Thoughts*, 388.
111. Edwards, *Some Thoughts*, 388-89.
112. Edwards, *Some Thoughts*, 389.
113. Edwards, *Some Thoughts*, 389.
114. Edwards, *Some Thoughts*, 389-90.
115. Edwards, *Some Thoughts*, 390.
116. Edwards, *Some Thoughts*, 390.
117. Edwards, *Some Thoughts*, 391.
118. Edwards, *Some Thoughts*, 392: "But that terror which arises from conviction, or a sight of truth, is to be increased."
119. Edwards, *Some Thoughts*, 392-93. 에드워즈는 1734-35 노샘프턴 부흥 때에 우울증 때문에 자살한 이모부 조셉 홀리 때문에 뼈저린 경험을 한 바 있다. Edwards, *Faithful Narrative*, WJE 4:206.
120. Edwards, *Some Thoughts*, WJE 4:393: "It has been acknowledged by all divines, as a thing common in all ages, and all Christian countries, that a very great part of those that sit under the Gospel, do so abuse it that it only proves an occasion of their far more aggravated damnation, and so of eternally murdering their souls; which is an effect infinitely more terrible than the murder of their bodies."
121. Edwards, *Some Thoughts*, 394.
122. Edwards, *Some Thoughts*, 394.
123. Edwards, *Some Thoughts*, 394.: "As innocent as children seem to be to us, yet if they are out of Christ, they are not so in the sight of God, but are young vipers, and are infinitely more hateful than vipers, and are in a most miserable condition, as well as grown up persons: and they are naturally very senseless and stupid, being born as the wild ass's colt, and need much to awaken them."
124. Edwards, *Some Thoughts*, 394.
125. Edwards, *Some Thoughts*, 394-95.
126. Edwards, *Some Thoughts*, 395.
127. Edwards, *Some Thoughts*, 396.
128. Edwards, *Some Thoughts*, 396.
129. Edwards, *Some Thoughts*, 396-97. 당시의 부흥을 체험한 사람들이 술집에 출입하고 빈둥거리며 쓸데없이 남의 집을 찾아다니며 잡담하며 비생산적인 소일거리와 기분전환에 시간을 소모하는 일이 없어지고, 술집과 비싼 옷을 사는데 쓰던 돈을 쓰지 않으면서

절약하게 된 돈은 신앙집회에 참여하면서 쓴 돈보다는 다섯 배나 될 것이라고 에드워즈는 말한다.
130. Edwards, *Some Thoughts*, 397.
131. Edwards, *Some Thoughts*, 397. =『부흥론』, 522에서 인용. 조나단 에드워즈의 설교에 대한 종합적인 연구서로는 Ralph G. Turnbull, *Jonathan Edwards the Preacher* (Grand Rapids: Baker, 1958); Wilson H. Kimnach, "General Introduction to the Sermons: Jonathan Edwards' Art of Prophesying," *WJE* 10:1-258; John Carrick, *The Preaching of Jonathan Edwards* (Edinburgh: Banner of Truth, 2008)를 보라.
132. Edwards, *Some Thoughts*, *WJE* 4:398.
133. Edwards, *Some Thoughts*, 399.
134. Edwards, *Some Thoughts*, 399.
135. Edwards, *Some Thoughts*, 400.
136. Edwards, *Some Thoughts*, 400.
137. Edwards, *Some Thoughts*, 400.
138. Edwards, *Distinguishing Marks*, *WJE* 4:238-41.
139. Edwards, *Some Thoughts*, *WJE* 4:401.
140. Edwards, *Some Thoughts*, 401-402.
141. Edwards, *Some Thoughts*, 402.
142. Edwards, *Some Thoughts*, 402;『부흥론』, 528-539에서 인용.
143. Edwards, *Some Thoughts*, 402;『부흥론』, 532에서 인용.
144. Edwards, *Some Thoughts*, 405.
145. Edwards, *Some Thoughts*, 405.
146. Edwards, *Some Thoughts*, 406.
147. Edwards, *Some Thoughts*, 406.
148. Edwards, *Some Thoughts*, 406-407.
149. Edwards, *Some Thoughts*, 407.
150. Edwards, *Some Thoughts*, 407.
151. Edwards, *Some Thoughts*, 407-08.
152. Edwards, *Some Thoughts*, 408.
153. Edwards, *Some Thoughts*, 408.
154. Edwards, *Some Thoughts*, 410.
155. Edwards, *Some Thoughts*, 410.
156. Edwards, *Some Thoughts*, 411.
157. Edwards, *Some Thoughts*, 411-12.
158. Edwards, *Some Thoughts*, 413-14.
159. Edwards, *Some Thoughts*, 414.
160. Edwards, *Some Thoughts*, 414, 415, 416 =『부흥론』, 548, 549에서 재인용.
161. Edwards, *Some Thoughts*, *WJE* 4:416-17.
162. Edwards, *Some Thoughts*, 417-18.
163. Edwards, *Some Thoughts*, 418.
164. Edwards, *Some Thoughts*, 419.

165. Edwards, *Some Thoughts*, 421.
166. Edwards, *Some Thoughts*, 421.
167. Edwards, *Some Thoughts*, 422.
168. Edwards, *Some Thoughts*, 424. 에드워즈는 광신주의자들의 자세에 반하여 "하나님의 백성들이 반대와 욕을 당할 때 하나님이 나타나서 변호하게 해 주시는 가장 확실한 방법은 온유함과 고요함이다"고 말한다.
169. Edwards, *Some Thoughts*, 426.
170. Edwards, *Some Thoughts*, 427-28.
171. Edwards, 『부흥론』, 567 = Edwards, *Some Thoughts*, *WJE* 4:428: "The most eminent gifts, and highest tokens of God's favour and blessing will not excuse them. Alas! What is man at his best estate! What is the most highly favoured Christian, or the most eminent and successful minister, that he should now think he is sufficient for something, and somebody to be regarded, and that he should go forth, and act among his fellow creatures as if he were wise, and strong, and good!"
172. Edwards, *Some Thoughts*, 429-30.
173. Edwards, *Some Thoughts*, 430-31.
174. Edwards, *Some Thoughts*, 432.
175. Edwards, *Some Thoughts*, 432.
176. Edwards, *Some Thoughts*, 433-34.
177. Edwards, *Some Thoughts*, 435: "This is quite a different thing from the Spirit's enlightening the mind to understand the precepts or propositions of the Word of God, and [to] know what is contained and revealed in them, and what consequences may justly be drawn from them, and to see how they are applicable to our case and circumstances; which is done without any new revelation, only by enabling the mind to understand and apply a revelation already made."
17. Edwards, *Some Thoughts*, 435-37= Edwards, 『부흥론』, 576-579에서 인용.
179. Edwards, *Some Thoughts*, 437-38.
180. Edwards, *Some Thoughts*, 438.
181. Edwards, *Some Thoughts*, 439.
182. Edwards, *Some Thoughts*, 440-41.
183. Edwards, *Some Thoughts*, 442.
184. Edwards, *Some Thoughts*, 442.
185. Edwards, *Some Thoughts*, 442-43.
186. Edwards, *Some Thoughts*, 444.
187. Edwards, *Some Thoughts*, 444-46.
188. Edwards, *Some Thoughts*, 446.
189. Edwards, *Some Thoughts*, 448: "And I also believe that if the rules of Christian charity, meekness, gentleness and prudence had been duly observed by the generality of the zealous promoters of this work, it would have made three times the progress that it has; i.e. if it had pleased God in such a case to give a blessing

to means in proportion as he has done."
190. Edwards, *Some Thoughts*, 450-51.
191. Edwards, *Some Thoughts*, 452.
192. Edwards, *Some Thoughts*, 454.
193. Edwards, *Some Thoughts*, 454.
194. Edwards, *Some Thoughts*, 455.
195. Edwards, *Some Thoughts*, 455-57.
196. Edwards, *Some Thoughts*, 457-58.
197. Edwards, *Some Thoughts*, 459.
198. Edwards, *Some Thoughts*, 462.
199. Edwards, *Some Thoughts*, 464.
200. Edwards, *Some Thoughts*, 466.
201. Edwards, *Some Thoughts*, 466.
202. Edwards, *Some Thoughts*, 467-68.
203. Edwards, *Some Thoughts*, 471.
204. Edwards, *Some Thoughts*, 472.
205. Edwards, *Some Thoughts*, 472-73.
206. Edwards, *Some Thoughts*, 474.
207. Edwards, *Some Thoughts*, 476.
208. Edwards, *Some Thoughts*, 479.
209. Edwards, *Some Thoughts*, 479-80.
210. Edwards, *Some Thoughts*, 481.
211. Edwards, *Some Thoughts*, 483.
212. Edwards, *Some Thoughts*, 483.
213. Edwards, *Some Thoughts*, 484.
214. Edwards, *Some Thoughts*, 486.
215. Edwards, *Some Thoughts*, 487.
216. Edwards, *Some Thoughts*, 487-88.
217. Edwards, *Some Thoughts*, 488-89.
218. Edwards, *Some Thoughts*, 489.
219. Edwards, *Some Thoughts*, 489-90.
220. Edwards, *Some Thoughts*, 490-91.
221. Edwards, *Some Thoughts*, 491-93.
222. Edwards, *Some Thoughts*, 496-97.
223. Edwards, *Some Thoughts*, 499-500.
224. Edwards, *Some Thoughts*, 500-501.
225. Edwards, *Some Thoughts*, 502: "And here it concerns every one, in the first place, to look into his own heart, and see to it that he be a partaker of the benefits of the work himself, and that it be promoted in his own soul. Now is a most glorious opportunity for the good of souls."
226. Edwards, *Some Thoughts*, 502-504.

227. Edwards, *Some Thoughts*, 504-506.
228. Edwards, *Some Thoughts*, 506.
229. Edwards, *Some Thoughts*, 506-507.
230. Edwards, *Some Thoughts*, 507.
231. Edwards, *Some Thoughts*, 507-508.
232. Edwards, *Some Thoughts*, 508.
233. Edwards, *Some Thoughts*, 508.
234. Edwards, *Some Thoughts*, 510.
235. Edwards, *Some Thoughts*, 510.
236. Edwards, *Some Thoughts*, 510.
237. Edwards, *Some Thoughts*, 511.
238. Edwards, *Some Thoughts*, 512-13.
239. Edwards, *Some Thoughts*, 513.
240. Edwards, *Some Thoughts*, 513.
241. Edwards, *Some Thoughts*, 513-15.
242. Edwards, *Some Thoughts*, 516. 에드워즈의 기도 신학에 대해서는 Edward Charles Lyrene Jr, "The Role of Prayer in American Revival Movements, 1740-1860" (Ph. D. diss., Southern Baptist Theological Seminary, 1985), 31-81; Peter Beck, "The Voice of Faith: Jonathan Edwards's Theology of Prayer" (Ph. D., diss., Southern Baptist Theological Seminary, 2007)등을 보라.
243. Edwards, *Some Thoughts*, WJE 4:517-18.
244. Edwards, *Some Thoughts*, 518.
245. Edwards, *Some Thoughts*, 518: "God is, if I may so say, at the command of the prayer of faith; and in this respect is, as it were, under the power of his people."
246. Edwards, *Some Thoughts*, 518-21.
247. Edwards, *Some Thoughts*, 521-22.
248. Edwards, *Some Thoughts*, 522.
249. Edwards, *Some Thoughts*, 524.
250. Edwards, *Some Thoughts*, 525-26. 에드워즈는 1741년 1월 내지 2월에 사도행전 10장 4-6절을 본문으로 행한 설교 속에서 "To be much in deeds of charity is the way to have spiritual discoveries"라고 주장하였다. Edwards, "Much in Deeds of Charity," in *The Sermons of Jonathan Edwards*, eds., Wilson H. Kimnach, Kenneth P. Minkema and Douglas Sweeney (New Haven and London: Yale University Press, 1999), 197-211.
251. Edwards, *Some Thoughts*, WJE 4:528-29.
252. 양낙흥, 『조나단 에드워즈』, 333-38
253. Edwards, *Some Thoughts*, WJE 4:529.
254. Edwards, *Some Thoughts*, 529.
255. Edwards, 『부흥론』, 696-97 = Edwards, *Some Thoughts*, WJE 4:530: "If it should please God to bless any means for convincing the country of his hand in this work, for bringing them fully and freely to acknowledge his glorious power and

grace in it; and for bringing them to engage with one heart and soul, and by due methods, to endeavour to promote it, it would be a dispensation of Divine Providence that would have a most glorious aspect, happily signifying the approach of great and glorious things to the church of God, and justly causing us to hope that Christ would speedily come to set up his kingdom of light, holiness, peace, and joy on earth, as is foretold in his word. Amen; even so come, Lord Jesus! [Rev. 22:20]"

제7장

결론

지금까지 우리는 조나단 에드워즈의 성령론을 체계적으로 재구성해 보려고 시도해 보았다. 서구 기독교 사상의 주요 형성자들은 그들의 저작들에서 삼위일체 중 어느 위격이 가장 창조적인 해석의 대상이 되었느냐를 질문함으로써 분류되고 기본적으로 이해될 수 있다고 흔히들 말해지는데,[1] 에드워즈야말로 삼위일체 중 제3위이신 성령의 사역을 매우 중시했던 삼위일체론적 신학자라고 말할 수 있을 것이다. 칼빈이 성령의 신학자라고 칭함을 받았고, 영국 청교도들 역시 인간 영혼 안에서의 성령 하나님의 현재적 역사에 대해서 깊은 논구를 했던 이들이라고 불리워지고 있는데, 이들의 뒤를 따르고 있는 에드워즈 역시 성령의 사역에 깊은 관심을 가진 것은 당연한 일인지도 모른다.[2] 에드워즈는 개인적인 각성과 목회 현장에서 두 차례에 걸친 성령의 부어주심(1734-35년 코네티컷 강 계곡 부흥, 1740-42년 1차대각성운동)을 경험하였고, 부흥의 극단적인 입장인 광신주의(=열광주의)와 반부흥론의 중간에 서서 부흥 속에 나타난 성령의 역사를 변호하는 작업을 하면서 성령의 사역에 대한 이해가 성숙해 가고 완성도에 이르게 된다는 것을 앞서 살펴보았다. 이제 본서를 마무리하면서 먼저 앞선 논의를 요약하고 그의 성령론이 한국 교회에 기여할 만한 요소를 지적하고, 연구의 제한과 남은 연구과제들을 지적하려는 것으로 본서를 끝내고자 한다.

7.1. 요약 정리

우리는 앞서 1장에서 서론적인 논의들을 했다. 왜 이 논문의 주제를 선택했는지 연구 동기를 밝혔다. 개인적인 신앙관심사와 공동체와 교단의 성령론적 현실이 너무나 혼동 속에 있기 때문에 개혁주의적인 관점에서 성령론을 잘 주창한 신학자를 찾다가 에드워즈를 논구의 주제로 삼게 되었다는 것을 밝혔다. 그리고 학문적으로 에드워즈를 연구해 볼 만한 가치가 있는지 여부를 알아보기 위해서 역사적인 평가나 그간에 이루어진 학문적인 연구 현황을 외국의 경우와 국내의 경우로 나누어서 살펴보았다. 그러고 나서 본서의 주제와 관련해서 쓰여진 기존의 연구서들을 일별해 보았다. 이 과정을 통하여 국내에서는 아직 에드워즈의 성령론을 체계적으로 논구한 연구서적이나 박사 논문이 부재하다는 것을 알게 되었고, 그런 작업을 시도하는 본 필자의 연구 의의가 좀 더 강화되었다.

제2장에서는 에드워즈의 성령론의 역사적 컨텍스트를 논구해 보았다. 어떤 사람이나 예외가 없지만, 아무리 독창적이라고 일컬어지는 에드워즈라고 해도 역사적 조건 없이 스스로 모든 사상을 형성할 수는 없었다. 에드워즈의 성령론을 형성하는데 기여한 여러 배경들에 대해서 살펴보았는데, 우선은 목회자였던 아버지에게서 물려 받은 청교도적인 신앙 요소들과 부흥, 회심의 중요성 등에 대한 가르침이 평생을 좌우할 만큼 깊은 영향을 미쳤음을 살펴보았다. 그리고 에드워즈가 회심을 체험하고 나서 거룩한 삶을 살고자 몸부림치며 성화에의 분투노력 하였음을 살펴보았고, 에드워즈가 읽고 영향 받았던 책들에 대하여서도 살펴보았다. 그리고 에드워즈의 성령론 특히 부흥신학이 성숙하고 완성되는데 기여한 요소인 노샘프턴에서 23년간 수행한 목회와 그곳에서 경험한 두 차례의 성령의 부어주심에 대해서 살펴보았다. 아울러서 부흥의 결과로 순수한 교회를 지향하다가 빚어졌던 교회 내 갈등 상황과 그 여파로 목사 시무사면과 스톡브리지에서의 선교 사역에 참여하게 된 것 등도 살펴보았다.

제3장에서는 에드워즈의 삼위일체론적 성령론을 살펴보았다. 에드워즈의 삼위일체론은 역사적으로 논란이 많았지만, 관련된 저술들이 출간되면서 정통성 시비는 거의 사라졌다. 그리고 그의 삼위일체론이 어떤 면에서는 난해하지만(특히 본체론적 삼위일체론), 그의 삼위일체론은 정통적인 삼위일체론이며, 삼위 하나님의 상호동등성과 일체성을 누구

보다도 제대로 설명하고 있는 신학자임을 알 수 있게 되었다. 그리고 특히 삼위일체론 가운데 백미는 성령에 대한 해설이라고 생각한다. 에드워즈는 성령 하나님의 역할과 동등성을 강변하였고, 특히 성령이 구속의 적용자가 아니라 그리스도가 구속하시어 사신 모든 복의 총체라고 강조하는 것을 보았다. 이런 요소들이 에드워즈의 삼위일체론적 성령론의 특징이라고 할 수 있다.

제4장에서는 에드워즈의 『구속 사역의 역사』속에 개진된 그의 구속사적 신학을 성령론의 관점에서 분석해 보았다. 에드워즈는 구속사역의 역사를 하나님께서 인간의 타락 이후부터 세상 끝날까지 수행하시는 활동이라고 정의내리고, 구약시대, 예수님의 공생애 시대, 교회사 시대 등으로 삼분하여 설명하는 것을 살펴보되, 특별히 각 시대마다 성령의 사역에 대해서 에드워즈가 어떻게 설명하고 강조하는지를 고찰해 보았다. 에드워즈는 이미 구약시대에 성령의 괄목할 만한 부어주심이 있었다고 확신했다. 물론 그리스도의 대속과 순종의 결과 오순절 날에 임하시는 성령 강림 사건의 독특성도 분명하게 강조했다. 그럼에도 불구하고 에드워즈는 성령의 부어주심은 초대 교회에 한정된 것이 아니라 시대 시대 마다 허락된 축복이며, 교회가 영광을 얻게 되는 시기인 천년왕국시기에 가장 풍성하게 부어지실 것이라고 생각했다. 에드워즈는 생전에도 부흥을 체험했지만, 더 위대한 성령의 부어주심을 사모하면서 사역했고 신앙 생활을 했다.

제5장에서는 에드워즈의 개인 구원 속에 역사하시는 성령의 사역에 대해서 논구해 보았다. 먼저 에드워즈의 구원론의 특징으로써 하나님의 절대 주권을 강조한다는 점, 그리고 성령을 구원의 적용자라기보다 구속 그 자체라고 생각한 점, 일반 은혜와 특별 은혜, 평상적 은사와 비상한 은사에 대해서 나누되 특별 은혜와 평상적 은사의 중요성을 바르게 강조했다. 그리고 에드워즈의 구원 서정론은 몇 가지 단계로 구분되기는 하나 One-Step Salvation이라고 할 만큼 구원의 한 나무로 강조

되고 있다는 점도 살펴보았다. 그리고 나서 본격적으로 그의 구원 서정론을 다루어 보았는데, 그가 가장 중요하게 생각했던 서정은 바로 회심과 중생이었다. 회심 시에 성령이 내주하심으로 성도의 구원은 이신칭의를 누리고, 성화의 과정을 지나 영화에까지 이르게 된다는 점을 살펴보았다. 그리고 각 단계마다 특징적인 그의 강조점들을 살펴보았다.

제6장에서는 조나단 에드워즈의 부흥 신학에 대해서 다루어 보았다. 특히 에드워즈의 부흥신학의 집대성이라고 할 수 있는『균형잡힌 부흥론』을 세밀하게 읽고 분석하는 일에 심혈을 기울여 보았다. 에드워즈는 성령의 부어주심으로 일어난 신앙의 부흥인지 아닌지 분별하는데 있어서 오로지 성경만이 유일한 기준이 되어야 하지, 다른 체험이나 선입견들이 기준이 되어서는 안된다고 분명히 말하는 것을 보았다. 에드워즈에게 있어서 오직 성경으로 *Sola Scriptura*라는 개혁주의 원리는 조금도 양보가 없는 불변의 원칙으로 고수되고 있음을 보았다. 그리고 두 번째 부분에서 우리는 참된 부흥이라면 마땅히 환영하고 그 부흥을 진작시키기 위해서 협력을 해야 한다는 에드워즈의 주장을 살펴보았다. 에드워즈는 영광스러운 부흥의 시기에 반대하는 자들뿐 아니라 관망하거나 중립적인 자세를 취하려고 하는 것은 위험스러운 일이라는 것을 성경의 여러 예들을 들어서 경계하는 것을 보았다. 세 번째 부분에서는 부흥 사역자들에 대해서 근거없이 제기된 10가지의 비난에 대해서 에드워즈가 조목 조목 반박하는 것을 살펴보았다. 에드워즈는 반부흥론자들의 비난들에 대해서 인정할 것은 인정하면서도 성경적으로 훌륭하게 반박하는 것을 살펴보았다. 네 번째 부분에서는 부흥을 촉진시키기 위해서 피해야 할 것들에 대해 에드워즈가 주장하는 바를 살펴보았다. 에드워즈가 신앙 부흥의 오류들이 생기게 하는 일반적인 원인들과 신앙의 부흥시 생겨난 특수한 오류들에 대해서 논박하는 것을 살펴보았다. 마지막 다섯 번째 부분에서는 부흥을 진작시키기 위해 해야 할 일들에 대해 에드워즈가 제시하는 바들을 살펴보았다. 부흥을 진작시키기 위

해서 무엇을 해야 하는가에 대해서 나이든 사람들, 목사들, 대학 교수들, 부자나 사회 지도층, 성도들 등으로 나누어서 에드워즈가 권면하는 것을 살펴보았다.

7.2. 한국교회에의 기여

최근 한국 교회는 영적으로 대단히 혼란스러운 상황 속에 있다. 제3의 물결의 영향이 교단을 초월하여 크게 영향력을 미치고 있어서 모든 은사들의 현존을 주장하고, 기이한 체험들(입신, 아말감의 금이빨로 변화)을 신앙의 본질인양 과대선전하고 있는 교회들이 많이 있다. 이러한 한국 교회 현실, 특히 개혁주의 교회들의 영적 상황에 대해서 에드워즈의 성령론이 기여할 수 있는 바가 무엇일까에 대해 우리는 짚고 넘어가지 않을 수가 없다. 앞에서도 누누이 강조했지만 에드워즈는 그의 후예들과 달리 철저하게 성경중심적이고 개혁주의적이었을 뿐 아니라, 성령의 직접적인 역사를 자주 강하게 체험한 사람이자, 목회 현장에서 성령의 부어주심을 체험한 자이기에 우리 한국교회를 위해 유익이 될만한 조언을 줄 수 있다는 생각이 든다. 아래에서는 본서의 연구 과정을 통하여 필자의 마음속에 강하게 와닿는 몇 가지의 내용들을 소개하려고 한다.

첫째, 에드워즈는 성경과 웨스트민스터 표준문서를 충실하게 따라가는 정통적인 신학자였지만 신앙이 단순한 동의나 사변적 지식으로 머무르는 것을 인정하지 않았다. 메마른 정통주의나 지식주의가 한국 교회의 일각에서는 만연하고 있는 현실을 감안할 때, 에드워즈가 사변적 지식으로서의 믿음이 아니라 마음의 지식으로서의 믿음을 강조하고 있다는 점은 많은 도전을 줄 수 있다고 생각한다. 에드워즈는 기이한 체험이나 환상과 같은 의미에서의 체험적 지식을 주장하지는 않았지만,

그리스도를 인격적으로 만나 교제하고 영적으로 그와 연합하는 행위로서의 믿음을 지속적으로 강조하였으며, 또한 믿음은 대체로 거룩한 감정 안에 존재한다고 하는 사실을 제대로 잘 강조하고 있다. 에드워즈의 믿음에 대한 이해를 통해서 우리들은 메마른 교리주의나 유신앙론唯信仰論, believism을 극복할 수 있는 훌륭한 신앙관과 본보기를 얻게 된다.

둘째, 오늘날 한국 교회에 초교파적으로 유통되고 있는 제3의 물결 류의 성령론에 의하면 신약 성경의 모든 은사들이 현존하며 우리들도 그 은사를 누릴 수 있다고 하면서 심지어 예언의 은사도 인정을 하고 있어 많은 혼란을 안겨주고 있다. 에드워즈는 평상적인 은사와 비상한 은사를 구분하여 비상한 은사는 1세기 사도 시대에 제한되었으며, 그 이후에는 중단되었다고 하는 은사중단론cessationism의 입장에 서 있다는 것을 살펴보았다. 그러나 사람을 회심시키시고, 거룩하게 하시는 성령의 평상적 은사ordinary gifts는 모든 시대의 교회 성도들이 체험하는 바라고 에드워즈는 생각했다. 이와 같은 에드워즈의 견해는 물론 각자가 취하고 있는 입장에 따라서는 너무 제한적인 견해로 여겨질 수도 있겠지만, 그가 평상적 은사들에 대해서 강조하고 구원의 은혜에 대해서 강조점을 두는 것은 정당하다고 판단된다. 설령 비상한 은사들을 받는다고 해도 그것은 평상적인 은사에 도구 노릇을 하는 것이요, 경우에 따라서는 불신자들도 비상한 은사는 받아도 구원의 은혜에는 동참하지 못할 수 있다고 하는 점을 에드워즈는 분명하게 잘 설명해 주고 있다. 오늘날 평상적 은사 혹은 구원하시는 성령의 은혜special and saving grace에 대한 관심보다는 비상한 은사나 진기한 체험이 더 우월한 것처럼 강조하는 이들에게 에드워즈의 균형 잡힌 견해는 경종을 울려 준다고 할 것이다.

셋째, 한국 교회 가운데는 개인주의적이고 탈세상적인 경향의 성령 운동이 기승을 부리고 있다. 경우에 따라서는 인격적이고 도덕적인 변화나 사회적 변화에 대해서 전혀 무관심한 그런 경우들도 많다. 그러나 에드워즈는 성령을 체험하되 인식과 성향의 변화로 말미암아 성도 개인의 삶이 거룩해지고, 덕스러워지고, 사랑이 충만하게 되되, 하나님과의 관계에서만 그런 것이 아니라, 특히 수평적인 인간 관계들 속에서 변화를 낳게 된다는 점을 바르게 강조했다. 에드워즈는 하나님께 대한 직접적인 예배의 의무보다도 이웃에 대한 사랑의 실천을 통해서 우리의 참된 믿음은 더욱더 잘 증명되어진다고 말하기까지 할 정도로 인격적이고 도덕적인 변화를 강조했다. 물론 에드워즈의 주장을 하나님을 제거하고 이웃 사랑만 강조하는 현대자유주의의 원류인 것처럼 오해해서는 안 될 것이다. 에드워즈는 구원하시는 성령의 역사를 체험하고 나면 개인의 영혼만 변화되는 것이 아니라 그의 인간 관계가 변화되며 나아가서는 그가 몸담고 있는 사회를 변화시키는 축복의 통로가 될 수 있으며 그렇게 되어야 함을 바르게 강조하였다는 점을 유념해야 한다.

넷째, 오늘날 한국 교회 가운데는 부흥에 대한 기대와 사모를 강렬하게 간직하고 있는 성도들이 많이 있다. 그러나 유사 부흥 운동들이 참 부흥의 본질을 호도하고 있는 안타까운 현실이기도 하다. 우리는 어디에서 부흥의 본질을 배울 수 있을까? 에드워즈는 교회사에 있어서 성령의 부어주심으로써의 부흥의 중요성과 그 본질적인 요소들을 제대로 잘 강조하고 해설해 준 사람이다. 우리는 에드워즈의 부흥신학을 통하여서 거짓된 부흥론을 극복할 수 있을 것이라고 사료된다. 에드워즈의 부흥신학에 따르면 부흥은 성령의 부어주심이며, 부흥의 결과는 개개 성도들의 심령이 구원의 은혜에 생생하게 참여하게 되며, 다른 이들의 구원에 대한 전도적, 선교적 관심이 확대되는 결과를 낳는다고 하는 것이다. 에드워즈나 브레이너드는 부흥을 사모하며 산 사람들이고 실제로 체험하고 산 사람들이기도 한데, 그들의 마음을 동질적으로 묶어주는 주요 관심사는 하나님 나라의 확장을 목표로 하는 선교에 대한 강렬한 사명감이었다. 이런 에드워즈의 선교지향적인 부흥의 신학은 교회 안에 제한된 영성, 개인적 체험에 제한된 은혜 체험을 전부라고 생각하는 협소한 관점을 가진 이들의 이해를 넓혀주는 지렛대 역할을 할 수 있을 것이라고 사료된다.

다섯째, 오늘 우리 한국 교회는 총체적인 위기 속에 있다고들 말해진다. 5만의 교회, 10만의 사역자들, 그리고 천 만을 전후한 교인수를 자랑하는 한국 교회이지만 대사회적인 영향력 면에서는 거의 빛을 잃은 등대와 같고, 사회로부터 맛을 잃은 소금이 짓밟히듯이 공신력을 잃고 있는 것으로 판단되어진다. 이와 같은 한국교회의 위상과 공신력의 추락은 결국 불신자들의 전도에 대해서도 많은 영향력을 미치고 있는 상황이다. 의식있는 많은 그리스도인들은 이와 같은 교회의 실상에 대해 가슴 아파하고 대안을 찾기에 동분서주하고 있다. 이러한 상황에 있는 우리 한국교회에 조나단 에드워즈의 성령론 내지 부흥의 신학은 성령 충만한 거룩한 성도의 모습이 무엇인가? 언덕 위의 도시처럼 빛을 발하는 참 교회의 모습이 무엇인가 하는 것을 알게 하는데 일조할 수 있다고 사료되어진다. 우리가 에드워즈의 주장대로 참 회심에서 시작되는 성도다움의 중요성을 제대로 강조하고, 교회 내에 있는 교인들부터 참 회심자인지 아닌지 스스로 분별할 수 있도록 도와주고, 만약에 그렇지 아니하다면 진정한 회심의 은혜를 얻기 위해서 은혜의 방편을 활용하면서 구도자의 몸부림을 치도록 격려해 주어야 할 것이라고 본다.

여섯째, 지금 한국 사회와 교회는 고도의 산업정보화 시대에도 불구하고 영성에 대한 관심이 지대하다. 영성에 대한 많은 저서들이 출간되고 세미나들이 개최되고 있다. 그럼에도 불구하고 우려가 되는 것은 개신교 안에서 조차도 로마교회적인 영성 책자들(대표적으로 토마스 머튼이나 헨리 나우엔의 책들)이나 퀘이커 파에 속한 리처드 포스터의 책들이 많이 읽히고 있고, 관상기도 contemplative prayer와 같은 로마교회적인 영성 훈련의 방법들이 아무런 비판적 검토 없이 평신도들에게 권장되고 있다는 점이다. 성경적이고 개혁신학적인 바탕에 굳게 선 영성 신학의 개진이 절실하게 필요한 형편에 있다고 판단되어진다. 이와 같은 상황 속에 있는 한국 장로교회에 에드워즈의 생애나 저술들 속에서 개진된 영성 신학은 건전하고 안전한 길잡이가 되어질 수 있다고 확신한다.[3] 에드워즈나 그가 뿌리로 삼고 있는 칼빈이나 청교도들의 영성 신학이 한국 교회에 많이 보급되어지기를 소망해 본다.

7.3. 본서의 한계 그리고 남은 연구 과제들

조나단 에드워즈의 성령론을 체계적으로 논구하고 종합해 보려는 목적을 가지고 출발한 본서는 여러 가지 면에서 한계를 가지고 있음을 솔직하게 인정하고자 한다. 우선 주요 주제들에 대해서 에드워즈의 주요 저술들에서 그의 견해를 직접적으로 많이 모아보고자 하다 보니 논문의 독창성이 많이 모자라게 보일 것으로 사료된다. 본인은 개혁주의 노선에 서 있는 신학도로서 에드워즈의 후천년설이나 세상파멸설과 같은 견해에는 동의하지 않지만, 에드워즈의 대부분의 신학 사상들에 대해서는 충심으로 동감하고 따라가는 입장에 서 있다. 따라서 개인적인 판단을 삼가고 에드워즈의 견해가 무엇인가를 충실하게 재구성하려고 하다 보니 논문의 독창성은 많이 모자라게 보일 수 밖에 없을 것이라는 점 인정한다.

그리고 본서는 연구 범위에 있어서 에드워즈의 여러 주요 저술들에 제한되어 있지, 그가 쓴 모든 저술들(WJE 26권과 디지털 전집 총 73권)을 대상으로 수행된 연구가 아니라는 점을 연구의 한계로 인정한다. 사실 한 사람이 에드워즈의 전집을 다 읽고 제대로 연구하기에는 불가능하다고 할 정도로 그의 저술들이 수다함은 연구자들이 다 인정하고 있는 바이기에 이런 한계는 본인만의 약점은 아니라고 생각한다. 아울러서 본서의 주제와 직간접적으로 관련된 2차 문헌의 양도 엄청나게 많기 때문에 2차 문헌 연구도 충분하지 못할 것이라는 점도 논문의 한계로 인정하게 된다.

　이제 내용적인 측면에서 또 한계를 인정하고자 한다. 에드워즈의 성령론을 다룸에 있어서 성령의 부어주심으로 말미암는 부흥 혹은 대각성의 결과 교회가 교회다워지고(교회개혁) 하나님 나라 확장을 본질로 하는 선교 운동에 어떻게 직접적으로 영향을 미치는지에 대해서 큰 관심을 기울이지 못했으며, 에드워즈의 신학의 근간이라고 할 수 있는 언약 신학에 대한 고려도 부족했음을 한계로 느낀다.

　이상에서 논문의 한계로 인정한 것들은 다르게 말하자면 앞으로 기회가 닿는 대로 더욱더 연구해야 할 과제들로 정리되어진다. 우선 필자는 에드워즈 전집에 대한 보다 깊고 넓은 천착이 필요하다고 생각한다. 에드워즈의 신학은 어떤 면에서는 주요 저서들 속에서 거의 대부분 공표되어 있기 때문에 주요 저술들만 보더라도 그의 신학의 전모를 정확하게 파악하는 데는 무리가 없다고 판단되어지지만, 그래도 그의 저작 전집들 속에서 그와 같은 핵심 골자들이 어떻게 활용되거나 발전되고 있는지를 확인해 보는 작업이 필요할 것이라고 본다. 에드워즈 연구를 수행한 필자의 생각으로는 이런 일은 혼자 다 할 수 있는 일도 아니고 수 년 만에 간단하게 해결할 수 있는 일도 아닐 것이라고 사료된다. 같은 동질의 관심을 가진 이들의 팀 워크가 필요하고, 반세기 가까이 에드워즈 연구에 전념했던 존 거스트너와 같이 생애를 건 헌신적 연구가 필요하다고 사료된다.

　본서에서 다룬 주제와 관련하여 더욱더 연구해 볼 만한 영역이라고 생각되는 것은 조나단 에드워즈의 성령론의 기원을 보다 깊이 탐색해 보는 것이다. 특히 존 오웬을 비롯한 청교도들이나 존 칼빈의 신학 사상과 에드워즈의 관련성을 깊이 천착해 볼 필요가 있다고 생각된다. 그리고 아울러 에드워즈의 성령론이나 부흥 신학이 뒤이은 세대에게 어떻게 영향을 미치고 있는지를 추적해 보는 것도 좋은 연구의 소재라는 생각이 든다. 예컨대, 에드워즈가 자신들의 원조라고 주장하고 있는 토론토 블레싱Toronto Blessing의 주장이 과연 정당한지, 그리고 20세기 복음주의권에서 에드워즈 르네상스를 일으키는데 크게 기여한 마틴 로이드 존스의 성령론이 과연 에드워즈의 견해를 충실하게 반영하고 있는지를 비교 연구해 보는 것도 좋은 주제가 되리라고 사료된다. 개인적인 소견으로는 에드워즈는 기이한 현상들을 좇고 있는 토론토 블레싱의 원조가 아니며, 로이드 존스에게 많은 영향을 미치긴 했지만 로이드 존스의 선先 중생 후後 성령 세례 이론은 에드워즈에게서 뿌리를 찾을 수 없다고 사료되어진다. 아무튼 이런 주제들은 앞으로 더욱더 발전시켜 볼 만한 후속 연구 주제들이다.4

주

1. John Dykstra Euseden, "Introduction," in *The Marrow of Theology*, by William Ames, trans. John D. Eusden (Grand Rapids: Baker, 1997).
2. "그 어떤 이름 보다도 성령의 신학자라는 위대한 이름이 칼빈에게 합당하다"고 말하는 이는 구 프린스턴의 벤자민 B. 워필드 교수이다. Benjamin B. Warfield, "John Calvin the Theologian," in *Calvin and Augustine* (Philadelphia: Presbyterian and Reformed Pub, Co. 1956), 487. 그리고 청교도들에 대해서는 Geoffrey F. Nuttall. *The Holy Spirit in Puritan Experience* (Oxford: Basil Blackwell, 1946)을 보라. John E. Smith, "Editor's Introduction," *WJE* 2:53: "Puritan Protestantism, in keeping with the importance it attached to individual experience, was attempting to bring again into prominence the much neglected Third Person of the Trinity." 그리고 John C. Miller 박사는 Manton, Goodwin, Sibbes, Brooks, Owen, Polhill등의 청교도 신학자들을 언급한 후에 다음과 같이 논평한다: "We have massive thelogy baptized with all the rich unction of Christian experience." John C. Miller, "General Preface," in *The Works of Thomas Goodwin*, vol. 1 (1861/ Eureka: Tanski Publications, 1996), xxii.
3. 에드워즈의 영성 신학에 대하여는 김성광 목사의 "조나단 에드워즈의 영성신학"(Ph. D. 논문, 연세대학교, 2000)을 참고하라.
4. 로이드 존스에 관해서는 최근에 박사논문으로 통과된 김향경, "로이드 존스의 성령론 연구 :중생과 성령세례를 중심으로"(철학박사, 총신대학교, 2019)를 보라.
5. 예일대학교 내에 있는 조나단 에드워즈 센터 홈페이지 자료실을 이용하면 아직 출판되지 않은 여러 자료들을 자유로이 이용할 수 있다[http://edwards.yale.edu/archive/].

참고문헌

I. 조나단 에드워즈의 저작들

1. 전집

The Works of Jonathan Edwards. Edited by E. Higman, 2vols., London: Westley,1834; rep. Banner of Truth, 1995.

The Works of Jonathan Edwards. Edited by Perry Miller, John E. Smith and Harry Stout. New Haven and London: Yale University Press, 1957-2008.

1. *Freedom of the Will* (1957, 1985). Edited by Paul Ramsey.
2. *Religious Affections* (1959, 1987). Edited by John E. Smith.
3. *Original Sin* (1970). Edited by Clyde A. Holbrook.
4. *The Great Awakening* (1972). Edited by C. C. Goen.
   - Faithful Narrative
   - Distinguishing Marks
   - Some Thought
5. *Apocalyptic Writings* (1977). Edited by Stephen J. Stein.
6. *Scientific and Philosophical Writings* (1980). Edited by Wallace E. Anderson.
7. *The Life of David Brainerd* (1985). Edited by Norman Pettit.
8. *Ethical Writings* (1989). Edited by Paul Ramsey.
   - Charity and its Fruits
   - The End of Creation
   - The Nature of True Virtue
9. *A History of the Work of Redemption* (1989). Edited by John F. Wilson.
10. *Sermons and Discourses, 1720-1723* (1992). Edited by Wilson H. Kimnach.
11. *Typological Writings* (1993). Edited by Wallace E. Anderson and

Mason I. Lowance, Jr., with David Watters.
12. *Ecclesiastical Writings* (1994). Edited by David D. Hall.
    - A Letter(1737)
    - An Humble Inquiry(1749)
    - Misrepresentations Corrected(1752)
    - "Narrative of Communion Controversy"
13. *The "Miscellanies," a-500* (1994). Edited by Thomas A. Schafer.
14. *Sermons and Discourses*, 1723-1729 (1996). Edited by Kenneth P. Minkema.
15. *Notes on Scripture* (1998). Edited by Stephen J. Stein.
16. *Letters and Personal Writings* (1998). Edited by George S. Claghorn.
    - Letters
    - Resolutions
    - Diary
    - Personal Narrative
17. *Sermons and Discourses*, 1730-1733 (1999). Edited by Mark Valeri.
18. *The "Miscellanies," 501-832* (2000). Edited by Ava Chamberlain.
19. *Sermons and Discourses*, 1734-1738 (2001). Edited by M. X. Lesser.
20. *The "Miscellanies," 833-1152* (2002). Edited by Amy Plantinga Pauw.
21. *Writings on the Trinity, Grace, and Faith* (2003). Edited by Sang Hyun Lee.
22. *Sermons and Discourses*, 1739-1742 (2003). Edited by Harry S. Stout and Nathan O. Hatch, with Kyle P. Farley.
23. *The "Miscellanies," 1153-1360* (2004). Edited by Douglas A. Sweeney.
24. *The "Blank Bible"* (2006). Edited by Stephen J. Stein.
25. *Sermons and Discourses*, 1743-1758 (2007). Edited by Wilson H.

Kimnach.

26. *Catalogues of Books* (2008). Edited by Peter J. Thuesen.

2. 개별적인 판본들

Charity and Its Fruits. Edinburgh: Banner of Truth, 1998.
Edwards on Revival. Edinburgh: Banner of Truth, 1991.
Bailey, Richard A. and Willis, Gregory (ed.). *The Salvation of Souls: Nine Previously Unpublished Sermons on the Call of Ministry and the Gospel by Jonathan Edwards*. Wheaton, Ill.: Crossway, 2003.
Kimnach, Wilson H., Kenneth P. Minkema, and Douglas A. Sweeney (eds.). *The Sermons of Jonathan Edwards: A Reader*. New Haven: Yale Univ. Press, 1999.
McMullen, Michael (ed.). *The Blessing of God: Previously Unpublished Sermons by Jonathan Edwards*. Nashville: Broadman & Holman, 2003.
McMullen, Michael (ed.). *The Glory and Honor of God: Volume 2 of the Previously Unpublished Sermons of Jonathan Edwards*. Nashville: Broadman & Holman, 2004.
Nichols, William C. (ed.). *Seeking God: Jonathan Edwards's Evangelism Contrasted with Modern Methodologies*. Ames, Ia.: International Outreach, 2001.
Nichols, William C. (ed.). *Knowing the Heart: Jonathan Edwards on True and False Conversion*. Ames, Ia.: International Outreach, 2003.
Piper, John. *God's Passion for His Glory: With the Complete Text from "The End for Which God Created the World" by Jonathan Edwards*. Wheaton, Ill.: Crossway Books, 1998.
Smith, John E., Harry S. Stout, and Kenneth P. Minkema (ed.). *A Jonathan Edwards Reader*. New Haven: Yale Univ. Press, 1995.
Sproul, Richard C. and Archie Parrish. *The Spirit of Revival: Discovering the Wisdom of Jonathan Edwards*. Wheaton, Ill.: Crossway, 2000.

3. 미간행설교[5]

"Christian under Obligaitons to be (1 Pet.1:15)." 1726년
"A Great Difference Between the Converted and Unconverted (Matt. 15:26)." 1729년 노샘프턴교회
"Jesus Christ Full of Grace and Truth (John 1:14)." 1730년 노샘프턴 교회
"Having No Part in the Saving Influences of God's Spirit (Acts 8:21)." 1735년 노샘프턴 교회
"A Thorough Reformation the Effect of God's Outpouring of the Spirit (Acts19:19)." 1736년 노샘프턴 교회.
"The Pouring Out of the Spirit Like Showers Afer a Great Drought (Is.44:3-4)." 1749년 노샘프턴 교회

4. 한글 번역서들

『의지의 자유』. 채재희 옮김. 서울: 예일문화사, 1987.
『사랑과 그 열매』. 서문강 옮김. 서울: 엠마오, 1984/ 청교도신앙사, 1999.
『신앙과 정서』. 서문강 옮김. 서울: 지평서원, 1993.
『신앙감정론』. 정성욱 역. 서울: 부흥과개혁사, 2005.
『그리스도를 아는 지식』.서문강 역. 서울: 지평서원, 1994.
『놀라운 회심 이야기』.정부흥 譯. 서울: 기독교문서선교회,1997.
『놀라운 회심의 이야기』.양낙흥 옮김. 서울: 크리스찬다이제스트, 2002.
『놀라운 부흥과 회심 이야기』. 백금산 역. 서울: 부흥과개혁사, 2006.
『부흥을 원하면 고정관념을 버리라』. 배응준 옮김. 서울: 나침반사, 1998.
『성령의 역사 분별 방법』. 노병기 옮김. 서울: 부흥과개혁사, 2004.
『부흥론』. 양낙흥 역. 서울: 부흥과개혁사, 2005.
『조나단 에드워즈처럼 살 수는 없을까』.백금산 편역. 서울: 부흥과 개혁사, 2003.
『기도 합주회』. 정성욱, 황혁기공 역. 서울: 부흥과개혁사, 2000.
『영적 감정을 분별하라』. 김창영 옮김. 서울: 생명의말씀사, 2001.
『기독교 중심-이신칭의·은혜론』. 이태복 역. 서울: 개혁된신앙사, 2002.
『조나단 에드워즈가 본 천지창조의 목적』. 정일오 역. 서울: 솔로몬출판사,

2003.

『영혼의 위로』, 랄프 G. 턴불, 돈 키슬러 엮음. 조계광 옮김. 서울: 생명의말씀사, 2004.

『조나단 에드워즈 대표설교 선집』. 백금산 역. 서울: 부흥과개혁사, 2005.

『균형잡힌 부흥론』. 양낙흥 역. 서울: 부흥과개혁사, 2005.

『참된 미덕의 본질』. 노병기 역. 서울: 부흥과개혁사, 2005.

『구속사』. 김귀탁 역. 서울: 부흥과개혁사, 2007.

『목사, 성도들의 영혼의 지킴이』.이용중 역. 서울: 부흥과개혁사, 2006.

『참된 신자가 되라』. 이기승 역. 서울: 씨뿌리는사람, 2007.

II. 2차 문헌

1. 외국어문헌

Albro, John A. "Life of Thomas Shepard." In *The Works of Thomas Shepard*, 3 Vols. Boston: Doctrinal Tract and Book Society, 1853; rep. New York: AMS Press, 1967, 1: vii-cxcii.

Aldridge, Alfred Owen. *Jonathan Edwards*. New York: Washington Square Press, 1964.

Allen, Alexander V. G. *Jonathan Edwards*. Boston and New York: Houghton, Mifflin and Co., 1889.

Althaus, Paul. *Die Theologie Martin Luthers*. 7. Aufl. Gütersloh: G?tersloher Verlag, 1994.

Ames, William. *The Marrow of Theology*. Trans., John D. Eusden, Grand Rapids: Baker, 1997.

Assembly of Diviness Staff. *The Westminster Standards*, 1647: An Original Facsimile. Old Path Pub.

Bavinck, Herman. *Gereformeerde Dogmatiek*. 4de ed. 4 dln. Kampen: Kok, 1928-1930.

_____. *Reformed Dogmatics*. Trans., John Vriend. 4 Vols. Grand Rapids: Baker, 2003-08.

Beeke, Joel R. *Assurance of Faith: Calvin, English Puritanism, and the Dutch Second Reformation*. Bern and New York: Lang, 1994.

Beeke, Joel R. and Pederseon, Randall J. *Meet the Puritans: With a Guide to Modern Reprints*. Grand Rapids: Reformation Heritage Books, 2006.

Berkhof, Louis. *Systematic Theology*. Edinburgh: Banner of Truth, 1988.

Bogue, Carl W. *Jonathan Edwards and the Covenant of Grace*. Cherry Hill, NJ.: Mack, 1975.

Brockway, Robert William. "The Significance of James Davenport." Ph. D. diss., Columbia University, 1952.

Brown, Robert E. *Jonathan Edwards and the Bible*. Indiana University Press, 2002.

Bush, Michael David. "Jesus Christ in the Theology of Jonathan Edwards." Ph. D. dissertation, Princeton Theological Seminary, 2003.

Bushman, Richard L. (ed.). *The Great Awakening: Documents of the Revival 1749-1742*. New York: Atheneum, 1970.

Caldwell III, Robert W. "The Holy Spirit as the Bond of Union in the Theology of Jonathan Edwards." Ph. D. dissertation, Trinity Evangelical Divinity School, 2003.

_____. *Communion in the Spirit: The Holy Spirit as the Bond of Union in the Theology of Jonathan Edwards*. Studies in Evangelical History and Thought. Milton Keynes, UK: Paternoster, 2006.

_____. "The Holy Spirit as the Bond of Union in the Theology of Jonathan Edwards." *Reformation & Revival Journal*, 12/3 (Summer 2003): 43-58.

Calhoun, David B. *Princeton Seminary*. 2 Vols., Edinburgh: Banner of Truth, 1994, 1996.

Carrick, John. *The Preaching of Jonathan Edwards*. Edinburgh: Banner of Truth, 2008.

Carse, James. *Jonathan Edwards and the Visibility of God*. New York: Scribner's Sons, 1967.

Cherry, Conrad. *The Theology of Jonathan Edwards: A Reappraisal*. Garden City, N.Y.: Doubleday, 1966; rep. Bloomington: Indiana Univ. Press, 1990.

Chai, Leon. *Jonathan Edwards and the Limits of Enlightenment Philosophy*. New York Oxford University Press, 1998.

Chamberlain, Mary Ava, "Jonathan Edwards Against the Antinomians and Arminians." Ph. D. dissertation, Columbia University, 1990.

Chauncy, Charles. *A Letter from a Gentleman in Boston, to Mr. George Wishart, One of the Ministers of Ednburgh, concerning the State of Religion in New-England*. Edinburgh 1742; rep. In *The Great Awakening: Documents of the Revival 1739-1742*. Edited by Richard L. Bushman. New York: Atheneum,1970: 116-121.

_____. *Enthusiasm Described and Caution'd against. With a Letter to the Reverend Mr. James Davenport*, Boston 1742; rep. In *The Great Awakening: Documents Ilustrating the Crisis and Its Consequences*. Edited by Alan Heimert and Perry Miller. Indianapolis and New York: Bobbs-Merrill Co., 1967: 228-56.

_____. *The Outpouring of the Holy Ghost, A Sermon preached in Boston, May 13 1742*, Boston: Boston T. Fleet, 1742.

_____. *The Late Religious Commotions in New England Considered. An answer to the Reverend Mr. Jonathan Edwards's sermon, entitled, The distinguishing marks of a work of the spirit of God, applied to that uncommon operation that has lately appeared on the minds of many of the people of this land. In a letter to a friend. Together with a preface, containing an examination of the Rev. Mr. William Cooper's preface to Mr. Edwards's sermon*. Boston 1743.

_____. *Seasonable Thoughts on the State of Religion in New-England, a Treatise in five parts. With a preface giving an account of the antinomians, familists and libertines, who infected these churches, above an hundred years ago: very needful for these days; the like spirit and errors prevailing now as did then. The whole being *intended, and calculated, to serve the interest of Christ's kingdom*. Boston: Rogers and Fowle, 1743/ rep. Kessinger, n. d.

Chevreau, Guy. *Catch the Fire the Toronto Blessing*. London: Marshall Pickering, 1994.

Coney, Cahrles Randolph. "Jonathan Edwards and the Northampton Church Controversy: A Crisis of Conscience?" Ph. D. dissertation, University of Texas at Arlington, 1989.

Conforti, Joseph A. "Jonathan Edwards's Most Popular Work: 'The Life of David Brainerd' and Nineteenth-Century Evangelcial Culture." *Church History* 54/2 (1985): 188-201.

_____. *Jonathan Edwards, Religious Tradition, & American Culture*. University of North Carolina Press, 1995.

Craig, Philip A. "'And Prophecy Shall Cease': Jonathan Edwards on the Cessation of the Gift of Prophecy." *Westminster Theological Journal* 63 (2002): 163-184.

Crampton, W. Gary. *Meet Jonathan Edwards: An Introduction to America's Greatest Theologian/Philosopher*. Morgan: Soli Deo Gloria, 2004.

_____. *A Conversation With Jonathan Edwards*. Grand Rapids: Reformation Heritage Books, 2006.

Dallimore, Arnold. *George Whitefield : the Life and Times of the Great Evangelist of the 18th Century Revival*, 2 Vols. Edinburgh: Banner of Truth, 1989.

Danaher, William, J. *The Trinitarian Ethics of Jonathan Edwards*. Louisville: Westmister John Knox Press, 2004.

Daniel, Stephen H. *The Philosophy of Jonathan Edwards: A Study in Divine Semiotics*. Bloomington: Indiana Univ. Press, 1994.

Davies, Horton. *The Worship of the American Puritans, 1629-1730*. Morgan: Soli Deo Gloria Publications, 1999.

Davies, Ronald Edwin. "Prepare Ye the Way of the Lord: The Missiological Thought and Practice of Jonathan Edwards (1703-

1758)." Ph. D. dissertation, Fuller Theological Seminary,1988.

Delattre, Roland Andre. *Beauty and Sensibility in the Thought of Jonathan Edwards: An Essay in Aesthetics and Theological Ethics*. New Haven: Yale Univ. Press, 1968.

De Prospo, Richard Chris. "Nature and Spirit in the Writings of Jonathan Edwards." Ph.D. dissertation, University of Virginia, 1977.

Dodds, Elisabeth E. *Marriage To a Difficult Man: The Uncommon Union of Joanthan & Sarah Edwards*. Audubon Drive: Audubong Press, 2004.

Dwight, S. E. *The Life of President Edwards*. New York: G. & C. & H. Carvill, 1830.

Exercises Commemorating the Two-Tundredth Anniversary of the Birth of Jonathan Edwards Held at Andover Theological Seminary October 4 and 5 1903. Andover: The Andover Press, 1904.

Elwood, Douglas J. *The Philosophical Theology of Jonathan Edwards*. New York: Columbia Univ. Press, 1960.

Erdt, Terrence. *Jonathan Edwards, Art and the Sense of the Heart*. Amherst: Univ. of Massachusetts Press, 1980.

Ferguson, Sainclair B. *The Holy Spirit*. Downers Grove: IVP, 1996.

Fiering, Norman. *Jonathan Edwards's Moral Thought and Its British Context*. Chapel Hill: Univ. of North Carolina Press, 1981.

Gerstner, John H. *Jonathan Edwards: A Mini-Theology*. Wheaton, Ill.: Tyndale House, 1987.

_____. *The Rational Biblical Theology of Jonathan Edwards*. 3 Vols. Orlando, Fla.: Ligonier Ministries, 1991-93.

_____. *Jonathan Edwards on Heaven and Hell*. Grand Rapids, Baker, 1980; rep. Morgan, Pa.: Soli Deo Gloria, 1998.

Gerstner, John H. and Gerstner, Jonathan Neil. "Edwardsean Preparation for Salvation." *Westminster Theological Journal* 42 (1979): 5-71.

Gibson, Michael D. "The Integrative Biblical Philosophy of Jonathan Edwards: Empiricism, God, Being, and Postmillennialism."

Westminster Theological Journal 63 (2002): 151-161.

Guelzo, Allen C. *Edwards on the Will: A Century of American Theological Debate*. Middletown: Wesleyan Univ. Press, 1989.

Gura, Philip. *Jonathan Edwards : America's Evangelical*. New York: Hill and Wang, 2005.

Hannah, John D. "Jonathan Edwards, the Toronto Blessing, and the Spiritual Gifts: Are the Extraordinary Ones Actually the Ordinary Ones?" *Trinity Journal* 17
(Fall 1996): 167-89.

Hart, D.G., Sean Michael Lucas, and Stephen J. Nichols (ed.). *The Legacy of Jonathan Edwards: American Religion and the Evangelical Tradition*. Grand Rapids: Baker, 2003.

Hatch, Nathan O. and Harry S. Stout (ed.). *Jonathan Edwards and the American Experience*. New York, Oxford Univ. Press, 1988.

Haykin, Michael A. G. & McHale, Gary W. (ed.). *Jonathan Edwards: The Man, His Experience and His Theology*: Volume 3. *The 'Toronto Blessing': A Renewal from God?*. Ontario: Canadian Christian Publishers, 1995.

Haykin, Michael A. G. *Jonathan Edwards The Holy Spirit in Revival: The Lasting Influence of the Holy Spirit in the Heart of Man*. New York: Evangelical Press, 2005.

Heimert, Alan. *Religion and the American Mind From the Great Awakening to the Revolution*. Cambridge: Harvard University Press, 1966.

Heimert, Alan and Miller, Perry (ed.). *The Great Awakening: Documents Ilustrating the Crisis and Its Consequences*. Indianapolis and New York: Bobbs-Merrill Co. 1967.

Henard, William David, III. "An Analysis of the Doctrine of Seeking in Jonathan Edwards' Conversion Theology as Revealed in through Representative Northampton Semons and Treatises." Ph. D. dissertation, Southern Baptist Theological Seminary, 2006.

Hodge, Charles. *The Constitutional History of the Presbyterian Church in the United States of America*. Philadelphia: Presbyterian Board of Publication, 1851.

_____. *Systematic Theology*, 3 Vols. New York: Charles Scribner & Co., 1872-73.

Hoekema, Anthony A. *The Bible and the Future*. Grand Rapids: Eerdmans, 1994.

Hoffecker, Andrew W. *Piety and the Princeton Theologians: Archibald Alexander, Charles Hodge, and Benjamin Warfield*. Philippsburg: Presbyterian and Reformed Pub., 1981.

Holbrook, Clyde Amos. *The Ethics of Jonathan Edwards*. Ann Arbor: Univ. of Michigan Press, 1973.

Holmes, Stephen R. *God of Grace & God of Glory: An Account of the Theology of Jonathan Edwards*. Grand Rapids: Eerdmans, 2000.

Hopkins, Samuel. *The Life and Character of Mr. Jonathan Edwards* (1765). Harrisonburg: Sprinkle Publications, 2008.

Hunsinger, George. "Dispositional Soteriology: Jonathan Edwards on Jsutification by Faith Alone." *Westminster Theological Journal* 66 (2004): 107-120.

Husband, Paul Edward. "Church Membership in Northampton: Solomon Stoddard versus Jonathan Edwards." Ph. D. dissertation, Westminster Theological Seminary, 1990.

Jamieson, John F. "Jonathan Edwards's Change of Position on Stoddardeanism." *Harvard Theological Review* 74/1 (1981): 79-99.

Jang, Kyoung-Chul. "The Logic of Glorification: The Destiny of the Saints on the Eschatology of Jonathan Edwards. Ph. D. dissertation, Princeton Theological Seminary, 1994.

Jenson, Robert. *America's Theologian: A Recommendation of Jonathan Edwards*. New York: Oxford Univ. Press, 1988.

Jones, Barney Lee. "Charles Chauncy and Great Awakening in New England." Ph. D. dissertation, Duke University, 1958.

Kang, Kevin Woong San. "Justified by Faith in Christ: Jonathan Edwards' Doctrine of Justification in Light of Union with Christ." Ph. D. dissertation, Westminster Theological Seminary, 2003.

Kim, Kilsung. "J. Gresham Machen's Doctrine of Church." Ph. D. dissertation, Westminster Theological Seminary, 1992.

Kling, David W., and Douglas A. Sweeney (eds.) *Jonathan Edwards at Home and Abroad: Historical Memories, Cultural Movements, Global Horizons*. Columbia: Univ. of South Carolina Press, 2003.

Lawrence, David. "Jonathan Edwards, Solomon Stoddard, and the Preparationist Model of Conversion." *Harvard Theological Review* 72 (1979): 267-83.

Lee, Sang Hyun. "Mental Activity and the Perception of Beauty in Jonathan Edwards." *Havard Theological Review* 69 (1976): 369-96.

_____. "The Importance of the Family: A Reformed Theological Perspective." In *Faith and Families*. Edited by Lindell SaWJEer. Philadelphia: Geneva Press, 1986:115-35.

_____. *The Philosophical Theology of Jonathan Edwards*. Princeton: Princeton Univ. Press, 1988; rep. 2000.

_____. "Jonathan Edwards's Dispositional Conception of the Trinity: A Resource for Contemporary Reformed Theology." In *Toward the Future of Reformed Theology: Tasks, Topics, Traditions*. Edited by David Willis-Watkins and Michael Welker. Grand Rapids: Eerdmans, 1999: 444-55.

Lee, Sang Hyun (ed.). *A Companion to the Theology of Jonathan Edwards*. Princeton: Princeton Univ. Press, 2005.

Lee, Sang Hyun and Alan Guelzo (ed.) *Edwards in Our Time: Jonathan Edwards and the Shaping of American Religion*. Grand Rapids: Eerdmans, 2000.

Lesser, M. X. *Jonathan Edwards*. Boston: Twayne, 1988.

_____. *Jonathan Edwards: An Annotated Bibliography, 1979-1993*. Westport, Conn.: Greenwood, 1994.

_____. *Jonathan Edwards: A Reference Guide*. Boston: G.K. Hall, 1981.

_____. *The Printed Writings of Jonathan Edwards*. Princeton: Princeton Theological Seminary, 2003.

_____. *Reading Jonathan Edwards: An Annotated Bibliography in Three Parts, 1729-2005*. Grand Rapids: Eerdmans, 2008.

Levin, David (ed.). *Jonathan Edwards: A Profile*. New York: Hill & Wang, 1969.

Lippy, Charles H. *Seasonable Revolutionary : The Mind of Charles Chauncy*. Chicago: Nelson-Hall, 1981.

Lloyd-Jones, Martyn. *Life in the Spirit in Marriage, Home & Work*. Edinburgh: Banner of Truth, 1985.

_____. "Jonathan Edwards and the Crucial Importance of Revival." In *The Puritans: Their Origins and Successors*. Edinburgh: Banner of Truth, 1987: 348-71.

Logan, Samuel T. Jr. "The Doctrine of Justification in the Theology of Jonathan Edwards." *Westminster Theological Journal* 46 (Spring 1984): 26-52.

Lovelace, Richard F. *Dynamics of Spiritual Life: An Evangelical Theology of Renewal*. Downers Grove, Ill.: Intervarsity Press, 1979.

Lowance, Mason I. Jr. *The Language of Canaan: Metaphor and Symbol in New England*. Cambridge: Harvard University Press, 1980.

Lyrene, Edward Charles, Jr. "The Role of Prayer in American Revival Movements, 1740-1860." Ph. D. dissertation, Southern Baptist Theological Seminary,1985.

Marsden, George M. *Jonathan Edwards: A Life*. New Haven: Yale Univ. Press, 2003.

_____. *A Short Life of Jonathan Edwards* (Library of Religious Biography). Grand Rapids: Eerdmans, 2008.

Mathews, Matthew Todd. "Toward a Holistic Theological Anthropology: Jonathan Edwards and Friedrich Schleiermacher on Religious Affection." Ph. D. dissertation, Emory University, 2000)

McClymond, Michael J. "Creation in Jonathan Edwards." Ph. D. diss. University of Chicago, 1992.

_____. *Encounters with God: An Approach to the Theology of Jonathan Edwards*. New York: Oxford Univ. Press, 1998.

McDermott, Gerald R. *One Holy and Happy Society: The Public Theology of Jonathan Edwards*. University Park: Pennsylvania State Univ. Press, 1992.

_____. *Seeing God: Twelve Reliable Signs of True Spirituality*. Downers Grove: IVP, 1995.

_____. *Jonathan Edwards Confronts the Gods: Christian Theology, Enlightenment Religion, and Non-Christian Faith*. New York: Oxford Univ. Press, 2000.

_____. "Missions and Native Americans." In *The Princeton Companion to the Theology of Jonathan Edwards*. Ed. Lee Sang Hyun. Princeton: Princeton Univ. Press, 2005:258-73.

Miller, John C. "General Preface." In *The Works of Thomas Goodwin, Vol. 1*. Eureka: Tanski Publicaitons, 1996 (1861).

Miller, Perry. *Jonathan Edwards*. New York: Sloane, 1949.

_____. "Jonathan Edwards on the Sense of the Heart." *Harvard Theological Review* 41 (April 1948): 123-45.

_____. "Jonathan Edwards's Sociology of the Great Awakening." *New England Quarterly* 21 (March 1948): 50-77.

_____. *Errand into the Wilderness*. Cambridge: Beklnap Press, 1956.

Miller, Samuel. *Life of Jonathan Edwards*. Boston: Hilliard, Gray, & Co., 1837.

Minkema, Kenneth Pieter, "The Edwardses: A Ministerial Family in Eighteenth Century New England." Ph. D. dissertation, University of Conneticut, 1988.

_____. "Jonathan Edwards in the Twentieth Century." *Journal of Evangelical Theological Society* 47/4 (December 2004): 659-687.

Moody, Josh. *Jonathan Edwards and the Enlightenment: Knowing the*

Presence of God. Lanham: UPA, 2005.

_____. *The God-Centered Life: Insights from Jonathan Edwards for Today*. Regent College Publishing, 2007.

Morgan, Chris. *Jonathan Edwards & Hell*. Fearn: Christian Focus Publication, 2004.

Morgan, Edmund S. *Visible Saints: The History of Puritan Idea*. Ithaca and London: Cornell University Press, 1965.

Morimoto, Anri. *Jonathan Edwards and the Catholic Vision of Salvation*. University Park: Pennsylvania State Univ. Press, 1995.

Morris, William S. *The Young Jonathan Edwards: A Reconstruction*. 1955/ Eugene: Wipf & Stock Publishers , 2005.

Murray, Iain H. *Jonathan Edwards: A New Biography*. Carlisle, Pa.: Banner of Truth, 1988.

_____. *Revival & Revivalism: The Making of American Evangelicalism 1750-1858*. Edinburgh: Banner of Truth, 1994.

_____. *Pentecost - Today? The Biblical Basis for Understanding Revival*. Edinburgh : Banner of Truth, 1998.

_____. "Lessons from the Extraordinary Life of Jonathan Edwards." In *Knowing the Mind of God: Papers Read at the 2003 Westminster Conference*. Mirfield, West Yorkshire: Westminster Conference, 2003: 7-24.

Naples, Diane Clark. "The Sensible Order : An Interpretation and Critical Edition of Jonathan Edwards' 'Personal Narrative'." Ph. D. dissertation, University of California, Los Angeles, 1973.

Needham, Nick. "Was Jonathan Edwards the Founding Father of the Toronto Blessing?" [http://www.intotruth.org/tb/edwards.html].

Nichols, Stephen A. *Jonathan Edwards: A Guided Tour of His Life and Thought*. Pillipsburg, N.J.: Presbyterian & Reformed Pub., 2001.

_____. *An Absolute Sort of Certainty: The Holy Spirit and the Apologetics of Jonathan Edwards*. Phillipsburg, N.J.: Presbyterian & Reformed Pub., 2003.

_____. *Heaven on Earth: Capturing Jonathan Edwards's Vision of Living in Between*. Wheaton: Crossway, 2006.

Niebuhr, Richard. *The Kingdom of God in America*. Chicago and New York: Willett, Clark & Co., 1937.

Niebuhr, Richard R. *Streams of Grace: Studies of Jonathan Edwards, Samuel Taylor Coleridge and William James*. The Neesima Lectures. Kyoto, Japan: Doshisha University Press, 1983.

Noll, Mark A. *America's God: From Jonathan Edwards to Abraham Lincoln*. New York: Oxford University Press, 2005.

Nuttall, Geoffrey F. *The Holy Spirit in Puritan Experience*. Oxford: Basil Blackwell, 1946.

Nuttall, Geoffrey F. and Chadwick, Owen (ed.). *From Uniformity to Unity 1662-1962*. London: S.P.C.K., 1962.

Oberg, Barbara O. and Harry S. Stout, eds. *Benjamin Franklin, Jonathan Edwards, and the Representation of American Culture*. New York: Oxford University Press, 1993.

Oh, Changrok. "Beholding the Glory of God in Christ: Communion with God in the Theology of John Owen(1816-83)." Ph. D. dissertation, Westminster Theological Seminary, 2006.

Owen, John. *The Holy Spirit. in The Works of John Owen*, vol.3 (Edinburgh: Banner of Truth, 2000).

_____. *The Work of the Holy Spirit. in The Works of John Owen*, vol.4 (Edinburgh: Banner of Truth, 1995).

Packer, James I. "Jonathan Edwards and Revival." In *A Quest for Godliness: The Puritan Vision of the Christian Life*. Wheaton: Crossway Books, 1990: 309-27.

Parkes, Henry Bamford. *Jonathan Edwards. The Fiery Puritan*. New York: Minton, Balch & Company, 1930.

Pauw, Amy Plantinga. "'The Supreme Harmony of All': Jonathan Edwards and the Trinity." Ph. D. dissertation, Yale University, 1990.

_____. "'Heaven is a World of Love': Edwards on Heaven and the

Trinity." *Calvin Theological Journal* 30 (1995): 392-401.

_____. "The Future of Reformed Theology: Some Lessons From Jonathan Edwards." In *Toward the Future of Reformed Theology: Tasks, Topics, Traditions*. Ed. David Willis-Watkins and Michael Welker. Grand Rapids: Eerdmans, 1999: 456-69.

_____. *The Supreme Harmony of All: The Trinitarian Theology of Jonathan Edwards*. Grand Rapids: Eerdmans, 2003.

Pettit, Norman. *The Heart Prepared: Grace and Conversion in Puritan Spiritual Life*. New Haven: Yale University Press, 1966.

Pfister, Karl Dieterich. *The Prism of Scripture. Studies on History and Historicity in the Work of Jonathan Edwards*. Bern: Lang, 1975.

Pietersen, Lloyd (ed.). *The Mark of the Spirit? : A Charismatic Critique of the Toronto Blessing*. Carlisle: Paternoster Press, 1998.

Piper, John, and Justin Taylor (eds.). *A God-Entranced Vision of All Things: The Legacy of Jonathan Edwards*. Wheaton: Crossway, 2004.

Pope, Robert G. *The Half-Way Covenant: Church Membership in Puritan New England*. Eugene: Wipf and Stock Publishers, 2002 (1969).

Presson, Tim M. "The Development and Implementation of an Edwarsean Model of Christian Spirituality." D. Min. thesis, Gordon-Conwell Theological Seminary, 1999).

Ridderbos, Jan. *De theologie van Jonathan Edwards*. 's-Gravenhage: Nederbragt ,1907.

Roberts, David. The *'Toronto' Blessing*. Eastbourne: Kingsway, 1994.

Rudisill, Dorus P. *The Doctrine of the Atonement in Jonathan Edwards and His Successors*. New York: Poseidon Books, 1971.

Rupp, George. "The 'Idealism' of Jonathan Edwards." *Harvard Theological Review* 62 (1969): 209-26.

Sairsingh, Krister. "Jonathan Edwards and the Idea of Divine Glory: HiS Foundational Trinitarianism and its Ecclesial Import." Ph. D. dissertation, Harvard University, 1986.

Schaff, Philip. *The Creeds of Christendom, with a Hisotry and Critical*

Notes. 3 Vols. New York: Harper & Brothers, 1919.

Scheick, William J. *The Writings of Jonathan Edwards: Theme, Motif, and Style.* College Station: Texas A&M University Press, 1975.

Schilder, Klaas. *Christus en cultuur.* 4th ed. Franeker: Wever, 1968.

Schröder, Caroline. *Glaubenswahrnehmung und Selbsterkenntnis : Jonathan Edwards' theologia experimentalis.* Göttingen : Vandenhoeck & Ruprecht, 1997.

Shepard, Thomas. *The Works of Thomas Shepard.* 3 Vols. Boston: Doctrinal Tract and Book Society, 1853; rep. New York: AMS Press, 1967.

Simonson, Harold P. *Jonathan Edwards: Theologian of the Heart.* Grand Rapids: Eerdmans, 1975; rep. Macon, Ga.: Mercer Univ. Press, 1982.

Smith, Christopher Ralph. "Postmillennialism and the Work of Renewal in the Theology of Jonathan Edwards." Ph.D. dissertation, Boston College, 1992.

Smith, John. *Seleted Discourses.* London: J. Flesher, 1660; rep. New York and London : Garland, 1978.

Smith, John E. *Jonathan Edwards: Puritan, Preacher, Philosopher.* Notre Dame: University of Notre Dame Press, 1992

Spohn, William C. "Spirituality and its Discontents: Practices in Jonathan Edwards's *Charity and its Fruits.*" *Journal of Religious Ethics* 31 (2003 Summer) : 253-76.

Stahle, Rachel Susan. "The Trinitarian Spirit of Jonathan Edwards' Theology." Ph. D. dissertation, Boston University, 1999.

Steele, Richard B. *"Gracious Affection" and "True Virtue" According to Jonathan Edwards and John Wesley.* Metuchen, N.J.: Scarecrow Press, 1994.

Stein, Stephen J. "The Quest for the Spiritual Sense: The Biblical Hermeutics of Jonathan Edwards." *Harvard Theological Review* 70 (1977): 99-113.

_____. (ed.). *The Cambridge Companion to Jonathan Edwards.*

Cambridge: Cambridge University Press, 2007.

Stephens, Bruce M. *God's Last Metaphor: The Doctrine of the Trinity in New Englan Theology*. Chico, Cal.: Scholars Press, 1981.

_____. *The Holy Spirit in American Protestant Thought, 1750-1850*. Lewiston: Mellen Press, 1992.

_____. *The Prism of Time and Eternity: Images of Christ in American Protestant Thought from Jonathan Edwards to Horace Bushnell*. Lanham: Scarecrow Press, 1996.

Stetina, Karin Spiecker. "The Biblical-Experimental Foundations of Jonathan Edwards' Theology of Religious Experience, 1720-1723." Ph. D. dissertation, Marquette University, 2003.

Stoddard, Solomon. *A Guide to Christ*. Boston 1714; rep. Morgan: Soli Deo Gloria, 1993/1998

_____. *The Nature of Saving Conversion*, Boston 1719: rep. Morgan: Soli Deo Gloria, 1999.

Storms, C. Samuel. *Tragedy in Eden: Original Sin in the Theology of Jonathan Edwards*. Lanham: UPA, 1985.

_____. *Convergence: Spiritual Journeys of a Charismatic Calvinist*. Kansas City: Enjoying God Ministries, 2005.

_____. *Signs of the Spirit: An Interpretation of Jonathan Edwards' Religious Affections*. Wheaton: Crossway, 2007.

Story, F. Allan, Jr. "Promoting Revival: Jonathan Edwards and Preparation for Revival." Ph. D. dissertation, Westminster Theological Seminary, 1994.

Stout, Harry S. *The New England Soul: Preaching and Religious Culture in Colonial New England*. Oxford: Oxford University Press, 1986.

Stout, Harry S. and Onuf, Peter. "James Davenport and the Great Awakening in New London." *The Journal of American History* 70/3 (December 1983): 556-78.

Stout, Harry, Minkema, Kenneth, and Maskell, Caleb J. D. (ed.). *Jonathan Edwards at 300*. Lanham: UPA, 2005.

Studebaker, Steven Michael. "Jonathan Edwards' Social Augustinian Trinitarianism: A Criticism of and an Alternative to Recent Interpretations." Ph.D. dissertation, Marquette University, 2003.

_____. "Jonathan Edwards's Social Augustinian Trinitarianism: An Alternative to a Recent Trend." *Scottish Journal of Theology*, 56/3 (2003): 268-85.

Sweeney, Douglas A. *Nathaniel William Taylor, New Haven Theology, and the Legacy of Jonathan Edwards*. New York: Oxford Univ. Press, 2003.

Taylor, Thomas Templeton. "The Spirit of the Awakening: The Pneumatology of New England's Great Awakening in Historical and Theological Context." Ph. D. dissertation, University of Illinois, 1988.

Tracy, Joseph. *The Great Awakening: A History of the Revial of Religions in the Time of Edwards & Whitefield* (1846). Edinburgh: Banner of Truth, 1989.

Tracy, Patricia J. *Jonathan Edwards, Pastor: Religion and Society in Eighteenth-Century Northampton*. New York: Hill & Wang, 1980.

Turnbull, Raph G. *Jonathan Edwards the Preacher*. Grand Rapids: Baker, 1958.

Valeri, Mark. "The Economic Thought of Jonathan Edwards." *Church History* 60/1(1991): 37-54.

van Vlastuin, W. *De Geest van opwekking. Een onderzoek naar de leer van de Heilige Geest in de opwekkingstheologie van Jonathan Edwards 1703-1758*. Leiden: Uitgevrij Groen, 2001.

Vaughan, David. *A Divine Light: The Spiritual Leadership of Jonathan Edwards*. Nashville: Cumberland House, 2007.

Vetö, Miklos. *La penseé de Jonathan Edwards*. Ouverture Philosophique. Paris: L'Harmattan, 2007 (1987).

_____. "Spiritual Knowledge Accrding to Jonathan Edwards." Trans. Michael J. McClymond. *Calvin Theological Journal* 31 (1996): 161-81.

Waddington, Jeffrey C. "Jonathan Edwads's 'Ambigous and Somewhat

Precarious' Doctrine of Justification?." *Westminster Theological Journal* 66 (2004): 357-72.

Wainwright, William J. *Reason and the Heart: A Prolegomena to a Crituque of Passional Reason.* Ithaca: Cornell University Press, 1995.

Walton, Brad. *Jonathan Edwards, Religious Affection and the Puritan Analysis of True Piety, Spiritual Sensation and Heart Relgion.* Lewiston: Edwin Mellen Press, 2002.

Ward, W. R. *The Protestant Evangelical Awakening.* Cambridge: Cambridge University Press, 2002.

Warfield, Benjamin B. "Biblical Doctrine of the Trinity." In *Biblical Doctrines. The Works of Benjamin B. Warfield II.* Grand Rapids: Baker, 2003:133-72.

_____. "Edwards and the New England Theology." In *Studies in Theology. The Works of Benjamin B. Warfield IX.* Grand Rapids: Baker, 2003:515-38

Webber, Richard M. "The Trinitarian Theology of Jonathan Edwards: An Investigation of Charges Against Its Orthodoxy." *Journal of the Evangelical Theological Society* 44 (June 2001):297-318.

_____. "'One-step' Salvation: The Knowledge of God and Faith in the Theology of Jonathan Edwards" Ph.D. dissertation, Marquette University, 2002.

Weddle, David."The Melancholy Saint: Jonathan Edwards's Interpretation of David Brainerd as a Model of Evangelical Spirituality." *Harvard Theological Review* 81/3 (1988):297-318

Wesley, John. *The Works of John Wesley*, 14 Vols., Grand Raids: Baker, 2007.

Westra, Helen P. *The Minister's Task and Calling in the Sermons of Jonathan Edwards.* Lewiston, N.Y.: Edwin Mellen, 1986.

Wheeler, Rachel. "'Friends to Your Souls': Jonathan Edwards' Indian Patorate and the Doctrine of Original Sin." *Church History* 72/4 (2003): 736-65.

Wilson, John F. "Jonathan Edwards as Historian." *Church History* 46/1 (1977): 5-18.

Wilson-Kastner, Patricia. "The Theology of Grace in Jonathan Edwards." Ph. D. dissertation, University of Iowa, 1973.

_____. *Coherene in a Fragmented World: Jonathan Edwards' Theology of the Holy Spirit.* Washington: UPA, 1978.

Wilson, Stephen A. "The Virtue of the Saints: Jonathan Edwards on the Nature of Christian Ethics." Ph. D. dissertation, Stanford University, 1999.

_____. "Jonathan Edwards's Virtue: Diverse Sources, Multiple Meanings, and the Lessons of History for Ethics." *Journal of Religious Ethics* 31 (2003 Summer): 201-28.

Winiarski, Douglas L. "Jonathan Edwards, Enthusiast? Radical Revivalism and the Great Awakening in the Conneticut Valley." *Church History* 74/4 (December 2005): 683-739

Winship, A. E. *Jukes - Edwards: A Study in Education and Heredity.* Harrisburg: R. L. Myers and Co., 1900.

Winslow, Ola. *Jonathan Edwards 1703-1758: A Biography.* New York: MacMillan, 1941. dissertation, Westminster Theological Seminary, 2007.

Yarbrough, Stephen R. and Adams, John. C. *Delight Conviction: Jonthan Edwards and the Rhetoric of Conversion.* Westport: Greenwood Press, 1993.

Youngs, William. "The Place of Spiritual Union in the Thought of Jonathan Edwards." Ph. D. dissertation, Drew University, 1986.

Zakai, Avihu. *Jonathan Edwards's Philosophy of History: The Reenchantment of the World in the Age of Enlightenment.* Princeton: Princeton Univ. Press, 2003.

2. 한글 번역본

Cherry, Conrad.『조나단 에드워즈의 신학』. 주도홍 역. 서울: 이레서원, 2001.
Gerstner, Edna.『조나단 에드워즈의 영적 생활』. 황규일 옮김. 서울: 기독교문 서선교회, 1999.
James, William.『종교적 경험의 다양성』. 김재영 역. 서울: 한길사, 2005.
Lee, Sang Hyun(편).『조나단 에드워즈의 신학』. 서울: 부흥과개혁사, 2008.
Marsen, George M.『조나단 에드워즈 평전』. 한동수 역. 서울: 부흥과개혁사, 2006.
Murray, Iain H.『조나단 에드워즈-삶과 신앙』. 윤상문, 전광규 공역. 서울: 이레서원, 2006.
John Murray.『조직신학 II』. 박문제 역. 고양: 크리스챤 다이제스트, 2001.
Noll, Mark.『미국·캐나다 기독교 역사』. 최재건 역. 서울: CLC, 2005.
Piper, John.『(하나님의 영광을 위한)하나님의 열심』. 백금산 옮김. 서울: 부흥과개혁사, 2003.
Piper, John & Taylor, Justin (ed.).『하나님 중심적 세계관』. 이용중 역. 서울: 부흥과개혁사, 2007.
Vaugan, Daivd.『조나단 에드워즈』. 김은홍 역. 서울: 기독신문사, 2004.

3. 한글 문헌

강웅산. "조나단 에드워즈의 부흥신학." 한국교회사 연구소 학술세미나자료 (2006년 5월 6일).
김길성.『개혁신학과 교회』. 서울: 총신대학교출판부, 1998.
_____.『개혁신앙과 교회』. 서울: 총신대학교출판부, 2004.
_____.『구원론』. 용인: 총신대학교신학대학원, 2003.
_____.『개혁주의 신론』. 용인: 총신대학교신학대학원, 2008.
김명혁, "조나단 에드워즈의 생애와 설교."『신학정론』4(1986):102-21.
김성광, "조나단 에드워즈의 영성신학." Ph. D. 논문, 연세대학교, 2000.
김의환. "Jonathan Edwards' Concept of Faith."「신학지남」36/1(1969): 23-67.
노병기. "조나단 에드워즈의 중생론-칼빈 웨슬리의 신학 사상과 관련하여-."

Ph. D. 논문, 연세대학교, 2003.
_____. 『거룩한 구원: 복음주의 대각성 운동과 청교도의 조직신학 구원론·성령론』. 서울: 예영, 2007.
박명수. "근대복음주의와 에드워즈."『그말씀』(1994.10): 132-51.
박삼열. "'빈야드 열풍' 어떻게 불고 있나."『목회와 신학』(1995년 6월): 190-97.
박형룡.『교의신학-서론』저작전집 I. 서울: 한국기독교교육연구원, 1988.
_____.『교의신학-신론』저작전집 II. 서울: 한국기독교교육연구원, 1988.
_____.『교의신학-인죄론』저작전집 III. 서울: 한국기독교교육연구원, 1983.
_____.『교의신학-기독론』저작전집 IV. 서울: 한국기독교교육연구원, 1988.
_____.『교의신학-구원론』저작전집 V. 서울: 한국기독교교육연구원, 1988.
_____.『교의신학-교회론』저작전집 VI. 서울: 한국기독교교육연구원, 1988.
_____.『교의신학-내세론』저작전집 VII. 서울: 한국기독교교육연구원, 1981.
박희석. "The Biblical Theology : a Comparative Study between Jonathan Edwards and Geerhardus Vos."『논문집』. 서울: 총신대학교, 1990: 23-38.
백금산. "조나단 에드워즈처럼 살 수는 없을까?." In『조나단 에드워즈처럼 살 수는 없을까』. 백금산 편저. 서울: 부흥과 개혁사, 2003: 19-149.
서철원.『성령신학』. 서울: 총신대학출판부, 1995.
_____.『신학서론』. 서울: 총신대학교출판부, 2000.
송인설. "조나단 에드워즈와 찰스 피니의 삼위일체론." In『삼위일체론의 역사』. 역사신학연구회. 서울: 대한기독교서회, 2008: 409-35.
역사신학연구회.『삼위일체론의 역사』. 서울: 대한기독교서회, 2008.
정만득.『미국의 청교도 사회』. 서울: 비봉출판사, 2001.
정부흥.『조나단 에드워즈의 생애』. 서울: 기독교문서선교회, 1996.
안환균. "빈야드 '토론토 축복'의 현장을 가다- 그 접목 가능성을 진단하며."『목회와 신학』(1995년 7월): 210-21.
양낙흥.『체험과 부흥의 신학자-조나단 에드워즈』. 서울: 부흥과개혁사, 2003.
오덕교. "Jonathan Edwards의 교회관 연구." Th. M. 논문, 총신대학교, 1980.
_____. "New England의 대각성 운동 연구."「신학지남」194 (1982):98-116.
_____.『청교도 이야기』, 서울: 이레서원, 2001.

_____. "조나단 에드워즈의 구원과 성화."『오희동 박사 고희기념논문집』오희동박사고희기념논문집 편찬 위원회 편, 안양: 성결교회와 역사연구소, 2005:164-206.

_____.『장로교회사』, 수원: 합동신학대학원출판부, 2005.

오창록. "존 머레이의 결정적 성화론(Definitive Sanctification)." In 『성경과 개혁신학』. 서철원 박사 은퇴기념 논총위원회 편. 서울: 쿰란출판사, 2007:359-82.

오희동.『에드워즈의 대각성운동과 한국교회의 부흥운동』. 서울: 성광문화사, 2005.

이상원. "조나단 에드워즈의 덕의 윤리."「신학지남」65/4 (1998 겨울호):269-295.

이상현.『조나단 에드워즈의 철학적 신학』. 노영상, 장경철 공역. 서울: 한국장로교출판사, 1999.

_____.『삼위일체, 은혜 그리고 믿음』. 서울: 대한기독교서회, 2003.

이승구.『21세기 개혁신학의 방향』. 서울: SFC, 2008.

장경철. "조나단 에드워즈의 종말론과 하나님 나라 이해(1)."『목회와 신학』 (1995. 12):261-273.

_____. "조나단 에드워즈의 종말론과 하나님 나라 이해(2)."『목회와 신학』 (1996. 1):277-289.

_____. "조나단 에드워즈의 종교와 사회적 비전."『조직신학논총』5 (2006. 6.):203-220.

_____. "조나단 에드워즈의 후천년설 연구."『인문논총』, 서울: 서울여자대학교 인문과학연구소 편, 2003:353-71.

정준기.『청교도 인물사』. 서울:생명의말씀사, 2001.

채은수. "미국의 위대한 부흥 운동 소고."「신학지남」217(1988):57-84.

최홍석.『당신의 말씀은 진리니이다』. 서울: 총신대학출판부, 1991.

표재근. "조나단 에드워즈의 성향 사상 연구." Ph. D. 논문, 호서대학교, 2002.

피영민. "에드워즈의 생애와 사상,"『그 말씀』(1994.3):122-131.『헌법(개정판)』, 서울: 대한예수교장로회총회, 2000.